*Secret Documents of Intelligence Branch on*

*Father of The Nation, Bangladesh:*

*Bangabandhu Sheikh Mujibur Rahman*

*1948–1971*

*Declassified Documents*

**Volume VII**

*(1962–1963)*

# *Secret Documents of Intelligence Branch on Father of The Nation, Bangladesh: Bangabandhu Sheikh Mujibur Rahman*

*1948–1971*

*Declassified Documents*

***Volume VII***

*(1962–1963)*

*Edited by*

*Sheikh Hasina* *M.P.*

*Hon'ble Prime Minister*

*Government of the People's Republic of Bangladesh*

Routledge
Taylor & Francis Group
LONDON AND NEW YORK

*Hakkani Publishers*

First published 2022
by Routledge
2 Park Square, Milton Park, Abingdon, Oxon OX14 4RN

and by Routledge
605 Third Avenue, New York, NY 10158

*Routledge is an imprint of the Taylor & Francis Group, an informa business*

© 2022 Father of the Nation Bangabandhu Sheikh Mujibur Rahman Memorial Trust

The right of Sheikh Hasina to be identified as the author of the editorial material, and of the authors for their individual chapters, has been asserted in accordance with sections 77 and 78 of the Copyright, Designs and Patents Act 1988.

All rights reserved. No part of this book may be reprinted or reproduced or utilised in any form or by any electronic, mechanical, or other means, now known or hereafter invented, including photocopying and recording, or in any information storage or retrieval system, without permission in writing from the publishers.

*Trademark notice*: Product or corporate names may be trademarks or registered trademarks, and are used only for identification and explanation without intent to infringe.

Print edition not for sale in South Asia (India, Sri Lanka, Nepal, Bangladesh, Pakistan or Bhutan)

*British Library Cataloguing-in-Publication Data*
A catalogue record for this book is available from the British Library

*Library of Congress Cataloging-in-Publication Data*
A catalog record for this book has been requested

ISBN: 9780367468071 (hbk)
ISBN: 9781003031277 (ebk)
ISBN: 9780367471477 (set ISBN)
ISBN: 9781003033929 (set eISBN)

DOI: 10.4324/9781003031277

Typeset in Times New Roman
by Hakkani Publishers, Dhaka-1205

# DEDICATION

*To Bangabandhu Along With All His Co-warriors of*
*Long Struggling Life...*

বঙ্গবন্ধুসহ তাঁর সংগ্রামী জীবনের
সকল সহযোদ্ধাদের প্রতি...

# মুখবন্ধ

জাতির পিতা বঙ্গবন্ধু শেখ মুজিবুর রহমান ছাত্রজীবন থেকেই বাংলার মানুষের অধিকার প্রতিষ্ঠার সংগ্রাম শুরু করেন। বাংলার শোষিত-বঞ্চিত মানুষের দুঃখ-দুর্দশায় তিনি ব্যাকুল হয়ে পড়তেন। তাই এই অধিকারহারা মানুষের ভাগ্য পরিবর্তনের জন্য সেই স্কুলজীবন থেকেই সোচ্চার ছিলেন। এই সংগ্রাম করতে গিয়ে জীবনের মূল্যবান সময় তাঁকে কারাগারেই কাটাতে হয়।

পাকিস্তান নামে দেশটি প্রতিষ্ঠার পর থেকেই বাঙালিদের অর্থনৈতিক, রাজনৈতিক ও সাংস্কৃতিক অধিকারের উপর আঘাত আসে। বঞ্চনার শিকার হয় বাঙালি। এমনকি মাতৃভাষা বাংলায় কথা বলার অধিকারটুকুও কেড়ে নেওয়ার ষড়যন্ত্রে মেতে উঠে নব্য আধা-উপনিবেশিক শক্তি পাকিস্তানের শাসকবর্গ। পশ্চিম পাকিস্তান ও পূর্ববঙ্গ এই দুই অংশ হাজার মাইল দূরে অবস্থিত দুটি ভূ-খণ্ড নিয়ে পাকিস্তান সৃষ্টি হয়। পূর্ববঙ্গে ৫৬ ভাগ জনসংখ্যা থাকা সত্ত্বেও পাকিস্তানের রাজধানী হয় পশ্চিম পাকিস্তানে। পূর্ববঙ্গের নাম পরিবর্তন করে নাম রাখা হয় পূর্ব পাকিস্তান। বাংলা ভাষার পরিবর্তে উর্দুকে মাতৃভাষা হিসেবে চাপিয়ে দেওয়ার ষড়যন্ত্র শুরু হয়।

বঙ্গবন্ধু শেখ মুজিব কোলকাতার ইসলামিয়া কলেজ থেকে স্নাতক পাশ করেন। ঢাকা বিশ্ববিদ্যালয়ের আইন বিভাগে মাস্টার্সে পড়াশোনা শুরু করেন। মাতৃভাষার মর্যাদা প্রতিষ্ঠার আন্দোলন শুরু করেন ১৯৪৮ সালের মার্চ মাস থেকে। ঢাকা বিশ্ববিদ্যালয়ের চতুর্থ শ্রেণির কর্মচারীদের দাবি-দাওয়ার আন্দোলনকে সমর্থন করেন। এর ফলে কারাবরণ করতে হয় এবং এক পর্যায়ে বিশ্ববিদ্যালয় থেকে বহিষ্কার হন। যদিও মুচলেকা ও জরিমানা দিয়ে যারা বহিষ্কৃত ছিল তারা ছাত্রত্ব ফিরে পায় কিন্তু শেখ মুজিব তা করেন নাই বলে তাঁর বহিষ্কারাদেশ বহাল থাকে। এক্ষেত্রে তাঁর বক্তব্য ছিল যে, "আমি কোনো অন্যায় দাবি করি নাই, অত্যন্ত ন্যায় সঙ্গত দাবি করেছি। মুচলেকা ও জরিমানা দেওয়ার অর্থ হলো দোষ স্বীকার করে নেওয়া, আমি তা করব না।"

সেই আন্দোলনের সূত্রপাত থেকে পাকিস্তানের গোয়েন্দা সংস্থা তাঁর উপর কড়া নজর রাখতে শুরু করে। পাকিস্তানের ইন্টেলিজেন্স ব্রাঞ্চ (Intelligence Branch) প্রতিদিন প্রতিমুহূর্ত তাঁর কর্মকাণ্ড পর্যবেক্ষণ করত এবং তা ঊর্ধ্বতন কর্মকর্তার কাছে প্রেরণ করত। এ সংক্রান্তে আইবি তাঁর নামে ১৯৪৮ সালে একটি ব্যক্তিগত ফাইল খোলে এবং তাতে সকল তথ্য সংরক্ষণ করা শুরু করে, যা ব্যক্তিগত ফাইল বা পিএফ নামে পরিচিত। বঙ্গবন্ধু শেখ মুজিবুর রহমানের এই ফাইলটির নম্বর পি.এফ. ৬০৬-৪৮।

১৯৪৮ সাল থেকে ১৯৭১ সাল পর্যন্ত প্রতিদিন সকল রিপোর্ট তৈরি করে রাখা হতো। এরই ভিত্তিতে তাঁকে হয়রানি করা হতো, তাঁর বিরুদ্ধে মামলা দেওয়া হতো, এভাবে নানামুখী নির্যাতন চলতো। এমনকি কারাগারে বন্দি অবস্থায়ও যখন মামলার জন্য কোর্টে তাঁকে নেওয়া হতো অথবা চিকিৎসার জন্য হাসপাতালে নিয়ে যেত, তখনও তাঁর উপর নজরদারি চলত। পুরান ঢাকার ৯৪, নবাবপুর রোডে অবস্থিত আওয়ামী মুসলিম লীগ সেন্ট্রাল অফিস এবং বঙ্গবন্ধু শেখ মুজিবুর রহমানের ৭১, রাধিকা মোহন বসাক লেনের ভাড়া বাসাটিও নজরদারীর আওতায় থাকতো। এই ডকুমেন্ট থেকে অনেক তথ্য পাওয়া যায়। যেমন রাষ্ট্রভাষা বাংলার দাবিকে গতিশীল করার জন্য কি কর্মসূচি গ্রহণ করা হবে সে সম্পর্কে তিনি যে নির্দেশ দিয়েছেন সে তথ্যও রয়েছে। ঢাকা মেডিকেল কলেজ হাসাপাতালে চিকিৎসারত অবস্থায় গোপনে ছাত্রলীগের সভাপতি নঈমুদ্দিন খান ও সাধারণ সম্পাদক খালেক নেওয়াজ দেখা করে ২১শে ফেব্রুয়ারির কর্মসূচি সম্পর্কে আলোচনার বিষয়ও উল্লেখ রয়েছে। ১৯৫৮ সালে আইয়ুব খানের 'মার্শাল ল' জারি ও ১৯৬৬ সালের ৬ দফা দাবি পেশ ও আন্দোলন, আগরতলা ষড়যন্ত্র

মামলা, জনগণের আন্দোলন, গণ-অভ্যুত্থান, আইয়ুব সরকার কর্তৃক আগরতলা ষড়যন্ত্র মামলা প্রত্যাহার, সকল বিষয়ে তথ্য পাওয়া যাবে।

বাংলাদেশের বিভিন্ন জেলায় বঙ্গবন্ধু শেখ মুজিব সফর করেছেন, জনসভায় বক্তৃতা দিয়েছেন, জেলা ও মহকুমার নেতাদের কাছে চিঠিপত্র লিখেছেন। সে চিঠির সংগ্রহ এখানে আছে। বিভিন্ন সময়ে দায়েরকৃত মামলার তালিকা রয়েছে। অনেক চিঠিপত্র বাজেয়াপ্ত করেছিল; পাকিস্তান সরকার যা কোনোদিনই বঙ্গবন্ধু শেখ মুজিবের হাতে পৌঁছায় নাই, সেইসব চিঠিপত্রও এখানে পাওয়া গেছে।

'কারাগারের রোজনামচা' নামে বঙ্গবন্ধু শেখ মুজিবের যে ডাইরিটা প্রকাশিত হয়েছে সেই বইয়ের প্রথম অংশের লেখা খাতাটা বাজেয়াপ্ত করা হয়েছিল। সেই লেখা খাতাখানাও সংগ্রহ করা হয়েছে এখান থেকেই। এভাবে বহু দুর্লভ ও মূল্যবান তথ্যসমূহ আমরা পেয়েছি। আরও অনেক বিষয় রয়েছে যা বাংলাদেশ নামে এই ভূ-খণ্ডের স্বাধীনতা সংগ্রামের অমূল্য দলিল হিসেবে পাওয়া গেছে। বিশেষ করে যারা গবেষণার কাজ করছেন বা ঐতিহাসিক গ্রন্থ রচনা করছেন তাঁদের জন্য তথ্য সংগ্রহে সহায়ক হবে।

একটা বিষয় লক্ষণীয় তা হলো আমাদের দেশে অনেক জ্ঞানী-গুণী ও ত্যাগী নেতারা রয়েছেন বা ছিলেন। সংবাদ মাধ্যমে তাঁদের কথাই বেশি প্রচার করা হয়ে থাকে। দেশের রাজনীতিতে তাঁদের গুরুত্ব আপাতদৃষ্টিতে বেশি মূল্যবান বলে মনে হয়। তবে তাঁদের বিরুদ্ধে ইন্টেলিজেন্স ব্রাঞ্চের তৎপরতাটা বেশি চোখে পড়ে না বা তেমন রিপোর্টও বেশি নেই। হয়তো একখানা/দুইখানা ফাইলের মধ্যেই সীমাবদ্ধ। এর কারণটা কি আমি ঠিক বুঝতে পারছি না। অনেকগুলি ফাইল এনে আমি দেখেছি বলেই এ কথাগুলি উল্লেখ করলাম। যা হোক, একটা কথা সকলেরই জানা যে, বাংলাদেশের মানুষের অধিকার অর্জন, দেশকে স্বাধীন রাষ্ট্র হিসেবে গড়ে তোলা এবং বাঙালির রাজনৈতিক, অর্থনৈতিক ও সাংস্কৃতিক মুক্তি অর্জনের লক্ষ্যে অত্যন্ত সুনির্দিষ্ট কর্মপন্থা নিয়ে রাজনীতি করেছেন বঙ্গবন্ধু শেখ মুজিব। তাঁর এই কৌশলী পদক্ষেপের কারণেই বাংলাদেশ আজ স্বাধীন সার্বভৌম রাষ্ট্র। বাঙালি জাতির অধিকার আদায়ের সংগ্রামে তিনি কখনও আপস করেননি। একটি জনগোষ্ঠীকে স্বাধীনতার চেতনায় উদ্বুদ্ধ করে সংগ্রাম, অসহযোগ আন্দোলন এবং সশস্ত্র যুদ্ধের মধ্য দিয়ে বিজয় এনে দিয়েছেন। জাতি হিসেবে বাঙালি বিশ্ব দরবারে মর্যাদা পেয়েছে, স্বাধীন জাতিরাষ্ট্র অর্জন করেছে।

১৯৭৫ সালের ১৫ই আগস্ট ঘাতকের নির্মম বুলেটের আঘাতে জাতির পিতা বঙ্গবন্ধু শেখ মুজিবুর রহমানকে হত্যা করা হয়েছিল কেন? সে প্রশ্নের উত্তর খুঁজতে গেলেও এই তথ্য সহায়ক হবে। এই কালো দিবসটি যদি বাঙালি জাতির জীবনে না আসত তবে স্বাধীনতা অর্জনের দশ বছরের মধ্যে বাংলাদেশকে ক্ষুধামুক্ত দারিদ্র্যমুক্ত সোনার বাংলাদেশ হিসেবে তিনি গড়ে দিয়ে যেতেন। বাংলাদেশের মানুষ সুখে-শান্তিতে বসবাস করতো। বিশ্বসভায় মাথা উঁচু করে মর্যাদার আসনে অধিষ্ঠিত হতো। বাঙালির অধিকারের কথা বলতে গিয়েই বারবার নির্যাতন ভোগ করেছেন, আর বাঙালির বিজয় মেনে নিতে পারে নাই বলে হত্যা করে পরাজয়ের প্রতিশোধ নিয়েছে পাকিস্তানপ্রেমীরা। তারা বাঙালির অগ্রযাত্রা ব্যাহত করেছে।

১৯৯৬ সালে ২১ বছর পর আওয়ামী লীগ সরকার গঠন করে। আমি তখনই এই ফাইলগুলি সংগ্রহ করি এবং ১৯৯৭ সালে ফটোকপি করে রেখে পুনরায় ফাইলগুলি এসবি অফিসে ফেরত পাঠাই। ডকুমেন্টগুলো গোয়েন্দা সংস্থার গোপনীয় দলিল হওয়ায় ডি-ক্লাসিফাইড করা হয়। তিন কপি করে এক সেট আমেরিকায় জয়ের কাছে পাঠাই। জয় সেটা ড. এনায়েত রহিমের কাছে দেয়, কারণ তিনি ইতিহাসবিদ হিসেবে বঙ্গবন্ধু শেখ মুজিবের উপর গবেষণা করছিলেন। এক সেট বঙ্গবন্ধু স্মৃতি জাদুঘরে রেখে দেই। একটা সেট নিয়ে আমি ও বেবি মওদুদ কাজ করতে শুরু করি। ২০০৮ সালে নির্বাচনে জয়ী হয়ে ২০০৯ সালে সরকার গঠন করার পর এসবি-কেই দায়িত্ব দেই এই ফাইলগুলি কম্পিউটারে টাইপ করে প্রকাশের ব্যবস্থা করতে এবং মূল ডকুমেন্ট স্ক্যান করে ডিজিটাল পদ্ধতিতে সংগ্রহ করার

জন্য। অত্যন্ত দক্ষতার সাথে এই কাজটা তাঁরা সম্পন্ন করেছেন। একটা টিম দিনরাত পরিশ্রম করেছে। এই টিমের নেতৃত্বে আছেন মোহাম্মদ জাবেদ পাটোয়ারী। দীর্ঘদিন এই একই পদে আমি তাঁকে রেখেছিলাম শুধু এই কাজটা সুষ্ঠুভাবে সম্পাদন করার জন্য। আমি তাঁকে আমার আন্তরিক ধন্যবাদ জানাচ্ছি। তাঁর সঙ্গে যাঁরা কাজ করেছেন তাঁদেরকেও আমি আন্তরিক ধন্যবাদ জানাই। বিশেষ করে ১৯৬০ সালে যে খাতাটা বাজেয়াপ্ত করা হয়েছিল সেই খাতাটা খুঁজে বের করার সাথে যারা জড়িত ছিলেন তাদেরকেও আমার আন্তরিক ধন্যবাদ। যাঁরা অক্লান্ত পরিশ্রম করেছেন তাঁদের নামের তালিকা ধন্যবাদজ্ঞাপন শিরোনামে দিয়ে দিলাম।

যখন প্রথম সমস্ত ফাইল সংগ্রহ করি তখন *SB*-র *DIG* ছিলেন সামসুদ্দিন সাহেব, তাঁকে আমার আন্তরিক ধন্যবাদ, কারণ এই অমূল্য রত্নভাণ্ডারের খোঁজ তিনিই আমাকে দিয়েছিলেন।

বই আকারে প্রকাশের জন্য হাক্কানী পাবলিশার্সকে দেওয়া হয়েছে, বঙ্গবন্ধু স্মৃতি জাদুঘরেই একটা অফিস দিয়ে কাজের ব্যবস্থা করা হয়েছে। এই কাজে তত্ত্বাবধানের দায়িত্বে আছে বঙ্গবন্ধু স্মৃতি জাদুঘরের কিউরেটর নজরুল ইসলাম খান এবং আমার সঙ্গে সর্বক্ষণ যোগাযোগ ও সার্বিক তদারকি করছে সম্পা। আমি সবাইকে আন্তরিক ধন্যবাদ জানাচ্ছি।

সরকারি এই ডকুমেন্ট যেভাবে প্রস্তুত করা হয়েছিল সেভাবেই রাখা হয়েছে। অনেক সময় বক্তৃতাগুলির নোট নিতে গিয়ে লেখার দায়িত্বপ্রাপ্ত কর্মকর্তা ভুল করেছেন, আবার বৃষ্টিতে মুছে গেছে। দীর্ঘ দিনের পুরাতন হওয়ার কারণে কিছু দলিলের অংশবিশেষ নষ্ট হয়েছে। বঙ্গবন্ধু শেখ মুজিবুর রহমানের নাম তৎকালীন অফিসারগণ বিভিন্ন সময়ে বিভিন্নভাবে লিখেছেন। এমনকি এক জায়গায় মুজিবুর রহমান খানও লেখা আছে। পাঠকগণ কনটেক্সট থেকে বুঝে নিবেন আশা করি। টেক্সটগুলি পাঠকদের নিকট সহজবোধ্য করার লক্ষ্যে প্রতিটি ডকুমেন্টের পরিচিতি ও মূল বিষয় অন্তর্ভুক্ত করে ক্রমিক নম্বরসহ শিরোনাম দেওয়া হয়েছে। বঙ্গবন্ধু শেখ মুজিবুর রহমানের পিতা শেখ লুৎফর রহমান ১৯৭৫ সালে ইন্তেকাল করলেও ডকুমেন্টগুলির কোনো কোনো স্থানে তৎকালীন অফিসারগণ ভুলবশত তাঁর নামের পূর্বে মৃত লিখেছেন। এছাড়া অধিকাংশ ডকুমেন্টে থাকা অফিসারদের নির্দেশনা, নোট, মতামত ইত্যাদিকে 'সাইড নোট' হিসেবে উল্লেখ করে আলাদাভাবে চিহ্নিত করা হয়েছে। হাতের লেখা ডকুমেন্টগুলোর ক্ষেত্রে হাতেলেখা আদলের ফন্ট ব্যবহার করা হয়েছে। কিছু বানান ও ভিন্নার্থক শব্দের সংশোধনী বইয়ের শেষে দেওয়া হয়েছে। ঐতিহাসিক গুরুত্ব বিবেচনায় '*Dacca*' বানানটি বইয়ের সর্বত্র একই রূপ রাখা আছে। বইয়ে কিছু কিছু ডকুমেন্টের ইমেজ সংযোজন করা হয়েছে।

অনেক ক্ষেত্রে বঙ্গবন্ধু শেখ মুজিবকে যে তারিখে পুলিশ বাড়ি থেকে তুলে নিয়ে গেছে তার পরদিন গ্রেফতার দেখিয়েছে, এ ধরনের তথ্যও রয়েছে। এটা খুবই স্বাভাবিক বিষয়। আশা করি পাঠকবৃন্দ এতে বিভ্রান্ত হবেন না। আমি এই অমূল্য সম্পদ জাতির কাছে তুলে দিতে পেরে অত্যন্ত আনন্দিত। তিনি সমগ্র জীবনটাই উৎসর্গ করেছিলেন বাংলার শোষিত-বঞ্চিত মানুষের কল্যাণে, তাঁর এ অবদান জাতি কোনোদিন ভুলতে পারবে না।

জাতির পিতা বঙ্গবন্ধু শেখ মুজিবুর রহমান, বঙ্গমাতা শেখ ফজিলাতুননেসা মুজিব, শেখ কামাল, শেখ জামাল, শেখ রাসেল, শেখ আবু নাসের, সুলতানা কামাল খুকী, পারভীন জামাল রোজী, আবদুর রব সেরনিয়াবাত, শেখ ফজলুল হক মণি, বেগম আরজু মণি, কর্নেল জামিল উদ্দিন আহমেদ, বেবী সেরনিয়াবাত, আরিফ সেরনিয়াবাত, সুকান্ত আবদুল্লাহ বাবু, শহীদ সেরনিয়াবাত, আবদুল নঈম খান রিন্টু ও এসবি'র এএসআই সিদ্দিকুর রহমান ১৫ই আগস্ট ১৯৭৫ সালে শাহাদত বরণ করেছেন, তাঁদের সকলের আত্মার মাগফেরাত কামনা করছি।

শেখ হাসিনা
১৮.১১.২০১৭
গণভবন

# ধন্যবাদ জ্ঞাপন

স্পেশাল ব্রাঞ্চে সংরক্ষিত জাতির জনক বঙ্গবন্ধু শেখ মুজিবুর রহমানের ব্যক্তিগত ফাইল (পিএফ) বাছাইকরণ, সুবিন্যস্তকরণ, স্ক্যানিং, টাইপিং, কারেকশন, বই-প্রণয়ন ইত্যাদি কাজে নিয়োজিত অফিসার ও ফোর্স সদস্যদের আন্তরিক ধন্যবাদ জানাচ্ছি।

১.  ড. মোহাম্মদ জাবেদ পাটোয়ারী বিপিএম (বার)
২.  জনাব মাহবুব হোসেন বিপিএম (বার) পিপিএম (বার)
৩.  জনাব মোঃ আজিজুর রহমান চৌধুরী বিপিএম
৪.  জনাব মোঃ জুয়েল আমিন পিপিএম
৫.  জনাব সৈয়দ সফিকুল ইসলাম পিপিএম
৬.  জনাব মোঃ মশিউর রহমান
৭.  জনাব জুবায়ের আহমেদ খান পিপিএম
৮.  জনাব ইদ্রিস মাহমুদ
৯.  জনাব জসিম উদ্দিন
১০.  জনাব মোঃ আবুল কালাম আজাদ
১১.  জনাব মোঃ শামীম আহম্মদ
১২.  জনাব মোঃ সাইফুল ইসলাম
১৩.  জনাব বুলবুল আহম্মেদ
১৪.  জনাব মোঃ শাহ আলম
১৫.  জনাব মোঃ নুরুল আমিন
১৬.  জনাব তরিকুল সালাম
১৭.  জনাব মোঃ মাসুম তালুকদার
১৮.  জনাব নুর আলম হোসেন
১৯.  জনাব মোঃ জফির উদ্দিন
২০.  জনাব আবদুস ছালাম
২১.  সেলিনা আফরোজ
২২.  জনাব মোঃ শফিকুল ইসলাম

# Preface

Father of the Nation Bangabandhu Sheikh Mujibur Rahman began the struggle to establish the rights of the Bengali people since his student life. Sufferings and misfortunes of the deprived and oppressed people of Bengal would greatly agitate him. Hence, in his attempt to change the fate of these deprived people, he raised his voice from his school life. In order to continue this struggle, he was forced to spend much valuable parts of his life in prison.

The formation of Pakistan brought on attacks on the political, economical and cultural rights of Bengali people. We became victims of deprivation. The neosemi-colonial force, the Pakistani ruling class even conspired to take away our rights to speak in our mother language, Bengali. West Pakistan and East Bengal were two separate terrains situated thousand miles apart from one another, which were integrated to form Pakistan. Even though East Bengal possessed 56% of the entire population, the capital of Pakistan was established in West Pakistan. The name of East Bengal was changed to East Pakistan. Conspiracy to impose Urdu as state language instead of Bengali, got underway.

Bangabandhu Sheikh Mujib graduated with B.A. from Islamia College in Kolkata. He started MA studies at the department of Law in Dhaka University. From March 1948, he started the movement to establish the dignity of mother language. He supported the movement of the menials of Dhaka University on their demands. As a result, he was imprisoned, and at one point expelled from the university. Even though those who were expelled would get back their student status by giving bond and fines, Sheikh Mujib's expulsion was not withdrawn because he did not comply. His pronouncement in this context was, "I didn't claim any unfair demand; my demands were fairly justified. Giving bond and fines means to admit guilt, which I will not do."

Starting from the commencement of that movement, the Intelligence Agency of Pakistan began to keep him under strict surveillance. Pakistan Intelligence Branch (IB) used to watch him every day, all the time, and report regularly to the higher authority. Pertaining to this, in 1948 the IB opened a personal file in his name, in which they began to collect all information. This file is known as the Personal File or PF. The file number of Bangabandhu Sheikh Mujibur Rahman was P.F. 606-48.

From 1948 to 1971 daily reports (DR) were prepared. Based on these, he was harassed, cases were filed against him and thus various tortures were inflicted. He used to be under constant surveillance even when he was taken to the Court for proceedings or to the hospital for treatment during his captivity. The central office of Awami Muslim League located at 94, Nawabpur Road, old Dacca and the rented residence of Bangabandhu Sheikh Mujibur Rahman at 71, Radhika Mohon Bashak Lane were also kept under watch. These documents provide plenty of such information. For instance, his instructions on what programs to be taken to bolster the Bengali language movement are also recorded here. This also includes the covert discussion he had with Chatra League President Naimuddin Khan and General Secretary Khalek Newaz regarding the programs of 21$^{st}$ February, while he was receiving treatment at Dhaka Medical College Hospital. Information about the martial law declaration of Ayub Khan, the 6-Point demand of 1966, consequent political movements, Agartala Conspiracy Case, people's movement, mass uprising and the consequent withdrawal of Agartala Conspiracy Case by Ayub Khan, all will be found here.

Bangabandhu Sheikh Mujibur Rahman has visited various districts in Bangladesh, delivered public speeches and written many letters to the leaders of districts and sub-divisions. A collection of those letters along with a list of various lawsuits of different times are also present here. The letters that were confiscated by the Pakistani government, the ones that never reached the hands of Bangabandhu Sheikh Mujibur Rahman, are also compiled here.

The compilation of the first part of Bangabandhu Sheikh Mujib's diary, published as *Karagarer Rojnamcha*, was also confiscated. That notebook was also gathered from this collection. Thus, we have found plenty of valuable and rare information. There are many other materials which have been found as priceless records of our struggle of independence of the territory, known today as Bangladesh. Especially, those who have been engaged in research or in writing historical texts will benefit from this collection.

It is noteworthy that there existed and still exist many knowledgeable and qualified political leaders receiving much coverage in the news media. Apparently, their importance in the country's political scenario seems quite valuable. However, there appears hardly any activity of the Intelligence Branch against them or there are only few reports on them. These are limited to one or two files only. I do not quite understand the reason. I mention it because I have studied many of these files. However, it is known to everyone that Bangabandhu Sheikh Mujibur Rahman has designed his political plans with specific action strategies in order to affirm the rights of Bengali people, to build the country as an independent state, and with a view to achieving Bengali's political, economical and cultural liberation. Due to his political foresight, today Bangladesh is an independent, sovereign country. He has never compromised with the struggle for affirming the Bengali people's rights. He brought victory through inspiring a population to live the spirit of independence, through struggle, non-cooperation movements and through armed warfare. As a nation, the Bengalis have earned respect all over the world, as they have achieved an independent nation-state.

Why was the Father of the Nation Bangabandhu Sheikh Mujibur Rahman shot and mercilessly killed on the 15th August of 1975? If one looks for an answer to this question, information in this collection will be helpful. Had that dark day not come to the lives of Bengalis, he would have been able to build this country into a hunger-free and poverty-free Golden Bengal within 10 years of independence. People of Bangladesh would have lived peacefully and happily ever after. They would be held with dignity and pride in the world. He suffered oppression over and again because he voiced for the rights of the Bengali people. Since the victory of Bengalis could not be tolerated, the Pakistan-lovers caused bloodshed to take revenge. Thus the progress of Bengalis was foiled.

After 21 years Awami League formed the government in 1996. Immediately I collected these files and in 1997 made copies of them before returning them to the SB office. As the materials were secret documents of the Intelligence Branch, they were declassified. I made 3 sets of copies and sent one to Joy in America. Joy gave it to Dr. Enayetur Rahim, who, as a historian, was doing research on Bangabandhu. I kept one set at the Museum of Bangabandhu Memorial Trust. Baby Moudud and I started working with the other set. After winning the election in 2008 and forming the government in 2009, I assigned the SB to type out these documents and make arrangements to publish them, and scan and preserve the main documents digitally. They have executed this job very efficiently. A team of officers worked hard day and night under the leadership of Mr. Javed Patwary. I have kept him at the same position for a long time so that he could execute this job properly. I would like to communicate my sincere appreciation to him. I also express my earnest thanks to those who have worked with him. My earnest appreciation also goes especially to those who were involved in the search of the notebook confiscated in 1960. We have provided here a list of names in the acknowledgement for those who have worked tirelessly.

When I first collected these files, the DIG of SB was Mr. Shamsuddin. My sincere gratitude goes to him because he was the one, who first gave me the trace of this precious treasure.

Hakkani Publishers has been assigned to publish these in book form. An office space in the Bangabandhu Memorial Trust has been allocated for this purpose. The Curator of Father of the Nation Bangabandhu Sheikh Mujibur

*XIV*

Rahman Memorial Museum, Mr. Nazrul Islam Khan has been overseeing this project; and Shampa is entrusted with overall supervision, who has been in continuous touch with me. I convey my sincere appreciation to all of them.

These official documents have been preserved in the same way as they were prepared. At times, the assigned officers, who took notes of the speeches made errors, or the writings were drenched with the rain. As these documents are old, some parts of them have been damaged. Bangabandhu Sheikh Mujibur Rahman's name has been written differently at different places by the then officers. Even at one place, it is written as Mujibur Rahman Khan. I hope the readers will understand this from the context. In order to make the texts more accessible to the readers, the introduction of each document is added along with the main topics, in which serial numbers have been assigned to the headings. Even though Bangabandhu Sheikh Mujibur Rahman's father Sheikh Lutfur Rahman died in 1975, in some places the then officers mistakenly mentioned him as deceased. Apart from these, the directions, notes, opinions etc. of the officers have been referred to as 'side notes' and have been marked individually. For hand-written documents, relevant fonts have been chosen. Corrections of some spelling and lexical errors have been given in the last part of these books. The spelling of 'Dacca' is kept same in all places of the books considering its historical importance. A few images of documents are also attached.

In many occasions, Bangabandhu Sheikh Mujib was shown arrested the day after he was actually picked up from his house. These types of inconsistencies exist here as this was a common practice at the time. Hopefully, the readers will not be confused by this. I am highly delighted to pass this priceless treasure to the nation. Bangabandhu had sacrificed his life for the benefits of the deprived and oppressed. The nation will be forever indebted to his contribution.

I wish Allah's mercy for the departed souls of the Father of the Nation Bangabandhu Sheikh Mujibur Rahman, Bangamata Sheikh Fazilatunnessa Mujib, Sheikh Kamal, Sheikh Jamal, Sheikh Russel, Sheikh Abu Naser, Sultana Kamal Khuki, Parveen Jamal Rosy, Abdur Rab Serniabat, Sheikh Fazlul Hoque Moni, Begum Arzoo Moni, Col. Jamil Uddin Ahmed, Baby Serniabat, Arif Serniabat, Sukanta Abdullah Babu, Shahid Serniabat, Abdul Nayeem Khan Rintu and ASI of SB Siddikur Rahman those who attained martyrdom on the 15th of August 1975.

Sheikh Hasina
18.11.2017
Gonobhaban

# Note of Acknowledgement

I express my gratitude to the officers and members of the Special Branch who have contributed to the personal file (PF) of Father of the Nation Bangabandhu Sheikh Mujibur Rahman in sorting, organizing, scanning, typing, editing and producing this book.

1.   Dr. Mohammad Javed Patwary BPM (Bar)
2.   Mr. Mahbub Hossain BPM (Bar) PPM (Bar)
3.   Mr. Md. Azizur Rahman Chowdhury BPM
4.   Mr. Md. Jewel Amin PPM
5.   Mr. Syed Shafiqul Islam PPM
6.   Mr. Md. Moshiur Rahman
7.   Mr. Jubair Ahmed Khan PPM
8.   Mr. Idris Mahmud
9.   Mr. Jashim Uddin
10.  Mr. Md. Abul Kalam Azad
11.  Mr. Md. Shamim Ahmed
12.  Mr. Md. Saiful Islam
13.  Mr. Bulbul Ahmed
14.  Mr. Md. Shah Alam
15.  Mr. Md. Nurul Amin
16.  Mr. Tarikul Salam
17.  Mr. Md. Masum Talukdar
18.  Mr. Nur Alam Hossain
19.  Mr. Md. Zafir Uddin
20.  Mr. Abdus Salam
21.  Ms. Selina Afroz
22.  Mr. Md. Shafiqul Islam

# Acronym/Abbreviation

| | | | |
|---|---|---|---|
| 01. | AIG | - | Assistant Inspector General of Police |
| 02. | AL | - | Awami League/August Listt |
| 03. | ASI | - | Assistant Sub Inspector |
| 04. | BAC | - | Bureau of Anti-Corruption |
| 05. | BD | - | Basic Democrat/Basic Democracy |
| 06. | BH | - | Brief History |
| 07. | BL | - | Bachelor of Law |
| 08. | CA | - | Casual Agent |
| 09. | CC | - | Command Certificate |
| 10. | CID | - | Criminal Investigation Department |
| 11. | CM | - | Chief Minister |
| 12. | CP | - | Communist Party |
| 13. | CS | - | Charge Sheet/Confidential Section |
| 14. | CSP | - | Civil Service of Pakistan |
| 15. | DC Jail | - | Dacca Central Jail |
| 16. | DC | - | Deputy Commissioner |
| 17. | DFO | - | Divisional Forest Officer |
| 18. | DIB | - | District Intelligence Branch |
| 19. | DIG | - | Deputy Inspector General |
| 20. | DINTELL | - | DIG Intelligence |
| 21. | DIO | - | District Intelligence Officer |
| 22. | DR | - | Daily Report |
| 23. | DS | - | Deputy Superintendent (Police)/Deputy Secretary |
| 24. | DSB | - | District Special Branch |
| 25. | DSP | - | Deputy Superintendent of Police |
| 26. | DU | - | Dacca University |
| 27. | DUCSU | - | Dacca University Central Students' Union |
| 28. | EBDO | - | Elective Bodies Disqualification Order |
| 29. | EP | - | East Pakistan |
| 30. | EPAML | - | East Pakistan Awami Muslim League |
| 31. | EPPSO | - | East Pakistan Public Safety Ordinance |
| 32. | EPR | - | East Pakistan Rifles |
| 33. | EPSU | - | East Pakistan Students' Union |

| 34. | Esq. | - | Esquire |
|---|---|---|---|
| 35. | FOP | - | For Order Please |
| 36. | GD | - | Ganatantri Dal |
| 37. | HC | - | Head Constable |
| 38. | HS | - | Hindustan Standard/ History Sheet |
| 39. | I&P | - | Immigration & Passports |
| 40. | IB | - | Intelligence Branch |
| 41. | IGP | - | Inspector General of Police |
| 42. | Inspr. | - | Inspector |
| 43. | IWTA | - | Inland Water Transport Authority |
| 44. | JP | - | Jugantar Party |
| 45. | KSP | - | Krisak Sramik Party |
| 46. | ML | - | Muslim League |
| 47. | MLA | - | Member of Legislative Assembly |
| 48. | MO | - | Medical Officer |
| 49. | N/A | - | Necessary Action |
| 50. | NAP | - | National Awami Party |
| 51. | NDF | - | National Democratic Front |
| 52. | NI | - | Nizam-e-Islam |
| 53. | NS | - | Note Sheet |
| 54. | NSP | - | Note Sheet Page |
| 55. | NWFP | - | North-West Frontier Province |
| 56. | OC | - | Officer-in-Charge |
| 57. | PC | - | Paper Cutting |
| 58. | PF | - | Personal File |
| 59. | PIA | - | Pakistan International Airlines |
| 60. | PL | - | Personal Letter |
| 61. | Pl. | - | Please |
| 62. | PNC | - | Pakistan National Congress |
| 63. | PODO | - | Public Offices Disqualification Order |
| 64. | PP | - | Public Prosecutor/Personal Profile |
| 65. | PPA | - | Pakistan Press Association |
| 66. | PPC | - | Pakistan Penal Code |
| 67. | PPM | - | President Police Medal |

*XVIII*

| 68. | PS | - | Police Station/Private Secretary |
| 69. | PSP | - | Police Service of Pakistan |
| 70. | Reg. | - | Regarding |
| 71. | RI | - | Rigorous Imprisonment/Reserve Inspector |
| 72. | RIB | - | Railway Intelligence Branch |
| 73. | Rly. | - | Railway |
| 74. | RMS | - | Royal Mail Service |
| 75. | RN | - | Reference Note |
| 76. | RS | - | Railway Station |
| 77. | RSB | - | Railway Special Branch |
| 78. | RSI | - | Reserve Sub-Inspector |
| 79. | SB | - | Special Branch |
| 80. | Sb. | - | Shahib |
| 81. | SCF | - | Scheduled Castes Federation |
| 82. | SCO | - | Security Control Organization |
| 83. | SDO | - | Sub-Divisional Officer |
| 84. | SDPO | - | Sub-Divisional Police Officer |
| 85. | Sec. | - | Section |
| 86. | SI | - | Sub-Inspector |
| 87. | Sk. | - | Sheikh |
| 88. | SO | - | Staff Officer/Section Officer |
| 89. | SS | - | Special Superintendent |
| 90. | SSP | - | Special Superintendent of Police |
| 91. | Stt. | - | Statement |
| 92. | SWR | - | Secret Weekly Report |
| 93. | TS | - | Type Section |
| 94. | UC | - | Union Council |
| 95. | UT | - | Under Trial |
| 96. | WAPDA | - | Water And Power Development Authority |
| 97. | WC | - | Working Committee/Watcher Constable |
| 98. | WCR | - | Weekly Confidential Report |
| 99. | WE | - | Week Ending |
| 100. | WP | - | West Pakistan |
| 101. | YL | - | Youth League |

সপ্তম খণ্ড ১৯৬২-১৯৬৩ সালের প্রাপ্ত ডকুমেন্ট সমন্বয়ে সংকলিত। এ সময়ে জাতির পিতা বঙ্গবন্ধু শেখ মুজিবুর রহমানসহ প্রায় ৭৫ জন বিরোধী দলীয় নেতার উপর পাকিস্তানের সামরিক জান্তা আইয়ুব খানের জারিকৃত *Elective Bodies Disqualification Order (EBDO)* বলবৎ থাকায় তিনি কোন নির্বাচনে অংশগ্রহণ করতে পারেননি। তবে তিনি সামরিক শাসন উপেক্ষা করে দেশের বিভিন্ন স্থানীয় ও উপ-নির্বাচনে দলীয় প্রার্থীদের পক্ষে নির্বাচনী প্রচার অভিযানে অংশ নেন এবং নির্বাচনে অনিয়মের বিরুদ্ধে জোরালো প্রতিবাদ করেন। আইয়ুব খানের কঠোর সামরিক শাসনের যাতাকলে নিষ্পেসিত অবস্থায়ও জেল-জুলুম, হুলিয়ার তোয়াক্কা না করে দেশের বিভিন্ন স্থানে জনসভা করে সামরিক দুঃশাসনের তীব্র সমালোচনা ও বিরোধিতা করে গণতন্ত্র পুনরুদ্ধারের সংগ্রাম অব্যাহত রাখেন।

১৯৬২ সালের জানুয়ারী মাসে ঢাকায় শেখ মুজিবুর রহমান সোহরাওয়ার্দীসহ অন্যান্য *EBDO* আওতাধীন আওয়ামী লীগ নেতাদের সাথে এক গোপন আলোচনায় মত প্রকাশ করেন যে, পাকিস্তানের সংবিধান অগণতান্ত্রিক ও পূর্ব পাকিস্তানের জনগণের জন্য অনুপযুক্ত হওয়ায় তা বয়কট করা উচিত। একই মাসে ঢাকার আলফা ইনস্যুরেন্স কোম্পানি অফিসে আওয়ামী লীগ নেতাদের সাথে অন্য একটি গোপন আলোচনায় তিনি উল্লেখ করেন যে, সংবিধান প্রেসিডেন্টকে সকল ক্ষমতা দিয়ে তাকে আইনের উর্ধ্বে স্থান দিয়েছে। এই সংবিধান পূর্ব পাকিস্তানের স্বায়ত্তশাসনের মূল দাবীর প্রতি মরণাঘাত। পূর্ব পাকিস্তানের সাধারণ জনগণ এই সংবিধান প্রতিরোধ করতে সম্পূর্ণ প্রস্তুত এবং এ কাজে ছাত্ররা নেতৃত্ব দেবে। শেখ মুজিবুর রহমান ঢাকা বিশ্ববিদ্যালয়ের ফজলুল হক হলে ছাত্রদের সাথে বৈঠক করে আন্দোলনের প্রস্তুতি নেওয়ার নির্দেশনা দেন।

১৯৬২ সালে সকল বিরোধী দলকে নিয়ে হোসেন শহীদ সোহরাওয়ার্দীর নেতৃত্বে শেখ মুজিবুর রহমান সোহরাওয়ার্দীকে সমগ্র পাকিস্তানের, নুরুল আমিনকে পূর্ব পাকিস্তানের এবং সর্দার বাহাদুর খানকে পশ্চিম পাকিস্তানের প্রধান করে ন্যাশনাল ডেমোক্রেটিক ফ্রন্ট *(NDF)* নামে সম্মিলিত বিরোধী দল গঠনে গুরুত্বপূর্ণ ভূমিকা রাখেন। গণতন্ত্র প্রতিষ্ঠা ও আইয়ুব বিরোধী আন্দোলনে *NDF* ব্যাপক ভূমিকা রাখে।

ঢাকা কেন্দ্রীয় কারাগারে আইবি অফিসারের সাথে সাক্ষাতকারে তিনি সামরিক আইন জারি হওয়ার পর ডিসেম্বর'১৯৫৯ পর্যন্ত নিরাপত্তা বন্দী হিসেবে আটক ও মুক্তি পাওয়া এবং ৭ ফেব্রুয়ারি ১৯৬২ তারিখ পুনরায় গ্রেফতার হওয়ার আগ পর্যন্ত আলফা ইনস্যুরেন্স কোম্পানির কন্ট্রোলার হিসেবে দায়িত্ব পালন ইত্যাদি বিষয় উল্লেখ করেন। তিনি মুক্তি পেতে আগ্রহী, তবে বন্ড দিয়ে মুক্তি নিতে অস্বীকৃতি জানান। এ ক্ষেত্রে তিনি দৃঢ় ও অনমনীয় মনোভাব পোষণ করেন।

শেখ মুজিবুর রহমান বিভিন্ন সময়ে রাজশাহী, রংপুর, কুমিল্লা ও কুষ্টিয়ার জনসভায় প্রদত্ত বক্তব্যে সামরিক সরকারের দুর্নীতি, স্বজনপ্রীতি ও পক্ষপাতিত্ব, দেশের মানুষকে ভোটাধিকার থেকে বঞ্চিত করা, পাটের মূল্য কমিয়ে নিত্যপ্রয়োজনীয় পণ্যের মূল্য বৃদ্ধি, দেশের শিক্ষা ব্যবস্থা ধ্বংস করা ইত্যাদির তীব্র সমালোচনা করেন। জাতীয় আয়ের ৬৫% প্রতিরক্ষা খাতে ব্যয় করা হলেও পূর্ব পাকিস্তান তা থেকে ২% উপকারও পায়নি। পূর্ব পাকিস্তানের প্রতি কেন্দ্রীয় সরকারের বিমাতাসুলভ আচরণের উদাহরণ টেনে তিনি বলেন, পূর্ব পাকিস্তানের জনসংখ্যা ৫৬ শতাংশ হওয়া সত্ত্বেও প্রতিরক্ষার জন্য পর্যাপ্ত ব্যবস্থা গ্রহণ করা হয়নি। পূর্ব পাকিস্তানের প্রতি বৈষম্যমূলক আচরণের ব্যাপক সমালোচনা করেন।

১৯৬৩ সালে পাকিস্তানের রাওয়ালপিণ্ডির 'নওয়া-ই-ওয়াক্ত' পত্রিকার প্রতিনিধির কাছে দেওয়া এক সাক্ষাতকারে তিনি সামরিক শাসনের সময় পূর্ব পাকিস্তানের অর্থনীতি ধ্বংস করে স্বাধীনতা হরণ করা হয়েছে বলে মন্তব্য করেন। তিনি পূর্ব পাকিস্তানের উপর কেন্দ্রীয় সরকারের নিয়ন্ত্রণ, সেন্ট্রাল সার্ভিসে পূর্ব পাকিস্তানকে ন্যায্য অধিকার থেকে বঞ্চিত করা, শিল্পপতিদের আয়ের অর্থ পশ্চিম পাকিস্তানের ব্যাংকে জমা হওয়া, প্রতিরক্ষা খাতে পশ্চিম পাকিস্তানে ৯২% অর্থ ব্যয়, পূর্ব পাকিস্তানে সিমেন্ট সরবরাহ বন্ধ করে এখানকার উন্নয়ন বাধাগ্রস্থ করা ইত্যাদি বিষয় উল্লেখ করে সরকারের কঠোর সমালোচনা করলে তাঁর বিরুদ্ধে পূর্ব পাকিস্তান জননিরাপত্তা অধ্যাদেশ'১৯৫৮ বলে পাকিস্তানের স্বরাষ্ট্র মন্ত্রণালয় থেকে নিরাপত্তা বন্দি হিসেবে আটকের প্রস্তাব করা হয়।

এছাড়াও এ খণ্ডে জেলে আটক থাকাকালে শেখ মুজিবুর রহমানের সেলে একটি ফ্যান ও টেপ রেকর্ডার সরবরাহের আবেদন, তাঁর সাথে জেলখানায় সাক্ষাতের জন্য স্ত্রী ফজিলাতুননেছা ও পিতা শেখ লুৎফর রহমানের আবেদনপত্র, পরিবারের সদস্যদের সাক্ষাতের জন্য তাঁর আবেদন, শারীরিক অসুস্থ্যতা ইত্যাদি বিষয়ে অনেক তথ্য আছে। তাঁর চট্টগ্রামের সাইক্লোন উপদ্রুত এলাকা পরিদর্শন; করাচি, লাহোর ও লণ্ডন সফর; সোহরাওয়ার্দীর আকস্মিক মৃত্যুতে শোক বক্তব্য প্রদান; ঢাকার পল্টন ময়দানে সরকার বিরোধী বক্তব্য দেওয়ার অভিযোগে জননিরাপত্তা অধ্যাদেশে আটক এবং মুক্তি পাওয়ার পর রাজবন্দিদের মুক্তি দাবি; সামরিক শাসনের মধ্যেও দলের রাজনৈতিক ও সাংগঠনিক কার্যক্রম পরিচালনা ইত্যাদি ঐতিহাসিক অমূল্য তথ্য রয়েছে।

XX

The seventh volume contains the documents from 1962 to 1963. During this period, Father of the Nation Bangabandhu Sheikh Mujibur Rahman himself could not stand for any elective office because of Pakistan military junta Ayub Khan-imposed Elective Bodies Disqualifications Order (EBDO) on him and 75 other opposition leaders. But ignoring martial law regulations, Bangabandhu took part in various local government and by-election campaigns in favour of party candidates and strongly protested against election irregularities. Even under repression of Ayub's martial law, in his public meeting speeches at different places he strongly opposed and criticised military junta's misrule and thus continued his struggle for restoration of democracy defying threats of jail and oppression.

In January 1962, at a secret meeting in Dhaka with EBDO-ed Awami League leaders including H S Suhrawardy, Sheikh Mujibur Rahman opined, Pakistan constitution should be boycotted, as it is undemocratic and unsuitable for the people of East Pakistan. In another secret meeting on the same month with Awami League leaders at Alpha Insurance Company office he said, the constitution has placed the President above law vesting all powers in him. This constitution is a death blow to East Pakistan's basic demand for autonomy. The common people of East Pakistan are fully prepared to resist this constitution and students will give leadership to this resistance movement. Sheikh Mujibur Rahman held a meeting with students at Fazlul Haque Hall, Dhaka University and instructed them to prepare for the movement.

This year, Sheikh Mujibur Rahman played an important role in forming National Democratic Front combining all opposition parties under Huseyn Shaheed Suhrawardy's leadership with Suhrawardy as its all Pakistan and Nurul Amin and Sardar Bahadur Khan as East and West Pakistan Chiefs respectively. The NDF played a vital role in the movement against Ayub and restoration of democracy.

In interviews with an IB officer in Dhaka Central Jail, he mentioned of his confinement until 1959 as security prisoner starting soon after promulgation of martial law. In the mean time, being released, he was discharging his responsibilities as Alpha Insurance Company Agency Controller, but was again arrested on 7 February 1962. He was eager for release, but refused to furnish any bonds. He was determined and firm in his resolution.

On different occasions, Sheikh Mujibur Rahman bitterly criticised military government's corruption, nepotism, depriving the countrymen of franchise, lowering jute price, increasing commodity prices, destroying education system etc in his speeches at public meetings in Rajshahi, Rangpur, Cumilla and Kushtia. Though 65% of the national income has been spent in the defense sector, East Pakistan has not received even 2% benefits from it. Citing an example of the Central Government's stepmotherly behaviour towards East Pakistan he said, despite East Pakistan comprising 56% of the national population, adequate measures have not been taken for its defence. He vehemently criticised the disparity done towards East Pakistan.

In 1963 in an interview with a Rawalpindi newspaper correspondent, Sheikh Mujibur Rahman commented, East Pakistan's independence has been snatched away plundering its economy during martial law regime. When he strongly criticised the central government's control over East Pakistan, depriving East Pakistan of its fair share in central government employment, depositing East Pakistan industrialists' earnings in West Pakistan banks, spending in West Pakiatan 92% of defense allocations, hampering East Pakistan's development stopping cement supply, Pakistan Home Ministry suggested arresting him as security prisoner under East Pakistan Public Safety Ordinance.

Besides, this volume provides information about prisoner Bangabandhu Sheikh Mujibur Rahman's application for a fan and tape recorder in his cell, interview with his family members and his illness. Bangabandhu's wife Fazilatunnesa and father Sheikh Lutfor Rahman's application for visiting him along with other family members are also recorded here. Historically invaluable records like visit to Chittagong cyclone affected areas; his travel to Karachi, Lahore and London. Issuing condolence message at the sudden death of H S Suhrawardy are also available in this volume.

It also records his arrest under Public Safety Ordinance on charges of giving anti government speech at Paltan Maidan. But immediately after his release, he demanded all political prisoners' release and engaged in conducting party's political and organizational activities even amidst strict martial law regulations.

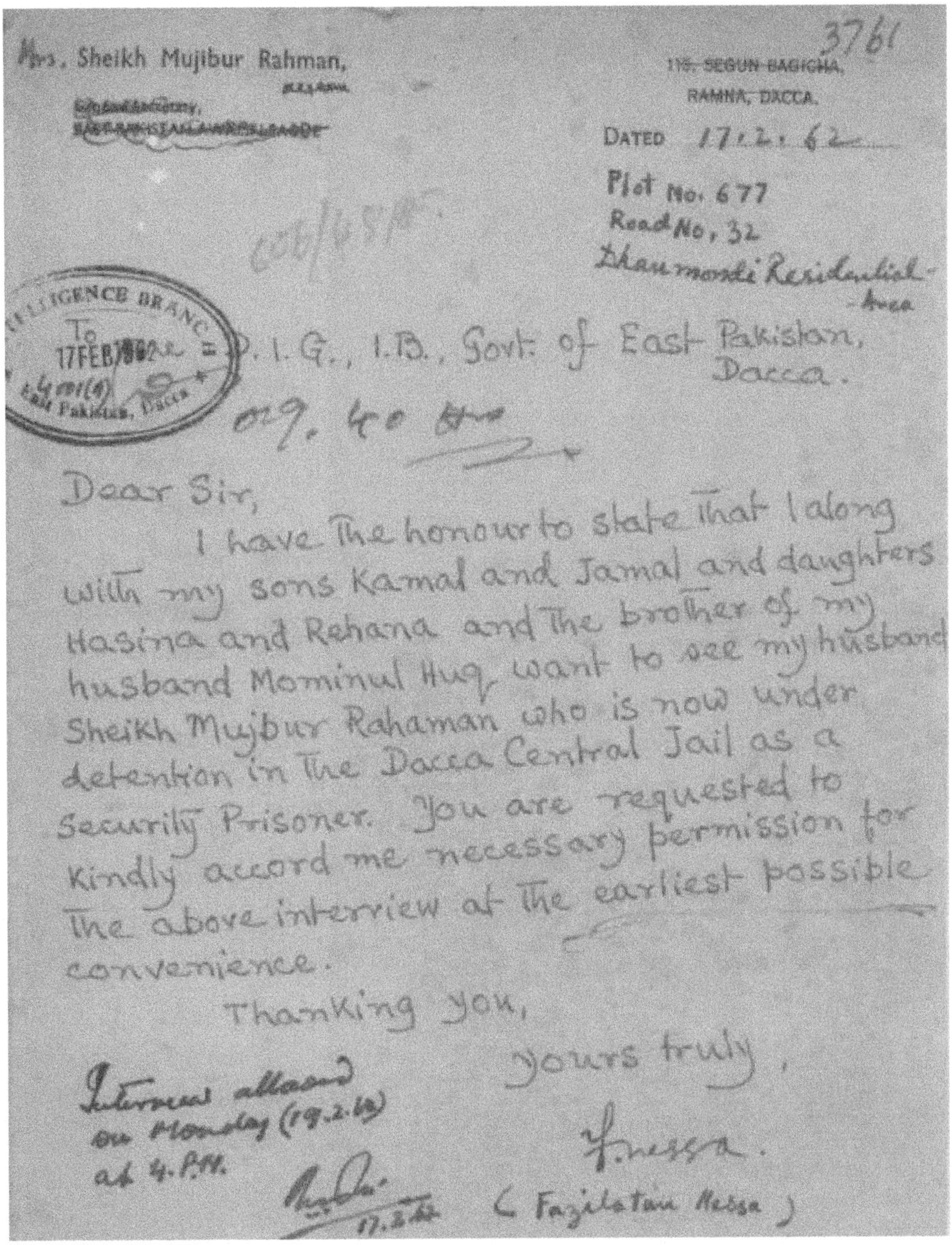

Mrs. Sheikh Mujibur Rahman,

115, SEGUN BAGICHA,
RAMNA, DACCA.

DATED 17.2.62

Plot No. 677
Road No. 32
Dhanmondi Residential Area

To

D. I. G., I. B., Govt. of East Pakistan, Dacca.

Dear Sir,

I have the honour to state that I along with my sons Kamal and Jamal and daughters Hasina and Rehana and the brother of my husband Mominul Huq, want to see my husband Sheikh Mujibur Rahaman who is now under detention in the Dacca Central Jail as a Security Prisoner. You are requested to kindly accord me necessary permission for the above interview at the earliest possible convenience.

Thanking you,

Yours truly,

Y. nessa.

( Fazilatun Nessa )

Interview allowed on Monday (19.2.62) at 4. P.M.

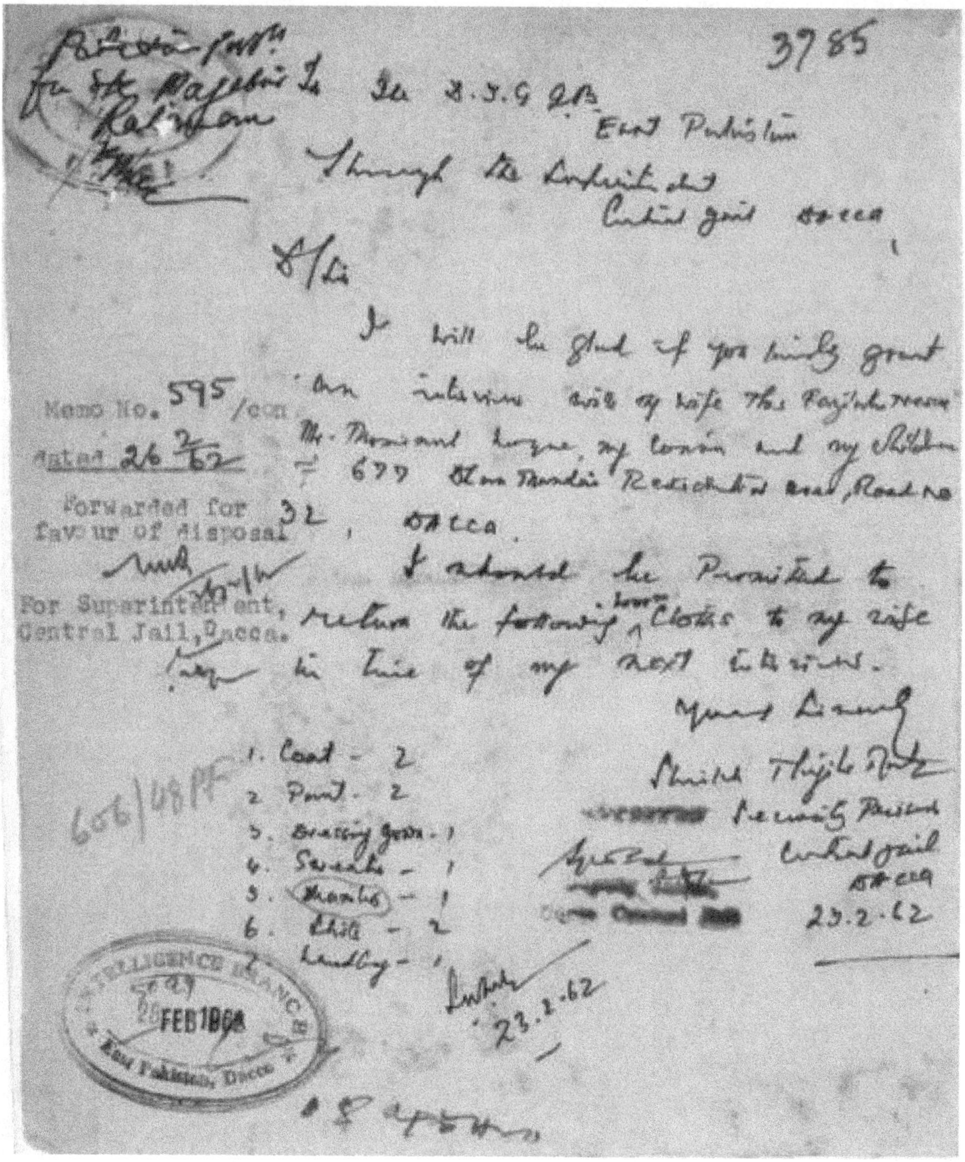

XXII

3785

Memo No. 595/con

Dated 26 2/62

Forwarded for
favour of disposal

For Superintendent,
Central Jail, Dacca.

656/48PF

1. Coat – 2
2. Pant – 2
3. Dressing gown – 1
4. Sweater – 1
5. Panties – 1
6. Shirt – 2
7. Handky – 1

23.2.62

INTELLIGENCE BRANCH
FEB 1962
East Pakistan, Dacca

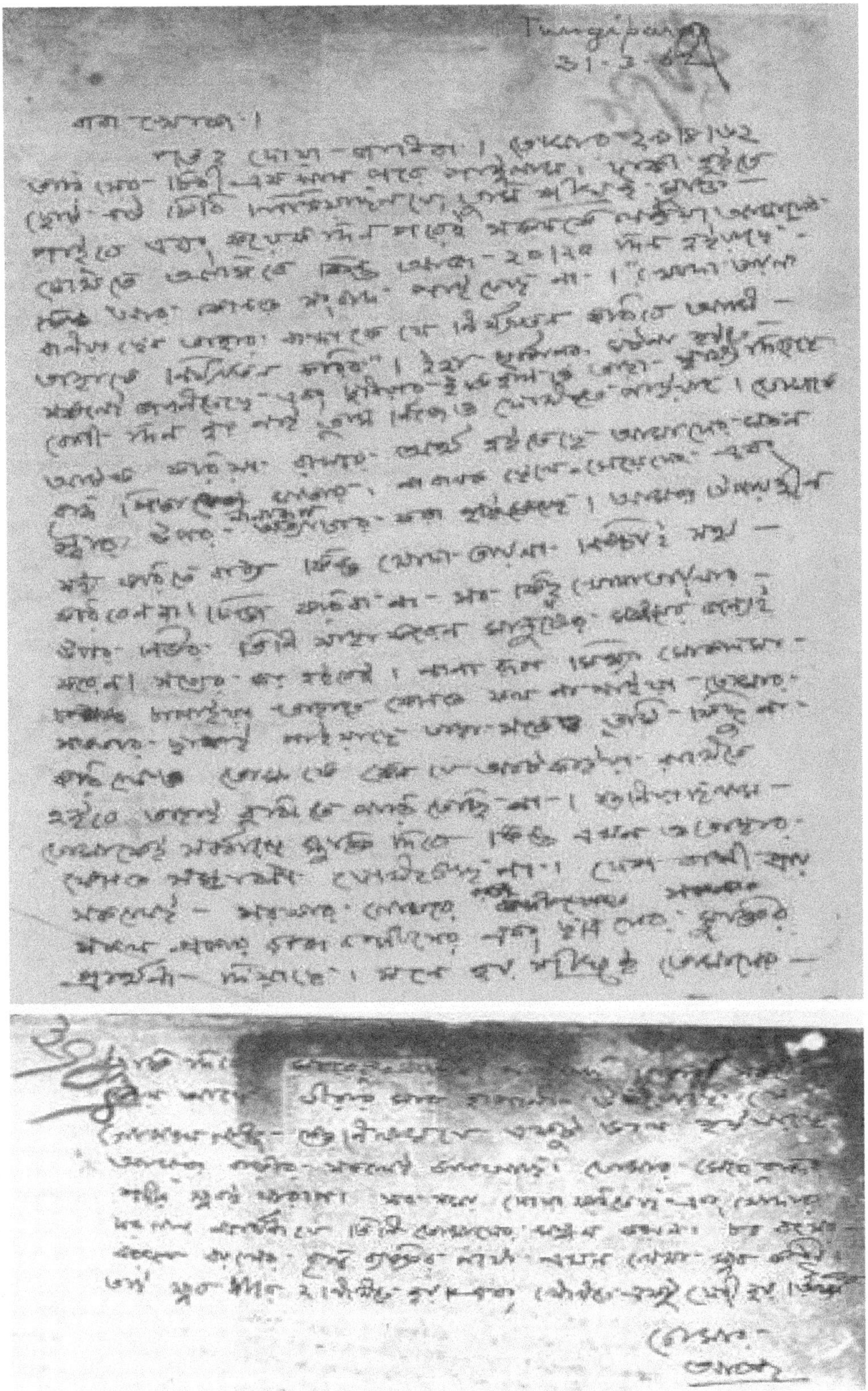
Tungipara
31-3-62

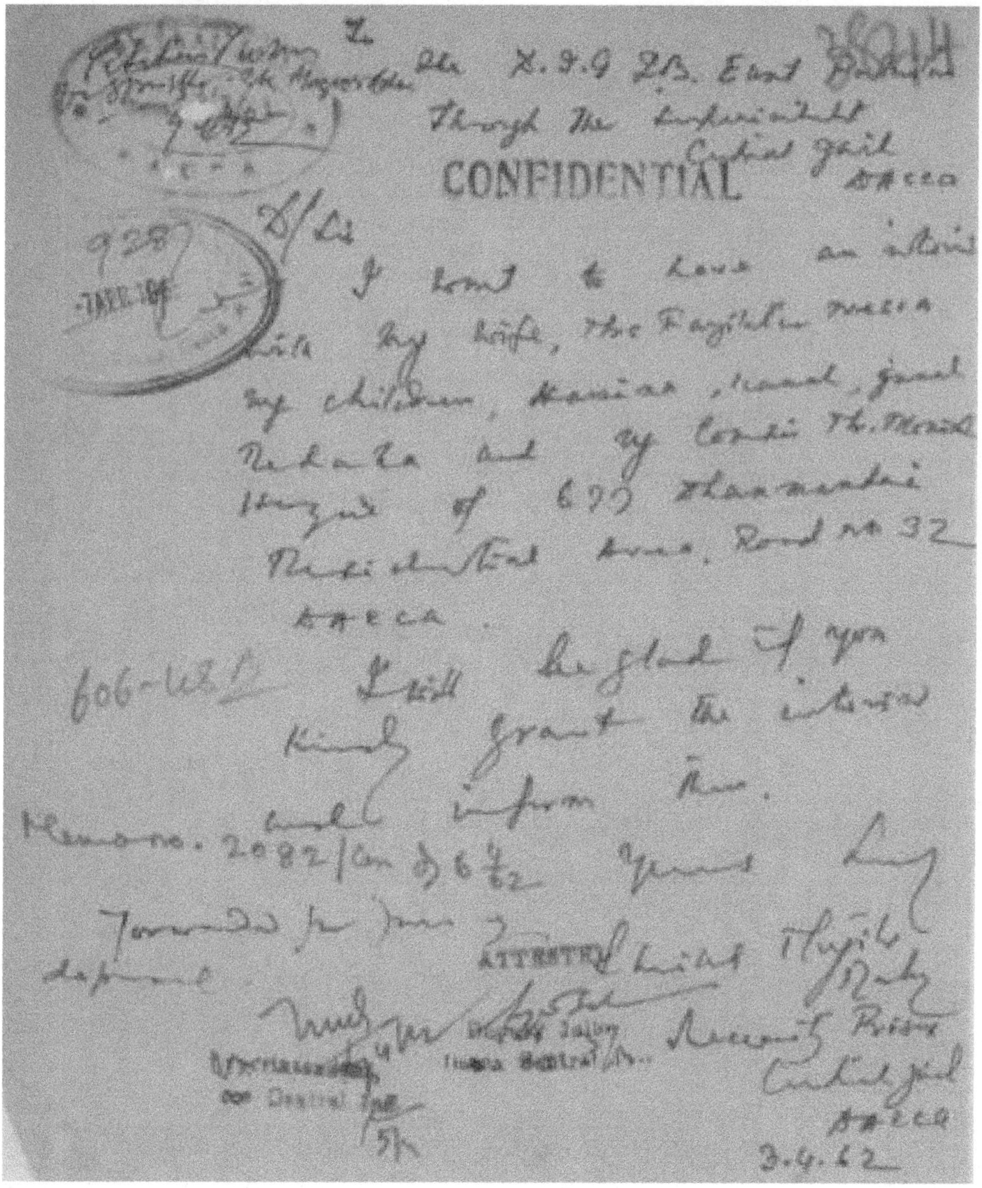

CONFIDENTIAL

# CONTENTS

| | | |
|---|---|---:|
| *Contents in Each Volume* | ............................................................ | *XLIV-LII* |
| *Chapter-I, 1962* | ............................................................ | *1-260* |
| *Chapter-II, 1963* | ............................................................ | *261-500* |
| *Album* | ............................................................ | *501-526* |
| *Image list (1962-1963)* | ............................................................ | *527-530* |
| *Correction* | ............................................................ | *531-532* |
| *NB & Glossary* | ............................................................ | *533-533* |
| *Index* | ............................................................ | *535-545* |

| Heading | Date | Subject | Page |
|:---:|:---:|:---|:---:|
| | | ***Chapter-I, 1962*** | |
| *1* | *12 January 1962* | *Report on Chittagong visit of Sheikh Mujibur Rahman.* | *3* |
| *2* | *25 January 1962* | *Pakistan Supreme Court Bench dismissed appeal of government against a judgement of high court in favour of Sheikh Mujibur Rahman.* | *7* |
| *3* | *30 January 1962* | *Report on movement of Sheikh Mujibur Rahman.* | *10* |
| *4* | *31 January 1962* | *Decision of CID to exhibit anonymous letter addressed to Sheikh Mujibur Rahman.* | *11* |
| *5* | *3 February 1962* | *Watch report on Moshiur Rahman.* | *13* |
| *6* | *6 February 1962* | *Arrest order for ex-minister Sheikh Mujibur Rahman.* | *14* |
| *7* | *6 February 1962* | *Report on activities of National Students Front, East Pakistan Students League and other student organizations.* | *17* |
| *8* | *7 February 1962* | *A list of political leaders including Sheikh Mujibur Rahman arrested on 7 February 1962 u/s 41(I) of the EPPSO 1958.* | *19* |
| *9* | *8 February 1962* | *Application of Sheikh Mujibur Rahman for interview with his family members and relative.* | *23* |

| | | | |
|---|---|---|---|
| 10 | 8 February 1962 | Application of Sheikh Lutfor Rahman to meet Sheikh Mujibur Rahman at Dacca Central Jail along with family members. | 25 |
| 11 | 9 February 1962 | Application of security prisoner Sheikh Mujibur Rahman to meet Superintendent, Alpha Insurance Co. Ltd. Dacca. | 27 |
| 12 | 15 February 1962 | Application of security prisoner Sheikh Mujibur Rahman to meet Agency Manager, Alpha Insurance Co. Ltd. Dacca. | 30 |
| 13 | 17 February 1962 | Application of security prisoner Sheikh Mujibur Rahman to install an electric fan in his cell and allow him to bring his tape recorder from home. | 34 |
| 14 | 17 February 1962 | Application of security prisoner Sheikh Mujibur Rahman to receive money from his family members for personal use. | 37 |
| 15 | 17 February 1962 | Application of Fazilatunnessa to meet security prisoner Sheikh Mujibur Rahman along with her family members. | 40 |
| 16 | 21 February 1962 | Letter from security prisoner Sheikh Mujibur Rahman to H S Suhrawardy. | 41 |
| 17 | 23 February 1962 | Application of security prisoner Sheikh Mujibur Rahman to meet his family members. | 43 |
| 18 | 24 February 1962 | Application of Fazilatunnessa to meet security prisoner Sheikh Mujibur Rahman along with her family members. | 45 |
| 19 | 24 February 1962 | Letter to government from Superintendent, Central Jail informing detention expiry date of Sheikh Mujibur Rahman. | 48 |
| 20 | 27 February 1962 | Application of Fazilatunnessa to meet security prisoner Sheikh Mujibur Rahman to get authorization letter to draw his salary. | 49 |
| 21 | 27 February 1962 | Detention order of security prisoner Sheikh Mujibur Rahman for further two months. | 51 |

| 22 | 28 February 1962 | Recommendation for six months' detention of Sheikh Mujibur Rahman. | 55 |
|---|---|---|---|
| 23 | 28 February 1962 | Memo of DIG, SB to Home Department requesting further two months' detention of 59 prisoners. | 56 |
| 24 | 5 March 1962 | Application of Fazilatunnessa to meet security prisoner Sheikh Mujibur Rahman. | 57 |
| 25 | 9 March 1962 | Application of security prisoner Sheikh Mujibur Rahman to meet his wife Fazilatunnessa. | 59 |
| 26 | 10 March 1962 | Application of Fazilatunnessa to meet security prisoner Sheikh Mujibur Rahman. | 62 |
| 27 | 14 March 1962 | Suleman Mohamed Adamjee applied for interview with security prisoner Sheikh Mujibur Rahman. | 64 |
| 28 | 15 March 1962 | Application of security prisoner Sheikh Mujibur Rahman to meet Fazilatunnessa. | 67 |
| 29 | 17 March 1962 | Application of Fazilatunnessa to meet security prisoner Sheikh Mujibur Rahman. | 69 |
| 30 | 18 March 1962 | Application of security prisoner Sheikh Mujibur Rahman to meet Shirajuddin, Superintendent, Alpha Insurance Co. Ltd. | 71 |
| 31 | 19 March 1962 | Sheikh Mujibur Rahman declined to furnish any bond in an interview with Inspector of SB. | 74 |
| 32 | 21 March 1962 | Grounds for detention of Sheikh Mujibur Rahman. | 74 |
| 33 | 24 March 1962 | Application of Fazilatunnessa to meet security prisoner Sheikh Mujibur Rahman. | 83 |
| 34 | 26 March 1962 | DSP, SB sent photograph of Sheikh Mujibur Rahman to DD, Intelligence, Govt of Pakistan, Dacca on request. | 85 |
| 35 | 29 March 1962 | Application of Fazilatunnessa to meet security prisoner Sheikh Mujibur Rahman. | 86 |

| | | | |
|---|---|---|---|
| 36 | 30 March 1962 | Administrative Review Committee Home Dept, Govt of East Pakistan recommended for further three months' detention of Sheikh Mujibur Rahman. | 89 |
| 37 | 3 April 1962 | Application of security prisoner Sheikh Mujibur Rahman to meet Fazilatunnessa. | 96 |
| 38 | 7 April 1962 | Detention order of Sheikh Mujibur Rahman for further three months along with grounds of detention. | 99 |
| 39 | 11 April 1962 | Application of Sheikh Abu Naser to meet his elder brother Sheikh Mujibur Rahman. | 104 |
| 40 | 19 April 1962 | Application of security prisoner Sheikh Mujibur Rahman to meet Fazilatunnessa, children and cousin brother. | 107 |
| 41 | 24 April 1962 | Application of Superintendent, Alpha Insurance Co. Ltd. Dacca for Karachi Agency Manager's interview with security prisoner Sheikh Mujibur Rahman. | 111 |
| 42 | 27 April 1962 | Application of security prisoner Sheikh Mujibur Rahman to meet his wife-children and younger brother's family. Fazilatunnessa also applied simultaneously for meeting. | 113 |
| 43 | 11 May 1962 | Reference notes of SB on Sheikh Mujibur Rahman. | 118 |
| 44 | 11 May 1962 | Application of Syed Anisur Rahman of Alpha Insurance Company, Dacca to meet security prisoner Sheikh Mujibur Rahman. | 126 |
| 45 | 12 May 1962 | Application of Fazilatunnessa to meet Sheikh Mujibur Rahman along with children and younger brother's family. | 128 |
| 46 | 19 May 1962 | Security prisoner Sheikh Mujibur Rahman suffering from defective vision of both eyes. | 131 |
| 47 | 26 May 1962 | Security prisoner Sheikh Mujibur Rahman suffering from dental troubles. | 131 |
| 48 | 28 May 1962 | Application of Fazilatunnessa to meet security prisoner Sheikh Mujibur Rahman. | 132 |

| | | | |
|---|---|---|---|
| 49 | 2 June 1962 | Application of Sheikh Mujibur Rahman to meet Fazilatunnessa and children rejected. | 135 |
| 50 | 4 June 1962 | Application of Fazilatunnessa to meet security prisoner Sheikh Mujibur Rahman along with their daughter Sheikh Hasina and cousin Mominul Haque. | 137 |
| 51 | 9 June 1962 | SB recommended letter of Sheikh Lutfor Rahman to meet his son Sheikh Mujibur Rahman at Dacca Central Jail to be withheld. | 140 |
| 52 | 11 June 1962 | Application of Fazilatunnessa to meet security prisoner Sheikh Mujibur Rahman along with her daughter Sheikh Hasina, son Kamal, sister-in-law Razia and cousin Mominul Haque. | 141 |
| 53 | 12 June 1962 | Application of Sheikh Nurul Haque to meet security prisoner Sheikh Mujibur Rahman along with Fazilatunnessa, Sheikh Hasina, Sheikh Fazlul Haque, Sheikh Abu Naser and his wife. | 144 |
| 54 | 18 June 1962 | Sheikh Mujibur Rahman released from Dacca Ccentral Jail. | 145 |
| 55 | 19 June 1962 | Watch report reveals Sheikh Mujibur Rahman and others visited Tofazzal Hossain @ Manik Miah. | 149 |
| 56 | 19 June 1962 | Watch report shows Sheikh Mujibur Rahman visited Azimpur Party House. | 150 |
| 57 | 20 June 1962 | Statement of Sheikh Mujibur Rahman protesting restriction on movements of political leaders published in Morning News. | 151 |
| 58 | 20 June 1962 | Sheikh Mujibur Rahman made statement that he did not enjoy his release as many patriots were still in jail. | 154 |
| 59 | 26 June 1962 | Report on allegation of harassment of recently released security prisoners by intelligence officer. | 161 |
| 60 | 1 July 1962 | Watch report on Ataur Rahman Khan shows Sheikh Mujibur Rahman met him. | 161 |

xxx

| 61 | 5 July 1962 | Report on the proposed meeting to be held at Paltan Maidan. | 162 |
| 62 | 6 July 1962 | Watch report shows Sheikh Mujibur Rahman and others visited Ataur Rahman Khan. | 162 |
| 63 | 9 July 1962 | Report on students' meeting at Madhu's Canteen, DU and a public meeting. | 164 |
| 64 | 12 July 1962 | Report on the visit of Sheikh Mujibur Rahman to Tungipara. | 165 |
| 65 | 14 July 1962 | Report on Mashiur Rahman shows Sheikh Mujibur Rahman met him. | 171 |
| 66 | 18 July 1962 | Watch report on Sheikh Mujibur Rahman shows he left Goperdanga along with his family for Barisal. | 171 |
| 67 | 19 July 1962 | Watch report on Hamidul Huq Chowdhuri at his residence shows Sheikh Mujibur Rahman and others visited him. | 172 |
| 68 | 21 July 1962 | Weekly confidential report containing movement of Sheikh Mujibur Rahman and others. | 175 |
| 69 | 21 July 1962 | Watch report on Sheikh Mujibur Rahman. | 175 |
| 70 | 22 July 1962 | Watch report on Abu Hossain Sarkar and Ataur Rahman Khan. | 176 |
| 71 | 23 July 1962 | Report on the alleged instruction of Sheikh Mujibur Rahman not to give big reception to Farid Ahmed (MNA) while returning from West Pakistan. | 177 |
| 72 | 25 July 1962 | Report on movement of Sheikh Mujibur Rahman and other political leaders. | 180 |
| 73 | 15 August 1962 | Letter of Sheikh Mujibur Rahman to Mashiur Rahman regarding prevailing situation. | 182 |
| 74 | 17 August 1962 | Report on movement of Sheikh Mujibur Rahman. | 185 |
| 75 | 20 August 1962 | Watch report shows Sheikh Mujibur Rahman and Dr. M.A. Karim visited Daily Ittefaq Office at R.K. Mission Road. | 185 |

| | | | |
|---|---|---|---|
| 76 | 21 August 1962 | Report on movement of Sheikh Mujibur Rahman and other political leaders. | 186 |
| 77 | 21 August 1962 | Report on Sheikh Mujibur Rahman's departure from Dacca to Karachi. | 187 |
| 78 | 28 August 1962 | Report on movement of Sheikh Mujibur Rahman along with other political leaders. | 188 |
| 79 | 29 August 1962 | Movement report of Sheikh Mujibur Rahman from Tungipara to Dacca. | 188 |
| 80 | 31 August 1962 | Report on the activities of Sheikh Mujibur Rahman and other political leaders at Karachi. | 190 |
| 81 | 1 September 1962 | Weekly confidential report on movement of Sheikh Mujibur Rahman and others. | 192 |
| 82 | 6 September 1962 | Watch report on Nurul Amin shows Sheikh Mujibur Rahman and other political leaders visited him. | 193 |
| 83 | 8 September 1962 | Report on the activities of Sheikh Mujibur Rahman and Tofazzal Hussain at Karachi and return to Dacca. | 195 |
| 84 | 8 September 1962 | Weekly confidential report on movement of Sheikh Mujibur Rahman and other political leaders. | 196 |
| 85 | 18 September 1962 | Watch report on H S Suhrawardy shows Sheikh Mujibur Rahman and other political leaders visited him. | 197 |
| 86 | 18 September 1962 | Report on collection and hand over fund for organizing strike. | 199 |
| 87 | 18 September 1962 | DC, Dacca rejected application of Sheikh Mujibur Rahman to hold Awami League Workers Convention. | 199 |
| 88 | 18 September 1962 | Report on the proposal of Sheikh Mujibur Rahman to lead students after death of four persons on firing near Curzon and Jagannath hall. | 200 |
| 89 | 19 September 1962 | Report on obstruction of students to Sheikh Mujibur Rahman while entering Dacca Medical College Hospital to see the injured by Police firing. | 201 |

XXXII

| 90 | 2 October 1962 | Report on the press statement of Sheikh Mujibur Rahman regarding shooting in the meeting of Suhrawardy at Gujranwala. | 202 |
|---|---|---|---|
| 91 | 7 October 1962 | Watch report on H S Suhrawardy shows Sheikh Mujibur Rahman and other political leaders visited him. | 207 |
| 92 | 12 October 1962 | Report on alleged objectionable speech delivered by Sheikh Mujibur Rahman at Khulna. | 208 |
| 93 | 13 October 1962 | Weekly confidential report on movement and political activities of Sheikh Mujibur Rahman and others. | 211 |
| 94 | 13 October 1962 | Report on the visit of H S Suhrawardy, Sheikh Mujibur Rahman and other political leaders to Jessore. | 213 |
| 95 | 14 October 1962 | Report on the speeches delivered by Sheikh Mujibur Rahman at Chandpur railway station platform. | 215 |
| 96 | 15 October 1962 | Report on the speech delivered by Sheikh Mujibur Rahman and other political leaders in a meeting at Idgah Maidan, Rajshahi. | 216 |
| 97 | 15 October 1962 | H S Suhrawardy along with Ataur Rahman Khan, Sheikh Mujibur Rahman, Abu Hosain Sarkar and others toured Pabna, Rajshahi and Rangpur. | 219 |
| 98 | 16 October 1962 | Report on the public meeting of H S Suhrawardy and other political leaders at Rangpur. | 219 |
| 99 | 16 October 1962 | Report on the meeting at Ishurdi attended by H S Suhrawardy along with Ataur Rahman, Sheikh Mujibur Rahman, Abu Husain Sarkar, Mahmud Ali and Mrs. Begum Rokeya. | 222 |
| 100 | 16 October 1962 | Report on Sheikh Mujibur Rahman's West Pakistan visit. | 222 |
| 101 | 18 October 1962 | Report on the speeches delivered by H S Suhrawardy, Sheikh Mujibur Rahman and other political leaders at Comilla Town Hall premises meeting. | 224 |

| | | | |
|---|---|---|---|
| *102* | *19 October 1962* | *Report on the meetings of H S Suhrawardy, Sheikh Mujibur Rahman and other political leaders at Chittagong.* | *226* |
| *103* | *20 October 1962* | *Weekly confidential report on movement of H S Suhrawardy, Sheikh Mujibur Rahman and other political leaders within Chittagong Division.* | *228* |
| *104* | *25 October 1962* | *Secret Weekly Summary of SP, DSB, Jessore.* | *229* |
| *105* | *9 November 1962* | *Report on Sylhet visit of H S Suhrawardy along with Sheikh Mujibur Rahman and other political leaders.* | *231* |
| *106* | *14 November 1962* | *Report on visit of H S Suhrawardy and other leaders to Noakhali.* | *232* |
| *107* | *17 November 1962* | *Weekly confidential report on Sheikh Mujibur Rahman and others.* | *233* |
| *108* | *22 November 1962* | *Report on movement of H S Suhrawardy and Sheikh Mujibur Rahman.* | *233* |
| *109* | *23 November 1962* | *Report on speeches of H S Suhrawardy and Sheikh Mujibur Rahman at Rajbari.* | *234* |
| *110* | *25 November 1962* | *Watch report on H S Suhrawardy, Sheikh Mujibur Rahman and others.* | *236* |
| *111* | *25 November 1962* | *Report on the speeches of H S Suhrawardy, Sheikh Mujibur Rahman and other political leaders.* | *236* |
| *112* | *26 November 1962* | *Watch report on Sheikh Mujibur Rahman and others.* | *238* |
| *113* | *1 December 1962* | *Weekly confidential report on movement of Sheikh Mujibur Rahman and other political leaders from Dacca to Kushtia.* | *239* |
| *114* | *1 December 1962* | *Forwarding letter of long hand notes of the speeches of Sheikh Mujibur Rahman and Aftabul Islam.* | *240* |

| | | | |
|---|---|---|---|
| 115 | 4 December 1962 | *Sheikh Mujibur Rahman and other political leaders spoke in a meeting at Bogra.* | 240 |
| 116 | 6 December 1962 | *Report on the difference of opinion between Sheikh Mujibur Rahman and H S Suhrawardy regarding holding meeting in West Pakistan.* | 241 |
| 117 | 6 December 1962 | *Report on movement of H S Suhrawardy from Bogra to Dinajpur.* | 242 |
| 118 | 7 December 1962 | *Report on movement of H S Suhrawardy from Dinajpur to Pabna.* | 243 |
| 119 | 8 December 1962 | *Weekly confidential report of DSB, Dinajpur.* | 245 |
| 120 | 14 December 1962 | *Public meeting at Rajbari and Faridpur attended by H S Suhrawardy.* | 248 |
| 121 | 14 December 1962 | *Report on the statements of Sheikh Mujibur Rahman, Mahmud Ali and Mohammad Ibrahim criticizing Government's demand of bond from Ittefaq.* | 249 |
| 122 | 17 December 1962 | *Report on visit of Sheikh Mujibur Rahman to his brother-in-law 3$^{rd}$ officer of SDO office.* | 252 |
| 123 | 18 December 1962 | *Report on formation of Provincial Executive Committee by Sheikh Mujibur Rahmanm.* | 253 |
| 124 | 20 December 1962 | *Weekly confidential report of SP, DSB, Dinajpur, Bogra on Sheikh Mujibur Rahman and other political leaders.* | 254 |
| 125 | 22 December 1962 | *Weekly confidential report of Mymensingh District shows Sheikh Mujibur Rahman met Abdul Hamid Khan Bhashani at Tangail.* | 254 |
| 126 | 22 December 1962 | *Statement of Sheikh Mujibur Rahman to fulfil demand of teachers.* | 255 |
| 127 | 24 December 1962 | *Report on Sheikh Mujibur Rahman relating to observation of Democratic day and formation of NDF.* | 259 |
| 128 | 27 December 1962 | *Special Branch authority ask for report whether any case pending against Sheikh Mujibur Rahman.* | 260 |

*Chapter-II, 1963*

| | | | |
|---|---|---|---|
| 129 | 2 January 1963 | *SB reports Sheikh Mujibur Rahman left Dacca for Tungipara to bring his family.* | 263 |
| 130 | 4 January 1963 | *Report on visit to residence of H S Suhrawardy by Sheikh Mujibur Rahman and other political leaders.* | 264 |
| 131 | 6 January 1963 | *Sheikh Mujibur Rahman left his native village Tungipara along with family members for Dacca via Barisal by steamer.* | 265 |
| 132 | 9 January 1963 | *Strongly worded criticism of Sheikh Mujibur Rahman against promulgation of new law.* | 266 |
| 133 | 11 January 1963 | *Watch report reveals Sheikh Mujibur Rahman left Dacca for Karachi.* | 269 |
| 134 | 18 January 1963 | *Report on statement of Sheikh Mujibur Rahman condemning indiscriminate arrest.* | 270 |
| 135 | 4 February 1963 | *Government approved for two years although Sheikh Mujibur Rahman applied for five years' renewal of his International Passport.* | 276 |
| 136 | 14 February 1963 | *Report on reaction to resignation of VC, Dacca University and appointment of a new one.* | 279 |
| 137 | 20 February 1963 | *Report on statement of Sheikh Mujibur Rahman in connection with the observance of 'Shahid Day'.* | 283 |
| 138 | 25 February 1963 | *Sheikh Mujibur Rahman demanded immediate release of the UCACEP leaders.* | 285 |
| 139 | 28 February 1963 | *Watch on Nurul Amin reveals Sheikh Mujibur Rahman and other political leaders met him.* | 286 |
| 140 | 1 March 1963 | *Report on the formation of NDF East Pakistan committee including Sheikh Mujibur Rahman.* | 287 |

| | | | |
|---|---|---|---|
| 141 | 5 March 1963 | Report on the probable disturbances in the National Assembly Hall at the time of inaugural speech by the President. | 288 |
| 142 | 5 March 1963 | Watch report on Sheikh Mujibur Rahman. | 289 |
| 143 | 12 March 1963 | Press statement of Sheikh Mujibur Rahman supporting demands of Railway employees. | 290 |
| 144 | 17 March 1963 | Nurul Amin met many political leaders including Sheikh Mujibur Rahman as revealed on watch. | 291 |
| 145 | 18 March 1963 | Sheikh Mujibur Rahman criticized govt restriction on democratic rights in a public meeting organised by NDF at Outer Stadium with Nurul Amin in the chair. | 292 |
| 146 | 18 March 1963 | Sheikh Mujibur Rahman arrived in Karachi being called upon by H S Suhrawardy. | 295 |
| 147 | 22 March 1963 | SB asked short notes on political leaders. | 298 |
| 148 | 26 March 1963 | Sheikh Mujibur Rahman along with his wife travelled to different tourist spots of Chittagong and Cox's Bazar. | 299 |
| 149 | 6 April 1963 | Instruction from SB, West Pakistan to complete history sheet of Sheikh Mujibur Rahman. | 302 |
| 150 | 6 April 1963 | Weekly confidential report of SP, DSB, Chittagong Hill Tracts. | 308 |
| 151 | 6 April 1963 | Report on visit of residence of Sheikh Mujibur Rahman by some persons. | 309 |
| 152 | 11 April 1963 | Report on statement of Sheikh Mujibur Rahman on indiscriminate baton charge on Dacca University students. | 310 |
| 153 | 12 April 1963 | Watch report on Ali Akhsad reveals Sheikh Mujibur Rahman visited him. | 311 |

| | | | |
|---|---|---|---|
| 154 | 22 April 1963 | Letter of Sheikh Mujibur Rahman to DIG, IB requesting investigation relating to a threat letter addressed to Mohammad Bhai of Ismailia Sect. | 312 |
| 155 | 23 April 1963 | Watch report on Sheikh Mujibur Rahman. | 316 |
| 156 | 23 April 1963 | Report on the Sheikh Mujibur Rahman visiting Kushtia. | 317 |
| 157 | 24 April 1963 | Statement by Sheikh Mujibur Rahman called the 'boastful' comments of the Central Minister an "attempt to befool the people of West Pakistan." | 318 |
| 158 | 12 May 1963 | Sheikh Mujibur Rahman urged upon the Provincial Government to bring back to East Pakistan the unfortunate East Pakistan settlers now stranded in West Pakistan published in Pakistan Observer. | 324 |
| 159 | 15 May 1963 | Sheikh Mujibur Rahman said in an interview with PPA representative that Supreme Court Judgement reveals present constitution is undemocratic and non-functional. | 327 |
| 160 | 24 May 1963 | Report on the formation of NDF committee including Sheikh Mujibur Rahman. | 329 |
| 161 | 30 May 1963 | Government of East Pakistan communicated message to proceed against Sheikh Mujibur Rahman under EPPSO. | 329 |
| 162 | 1 June 1963 | Watch report on Ataur Rahman Khan shows he was visited by political leaders including Sheikh Mujibur Rahman. Cyclone Relief Committee meeting of NDF held at his residence. | 333 |
| 163 | 1 June 1963 | Report on Sheikh Mujibur Rahman who left Dacca for Chittagong where he visited cyclone affected area and held meeting with local political leaders. | 335 |

XXXVIII

| 164 | 4 June 1963 | Sheikh Mujibur Rahman visited cyclone affected area of Chittagong and his briefing on plight of affected people published in newspapers. | 340 |
|---|---|---|---|
| 165 | 5 June 1963 | Report on political activities of Sheikh Mujibur Rahman in connection with Chittagong cyclone. | 342 |
| 166 | 8 June 1963 | Sheikh Mujibur Rahman delivered speech criticizing Government. | 343 |
| 167 | 12 June 1963 | Memo of SP, DSB, Mymensingh to SSP, SB, Dacca containing report on Sheikh Mujibur Rahman and Moulana Bhashani. | 365 |
| 168 | 14 June 1963 | Hearing date of treason case fixed at ADC's court against Sheikh Mujibur Rahman. | 366 |
| 169 | 14 June 1963 | Watch report on Ataur Rahman Khan reveals meeting with Sheikh Mujibur Rahman and other political leaders. | 368 |
| 170 | 18 June 1963 | Watch on Sheikh Mujibur Rahman reveals Anwar Husain, Reza Ali and some other student workers visited his residence. | 369 |
| 171 | 18 June 1963 | Sheikh Mujibur Rahman demanded implementation of Krug Mission Plan for flood control. | 369 |
| 172 | 21 June 1963 | Sheikh Mujibur Rahman demanded Tribunal to find out informantion regarding Gandhara Industries. | 371 |
| 173 | 3 July 1963 | Watch report on Nurul Amin reveals Sheikh Mujibur Rahman and other political leaders visited him. | 377 |
| 174 | 10 July 1963 | Watch report on Ataur Rahman Khan reveals Sheikh Mujibur Rahman and other political leaders visited him. | 379 |
| 175 | 23 July 1963 | Sheikh Mujibur Rahman replying on the comment of Mahmudul Haq Osmani, General Secretary of All-Pakistan NAP. | 380 |

| 176 | 29 July 1963 | Watch report on Sheikh Mujibur Rahman. | 383 |
| 177 | 30 July 1963 | Report on arrival and activities of Mahmudul Haq Osmani, All-Pakistan NAP in Dacca. | 384 |
| 178 | 1 August 1963 | Report on the meeting of Sheikh Mujibur Rahman and Tofazzal Hossain with Sadri Ispahani. | 386 |
| 179 | 1 August 1963 | Watch report on Sheikh Mujibur Rahman reveals his attempt to meet M H Osmani missed. | 387 |
| 180 | 3 August 1963 | Watch report on Ataur Rahman Khan reveals Sheikh Mujibur Rahman and other political leaders visited him. | 388 |
| 181 | 3 August 1963 | Weekly confidential report of Mymensingh District. | 390 |
| 182 | 10 August 1963 | Report on movement of Sheikh Mujibur Rahman who left Dacca for London to meet H S Suhrawardy. | 391 |
| 183 | 10 August 1963 | Report on formation of two bogus firms at 8 Jinnah Avenue for secret meetings and discussions. | 396 |
| 184 | 30 August 1963 | Sheikh Mujibur Rahman condemns restriction on press freedom. | 396 |
| 185 | 30 August 1963 | Watch report on Sheikh Mujibur Rahman. | 398 |
| 186 | 1 September 1963 | Watch report on Hamidul Haq Chowdhury shows Sheikh Mujibur Rahman and other political leaders visited him. | 400 |
| 187 | 2 September 1963 | Report on the meeting presided over by Khawja Nazimuddin held at his residence participated by Sheikh Mujibur Rahman and other political leaders. | 401 |
| 188 | 5 September 1963 | Sheikh Mujibur Rahman terms new ordinance on press and publication as a serious attack on people's rights. | 402 |

| | | | |
|---|---|---|---|
| 189 | 6 September 1963 | Watch report on Sheikh Mujibur Rahman shows he left Dacca for Jessore. | 403 |
| 190 | 6 September 1963 | Audience appreciated speech of Sheikh Mujibur Rahman delivered in a public meeting held at Khulna Municipal Park. | 403 |
| 191 | 6 September 1963 | Sheikh Mujibur Rahman travelled from Dacca to Jessore and proceeded to Gopalganj for a public meeting. | 405 |
| 192 | 7 September 1963 | Report on Sheikh Mujibur Rahman's alleged request to the Government servants to refrain from siding with any party participating in the election, whether it be Government supported party or opposition party. | 409 |
| 193 | 7 September 1963 | Weekly confidential report of SP, DSB, Khulna reveals visit of Sheikh Mujibur Rahman and other political leaders. | 410 |
| 194 | 7 September 1963 | Weekly confidential report on Mymensingh shows movement of Sheikh Mujibur Rahman and other political leaders. | 411 |
| 195 | 8 September 1963 | Sheikh Mujibur Rahman criticized Govt in public meeting at Khulna Municipal Park. | 411 |
| 196 | 15 September 1963 | Sheikh Mujibur Rahman delivered speech at Satkhira in a public meeting under the auspices of NDF. | 413 |
| 197 | 18 September 1963 | Sheikh Mujibur Rahman warns DC and SDO not to favour candidates in a meeting held at Ramdia Bazar, Kasiani, Gopalganj. | 414 |
| 198 | 21 September 1963 | Weekly confidential report of SP, DSB, Faridpur mentioned speeches of Sheikh Mujibur Rahman in the election meeting at Gopalganj and Kotalipara. | 414 |
| 199 | 23 September 1963 | Sheikh Mujibur Rahman returned from Faridpur to Dacca. | 415 |

| | | | |
|---|---|---|---|
| 200 | 23 September 1963 | Sheikh Mujibur Rahman appeals not to use Govt employees in favour of Government party candidate. | 416 |
| 201 | 23 September 1963 | Watch report on Ataur Rahman Khan reveals Sheikh Mujibur Rahman and other political leaders visited him. | 417 |
| 202 | 28 September 1963 | SSP, SB, Dacca asked report by special messenger on speeches of Sheikh Mujibur Rahman delivered in various meetings. | 418 |
| 203 | 30 September 1963 | Report on Wahiduzzaman, Central Commerce Minister denied allegation against him in a statement of Sheikh Mujibur Rahman. | 422 |
| 204 | 30 September 1963 | Revised personal history sheet of Sheikh Mujibur Rahman. | 424 |
| 205 | 3 October 1963 | Sheikh Mujibur Rahman complained wastage of money in an election campaign meeting at Boultoli, Gopalganj. | 434 |
| 206 | 5 October 1963 | Weekly confidential report showing movement of political leaders. | 437 |
| 207 | 5 October 1963 | Report on the meetings of Sheikh Mujibur Rahman at Gopalganj and Kotalipara. | 437 |
| 208 | 9 October 1963 | Note for DS, EP Home (Poll) department on the situation prevailing in Gopalganj constituency in connection with bye-election to National Assembly. | 438 |
| 209 | 16 October 1963 | Report on visit of Sheikh Mujibur Rahman to Comilla in connection with bye-election. | 440 |
| 210 | 17 October 1963 | Confidential report on movement of Sheikh Mujibur Rahman and Tofazzal Hossain @ Manik Miah. | 441 |
| 211 | 18 October 1963 | Report on speech of Sheikh Mujibur Rahman delivered in a public meeting held at Baultali, Gopalganj, Faridpur. | 441 |

| | | | |
|---|---|---|---|
| 212 | 21 October 1963 | *Sheikh Mujibur Rahman rejects parity and demands 56% fair share for East Pakistan.* | 444 |
| 213 | 21 October 1963 | *Sheikh Mujibur Rahman complains use of government machineries and intimidation in the by-election.* | 448 |
| 214 | 21 October 1963 | *Report on Sheikh Mujibur Rahman answering statements made by President Ayub Khan, Governor Monem Khan and others.* | 451 |
| 215 | 21 October 1963 | *Sheikh Mujibur Rahman demanded high powered judicial enquiry committee on election irregularities.* | 456 |
| 216 | 26 October 1963 | *Weekly confidential report on Sheikh Mujibur Rahman's discussion on defeat in Gopalganj by-election.* | 458 |
| 217 | 2 November 1963 | *Report on letter of H S Suhrawardy to Sheikh Mujibur Rahman.* | 458 |
| 218 | 7 November 1963 | *Letter of Sheikh Mujibur Rahman to Moshiur Rahman of Jessore intercepted.* | 459 |
| 219 | 9 November 1963 | *Weekly confidential report of Jessore District.* | 461 |
| 220 | 10 November 1963 | *Report on the movement of Sheikh Mujibur Rahman and other political leaders.* | 465 |
| 221 | 11 November 1963 | *Sheikh Mujibur Rahman delivered speech at Jessore Town Hall criticizing Pakistan President Ayub Khan's policy.* | 467 |
| 222 | 11 November 1963 | *Report on movement and activities of Sheikh Mujibur Rahman at Khulna.* | 468 |
| 223 | 11 November 1963 | *Report on activities of Moshiur Rahman shows Sheikh Mujibur Rahman delivered speech at Town Hall Maidan and attended workers meeting at Taswir Mahal Cinema hall, Jessore.* | 469 |

| | | | |
|---|---|---|---|
| 224 | 12 November 1963 | Awami League Provincial Working Committee and District Committee meetings called at Ataur Rahman Khan's Dhanmondi residence. | 470 |
| 225 | 12 November 1963 | Sheikh Mujibur Rahman in a speech at Jessore refuted Pakistan President Ayub Khan's claim East Pakistan getting a lot of money. | 472 |
| 226 | 12 November 1963 | Sheikh Mujibur Rahman's letters to Awami League leaders all over the country intercepted. | 473 |
| 227 | 12 November 1963 | Letter of Md. Suruj Mia, Mukhtear, Maijdi Court, Noakhali to Sheikh Mujibur Rahman, Alpha Insurance Co. Ltd. Dacca intercepted. | 479 |
| 228 | 21 November 1963 | Report on the identity of writer of intercepted letter and its content. | 482 |
| 229 | 22 November 1963 | Intercepted letter of Sheikh Mujibur Rahman to M A Aziz, Secretary District Awami League Chittagong shows instructing him to prepare present and future working plan. | 492 |
| 230 | 1 December 1963 | Report on the preparation of observing 'Demand Day'. | 495 |
| 231 | 9 December 1963 | Awami League Provincial workers conference at the residence of Ataur Rahman Khan postponed due to sudden demise of H S Suhrawardy. | 496 |
| 232 | 15 December 1963 | Condolence speech of Sheikh Mujibur Rahman on the death of H S Suhrawardy delivered at Outer Stadium Dacca. | 497 |
| 233 | 16 December 1963 | Report on letter of advocate Sarfraz of Lahore to Sheikh Mujibur Rahman, Alpha insurance Co. Dacca. | 498 |

## কোন খণ্ডে কি আছে

পাকিস্তান সরকারের তৎকালীন গোয়েন্দা সংস্থা *Intelligence Branch (IB)* ১৯৪৭ এর দেশ ভাগের পরপরই জাতির জনক বঙ্গবন্ধু শেখ মুজিবুর রহমানের দেশব্যাপী তাঁর প্রায় প্রতিটি রাজনৈতিক কর্মসূচী ও অন্যান্য কার্যক্রম সংগ্রহ ও সংরক্ষণ করে। ১৯৪৮ সাল থেকে প্রাপ্ত তাঁর নামে ৪৭ টি ব্যক্তিগত ফাইল (পিএফ)-এ সংরক্ষিত ডকুমেন্টগুলোর মূল তথ্য খণ্ড অনুযায়ী (১-১৪) নিম্নরূপ :

| | | | |
|---|---|---|---|
| *প্রথম খণ্ড* | : | *১৯৪৮-১৯৫০* | *ভাষা আন্দোলন; জমিদারী প্রথা বিলুপ্তকরণ দাবী; ঢাকা বিশ্ববিদ্যালয়ে আন্দোলন; আওয়ামী লীগের জন্ম; শেখ মুজিবুর রহমানের চিঠিপত্র; বিভিন্ন লিফলেট বিতরণ; বক্তব্য-বিবৃতি; গ্রেফতার ও কারাবরণ, কারাগারে আত্মীয়-স্বজন ও নেতা-কর্মীদের সাক্ষাৎ ইত্যাদি।* |
| *দ্বিতীয় খণ্ড* | : | *১৯৫১-১৯৫২* | *ভাষা আন্দোলন, State Language Committee of Action-এর কার্যক্রম; বিভিন্ন জনসভা; গ্রেফতার, কারাবরণ, মামলার শুনানী; চিঠিপত্র; বন্ড দিয়ে মুক্তি পেতে অস্বীকৃতি; জেলখানায় শেখ মুজিবুর রহমানের অনশন কর্মসূচী ও অসুস্থতা; পাকিস্তানের প্রধানমন্ত্রী খাজা নাজিম উদ্দিনের সাথে সাক্ষাৎ; করাচি-লাহোর ও পাঞ্জাবে প্রেস কন্‌ফারেন্স, পিকিং-এ পিস কনফারেন্সে অংশগ্রহণ; এসবি ও সিআইডি করাচির গোপন রিপোর্ট; দেশব্যাপী সফর, নেতাকর্মীদের সংগঠিতকরণ ও দলীয় এজেন্ডা প্রচার; পত্রিকার কাটিং ইত্যাদি।* |
| *তৃতীয় খণ্ড* | : | *১৯৫৩* | *শেখ মুজিবুর রহমান ও সোহরাওয়ার্দীর উত্তরবঙ্গের বিভিন্ন জেলাসহ চট্টগ্রাম-ময়মনসিংহ ও বরিশাল সফর; ওয়াচ রিপোর্ট; চিঠিপত্র; মাওলানা ভাসানীসহ অন্যান্য নেতাদের মুক্তির দাবী; Safety Act, পাট ও শিক্ষা নীতির সমালোচনা; ভাষা আন্দোলন; জেলখানায় আইবি অফিসারের ইন্টারভিউ রিপোর্ট; পত্রিকার কাটিং ইত্যাদি।* |
| *চতুর্থ খণ্ড* | : | *১৯৫৪-১৯৫৭* | *WCR; বিভিন্ন জনসভার এক্সট্রাক্ট-প্রসিডিংস; গ্রাউন্ডস অব ডিটেনশন; আসাম থেকে মাওলানা ভাসানীর চিঠি, লাহোর থেকে গোলাম মোহাম্মদ খান লুন্দখোর-এর চিঠি ও অন্যান্য চিঠিপত্র; East Pakistan Press Workers Association-এর মিটিং বক্তব্য, বিভিন্ন জেলায় প্রদত্ত ভাষণ; শেরে বাংলা এ.কে. ফজলুল হক এর মন্ত্রী সভায় মন্ত্রীত্ব গ্রহণ; জেলখানায় পরিবারের সাথে সাক্ষাত; ১৩৭ জন নিরাপত্তা বন্দীর তালিকা; শেখ মুজিবুর রহমানের শারীরিক বর্ণনা; পাকিস্তানের আইনমন্ত্রীর সাথে সাক্ষাতের জন্য করাচি গমন; শেখ মুজিবুর রহমান ও মাওলানা ভাসানী'র চট্টগ্রাম সফর ও ২১ দফার পক্ষে প্রচারণা; গণ পরিষদের অধিবেশন; আইবি অফিসারদের বিভিন্ন রিপোর্ট; সরকারের বৈদেশিক নীতির সমালোচনা; শেখ মুজিবুর রহমান কর্তৃক ২৫ শে মে 'খাদ্য দাবী দিবস' পালনের সিদ্ধান্ত; কেন্দ্রীয় ও প্রাদেশিক সরকারের ব্যর্থতার সমালোচনা; চট্টগ্রামে ভুখা মিছিল; পূর্ব পাকিস্তান আওয়ামী লীগ কাউন্সিল অধিবেশনে সাধারণ সম্পাদকের রিপোর্ট পেশ; খুলনা-যশোর-ফরিদপুর ইত্যাদি জেলার সফর তালিকা; খাদ্য পরিস্থিতি সরেজমিনে তদন্তের জন্য প্রেসিডেন্ট ইস্কান্দার মীর্জ্জাকে অনুরোধ; সরকারি অগণতান্ত্রিক নীতির নিন্দা; ক্ষমতাসীন চক্র পূর্ব পাকিস্তানকে কলোনীতে পরিণত করিয়াছে ও* |

*রাষ্ট্রের প্রতি উদাসীন শাসকগোষ্ঠীর বিচার হওয়া উচিত মর্মে করাচিতে শেখ মুজিবুর রহমান কর্তৃক দাবী উত্থাপন; বাণিজ্য ও শিল্প মন্ত্রীর দায়িত্বপ্রাপ্ত শেখ মুজিবুর রহমানের কেবিনেট থেকে পদত্যাগ ইত্যাদি।*

পঞ্চম খণ্ড : ১৯৫৮-১৯৫৯ *শেখ মুজিবুর রহমানের চিকিৎসার জন্য কলকাতা গমন সংক্রান্ত গোপন রিপোর্ট; করাচি গমন; বিভিন্ন পেপার কাটিং; রাজনীতি সংক্রান্ত সংক্ষিপ্ত নোট; শেখ মুজিবুর রহমানের পারিবারিক সম্পত্তি সংক্রান্ত গোপনীয় রিপোর্ট; এজেন্ট-ওয়াচ রিপোর্ট; চিঠি পত্রের বিষয়ে গুরুত্বপূর্ণ অফিসিয়াল নোট-প্রতিবেদন; শেখ মুজিবুর রহমানের ব্যবহৃত জব্দকৃত গাড়ি ফেরত চেয়ে কর্তৃপক্ষের নিকট আবেদন; কারাগারে অবস্থানকালে তাঁর স্ত্রী-মা-চার সন্তান-ভাই, আইনজীবী, মানিক মিয়া ও ব্যক্তিগত সহকারীগণের সাথে সাক্ষাতের জন্য কর্তৃপক্ষের নিকট স্ব-হস্তে লিখিত আবেদন, কারাগারে সাক্ষাতের জন্য ফজিলাতুন্নেসা মুজিব-পিতা ও অন্যান্য ব্যক্তিবর্গের আবেদন; সেন্সর সার্টিফিকেট; ডিটেনশন হতে অব্যাহতি চেয়ে কারাকর্তৃপক্ষের মাধ্যমে আবেদন; শেখ মুজিবুর রহমানসহ অন্যান্য নেতাকর্মীদের বিরুদ্ধে মূলতবী রাজনৈতিক মামলার বিবরণ; দুর্নীতিদমন কমিশন বরাবর সকল সম্পত্তির বিবরণ সম্বলিত পত্র ও এ সংক্রান্ত অফিসিয়াল পত্রাদি; উপদেষ্টা বোর্ড চেয়ারম্যান (বিচারক) কর্তৃক ২৮.৩.১৯৫৯ এর পূর্ববর্তী কারাভোগ ও তাঁর রাজনীতির সূচনা বিষয়ক রিপোর্ট ইত্যাদি।*

ষষ্ঠ খণ্ড : ১৯৬০-১৯৬১ *খুলনা, ফরিদপুরসহ বিভিন্ন জেলায় সফর ও এ সংক্রান্ত পত্রিকার নিউজ; Extract, WCR, CR, Brief History; এইচ.এস. সোহরাওয়ার্দী, শেখ মুজিবুর রহমান ও অন্যান্য নেতাদের চলাচলের উপর গোয়েন্দা নজরদারি; আলফা ইন্সুরেন্স কোম্পানির কন্ট্রোলার কর্তৃক নারায়নগঞ্জে শেখ মুজিবুর রহমানকে রিসিপশন প্রদান সংক্রান্ত পত্র; কথিত দুর্নীতি মামলায় ২ বছরের সাজা ও অন্তর্বর্তীকালীন জামিন; আপিল সংক্রান্ত পত্রিকার নিউজ ও সরকারি চিঠিপত্র, হাইকোর্ট কর্তৃক দুর্নীতি মামলায় অব্যাহতি; করাচি গমন ও এ সংক্রান্ত চিঠিপত্র; শহীদ দিবস পালনের জন্য এসএম হলে আগমন; আলফা ইন্স্যুরেন্স কোম্পানী ও এর কন্ট্রোলার শেখ মুজিবুর রহমান সম্পর্কে আইবি'র অনুসন্ধানী প্রতিবেদন; চট্টগ্রাম-টাঙ্গাইল ও ময়মনসিংহে সাংগঠনিক সফর; ছাত্র আন্দোলন সংক্রান্তে এফএইচ হলে আগমন; ৮.১০.১৯৬১ তারিখ বিকাল হতে শেখ মুজিবুর রহমান ধানমন্ডি ৩২ নং রোডের ৬৭৭ নং নতুন বাসায় বসবাস শুরু করেন; সোহরাওয়ার্দীর ঢাকায় আগমন; শেখ মুজিবুর রহমান, মানিক মিয়া ও অন্যান্য নেতাদের সাথে সাক্ষাৎ ইত্যাদি।*

সপ্তম খণ্ড : ১৯৬২-১৯৬৩ *দেশরক্ষা বিধি বলে শেখ মুজিবুর রহমানসহ অন্যান্য আওয়ামী লীগ নেতা ৭.২.১৯৬২ তারিখ গ্রেফতার; কারাগার থেকে পরিবারের সদস্যদের সহিত সাক্ষাৎ চেয়ে ডিআইজি আইবি'র নিকট আবেদন, সাক্ষাৎ চেয়ে আইবি'র নিকট আত্মীয়-স্বজন ও অন্যান্যদের আবেদন; ডিটেনশনের আদেশ; শেখ লুৎফর রহমানের চিঠি; শেখ মুজিবুর রহমানের মুক্তি; মানিক মিয়াসহ করাচি যাত্রা ও সোহরাওয়ার্দীর সাথে সাক্ষাৎ, কাকরাইলস্থ সোহরাওয়ার্দীর বাসায় শেখ মুজিবুর রহমানসহ অন্যান্য নেতৃবৃন্দের সাক্ষাৎ; 'পাকিস্তানে গুজরানওয়ালায় সোহরাওয়ার্দীকে লক্ষ্য*

| | | |
|---|---|---|
| | | করিয়া গুলি বর্ষণের পশ্চাতে যে সরকারি ইঙ্গিত রহিয়াছে'-শেখ মুজিবুর রহমানের দাবী; খুলনা সার্কিট হাউজ ময়দানের জনসভায় পূর্ব ও পশ্চিম পাকিস্তানের অর্থনৈতিক বৈষম্য ও রাজনীতির উপরে ভাষণ, উত্তরবঙ্গে জনসভায় সোহরাওয়ার্দীসহ অন্যান্য নেতাদের ভাষণ, ২১শে ফেব্রুয়ারি শহীদ দিবস পালনে দেশবাসী বিশেষ করে যুবসমাজের প্রতি শেখ মুজিবুর রহমানের আহবান, ছাত্রদের উপর পুলিশী জুলুমের নিন্দা; শেখ মুজিবুর রহমান সম্পর্কে অপপ্রচারের কারণে আইবিকে তদন্তের জন্য চিঠি; চট্টগ্রামের ঘূর্ণিদূর্গত অঞ্চল সফর; এডিএম কোর্টে রাষ্ট্রদ্রোহ মামলার শুনানী; ক্রুগ মিশন পরিকল্পনা বাস্তবায়ন করার দাবি; করাচি ও লন্ডন সফর; গোপালগঞ্জের উপনির্বাচনে ভীতি প্রদর্শন ও সরকারি যন্ত্র ব্যবহারের অভিযোগ; আওয়ামী লীগের ওয়ার্কিং কমিটির সভা; শিক্ষকদের দাবী পূরণে সরকারকে আহবান ইত্যাদি। |
| অষ্টম খণ্ড | : ১৯৬৪ | শেখ মুজিবুর রহমানের লাহোর ও করাচি গমন সংক্রান্ত অফিসিয়াল চিঠিপত্র ও পেপার কাটিং; তাঁর গতিবিধি সংক্রান্ত Extract, WCR, DR ও Watch Report; বিভিন্ন জেলা সফর সংক্রান্ত পেপার কাটিং; অফিসিয়াল চিঠিপত্র ও লংহ্যান্ড নোট সংক্রান্ত কাগজপত্র; তাঁর গ্রেফতার, শুনানী, আদালতের অর্ডারশীটের কপি ও অফিসিয়াল চিঠিপত্র, ব্রিফ হিস্ট্রি সংক্রান্ত চিঠিপত্র; মিস্ ফাতেমা জিন্নাহ্র পূর্ব পাকিস্তান আওয়ামী লীগে যোগদান এবং তাঁকে ভোট দেওয়ার জন্য শেখ মুজিবুর রহমানের আহ্বান সংক্রান্ত বক্তব্য ও পেপারকাটিং ইত্যাদি। |
| নবম খণ্ড | : ১৯৬৫ | শেখ মুজিবুর রহমানসহ অন্যান্য নেতাদের গতিবিধির উপর সরকারের গোয়েন্দা নজরদারি; তৎকালীন পূর্ব পাকিস্তানের বিভিন্ন জেলায় সফর সংক্রান্ত পেপার কাটিং; সরকারি চিঠিপত্র ও লংহ্যান্ড নোট সংক্রান্ত কাগজপত্র; ডাক ও রেল কর্মচারীদের দাবির প্রতি শেখ মুজিবুর রহমানের সমর্থন সংক্রান্ত বক্তব্য; শেখ মুজিবুর রহমান কর্তৃক কথিত আপত্তিকর বক্তব্য এবং Bengali booklet with captioned 'Bhaira Amar Jago' সংক্রান্ত তদন্তের সরকারি চিঠিপত্র; শেখ মুজিবুর রহমানের বিরুদ্ধে রাষ্ট্রদ্রোহ মামলা পরিচালনার জন্য সরকারি আইনজীবি নিয়োগ; গ্রেফতার, মামলার শুনানী, উচ্চ ও নিম্ন আদালত কর্তৃক অর্ডারশীটের কপি ও অফিসিয়াল চিঠিপত্র ইত্যাদি। |
| দশম খণ্ড | : ১৯৬৬ | পল্টন ময়দানে কথিত আপত্তিকর বক্তৃতা প্রদানের মামলায় হাইকোর্ট থেকে জামিন; বিভিন্ন জেলায় ৬ দফা সংক্রান্ত জনসভা; জাতীয় সম্মেলনে যোগদানের উদ্দেশ্যে লাহোর গমন এবং এ সংক্রান্ত পত্রিকার নিউজ; আওয়ামী লীগের প্রাদেশিক কাউন্সিলের সভায় শেখ মুজিবুর রহমানের প্রেসিডেন্ট নির্বাচিত হওয়া; উত্তরবঙ্গ-দক্ষিণবঙ্গ-ফরিদপুর-চট্টগ্রাম ইত্যাদি জেলায় ৬ দফার প্রচারণা সংক্রান্ত সফর; ধানমন্ডির বাসায় ৬ দফা সংক্রান্তে আওয়ামী লীগের ওয়ার্কিং কমিটির সভা; সিলেটে আওয়ামী লীগের বার্ষিক সম্মেলনে যোগদান ও জনসভায় ভাষণ; যশোরে জনসভা থেকে ফেরার পথে গ্রেফতার ও একই দিনে মুক্তি, সিলেটে দায়েরকৃত মামলায় ধানমন্ডির বাসা থেকে গ্রেফতার ও পরবর্তীতে ময়মনসিংহ থেকে মুক্তি; খাদ্য সংকট মোকাবেলার জন্য পূর্ণাঙ্গ রেশনিং দাবি সংক্রান্ত পত্রিকার নিউজ ইত্যাদি। |

| | | |
|---|---|---|
| একাদশ খণ্ড | ১৯৬৬ | সিলেটের মামলায় আদালতে হাজিরা প্রদান ও জনসভায় যোগদান; নারায়নগঞ্জ টাউন হল ময়দানে জনসভায় ভাষণ; পাবনায় দায়েরকৃত মামলায় ধানমন্ডির বাসা থেকে গ্রেফতার; আত্মীয়-স্বজন ও আইনজীবিদের শেখ মুজিবুর রহমানের সাথে সাক্ষাতের আবেদন; ডিটেনশন অর্ডার; শেখ মুজিবুর রহমানসহ আটক ৬ নেতার মুক্তির জন্য ঢাকা হাইকোর্টে রীট আবেদন দাখিল ও রুল ইস্যু; শেখ মুজিবুর রহমানসহ অন্যন্য নেতাদের গ্রেফতারে দেশব্যাপী প্রতিবাদ সমাবেশ; অসুস্থ্যতার কারণে জেল হাসপাতালে ভর্তি; হেবিয়াস কর্পাস পিটিশনের শুনানী; অসুস্থ্য মাতাকে দেখার জন্য শেখ মুজিবুর রহমানের প্যারোলে মুক্তির আবেদন; ঢাকা কেন্দ্রীয় কারাগারে বিশেষ আদালতে মামলার শুনানী; করাচি আওয়ামী লীগ কর্তৃক শেখ মুজিবুর রহমানসহ সকল রাজবন্দীর মুক্তি দাবি; রাষ্ট্রদ্রোহ মামলা হতে অব্যাহতি; ডিসি ঢাকা কর্তৃক ডিটেনশন বহাল রাখার আদেশ ইত্যাদি। |
| দ্বাদশ খণ্ড | : ১৯৬৭ | ঢাকা সেন্ট্রাল জেলে থাকাকালে মামলা শুনানী সংক্রান্ত পত্রাদি; ডাঃ টি.এইচ. খানের নিকট শেখ মুজিবুর রহমানের চিকিৎসা; তাঁর পিতার অসুস্থ্যতা সংক্রান্ত টেলিগ্রাম বার্তা; কারাদন্ড সংক্রান্ত আপীল; আটকাদেশের বিরুদ্ধে রীট, হেবিয়াস কর্পাসের আবেদন, কারাগারে গুরুতর অসুস্থ্যতা সংক্রান্ত কাগজপত্র ইত্যাদি। |
| ত্রয়োদশ খণ্ড | : ১৯৬৮-১৯৬৯ | আগরতলা ষড়যন্ত্র মামলায় বৃটিশ আইনজীবি থমাস উইলিয়ামের নিয়োগ সংক্রান্ত চিঠিপত্র; রিট পিটিশন; রাষ্ট্রদ্রোহ মামলাসহ অন্যান্য মামলার শুনানী সংক্রান্ত চিঠিপত্র; ঢাকা কেন্দ্রীয় কারাগারে পরিবার ও আত্মীয়-স্বজনের সাথে সাক্ষাৎ; ফজিলাতুন্নেছা মুজিবের অসুস্থ্যতা সংক্রান্ত পত্র; আগরতলা ষড়যন্ত্র মামলার চার্জ গঠন; মামলা থেকে অব্যাহতি; যুক্তরাষ্ট্র-লন্ডন ও করাচি থেকে শেখ মুজিবুর রহমানের নিকট প্রেরিত বিভিন্ন চিঠিপত্র; ৬ দফা সংক্রান্ত চিঠিপত্র; ঘুর্ণিঝড়ে ক্ষতিগ্রস্থদের মাঝে রিলিফ বিতরণ ও পরিদর্শন; কয়েকজন পাকিস্তানি নেতার ঢাকায় আগমন ও শেখ মুজিবুর রহমানের সাথে সাক্ষাত, নিউইয়র্ক টাইমস করেস্পন্ডেন্ট এর সাক্ষাত; লাহোর সফর; রেসকোর্স ময়দানে বঙ্গবন্ধু উপাধি প্রদান; লন্ডনে বঙ্গবন্ধুর মুক্তির জন্য তহবিল সংক্রান্ত চিঠিপত্র; ১৯৬৯ এর গণ অভ্যূত্থান ইত্যাদি। |
| চতুর্দশ খণ্ড | : ১৯৭০-১৯৭১ | যমুনা সেতুসহ সেচ পরিকল্পনা প্রণয়নসহ তিস্তা বাঁধ নির্মাণের দাবী, উত্তরবঙ্গে উৎপাদিত তামাক ও আখের ন্যায্য মূল্য দাবী, পদ্মা-মেঘনা-যমুনা নদী ভাঙ্গনে ক্ষতিগ্রস্থদের পুনর্বাসনের দাবী; দেশের বিভিন্ন জেলায় ৬ ও ১১ দফা সম্পর্কে প্রচার-প্রচারণা; চট্টগ্রাম সফরের সময় শেখ মুজিবুর রহমানের মোটরকেড দুর্ঘটনা সংক্রান্ত বিবরণ; ট্যাক্স-লেভি সিস্টেমের সমালোচনা; উপকূলে বেড়িবাঁধ নির্মাণ; আদমজি জুট মিল পুনরায় চালু করণ; নির্বাচনের মাধ্যমে ৬ দফা বাস্তবায়নের দাবিতে বিভিন্ন জেলায় শেখ মুজিবুর রহমানের জনসভা এবং এ সংক্রান্ত পত্রিকার নিউজ; সরকারি ও অফিসিয়াল চিঠিপত্র; পাকিস্তানের নিশ্তার, লাহোর ও কোয়েটায় জনসভা সংক্রান্ত পত্রিকার নিউজ, রেডিও টেলিভিশনে প্রদত্ত জাতির উদ্দেশ্যে ভাষণে নিজ দলের ব্যাখ্যা সংক্রান্ত পত্রিকার খবর, উপকূলীয় এলাকায় ঝড়-জলোচ্ছাস সংক্রান্ত চিঠিপত্র ও পত্রিকার নিউজ; শেখ মুজিবুর রহমানসহ অন্যান্য রাজনৈতিক নেতাদের নিরাপত্তা জোরদার সংক্রান্ত অফিসিয়াল চিঠিপত্র; বিভিন্ন তারিখের বক্তৃতা সংক্রান্ত লংহ্যান্ড নোট; রেসকোর্স ময়দানসহ বরিশাল-চট্টগ্রাম-পটুয়াখালী-পিরোজপুর-বরগুনা-নোয়াখালী-টাঙ্গাইল-খুলনা সফর সংক্রান্ত গোয়েন্দা নোট, গোয়েন্দা নজরদারী সংক্রান্ত পত্র, শেখ মুজিবুর রহমান ও জুলফিকার আলী ভুট্টোর সাক্ষাৎ সংক্রান্ত গোয়েন্দা চিঠিপত্র; ঐতিহাসিক ৭ই মার্চের ভাষণের লংহ্যান্ড নোট ইত্যাদি। |

# Contents in Each Volume

Instantaneously following the partition of 1947, the then Intelligence Branch (IB) of Pakistan government collected and conserved virtually all nationwide political programs and activities of Father of the Nation Bangabandhu Sheikh Mujibur Rahman. The key information from these documents, preserved in his name in 47 Personal Files (PF) since 1948, has been presented here in volumes (1–14).

*Volume-1* : *1948–1950*   The Language Movement and the abolition of Zamindari System; the movement in Dacca University; the birth of Awami League; letters from Sheikh Mujibur Rahman; distribution of various leaflets; speeches-statements; arrest and imprisonment; meeting with various party leaders, relatives and workers in jail, and so forth.

*Volume-2* : *1951–1952*   The Language Movement, the programs of *State Language Committee of Action*, various public meetings; arrests, captivity, hearing of cases; letters; refusal to give bond in exchange of release; hunger strike during captivity and subsequent illness; meeting with Pakistan's prime minister Khawaza Nazimuddin; press conference in Karachi-Lahore and Punjab; participation in a peace conference in Peking; the secret report of SB and CID of Karachi; countrywide tour; organizing the party leaders-workers and publication of party agendas; paper cuttings from newspapers etc.

*Volume-3* : *1953*   Sheikh Mujibur Rahman and Suhrawardy's tour to various districts in North Bengal including Chittagong, Mymensingh and Barisal; Watch Reports; letters; the demand to free Mawlana Bhasani along with other leaders; *Safety Acts*; his criticism of Jute and Education Policy; the Language Movement; an interview report of an IB officer in jail; paper cuttings etc.

*Volume-4* : *1954–1957*   WCR; the extracts and proceedings from various public meetings; grounds of detentions; letters, Mawlana Bhasani's letter from Assam and Ghulam Muhammad Khan Lundkhwar's letter from Lahore; a speech from the meeting *of East Pakistan Press Workers Association*; speeches at various districts; the acceptance of ministry in Sher-e-Bangla Fazlul Huq's cabinet; meeting with family members during confinement; the list of 137 security prisoners; the physical description of Sheikh Mujibur Rahman; a trip to Karachi to meet Pakistan's Law Minister; Sheikh Mujibur Rahman, Mawlana Bhasani's tour to Chittagong and publicity in favour of 21 points; the sessions in the Gono Parishod; various reports by the IB officers; criticism of foreign policy of the Govt.; Sheikh Mujibur Rahman's decision to observe 25th May as '*The Food Day*'; criticism on the failure of Central and Provincial Govt.; the Hunger rally in Chittagong; the presentation of the report at the East Pakistan Awami League's council session as the General Secretary; a tour plan to visit the districts of Khulna-Jessore-Faridpur etc.; an appeal to the President Iskandar Mirza to investigate the food crisis; strong criticism of undemocratic Govt. policies; Sheikh Mujibur Rahman's claim in Karachi that East Pakistan had been treated as a colony by the ruling class, and his demands of punishment of the authorities for their indifference and negligence towards the state; the resignation of Sheikh Mujibur Rahman from the cabinet portfolio of commerce and industry and other incidents.

*Volume-5  : 1958–1959*     The secret report involving Sheikh Mujibur Rahman's trip to Kolkata for treatment; his trip to Karachi; various newspaper clippings; short notes relating to politics; secret reports relating to Sheikh Mujibur Rahman's family property; agent-watch report and important official notes-reports; the application to release his confiscated personal automobile from the authority; his handwritten application to the jail authority regarding meetings with his wife, mother, four children, brother, lawyers, Manik Miah and his personal assistants; applications by Fazilatunnessa Mujib, his father and others to meet him; censor certificate; an application through the jail authority to get released from detention; the description of the pending cases against Sheikh Mujibur Rahman along with other leaders and workers; letters to anti-corruption commission containing description of all property details and official correspondences relating to these; the chairman of the advisory board's (judge) reports on his imprisonments before 28.3.1959 and his entry into politics, and so forth.

*Volume-6  : 1960–1961*     Tour of various districts including Khulna, Faridpur and newspaper reports relating to this; Extract-WCR-CR, brief history; placing secret watch on the movements of H S Suhrawardy-Sheikh Mujibur Rahman and other leaders; a letter related to the reception of Sheikh Mujibur Rahman by the Controller of Alpha Insurance Company in Narayanganj; two years sentence for the so-called anticorruption case and the interim bail; newspapers' reports on the appeal and official correspondence; acquittal of Sheikh Mujibur Rahman from corruption case by the High Court; Karachi visit and related letters; his arrival at the SM Hall for the observation of the Martyrs Day; IB's investigation report regarding Alpha Insurance Company and its Controller Sheikh Mujibur Rahman; Tour to Chittagong-Tangail and Mymensingh; an appearance at FH Hall in regards to students' movement;

*L*

Sheikh Mujibur Rahman residing at his new house of Dhanmondi road No. 32 house No. 677 from the afternoon of 8.10.1961; Suhrawardy's arrival in Dacca and meeting with Sheikh Mujibur Rahman-Manik Miah and other leaders, and so on.

*Volume-7 : 1962–1963*

Arrest of Sheikh Mujibur Rahman along with other Awami League leaders under Defense of Pakistan Rules on 7.2.1962; his application from the prison to the DIG of IB to meet his family members; his relatives and others' application to the DIG of IB for appointment; detention order; Sheikh Lutfur Rahman's letter; the release of Sheikh Mujibur Rahman; the trip to Karachi with Manik Miah and meeting with Suhrawardy; the meeting with Sheikh Mujibur Rahman and other leaders at the Kakrail residence of Suhrawardy; Sheikh Mujibur Rahman's claim: "there is Government's hands behind the shooting of Suhrawardy in Gujranwala, Pakistan"; his speech on economic and political disparity between East and West Pakistan in a public meeting at the ground of Khulna Circuit House; Suhrawardy and other leaders' public addresses in North Bengal; Sheikh Mujibur Rahman's call on the countrymen especially the young generation to observe 21$^{st}$ February as the Martyr Day; Sheikh Mujibur Rahman's condemnation of the police violence against the students; a letter to IB for investigation regarding propaganda against Sheikh Mujibur Rahman; the tour of Chittagong's cyclone affected area; the hearing of sedition case in the ADM Court; the demand to execute the planning of the Krug Mission; the tour of Karachi and London; complaints about the intimidation and the use of government machinery in Gopalgonj by-election; the working committee meeting of Awami League; the call on the government to meet the demands of the teachers, and so forth.

*Volume-8 : 1964*

Official correspondence and newspaper clippings regarding Sheikh Mujibur Rahman's visit to Lahore and Karachi; Extract, WCR, DR and Watch Report regarding his movements; newspaper clippings relating to different district tours; official letters and papers regarding longhand notes; his arrest, hearing, copies of Court order-sheet and official letters, the letters related to his brief history; joining of Ms. Fatema Jinnah in East Pakistan Awami League, Sheikh Mujibur Rahman's appeal to vote for her, related paper clippings, and so on.

*Volume-9 : 1965*

Government's intelligence watch on the movements of Sheikh Mujibur Rahman along with other leaders; paper cuttings pertaining to the tours of various districts in the then East Pakistan; Government's letters and papers related to longhand notes; Sheikh Mujibur Rahman's endorsement speech in favor of the demands of the post and railway employees;

Government's correspondences related to the investigation of the so-called objectionable speeches of Sheikh Mujibur Rahman and Bengali booklet captioned 'Bhaira Amar Jago'; the appointment of government's pleader for the prosecution of the sedition case against Sheikh Mujibur Rahman, arrest, hearing of the case, copies of order-sheets by the lower Court and the High Court, and official correspondences etc.

*Volume-10 : 1966*

Bail granted by the High Court in the so-called objectionable speech case at Paltan ground; public meetings in various districts related to 6-Point; travel to Lahore to attend the National Conference and related newspaper reports; Sheikh Mujibur Rahman's appointment through election as the president in the provincial council of Awami League; publicity campaign of 6-Point in North Bengal-South Bengal-Faridpur-Chittagong and other districts; Awami League's working committee meeting regarding 6-Point at the Dhanmondi residence; attending to the annual council meeting of Awami League in Sylhet and his public speech; arrest on the way of returning from Jessore and release on the same day; arrest from Dhanmondi residence in connection with the case filed in Sylhet and later released from Mymensingh; newspaper reports relating to the demand of full rationing to solve the food crisis etc.

*Volume-11 : 1966*

Attending to the Court in Sylhet's case and addressing to the public meeting; public speech at Narayanganj town hall ground; arrest from Dhanmondi residence in connection with a case filed in Pabna; application of relatives and lawyers' to visit Sheikh Mujibur Rahman; detention order; submission of writ petition to the High Court for the release of arrested 6 leaders along with Sheikh Mujibur Rahman and issuance of rule by the Court; countrywide protest rally due to the arrest of Sheikh Mujibur Rahman along with other leaders; admission to the Jail Hospital for illness; hearing of the habeas corpus petition; application to get released on parole to see his ailing mother; hearing of the case at the Special Court in Dacca Central Jail; Karachi Awami League's demand to release all political prisoners along with Sheikh Mujibur Rahman; acquittal from the sedition case; order of continuation of detention by DC Dacca etc.

*Volume-12 : 1967*

The letters related to the hearing of the case while incarcerated in Dacca Central Jail; Sheikh Mujibur Rahman's medical treatment by Dr. T. H. Khan; a telegram relating to the illness of his father; an appeal regarding sentence of imprisonment, a writ petition against the detention, and the appeal of habeas corpus; papers related to Sheikh Mujibur Rahman's severe illness in prison and so forth.

*LII*

*Volume-13 : 1968–1969*  The correspondences related to the appointment of British lawyer Thomas Williams in the Agartala Conspiracy Case; the writ petition; the letters pertaining to the hearing of the sedition case along with other cases; meeting with family and relatives in Dacca Central Jail; the letter related to Fazilatunnessa Mujib's illness; the charge framing of Agartala Conspiracy Case and acquittal from the case; various letters to Sheikh Mujibur Rahman from USA-London and Karachi; letters regarding the 6-points; inspection and distribution of reliefs among the cyclone affected; arrival of a number of Pakistani leaders in Dacca and meeting with Sheikh Mujibur Rahman; meeting with New York Times correspondent; his Lahore visit; conferring the title 'Bangabandhu' at Racecourse ground; letters related to the fund raised in London for the release of Bangabandhu; the mass uprising of 1969, and so on.

*Volume-14 : 1970–1971*  Demand for Jamuna Bridge including the implementation of irrigation planning and construction of Tista dam; the demand for rightful price of tobacco and sugarcane produced in North Bengal; the demand for rehabilitation of the afflicted of Padma-Meghna-Jamuna river erosion; publicity of 6 and 11 Points demands in various districts of the country; details about the motorcade accident while travelling to Chittagong; his criticism of the tax-levy system; the construction of coastal embankment; the reopening of Adamjee Jute Mill; Sheikh Mujibur Rahman's public meetings in various districts for the appeal to implement the 6-Point demands through election and newspaper reports relating to this; Government and official correspondences; newspaper reports related to the public meetings held in Nishtar, Lahore and Quetta of Pakistan; newspaper reports on the explanation of party's position in the speech to the nation on radio-television; newspaper reports and letters relating to the cyclone-tidal surge at the coastal areas; the official letters relating to security enhancement of Sheikh Mujibur Rahman and other political leaders; the longhand notes regarding speeches on various dates; intelligence notes on the tour of Racecourse ground along with tours of Barisal-Chittagong-Potuakhali-Perojpur-Barguna-Noakhali-Tangail and Khulna; letters related to intelligence watch; intelligence correspondence pertaining to the meeting between Bangabandhu Sheikh Mujibur Rahman and Zulfiquar Ali Bhutto; long-hand note of historical 7 March speech, and so forth.

*Chapter – I*
*1962*

# 1

## *Report on Chittagong visit of Sheikh Mujibur Rahman.*

Chittagong, 12 January 1962

***Secret.***

**District Intelligence Branch,**
Chittagong, the 12th January, 1962.
No. 317/20-61/R. 5684.

To
A. Rahim, Esqr., P.S.P.,
Spl. Supdt. of Police, I.B.,
East Pakistan, Dacca.

Ref : Your Memo No. 23235/606-48 P.F. dated 12.12.61 regarding activities of Sk. Mujibur Rahman.

On secret enquiry it is learnt that during the stay at Chittagong Sk. Mujibur Rahman was contacted by (1) Abdul Aziz (A.L) S/O Haji Mahabbat Ali of Halisahar, P.S. Double Moorings, Chittagong (2) Md. Yusuf (A.L) S/O Korban Ali of Halisahar, P.S. Double Moorings, Chittagong, (3) Sultan Ahmed Contractor (A.L) S/O Jonab Ali of Abiderpara, P.S. Double Moorings, Chittagong (4) Kamaluddin Ahmed ( A.L) S/O K.S. Abdul Halim, B.L. of Nazir Ahmed Chaudhuri Road, Chittagong (5) Rakhal Sarkar (A.L) S/O Rajani Kanta of Juara, P.S. Patiya, Chittagong (6) Zahur Ahmed Chaudhuri[1] (A.L.) Ex- M.P.A. of Chittagong (7) Manik Babu @ Bhupati Ranjan Chaudhuri S/O Dhirendra of Habilasdwip, P.S. Patiya, Chittagong (8) Jane Alam (A.L) S/O Nowab Ali of Alkaran Chittagong (9) Tarek Ahmed (A.L) S/O Kobbad Ahmed of Sadarghat Road, Chittagong and had discussion regarding position and unity of defunct A.L. workers besides the Insurance Business. Sk. Mujibur Rahman advised them to work whole heartedly and keep liaison with the ordinary party workers and to get ready to fight the election. He said that though election will not be held on party basis still Awami League

---

1. ***Zahur Ahmed Chowdhury*** *(1916 – 1 July 1974) – He studied in Calcutta Islamia College. He joined All India Muslim League in 1940. He was one of the founding members of Awami Muslim League in 1949. He was a labour activist and Assistant Secretary of Pakistan Trade Union Federation. He was active in the Language Movement. In 1954, he was elected to the Legislative Assembly from Chattogram under the United Front. He supported the 6-Point Movement and was imprisoned for it. He rendered a remarkable contribution in the Autonomy Movement of this country. Zahur Ahmed Chowdhury was health minister from 1972–1975.*

workers will fight the election so that they can get themir own members in the Parliament etc. He advised them to discuss this issue tactfully amongst the important workers of the party and to remain in touch with the general mass. He also said that at any cost they must send their men in the future Parliament. He also advised Zahur Ahmed Chaudhuri (A.L) (mentioned) and Abdul Aziz (mentioned) to try their level best to capture the trade union front gradually and very tactfully so that if and when necessary the trade union workers may also be utilised in connection with the ensuing election.

In this connection statement of a new agent[2] dated 30.11.61 and 4.12.61 which were incorporated in this district S.W.R. for week ending 7.12.61 Part IV (A.L) may please be referred to.

*Sd/-*
Superintendent of Police,
D.I.B., Chittagong.

*Secret*

**District Intelligence Branch**
Chittagong, the 2<sup>nd</sup> Dec'61
No. 9770/20-61.

To
Syed Mannan Baksh, Esqr., PSP.,
Spl. Supdt. of Police, I.B.,
East Pakistan, Dacca.

A.L. *544 Mujibur Rahman Sk. arrived at Patenga Airport along with Mr. S.A.M. Hashmi, Manager of Alfa Insurance Co. Ltd., Karachi Branch on 27.11.61 at 08.00 hrs. They are received by (1) Md. Abdul Aziz, Ex-Secy. of the defunct A.L. of Chittagong district S/O Haji Mohabbat Ali of Halisahar, P.S. Double Moorings, Chittagong. They left for Rest House by E.B.C. car No. 3189 belonging to M.A. Aziz (mentioned). He was present at the Rest House, Station Road, Chittagong from 09.00 hrs. to 11.30 hrs., 14.00 hrs. to 18.10 hrs. and 20.00 hrs. to 23.59 hrs. on 27.11.61. He visited other place in the meantime including the offices of the Alfa Insurance Co., Anderkilla, Chittagong and Natun Agency at Ramjoy Mohajan Lane,

---

2. **Agent** – *Agent is a person who collects secret information in a clandestine way for the Intelligence Agency.*

Chittagong in a private car owned by Mr. M.A. Aziz mentioned. The following persons were found to meet him on the day.

(2) Bhupati Ranjan Chaudhuri @ Manik S/O late Dhirendra Lal Chaudhuri of Habilasdwip, Patiya, Chittagong and of Khatunganj.

(3) Kamaluddin S/O Abdul Halim of Nazir Ahmed Chauduri Road, Ctg. town.

(4) Md. Yusuf S/O Korban Ali of Halisahar, P.S. Double Moorings, Ctg.

(5) Sultan Ahmed, S/O Jonab Ali of Abiderpara, P.S. Double Moorings, Ctg.

(6) Nuzaffar Ahmed, Ex-M.P. S/O Nazu Miyan of Pathantooli, Ctg. town.

On 28.11.61, the subject left for Cox's Bazar at about 06.10 hrs. by E.B.C. 3189 and reached there at 11.30 hrs. M.A. Aziz and Mr. Hashmi (both mentioned) accompanied him to Cox's Bazar. The party was also followed by the following persons in a separate jeep No. EBC 1915 from Chittagong to Cox's Bazar.

(7) Nani Gopal Datta, Managing partner Natun Agency (mentioned)

(8) Tarek Ahmed S/O Kobbad Ahmed of Station Road, Chittagong.

At Cox's Bazar they visited Rest House and Hotel Coxy. The following persons of Cox's Bazar met them.

(9) Mr. Mostaque Ahmed Chaudhuri of Illisia, P.S. Chakaria, Owner of Hotel Coxy.

(10) Jalal Ahmed, B.A.B.T. S/O Omar Miyan of Baragope, P.S. Kutubdia, Chittagong.

(11) Mohiuddin Chaudhuri S/O Feroz Ahmed Chaudhuri of Harbang, P.S. Chakaria, Chittagong, a Mukhtear of Cox's Bazar Court.

(12) Dr. Serajuddin Ahmed, L.M.F. of Lohagora, P.S. Satkania, Ctg.

Mr. Jalal Ahmed (mentioned) arranged their khana at Cox's Bazar.

The party left Cox's Bazar at 14.30 and came to Chittagong Rest House at 20.00 hrs. The subject halted in the Rest House along with Mr. Hashmi (mentioned) and did not go out till 12.15 hrs. of on 29.11.61. He visited Alfa Insurance Co. office, Anderkilla on 29.11.61 between 12.20 hrs. and 13.40 hrs. and returned to Rest House at 13.50 hrs. At 17.05 hrs. he went out by E.B.C. Car No. 3189 and returned back at 19.00 hrs. and halted at the Rest House till 06.10 hrs. He left Chittagong Rest House along with Mr. Hashmi (mentioned) at 06.10 hrs. on 30.11.61 by EBC 3189. He was seen off by M.A. Aziz (mentioned) at Patenga Airport at 07.00 hrs.

On 28.11.61 & 29.11.61, he contacted with the same persons as mentioned under para (1) and also (14) Zahur Ahmed Chaudhuri S/O Abdul Aziz of Dampara, P.S. Double Moorings, Chittagong. The subject matter of discussion between him and others who contacted him could not be had as yet.

As he moved always by private car constant watch on his movement could not be possible and the details of the other places visited by him during his absence from Rest House excepting those already specified could not be ascertained yet.

Sd/- 2.12.61
Superintendent of Police,
D.I.B., Chittagong.

—

Phone no. 4231/61

No. 22799/606-48P.F. dt. 5.12.61

***Secret.***

S.P. DIB Chittagong

Please refer to your signal dt. 29.11.61 and report the activities of Sk. Mujibar Rahman during his stay at Chittagong.

Sd/- 2.12
Ds (6) for SS(2)

*Below another please. Sd/- 4.12*

—

Phone no. 4231/61

No. 23235/606-48P.F. dt. 12.12.61.

***Secret***

S.P. DIB Chittagong

Sub: Activities of Sk. Mujibar Rahman.

Please refer to your memo No. 9770 dt. 2.12.61 and report after ascertaining through sources if the subject had any political discussion with any person during his stay at Chittagong.

Sd/- 11.12
Ds (6) for SS (2)

—

# 2
## *Pakistan Supreme Court Bench dismissed appeal of government against a judgement of high court in favour of Sheikh Mujibur Rahman.*

Dacca, 25 January 1962

*Sangbad dt. 25.1.62*

*শেখ মুজিবের মামলা*

**সুপ্রীমকোর্টে সরকারী আপীল বাতিল**

ঢাকা, ২৪ শে জানুয়ারী (এ,পি,পি,)। - পাকিস্তান সুপ্রীম কোর্টের একটি বেঞ্চ অদ্য সরকার কর্তৃক ঢাকা হাই কোর্টের রায়ের বিরুদ্ধে আনীত আপীল বাতিল করেন। ঢাকা হাই কোর্ট ইতিপূর্ব্বে একটি নিম্ন আদালত কর্তৃক প্রাক্তন প্রাদেশিক মন্ত্রী ও অধুনালুপ্ত আওয়ামী লীগের জেনারেল সেক্রেটারী শেখ মুজিবুর রহমান ও তাঁহার বন্ধু বলিয়া অভিহিত কাজী আবু নাসেরের বিরুদ্ধে দন্ড প্রত্যাহার করে।

বিচারপতি এস, এ, রহমান ও ফজলে আকবরকে লইয়া গঠিত সুপ্রীম কোর্টের বেঞ্চ প্রাক্তন প্রাদেশিক পরিষদ ভবনে সরকারী কৌসুলীর বক্তব্য শ্রবণ করেন।

১৯৬০ সনের সেপ্টেম্বর মাসে ঢাকার সিনিয়র স্পেশাল জজ শেখ মুজিবুর রহমানকে দুই বৎসর বিনাশ্রম কারাদন্ড ও ৫ হাজার টাকা জরিমানা করেন। শেখ মুজিবুর রহমান প্রাদেশিক সরকারের মন্ত্রী হিসাবে তাঁহার সরকারী ক্ষমতার অপব্যবহার করিয়া তাঁহার বন্ধুর জন্য আর্থিক লাভের চেষ্টায় অসদাচরণের অভিযোগে দোষী সাব্যস্ত হন। একই আদালত শেখ মুজিবুর রহমানের বন্ধু বলিয়া অভিহিত কাজী আবু নাসেরকে দুষ্কর্ম্মে সহায়তার জন্য দোষী সাব্যস্ত করে এবং তাঁহাকে শেখ মুজিবের অনুরুপ দন্ডদান করে।

সরকারী অভিযোগে বলা হয় যে, শেখ মুজিবুর রহমান ভারত হইতে কয়লা আমদানীর জন্য হাসান আহমদ এন্ড কোম্পানীর লাইসেন্স বাতিল করিয়া এবং তাঁহার বন্ধু আবু নাসেরকে উক্ত লাইসেন্স দান করিয়া প্রাদেশিক মন্ত্রী হিসাবে তাঁহার সরকারী ক্ষমতার অপব্যবহার করেন। শেখ মুজিবুর রহমান সংশ্লিষ্ট দফতরের সেক্রেটারীর আপত্তির প্রতিও ভ্রুক্ষেপ করেন নাই বলিয়া সরকারী অভিযোগে উল্লেখ করা হয়।

শেখ মুজিবুর রহমান ও আবু নাসের তাঁহাদের দন্ডের বিরুদ্ধে ঢাকা হাইকোর্টে আপীল পেশ করেন। ঢাকা হাই কোর্টের একটি ডিভিশন বেঞ্চে গত জুলাই মাসে নিম্ন আদালতের দন্ডাদেশ বাতিল করেন।

জনাব এইচ, এস, সোহরাওয়ার্দী, জনাব হামিদুল হক চৌধুরী ও জনাব হুমায়ুন কবীর চৌধুরী, শেখ মুজিবুর রহমান এবং জনাব আজিমুদ্দিন আহমদ ও জনাব এ, ডব্লু, মল্লিক সরকারের পক্ষে সওয়াল জওয়াব করেন।

*SSII. May pl. see the paper cutting reg. appeal agt. the acquittal of Sk. Mujibur Rahman, S.Pr. May be kept in the P.F. of the subject. Sd/- 25.1.62*

শেখ মুজিবের মামলা

সুপ্রীমকোর্টে সরকারী আপীল বাতিল

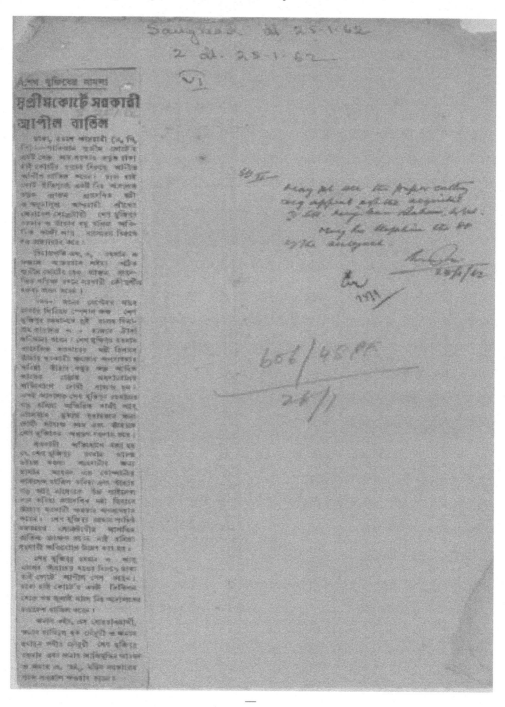

*Morning News dt. 25.1.62*

**Judgement In Sheikh Mujib's Case**

**GOVT. APPEAL DISMISSED**

A Bench of the Pakistan Supreme Court yesterday dismissed the appeal preferred by the State against a judgment of the Dacca High Court which had set aside the conviction and sentences passed by a lower court against a former Provincial Minister and General Secretary of the now defunct Awami League, Sheikh Mujibur Rahman and one Kazi Abu Nasser described as his friend.

The Bench comprising Mr. Justice S.A. Rahman and Mr. Justice Fazle Akbar sitting at the former Provincial Assembly building heard the counsel for the State briefly placing his case before they pronounced their judgment to finally dispose of the case.

Sheikh Mujibur Rahman was convicted by the senior special Judge of Dacca in September.

*Seen. Place in his P.F. pl. Sd/- 30.1.62.*

Morning news dt 25-1-62

Judgement In Sheikh Mujib's Case

GOVT. APPEAL DISMISSED

A Bench of the Pakistan Supreme Court yesterday dismissed the appeal preferred by the State against a judgement of the Dacca High Court which had set aside the conviction and sentences passed by a lower court against a former Provincial Minister and General Secretary of the now defunct Awami League, Sheikh Mujibur Rahman and one Kazi Abu Nasser, described as his friend.

The Bench comprising Mr. Justice S. A. Rahman and Mr. Justice Fazle Akbar sitting at the former Provincial Assembly building heard the counsel for the State briefly placing his case before they pronounced their judgement to finally dispose of the case.

Sheikh Mujibur Rahman was convicted by the senior special Judge of Dacca in September.

Seen
Place in his P.F. pl
30/1/62

606/48 PF
31/1

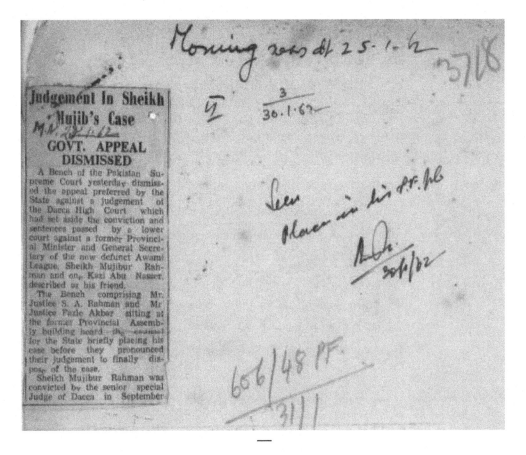

# 3
## *Report on movement of Sheikh Mujibur Rahman.*

### Dacca, 30 January 1962

Movement of Sk. Mujibar Rahman s/o Lutfur Rahman of Tangipara, P.S. Gopalganj, Dist. Faridpur and of Dacca outside Dacca since his release from Dacca Central Jail on 17.12.59.

| | | |
|---|---|---|
| 30.12.59 | : | Left for village house at Faridpur by steamer to see his ailing mother. |
| 9.1.60 | : | Returned to Dacca via Barisal by Mail Steamer. |
| 30.4.60 | : | Left for Chittagong by Mail train in connection with Insurance business. |
| 6.5.60 | : | Returned to Dacca from Chittagong by mail train. |
| 1.7.60 | : | Left for Chittagong by mail train (purpose of visit not mentioned) |
| 3.7.60 | : | Returned to Dacca from Chittagong by mail train. |
| 23.7.60 | : | Left for village house at Faridpur by steamer via Narayanganj, Barisal and Khulna (purpose not mentioned). He, however, visited Khulna for Insurance work. |
| 3.8.60 | : | Returned to Dacca by steamer via Narayangang. |
| 25.9.60 | : | Left for Karachi by plane in connection with insurance business of Alpha Insurance Co. Ltd. |
| *4.10.60* | : | *Returned from Karachi by plane.* |
| *15.10.60* | : | Left for Chittagong by green Arrow in connection with his business. |
| 22.10.60 | : | Returned to Dacca from Chittagong by mail train. |
| 29.1.61 | : | Left for Mirzapur, Mymensingh to see the Hospital with the general Manager and Agency Manager of Alpha Insurance Co. Ltd. and returned to Dacca in the same evening after visiting the Hospital. |
| 25.2.61 | : | Left for Mirzapur, Mymensingh by car, visited Kumudini Hospital and returned to Dacca in the same evening. (It reveals from the Memo. No. 1162/11-61 (2) dt. 9.3.61 of the S.P., D.I.B., Mymensingh that Mr. H.S. Suhrawardy[3] also visited Mirzapur on |

---

**3.** *Huseyn Shaheed Suhrawardy (8 September 1892 – 5 December 1963) – H.S. Suhrawardy was born into a prominent Bengali Muslim family at Medinipur, West Bengal. He obtained B.Sc. (Hons.) and BCL (Bachelor of Civil Law) Degree from Oxford University. Suhrawardy was a renowned politician and statesman from Bengal in the first half of the 20th century and served as the last*

25.2.61, halted at the Kumudini Hospital and left for Dacca in the evening.)

1.3.61 : Left for Chittagong by plane in connection with the Alpha Insurance business.

5.3.61 : Returned to Dacca from Chittagong by plane.

1.4.61 : Left for Chittagong by plane in connection with Alpha Insurance business.

4.4.61 : Returned to Dacca from Chittagong by plane.

12.5.61 : Left for village home at Faridpur via Narayanganj and Barisal (purpose not mentioned).

16.5.61 : Returned to Dacca via Jessore.

18.9.61 : Left for Chittagong by plane (purpose not mentioned).

20.9.61 : Returned from Chittagong by plane.

28.10.61 : Left for village home at Faridpur to see his parents.

3.11.61 : Returned to Dacca.

27.11.61 : Left for Chittagong by plane (purpose not mentioned).

30.11.61 : Returned to Dacca from Chittagong by plane.

*Sd/- 30.1.62*
(A.K.M. Sirajul Haq)
Addl. Supdt. of Police, D.I.B.
Dacca.

*Seen & rtd. with thanks to D.I.G., I.B. Sd/- 31.1*

—

# 4

*Decision of CID to exhibit anonymous letter addressed to Sheikh Mujibur Rahman.*

Lahore, 31 January 1962

*Phone No.*
**Immediate.**

---

*Prime Minister of Bengal during the British rule. Following the independence of Pakistan in 1947, he became a leading populist statesman of the then East Pakistan. He was the fifth Prime Minister of Pakistan. After the independence of Pakistan in 1947, leaving the Muslim League he joined the newly formed Awami League in 1952. He was the political mentor of Bangabandhu Sheikh Mujibur Rahman and a public celebrated orator.*

***Secret***

No. Sec. (62) 855-S.B.

**CRIMINAL INVESTIGATION DEPARTMENT, WEST PAKISTAN**

Dated Lahore, the 31.1.1962.

Memorandum

Please refer to this office Memo. No. 9969 (4) BDSB, dated 18.11.1960, regarding anonymous letter addressed to Sk. Mujibur Rehman ex-General Secretary of defunct Awami League.

2. The original letter with its envelope may please be sent to us IMMEDIATELY under a registered cover, for the writer has been traced and it is desired to exhibit that letter as evidence against him.

Sd/-

for deputy Inspector General of Police,
C.I.D., West Pakistan.

The Deputy Inspector General of Police,
Intelligence Branch, East Pakistan,
Dacca.

Phone No.

IMMEDIATE.

SECRET

N. Sec. (62) 855-S.B.

CRIMINAL INVESTIGATI N DEPARTMENT, WEST PAKISTAN

Lahore, the 31.1.1962

Memorandum

Please re r to this office Memo. No. 9969(4)BDSB, dated 18.11.1960, regarding anonymous letter addressed to Sh. Mujib-ur-Rehman ex-General Secretary of defunct Awami League.

2. The original le er with its envelope may please be sent to us IMMEDIATELY u er a registered cover, for the writer has been traced a it is desired to exhibit that letter as evidence agair im.

for Deput eneral of Police,
.D., West Pakistan.

The Deputy Inspector-General of Police,
Intelligence Branch, East Pakistan,
Dacca.

606/45(1) Sec
24795

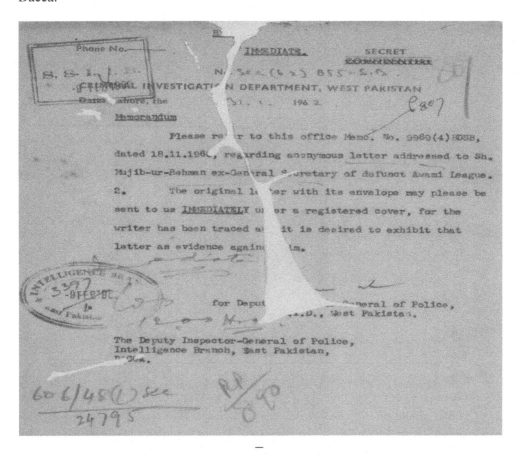

*Secret*

No. 3133/606-48 (I) dt. 20/2/62

To

The DIG/CID West Pakistan

Ref: Your no sec. (62) 855-S.B. dt. 31.1.62.

As desired, I send herewith the letter in question (in original) together with its envelope in a registered sealed cover.

This may please be returned to us.... *(missing from original document due to page damage)* done with.

Sd/-16.2.62.

for DIG/SB/EP

—

# 5
## *Watch report on Moshiur Rahman.*

Jessore, 3 February 1962

*Secret*

**District Intelligence Branch**
Jessore the 3 Feb., 1962
No. 488/21-48

To

K.G. Mohiuddin, Esqr., P.S.P.,

Special Supdt. of Police, I.B.,

East Pakistan, Dacca.

Ref.: I.B. Memo No. 13865/606-48 PF dated 27.7.61 regarding Mr. Mashihur Rahman.

The activities of the subject were kept under watch but nothing interesting came to notice during the week ending 3.2.62.

Sd/- 3.2

Supdt. of Police, D.I.B.,
Jessore.

—

# 6

*Arrest order for ex-minister Sheikh Mujibur Rahman.*

Dacca, 6 February 1962

No. 2321 (16) dated 6.2.62

Paraphrase

No. 2321/1(17)/606-48P.F. dt. 7.2.62

To All SSP, DIB

Please search all probable places at your district for arrest of Ex-minister Mr. Sheikh Mujibur Rahman under the Safety Act. You should alert your border posts to keep a look-out for him. Result should be reported early.

Dintell[4] Dacca

Sd/- 7.2.62

—

SDPO Gopalganj.

O/C Gopalganj P.S.

Arrest Shaikh Mujibur Rahman of Tungipara if available in your jurisdiction under Public Safety Act and commit him to jail (.) Report result by telegram (.)

Dintell.

No. 2322 (2) dt. 6.2.62 issued

he subject has since been arrested at Dacca. Inform all concerned by telegram pl. Sd/- 7.2.62

—

No. 2370(2)/606-48 P.F. dt. 7.2.62

**Telegram**

To

1. S.D.P.O, Gopalganj.

2. O.C. Gopalganj P.S.

---

**4.    Dintell** – *Short form of DIG Intelligence. An office of the then Central IB dealing with intelligence, secret & other reports.*

Pl. refer to this office cipher[5] telegram No. 2322 (2) dt. 6.2.62. The subject has since been arrested at Dacca.

Dintell

**Secret**
**Immediate**

No. 2370/1(2)/606-48 P.F. dt. 7.2.62

Copy by post forwarded to - in confirmation. The name of the subject is Sk. Mujibur Rahman.

Sd/- 7.2.62
DS 6 For SS I

—

No. 2352(16)/ 606-48 PF dt. 7.2.62

**Radiogram[6]**

To

All D.I.Bs except Dacca D.I.B.

Pl. refer to this office cipher telegram No. 2321(16) dt. 6.2.62. The subject has since been arrested at Dacca.

Dintell

No. 2352/1(17)/606-48 PF dt. 7.2.62

1. Copy by post forwarded to all Supdts. of Police in charge of D.I.Bs in confirmation.

2. Copy by post forwarded to the Addl. Supdt. of Police, D.I.B., Dacca, for information.

The name of the subject is Sk. Mujibur Rahman.

Sd/- 7.2.62
DS 6 for SS II

—

---

5. *Cipher Telegraphic Message – A cipher is any method of encrypting text (concealing its readability and meaning). It is also sometimes used to refer to the encrypted text message itself. So Cipher telegraphic message is generally sent through telegraphic system of communication.*

6. *Radiogram – A radiogram is a formal written message transmitted by radio. Also known as a radio telegram or radio telegraphic message, radiograms use a standardized message format or form and radiotelephone or radiotelegraph transmission procedures.*

*Secret.*

## District Intelligence Branch

Sylhet, the 7th Feby., 1962.

No. 1119/R. 1168 / 24-62(1)

To

A. Rahim Esq., P.S.P.,

Spl. Supdt. of Police,

I.B., E.P., Dacca.

Ref: I.B. Memo. No. 2321(16)/ dated 6.2.62.

All officers and Staff of Border Check-Posts have been alerted to secure the arrest of Sheikh Mujibur Rahman.

*Sd/-7.2*

(Mohammad Isa)

Supdt. of Police,

D.I.B., Sylhet.

—

## EAST PAKISTAN POLICE MESSAGE FORM.

...

*Register No.*

| Call. | Serial No. | Precedence. | Transmission Instructions. | |
|---|---|---|---|---|
| From : (Originator) DINTELL DACCA | | | Date-Time origin. 7-13.00 | Office Date Stamp. |
| To : (For action) SUPERINTENDENT POLICE DIB | | | | Count Group. |
| W) For information. | | | | |

Originator's No. *2352 (16)* PLEASE REFER TO THIS OFFICE CIPHER TELEGRAM NUMBER 2321(16) DATED 6.2.62 (.) THE SUBJECT HAS SINCE BEEN ARRESTED AT DACCA (.)

| Signature of originator. *Sd/-7.2.62* | Originator's Instructions. Degree of Precedence. | Time | System | Operator. |
|---|---|---|---|---|
| | | THI or TOR | | |
| for D.I.G. I.B. Designation. | | Time cleared. | | |
| Phone No. 4231/37 | | | | |

...

*Secret.*

## INTELLIGENCE BRANCH, EAST PAKISTAN
LALBAGH,

Dated Dacca the 7^th February, 1962.

No. 2352/1(17)/606-48 /P.F.

1.  Copy, by post, forwarded to all Supdts. of Police, in-charge of D.I.Bs., in confirmation.

2.  Copy forwarded to A.K.M. Sirajul Haq, Esq., Addl. Supdt. of Police, D.I.B., Dacca, for information.

The name of the subject is Sk. Mujibur Rahman.

Sd/-7.2.62
(S.R. Chaudhuri)
For. Spl. Supdt. of Police, (II), I.B.,
East Pakistan, Dacca.

—

## 7

*Report on activities of National Students Front, East Pakistan Students League and other student organizations.*

Dacca, 6 February 1962

*D.S.I/I.Z.*

In course of my talk with some of the leading student of N.S.F. group, who were formerly in the E.P.S.L. group it was gathered that the E.P.S.L. group had been employing all its endeavour to make this issue of showing their resentment over the issue of arrest of SHAHID SUHRAWARDY and future constitution. Mahbubur Rahman, who took admission in 1st year Law after a long break, was reported to have been financed and employed by Sk. Mujibar Rahman (Ex-Secretary, A.L.) to work amongst the student and to strengthen party support amongst the student. Shah Moazzam reported to be the General Secretary of the E.P.S.L. got political aspiration in him and that is why he always prefers student uprise to effect a change in the system of Government in the country. For past few years E.P.S.L. had no good voice but Mahbubur Rahman and Shah Moazzam, had been successful this year to have good number of representatives from this fold in the Hall Union and D.U.C.S.U.

The E.P.S.U. groups have got better set up of workers and they are not likely to take very leading part for the move but they have advised their supporters and workers in rank and file to keep the move alive and to lend all support to make it a success.

The N.S.P. group again, though command a good number of followers does not like to lag behind as this present move had a guide response from the general students and they are also supporting the move and the bond question of "Economic Inequality".

Economic Inequality and Allocation of Central Revenue and Foreign aid etc. were introduced by them. P.S.F. group, has got no wide range of supporters beyond Salimullah Hall and they also supported the move and joined the move in order to avoid any maltreatment at hands of the agitating groups.

According to this source, the move which has commenced would continue till any change is effected in the system of Government. The situation is under watch.

Submitted,
Sd/- B. Ahmed.
Z.S.I.

–

### S.S.II.

Perusal of the Zonal S.I's report below.

Mahabubur Rahman (E.P.S.L) a law student of Dacca University was reported earlier to have been taking initiative in organising the students on this issue. But there were no reports from any quarter that he has been financed and employed by Sk. Mujibur Rahman.

The information may be verified by the Zonal Inspr. through other sources.

Dacca D.I.B. may also be asked to verify the information so far it relates to Sk. Mujibur Rahman's connection with the students activities.

D.I.G. may like to see.

Extract may be placed on party folders and the P.F. of Sk. Mujijbur Rahman, immediately.

Sd/- S.R. Chaudhuri,
6.2.62.

*Actions as proposed. D.I.G. may like to see. Sd/- K.G. Mohiuddin, 6.2.62,*

–

# 8

## *A list of political leaders including Sheikh Mujibur Rahman arrested on 7 February 1962 u/s 41(I) of the EPPSO 1958.*

Dacca, 7 February 1962

*Phone No. 4231/61.*
***Secret.***

**Intelligence Branch, East Pakistan**
Lalbagh,
Dacca, the 7th February, 1962.
No. 2361/681-49 P.F.

To
Ali Hasan, Esq., C.S.P.,
Secretary to the Govt. of East Pakistan,
Home Department, Dacca.

A list of persons arrested this morning (7.2.62) u/s 41(I) of the East Pakistan Public Safety Ordinance, 1958 at Dacca and committed to jail for detention for prejudicial activities in connection with the present agitation of the students is enclosed herewith.

The ring leaders among the students could not be arrested as most of them are residents of different Halls and the few who are non-residents also took shelter in the Halls. Many others who are marked for arrests could not be apprehended as they were found absent from their residents. Attempts are being made to round the absentees and the students.

Sd/-K.G. Mohiuddin,
for Dy. Inspr. Genl. of Police,
I.B., E.P., Dacca.

*Memo. No. 2361/1 / Dated, Dacca, the 7th February, '62.*

Copy with a copy of the list forwarded to A.K.M. Hafizuddin, Esq., S.Q.A., P.S.P., J.P., Inspector-General of Police, East Pakistan, Dacca for information.

Sd/-K.G. Mohiuddin, 7/2
for Dy. Inspr. Genl. of Police,
I.B., E.P., Dacca.

—

## LIST OF PERSONS ARRESTED U/S 41(I) OF THE EAST PAKISTAN PUBLIC SAFETY ORDINANCE, 1958.

1. Manik Miyan[7] (A. L.) of Ittefaq.
2. Sk. Mujibur Rahman (A.L.)
3. Shafiuddin (C.P.)
4. Shamsuzzuoha (A.L.)
5. Nawab Ali (Goonda), s/o A. Rahim of Dhanmandi, Lalbagh, Dacca.
6. Nuruddin @ Montu Khan (C.P.)
7. Osman Ghani (Y.L.)
8. Abul Mansur Ahmed (A.L.) Ex-Minister.
9. Manjur Ahmed s/o No. 8.
10. Kafiluddin Chaudhuri, Ex-Minister.
11. Gazi Gulam Mustafa (A.L.)
12. Taijuddin Ahmad (A.L.)
13. Ramesh Das Gupta (C.P.)
14. Samaresh Sur (Y.L.)
15. A.H. Nurunnabi (C.P.)
16. Mir Fazlul Huq (A.L.)
17. A.J.M. Takiullah (C.P./Y.L.)

—

Immediate

Office/C.S.

Please put up the up-to-date files and folders of the following persons:-

1. Sk. Mujibur Rahman (A.L.)
2. Tafazzal Hossain @ Manik Miyan.
3. Abul Mansur Ahmad (A.L.)

---

7. **Tofazzal Hossain Manik Miah** – (1911- 1 June, 1969) – Tofazzal Hossain Manik Miah was a prominent Bengali journalist and politician. He was editor of the Ittefaq. Manik Miah played a vital role during the rise of Bengali nationalism in 1960s. Manik Miah was active in writing against military rule, autocracy and violation of the fundamental rights of people. He had a significant role in inspiring the people to join the struggle for freedom under the leadership of Bangabandhu Sheikh Mujibur Rahman. He was close associate of Bangabandhu Sheikh Mujibur Rahman and Huseyn Shaheed Suhrawardy.

4.  *Kafiluddin Ahmad Chaudhuri (A.L.)*

5.  *Tajuddin Ahmad (A.L.) s/o Mr. Yasin, Bhandaria, Kapasia, Dacca and of Dacca town.*

6.  *Shamsuzoha (A.L.) s/o Osman Dalal, N. Ganj, Dacca.*

7.  *Ghazi Ghulam Mustafa (A.L.) s/o Sultan Ghazi of Dacca.*

*Sd/- DS(6) 7.2.62*

*Open new file and folder pl. Sd/- 7.2*

—

**Secret.**
Phone : 4231/34.

*Original in file No. 681-49 P.F.*

District Intelligence Branch,
Dacca, the 8th February, 1962.
No. ... /

To

M. Shamsul Haq, Esqr., E.P.C.S.,
Section Officer to the Govt. of E.P.,
Home (Spl.) Deptt. Dacca.

The following individuals were arrested on 7.2.62 under section 41(I) of the East Pakistan Public Safety Ordinance, 1958 for their prejudicial activities and committed to Dacca Central Jail on the same date under section 41(2) of the said Ordinance.

1.  Samaresh Sur s/o Hrishekesh Sur of 48, Shakharibazar, P.S. Kotwali, Dacca.

2.  Tajauddin Ahmad s/o Late Md.Yasin Khan of Dardaria, P.S. Kapasia and of 17, Karkun Bari Lane, Dacca.

3.  Sk. Mujibur Rahman s/o Lutfur Rahman of 677, Residential Area, Road No.32, Dacca.

4.  A.K.M. Shamsuzzoha s/o Khan Saheb Osman Ali of 88, North Chasara, P.S. Narayanganj, Dacca.

5.  A.J.M. Takiullah s/o Dr. Md. Shahidullah of 79, Begum Bazar Road, P.S. Lalbagh, Dacca.

6.  Osman Ghani s/o late Akber @ Tandel Ostager of 114/115, S.K. Das Road, P.S. Sutrapur, Dacca.

7. Safiuddin Ahmed s/o Dewan Jalkader Ahmed of Haridia. P.S. Lohajong, Dacca.

8. Gazi Ghulam Mostafa s/o Sultan Gazi of Chaira, P.S. Kaliganj, Dacca and of Santinagar, Dacca.

9. Kafiladdin Chaudhuri s/o Late Altabuddin Chaudhuri of Majidpur Daihata, P.S. Srinagar, Dacca and of Outer Circular Road, Dacca.

10. Nuruddin Ahmed @ Montoo Khan s/o Mir Abdul Hakim Khan of 25, Basu Bazar Lane, P.S. Sutrapur, Dacca.

11. Nowab Ali s/o late Abdur Rahim of No. 1, College Road, Dacca.

12. Abul Mansur Ahmad s/o late Abdur Rahim of 543/L, Dhanmandi Residential Area, Road No.13.

13. Ranesh Das Gupta s/o Late Apurba Das Gupta of Gaupara, P.S. Lohajong, and of 17, Rakhal Ch. Basak Lane (Panitola), P.S. Kotwali, Dacca.

14. Tafazzal Husain @ Manik Mia s/o late Musleuddin Ahmed of Kakrail, Dacca.

15. Mir Fazlul Haq @ Peara Mia s/o late Mir Ahmed Baksh of 1/2, K.M. Azam Lane, P.S. Kotwali, Dacca.

16. A.H. Nurunnabi s/o Alhaj Mofizuddin Ahmed of Naogaon, P.S. Naogaon, Rajshahi and of 5/1, Simpson Road, P.S. Kotwali, Dacca.

17. Manzur Anam s/o Abul Mansur Ahmad of 543/L, Dhanmandi Residential Area, Road No.13.

Sd/- A.K.M. Sirajul Haq.<br>
Addl. Supdt. of Police, D.I.B., Dacca.

...

No. 996/1(3)    dated 8.2.62.

*Copy forwarded for information to:-*

1. A. Rahim, Esqr. P.S.P., S.S. (I) I.B., E.P., Dacca. Copy of statement, H.S., R/N, and specimen hand-writing will follow.

2. H.R. Malik, Esqr., C.S.P., Dy. Commissioner, Dacca.

3. S.M. Ahsan, Esqr., P.S.P., Supdt. of Police, Dacca, for favour of perusal and return.

Sd/- A.K.M. Sirajul Haq.<br>
8.2.62<br>
Addl. Supdt. of Police, D.I.B., Dacca.

# 9

*Application of Sheikh Mujibur Rahman for interview with his family members and relative.*

Dacca, 8 February 1962

Dacca Central Jail 8/2/62

From : Sk. Mujibar Rahman, Security Prisoner.

To : The D.I.G., I.B. East Pakistan. Through the Superintendent Central Jail Dacca.

Dear Sir,

I want to have interview with my wife Mrs. Fazilatun Nessa, my children Hasina, Kamal, Jamal, Rehana, and Mr. Mominul Hoque, my cousin immediately. I will be glad if you kindly arrange it.

Address of my wife
Mrs. Fazilatun Nessa
677, Dhanmondi
Residential Area,
Road No. 32, Dacca.

Yours Sincerely
Sheikh Mujibur Rahman
8.2.62

Memo. 386 Con dt. 9.2.62.
Forwarded
Sd/-9.2.62
Superintended
Dacca Central Jail.

604/48PF

Dacca Central jail
3755 8/2/62

From: SK Mujibur
Rahman
security [?]

The D.I.G. I.B.
East Pakistan
Through the Superintendent
Central jail
DACCA

Memo. 382 Con/9-2/62

Dear Sir,

I want to have interview with my wife Mrs. Fazilatun Nessa, my children Hasina, Kamal, Jamal, Rehana and Dr. Momirul Hoque my cousin immediately. I will be glad if you kindly arrange it.

Address of my wife.

Mrs. Fazilatun Nessa
677 Dhan Mandi
Residential Area
Road No 32
DACCA.

Yours truly
Sheikh Mujibur Rahman
8/2/62

# 10

*Application of Sheikh Lutfor Rahman to meet Sheikh Mujibur Rahman at Dacca Central Jail along with family members.*

Dacca, 8 February 1962

**Immediate**

Dacca, the 8th Feb.,'62

To,
The D.I.G.,
I.B., Dacca.

Sir,

I beg to state that my son, Sheikh Mujibur Rahman is now in Central Jail, Dacca as a Security Prisoner under Security Act, and I along with his wife, brother and minor children want to meet with him for some family affairs. (His wife's name is Mrs. Fazilatannesa and his brother and children's name are as follows:-

| | | |
|---|---|---|
| Mr. Momenul Huq | : | Brother |
| Miss Hasina | : | Daughter |
| Miss Rehana | : | ,, |
| Mst. Kamal | : | Son |
| ,,  Jamal | : | ,, |

In this connection I would like to say that I come here yesterday in the morning but could not meet with my son. My wife is seriously ill at my home in Faridpur district. So I am badly in need of going to my home immediately.

I, therefore, most fervently pray that you will be kindly enough to grant a special interview to meet with my son immediately.

An early action taken by you will be very much appreciated.

I remain Sir,
*Shaikh Lutfor Rahman*
(Mvi. Sk. Lutfor Rahman.)
Dhanmandi Residential Area,
Plot No.677, Road No. 32.
Dacca.

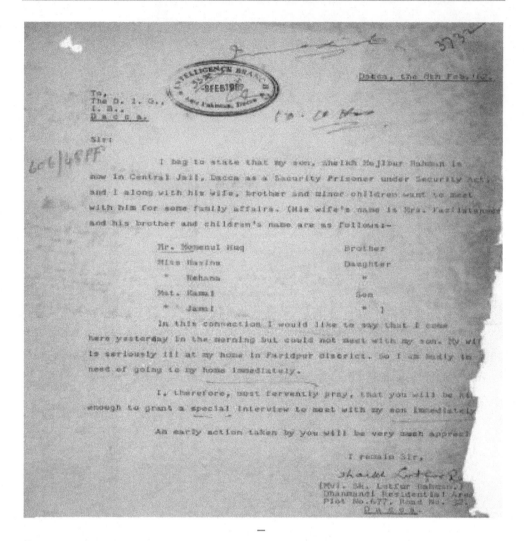

Dacca, the [illegible]th Feb, [illegible]

To,
The D. I. G.,
I. B.,
Dacca.

Sir:

I beg to state that my son, Sheikh Mujibur Rahman is now in Central Jail, Dacca as a Security Prisoner under Security Act, and I along with his wife, brother and minor children want to meet with him for some family affairs. (His wife's name is Mrs. [illegible] and his brother and children's name are as follows:-

| | |
|---|---|
| Mr. Momenul Huq | Brother |
| Miss Hasina | Daughter |
| " Rehana | " |
| Mst. Kamal | Son |
| " Jamal | " ) |

In this connection I would like to say that I came here yesterday in the morning but could not meet with my son. My wi… is seriously ill at my home in Faridpur district. So I am [illegible] in need of going to my home immediately.

I, therefore, most fervently pray, that you will be ki… enough to grant a special interview to meet with my son immediately…

An early action taken by you will be very much [illegible]

I remain Sir,

Sheikh Lutfur R…
(Mvi. Sk. Lutfur Rahman.)
Dhanmandi Residential Area
Plot No.677, Road No. 32,
Dacca.

–

To
D.I.G., I.B
Dacca.

Received in open condition at 10.05. Sd/- 9.2.62

–

***Confidential***
***Immediate.***

**Intelligence Branch, East Pakistan,**
Lalbagh,
Dacca, the 10.2.1962.
No.2524

To
N. Nematullah. Esqr., B.A., B.L.,
Superintendent, Dacca Central Jail, Dacca.

Kindly allow the following persons - 1. Mr. Sk. Lutfar Rahman, 2. Mrs. Sk. Mujibur Rahman, 3. Mr. Mominul Huq, 4. Miss Hasina, 5. Miss

Rehana, 6. Master Kamal, 7. Master Jamal all of Dhanmandi Residential Area, Plot No. 677, Road No.32, Dacca to have an interview with security prisoner Mr. Sk. Mujibur Rahman at 4 P.M. on 12.2.62 in presence of an I.B. Officer.

The party has been informed.

Sd/ – 10.2.62<br>
For Dy. Inspr. Genl. of Police,<br>
I.B., E.P., Dacca.

Memo.No 2524/1 Dated 10/2/62.

Copy forwarded to Sk. Lutfar Rahman of Dhanmandi Residential Area, Plot No. 677, Road No. 32, Dacca for information.

Sd/ –10.2.62<br>
For Dy. Inspr. Genl. of Police, I.B.<br>
East Pakistan, Dacca.

—

File no. 606-48 P.F.

I had been to Dacca Central Jail and attended party interview held between security prisoner Sk. Mujibur Rahman and his father Sk. Lutfur Rahman, wife Mrs. Sk. Mujibur Rahman, brother Mominul Haq and children (Minor) on 12.2.62 at D.C. Jail gate.

The discussion centred round their home and personal affairs. Nothing objectionable happened at the time of interview.

Sd/ – 13.2.62

—

# 11

## *Application of security prisoner Sheikh Mujibur Rahman to meet Superintendent, Alpha Insurance Co. Ltd. Dacca.*

Dacca, 9 February 1962

Petition Paper for Sk. Mazibar Rahman

Central Jail, Dacca

9.2.62.

From   :  Mr. Sk. Mujibur Rahman

To      :  The D.I.G., I.B, East Pakistan. Through the Superintendent, DACCA Central Jail.

Dear Sir,

I will be glad if you kindly grant an special interview with Mr. Serajuddin Superintendent, Alpha Insurance Co. Ltd. 12, Jinnah Avenue, Dacca and Mr. Anisur Rahman, one of the staff of the Co. of same address immediately, in connection with some party official work of Alpha Insurance Co. Ltd. Dacca.

Yours Sincerely<br>
Sheikh Mujibur Rahman<br>
Security Prisoner<br>
Central Jail, DACCA<br>
9.2.62

*Memo no. 405/con. dt. 10.2.62. Forwarded for favour of disposal. Sd/- 10.2.62, Superintendent, Dacca Central Jail. ATTESTED Sd/- 10.2, Deputy Jailor, Dacca Central Jail. 606-48 P.F.*

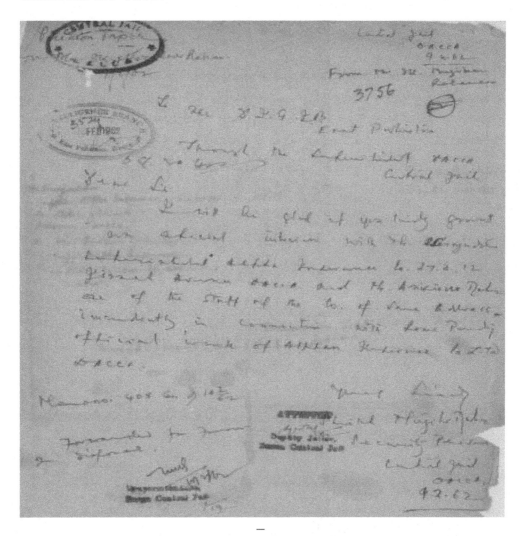

*Confidential*
*Immediate*

## Intelligence Branch, East Pakistan
Lalbagh,
Dacca, the 13.2.1962.

No. 2676/

To

N. Nematullah, Esqr., B.A., B.L.,

Superintendent, Dacca Central Jail, Dacca.

Kindly allow the following persons 1. Mr. Serajuddin, Supdt. Alpha Insurance Co. Ltd., Jinnah Avenue, Dacca & 2. Mr. Anisur Rahman, Staff, Alpha Insurance Co. Ltd., Jinnah avenue, Dacca, to have an interview with security prisoner Mr. Sk. Mujibur Rahman_at 4 P.M. on 14.2.62 as a spl. case in presence of an I.B. Officer.

The party has been informed.

Sd/- 13.2.62
For Dy. Inspr. Genl. of Police,
I.B., E.P., Dacca.

Memo. No. 2676/1 Dated 13.2.62.

Copy forwarded to Mr. Serajuddin, Supdt., Alpha Insurance Co. Ltd., Jinnah Avenue, Dacca & Mr. Anisur Rahman for information.

Sd/- 13.2.62
For Dy. Inspr. Genl. of Police, I.B
East Pakistan, Dacca.

—

File no. 606-48 P.F.

I had been to Dacca Central Jail and attended party interview held between security prisoner Mr. Sk. Mujibur Rahman and Mr. Serajuddin, Supdt. Alpha Insurance Co. Ltd. on 14.2.62 at D.C. Jail gate.

The discussion centered round their business matters. Nothing objectionable happened at the time of interview to report.

Sd/- 15.2.62

—

# 12

## *Application of security prisoner Sheikh Mujibur Rahman to meet Agency Manager, Alpha Insurance Co. Ltd. Dacca.*

Dacca, 15 February 1962

**Confidential**

606–48P.F.

To

The D.I.G I.B.

East Pakistan.

Through the Superintendent Central Jail, Dacca.

Dear Sir,

I want to have an special interview with the Agency Manager of Alpha Insurance Co. Ltd. Mr. Syed Abdul Matin Hashmi.

I will be glad if you kindly grant the interview  immediately and inform him in 12, Jinnah Avenue, c/o Alpha  Insurance Co. DACCA.

Yours Sincerely,
Sheikh Mujibur Rahman
Security Prisoner,
Central Jail, Dacca.
15.2.62

Sd/– 17.2.62
for Superintendent,
Central Jail, Dacca.
Sd/– 17.2

ATTESTED. *Sd/– 17.2, Deputy Jailor, Dacca Central Jail.*

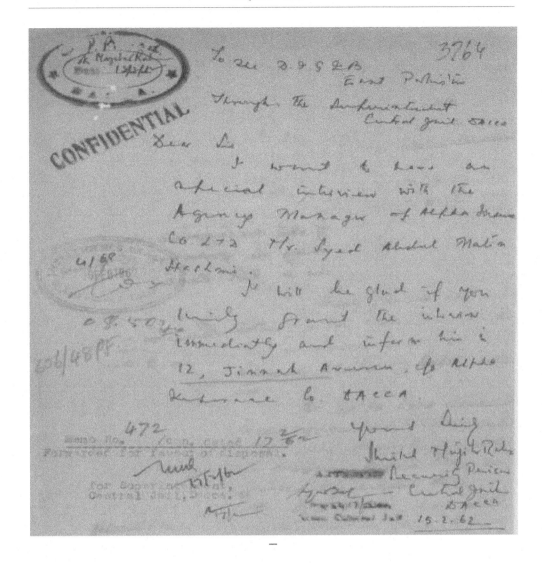

3764

CONFIDENTIAL

To the D.S. SB
East Pakistan
Through the Superintendent
Central Jail Dacca

Dear Sir

I want to have an official interview with the Agency Manager of Alpha Insurance Co Ltd Mr. Syed Abdul Matin Hashmi.

It will be glad if you kindly grant the interview immediately and inform him at 12, Jinnah Avenue, c/o Alpha Insurance Co. DACCA.

Yours truly
Sheikh Mujibur Rahman
Security Prisoner
Central Jail
DACCA
15.2.62

Memo No. 472/C.O. dated 17.2.62
Forwarded for favour of disposal.

for Superintendent,
Central Jail, Dacca.

DS (6)

Perusal please the petition below, S.pr. Mr. Mujibar Rahman praying for an interview with Mr. Syed Abdul Matin Hashmi, agency manager, Alpha Insurance Company. The Spr. had his last interview with his family members on 19.2.62. F.O.P.

Sd/- 20.2

SS II

May pl. see the petition of Sk. Mujibur Rahman for interview with Mr. Syed Abdul Matin of Alpha Insurance Co.

The Spr. has already been granted three interviews with his family members and the staff of Alpha Insurance since his arrest on 7.2.62.

As a rule, no further interview is due to him within a period of 20 days. This for consideration if the interview sought may be granted to him as a Spl. case.

Sd/- 20.2.62

*Immediate. Inform the party also over phone pl. Sd/- 20.2*
*Allowed. Sd/- 20.2.62. Allowed on 22.2.62 at 3.30 P.M. Sd/-20.2.62*

—

*Confidential*
*Immediate*

**Intelligence Branch, East Pakistan, Lalbagh,**
Dacca, the 21.2.1962.
No.3233

To,

N. Nematullah, Esqr., B.A., B.L.,

Superintendent, Dacca Central Jail, Dacca.

Kindly allow Mr. Syed Abdul Matin to have a Special interview with security prisoner Mr. Sk. Mujibar Rahman at 3.30 P.M. on 22.2.62 in presence of an I.B. Officer.

The party has been informed.

Sd/- 21.2.62
For Dy. Inspr.-Genl. of Police,
I.B., E.P., Dacca.

Copy forwarded to Mr. Syed Abdul Matin, Agency Manager, Alpha Insurance Company, 12 Jinnah Avenue, Dacca for information.

Sd/- 21.2.62
For Dy. Inspr. Genl. of Police,
East Pakistan, Dacca.

*S.I. S.A. Karim will please, attend. Sd/-DS VI 22.2.62. Seen. Sd/-22.2.62. DS I Orders below. Drafts for approval pl. Sd/-22.2.62*

—

*Immediate.*
*By Spl. Messenger*

**Intelligence Branch, East Pakistan**
Lalbagh,
Dacca, Feby. '62.
No. .../

To

N. Nematullah, Esqr., B.A., B.L.,

Superintendent, Dacca Central Jail, Dacca.

Kindly allow Mr. Syed Abdul Matin to have a special interview with security prisoner Mr. Sk. Mujibar Rahman at 3.30 P.M. on 22.2.62 in presence of an I.B. Officer.

The party has been informed.

Sd/- (S.R. Chaudhuri)

For Dy. Inspr. Genl. of Police,

I.B., E.P., Dacca.

Memo. No 3233/1   Dated 21.2.1962.

Copy forwarded to Mr. Syed Abdul Matin, Agency Manager, Alpha Insurance Company, 12 Jinnah Avenue, Dacca for information.

Sd/-21.2.62

(S.R. Chaudhuri.)

For Dy. Inspr. Genl. of Police,

I.B., Dacca.

—

To

Mr. Sayid Abdul Matin, Agency Manager, Alpha Insurance Co. 12, Jinnah Avenue, Dacca.

The letter could not be delivered as the addressee left for Karachi on 21.2.62 as reported by the Manager in the Peon Book pl.

Sd/- 22.2.62

—

*DS (6)*

Reference letter below:-

S.Pr. Sk. Mujibar Rahman was wanted an interview with Saiyid Abdul Matin, Agency Manager, Alpha Insurance Company today at 3.30 P.M. But the letter of permission could not be delivered to him as he is reported to have left for Karachi on 21.2.62. RSI has been informed. No action. May file please.

Sd/- 22.2.62

Yes. Sd/- 23.2.62

—

Party interview of Spr. Sk. Mujibur Rahman with Syed A. Matin, Manager, Alpha Insurance & Co. 12, Jinnah Avenue, Dacca in D.C Jail on 22.2.61.

As ordered I had been to the D.C. Jail to attend the above noted interview but the party did not turn up.

Submitted,
Sd/-24.2.62

—

# 13

## *Application of security prisoner Sheikh Mujibur Rahman to install an electric fan in his cell and allow him to bring his tape recorder from home.*

Dacca, 17 February 1962

To

The Chief Secretary,

Govt. of East Pakistan, Dacca.

Through the Superintendent, Central Jail, Dacca.

17.2.62.

Dear Sir,

I am now detained in Dacca Central Jail as a Security Prisoner. I don't know why I have been arrested? It is up to you to look into the matter. Summer is approaching. I require an Electric Fan for me. Last time when I was in Jail in (1958-1959) the Govt. sanctioned a Fan to me. I will be glad if you kindly sanction a Fan and allow me to bring my tape recorder from my house.

Yours sincerely,
Sd/-Shaikh Mujibur Rahman
Security Prisoner.

*Passed. Sd/- N. Nematullah, 20/2, Superintendent, Dacca Central Jail.*

—

*Secret/Immediate*

## Government of East Pakistan.
Home (Special) Department.

From :  M. Shamsul Haq. Esqr., E.P.C.S.,
Section Officer, Govt. of East Pakistan.

To   :  The Deputy Inspector General of Police, Intelligence Branch,
East Pakistan, Dacca.

No. 379-HS. Dated Dacca the 17th March. 1962.

Enclosed herewith a petition of security prisoner Sk. Majibur Rahman. It is requested that his view on the question of permission of keeping the tape recorder of the subject with him may kindly be communicated to Government immediately and the petition retuned therewith.

*Sd/-*
Section Officer, Govt. of East Pakistan.

—

*Phone Nos. 6863 and 4231/18*

*No. 5314/606-48 dt. 28/3/62*

*Secret*

*S/O, Home (Spl.) Deptt. Dacca.*

*Sub: Permission to use tape recorder by S.Pr. Sk. Mujibar Rahman within the jail.*

*Please refer to your memo no. 379-HS dt. 17.3.62.*

*We do not recommend the use of tape recorder by the S.Pr. as there is security risk.*

*The original petition is returned herewith.*

*Sd/-26.3*
*for DIG SB*

*(Below copy to be kept please)*

—

*Immediate*

## Government of East Pakistan

Home (Special) Department.

From : M. Shamsul Huq, E.P.C.S.,
Section Officer, Govt. of East Pakistan.

To : The Inspector- General of Prisons, East Pakistan.

No. 378-HS. Dated Dacca the 16th March, 1962.

Subject : Supply of electric fans to security prisoners M/S Abul Mansur Ahmad and 3 others.

The undersigned is directed to say that it has been decided by Government that the following security prisoners of Dacca Central Jail should be provided with electric fans immediately:-

1) Mr. Abul Mansur Ahmad.

2) Mr. Kafiluddin Choudhury.

3) Sk. Majibur Rahman,

4) Mr. Tafazzal Hossain.

2. It is accordingly requested that necessary action in the matter may be taken immediately under intimation to all concerned. Pending installation of the electric fan in the room of Mr. Taffazzal Hossain he may be permitted to use his own fan till such time as the fan is installed.

Sd/- M.S. Huq.

Section Officer, Govt. of East Pak.

No. 378/1(3)-H.S.

Copy forwarded for information and necessary action to the Dy. Inspr. Genl. of Police, I.B. East Pakistan and 2 others.

Dacca, The 19th March, 1962.

Sd/-M.S. Huq.

Section Officer, Govt. of East Pak.

—

*Immediate*

## Government of East Pakistan.

Home (Special) Department.

...

From : M. Shamsul Huq, Esqr., E.P.C.S.,
Section Officer, Govt. of East Pakistan.

To : The Superintendent, Dacca Central Jail.

Memo No. 747 – HS. Dated Dacca the 25th April, 1962.

Subject : Prayer for permission to use tape recorder within the jail.

Security Prisoner Mr. Sk. Majibur Rahman may be informed that his prayer for permission to bring his tape recorder from his house has been rejected by Govt. after due consideration.

Sd/-M.S. Huq.<br>
Section Officer, Govt. of East<br>
Pakistan.

...

*No. 747/1(2)-HS.*

### Copy for information to the:-

1. D.I.G., S.B., East Pakistan.
2. I.G. of Prisons, East Pakistan.

Dacca, The 25th April, 1962.

Sd/-M.S. Huq.<br>
Section Officer,<br>
Govt. of East Pakistan.

—

## 14

*Application of security prisoner Sheikh Mujibur Rahman to receive money from his family members for personal use.*

Dacca, 17 February 1962

To
The D.I.G. I.B
East Pakistan.

Through the Superintendent, Central Jail, Dacca. 17.2.62

D/Sir

I should be permitted to receive money for my personal use from my wife Mrs. Fazilatun Nessa & my cousin Mr. Mominul Hoqe of 677 Dhanmondi Residential Area, Road No.-32, Dacca or from my father Moulvi Sheikh Lutfor Rahman of vill-Tungipara  PO-Patgati Dt.-Faridpur.

I will be glad if you kindly approve the above mentioned names and inform the jail authority as soon as possible.

Yours Sincerely<br>
Sheikh Mujibur Rahman<br>
Security Prisoner

Memo no. 494/Con. dated 19.2.62 forwarded for favour of disposal.

Sd/- 19.2.62
For Superintendent
Central Jail, Dhaka.

ATTESTED. Sd/- 19.2, Deputy Jailor, Dacca Central Jail, 606/48 PF.

To
The D.I.G. I.B.
East Pakistan
Through the Superintendent
Central Jail Dacca
17.2.62

Sir,

I should be permitted to receive money for my personal use from my wife Mrs. Fazilatun Nessa & my cousin Mr. Momin [illegible] of 677 Dhanmondi Residential Area, Road No. 32, Dacca or from my father Mr. Sheikh Lutfor Rahman of vill Tungipara P.O. Patgati Dt. Faridpur.

I will be glad if you kindly approve the above mentioned names and inform the jail authority as soon as possible.

Yours truly
Sheikh Mujibur Rahman
Security Prisoner

Memo No. 494/Con. dated 19.2.62 forwarded for favour of disposal.
For Superintendent, Central Jail, Dacca.

3581
4394 20 FEB 1962
13.10
606/48 PF

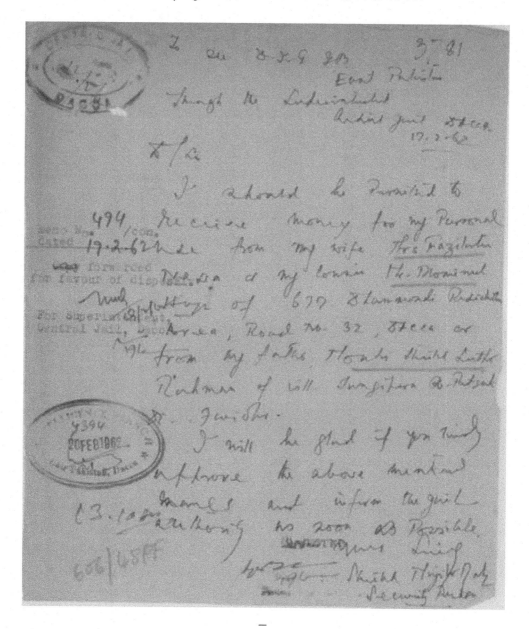

—

Phone No. 4231/61

***Secret***

No. 3755 dt. 1/3/62

S/O, Home (Spl.) Deptt.   Dacca

Sub:  Permission to receive money.

In forwarding herewith a copy of a petition from S.Pr. Mr. Sk. Mujibur Rahman, I am to inform you that there is no objection to allowing the subject to receive money from the persons mentioned in the petition, not exceeding Rs. 50/00 per month as per rule 64 of the E.P. State Prisoner's Rules, 1956.

Sd/ - 26.2

for D.I.G ,I.B

—

***Secret/Immediate***

Government of East Pakistan

Home (Special) Department.

From  :  M. Shamsul Huq, Esqr., E.P.C.S.,
Section Officer, Govt. of East Pakistan.

To  :  Supdt. D.C. Jail.

No.  D6s-18/62-340 HS. Dated Dacca the 4th March, 1962.

Subject :  Permission to receive money from relatives.

Security Prisoner Sk. Mujibor Rahman may be permitted to receive money from his relatives noted in the margin subject to the provisions of the existing rules.

1.  Sk. Lutfor Rahman, Father

2.  Mrs. Fazilatun Nessa, Wife

3.  Mr. Maminul Haq, Cousin of 677, Dhanmandi Road area, Dacca.

Sd/-M.S. Huq.

Section Officer,

Govt. of East Pakistan.

*No. D6s-18/62-340(2)/1 HS*

***Copy forwarded for information to-the***

1.  Deputy Inspector General of Intelligence Branch, East Pakistan.

2.  Inspector General of Prisons, East Pakistan.

Dacca, The 4th March, 1962.

Sd/- Section Officer,

Govt. of East Pakistan.

—

## 15

## *Application of Fazilatunnessa to meet security prisoner Sheikh Mujibur Rahman along with her family members.*

Dacca, 17 February 1962

Mrs. Sheikh Mujibur Rahman
Dated 17.2.62
Plot no.677, Road No. 32
Dhanmondi Residential Area.

To

The D.I.G. I.B., Govt. of East Pakistan, Dacca.

Dear Sir,

I have the honour to state that I along with my sons Kamal and Jamal and daughters Hasina and Rehana and the brother of my husband Mominul Huq want to see my husband Sheikh Mujibur Rahman who is now under detention in the Dacca Central Jail as a Security Prisoner. You are requested to kindly accord me necessary permission for the above interview at the earliest possible convenience.

Thanking you,

Yours truly,
F. nessa.
(Fazilatun Nessa)

Interview allowed on Monday (19.2.62) at 4. P.M. Sd/- 17.2.62

—

**Security Section**
**Confidential**
**Immediate**

### Intelligence Branch, East Pakistan

Lalbagh,
Dacca, the 17th Feb. 1962.
No.3039/

To,

N. Nematullah, Esqr., B.A., B.L.,

Superintendent, Dacca Central Jail, Dacca.

Kindly allow the following persons to have an interview with security prisoner Mr. Sk. Mujibur Rahman at 4 PM on 19.2.62 in presence of an I.B. Officer.

The party has been informed.

1) Mrs. Fazilatun Nessa
2) Miss. Hasina
3) Miss. Rehana
4) Master Kamal
5) Master Jamal
6) Mr. Mominul Haq

Sd/- 17.2.62
For Dy. Inspr.-Genl. of Police,
I.B., E.P., Dacca.

*SI. Md. Amin Ullah (1) will please attend. Sd/-DS VI 19/2. Noted. Sd/-19.2.62*

—

Memo. No 3039/1 Dated 17.2.62.

Copy forwarded to Mrs. Fazilatun Nessa of 677, Dhanmondi Residential Area, Road No. 32, Dacca for information.

Sd/- 17.2.62
For Dy. Inspr. Genl. of Police, I.B.
East Pakistan, Dacca.

*DS(6). Order below draft for approval pl. Sd/- 17.2.62. Issue Sd/-17.2.62*

—

File no. 606-48 P.F.

I had been to Dacca Central Jail and attended party interview held between security prisoner Sk. Mujibur Rahman and his wife Mrs. Fazilatun Nessa, her children and brother Mr. Mominul Haq on 19.2.62 at D.C. Jail gate.

The discussion centred round their home and personal affairs. Nothing objectionable happened at the time of interview.

Sd/- 20.2.62

—

# 16

*Letter from security prisoner Sheikh Mujibur Rahman to H S Suhrawardy.*

Dacca, 21 February 1962

## CENSOR CERTIFICATE.

No. 3600 dt. 27/2/62

No. 25B (4) Date of receipt 21.2.62

Letter dated 11.2.62

From : S. Prisoner. Terrorist/U.T., Convict, Ord. Sk. Mujibur Rahman, D/C Jail

To : S. Prisoner. Terrorist/ U.T., Convict, Ord. Mr. H.S. Suhrawardy B.C.L. Bar-at-Law, Ex. Prime Minister, S.Pr. Central Jail, KA.

Memo : Dacca Central Jail./ C/O. D.I.G., I.B. 515-e dt. 10.2.62

Remarks of Censor Officer. May be passed.

D.S. VI for kind perusal. The letter may be withheld w/r 19 of the E.P. State Prisoners Rules, 56 (The correspondents between the security prisoners are not allowed unless they happened to be relatives) & 163 (c) of the D.I.B. Manual.

Sd/- 26.2

As proposed. Sd/- 26.2

—

Sheikh Mujibur Rahman
Security Prisoner, Central Jail, Dacca.
11.2.62

Sir,

My Salam to you. I am very anxious for your health. Kindly take care of your health.

I am happy in my original place. Kindly write to me your condition. I do not know how you are passing your days. Kindly do not think for us. With kindest regards.

Yours affectionately
Mujib

Passed Sd/-20.2, Superintendent, Dacca Central Jail

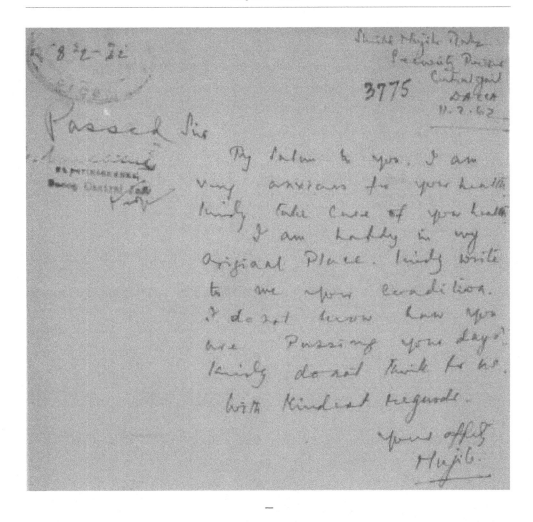

Sheikh Mujib Rahman
Security Prisoner
Central Jail
DACCA
11.2.62

3775

Passed Sir

Superintendent
Dacca Central Jail

My salam to you. I am very anxious for your health. Kindly take care of your health. I am happy in my original place. Kindly write to me your condition. I do not know how you are passing your days? Kindly do not think for me. With kindest regards.

Yours affly
Mujib.

—

Passed. Sd/-20.2, Superintendent, Dacca Central Jail

**Sheikh Mujibur Rahman**
Security Prisoner
Central Jail, Dacca.

**Mr. H.S. Suhrawardy**
B.C.L Bar-at Law.
Ex- Prime Minister, Security Prisoner
Central Jail, Karachi.

—

## 17

## *Application of security prisoner Sheikh Mujibur Rahman to meet his family members.*

Dacca, 23 February 1962

To

The D.I.G. I.B. East Pakistan

Through the Superintendent, Central Jail, Dacca.

D/Sir

I will be glad if you kindly grant an interview with my wife Mrs. Fazilatun Nessa, Mr. Mominul Haque, my cousin and my children of 677 Dhanmondi Residential Area, Road No. 32, Dacca.

I should be permitted to return the following warm cloths to my wife in time of my next interview.

1. Coat-2
2. Pant-2
3. Dressing gown – 1
4. Sweater -1
5. Jumper-1
6. Shirts -2
7. Handbag-1

Yours Sincerely

Sheikh Mujibur Rahman
Security Prisoner
Central Jail, Dacca.
23.2.62

Memo no. 595/con dated 26.2.62

Forwarded for favour of disposal. Sd/- 26.2.62, For Superintendent, Central Jail, Dacca.

ATTAESTED. Sd/- 26.3, Deputy Jailor, Dacca Central Jail.

—

To

The D.I.G., I.B.

Government of East Pakistan, Dacca.

Recd at 11-50 A.M pl. Sd/- 5.3

—

Phone No. 6863 & 4231/18

Confidential

No. 3975 dt. 5.3.62

Suptd. Dacca Central Jail

In forwarding herewith a copy of a petition from S.Pr. Mr. Sk. Mujibar Rahman, I am to inform you that the subject may be allowed to return the articles mentioned in the petition to his wife at the time of next interview in presence of an I.B. Officer.

Sd/- 8.3
For D.I.G. SB.

—

*DS (6)*

*Perusal please the petition below. From S.Pr. Sk. Mujibar Rahman. The petition has been granted an interview which will be held today. F.O.P.*

*(ii) May be allowed to return the articles mentioned in the petition, pl.*

*Sd/- 1.3.62*
*Yes pl. Sd/-1.3*

*Order above. Draft below for approval pl.*

*Sd/- 3.3DS 6*

*Issue. Sd/- 1.3.62*

—

# 18

## *Application of Fazilatunnessa to meet security prisoner Sheikh Mujibur Rahman along with her family members.*

### Dacca, 24 February 1962

The D.I.G., I.B.,                              *February 24.2.1962*
Govt. of East Pakistan,
Lalbagh, Dacca.

Sir,

Re:   Special interview with Security Prisoner Mr. Sk. Mujibur Rahman in Dacca Central Jail.

I, the wife of the above Security Prisoner, would earnestly request your good self as to be kind enough to accord your permission for a special interview with my husband on Monday the 26th February 1962 on the following points :-

1. To see my husband along with my children and his brother Mr. Mominul Haque.

2. To obtain an authorisation letter in my favour from my husband to draw his salary from the Alpha Insurance Co., Ltd., Dacca.

3. To take back the warm cloths of my husband.

Thanking you,
Yours faithfully,
*F. nessa.*
(Fazilatun Nessa.)
Wife of Sk. Mujibur Rahman.

Plot No. 677, Road No. 32,
Dhanmandi Residential area,
Dacca.

*Allowed on 26.2.62 at 4 P.M. Officer attending the Interview should not also to obtain any letter or communication from the S.Pr. Sd/- 24.2.62*

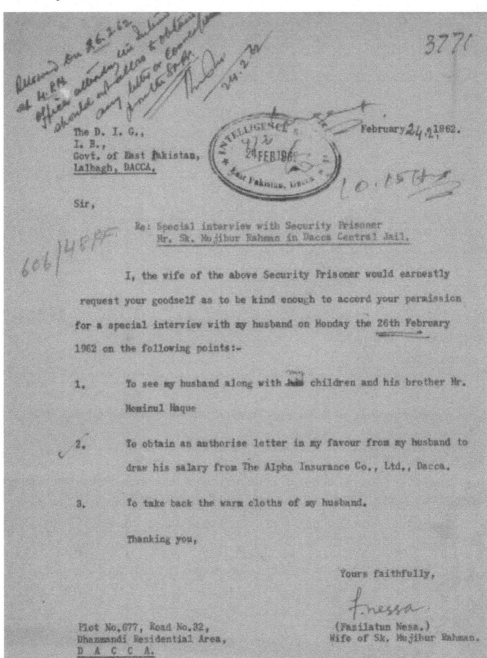

Allowed on 26.2.62 at 4 P.M. Officer attending the interview should not obtain any letter or communication from the S.Pr. 24.2.62

3771

February 24, 1962.

INTELLIGENCE 972 24 FEB 1962 East Pakistan, Dacca

The D. I. G.,
I. B.,
Govt. of East Pakistan,
Lalbagh, DACCA.

10.15

Sir,

Re: Special interview with Security Prisoner Mr. Sk. Mujibur Rahman in Dacca Central Jail.

606/48 PF

I, the wife of the above Security Prisoner would earnestly request your goodself as to be kind enough to accord your permission for a special interview with my husband on Monday the 26th February 1962 on the following points:-

1. To see my husband along with my children and his brother Mr. Mominul Haque

2. To obtain an authorise letter in my favour from my husband to draw his salary from The Alpha Insurance Co., Ltd., Dacca.

3. To take back the warm cloths of my husband.

Thanking you,

Yours faithfully,

F. Nessa

(Fazilatun Nesa.)
Wife of Sk. Mujibur Rahman.

Plot No.677, Road No.32,
Dhanmandi Residential Area,
D A C C A.

—

Phone no. 6863& 4231/18

No. 3425 dt. 24.2.62

**Conf./Immediate**

Suptd. D.C. Jail

Kindly allow (I) Mrs. Fazilatun Nessa and her children (ii) Mominul Haq to have a special interview with S.Pr. Mr. Sk. Mujibar Rahman on 26.2.62 at 4 P.M. in presence of an I.B officer.

The party has been informed the S.Pr. may also be allowed to hand over his warm clothes to his wife.

Sd/- 24.2.62

for DIG IB

By. Spl. Mess. No. 3425/1 dt. 24/2/62

Copy forwarded to Mrs. Fazilatun Nessa of Plot No. 677, Road No. 32, Dhanmondi Residential Area, Dacca for information.

Sd/-24.2.62

for DIG, IB.

—

## DS (6)

Orders below. Draft below for approval pl. RSI may show your order below to the officer who will be deputed to attend the interview pl.

Sd/-24.2.62

*SI 26/2/62 S.I. Rustam Ali will please, attend. Sd/-26/2*

—

I attended the interview of the security prisoner Sk. Mujibur Rahman with his wife and children, held at the Dacca Central Jail on 26.2.62.

During the interview they discussed their private and domestic affairs.

Submitted,

Sd/- 27.2.62

—

# 19

## *Letter to government from Superintendent, Central Jail informing detention expiry date of Sheikh Mujibur Rahman.*

Dacca, 24 February 1962

*Phone: 3488*

**Confidential:**

### GOVERNMENT OF EAST PAKISTAN

OFFICE OF THE SUPERINTENDENT, CENTRAL JAIL, DACCA

Memo No. /Con. Dated

To

The Dy. Secretary to the Govt. of East Pakistan,

Home (Special) Department, Dacca.

Sub: Detention of unconfirmed security prisoner Sk. Mujibur Rahman s/o Late Mr. Lutfur Rahman.

Ref: This Office Memo No. 374/Con, dated 9.2.62.

I am to state for information of the Government that 30 days detention of the above noted unconfirmed security prisoner will expire on 8.3.62.

In case he is required to be detained beyond that date, I would request the Government to issue order accordingly before 8.3.62.

Sd/-N. Nematullah.
Superitendent,
Central Jail, Dacca.

*Phone 3488*

**Confidential:**

Memo No. 563 (3)/Con. Dated 24.2.62

**Copy forwarded for information to:-**

1. The Inspector General of Prisons, East Pakistan, Dacca.

2. The Dy. Inspector General of Police, I.B., E.P., Dacca.

3. The Superintendent of Police, D.I.B., Dacca.

Sd/-24.2.62
Superintendent,
Central Jail, Dacca.

—

# 20

*Application Application of Fazilatunnessa to meet security prisoner Sheikh Mujibur Rahman to get authorization letter to draw his salary.*

Dacca, 27 February 1962

*Immediately*

Plot No. 677, Road No. 32,
Dhanmandi R. Area, Dacca.
February 27, 1962.

The D.I.G., I.B.,
Govt. of East Pakistan,
Lalbagh, Dacca.

Sir,

### Special interview with Security Prisoner

Mr. Sk. Mujibur Rahman.

I like to inform you that my husband Mr. Sk. Mujibur Rahman is in Dacca Central Jail as a security prisoner, and I require an authority letter from him to draw his salary from M/s. ALPHA INSURANCE COMPANY LIMITED, Dacca.

The Authority Letter is enclosed herewith for your kind perusal.

I would therefore request you to kindly accord your permission to see my husband with my son Master Sk. Kamaluddin on 1.3.1962.

Thanking you.

Yours faithfully,
*F. nessa.*
(Fazilatun Nessa)
Wife of Sk. Mujibur Rahman.

*Interview allowed on 1.3.62 at 4.PM. Sd/- 28.2 Read on 28.2.62, Sd/-28.2*

3777

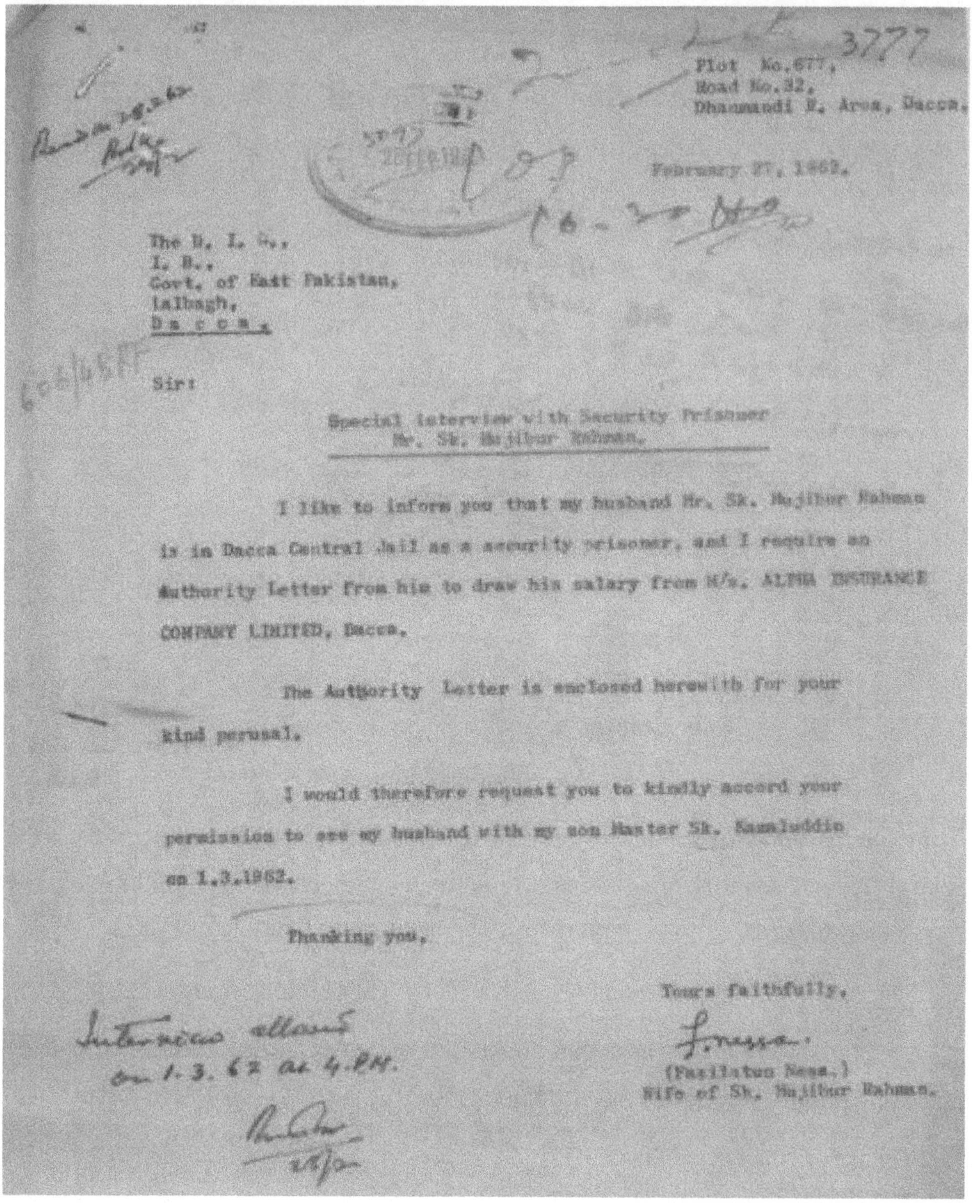

Plot No.677,
Road No.32,
Dhanmandi R. Area, Dacca.

February 27, 1962.

The D. I. G.,
I. B.,
Govt. of East Pakistan,
Lalbagh,
Dacca.

Sir:

Special interview with Security Prisoner
Mr. Sk. Mujibur Rahman.

I like to inform you that my husband Mr. Sk. Mujibur Rahman is in Dacca Central Jail as a security prisoner, and I require an Authority Letter from him to draw his salary from M/s. ALPHA INSURANCE COMPANY LIMITED, Dacca.

The Authority Letter is enclosed herewith for your kind perusal.

I would therefore request you to kindly accord your permission to see my husband with my son Master Sk. Kamaluddin on 1.3.1962.

Thanking you,

Yours faithfully,

F. Nessa.

(Fazilatun Nessa.)
Wife of Sk. Mujibur Rahman.

Interview allowed on 1.3.62 at 4 P.M.

*Confidential*
*Immediate*

**Intelligence Branch, East Pakistan, Lalbagh**

Dacca, the 1-3-1962.

No. 3756

To

N. Nematullah, Esqr., B.A., BL.,

Superintendent, Dacca Central Jail, Dacca.

Kindly allow the following persons to have an interview with security prisoner Mr. Sk. Mujibur Rahman at 4 P.M. on 1.3.62 in presence of an I.B. Officer.

The party has been informed.

1.   Mrs. Fazilatun Nesa

2.   Master Sk. Kamaluddin

Sd/-28.2.62

For Dy. Inspr. Genl. of Police,

I.B., E.P., Dacca.

Memo. No. 3753/1 dt. 1.3.62

Copy forwarded to *Mrs. Fazilatun Nesa, Plot No. 677, Road no. 32 Dhanmondi R. Area, Dacca* for information.

Sd/-

For Dy. Inspr. Genl. of Police,

I.B., E.P., Dacca.

—

*D.S.VI*

*Sir*

*As ordered, I attended the party interview held between security prisoner Mr. Sk. Mujibur Rahman and his wife and son on 1.3.62 in D.C. Jail in presence of Dy. Jailor Security Section. They discussed private and domestic affairs only. Nothing objectionable came to notice during their discussion.*

*Y.O.S.*

*Momtazuddin Ahmed,*

*S.I. SB, 3.3.62*

—

# 21

*Detention order of security prisoner Sheikh Mujibur Rahman for further two months.*

Dacca, 27 February 1962

**Confidential/Immediate.**

Government of East Pakistan.

Home (Spl.) Department.

From :  M. Shamsul Huq, Esqr., E.P.C.S., Section Officer, Govt. of East Pakistan.

To     :  The Superintendent, Dacca Central Jail.

No. 263- H.S. Dated Dacca the Feb., 1962

Subject: Detention of M/S. Samaresh Sur and 16 others under the East Pakistan Public Safety Ordinance, 1958.

17 signed orders (in triplicate) on the subject noted above are forwarded herewith. You are requested to serve the same on the prisoners concerned by delivering one copy each and return a receipted copy of each to Government duly.

Sd/- M.S. Huq.
Section Officer Govt. of East Pak.

...

No. 263/1(4)-H.S.

Copy with copies of the enclosures forwarded for information to the D.I.G., I.B., East Pakistan.

The 27th/28th Feb., 1962.

Sd/- M.S. Huq.
Section Officer Govt. of East Pak.

—

**Government of East Pakistan**

Home (Special) Department.

..

*Order.*

No. 260 -H.S.,

Dated Dacca the 27th Feb., 1962

Whereas the person known as Sk. Mujibur Rahman son of Lutfor Rahman Sheikh of 677 Residential area, Road no. 32, Dacca, was arrested under sub-section (1) of section 41 of the East Pakistan Public Safety Ordinance1958 (East Pakistan Ordinance no. LXXVIII of 1958) and was committed to custody in the Dacca Central Jail.

Now therefore, in exercise of the powers conferred by sub-section (2) of section 41 of the said ordinance, the Governor is pleased to direct that the said Sk. Mujibur Rahman shall be detained in the jail custody for a period of two months from the date of his arrest i.e. from the 7th Feb 1962. This is to authorize and require you to hold the said Sk. Mujibur Rahman in the Dacca central jail for two months with effect from the 7th February, 1962 unless further order from the Provincial Government[8] be received in the meantime.

By order of the Governor
M.S. Haq
Section officer,
Govt. of East Pakistan.

—

Communication of grounds of detention order under section 19 of the East Pakistan Public Safety Ordinance, 1958 (East Pakistan Ordinance No. LXXVIII of 1958).

...

In pursuance of section 19 of the East Pakistan Public Safety Ordinance, 1958 (East Pakistan Ordinance No. LXXVIII of 1958) you Maulvi Sk. MUJIBUR RAHMAN, B.A., son of LUTFAR RAHMAN OF TANGIPARA, P.S. GOPALGANJ, FARIDPUR and of 677, RESIDENTIAL AREA, ROAD NO. 32, DAHNMONDI, DACCA at present detained in the Dacca Central Jail under order No. 269-H.S. dated 27.2.62 made under clause (a) of Sub-Section (I) of section 17 of the said ordinance are hereby informed that your detention has been considered necessary on the following grounds:-

1. That you have been and are associated with the illegal activities of a secret association in the districts of Dacca, Faridpur, Chittagong, Pabna and Bakerganj the object of which is to overthrow this Govt. (i.e. Govt. of East Pakistan) by violent means and that during the years 1947 (after partition) 1942, 1949, 1952, 1953, 1954, 1955, 1956 and 1958 till your arrest and when you were not in Jail you were concerned in prejudicial acts in the districts of Dacca, Faridpur, Pabna and Bakarganj particularly in the months of September, 1952, January, February, March, July, 1953, May, 1954, February, June, August, October, 1955, January, April, May, 1956, April, June, July, August, September, October, 1958 and after your release from Jail on 17.12.59. You again reverted to your former prejudicial activities in the Districts of Dacca and Chittagong during the years, 1959, 1960, 1961, and 1962 (till your arrest and

---

8. **Provincial Government** – *A provincial government is the government of a principal administrative division of a country in a federal form of government, which shares political power with the federal or national government. At the time of independence from British regime in August 1947, the then Pakistan included five provinces: Bengal, Punjab, Sind, NWFP (presently Khyber Pakhtunkhwa) and Baluchistan (Chief Commissioner's Province).*

when you were not in Jail) particularly in the months of December, 1959, January, February, March, May, June, July, September, October, December 1960, January, February, March, May, July, August, September, November, December, 1961 and January, February, 1962, you with the help of some disruptive elements indulged in prejudicial acts and propaganda amongst public and the students within the aforesaid districts against the Govt. of East Pakistan with the ulterior object of disrupting the stability or integrity of the Province of East Pakistan and overthrowing the Govt.

Furnishing any more facts and particular than those given above would be against the public interest.

2. That all your activities mentioned above threaten and are likely to endanger the maintenance of Public order and public safety in this Province.

3. You are further informed that you have a right to make a representation in writing to this Govt. against the order of detention made against you, and should you wish to do so you should send the representation to the undersigned through the Superintendent of Jail, where you are at present detained.

By order of the Governor,
Section Officer to the Govt. of
East Pakistan
Home (Special) Department, Dacca.

—

*Confidential.*
*Phone No. 3344*

**Government of East Pakistan**
Office of the Superintendent, Central Jail, Dacca,
Memo No. ......./ con. dated

To
The deputy Secretary to the Government of East Pakistan, Home (Special) Dept. Dacca.

Sub: Detention orders of security prisoner Mr. Sk. Mujibur Rahman under the East Pakistan Public Safety Ordinance, 1958.

I am to state for information of the Government that C.C. No. 260. HS. dated 27.2.62 received with your memo No.-263 HS. dated 28.2.62 were served on the above named security prisoner on 2.3.62.

A copy detention order No. 260 HS., dated. 27.2.62 is enclosed herewith as desired.

Sd/-N. Nematullah
Superintendent,
Central Jail, Dacca.

*Confidential*

Memo No 661(3)/ con- dated 3.3.62

*Copy forwarded for information to:-*

1. The Inspector General of Prisons, East Pakistan, Dacca.
2. The Deputy Inspector General of Police, I.B., E.P., Dacca.
3. The Superintendent of Police, D.I.B., Dacca.

Sd/- 3.3.62
Superintendent,
Central Jail, Dacca.

—

# 22

## *Recommendation for six months' detention of Sheikh Mujibur Rahman.*

Dacca, 28 February 1962

*Secret : Express.*
Phone : 4231/34.

### District Intelligence Branch

Dacca, the 28th February, 1962.

No. 1766./100-49 P.F.

To
A. Rahim, Esqr., P.S.P.,
Spl. Supdt. of Police, (1)
I.B., E.P., Dacca.

Ref: This office No. 996/1 (3) dated 8.2.62 regarding arrest of Sk. Mujibur Rahman under section 41(1) of the E.P.P.S.O., 1958.

The subject (Sk. Mujibur Rahman) was arrested on 7.2.62. under section 41(1) of the E.P.P.S.O.,1958.

The subject was the General Secy. of the Provincial Committee of the defunct Awami League. He is a close associate of Mr. H.S. Suhrawardy. Since the promulgation of Martial Law he was found to have been possessing uncompromising attitude towards the present administration. According to information, he was conspiring with the leading workers of the different defunct political parties to launch an agitation against the constitution which was due to be declared soon. He was also reported to have been maintaining contact with the students during the recent agitation in Dacca on 6.2.62 and 7.2.62 and also with a view to utilise the students' community in proposed movement against the Constitution.

In view of his past prejudicial activities and potentialities for committing mischief and in the context of the present political situation of the country his detention for a further period of 6 (six) months beyond 30 days is recommended.

Opinion of the Dy. Commissioner, Dacca, in this case is as follows:-

"Approved "

Reference Notes, Statements etc. of the subject will follow.

*Sd/ -*
(A.K.M. Sirajul Haq)
Addl. Supdt.of Police,
D.I.B., Dacca.
28.2.62

—

## 23
## *Memo of DIG, SB to Home Department requesting further two months' detention of 59 prisoners.*

Dacca, 28 February 1962

**Secret.**

*By Spl. Messenger.*

**Special Branch, East Pakistan**
Lalbagh,
Dacca, the 28th February, 1962.
No, 3714/128-62 Sec.

To
M.S. Huq, Esqr., E.P.C.S.,
Section Officer to the Govt. of
East Pakistan, Home (Spl.) Deptt.
Dacca.

In sending herewith a list of 59 persons arrested u/s 41(1) of the East Pakistan Public Safety Ordinance, 1958 since 7.2.62. I am to state that interrogation and enquiries into their cases could not be completed in such a short time. I would therefore request you kindly to issue G.O.S. for their detention for two months from the dates of their arrest under sub-section (2) of sec. 41 of the E.P.P.S.O, 1958 to enable us to complete the enquiries and interrogation.

Full particulars of the individuals, dates of arrest, due dates of release and name of jails where detained have been noted in the list.

Sd/- K.G. Mohiuddin,
for Dy. Inspr. Genl. of Police, S.B.
East Pakistan, Dacca.

*Sk. Mujibur Rahman (AL) S/o Lutfar Rahman of Dacca.*

—

# 24

## *Application of Fazilatunnessa to meet security prisoner Sheikh Mujibur Rahman.*

Dacca, 5 March 1962

To
The D.I.G., I.B.,
Lalbagh, Dacca.

Dear Sir,

I am sorry to say that last night there was a theft at my residence involving a great loss in cash and kinds.

I would therefore request you to kindly accord your permission for special interview of the following persons to see my husband Mr. Sheikh Mujibur Rahman, who is in Dacca Central Jail as Security Prisoner.

1. Mrs. Fazilatunnessa- Wife.
2. Mr. Mominul Huqe- Brother,
3. Mr. Sk. Kamaluddin- Son.

Yours faithfully,
*F. Nessa*
(Fazilatunnessa)
5.3.62

Dated, Dacca, 5th March 1962.

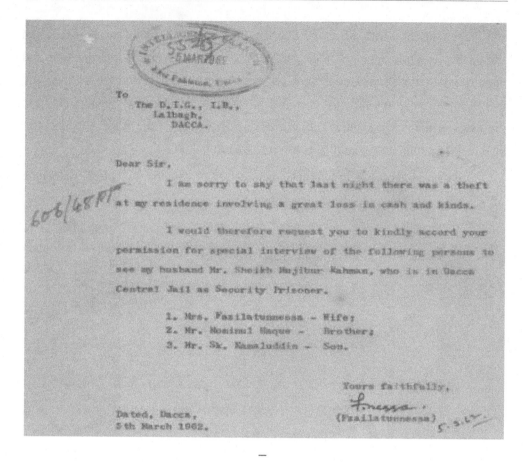

To
The D.I.G., I.B.,
Lalbagh,
DACCA.

Dear Sir,

I am sorry to say that last night there was a theft at my residence involving a great loss in cash and kinds.

608/48 RT

I would therefore request you to kindly accord your permission for special interview of the following persons to see my husband Mr. Sheikh Mujibur Rahman, who is in Dacca Central Jail as Security Prisoner.

1. Mrs. Fazilatunnessa - Wife;
2. Mr. Mominul Haque - Brother;
3. Mr. Sk. Kamaluddin - Son.

Yours faithfully,
F.nessa.
(Fazilatunnessa)
5.3.62

Dated, Dacca,
5th March 1962.

–

***Confidential***
***Immediate.***

**Intelligence Branch, East Pakistan**
Lalbagh,
Dacca, the 5.3.1962.
No. 4014

To
N. Nematullah, Esqr., B.A., B.L.,
Superintendent, Dacca Central Jail, Dacca.

Kindly allow the following persons to have an interview with security prisoner Mr. Sk. Mujibur Rahman at 4 P.M. on 6.3.62 in presence of an I.B. Officer.

The party has been informed.

1. Mrs. Fazilatun Nessa
2. Mr. Mominul Huqe
3. Mr. Sk. Kamaluddin

Sd/- 5.3.62
For Dy. Inspr. Genl. of Police,
I.B., E.P., Dacca.

Memo.No. 4014/1

Copy forwarded to *Mrs. Fazilatun Nessa* of plot no. 677, Road No. 32, *Dhanmondi R. Area, Dacca* for information.

*Sd/- 5.3.62*
For Dy. Inspr. Genl. of Police,
I.B., E.P., Dacca.

—

**DS (6)**

*Perusal please petition below from the wife of S.Pr. Sk. Mujibur Rahman for an interview. The last interview with his wife & son Sk. Kamaluddin was held on 1.3.62 for a day pl.*

*Sd/- 5.3.62*

*Allowed on 6.3.62 at 4 P.M. Sd/- 5.3.62*
*Order above. Draft below for approval, Pl.*
*A/I RSI may note pl. Sd/- 5.3.62*
*Issue RSI 5.3 S.I. Rustam Ali will, please attend. Sd/-Ds VI 6.3*

—

# 25

*Application of security prisoner Sheikh Mujibur Rahman to meet his wife Fazilatunnessa.*

Dacca, 9 March 1962

*To*
*The D.I.G. I.B East Pakistan*
*Through the Superintendent, Central Jail, Dacca.*

*D/Sir*

*I want to have an immediate interview with my wife Mrs. Fazilatun Nessa my children Hasina, Kamal, Jamal, Rehana and my Cousin Mr. Mominul Huqe.*

*I will be glad if you kindly grant the interview and inform them in 677, Dhanmandi Residential Area, Road no. 32, Dacca.*

*Yours Sincerely*
*Sheikh Mujibur Rahman*
*Security Prisoner*
*Central Jail, DACCA.*
*9.3.62*

Memo No. 745/ con-dated 10.3.62

Forwarded for favour of disposal.

Sd/- 10.3.62

For Superintendent,

Central Jail, Dacca.

ATTESTED

Sd/- 10.3

Deputy Jailor

Dacca Central Jail.

To

The D.I.G. IB East Pakistan

Through the Superintendent

Central Jail Dacca

D/Sir

I want to have an immediate interview with my wife Mrs Fazilatun Nesa, my children Hasina, Kamal, Jamal Rahman and my cousin Mr. [illegible].

I will be glad if you kindly grant the interview and inform them at 677 Dhanmandai Residential Area, Road No 32 Dacca.

Yours truly

Sheikh Mujibur Rahman

Security Prisoner

Central Jail

Dacca

9.3.62

Memo No. 745 /con-dated 10.3.62

Forwarded for favour of disposal.

For Superintendent,

Central Jail, Dacca.

ATTESTED

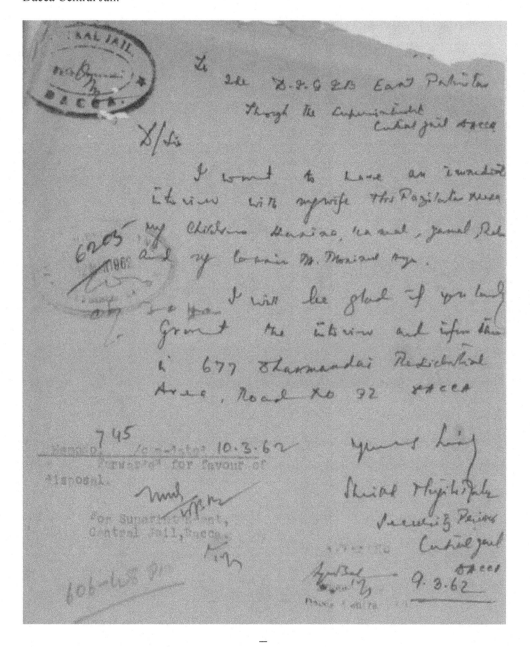

*Confidential*
*Immediate*

## Special Branch, East Pakistan

Lalbagh,

Dacca, the 14-3-1962.

No. 4351

To

N. Nematullah, Esqr., B.A., B.L.,

Superintendent, Dacca Central Jail, Dacca.

Kindly allow the following persons to have an interview with security prisoner Mr. Sk. Mujibar Rahman at 4 P.M. on 14.3.62 in presence of an S.B. Officer.

The party has been informed.

(1)  Mrs. Fazilatun Nessa  (2)  Hasina

(3)  Kamal  (4)  Jamal

(5)  Rehana  (6)  Mr. Mominul Haq

Sd/-

For Dy. Inspr. Genl. of Police,
S.B., E.P., Dacca.

Memo. No 4351/1 Dated 14.3.1962.

Copy forwarded to Mrs. Fazilatun Nessa of 677, Dhanmondi Residential Area, Road No. 32, Dacca for information.

Sd/- 14.3.62
For Dy. Inspr. Genl. of Police,
S.B., E.P., Dacca.

—

DS(6)

Perusal please the petition below from S.pr. Mr. Mujibur Rahman. The last interview was held on 6.3.62. For orders pl.

Sd/- 13.3.62

Allowed on 14.3.62 at 4. P.M.
Order above. Draft below for approval pl.
Issue, 14.3, I shall attend. Sd/- 14.3.62

—

DS VI

As ordered I remained present during the interview between Security prisoner Sk. Mujibar Rahman & his wife & children on 14.3.62

between 17.30– 17.45 hrs. They discussed about their domestic affairs & nothing objectionable talked of.

Submitted
G.S. Ahmed
Insp. SCO, SB
15.3.62

Place on file pl. Sd/- 16.3.62

—

# 26
## Application of Fazilatunnessa to meet security prisoner Sheikh Mujibur Rahman.

Dacca, 10 March 1962

ফোনঃ-২৫৬১

বেগম শেখ মুজিবুর রহমান,

ধানমন্ডি (ঢাকা)

তারিখ- 10th March

To The D.I.G. I.B
Govt. of East Pakistan
Lalbag, Dacca.

Sub : Special Interview with security prisoner Mr. Sk. Mujibur Rahman.

Sir,

I like to inform you that my husband Mr. Sk. Mujibur Rahman is in Dacca Central Jail as a security prisoner, and I along with my four children and my husband's younger brother want to have an interview with him today in connection with the holy Eid festival.

**The names of my children and my husband's brother are as follows:-**

1) Hasina Sheikh        :   Daughter

2) Sheikh Kamaluddin  :   Son

3) Sheikh Jamaluddin  :   Son

4) Rehana Sheikh       :   Daughter

5) Mominul Huq         :   My husband's brother

I would therefore request you to kindly accord your permission to me, my children and my husband's younger brother to have an interview with my husband on this day, the 10th March, 1962.

Thanking you in anticipation.

Yours faithfully,
F. Nessa.

DS 6 Draft placed below for approval pl. After A/I R.S.I to please note for n/a.

*Allowed on 10.3.62 at 4 PM. Sd/- 10.3.62*

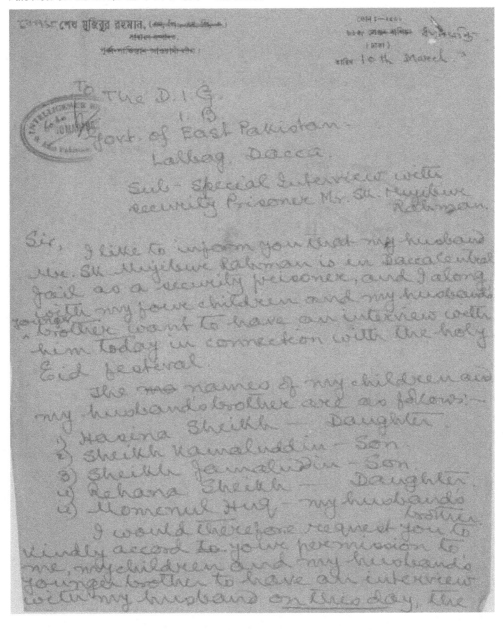

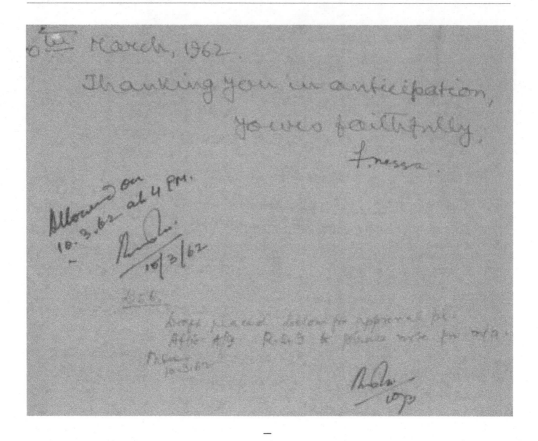

6th March, 1962.

Thanking you in anticipation,

Yours faithfully,

F. Nessa.

Allowed on 10.3.62 at 4 PM.

10/3/62

—

I attended Party interview held on 10.3.62 between the S.Pr. Sk. Majibur Rahman and his wife and children from 16.45 hrs. to 17.45 hrs. in D.C. Jail. They talked about nothing except their domestic affairs and nothing objectionable from the S.B. point of view was discussed.

Sd/-12.3.62

Inspr. S.B.

—

## 27

### *Suleman Mohamed Adamjee applied for interview with security prisoner Sheikh Mujibur Rahman.*

Dacca, 14 March 1962

*Phone No 3887* *Cable "Aerial"*

**Suleman Mohamed Adamjee**

GENERAL MERCHANT & COMMISSION AGENT

1. WISEGHAT ROAD, DACCA-1.

62/MISC/450.                                   14<sup>th</sup> March '62.

The Inspector General,
D.I.B., Lalbagh, Dacca.

Dear Sir

I would be grateful if you would kindly permit me and my assistant to see Mr. Sheik Mujibur Rahman, M/s. Alpha Insurance Company's Controller of Agencies for East Pakistan, who is at present under detention in the Dacca Central Jail.

The purpose of my interview is to discuss a complex insurance problem with him.

Thanking you,

Yours faithfully,

Sd/-

(SULEMAN MOHAMED ADAMJEE)

Proprietor

—

*Confidential*

*Immediate*

**Special Branch, East Pakistan**

Lalbagh,

Dacca, the 20-3-1962.

No. 4841

To

N. Nematullah. Esqr., B.A., B.L.,

Superintendent, Dacca Central Jail, Dacca.

Kindly allow the following persons to have an interview with security prisoner Mr. Sk. Mujibar Rahman at 4 PM on 30.3.62 in presence of a S.B. Officer.

The party has been informed.

1) Mr. Suleman Md. Adamjee and his Assistant.

Sd/- 20.3.62

For Dy. Inspr. Genl. of Police,

S.B., E.P., Dacca.

Memo No. 4841/1 Dated 20-3- 1962.

Copy forwarded to Mr. Suleman Md. Adamjee of 1, Wise Ghat Road, Dacca for information.

Sd/- 20.3.62<br>
For Dy. Inspr. Genl. of Police, S.B.

—

*DS(6)*

Perusal please the petition below from S.M. Adamjee praying for an interview with Spr. Sk. Mujibar Rahman. The S.Pr. has been granted an interview with his wife which will be held today. F.O.P.

One spl. interview has been granted today (19.3.62) with his wife. No interview is possible in the current fortnight up to 29.3.62

May be allowed on 30.3.62.

Sd/-19.3.62

*S.I B. Alam will please attend. Sd/-30.3.62*
*DS6, 30.3.62*
*Issue, B. Alam S.I. 30.3.62*
*20/3/62, RSI, 21/3/62*
*Order above. Draft below for approval pl. Sd/- 19.3.62*

—

Ref: files No. 606/48 P.F.

Had been to D.C. Jail on 30.3.62 at 4 P.M. and attended a party interview held between the Spr. Mr. Sk. Mujibur Rahman of the said jail and Mr. Solaiman Md. Adamjee and his assistant of Wise Ghat Rd. Dacca from 4-30 P.M. to 5 P.M. and they discussed about the Insurance business.

Nothing objectionable from I.B. points of view came to notice during the period of interview.

Submitted<br>
Badrul Alam<br>
S.I. S.B. Dacca.<br>
31.3.62

—

# 28

## *Application of security prisoner Sheikh Mujibur Rahman to meet Fazilatunnessa.*

### Dacca, 15 March 1962

To
The D.I.G. I.B. East Pakistan.
Through the Superintendent Central Jail Dacca.

D/Sir

I want to have an interview with my wife Mrs. Fazilatun Nessa, my children Hasina, Kamal, Jamal and Rehana and my cousin Mr. Mominul Huq of 677, Dhanmandi Residential Area, Road No. 32.

I will be glad if you kindly grant the interview and inform them.

Yours Sincerely
Sheikh Mujibur Rahman
Security Prisoner
Central Jail
DACCA.
15.3.62

ATTESTED Sd/- Deputy Jailor Dacca Central Jail.

—

Memo No. 828/con -dated 15-3-62 Forwarded for favour of disposal.

Sd/- 15.3.62
For Superintendent,
Central Jail Dacca.

—

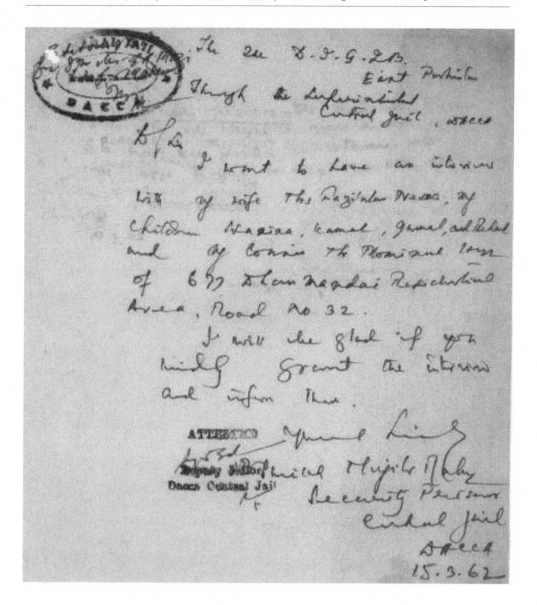

*DS(6)*

Perusal please the petition below of the S.pr. Sk. Mujibar Rahman. The S.pr. has been granted an interview with his wife and brother to-day (19.3.62). F.O.P.

Sd/- 19.3.62

*Yes pl. No action. Sd/- 19.3.62*

# 29

## *Application of Fazilatunnessa to meet security prisoner Sheikh Mujibur Rahman.*

### Dacca, 17 March 1962

Mrs. Fazilatun Nessa.
Wife of Mr. Sk. Mujibur Rahman.

Plot No. 677
Road No. 32
Dhanmondi R. Area.
Dated 17.3.62

To
The D.I.G., I.B.
Govt. of East Pakistan,
Lalbagh, Dacca.

Sub: Special interview with security prisoner Mr. Sk. Mujibur Rahman.

Sir,

I like to inform you that my husband Mr. Sk. Mujibur Rahman is in Dacca Central Jail as a security prisoner and I along with my husband's younger brother Mr. Mominul Huq like to have an interview with him on account of an urgent piece of domestic affairs.

I would therefore request you to kindly permit me along with my husband's younger brother Mr. Mominul Huq to have an interview with my husband on 19.3.62.

Thanking you.

Yours faithfully
F. Nessa.
(Fazilatun Nessa)
Wife of Sk. Mujibur Rahman

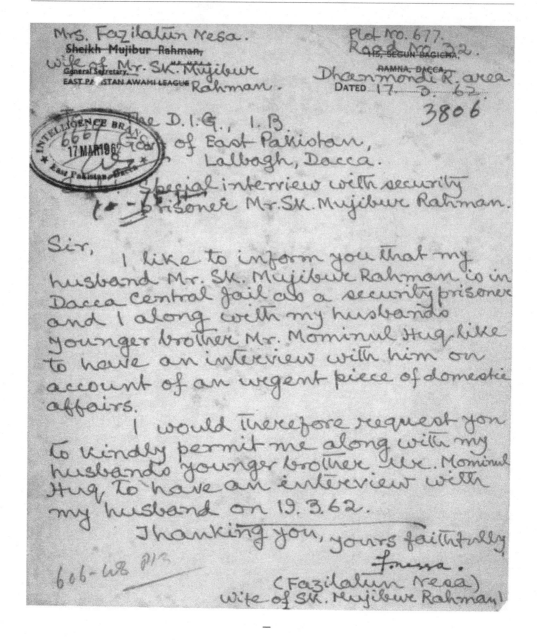

Mrs. Fazilatun Nesa.
~~Sheikh Mujibur Rahman,~~
Wife of Mr. SK. Mujibur
~~General Secretary,~~
~~EAST PAKISTAN AWAMI LEAGUE~~ Rahman.

Plot No. 677.
Road No. 32. ~~115, SEGUN BAGICHA,~~
~~RAMNA, DACCA,~~
Dhanmondi R. area
DATED 17. 3. 62.
3806

INTELLIGENCE BRANCH 6667 17 MAR 1962 East Pakistan, Dacca

To
The D.I.G., I.B.
Govt. of East Pakistan,
Lalbagh, Dacca.

Special interview with security prisoner Mr. SK. Mujibur Rahman.

Sir,

I like to inform you that my husband Mr. SK. Mujibur Rahman is in Dacca Central Jail as a security prisoner and I along with my husbands younger brother Mr. Mominul Huq like to have an interview with him on account of an urgent piece of domestic affairs.

I would therefore request you to kindly permit me along with my husbands younger brother Mr. Mominul Huq, to have an interview with my husband on 19.3.62.

Thanking you, yours faithfully

F. Nessa.
(Fazilatun Nesa)
Wife of SK. Mujibur Rahman

606-608 P/3

–

***Confidential***
***Immediate***

**Special Branch, East Pakistan**
Lalbagh,
Dacca, the 19-3-1962.
No. 4684

To
N. Nematullah, Esqr., B.A., B.L.,
Superintendent, Dacca Central Jail, Dacca.

Kindly allow the following persons to have an interview with security prisoner Mr. Sk. Mujibur Rahman at 4 PM on 19.3.62 in presence of a S.B. Officer.

The party has been informed.

1) Mrs. Fazilatun Nessa

2) Mr. Mominul Huq

Sd/- 19.3.62
For Dy. Inspr. Genl. of Police,
S.B., E.P., Dacca.

Memo. No. 4684/1 Dated. 19/3/1962.

Copy forwarded to Mrs. Fazilatun Nessa of Plot No 677, Road No. 32, Dhanmandi Residential Area, Dacca for information.

Sd/- 19.3.62
For Dy. Inspr.
Genl. of Police, S.B.

—

Ref file No. 606/48 P.F.

I had been to Dacca Central Jail on 19.3.62 at 4 P.M. and attended a party interview held between the Spr. Mr. Mujibur Rahman of the said jail and his wife Mrs. Fazilatun Nessa & Mr. Maminul Huq in the office room of the Dy. Jailor from 4.45 P.m to 5.45 P.m.

Nothing objectionable from S.B point of view came to notice during the period of interview. On the same day an interview was also held between the Spr. Mr. Muhiuddin and his wife Mrs. Rabeka Muhiuddin after finishing their interview they entered in the office room of the Dy. Jailor as usual and meet the Spr. Sk. Mujibur Rahman and talked about their health etc.

Submitted.
B. Alam S.I.
20.3.62

—

# 30

## *Application of security prisoner Sheikh Mujibur Rahman to meet Shirajuddin, Superintendent, Alpha Insurance Co. Ltd.*

Dacca, 18 March 1962

To

The D.I.G. IB East Pakistan.

Through the Superintendent Central Jail DACCA 18.3.62

D/Sir

I want to have an interview with Mr. Shirajuddin Superintendent Alpha Insurance Co. Ltd. of 12, Jinnah Avenue Dacca.

I will be glad if you kindly grant the special interview and inform him.

Yours Kindly
Sheikh Mujibur Rahman
Security Prisoner,
Central Jail, Dacca.
18.3.62

Memo No. 881/con-dated 19.3.62
Forwarded for favour of disposal.

Sd/- 19.3.62
For Superintendent ,
Central Jail, Dacca.

*ATTESTED Sd/- 19.3 Deputy Jailor Dacca Central Jail*

3828

Memo No. 881 /con-dated 19.3.62
Forwarded for favour of disposal.
For Superintendent,
Central Jail, Dacca.

ATTESTED
Deputy Jailor.
Central Jail

7202
20 MAR 1962

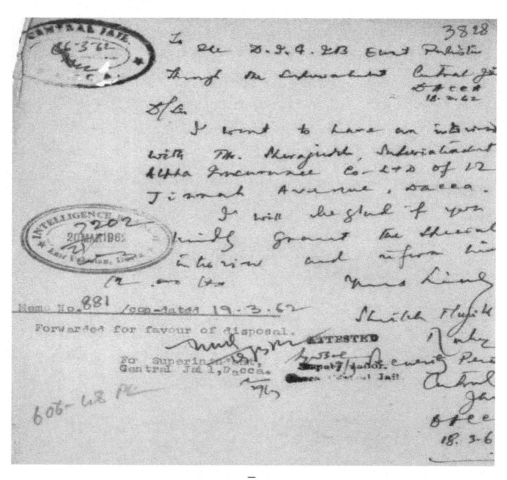

***Confidential***
***Immediate***

**Special Branch, East Pakistan.**
Lalbagh,
Dacca, the 27-3-1962.
No. 5182

To

N. Nematullah. Esqr., B.A., B.L.,

Superintendent, Dacca Central Jail, Dacca.

Kindly allow the following persons to have a special interview with security prisoner Mr. Sk. Mujibur Rahman at 4. PM on 31.3.62 in presence of a S.B. Officer.

The party has been informed.

1) Mr. Sirajuddin

Sd/- 24.3.62
For Dy. Inspr. Genl. of Police,
S.B., E.P., Dacca.

Memo. No 5182/1 Dated 27/3/1962.

Copy forwarded to Mr. Sirajuddin, Suptd. Alpha Insurance Company 12, Jinnah Avenue, Dacca for information.

Sd/- 24.3.62
For Dy. Inspr. Genl. of Police, S.B.
Sd/- 27.3

—

DS(6)

Perusal please the petition below from S.Pr. Sk. Mujibur Rahman praying for a special interview with Shirajuddin. F.O.P.

May be allowed as a spl. case on 31.3.62 at 4. P.M

No interview is due in the current fortnight i.e. up to 29.3.62

Sd/- 23.3.62

Orders above draft below for approval pl.

Sd/-24.3

*SI. M. Yunus will please attend. Sd/- 31.3, Ds 6*

—

# 31

## *Sheikh Mujibur Rahman declined to furnish any bond in an interview with Inspector of SB.*

### Dacca, 19 March 1962

Ref: File no.- 606-48 PF

Re: Interview with Sr. Prisoner Sk. Majibar Rahman S/o Lutfor Rahman Tangipara PS- Gopalganj, Faridpur and of 677, Dhanmandi, Dacca.

I interviewed the above noted Security Prisoner in the Dacca Central Jail on 19.3.62 and the subject in course of talk said that he was General Secy. of the East Pakistan Provincial Awami League and worked for the Party till the promulgation of Martial Law in the country. Just after Martial Law he was detained as Security Prisoner till December/59 and was released imposing restriction on him. He was however, busy with his service as Controller of Agency of ALFA Insurance Company Dacca, till his present arrest on 7.3.62 night.

He further said that had no con. with Political activities after the Martial Law.

As regards the last student agitation he categorically said that he did not know anything about this. He was found to be eager for his release but declined to furnish any bond for this purpose. His attitude was found to be very stiff and unyielding.

Submitted
Sd/-19.3.62
Ins. S.B
Dacca

—

# 32

## *Grounds for detention of Sheikh Mujibur Rahman.*

### Dacca, 21 March 1962

The B.H. and G.D are prepared. Office will pl. get the same typed five copies immediately.

Sd/-21.3.62

T.S. Please comply at once. Sd/-2.3.62

Received five Copies of the third addendum and five copies of G.D What about the B.H and the second addendum?

Type sec. should type five copies of the B.H. and second addendum at once pl. as ordered by D.I.G.

Sd/-26.3.62

T.S

Please type 4 more copies of G.D. Flagged below at once.

Sd/-Ds6 29.3

Report of S.B officer. Draft G.D.
Notes & orders. Petition of S.Pr. Sk. Mujibur Rahman
No. 2696 dt. 13.2.62 to D.C Jail
Report of S.B. officer.

–

BH

1st Addendum & 2nd Addendum } See, B.H. Folder pl.

Third addendum to the Brief History on the political activities of Sk. MUJIBUR RAHMAN, B.A., son of LUTFAR RAHMAN of TANGIPARA, P.S. GOPALGANG, FARIDPUR and of DACCA.

*(Born-1921)*

1. The subject was released from Dacca Central Jail on 17.12.59 under Govt. order No. 949-H.S. dated 7.12.59 with restriction on his movement after release.

2. It was reported in December, 1959 that the subject, after his release from jail met the leaders of the defunct A.L. at their residence. Of all the persons Manik Miyan expressed great sympathy for the subject and assured him of help whenever necessary.

3. In the same month the subject left Dacca for his home at Gopalganj, Faridpur, on his way he got down at Barisal and met Abdur Rob Sarniabad (NAP) and Zahid Hussain alias Jahangir (A.L) some other A.L. and N.A.P. members also met him on board the steamer.

4. In January, 1960 the subject along with some other ex-A.L. workers discussed Basic Democracies with Mr. H.S. Suhrawardy at Hotel Shahabagh when Mr.

Suhrawardy remarked that they would have to wait for next ten years to achieve real democracy in the country.

5. In the same month according to an uncorroborated report Mr. H.S. Suhrawardy (Ex. P.M. of Pakistan) paid RS.25000/- to the subject for his family expenses. The subject associated with Mr. H.S. Suhrawardy almost regularly during his stay at Dacca.

6. In February, 1960 the subject opined that the present administration had not been able to solve the problems of the country specially the economic problems as the policy adopted by the administration was contrary to the solution of the problems. He further gave out that the grip of West Pakistan over East Pakistan was still there. He also criticised the "Bonus System" which according to the subject gave opportunity to the West Pakistan capitalists to exploit the resources of East Pakistan and also to facilitate transfer of wealth from East to West Pakistan.

7. In February, 1960 the subject advised A.K.M. Shamsuzzoha of Narayanganj (Ex.A.L.) who went to see him at his Segun Bagicha residence to assist one Ghulam Murshed, a newly elected member of Narayanganj Union Council for becoming a Chairman of the said Union Council.

8. The same month the subject in course of discussion with Mr. Abul Mansur Ahmed (Ex. Minister) and several others remarked that the students were very active to observe "Martyr's day" on 21.2.60. He further said that the students must unite and work hard.

9. It was reported in March, 1960 that the subject had been appointed as the Controller of agencies of M/S Alfa Insurance & Co. on a monthly salary of Rs.1500/-.

—

### Mujibur Rahman

In the same month the subject in course of his talk at his residence with Sailendra Ch. Ghosh of the Indian High commission, Dacca and Dilder Ahmed (Ex. Minister) expressed his grief regarding the Martial Law Administration and added that the rule of West Pakistan over East Pakistan would not be tolerated forever.

11. In May 1960 the subject visited Chittagong and come in contact with M.A. Aziz, Mohammed Ullah and other A.L. Leaders of Chittagong.

12. In June '60' it was reported that the subject in course of talk with Dilder Ahmed and other A.L. workers disclosed that he would open branches of Alpha Insurance Co. in all the districts of the province and would appoint the ex-General Secretaries of the District A.L. (defunct) as branch Managers with a view maintain contact with the district workers through them.

13. After the acquittal of the subject from the case instituted by the Govt. on charges of corruption, the subject was accorded a reception by A.K.M. Shamsuzzoha, President N. Ganj A.L. (defunct) on 4.7.60 at Chashara, Narayangonj the function was attended by influential businessmen and supporters of the Awami League (defunct) of Narayanganj.

14. According to a secret information the subject in course of a discussion with an unknown person in July '60' remarked that the present Govt. was playing with fire.

15. In September '60' a secret information revealed that the subject requested one Serajul Haq to see Mr. H. Kabir of F. H. Hall, Dacca University and collect  papers from him. Mr. Kabir was traced as Mohd. Humayun Kabir Choudhuri M.A. L.L.B., Junior to Mr. Hamidul Haque Choudhuri.

16. In Oct. the same year the subject visited Chittagong contacted Zahur Ahmed Choudhuri, M.A. Aziz and held talks with them (details not known) it has reported.

17. It was reported  in Dec. '60' that the subject demanded Rs. 500/- from Abul Munsur Ahmed (Ex-Minister) for certain work (Party fund) Mr. Ahmed could not pay the amount and added that all the money was with Mr. Kafiluddin Chawdhuri (Ex-minister) and asked him to take the amount from Mr. Choudhuri.

18. According to a secret information received in January '61' the leading students of the Dacca University opposed to Professor Newman of D.U. decided in a meeting to approach the subject for requesting. Mr. H.S. Suharawardy to defend the case of the students who were accused for staging demonstration against Prof. Newman.

19. In the same month the subject was reported to have agreed to discuss regarding 'Sahid Day' (21st February) with one Abdul Halim of Faridpur for chalking out a Programme of the 'Day'.

20. In February the same year the subject was reported to have visited the S.M. Hall (D.U.) on 16.2.61 suspected to be in connection with the observance of 'Sahid Day'.

21. In the same month the subject was reported to have remarked during a talk with a friend that the new taxes to be imposed by union councils would help them in their party works in the villages.

22. It was reported on 21.2.62 that a boy was sent by the subject to Mr. Kafiluddin Choudhuri (Ex-Minister) who paid him Rs. 100/-. The amount is suspected to be a contribution towards the observance of 'Sahid Day'.

23. The subject was reported in March '61' to have disclosed in a discussion with some A.L. Leaders including Mr. Abul Mansur Ahmed (ex-minister) that Mr. Asgar Ali Shah (screened C.S.P. Officer ) had a long discussion with him and Mr. H.S. Suhrawardy on 25.3.61.

24. It was reported in May '61' that in an informal discussion held amongst H.S. Suhrawardy, Tafazzal Hossain @ Manik Mia and others the subject disclosed that the Awami League organisation was as consolidated as it was before the promulgation of M. Law. He added that the workers would be able to take field at moment's notice if the ban on political parties were removed.

25. The same month he was reported to have been trying to contact a student of F.H. Hall with a view to keep the students in confidence for utilising them in future political gains.

26. The same month it was reported that the subject during his visit to Barisal on 13.5.61 met some leading members of the defunct A.L. in the house of A. Rab Sarnibat (A.L.) and directed S.W. Lakitullah (A.L.) to utilise less important A.L. workers in cyclone relief works with a view to maintaining closer link with the people.

27. It was reported in July '61' that the subject advised the A.L workers of Tipperah through one Ghulam Rafique saying that the morale of the party workers should be kept high by holding internal meetings and discussions. The workers should contact the public and educate them secretly about the undesirable activity of the present leaders. He further stated that the shape of constitution would be dictatorial and the people would be forced to obey the same. He added that the political workers and leaders should wait for the day when the people would be compelled to start a revolution.

28. In the same month the subject was asked by Tafazzal Hossain @ Manik Mia to go ahead with party work to which the subject replied that Dacca was not a suitable place for holding meetings as their activities were under watch.

29. It was reported in August '61' That the subject, Kafiluddin Choudhuri, Tafazzal Hussain and other A.L. Leaders met occasionally and held political discussion regarding the constitution of Pakistan. The subject was in favour of Federal form of Govt. He and other A.L. Leaders were of the view that there should be an agitation in its demand. The students' community and the trade Union workers should be organized for the purpose etc.

30. It was reported in Sept./61 that the subject agreed to raise a sum of Rs. 5000/- for the treatment of Mr. H.S. Suhrawardy who was reportedly ailing at New York.

31. The same month it was reported that at the instance of Communist Party a United Front[9] would be formed consisting of all political

---

9.   *United Front/UF* – *The United Front also called Jukta Front was a coalition of political parties particularly against Muslim League in East Bengal which contested and won Pakistan's provincial general election in April 1954 to the East Bengal Legislative Assembly. The coalition consisted of Awami Muslim League, Krishak Sramik Party, Ganatantri Dal (Democratic Party) and Nizam-e-Islam. The coalition was led by three major Bengali populist leaders-A. K. Fazlul Huq, Huseyn Shaheed Suhrawardy and Mawlana Bhasani. The election resulted in a crushing defeat for the Muslim League. Veteran student leader of East Pakistan Khaleque Nawaz Khan defeated sitting Chief Minister of East Pakistan Mr. Nurul Amin in his own Nandail Constituency of Mymensingh district and created history. Nurul Amin's crushing defeat to a 27 years old young leader of Jukto Front effectively eliminated the Muslim League from political landscape of the then East Pakistan. United Front secured a landslide victory and gaining 223 seats in the 309-member legislative assembly. Awami League emerged as the majority party, with 143 seats.*

*A.K. Fazlul Huq of Krishak Sramik Party became Chief Minister of East Pakistan upon the victory of the United Front. The election propelled popular Bengali leaders into the Pakistani federal government, with leaders such as Huseyn Shaheed Suhrawardy and Abul Mansoor Ahmed becoming key federal ministers. In the provincial government, young leaders such as Bangabandhu Sheikh Mujibur Rahman, Yusuf Ali Chowdhury and Khaleque Nawaz Khan rose to prominence.*

*The United Front demanded greater provincial autonomy for East Pakistan. It passed a landmark order for the establishment of Bangla Academy in Dhaka. However, within months of assuming power, the newly elected government was dismissed by Governor General Ghulam Muhammad, upon of accusations against A.K. Fazlul Huq of attempting secession. The dismissal of the United Front was a key turning point in aggravating East Pakistan's grievances in the Pakistan union, leading to a farewell call for the separation and independence of East Bengal in 1957.*

parties except the Muslim League[10] with a view to launching a move against the proposed constitution. The line of action of the front would he decided after discussion with the subject.

32. In Nov. it was reported  that the subject along with Ataur Rahman Khan[11] and Tafazzal Hossain @ Manik Mia donated a sum of Rs. 500/-to  Sha Muazzem Hussain ( Ex-President E.P.S.L) for meeting the expenses of their get together function held on 5.11.61 to celebrate the victory of the E.P.S.L. Workers in the Hall Union election of the D.U.

33. It was reported in the same month that the subject during his visit to Chittagong on 19.9.61 contacted Bhupati Bhusan Chaudhuri @ Manik Babu (C.P), Manager Nisho Company Chittagong. The Subject was said to be a partner of the Natun Agency.

---

10. **Muslim League/M.L** – *Muslim League was the only political party in British India led the 'Pakistan Movement'. On the foundation of Pakistan on 14 August 1947, the President of All India Muslim League, Jinnah became the new nation's Governor General and the Secretary General of Muslim League, Liaquat Ali Khan became Prime Minister. The All India Muslim League was disbanded in December 1947 and succeeded by two organizations, Muslim League and the Indian Union Muslim League, the first being its original successor in Pakistan. Jinnah died in September 1948 and Liaquat was assassinated in October 1951. After death of its two senior leaders, the League began to disintegrate. By 1953, dissensions within the League had led to the formation of several different political parties. Liaquat was succeeded by Khawaja Nazimuddin, a Bengali, who was forced out of office in April 1953. Pakistan was racked by riots and famine and in the first national elections in May 1955 (held by a system of indirect voting) the League was heavily defeated. In October 1958 the Army seized power and the martial law regime of Muhammad Ayub Khan banned all political parties. This was the end of the old Muslim League. Ayub Khan later formed a new party, the Convention Muslim League. The opposition faction became known as the Council Muslim League. This latter group joined a united front with other political parties in 1967 in opposition to the regime. But when the military regime of Agha Mohammad Yahya Khan fell in December 1971 and Pakistan's first genuine free elections were held, both factions of the League were swept out of power in West Pakistan by the Pakistan People's Party of Zulfikar Ali Bhutto and in East Pakistan by the Awami League of Bangabandhu Sheikh Mujibur Rahman. In 1988 after the death of Pakistan's military ruler and later President Muhammad Zia-ul-Haq, under the leadership of Nawaz Sharif a new Muslim League was formed but it had no connection with the original Muslim League.*

11. **Ataur Rahman Khan** *(1907-1991) – He was a politician and lawyer, founding Vice-President of Awami League. He was the key member of All Party Language Movement Working Committee and Joint Convener of United Front. He was Chief Minister of East Pakistan from September 1956 until promulgation of Martial Law by Ayub Khan in 1958. He floated a new political party 'Jatio League' in 1969. He joined to the new party 'Bangladesh Krishak Sramik Awami League' formed by Bangabandhu Sheikh Mujibur Rahman. He took part in the Cabinet of Lt. General Hussain Mohammad Ershad Government and served as Prime Minister for nine months.*

34. It was reported on 30.11.61 that the subject visited Chittagong on 27.11.61 and contacted M.A. Aziz, Zahur Ahmed Chaudhuri and other A.L. Leaders. In course of a discussion he advised the workers to work whole heartedly and to keep liaison with ordinary party workers to fight election and also to capture Trade Union front to utilize them for the same.

35. It was reported in Dec. '61' that the subject along with Tafazzal Hussain @ Manik Mia called on Mr. Nurul Amin[12] (M.L.) and tried to impress upon him that since the constitution would not be democratic in nature they should  boycott the election, but without any success.

36. January '62' the subject was reported to have attended a secret discussion with Mr. H.S. Suhrawardy and other A.L. Leaders at Dacca, where new constitution and the ensuing election were mainly discussed. The elder group of the party which mainly constitution of the EBDOed [13] leaders were of opinion that the constitution should be boycotted on the ground that it was undemocratic and unsuitable for the people of East Pakistan.

37. It was further reported in the same month that at a secret discussion held in the office of Alpha Insurance Co. Dacca and attended by Abul Mansur Ahmed, Masiur Rahman and Ataur Rahman Khan all ex-ministers, the subject stated that since the constitution would vest all power to the president and place him above the law, the constitution would not be acceptable to the East Pakistanis. It would give a death blow to their basic demand of autonomous state for East Pakistan. The added that the people of

---

12. **Nurul Amin** (15 July1893-2 October1974) – He was a lawyer and politician. He was born at village Shahbazpur under Sarail PS in Brahmanbaria district. He was the minister of Civil Supply in the Provincial Cabinet headed by Khawaja Nazimuddin. He was also a member of the Pakistan National Assembly (1947-1954). He opposed the Language Movement. He was defeated by the United Front candidate in the Provincial Assembly elections in 1954. Nurul Amin was an antagonist to Bengali Nationalist Movement based on 6-point programme of Father of the Nation Bangabandhu Sheikh Mujibur Rahman. He was against the Liberation War of 1971 and collaborated with the Pakistan occupation army. He was buried at Jinnah Mausoleum in Karachi, Pakistan.

13. **EBDO (Elective Bodies Disqualification Order)** – Martial Law regulation issued by Ayub Khan in August 1959 barred 75 of his political challengers, especially East Pakistan Awami League leaders, from taking part in all sorts of political or electoral activities for 8 years. His own party and supporters remained untouched.

East Pakistan were fully prepared to resist the Constitution and the students groups would take the lead.

38. It was reported in Feb. 62' that the subject financed one Mahbuboor Rahman of the 1st year Law class with a view to utilising him to work amongst students and to strengthen the students support for the party (A.L).

39. An organisation styled as 'Mukti Front' was reported to have been formed in December 1961 with the members of EPSL and EPSL in order to oppose the constitution of Pakistan, formed by the present Govt. the Organization aimed at creating an agitation, even resorting to a terrorism to achieve their object. The subject and Tofazzal Hossain @ Manik Mia, editor 'Ittefaq' and other defunct A.L. Leaders were reported to be guiding the front.

40. The subject is one of the prominent supporter of Mr. H.S. Suhrawardy. During all the visits in 1960-61, of Mr. Suhrawardy to E.P., the subject maintained clear contact with him, along with other A.L. Leaders.

41. The subject was arrested for his prejudicial activities on 7.2.62 u/s 41(1) EBPSO of 1958 and committed to Dacca Central Jail where he is now detained under G.O. no.- 269 H.S. dated 27th Feb. 62.

42. The Addl. S.P. D.S.B. Dacca reports that the subject was interviewed by a S.B. officer on 19.3.62 when he admitted that he was General Secy. of the East Pakistan Provincial Awami League and worked for the party till the promulgation of Martial Law. He was busy with his service as controller of agencies of Alpha Insurance Company, Dacca till his present arrest and had no connection with political activities after Martial Law. He categorically denied to have any knowledge about the present student agitation. He is eager to be released but without furnishing any bond. His attitude was found to be very stiff and unyielding.

43. Since the promulgation of Martial Law in the country the attitude of the subject was all through uncompromising against the present administration. He was conspiring with the defunct political parties, students and subversive elements with a view to launching an agitation against the constitution and thereby creating a chaos in the country. He was reported to have hands in the students' agitation that took place in Dacca on 6th & 7th February 1962.

*Considering the past and the present activities of the subject and his potentialities for committing mischief the Addl. S.P. DSB., Dacca recommends his further detention for a period of 6 months beyond 30 days. The Dy. Commissioner Dacca has approved.*

—

# 33

## *Application of Fazilatunnessa to meet security prisoner Sheikh Mujibur Rahman.*

### Dacca, 24 March 1962

***Immediately***

From : Mrs. Fazilatunnessa, Plot No. 677, Road No. 32, Dhanmandi Residential Area, Dacca.

To : The D.I.G., I.B., Lalbagh, Dacca.

Dear Sir,

With due respect I beg to state that I, along with Mr. Mominul Huq, a brother of my husband, want to see my husband Mr. Sheikh Mujibur Rahman, who is now in Dacca Central Jail as a Security Prisoner. I require to see him today, the 24th March, 1962 due to some urgent domestic affairs and as such I seek special permission.

Thanking you.

Yours faithfully,

*F. Nessa*

(Mrs. Fazilatunnessa)

Dated, Dacca
The 24th March,
1962.

*May be allowed on 26.3.62 at 4 P.M. as a spl. case. Sd/- 24-3-62 Received at 10-45 A.M. pl.*

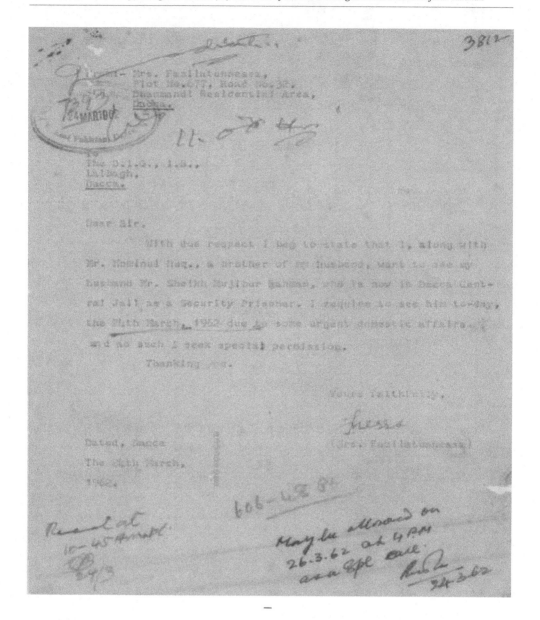

From:- Mrs. Fazilatunnesa,
Plot No.677, Road No.32,
Dhanmandi Residential Area,
Dacca.

To
The D.I.G., I.B.,
Lalbagh,
Dacca.

Dear Sir,

With due respect I beg to state that I, along with Mr. Mominul Haq., a brother of my husband, want to see my husband Mr. Sheikh Mujibur Rahman, who is now in Dacca Central Jail as a Security Prisoner. I require to see him to-day, the 24th March, 1962 due to some urgent domestic affairs and as such I seek special permission.

Thanking you.

Yours faithfully,

(Mrs. Fazilatunnesa)

Dated, Dacca
The 24th March,
1962.

May be allowed on 26.3.62 at 4 PM as a spl case.
24.3.62

*Confidential*
*Immediate*

**Special Branch, East Pakistan**
Lalbagh,
Dacca, the 24-3-1962.
No. 5056

To
N. Nematullah. Esqr. B.A., B.L.,
Superintendent, Dacca Central Jail, Dacca.

Kindly allow the following persons to have special interview with security prisoner Mr. Sk. Mujibar Rahman at 4 PM on 26.3.62 in presence of a S.B. Officer.

The party has been informed.

1. Mrs. Fazilatun Nessa.
2. Mr. Mominul Haq.

Sd/- 24.3.62
For Dy. Inspr. Genl. of Police,
S.B., E.P., Dacca.

Memo No. *5056/1* Dated *24/3/1962*.

Copy forwarded to Mrs. *Fazilatun Nessa of plot no. 677 Road no. 32, Dhanmandi Res. Area, Dacca* for information.

Sd/- 24.3.62
For Dy. Inspr. Genl. of Police,
S.B., E.P., Dacca.

*S.I. B. Rahman will please, attend. Sd/- 26.3 Ds VI*

—

Re: Party interview of S.Pr. Sk. Mujibur Rahman in D.C. Jail on 26-3-62.

Attended party interview of S.pr. Sk. Mujibur Rahman from 5 P.m. to 6 P.m. on 26.3.62 with Mrs. Fazilatun Nessa and Mr. Mominul Hoque in D.C. Jail. They had conversation on private and domestic matters.

After the interview was over when the S.Pr. went to the office room of the Dy. Jailor he met S.Pr. Manik Miyan and Mr. Ataur Rahman Khan, who had been there in connection with interview with the former had some talks about their health. Nothing objectionable was notices from I.B. point of view.

B. Rahman S.I
27.3

—

# 34

## *DSP, SB sent photograph of Sheikh Mujibur Rahman to DD, Intelligence, Govt of Pakistan, Dacca on request.*

### Dacca, 26 March 1962

My dear Majid

Mr. Altaf is going to meet you. Would you timely hand over two copies of photos as you promised. I would return them.

Yours,

Sd/- Mukhtadir

26.3.62

*SSII/DS6 May kindly see the information*
*The copies of the photo of S.Pr. Sk. Mujibur Rahman were supplied as desired. Sd/-*
*26.3.62*

—

**Secret**

Office of the Deputy Director,
Intelligence, Government of Pakistan, Dacca.
No. S /935 /93-57 P.F.   Dacca, Dated the 30/3/62

My dear Majid

I send herewith 2 (two) copies of photos back to you, with thanks.

Yours sincerely,
*Sd/ - 30.3*
(K.A. MUKHTADIR)
Deputy Superintendent of Police,
Dacca.

M.A. Majid, Esqr.,
Dy. Supdt. of Police, S.B., E.P., Dacca.

—

## 35

## *Application of Fazilatunnessa to meet security prisoner Sheikh Mujibur Rahman.*

Dacca, 29 March 1962

বেগম শেখ মুজিবুর রহমান,                     ফোন:-২৫৬১ (ঢাকা)
                                            তারিখ.................

*To*
*The D.I.G., I.B.,*
*East Pakistan, Dacca.*
*Dated, Dhanmondi, the 29 in March, 1962.*

*Dear Sir,*

*I beg to inform you that my husband Sheikh Mujibur Rahman is now in Dacca Central Jail as a security prisoner and now there is no adult male member in this house. I am now in much trouble due to the illness of my eldest daughter who has been suffering for a week. I am therefore badly in need of having an interview with my husband as soon as possible. My son Sheikh Kamal Uddin will also accompany me.*

I would therefore request you to kindly allow me and my son to have an interview with my husband immediately.

Thanking you.

Yours faithfully<br>Sd/-(F. Nessa.)

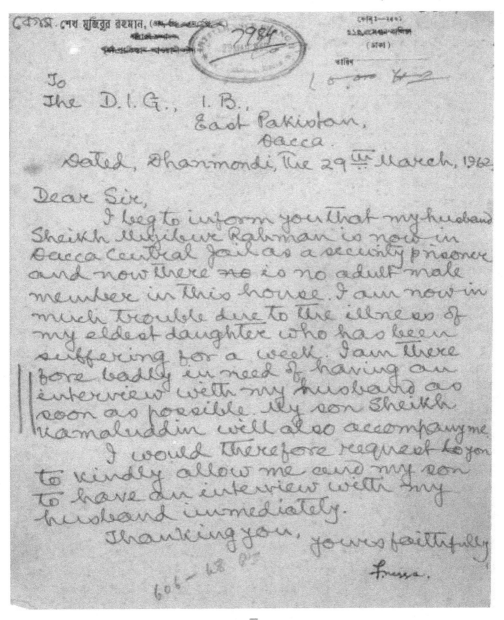

*Confidential*
*Immediate*

## Special Branch, East Pakistan.
Lalbagh,
Dacca, the 31-3-1962.
No. 5665

To
N. Nematullah. Esqr., B.A., B.L.,
Superintendent, Dacca Central Jail, Dacca.

Kindly allow the following persons to have an interview with security prisoner Mr. *Mujibar Rahman* at 4 P.M. on *31.3.62* in presence of a S.B. Officer.

The party has been informed.

1) *Mrs. Fazilatunnessa*
2) *Sk. Kamal Uddin*

*Sd/- 30.3.62*
For Dy. Inspr. Genl. of Police,
S.B., E.P., Dacca.

Memo. No. *5656/1* Dated 31/3/1962.

Copy forwarded to Mrs. *Fazilatunnessa of plot no. 677 Road no. 32 Dhanmondi R.A. Dacca.* for information.

*Sd/- 30.3.62*
For Dy. Inspr. Genl. of Police, S.B.
*Sd/- 31.3*

*DS(6)*

*Perusal pl. the petition below from Mrs. Mujibur Rahman the last interview was held on 26.3.62. F.O.P.*

*Sd/- 29.3*

*No interview is due within the current fortnight. Discussed with D.I.G. As the petitioner told over phone that she would not seek any interview in the last fortnight interview may be allowed on 31.3.62 at 4.P.M as Spl. case due to the illness of her daughter.*

*Sd/- 30.3.62*

*DS(6), Order above. Draft below for approval, pl. A/I RSI may note pl. S.I. Md. Yunus will please attend. RSI 31.3, Sd/- D.S.6. 30.3*

—

*Ref. file no. 606-48 P.F.*

*DS VI*

I was present during the interview of S.Pr. Sk. Mujibur Rahman with his wife & son and with Siraj of Alfa Insurance Company Ltd. on 31.3.62 at 4 P.M. in the D.C. Jail.

They discussed only about their domestic affairs and there was nothing adverse to report.

Submitted

Mr. Yunus.

S.I. S.B. 2.4.62

—

# 36

## *Administrative Review Committee Home Dept, Govt of East Pakistan recommended for further three months' detention of Sheikh Mujibur Rahman.*

### Dacca, 30 March 1962

Minutes of the sixth meeting of the Administrative Review Committee held on 29.3.62 in the room of the Secretary to the Govt. of East Pakistan, Home Deptt.

***Present :***

The records of the following new cases of arrest were reviewed first. As the records of their political activities are highly prejudicial and in view of the situation now prevailing in the country their detention for a period of 3 (three) months is recommended.

Serial No. 17, 19, 20, 21, 22, 23, 24, 25, 26, 27, 28, 29, 30, 31, 32, 33, 34, 35, 36, 37, 38, 39, 40, 41, 42, 43, 44, 45, 46, 47, 50, 51, 52, 53, 54, 55, 56, 57, 61, 62, 63, 64, 65, 66, 67 & 68.

The opinion of the Committee in respect of the remaining new cases is as follows:-

Serial No. 18:- The case of Ghulam Mustafa Gazi was reviewed. Since August, 1956, there is no record of prejudicial activity against him. He is agreeable to be released on bond.

He may be released on bond of good behaviour.

Serial No. 48: Jasimuddin Ahmed: He is a student of I.Com. 1st year, Chaumuhani College. He was arrested on 14.2.62 and does not have any political record except that he is reported to have taken part in the agitation against the shifting of the headquarters of Noakhali District to Feni and in observance of the "Shahid Day" in February, 1962. It does not appear that he has any connection with subversive element. He may be released.

Serial No. 49:- Nirode Baran Mazumdar. He was a school teacher and a member of Sreeramkati Union Council Bakargonj. He resigned the membership of the Union Council after 3 months of his election due to difference of opinion with the chairman. He was a member of sub-divisional S.C.F. Perojpur. He was arrested on 14/2/62. His political activities are meager. He may be released.

Serial    No. 58 : Mohd. Abdus Sattar,
"       No. 59 :  " Sirajul Islam &
"       No. 60 :  " Muzammel Haq.

They are all school students. The only information against them is that they were suspected to have participated in the postering at Paksey against the present Govt. in February, 1962.

In consideration of their tender age and meager records they may be released on bond of good behaviour.

Serial No. 68 (a):- Abdul Karim: He was arrested on 5.3.62. He may be detained for 60 days from the date of his arrest for the completion of investigation.

The cases of the old security prisoners were also taken up.

The records of Serial Nos. 1- 4; 6-15; 17-23; 25-32 are highly prejudicial and as such they may be detained for a further period of 3 months.

The records of the remaining Security Prisoners were also reviewed and the opinion of the committee is as follows:

Serial No. 5: Munsur Rahman Sarkar. On the petition of the wife of the security prisoners, Govt. desired his case to be put up before the Review Committee. He has got records of prejudicial activities all through. He is agreeable to conditional release; but in view of the present situation in the country, he may be detained for 3 months.

Govt. also desired the following cases to be put up before the Committee.

Serial No. 16:- Ranjit Kumar Mallik. He was arrested in Sept/60 for his activities against the Education Commission's Recommendation. He is willing to execute bond for release, but in view of the present political situation he may be detained for 3 months.

Serial No. 24:- A.N.M. Nurunnabi Chaudhuri: He is an active C.P. worker on Youth Front. His attitude remains to be stiff even after the death of his father. He may be detained for 3 months.

Serial No. 33: Abul Bashar: He is a labour agitator having link with the C.P. He lost his wife and a child recently, yet there is no change in his attitude. He may be detained for 3 months.

...

The above decision was taken by the Review Committee on 29.3.62. Action may be taken accordingly.

Sd/-30.3.62.
M. Ahmed.

—

*Original in File No.128- 62 Sec.*

**By Special Messenger**

**Secret**
Phone Nos. 6863 & 4231/18.

**Special Branch, East Pakistan**
Lalbagh,
Dated, Dacca the 31st March, 1962.
No. 5660/128-62. Sec.

To
M.S. Huq, Esqr., E.P.C.S.,
Section Officer to the Govt. of East Pakistan,
Home (Special) Department, Dacca.

In continuation of this office Memo. No. 5351 dated 28.3.62, I send herewith in a separate sealed cover Brief Histories and Addenda of the security prisoners mentioned in the list below together with their G.Ds. ( 8 copies each ) for favour of necessary action. These cases were put up before the Administrative Review Committee on 29.3.62 and their further detention was recommended.

Sd/-31.3.62
K.G. Mohiuddin
For ( A. RAHIM)
For Deputy Inspr. Genl. of Police,
S.B., East Pakistan, Dacca.

—

## LIST OF SECURITY PRISONERS

| Sl. No. | Name and particulars. | |
|---|---|---|
| 1. | Kafiluddin Chaudhury (AL) s/o Altabuddin Chaudhury of Daihata, Sreenagar, Dacca and of Dacca town | B.H. with G.Ds. |
| 2 | Das Gupta Ranesh (CP) s/o Apurba of Ganpara, Lohajong and of 17, Rakhal Chandra Basak Lane, Kotwali, Dacca. | B.H. with G.Ds |
| 3. | A.J.M. Takiullah (CP) s/o Dr. Shahidullah of Begumbazar, Dacca. | B.H. with G.Ds |
| 4. | A.H. Nurannabi (CP) s/o Alhaj Mafizuddin Ahmed of Noagaon, Rajshahi, and of 5/1, Simpson Road, Kotwali, Dacca. | B.H. with G.Ds |
| 5. | Nuruddin Ahmed @ Mantoo (NAP) S/o Abdul Hakim Khan of 25, Bosu Bazar, Dacca. | B.H. with G.Ds |
| 6. | Mir Fazlul Haq @ Peara (Y.L.) s/o L. Mir Ahmed Baksh Sb. of ½, K.M. Azam Lane, Dacca. | B.H. with G.Ds |
| 7. | Sk. Mujibur Rahman (AL) s/o Sk. Lutfar Rahman of Tangipara, Gopalganj, Faridpur and of Dacca. | B.H., 1st to 3rd Addenda with G.D. |
| 8. | Manzur Anam (Student) S/o Abul Mansur Ahmed of 543/L, Dhanmondi Res, area, Dacca. | B.H. with G.D. |
| 9. | Abul Mansur Ahmed (AL) s/o L. Abdur Rahim of 543/L. Dhanmandi Res. Area, Dacca. | B.H. 1st to 3rd Addenda with G.D. |
| 10. | Nasim Ali Khan @ Kachi, Y.L. s/o Mr. Taib Ali of 65, Distillary Rd. Dacca. | B.H. with G.Ds. |
| 11. | Mahtabuddin Ahmed (AL) s/o L. Abadi Mandal of Kushtia. | B.H., 1st Addendum with G.D. |
| 12. | Saad Ahmed (AL) s/o L. Maniruddin Ahmad of Kushtia. | B.H. 1st Addendum with G.D. |

| | | |
|---|---|---|
| 13. | Habib Hassan (Student) s/o L. A.F. Ali Hassan of Bhaja Hari Saha Street, Dacca and of Kushtia. | B.H. with G.D. |
| 14. | Aminul Haq (Student) (Khandkar) s/o Lutful Haq of Kushtia. | B.H. with G.D. |
| 15. | Nurul Alam (Student) s/o L. Abdul Mukit of Kushtia. | B.H. with G.D. |
| 16. | Alamgir Kazi (Student) (Md) s/o Anwar Hossain of Kushtia. | B.H. with G.D. |
| 17. | Trivedi Bimal (Student) Kumar s/o Bijoy Gobinda of Kushtia. | B.H. with G.D |
| 18. | Md. Abdul Karim (Dr.) Y.L. s/o Abdul Hakim of 3, Segunbagicha, Ramna and Kishore Medical Hall, 119, Nowabpur Rd. Dacca and of Sadra, Hajiganj, Comilla. | B.H. with G.D. |
| 19. | Rashid Ahmad (Syed) YL s/o L. Syeed Anis Ahmed of 32, Madan Mohan Basak Rd. Sutrapur, Dacca. | B.H. with G.Ds. |
| 20. | Ahsanullah @ Balak Neta (AL) s/o Abdur Razzak of Shallaghatia and of Jalial and of Maijdi, Shudharam, Noakhali. | B.H. with G.D. |
| 21. | Altaf Hossain (Syeed) NAP s/o L. Mir Yad Ali of Kushtia and an employee of "M. News", Dacca. | B.H. with G.D. |
| 22. | Nurul Islam @ Manzu (Student) E.P.S.L. s/o Hemayetuddin Ahmad of Peshkarbari, Barisal Town. A law Student of (D.U.) and of Iqbal Hall[14] Dacca. | B.H. with G.D. |
| 23. | Abdur Rob Sarnamat (NAP) s/o Abdul Khaliq of Kalibari Road, Barisal town. | B.H. with G.D. |

---

**14.    Iqbal Hall** – *After the Independence of Bangladesh in 1971 Iqbal Hall of Dhaka University was renamed as Zahurul Haq Hall in hounour of Sgt. Zahurul Haq. He was killed on 15 February 1969 while imprisoned at Dhaka Cantonment as an accused of Agartala Conspiracy Case.*

| | | |
|---|---|---|
| 24. | Ghosh Abani Nath (PNC) s/o Addendum L. Haranath of Barisal town. | B.H., 1$^{st}$ To 2$^{nd}$ with G.Ds. |
| 25. | Basu Monarama (CP) w/o L. Chintaharan of Kaunia Branch Road, Barisal town. | B.H. with G.D. |
| 26. | Abdul Aziz Talukdar (NAP) s/o Abdul Wahed Talukder of Galua, Rajapur and of Brown Compound, Barisal town. | B.H. with G.D. |
| 27. | Rafiqul Islam (Prof.) NAP, s/o Abdul Wazed of Gorosthan Road, Kotwali, Barisal town. | B.H. with G.D. |
| 28. | Sen Sudhir Kumar (RSP) s/o Kabiraj Rohini of Jhautala Road, Barisal town. | B.H. with G.D. |
| 29. | S.W. Lakitulla, B.L.(AL) s/o Abdul Majid of Sadar Rd., Barisal town. | B.H., 1$^{st}$ Addendum with G.D. |
| 30. | Sutar Chitta Ranjan (CP) s/o Lalit of Kalibari Road, Barisal town. | B.H. with G.D. |
| 31. | Das Rash Behari (CP) s/o Addenda Kamini Kumar of Kalikapur, Begumganj, Noakhali. | B.H.,1$^{st}$ to 3$^{rd}$ with G.Ds. |
| 32. | Taheruddin Thakur (EPSU) s/o Firozuddin Thakur of Bara Dewan Bari, Sarail, Comilla and of (Room- 14) Dacca Hall[15], Dacca. | B.H. with G.Ds. |
| 33. | Rakshmit Rajeswar (Dr.) (CP) s/o Tejandra Lal Rakshmit of Chakrasala, Patiya, Chittagong. | B.H. with G.Ds. |

---

**15.** *Dacca Hall – Shahidullah Hall is one of the three founding residential halls of Dhaka University, established in 1921 named as Lyton Hall. The then higher learning Govt. institution Dhaka College contributed students during the opening of Dhaka University & it was subsequently renamed Dhaka Hall and renamed again after the name of famous linguist Dr. Muhammad Shahidullah following his death in 1969.*

| | | |
|---|---|---|
| 34. | Chaudhuri Sudhirnath s/o Satish Chandra Chaudhury of Pathandandi, Suchia, Patiya, Chittagong. | B.H. with G.Ds. |
| 35. | De Jogesh Chendra (Dr.) (CP) s/o Rashik Chandra of Alampur, Patiya, Chittagong. | B.H.$1^{st}$ to $5^{th}$ Addenda with G.D. |
| 36. | Dhar Sukumar (CP) s/o Tara Kinkar Dhar of Popadia, Boalkhali, Chittagong. | B.H. with G.D. |
| 37. | Deb Choudhury Surandra Lal (CP) s/o L. Natun Chandra Deb Choudhury of Chittagong. | B.H. with G.Ds. |
| 38. | Abul Masud Choudhury (CP) s/o L. Bazlus Samad Choudhury fo Patiya, Chittagong. | B.H., $1^{st}$ to $6^{th}$ Addenda with G.Ds. |
| 39. | A.K.M. Ghulam Mustafa (YL) s/o Idris Miyan of Mandari, Lakshimpur, Noakhali. | Addenda with G.Ds. |
| 40. | Ikhlasuddin Ahmad (AL) s/o Alhaj Momrajuddin Biswas of Bendarchar, Kalia, Jessore. | Addenda with G.D. |
| 41. | Abdus Sattar (AL) s/o Babar Sardar of Barnal, Kalia, Jessore. | Addenda with G.D. |
| 42. | DE Manmatha Nath (CP) s/o Madhusudan of Char Madhua, P.S. Nekhla, Mymensingh. | Addenda with G.D. |
| 43. | Deb Bani Medhab (CP) s/o Tarini of Char Kaunia, Dewanganj, Mymensingh and of Mymensingh town. | Addenda with G.D. |
| 44. | Azizul Islam Khan (NAP) s/o Hafizuddin of Jesomadhab, Barhatta, Mymensingh. | Addenda with G.D. |

| | | |
|---|---|---|
| 45. | Aditya Satya Kiran (CP) s/o<br>Sudhangshu Kiran of Netrokona town,<br>Netrakona, Mymensingh. | Addenda with G.Ds. |
| 46. | Addur Rahman (CP) s/o<br>Hashim Ali Munshi of Gobinapur,<br>Nalitabari, Mymensingh. | Addenda with G.D. |

—

## 37

## *Application of security prisoner Sheikh Mujibur Rahman to meet Fazilatunnessa.*

### Dacca, 3 April 1962

### CONFIDENTIAL

To
The DIG I.B., East Pakistan.
Through the Superintendent
Central Jail, Dacca.

D/Sir,

I want to have an interview with my wife, Mrs. Fazilatun Nessa, my children Hasina, Kamal, Jamal, Rehana and my cousin Mr. Mominul Haque of 677 Dhanmondi Residential Area, Road No. 32, Dacca.

I will be glad if you kindly grant the interview and inform them.

Yours Sincerely
Sheikh Mujibur Rahman
Security Prisoner,
Central Jail, Dacca.
3.4.62

Memo No. 2082/con dt. 6/4/62
Forwarded for favour of disposal.

Sd/-
SUPERINTENDENT
Dacca Central Jail

***Attested***
Sd/- 5.4
Deputy Jailor
Dacca Central Jail

–

606-48 P.F. (Loose)

*DS(6)*

Perusal pl. the petition below from S.Pr. Sk. Mujibur Rahman. The subject has been granted an interview with his wife and nephew which will be held today. F.O.P.

Sd/- 9.4.62

Interview already held with his wife & children on 9.4.62.

No action pl.
Sd/- 10.4.62

–

To
The D.I.G.,
I.B.
Government of East Pakistan.
Lalbagh, Dacca.
Dacca, the 4th April' 62.

Sub: For a special interview with my uncle Jonab Sk. Mujibur Rahman.

Sir,

With due respect and compliments I beg to bring to your kind notice that I came here from Tungipara with a view to meeting Jonab Sk. Mujibur Rahman a security prisoner, Dacca Central Jail, who is my maternal uncle by relation.

Therefore, I will pray to you to be kind enough to give me a permission for a special interview on Friday the 6th April and oblige. (On Saturday I will leave Dacca.)

Thanking you.

1. To see my uncle with my maternal aunt- Fajilatun Nessa.

Yours faithfully
Iqbal Faruque.
vill- Tungipara
P.O. Patgati
Dt. Faridpur

–

**DS(6)**

Perusal please the petition below for a special interview with S. Pr. Mr. Sk. Mujibar Rahman, the subject had his last usual interview with his family on 31.3.62. F.O.P.

Sd/- 4.4

No interview is due up to 7.4.62. May be allowed on 9.4.62. at 4 P.M. as a spl. case.

Sd/- 5.4.62

Order above, Draft below for approval pl. Sd/-6/4/62, S.I. K.G. Subhani, will please attend. Sd/- 9/5, D.S.6, Seen Sd/- SI, IB. 9.4.62 RSI 12/4/62, Issue 9/4/62,

—

**Confidential**
**Immediate**

**Special Branch, East Pakistan**
Lalbagh,
Dacca, the 7th April 1962.
No. 6186

To

N. Nematullah, Esqr., B.A., B.L.,
Superintendent, Dacca Central Jail,
Dacca.

Kindly allow the following persons to have special interview with security prisoner Mr. Sk. Mujibur Rahman at 4 P.M. on 9.4.62 in presence of an S.B. Officer.

The party has been informed.

1) Mr. Iqbal Faruque
2) Mrs. Fazilatun Nessa

Sd/- 6.4.62.
for Dy. Inspr. Genl. of Police, S.B.
East Pakistan, Dacca.

Memo No. 6186. Dated 7.4.1962.

Copy forwarded to Mrs. Fazilatun Nessa of Plot No. 677, Road No. 32, Dhanmondi Residential Area, Dacca for information.

Sd/- 6.4.62.
for Dy. Inspr. Genl. of Police, S.B.
East Pakistan, Dacca.

—

Ref: File No. 606-48 P.F.

*D.S.VI*

I had been to the Dacca Central Jail on 9.4.62 and attended the party interview of S. Pr. Sk. Mujibur Rahman with his wife and Iqbal Faruque. In course of interview the party discussed about their private affairs. I had to face difficulty in conducting the interview as the party wanted a separate place for their interview. I was also deputed to attend another interview of S.Pr. Abul Munsur Ahmed & Muazzum Anam with their family members at the same time. So it was very difficult to attend two interviews at separate places further Sk. Mujibur Rahman wanted that in future his interview might not be fixed on the date on which Abul Munsur & his party was granted interview.

For favour of information and necessary action.

Submitted

K.G. Sobhani

S.I S.B.

10.4.62

—

# 38

*Detention order of Sheikh Mujibur Rahman for further three months along with grounds of detention.*

Dacca, 7 April 1962

*Confidential:*

PHONE No. 3844.

## GOVERNMENT OF EAST PAKISTAN.

OFFICE OF THE SUPERINTENDENT OF CENTRAL, JAIL, DACCA.

Memo No. /Con Dated

To

The Dy. Secretary to the Govt. of East Pakistan,

Home (Special) Department, Dacca.

Sub : Detention order of security prisoner Sk. Mujibur Rahman under the East Pakistan Public Safety Ordinance, 1958.

I am to report for information of the Government that the detention order and the communication of grounds of detention received with your memo No. 520 H.S. Dated 31-3-62 were served in the above named security prisoner on 4-4-62.

A served copy of each of the detention order and communication of grounds of detention is enclosed herewith as desired.

*Sd/ -*

N. Nematullah.

Superintendent, Central Jail, Dacca,

**Confidential:**

PHONE No. 3844.

Memo No. 3002 (3)/ Con. Dated 7.4.62.

**Copy forwarded for information to :-**

1) The Inspector General of Prisons, East Pakistan, Dacca.

2) The Dy. Inspector General of Police, I.B., E.P., Dacca.

3) The Superintendent of Police, D.O.B., Dacca.

*Sd/-7.4.62*

Superintendent,

Central Jail, Dacca.

—

**Confidential/Immediate**

# GOVERNMENT OF EAST PAKISTAN

HOME DEPARTMENT

Special Section

Memo. No. 520- H.S., dated Dacca, the 31.3.1962

From : M. Shamsul Huq, Esq., E.P.C.S., Section Office, Government of East Pakistan

To : The Superintendent, Dacca Central Jail.

Sub: Detention of Security prisoner Sk. Mujibur Rahman under the East Pakistan Public Safety Ordinance, 1958.

A signed order (in triplicate) on the subject noted above and one communication (in triplicate) of grounds of detention under section 19 of the Ordinance are forwarded herewith. You are requested to serve the same on the security prisoner concerned on the date preceding the date of expiry of the previous detention order by delivering one copy each and return a receipted copy of each to Government duly.

2. You are also requested to forward to Government representation, if any, made by the security prisoner as soon as possible.

*Sd/-*
M. Shamsul Huq
Section Officer,
Government of East Pakistan.

...

No. 520 1 (4) H.S.

*Copy with copies of the enclosures forwarded for information to the-*

(1) Inspector General of Prisons, East Pakistan, Dacca.

(2) Deputy Inspector General, Intelligence Branch, East Pakistan, Dacca.

(3) Deputy Commissioner, Dacca.

(4) Deputy Director, Intelligence Bureau, Government of Pakistan, Dacca.

Dacca;
The 31st March, 1962.

*Sd/-*
Section Officer,
Government of East Pakistan

*Phone No. 4231/61*

*Secret*

*No. 7390 dt. 23.4.62*

*Copy, with a copy of the G.O. forwarded to Addl. S.P. D.S.B, Dacca for information.*

*Sd/- 9.4.62*
*DS(6) for SS(II)*
*Sd/- 2.4*

—

# GOVERNMENT OF EAST PAKISTAN
HOME DEPARTMENT
Special Section

## *ORDER*
No. 519  H.S., dated Dacca, the 31. 3.1962.

Whereas the person known as Sk. Mujibur Rahman s/o Mr. Lutfor Rahman Khan of 677, Dhanmondi Residential Area, Road No. 32. Dacca is detained in the Dacca Central Jail under order No. 200 H.S., dated the 27th February, 1962.

And whereas having considered the materials against the said person the Governor is satisfied that with a view to preventing the said person from acting in any manner prejudicial to the public safety and the maintenance of public order, it is necessary to make the following order for the purpose of continuing his detention;

Now, therefore, in exercise of the powers conferred by clause (a) of sub-section (1) of section 17 of the East Pakistan Public Safety Ordinance, 1958 (Ordinance No. LXXVIII), the Governor is pleased to direct-

(a) that the said person shall, subject to the provisions of section 18 of the said Ordinance be detained until further orders;

(b) that subject to the provisions of clause (a) of this paragraph the said person shall until further orders continue to be detained in the Dacca Central Jail; and

(c) that during such detention the said person shall be subject to the conditions laid down in the East Pakistan State Prisoner Rules, 1956.

By order of the Governor,
Sd/- M. Shamsul Huq.
Section Officer, Government of
East Pakistan.

—

Communication of grounds of detention order under section 19 of the east Pakistan Public Safety Ordinance, 1958 (East Pakistan Ordinance No. LXXVIII of 1958).

...

In pursuance of section 19 of the East Pakistan Public Safety Ordinance, 1958 (East Pakistan Ordinance No. LXXVIII of 1958) you Maulvi Sk. MUJIBUR RAHMAN, B.A., son of LUTFAR RAHMAN OF TANGIPARA, P.S. GOPALGANJ, FARIDPUR and of 677 RESIDENTIAL AREA, ROAD NO. 32, DHANMONDI, DACCA at present detained in the Dacca Central Jail under Order No. 519 H. S. dated 31/3/62 made under clause (a) of Sub- Section(1) of Section 17 of the said ordinance are hereby informed that your detention has been considered necessary on the following grounds:-

1. That you have been and are associated with the illegal activities of a secret association in the district of Dacca, Faridpur, Chittagong, Pabna and Bakarganj object of which is to overthrow this Govt. (i.e. Govt. of East Pakistan) by violent means and that during the years 1947 (after partition) 1948, 1949, 1952, 1953, 1954, 1955,1956, and 1958 till your arrest and when you were not

in Jail you were concerned in prejudicial acts in the district of Dacca, Faridpur, Pabna and Bakarganj particularly in the months of September, 1952, January, February, March, July, 1953, May, 1954, February, June, August, October, 1955, January, April, May, 1956, April, June, July, August, September, October, 1958 and after your release from Jail on 17.12.59. You again reverted to your former prejudicial activities in the District of Dacca and Chittagong during the years, 1959, 1960, 1961, and 1962 (till your arrest and when you were not in Jail) particularly in the months of December, 1959, January, February, March, May, June, July, September, October, December, 1960, January, February, March, May, July, August, September, November, December, 1961 and January, February, 1962, you with the help of some disruptive elements indulged in prejudicial acts and propaganda amongst public and the students within the aforesaid district against the Govt. of East Pakistan with the ulterior object of disrupting the stability or integrity of the province of East Pakistan and overthrowing the Govt. Furnishing and more facts and particulars than those given above would be against the public interest.

2.  That all your activities mentioned above threaten and are likely to endanger the maintenance of public order and public safety in this Province.

3.  You are further informed that you have a right to make a representation in writing to this Govt. against the order of detention made against you, and should you wish to do so you should send the representation to the undersigned through the Superintendent of Jail, where you are at present detained.

By order of the Governor,
Section Officer to the Govt. of
East Pakistan.

# 39

## *Application of Sheikh Abu Naser to meet his elder brother Sheikh Mujibur Rahman.*

Dacca, 11 April 1962

To
The D.I.G., I.B.,
Dacca, E.P.
Dated, Dhanmondi, the 11th April, 1962.

Dear Sir,

I beg to inform you that my elder brother Sheikh Mujibur Rahman is now in Dacca Central Jail as a security prisoner. I have come from Tungipara (Faridpur) to meet with him in connection with domestic affairs. I am therefore badly in need of having an interview with him today in the afternoon. My wife, my brother's wife and minor children will also accompany me. Their names are being given below:-

1.  Begum Rezia Khatoon    :   my wife.
2.  Begum Fazilatunnesa    :   my brother's wife.
3.  Hasina                 :   daughter.
4.  Kamal                  :   son.

In this connection, I would like to mention that I will have to go to my village very soon. I would therefore request you to kindly permit me along with my wife, brother's wife and minor children to have an interview with my brother today.

Thanking you.

Yours faithfully,
Sheikh Abu Naser
11.4.62

To The D.I.G., I.B.
Dacca, E.P.

Dated, Dhanmondi, the 11th April, 1962.

Dear Sir,

I beg to inform you that my elder brother Sheikh Mujibur Rahman is now in Dacca Central Jail as a security prisoner. I have come from Tungipara (Faridpur) to meet with him in connection with domestic affairs. I am therefore badly in need of having an interview with him today in the afternoon. My wife, my brother's wife and minor children will also accompany me. Their names are being given below:—

1) Begum Rezia Khatoon . . . my wife.
2) Begum Fazilatonnesa . . . my brother's wife.
3) Hasina . . . daughter
4) Kamal . . . son.

In this connection, I would like to mention that I will have to go to my village very soon. I would therefore request you to kindly permit me along with my wife, brother's wife

P.T.O.

and minor children to have an interview with my brother today.

Thanking you,

Yours faithfully,

Shaikh Abu Naser
11.4.62

—

*606-48 PF (Loose)*

**DS (6)**

Perusal pl. the petition below for an interview with S.Pr. Sk. Mujibar Rahman. Last interview was held on 9.4.62. F.O.P. Sd/- 11.4

May be allowed on 16.4.62 at 4. P.M. as a spl. case. Sd/-12.4.62 Orders above. Draft below for approval pl. Sd/- 12.4

Issue. Sd/- 16.4. S.I. Md. Aminullah (1) will please attend. Sd/-16.4 D.S.6. Noted. Sd/- 16.4.62

—

**Confidential**
**Immediate.**

**Special Branch, East Pakistan**
Lalbagh,
Dacca, the 14.4.1962.
No. 6882

To
N. Nematullah, Esqr., B.A., B.L.,
Superintendent, Dacca Central Jail,
Dacca.

Kindly allow the following persons to have a *special* interview with security prisoner Mr. Sk. Mujibur Rahman at 4 P.M. on 16.4.62 in presence of an S.B. Officer.

The party has been informed.

1)  Sk. Abu Naser       2)  Begum Rezia Khatun
3)  Begum Fazilatun Nessa.   4)  Hasina
5)  Kamal

Sd/- 13.4.62
for Dy. Inspr. Genl. of Police, S.B.,
East Pakistan, Dacca.

Memo No. 6882/1.   Dated 14.4.1962.

Copy forwarded to Sk. Abu Naser of Plot No. 677, Road No 32, Dhanmondi Residential Area, Dacca for information.

Sd/- 13.4.62
for Dy. Inspr. Genl. of Police, S.B.,
East Pakistan, Dacca.

—

File No. 606-48

I had been to Dacca Central Jail and attended party interview held between S.Pr. Mr. Mujibur Rahman and his brother Mr. Sheikh Abu Naser, wife Mrs. Fazilatun Nesa, brother's wife Mrs. Rezia Khatoon, daughter Hasina and son Kamal on 16.4.62 at D.C. Jail gate.

The discussion centred round their domestic and personal affairs. Nothing objectionable happened at the time of interview to note. The Dy. Jailor security section was present at the time of interview.

Sd/- 17.4.62

—

# 40

*Application of security prisoner Sheikh Mujibur Rahman to meet Fazilatunnessa, children and cousin brother.*

Dacca, 19 April 1962

**Confidential**

To
The D.I.G., I.B., East Pakistan.
Through the Superintendent, Central Jail
Dacca. 19.4.62.

Dear Sir,

I want to have an interview with my wife Mrs. Fazilatun Nessa, my children Hasina, Kamal, Jamal and Rehana as soon as possible.

I hope you will kindly grant the interview and inform them in 677, Dhanmondi Residential Area, Road No. 32, Dacca.

Yours Sincerely
Sheikh Mujibur Rahman
Security Prisoner, Central Jail,
Dacca, 19.4.62

Memo No. 4165 Con dt. 20.4.62

Forwarded for favour of disposal. Sd/- 20.4.62, Superintendent, Dacca Central Jail.

*Attested. Sd/- Deputy Jailor, Dacca, Central Jail.*

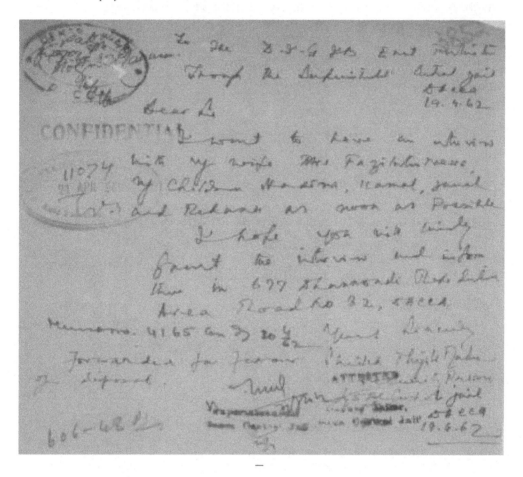

CONFIDENTIAL

11074

To the D.I.G. I.B. East Pakistan
Through the Superintendent Central Jail
Dacca
19.4.62

Dear Sir,

I want to have an interview with my wife Mrs Fazilatunnessa, my Children Hasina, Kamal, Jamal and Rehana as soon as possible.

I hope you will kindly grant the interview and inform them in 677 Dhanmondi Residential Area Road No 32, Dacca.

Memo no. 4165 Con dt 20.4.62 Forwarded for favour of disposal.

Yours Sincerely
Sheikh Mujibur Rahman
Security Prisoner
Central jail
Dacca
19.4.62

ATTESTED
Superintendent
Dacca Central Jail
Deputy Jailor,
Dacca Central Jail

606-IB

Mrs. Sheikh Mujibur Rahman DATED 20.4.62

To

The D.I.G., I.B.,

East Pakistan, Dacca.

Dear Sir,

I beg to inform you that my husband Sheikh Mujibur Rahman is now in Dacca Central Jail as a security prisoner. Now I want to have an interview with him tomorrow in connection with some very urgent piece of domestic affairs. My children and my husband's younger brother will also accompany me:-

***Their names are being given below:-***

1) Hasina : daughter.

2) Sheikh Kamaluddin : son.

3) Mr. Momenul Huq : Husband's younger brother.

I would therefore request you to kindly permit us to have a special interview with my husband tomorrow.

Thanking you.

Yours faithfully,

F. nessa.

Mrs. Sheikh Mujibur Rahman

20.4.62.

To The D.I.G. I.B.
East Pakistan, Dacca.

Dear Sir,

I beg to inform you that my husband Sheikh Mujibur Rahman is now in Dacca Central Jail as a security prisoner. Now, I want to have an interview with him tomorrow in connection with some very urgent piece of domestic affairs. My children and my husband's younger brother will also accompany me: Their names are being given below,

1) Hasina - - - - - daughter.
2) Sheikh Kamaluddin - - son.
3) Mr. Momenul Huq - Husband's younger brother.

P.T.O.

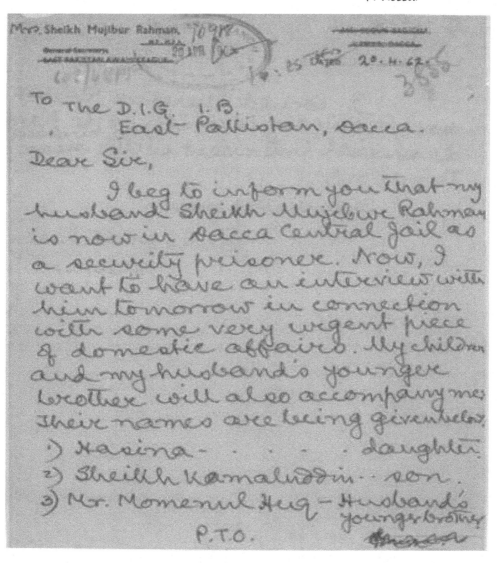

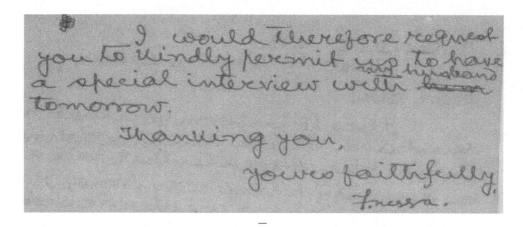

I would therefore request you to kindly permit ~~us~~ to have my husband a special interview with ~~[illegible]~~ tomorrow.

Thanking you,

Yours faithfully,

F.Nessa.

—

***DS(6)***

Perusal pl. the petition below from S.Pr. Sk. Mujibar Rahman. The petition has already been granted an interview on 12.5.62. F.O.P.

Sd/-23.4

Interview allowed on 25.4.62 in the petition submitted by his wife.

Sd/- 23.4.62

—

***Confidential***

***Immediate.***

**Special Branch, East Pakistan**

Lalbagh,

Dacca, the 24.4.1962

No. 7474

To

N. Nematullah, Esqr., B.A., B.L.,

Superintendent, Dacca Central Jail,

Dacca.

Kindly allow the following persons to have an interview with security prisoner Mr. Sk. Mujibar Rahman at 4 P.M. on 25.4.62 in presence of an S.B. Officer.

The party has been informed.

1) Mrs. F. Nessa 2) Miss. Hasina

3) Mr. Sk. Kamaluddin 4) Mr. Momenul Huq

Sd/- 23.4.62

for Dy. Inspr. Genl. of Police, S.B.,

East Pakistan, Dacca.

Memo No. 7474/1  Dated 24.4.1962

Copy forwarded to Mrs. F. Nessa of Plot No. 677, Road No. 32, Dhanmondi R.A. for information.

Sd/- 23.4.62

for Dy. Inspr. Genl. of Police, S.B.,

East Pakistan, Dacca.

—

File 606-48 P.F.

Party interview of S. Pr. Sk. Mujibur Rahman in D.C. Jail on 25.4.62.

Attended party interview of S.Pr. Sk. Mujibur Rahman with Mrs. F. Nessa, Miss Hasina, Kamal and Mominul Huq in D.C. Jail from 4.45 P.m. to 5.45 P.m. on 25.4.62.

They had talks in family and private matters and nothing objectionable from S.B. point of view was noticed.

Sd/-26.4.62

—

# 41

*Application of Superintendent, Alpha Insurance Co. Ltd. Dacca for Karachi Agency Manager's interview with security prisoner Sheikh Mujibur Rahman.*

Dacca, 24 April 1962

**Alpha Insurance Company Ltd.**

(Incorporated In Pakistan)

| | |
|---|---|
| HEAD OFFICE | DACCA OFFICE |
| WRITERS CHAMBERS | M.A. HASAN BUILDING |
| DUNOLLY ROAD | 12, JINNAH AVENUE |
| P. O. BOX NO. 4359 | POST BOX NO. 104 |
| KARACHI-2 | DACCA -2 |

Dacca, April 24, 1962.

The D.I.G.,

I.B.,

Lalbagh,

Dacca.

Dear Sir,

We shall be highly obliged if you kindly accord your permission for a special interview to our Agency Manager, Mr. S.A.M. Hashmi of our Head Office, Karachi who is now in Dacca on official tour of East Pakistan, with Mr. Sk. Mujibur Rahman, Security Prisoner of Dacca Central Jail, any day before 30$^{th}$ April 1962 to enable him to discuss some important and urgent official matter.

Thanking you.

Yours faithfully,
Sd/ -
Superintendent.

—

606-48 P.F. (L)

DS(6)

Perusal please the petition below for an interview with Sk. Mujibar Rahman. The subject had his last interview with his family on 24.4.62. F.O.P. Sd/ - 26.4

May be allowed as a spl. case on 30.4.62 at 4 P.M. Sd/ -27.4.62

Order above. Draft below for approval pl. Sd/ -28.4.62

Issue. 28.4. Seen. Sd/ -1.5.62.

—

**Confidential**
**Immediate**

### Special Branch, East Pakistan
Lalbagh,
Dacca, the 28.4.1962.
No. 7862

To
N. Nematullah, Esqr., B.A., B.L.,
Superintendent, Dacca Central Jail,
Dacca.

Kindly allow the following persons to have a *special* interview with security prisoner Mr. Sk. Mujibar Rahman at 4 P.M. on 30.4.62 in presence of an S.B. Officer.

The party has been informed.

1.  Mr. S.A.M. Hashmi
2.  Sd/- 28.4.62

for Dy. Inspr. Genl. of Police, S.B.,
East Pakistan, Dacca.

Memo No. 7862/1. Dated 28.4.1962.

Copy forwarded to Mr. S.A.M. Hashmi of Alpha Insurance Company Ltd. 12, Jinnah Avenue, Dacca for information.

Sd/-28.4.62
for Dy. Inspr. Genl. of Police, S.B.,
East Pakistan, Dacca.

—

I attended the interview between the security prisoner Sk. MUJIBAR RAHMAN and S.A.M. HASHMI at the Dacca Central Jail on 30.4.62 from 4.30 P.m. to 5 P.m.

The parties discussed about their business affairs and private matters during the interview. Nothing objectionable or prejudicial from the S.B. point of view came to notice for a report.

Submitted,
M. Karam Hossain
S.I. S.B. Dacca.
1.5.62

—

## 42

*Application of security prisoner Sheikh Mujibur Rahman to meet his wife-children and younger brother's family. Fazilatunnessa also applied simultaneously for meeting.*

Dacca, 27 April 1962

**Confidential**

To
The D.I.G., I.B., East Pakistan, Dacca.
Through the Superintendent Central Jail, Dacca.
Dear Sir,

I want to have an interview with my wife Mrs. Fazilatun Nessa, my children Hasina, Kamal, Jamal, Rehana and the wife of my brother Mrs. Doly and her two minor children.

I will be glad if you kindly grant the interview and inform them in the address is 677, Dhanmandi Residential Area, Road No. 32, Dacca.

Yours Sincerely
Sheikh Mujibur Rahman
Security Prisoner, Central Jail Dacca.
27.4.62

Memo No. 4320 Con. dt. 27.4.62 forwarded for favour of disposal.
Sd/- 27.4.62, Superintendent, Central Jail, Dacca.
Attested. Sd/- 27.4.62, Deputy Jailor, Dacca Central Jail.

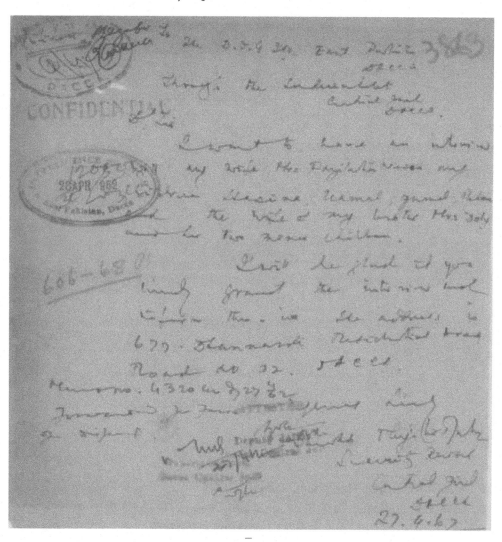

Mrs. Sheikh Mujibur Rahman

Dhanmondi, Dacca
DATED 30.4.62

To
The D.I.G., I.B., Dacca.

Dear Sir,

I beg to inform you that my husband Sheikh Mujibur Rahman is now in Dacca Central Jail as a security prisoner. Now on account of some urgent piece of domestic affairs, I want to have a special interview with him on 1st May, 1962. My children and my sister-in-law will also accompany me. Their names are being mentioned below:-

Hasina : daughter.
Kamal : son.
Mrs. Razia : sister-in-law.

I would therefore request you to kindly permit us to have special interview with my husband on the said date.

Thanking you.

Yours faithfully,
F. nessa

N.B. My husband's younger brother Momenul Huq will also accompany us. He may kindly be permitted to have an interview with my husband along with us.

F. nesa

Mrs. Sheikh Mujibur Rahman, ~~General Secretary~~ ~~EAST PAKISTAN AWAMI LEAGUE~~

Dhanmondi ~~Bagichan~~ Dacca ~~RAMNA, DACCA.~~

-1 MAY

DATED 30-4-62.

To The D.I.G., I.B.

Dacca.

Dear Sir,

I beg to inform you that my husband Sheikh Mujibur Rahman is now in Dacca Central Jail as a security prisoner. Now on account of some urgent piece of domestic affairs, I want to have a special interview with him on 1st May, 1962. My children and my sister-in-law will also accompany me. Their names are being mentioned below:-

Hasina - - - - - daughter

Kamal - - - - - son.

Mrs. Razia - - - - Sister-in-law,

I would therefore request you to kindly permit us to have special interview with

P.T.O.

my husband on the said date.

Thanking you,

Yours faithfully,

F. nessa.

N.B. My husband's younger brother Momenul Huq will also accompany us. He may kindly be permitted to have an interview with my husband along with us.

F. nessa.

*Confidential*
*Immediate*

## Special Branch, East Pakistan
Lalbagh,
Dacca, the 4th May, 1962.
No. 8256

To

N. Nematullah, Esqr., B.A., B.L.,

Superintendent, Dacca Central Jail,

Dacca.

Kindly allow the following persons to have an interview with security prisoner Mr. Sk. Mujibar Rahman at 4 P.M. on 8.5.62 in presence of an S.B. Officer.

The party has been informed.

1) Mrs. Fazilatun Nessa    2) Mrs. Razia

3) Sk. Kamaluddin    4) Miss. Hasina

5) Mr. Mominul Huq

Sd/-3.5.62
for Dy. Inspr. Genl. of Police, S.B.,
East Pakistan, Dacca.

Memo No. 8256/1 Dated 4th May, 1962.

Copy forwarded to Mrs. F. Nessa of Plot No. 677, Dhanmondi R.A. Road No. 32, Dacca for information.

Sd/-3.5
for Dy. Inspr.
Genl. of Police, S.B.,
East Pakistan, Dacca.

—

606-48 P.F. (L)

DS (6)

Perusal please the petition below for an interview with S. Pr. Sk. Mujibar Rahman. Last interview was held on 24.4.62. F.O.P. Sd/- 1.5

May be allowed on 8.5.62 at 4 P.M. Sd/- 2.5.62

Orders above. Draft below for approval pl. Sd/-DS6 3.5

No. 8256 dt. 4.5.62 to D.C. Jail.

No. 8256/1 dt. 4.5.62 to Mrs. F. Nessa.

Plot No. 677, Rd. No. 32, Dahnmondi R.A.

S.I. Rustom Ali will please attend. Sd/- DS6 8.5

—

I attended the interview of Sk. Mujibur Rahman with his wife and children, held at the Dacca Central Jail on 8.5.62.

During the interview they discussed their private and domestic affairs.

Submitted
Sd/- 9.5.62

—

# 43

## *Reference notes of SB on Sheikh Mujibur Rahman.*

Dacca, 11 May 1962

**Secret**

PHONE NO. 4231/34.

### District Special Branch

Dacca, the 11/**12**[th] May, 1962.

No. **3865**/100-49 P.F.

To

A. Rahim, Esqr., P.S.P.,

S.S.(1), S.B., E.P., Dacca.

In continuation of this office No. 1766, dated 28.2.62 I send herewith further R.N. on the subject Sk. Mujibur Rahman, for taking action at your end.

Sd/- 11.5.62
Addl. Supdt. of Police,
D.S.B., Dacca.

—

Further R.N. on Sk. Mujibar Rahman (A.L.) S/o Lutfor Rahman of Tungipara P.S. Gopalganj, Faridpur and of 677, Dhanmandi Residential Area, Road No. 32, Dacca.

DA. 61 dt. 24.11.58 page 207 (Stt.) & 208 (Stt.)

The agent reports on 24.11.58 that on 21.11.58 during court hours when S. Pr. Sk. Mujibur Rahman was brought to court he met Amir Hussain (Ex M.P.A.) and others (named) there and had a secret discussion with them. In course of talk Sk. Mujibur Rahman blamed Ataur Rahman Khan for entangling him in the case. He condemned the attitude of Ataur Rahman Khan for playing important role and giving full co-operation with the Govt. Official against his interest.

*Idential*

DA 61, dt. 22.2.60. page 243 & 244 (Stt.)

The agent reports on 22.2.60 that a few days back Sk. Mujibur Rahman in course of talk with A.B.M. Shamsuzzoha and others (named) at his residence disclosed that he was mentally disturbed and intended either to start a business or secure a job in Sony Insurance Firm in order to establish himself financially. He said that he did not mind he was screened out under the E.B.D.O. but the people of East Pakistan would remember him as to what services he rendered to them. He further said that he might revert to politics at an opportune moment as at present no such question arose. Sk. Mujibur Rahman advised A.K. Shamsuzzoha to assist Ghulam Murshed, a newly elected member of Narayanganj Union Council, who is aspirant to be Chairman.

*Identical*

DA 61 dt. 9.4.60 pages 247 & 248 (Stt.)

The agent reports on 27.3.60 against Shamsuzzoha and another met Sk. Mujibur Rahman at his residence at Segunbagicha to receive Eid Greetings cards issued by Sk. Mujibur Rahman as controller of Alpha Insurance Co. for distribution amongst the businessmen of Narayanganj by A.K.M. Shamsuzzoha who has been appointed as Chief Agent for Narayanganj of the Insurance Co. In course of talk, Sk. Mujibur Rahman wanted to know the working of the members of Union Council and also as to how a large number of Councillors could cast their votes against the President of Pakistan. A.K.M. Shamsuzzoha informed him that probably some of the Councillors could not understand the procedure of casting votes and they put their votes in wrong manners which went against the

President. He further informed that so far his information goes these persons were Nakbor Ali & others.

*Identical*

### D133 C.A. dt. 26.6.61 Page 424 (Stt.)

The agent reports on 26.6.61 that Tofazzal Husain @ Manik Miyan (A.L.) managed to obtain the copy of report of the recommendation of the Constitution Commission from D.N. Barori. Tofazzal Husain (A.L.) had gone through the report and copied out some portions of the report which were against the interest of West Pakistan. After copying out the report, he showed it to Messrs Sk. Mujibur Rahman and others (named)

*Identical*

### D 133 C.A. dt. 23.8.61 Page 431 (Stt.)

The agent reports on 23.8.61 that Sk. Mujibur Rahman (A.L) and others (named) meet occasionally in the residence of Ataur Rahman Khan and discuss about the political problems in general and the Constitution of Pakistan in particular. Sk. Mujibur Rahman is in favour of some movement on demand of Federal form of Govt. before pablication of the Constitution.

*Identical*

### D133 C.A. dt. 14.9.61 Page 437 (Stt.)

The agent reports on 14.9.61 that Sk. Mujibur Rahman and others (named) leaders of the political party are likely to come in contact with the students of Dacca University to organise the Students Community to utilise them in the agitation if any on the Constitutional issue.

*Identical*

### D 133 C.A. dt. 10.10.61 Page 446 (Stt.)

The agent reports on 10.10.61 that according to Sk. Mujibur Rahman, a move is afoot for an alignment between the Awami League and the Pakistan National Congress. This move has been initiated by the Awami League with a view to contest the election under the new constitution which will come into being in the near future under the present regime. The main object of this move is to combat the alleged undemocratic provisions of the constitution to be included in it both in and outside the Parliament by their representatives. The Awami League leaders feel that the general election will not be allowed to run on any party basis this secret alignment with the A.L. & P.N.L. will help both the organisations to send their representatives in the Parliament. Sk. Mujibur Rahman further disclosed that N.A.P. may also be included as it has got the active field workers. No final agreement has yet been made with P.N.L. but A.L. has received satisfactory response from the P.N.L

*Identical*

### D133 C.A. dt. 5.11.61 Page 460 (Stt.)

The agent reports on 5.11.61 that the E.P.S.L. workers of the Dacca University held a get-together function on 5.11.61 at Cafeteria to celebrate their victory in the Hall elections of the Dacca University. In this connection a formal meeting (400) was held with A.B. Mirza Azizul Islam in the chair. Besides the President Shah Moazzem Hussain, President of the Ex-E.P.S.L. delivered speeches discussing the role of the Ex-E.P.S.L. in the past for the cause of the students in particular and the people in general. After the close of the meeting the workers entertained with tea. An amount of Rs. 500/-was donated by Sk. Mujibar Rahman (A.L.) and others (named) to defray the expenses of the function.

*Identical*

### 191- 49 Pages 574 & 575 (Stt.)

K. A. 12 reports on 29.5.56 that at a meeting of the subject committee of the E.P.A.L. held on 19.5.56 at its Party Office Dacca with Khairat Hossain M.L.A[16] in the chair, Wali Ahad, Organising Secy. brought a proposal to form committee styled as "DURBHIKSHA Protirodh Committee" on all party basis. Most of the members of the subject committee protested against the formation of the Committee on All Party basis. Sk. Mujibur Rahman M.P., brought a counter proposal to organise a "Durbhikshya Protirodh Committee" by the Awami League alone.

The latter proposal was supported by leading members like Khairat Husain and others. The proposal of Wali Ahad was not withdrawn. So he was allowed to bring this proposal in the council meeting held on 20.5.56 at a Cinema Hall, Sadarghat, Dacca with Abul Mansur M.P. in the chair. The object of Wali Ahad was to give the leftist organisations a

---

16.   **M.L.A** – *A Member of Legislative Assembly is a representative elected by the voters of an electoral district (Constituency).*

scope to participate in the "Durbhikshya Protirodh Committee." Sheikh Mujibur Rahman also brought his proposal. The proposal of Sk. Mijubur Rahman was supported by the majority. So, they decided to organise the Committee by the Awami League only.

*Identical*

## File 191-49 Page 580 (Stt.)

K.A. 12 reports on 19.8.56 that Qazi Kafiluddin Ahmed M.L.A. and another gave out on 19.8.56 that the SAMANYAY Committee which is practically the Committee of Action was formed with Mr. H.S. Suhrawardy as Chairman and Sk. Mujibur Rahman and others (named) as members.

*Identical*

## File 119-48 Page 133 (Stt.)

R.J.C.A. 42 reports on 4.9.58 that the election of the District Committee of the Rajshahi District Awami League will be held at Jinnah Hall, Rajshahi town on 17.9.58. Sk. Mujibar Rahman Genl. Secy. E.P.A.L. and another (named) have been invited to attend the meeting.

*Identical*

## File 23-48 Page 17 (Stt.)

A secret information of S.B., E.P., dt. 6.2.58 reveals that at the initiative of Mr. Gour Ch. Bala, Minister, E.P, a Reception Committee was formed recently in order to convene a conference of the Scheduled Caste people at Dacca by the middle of March, 58 under the name of "Pakistan National Scheduled Caste Federation." The main object of this conference is to secure support of the Scheduled Caste people in favour of Joint Electorate and their future electoral alliance with the Awami League. The instruction came from the Awami General Secy. Sk. Mujibur Rahman, Ex-Minister, who was also taking active interest for organising another conference of the Scheduled Caste people at Faridpur by Mr. Gour Chandra Bala and promised all help to finance these conferences.

*Identical*

## 23-58 Page 116 (Stt.)

A secret information of S.B. E.P. dt. 24.9.58 reveals that though Kantisura Barman M.P.A. (P.N.L.) and another rejoined Mr. Dhar's Group, Sk. Mujibur Rahman (A.L.) was always suspicious about Mr. Dhar's control over the Scheduled Caste M.P.As as a whole. Mr. Mujib therefore, with a view to be sure about their support to the Awami Coalition Govt. was trying for some time to break Mr. Rajendra Nath Sarker (P.N.L.) from Mr. Dhar's group and offered him a seat in the cabinet in return. Mr. Sarkar did not agree to this proposal of Mr. Mujib so long. But in the mean time Mr. Dhar wanted his supporter Mr. Sarat Chandra Majumder (P.N.L.) to be taken in the cabinet instead. Mr. Das therefore, with a view to firstly depriving a supporter of Mr. Dhar from becoming a Minister, secondly to lower Mr. Dhar in the estimation of his supporters by causing the supreession of Mr. Dhar's suggestion about his own group member by Mr. Mujib and thereby to expose his (Mr. Dhar's) helplessness in the hands of the A.L. leaders. Thirdly Mr. Dhar broke away two of his supporters and Mr. Sarkar could break away four of Mr. Dhar and lastly one of Mr. Das's supporter could be a minister and through him Mr. Das might have some unseen influence over the Awami Coalition Cabinet here without any loss whatsoever, consented to Mr. Sarkar's joining the cabinet on condition of entering as a separate independent Congress Group with his supporters and he therefore took oath and joined the cabinet.

*Identical*

### File 23-58 Page 285 Action.

A D.I.O[17] of D.I.B. Dacca reports on 23.10.58 that Sk. Mujibur Rahman was actually suspicious over the loyalty of the P.N.L. M.P.As of Mr. P.K. Das group who rejoined Mr. Dhar's group and to be some of the party strength Sk. Mujibur Rahman brought Rajendra Ch. Sarkar from Scheduled Cast Federation by offering him a seat in the Cabinet.

*Identical*

### 80-48 P 299 (Stt.)

S.T. 16 reports on 5.9.58 that Mr. H.S. Suhrawardy & Sk. Mujibur Rahman Secy. Awami League are trying to make coalition ministry with the K.S.P.

*Identical*

---

17.  **D.I.O.** – *District Intelligence Officer, who is assigned to collect secret information or intelligence on political suspects, organizations, political activities, subversive or anti-state activities and different events related to public interests in the respective district.*

Clarification not mentioned.

### File 99-28 P 1023

A D.I.O. of D.I.B. Dacca reports on 20.4.54 that a meeting (300) of the workers of D.C. Mill No. 1, was held on 20.4.54 at Dhakeswari Girls School with Korban Ali in the chair. The meeting bitterly criticised the activities of the M.L. Govt. regarding their Labour Policy and urged upon the workers to unite under the banner of the East Pakistan Cotton Mills Mazdoor Union formed under the leadership of Maulana Abdul Hamid Khan Bhasani. The meeting also announced the names of the office-bearers of the E.P.C. M.M.U. including the Sk. Mujibur Rahman M.L.A. as its member.

*Identical*

### 173-40 Page 481

A D.I.O. of D.I.B. Dacca reports on 1.5.54 that a meeting (12/13000) in connection with the observance of "May Day" was held on 1.5.54 at Narayanganj H.E. School with Moulana Abdul Hamid Khan Bhasani in the chair. Sk. Mujibur Rahman addressed the meeting. Sk. Mujibur Rahman in course of his short speech explained the significance of the "May Day" and remarked that the sacrifice of the lives of the victims of the "May Day" will be successful only when the labourers will be able to get those demands fulfilled for which they had to sacrifice their lives at Chikago on the 1st May in 1886. He urged upon the workers to be united and not to be misguided by the dalals of the mill owners. In this connection he also criticised the labour policy of the British Govt. as will as that of the Muslim League Govt. He added that he had been to China in 1952 and found there that the labourers get equal status with the mill owners and they are nicely accommodated. In this connection he assured the labourers that the Awami League party would be ready to devote its all efforts for the cause of labourers.

*Identical*

### File 51-49 P 102

A D.I.O. of D.I.B. Dacca reports on 12.4.54 that a general meeting (500) of the East Pakistan Press Workers Association was held on 11.4.54 at Azimpur Colony Dacca with Sk. Mujibur Rahman M.L.A. in the chair. Sk. Mujibur Rahman in his presidential speech stated that if the labourers come forward united with their legitimate demands the Govt. will be compelled to concede their demands. He warned the workers to be careful about the dalals engaged by the mill owners to make them disunited.

Identical

### File 51-59 P126

S.B. E.P. memo No. 1709/11-59 Gl. dt. 26.1.60 reveals that Sk. Mujibur Rahman (A.L.) and others (named) are reported to have loose tongue and indulge in the criticism of the Govt.

Identical

### File 1-60 P 252

W.C.R[18] of D.I.B. Dacca for the week ending 17.9.60 reveals that Sk. Mujibur Rahman former Provincial Member and the Genl. Secy. of defunct E.P. Awami League and his co-accused Kazi Abu Naser Managing agent of M/S Coal Mining and Trading Co. Narayanganj were convicted by Spl. Judge on 12.9.60 and sentenced to R.I. for 2 years and fined Rs 5000/- each in default R.I. for 6 months more in Ramna P.S. case No. 3(2) 59 u/s 5(2) of Act 2 of 1947. The ease is known as "License Scandal." They were granted ad-interim bail pending appeal before the high court. The people present it the court remarked that Sk. Mujibur Rahman was rightly served.

Identical

### File 1/62 Page 39

W.C.R of D.S.B. Dacca for the week ending 10.2.62 reveals that Sk. Mujibur Rahman was arrested on the night of 6/7.2.62 and committed to Dacca Central Jail u/s 41(1) of the E.P.P.S.O. 1958 for detention.

Identical

Prepared by me.

Sd/- 11.4.62

———

---

18.  **WCR -** *Weekly Confidential Report is the collection of information regarding the political & state interested affairs of the district. The accumulated report on a week-end basis used to send to IBEB, Dacca.*

# 44

## *Application of Syed Anisur Rahman of Alpha Insurance Company, Dacca to meet security prisoner Sheikh Mujibur Rahman.*

Dacca, 11 May 1962

**ALPHA INSURANCE COMPANY Ltd.**
*(INCORPORATE PAKISTAN)*

| | |
|---|---|
| HEAD OFFICE: | DACCA OFFICE: |
| WRITERS CHAMBERS | M. A. HASAN BUILDING |
| DUNOLLY ROAD | 12, JINNAH AVENUE. |
| P.O. BOX NO. 4359 | POST BOX NO. 104 |
| KARACHI-2 | DACCA-2 |

11th May, 1962.

The D.I.G. of Police,
I.B., Lalbagh,
Dacca.

Dear Sir,

As I urgently require to meet with Mr. Sheikh Mujibur Rahman a security prisoner, Dacca Central Jail to discuss some very important official matters, so I request you kindly to grant me a special interview at an earliest date.

Thanking you.

Yours faithfully,
*Sd/-*
(Syed Anisur Rahman)

—

*Confidential*
*Immediate*

**Special Branch, East Pakistan**
Lalbagh.
Dacca, the 18-5-1962.
No. 9108

To

N. Nematullah Esqr., B.A., B.L.,
Superintendent, Dacca Central Jail,
Dacca.

Kindly allow the following persons to have an interview with security prisoner Mr. Sk. Mujibur Rahman at 4 P.m. on 22.5.62 in presence of an S.B. Officer.

The party has been informed.

1.   Syed Anisur Rahman

Sd/-18.5.62
for Dy. Inspr. Genl. of Police,
S.B., East Pakistan, Dacca.

Memo No. 9108/1 Dated 18.5.1962.

Copy forwarded to Mr. Syed Anisur Rahman of Alpha Insurance Company, Dacca for information.

Sd/-18.5.62
for Dy. Inspr. Genl. of Police, S.B.,
East Pakistan, Dacca.

—

606-48 P.F. (L)

**DS(6)**

Perusal pl. the petition below for an interview with S. Pr. Sk. Mujibur Rahman. His last interview with the employee of Alpha Insurance Company was held on 30.4.62. F.O.P.

Sd/- 17.5

May be allowed on 22.5.62 at 4 P.M. Sd/- 14.5.62
Order above. Draft below for approval pl. Sd/- 17.5.62
S.I. Yunus will please attend. Sd/- 22.5 DS6

—

Ref: File No. 606-48 P.F.

**DS VI**

Attended Party interview held between the S. Prisoner Sk. Mujibur Rahman and a representative of the Alfa Insurance Co. Ltd. on 22/5/62 to the D.C. Jail.

They talked on the affairs of the company referred to above and there was nothing objectionable to report.

Submitted
Mr. Yunus
S.I. S.B.
23.5.62

—

# 45

## *Application of Fazilatunnessa to meet Sheikh Mujibur Rahman along with children and younger brother's family.*

### Dacca, 12 May 1962

বেগম শেখ মুজিবর রহমান

ফোন ঃ-২৫৬১
Dhanmondi
তারিখ ১২.৫.৬২

To
The D.I.G., I.B., Dacca.

Dear Sir,

I beg to inform you that my husband Sheikh Mujibur Rahman is now in Dacca Central Jail as a security prisoner. I want to have an interview with him on the 15th May, 1962 in connection with the holy "Id-ul Azha". My husband's younger brother, my sister-in-law and my children will also accompany me in this connection. Their names are being given below:-

1) Sheikh Abu Nasser : My husband's brother.

2) Mrs. Rezia : My sister in law.

3) Hasina : Daughter.

4) Kamal : Son.

I would therefore request you to kindly permit us to have a special interview with my husband on the said date.

Thanking you.

Yours faithfully
F. Nessa.

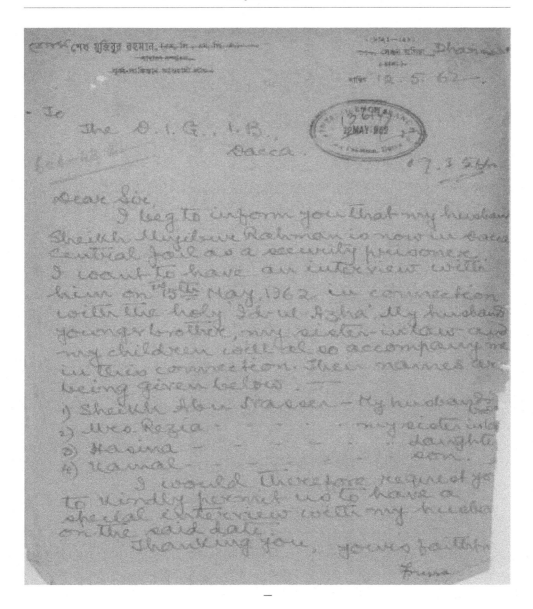

606-48 P.F. (L)

**DS(6)**

Perusal pl. the petition below for an interview with S. Pr. Sk. Mujibur Rahman. Last interview was held on 8.5.62. F.O.P. Sd/- 12.5

Allowed on 24.5.62 at 4 P.M. Sd/- 14.5.62.

Orders above. Draft below for approval pl. Sd/- 17.5

*S.I. Sk. Yunus will please attend. Sd/- 24/5 D.S.6*
*Seen. Sd/- 24/5*
*Issue. 18.5. Sd/- RSI 21.5.62*

*Confidential*
*Immediate*

### Special Branch, East Pakistan
Lalbagh,
Dacca, the 17.5.1962.

No. 9161

To
N. Nematullah Esqr., B.A., B.L.,
Superintendent, Dacca Central Jail,
Dacca.

Kindly allow the following persons to have an interview with security prisoner Mr. Sk. Mujibur Rahman at 4 P.m. on 24.5.62 in presence of an S.B. Officer.

The party has been informed.

1) Sk. Abu Nasser      2) Mrs. Rezia
3) Mrs. F. Nessa      4) Miss Hasina
5) Mr. Kamal.

Sd/- 18.5.62
for Dy. Inspr. Genl. of Police, S.B.,
East Pakistan, Dacca.

Memo No. 9161/1   Dated 19.5.1962.

Copy forwarded to Mrs. F. Nessa of Plot No. 677, Dhanmondi RA, Road No-32, Dacca for information.

Sd/- 18.5.62
for Dy. Inspr. Genl. of Police, S.B.,
East Pakistan, Dacca.

—

Ref: F. 606-48 P.F.

As ordered I attended the interview of S. Pr. Sk. Mujibar Rahman with Mrs. Rezia and others on 24.5.62 evening at Dacca Central Jail. During the interview they discussed about domestic affairs. Nothing important came to notice.

This is for favour of your kind information.

Submitted,
Sd/-S.I.
25.5.62

—

# 46

*Security prisoner Sheikh Mujibur Rahman suffering from defective vision of both eyes.*

Dacca, 19 May 1962

Copy of medical officer's minute dated 19.5.62.

...

"Security prisoners Sk. Majibur Rahman and Mrinal Kanti Baruri are suffering from defective vision of both eyes. Jail Eye Specialist may be referred for opinion and advice."

...

***Confidential:***

Memo No./con, dated

Copy forwarded to Dr. G.M.M.F. Bakth, 22, Rajani Bose Lane, Dacca, for information and favour of attending the security prisoners on 23.5.62 at 10 A.M.

Sd/-M. Ismail.
for Superintendent,
Central Jail, Dacca.

***Urgent/ Confidential***

Memo No. 4758(1)/ con. dated 21.5.62

Copies forwarded to the D.I.G. of Police, S.B., E.P., Dacca for information and favour of deputing a SB Officer on the appointed date and hour.

Sd/- 21.5.62
for Superintendent,
Central Jail, Dacca.

*DS(6) Perusal pl. O/C watch may note pl. Sd/- 23.5. S.I. R. Ali will please, attend. Sd/- D.S. 23.5. Received at 08.45 hrs. Sd/- 22.5.62. 606-48 PF*

—

# 47

*Security prisoner Sheikh Mujibur Rahman suffering from dental troubles.*

Dacca, 26 May 1962

Copy of medical officer's minute dated 26.5.62.

...

"Security prisoners Sk. Majibur Rahman and Rafiqul Islam are suffering from dental troubles. They may be shown to jail dentist for advanced treatment".

*Confidential:*

Memo No./con. dated: ...

Copy forwarded to Dr. M. Ahmed, 177, Bankshal Road, Dacca, for information.

He is requested to come to jail gate on 1.6.62 at 8.30 A.M. to examine the patients.

*Sd/-*

Superintendent,
Central Jail, Dacca.

*Confidential:*

Memo No. 4864(1)/con. dated 26.5.62

Copy forwarded to the D.I.G. of Police S.B., E.P., Dacca, for information and favour of deputing a SB Officer on the appointed date and hour for the purpose indicated above.

*Sd/-26.5.62*

Superintendent,
Central Jail, Dacca.

*DS (6) Perusal pl. RSI may note pl. Sd/- 28.5*
*S.I. B. Rahman will please attend. Sd/- 1.6.62*

—

*File 606-48 P.F.*

*Dental treatment of S. Pr. Sk. Mujibur Rahman in D.C. Jail on 1.6.62.*

*Dr. M. Ahmad treated the teeth of S. Pr. Sk. Mujibur Rahman in D.C. Jail from 9 A.m. to 9.30 A.m. on 1.6.62. There was nothing objectionable from the I.B. point of view during the treatment.*

*Sd/- 2.6.62*

—

# 48

*Application of Fazilatunnessa to meet security prisoner Sheikh Mujibur Rahman.*

Dacca, 28 May 1962

Mrs. Sheikh Mujibur Rahman.

*Dhanmondi*
*DATED 28.5.62.*

To
The D.I.G, I.B.,
Dacca.

Dear Sir,

I beg to inform you that my husband Sheikh Mujibur Rahman is now in Dacca Central Jail as a security prisoner. Just now I came to know that my only sister is seriously ill. So, today I will have to leave Dacca to meet her. Now I am badly in need of having an interview with my husband today before I leave Dacca. My son Sheikh Kamaluddin will accompany me.

I would therefore request you to kindly grant us a special permission for having an interview with my husband today.

Thanking you.

Yours faithfully,
F. nessa.

Mrs Sheikh Mujibur Rahman,
General Secretary,
East Pakistan Awami League
Dhanmondi
115, Segun Bagicha,
Ramna, Dacca.
Intelligence Branch 28 MAY 962 East Pakistan, Dacca
Dated 28. 5. 62.

To
The D.I.G., I.B.,
Dacca.

Dear Sir,
I beg to inform you that my husband Sheikh Mujibur Rahman is now in Dacca Central Jail as a security prisoner. Just now I came to know that my only sister is seriously ill. So, today I will have to leave Dacca to meet her. Now I am badly in need of having an interview with my husband today before I leave Dacca. My son Sheikh Kamaluddin will accompany me.
I would therefore request you to kindly grant us a special permission for having an interview with my husband today.
Thanking you,
Yours faithfully
F nessa.

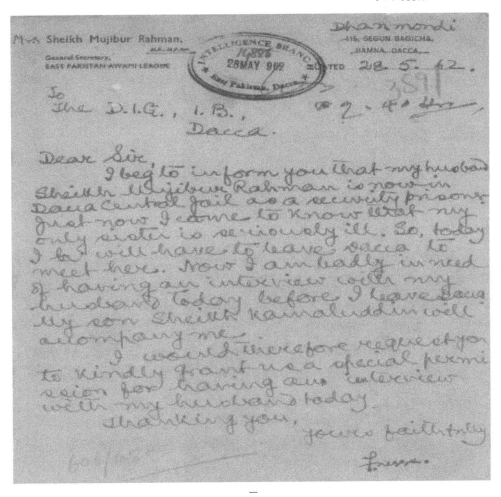

*Confidential*
*Immediate*

# SPECIAL BRANCH, EAST PAKISTAN
LALBAGH

Dacca the 29.5.62

No. 9723

To

N. Nematullah, Esqr., B.A., B.L.,
Superintendent, Dacca Central Jail, Dacca.

Kindly allow the following persons to have a special interview with security prisoner Mr. Sk. Mujibar Rahman at 4 P.m. on 29.5.62 in presence of an S.B. Officer.

The party has been informed.

1) Mrs. F. Nessa        2) Mr. Sk. Kamaluddin

Sd/- 29.5.62

For Dy. Inspr.
Genl. of Police, S.B.
East Pakistan, Dacca.

Memo. No. 9723/1   Dated. 29.5.62.

Copy forwarded to Mrs. F. Nessa of Plot No. 677, Dhanmondi R.A., Road No. 32, Dacca for information.

Sd/- 29.5.62

For Dy. Inspr.
Genl. of Police, S.B.

—

Re. Party interview of S. Pr. Sk. Mujibar Rahman with Mrs. F. Nessa and Sk. Kamaluddin in D.C. Jail on 29.5.62.

As ordered I had been to D.C. Jail on 29.5.62 and attended the above noted party interview.

The interview was held for a period of one hour and the talk among the parties were confined to domestic and private affairs. There was nothing objectionable to note.

Submitted,
Mazharul Islam Khan, S.I. S.B
30.5.62

—

*Chapter I – 1962* 135

606-48 P.F. (L)

DS (6)

Perusal pl. the petition below for an interview with Sk. Mujibar Rahman. Last interview was held on 24.5.62. F.O.P. Sd/- 28.5.62

Allowed as a Spl. case on 29.5.62 at 4 P.M. Sd/- 28.5.62

Order above. Draft below for approval. Sd/- 29.5.62

S.I. Mazharul Islam will please, attend. Sd/- 29.5.62 DS6
Issue. 29.5.62. R.S.I. 29.5.62. Noted. Sd/- 29.5.62

—

# 49

*Application of Sheikh Mujibur Rahman to meet Fazilatunnessa and children rejected.*

Dacca, 2 June 1962

### *CENSOR CERTIFICATE.*

No. ..... Date of receipt 2.6.62

Letter dated 28.6.62

From :  S. prisoner, Terrorist./ U.T. Convict, Ord. Sk. Muzibar Rahman, D/C Jail.

To    :  S. prisoner, Terrorist/ U.T. Convict, Ord. D.I.G S.B, E.P.

Memo :  Dacca Central Jail/ C/O D.I.G., S.B. 4937/Con  dt. 31.5.62

Remarks of Censor Officer: may be passed.

The attached letter of the S. Pr. addressed to D.I.G. S.B praying for granting immediate interview with his wife may be ordered to be dealt with in the P.F. of the S. Pr. by office.

Sd/-5.6.62

606/48 P.F. As proposed. Sd/-5.6

—

To

The D.I.G. S.B. E.P. Dacca.

Through the Superintendent

Central Jail Dacca. 28.5.62

D/Sir

I want to have an immediate interview with my wife Mrs. Fazilatun Nessa and my Children Hasina, Kamal, Jamal and Rehana.

I will be glad if you kindly grant the interview and inform them in 677, Dhanmondi Residential Area, Road No.32, Dacca.

It is very urgent.

Yours Sincerely,
Sheikh Mujibur Rahman
Security Prisoner
Central Jail Dacca
28.5.62

*Recd. vide DC Jail No.4937 dt. 31.5.62 pl. Sd/- 6/6*
*Passed. Sd/-30.5. Superintendent, Dacca Central Jail*

To the D.I.G. S.B. E.P. Dacca
Through the Superintendent
Central Jail
Dacca
28.5.62

Recd vide DC Jail No 4937 dt. 31.5.62 pl. 6/6

D/Sir
I want to have an immediate interview with my wife Mrs Fazilatun Nessa and my Children Hasina, Kamal Jamal and Rehana.
passed
I will be glad if you kindly grant the interview and inform them in 677 Dhanmondi Residential Area Road No. 32 Dacca.
It is very urgent.

Yours Sincerely
Sheikh Mujibur Rahman
Security Prisoner
Central Jail
Dacca
28.5.62

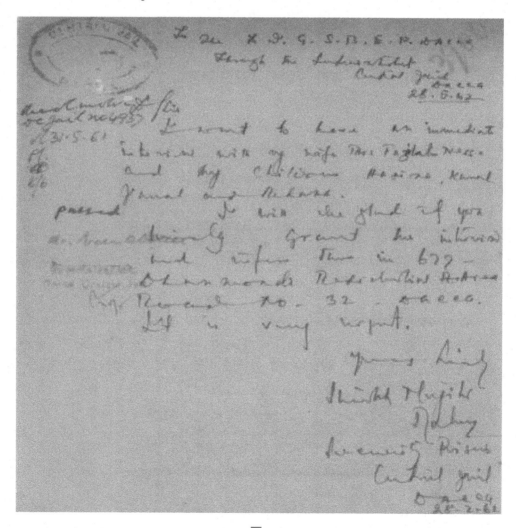

606-48 P.F. (L)

**DS (6)**

Perusal pl. the petition below from Sk. Mujibar Rahman. Last interview was held on 4.6.62 F.O.P. Sd/-7.6

Interview with wife & children have already been held two occasions. No further interview is necessary after request.

Sd/ - 7.6.62

—

# 50

*Application of Fazilatunnessa to meet security prisoner Sheikh Mujibur Rahman along with their daughter Sheikh Hasina and cousin Mominul Haque.*

Dacca, 4 June 1962

Mrs. Sheikh Mujibur Rahman.

Dhanmondi, DACCA.

Dated 4.6.62

To
The D.I.G., I.B.,
Dacca.

Dear Sir,

I beg to state that my husband Sheikh Mujibur Rahman is now in Dacca Central Jail as a security prisoner. Now my son Sheikh Kamaluddin has been seriously injured due to an accident. I am therefore badly in need of having an interview with my husband today. My husband's younger brother and my daughter will also accompany me.

**Their names are being given below:-**

1) Mr. Momenul Huq - my husband's younger brother.
2) Hasina - my daughter.

I would therefore request you to kindly permit us to have an interview with my husband today as a special case.

Thanking you.

Yours faithfully,
F. nessa.

DSVI. Could the interview be granted today? Sd/- 4.6

Last interview granted on 29.5.62.

Discussed with D.I.G. The interview is granted. Sd/- 4.6

Office to take action as ordered by S.S.I below pl. Sd/- 4.6.62

Mrs Sheikh Mujibur Rahman,
M.P., M.P.A.
General Secretary,
EAST PAKISTAN AWAMI LEAGUE

Dhanmondi.
115, SEGUN BAGICHA,
RAMNA, DACCA,

DATED 4.6.62.

[illegible]

To
The D.I.G., I.B.,
Dacca.

Dear Sir,

I beg to state that my husband Sheikh Mujibur Rahman is now in Dacca Central Jail as a security prisoner. Now my son Sheikh Kamaluddin has been seriously I injured due to an accident. I am therefore badly in need of having an interview with my husband Today. My husband's younger brother and my daughter will also accompany me.

Their names are being given below:—

1) Mr. Momenul Haq — my husband's younger brother

2) Hasina — my daughter

P.T.O.

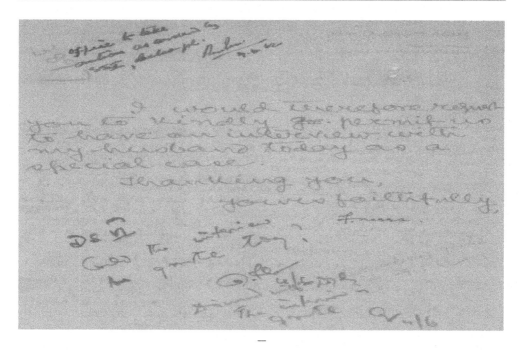

I would therefore request you to kindly permit me to have an interview with my husband today as a special case.

Thanking you,

Yours faithfully,

F. Nessa.

***Confidential***
***Immediate***

**Special Branch, East Pakistan**
Lalbagh, Dacca, the 4.6.1962

No. 10163

To
N. Nematullah, Esqr., B.A., B.L.,
Supdt. Dacca Central Jail,
Dacca.

Kindly allow the following persons to have an interview with security prisoner Mr. Sk. Mujibar Rahman at 4 P.m. on 4.6.62 in presence of an S.B. Officer.

The party has been informed.

1) Mrs. F. Nessa    2) Mr. Mominul Haq

3) Miss. Hasina

Sd/- 4.6.62
for Dy. Inspr. Genl. of Police, S.B.

Memo No. 10163/1 dt. 4.6.62

Copy forwarded to Mrs. F. Nessa of plot No. 677, Road No. 32 of Dhanmondi R.A. for information.

Sd/- 4.6.62
for Dy. Inspr. Genl. of Police, S.B.

*S.I. G.A. Husain will please attend. Sd/- DS6 4.6.62. Seen. Sd/- 4.6.62*

—

# 51

## *SB recommended letter of Sheikh Lutfor Rahman to meet his son Sheikh Mujibur Rahman at Dacca Central Jail to be withheld.*

Tungipara, 9 June 1962

No. 10573 dt. 9.6.62 to D.I.O.

**CENSOR CERTIFICATE**

No. .... Date of receipt 6.6.62

Letter dated 31.3.62. (Sic)

From : S. Prisoner, Terrorist / U.T. Convict, Ord. Lutfor Rahman, Tungipara.

To : S.Prisoner, Terrorist/ U.T. Convict, Ord. Sk. Mujibur Rahman, D. C. Jail.

Memo : Dacca Central Jail/ C/O, D.I.O, SB. 4988/Con. dt. 5.6.62.

Remarks of Censor Officer. DS VI for kind perusal.

The letter may be withheld as it mostly contains accusation against the Govt. for detaining the security prisoner Sk. Mujibur Rahman.

Sd/- 7.6

As proposed. Sd/- 7.6.62.

—

Tungipara

31.3.62

বাবা খোকা।

শত ২ দোয়া জানিবা। তোমার ২৬/৪/৬২ তারিখের চিঠী এক মাস পরে পাইলাম। ঢাকা হইতে ছোট বউ চিঠি লিখিয়াছিল যে, তুমি শীঘ্রই মুক্তি পাইবে এবং কয়েক দিন পরেই সকলকে লইয়া আমাদের দেখিতে আসিবে কিন্তু আজ ২০/২৫ দিন হইয়াছে আর কোনও সংবাদ পাইতেছি না। "খোদা তায়ালা বলিয়াছেন তাহার বান্দাকে যে নির্য্যাতন করিবে আমি তাহাকে নির্য্যাতন করিব"। ইহা পূর্ব্বাপর ঘটনা হইতে সকলেই জানিতেছে এবং দুনিয়ার ইতিহাসও তাহা স্বাক্ষ্য দিতেছে। বেশী দিন হয় নাই তুমি নিজেও দেখিতে পাইয়াছ। তোমাকে আটক করিয়া রাখার অর্থ হইতেছে আমাদের মতন বৃদ্ধ পিতা মাতার, নাবালক ছেলে-মেয়েদের এবং স্ত্রীর উপর নানারূপ অত্যাচার করা। আমরা উপায়হীন সহ্য করিতে বাধ্য কিন্তু খোদা তায়ালা নিশ্চয়ই সহ্য করিবেন না। চিন্তা করিবা না সব কিছু খোদা তায়ালার উপর নির্ভর তিনি যাহা করেন মানুষের মঙ্গলের জন্যেই করেন। সত্যের জয়

হইবেই। নানা রূপ মিথ্যা মোকদ্দমা চাপাইয়া তাহাতে কোনও ফল না পাইয়া তোমার সততার ছাফাই পাইয়াছে তাহা সত্ত্বেও তুমি কিছু না করিলেও তোমাকে কেন যে আটকাইয়া রাখিতে হইবে তাহাই বুঝিতে পারিতেছি না। শুনিয়াছিলাম তোমাকেই সর্ব্বাগ্রে মুক্তি দিবে কিন্তু এখনও তাহার কোনও সম্ভাবনা দেখিতেছি না। দেশবাসী প্রায় সকলেই_সরকার গোচরে সকল প্রকার রাজ বন্দীদের এবং ছাত্রদের মুক্তির প্রার্থনা দিয়াছে। মনে হয় শীঘ্রই তোমাদের মুক্তি দিবে। মা রেনুর চিঠী পাইয়াছি তাহারা সকলে ভাল আছে। মীরার মার হাপানী উঠিয়াছে। সে গোপালগঞ্জে শুনিলাম যে একটু ভাল হইয়াছে। আমরা বাড়ীর সকলেই ভাল আছি। তোমার মেজে বুজির শরীর খুবই খারাপ। সব সময় দোয়া করিতেছি এবং খোদার দরগায় প্রার্থনা যে তিনি তোমাদের মঙ্গল করুন। ৮০ বৎসর বয়সের বৃদ্ধ ব্যক্তির পক্ষে এখন লেখা খুব কঠিন। তাই খুব ধীরে ২ লিখিতে হয় এবং লিখিতে একটু দেরী হয়।

ইতি–
তোমার আব্বা

| | |
|---|---|
| From | Shaikh Mujibur Rahman |
| L. Rahman | Security Prisoner |
| Tungipara | Central Jail, Dacca. |

—

## 52

## *Application of Fazilatunnessa to meet security prisoner Sheikh Mujibur Rahman along with her daughter Sheikh Hasina, son Kamal, sister-in-law Razia and cousin Mominul Haque.*

Dacca, 11 June 1962

Mrs. Sheikh Mujibur Rahman, Dhammondi
DACCA.
DATED 11.6.62.

To
The D.I.G., I.B.,
Dacca.

Dear Sir,

I beg to inform you that my husband Sheikh Mujibur Rahman is now in Dacca Central Jail as a security prisoner. I am now badly in need of having an interview with him on the 12th June, 1962 in connection with urgent domestic affairs and with the admission of my children into new schools during the coming session.

My brother in law, sister in law and my children will accompany me. Their names are being given below:-

1) Mr. Sheikh Nurul Huq : Brother-in-law.
2) Mrs. Razia Begum : Sister-in-law.
3) Hasina : Daughter.
4) Kamal : Son.

I would therefore request you to kindly permit us to have an interview with my husband on 12.6.62 as a special case.

Thanking you.

Yours faithfully,
F. nessa.

Sheikh Mujibur Rahman,

Dated 11.

To The D.I.G.,
I.B., Dacca

Dear Sir,
I beg to inform you that my husband Sheikh Mujibur Rahman is now in Dacca Central Jail as a security prisoner. I am now badly in need of having an interview with him on the 12th June, 1962 in connection with urgent domestic affairs and with the admission of my children into new schools during the coming session.
My brother in law, sister in law and my children will accompany me. Their
P.T.O.

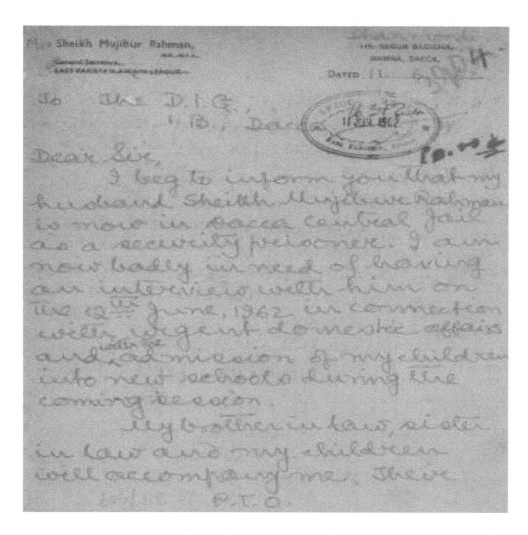

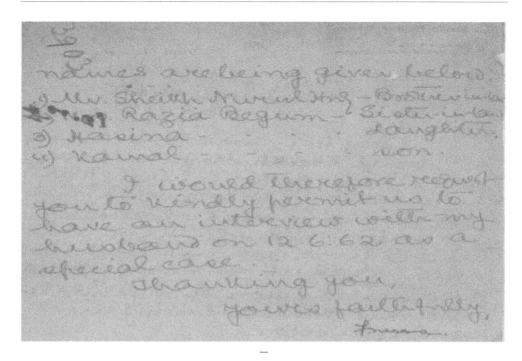

to

names are being given below:
1) Mr. Sheikh Nurul Haq – Brother-in-law
2) Mrs. Razia Begum – Sister-in-law
3) Hasina - - - daughter.
4) Kamal - - - son.

I would therefore request you to kindly permit us to have an interview with my husband on 12.6.62 as a special case.

Thanking you,

Yours faithfully,

F. Nessa.

—

***Confidential***
***Immediate.***

Special Branch, East Pakistan,
Lalbagh, Dacca, the 15.6.1962
No. 10832

To
N. Nematullah, Esqr., B.A., B.L.,
Supdt. Dacca Central Jail,
Dacca.

Kindly allow the following persons to have an interview with security prisoner Mr. *Sk. Mujibar Rahman* at *4 P.m.* on *15.6.62* in presence of an S.B. Officer.

The party has been informed.

1) *Mrs. F. Nessa.* 2) *Mrs. Razia Begum.*
3) *Mr. Sk. Nurul Haq.* 4) *Hasina.*
5) *Kamal.*

*Sd/-*
for Dy. Inspr. Genl. of Police, S.B.

Memo. No. *10832/1* dt. *15.6.62.*

Copy forwarded to Mrs. *F. Nessa* of *Plot No. 677, Road No. 32 Dhammandi R.A., Dacca* for information.

*Sd/- 18.6.62*
for Dy. Inspr. Genl. of Police, S.B.

—

606-48 P.F.(L)

*DS(6)*

Perusal pl. the petition below for an interview with S. Pr. Sk. Mujibar Rahman. Last interview was held on 4.6.62. F.O.P. Sd/- 11.6.62

Allowed on 15.6.62 at 4 P.M. Sd/- 12.6.62

Orders above. Draft below for approval pl. Sd/- 12.6

Signed. Sd/- D.S.6 13.6. S.I. K. Rahman will please, attend. Sd/- D.S.6 15.6. Seen. K. Rahman, SI, Sd/- 15.6.62

—

Ref: P.F. of Sr. Pr. Sk. Mujibur Rahman.

Sub: Party interview.

Attended the party interview of Sr. Pr. Sk. Mujibar Rahman with his wife and other members of his family on 15.6.62 from 16.00 hrs. to 17.45 hrs. They discussed about their family affairs and nothing objectionable from S.B. point of view was discussed.

Sd/-16.6.62
Khalilur Rahman,
S.I., S.B.

—

# 53

*Application of Sheikh Nurul Haque to meet security prisoner Sheikh Mujibur Rahman along with Fazilatunnessa, Sheikh Hasina, Sheikh Fazlul Haque, Sheikh Abu Naser and his wife.*

Dacca, 12 June 1962

To
The D.I.G., I.B., C.I.D.,
Lalbagh, Dacca.

Dear Sir,

I have come from the interior locality of Faridpur, in order to see my brother-in-law Mr. Sk. Majibar Rahman, a security prisoner, detained in the Dacca Central Jail.

I, therefore, request you kindly to allow me to have an interview with him with the following relatives on Friday the 15th June' 62 positively.

1. Begum Fazilatunnesa
2. Begum Dolly
3. Miss. Hasina
4. Sk. Nasir Uddin Ahmed
5. Sk. Fazlul Huq

Thanking you in anticipation.

Dated, Road No. 32, Plot No. 677,  
Dhanmondi Res. Area Dacca of the 12th June'62  
C/o Mr. Sk. Majibar Rahman

Yours Sincerely,  
Sheikh Nural Huq

*Interview has already been granted to the petitioner, today (15.6.62.)*

**Immediate**

From  
Sk. N. Huq  
Rd. No.-32, Plot No- 677  
Dhanmondi Res. Area.  
Dacca.

To  
The D.I.G. I.B. C.I.D.  
Lalbagh Dacca.

# 54
## *Sheikh Mujibur Rahman released from Dacca Ccentral Jail.*

Dacca, 18 June 1962

*East Pakistan Form No. 45*

**TELEPHONE MESSAGE**

Handed in at: A.M./P.M.

Received at: 20.45 Hrs A.M./P.M.

Date: 18.6.62

From :    Supdt. Dacca Central Jail Addresses (if given)

To    :   D.I.G., S.B., E.P., Dacca.

*Security Prisoner Sk. Majibor Rahman has been released from D.C. jail this day evening by order of Govt. He was sent to his resident in a Jeep along with D.I.O.- I.*

*Sd/- 18.6.62*

*To O/C Watch for n /a please. SD/- 18.6.62, 21.15 hrs. Seen. SD/- O/C Watch, 18.6.*

—

## GOVERNMENT OF EAST PAKISTAN.
### HOME DEPARTMENT
### SPECIAL SECTION.

Memo. No. 1160 – HS., dated Dacca, the 18th June, 1962.

From   :   M. Shamsul Huq, Esqr., E.P.C.S., Section Officer, Government of East Pakistan.

To   :   The Superintendent, Dacca Central Jail.

Sub   :   Release of Security Prisoner Sk. Mujibar Rahman under the East Pakistan Public Safety Ordinance, 1958.

A signed order (in triplicate) on the subject noted above is forwarded herewith. You are requested to serve the same on the security prisoner concerned by delivering one copy and return a receipted copy to Government in due time.

Sd/-M.S. Huq
Section Officer to the Government
of East Pakistan.

...

No. 1160/1(5) - H.S.

*Copy with copies of the enclosures forwarded for information to the:-*

1. Inspector General of Prisons, East Pakistan, Dacca.

2. Deputy Inspector General, Special Branch, East Pakistan, Dacca.

3. Deputy Commissioner, Dacca.

4. Deputy Director, Intelligence Bureau, Govt. of Pakistan, Dacca.

5. Additional S.P., D.S.B., Dacca.

Dacca,
The 18th June, 1962.

*Sd/-*
Section Officer,
Government of East Pakistan.

—

# GOVERNMENT OF EAST PAKISTAN
HOME (SPECIAL) DEPARTMENT.

ORDER NO. 1159 – HS., dated the 18th June, 1962.

In exercise of the powers conferred by Section 17 of the East Pakistan Public Safety Ordinance, 1958 (East Pakistan Ordinance No. LXXVIII/58) the Governor is pleased to direct that the person known as Sk. Mujibar Rahman son of Mr. Lutfur Rahman of 677, Dhanmandi Residential Area, Road No. 32, Dacca now detained in the Dacca Central Jail under Order No. 519-HS., dated the 31st March, 1962, be released forthwith.

By order of the Governor.
Sd/- M.S. Huq
Section Officer to the Government
of East Pakistan.

—

Phone No. 3844.
***Confidential.***

Government of East Pakistan
Office of the Superintendent, Dacca Central Jail.
Memo. No...../ Con.  Dated....

To
The Deputy Secretary to the Govt. of East Pakistan,
Home (Special) Department, Dacca.

Sub : Release of Security Prisoner Sk. Mujibur Rahman under East Pakistan Public Safety Ordinance, 1958.

Ref : Your memo. No. 1160- H.S. dated 18.6.62.

I am to report for the information of the Government that the above named security prisoner was released from this jail on 18.6.62 under G.O. No. 1159-HS. dated 18.6.62.

Sd/- N. Nematullah,
Superintendent,
Central Jail, Dacca.

Memo. No. *6040 (3)* /Con. dt. *19.6.62*
***Copy forwarded for information to:***

1.  The Inspector General of Prisons, E.P., Dacca.

2.  The D.I.G. of Police, S.B., E.P., Dacca.

3.  The Supdt. of Police, D.S.B., Dacca.,

*Sd/- 19.6.62*
Superintendent,
Central Jail, Dacca.

—

*Immediate.*

*Secret.*

O/C., Watch.

Sk. Mujibur Rahman has been released from detention yesterday evening. Please place unobtrusive watch on him immediately. His movements should be followed as far as practicable.

Sd/-19.6.62.

for D.S.6

*Watch placed. Sd/-19.6, O/C., Watch. Seen. Keep it in P.F. Sd/-19.6, for D.S.6*

—

606-48 P.F.

*Secret*

A reliable secret source reported on 18.6.62 that someone (identity not known) in course of discussion with Mrs. Mohan Miyan on the same day told her that after the release of Mr. Sk. Mujibur Rahman on the same day, he visited the 'majar' of late Mr. A.K. Fazlul Haque[19] in a procession of about 40 persons including Mr. Tofazzal Husain @ Manik Miyan and some students and they shouted slogan-"Ayub Sarkar Dhangsha Hauk, Suhrawardy O Bhashanir[20] Mukti Chai" etc. and then they took a photo there.

Note: The news item published in the Ittefaq dated 19.6.62 in this connection did not mention of such objectionable slogan as "Ayub Sarkar Dhangsha Hauk". This might be an exaggeration.

...

---

19. ***Fazlul Huq*** – *A. K. Fazlul Huq, popular with the title Sher-e-Bangla (Tiger of Bengal), was the first to advocate and present the Lahore Resolution, which called for the creation of sovereign Muslim-majority states in eastern and northwestern British India in 1940. In 1943 he was elected Prime Minister of Bengal during the British Empire in Bengal. He served as General Secretary of the Indian National Congress, and was a working committee member of the All-India Muslim League. In 1929, he founded the Krishak Praja Party (K.P.P.). He led the United Front Government in the then East Pakistan; also served as Chief Minister and Governor.*

20. ***Mawlana Abdul Hamid Khan Bhasani*** *(12 December 1880 – 17 November 1976) – Mawlana Abdul Hamid Khan Bhasani was a politician. He was one of the founding leaders of East Pakistan Awami Muslim League. Bhasani was elected its president, Shamsul Haque and Bangabandhu Sheikh Mujibur Rahman were elected as respectively its General Secretary and Joint Secretary. He had active contribution of forming 'All Party Language Movement Committee' at Dhaka Bar Library on 31 January 1952. During his Presidentship Awami Muslim League renamed to Awami League by removing the word 'Muslim' from its official name in the council session of Awami League held on 21–23 October 1955. In 1957 he left Awami League and formed East Pakistan National Awami Party (NAP).*

*No. 2995 dt. 19.6.62.*

Forwarded to S.S. II for his information. The information may be checked up with the report of the Watch Staff.

*Sd/- 19.6.62*
(A. Ahmed)
S.S.,SC

*Seen. O/C Watch to report pl. Sd/-19.6.*
*Seen. Sd/-19.6.*
*We could not depute our staff at the jail gate as we had no prior information about the release of the subject. It is secretly learnt that DIO-1 of Dacca DSB was present there at the time of the release of the subject. Sd/- 19.6.62*
*DSVI may pl see for n/a Sd/- 19.6.62*

—

# 55

## *Watch report reveals Sheikh Mujibur Rahman and others visited Tofazzal Hossain @ Manik Miah.*

### Dacca, 19 June 1962

### *C.R. dt. 19.6.62.*

Hours of duty     :  06.00 to 11.00 hrs. & 17.00 to 23.00 hrs.

Place of duty     :  68/59, Baze Kakrail.

Name of suspect :  Tofazzal Hossain @ Manik Miah.

### *Result of watch.*

During my morning duty period at about 08.50 hrs. the suspect. Sk. Mazibor Rahman arrived my suspect quarter by his car E.B.D. 7171. At about 09.50 hrs. the said suspect left my duty place along with my suspect by the said car. Then I did duty there till 11.00 hrs. but the suspect Manik Miah was not seen to return his quarter. And during my evening duty period the above noted suspect was present at his quarter (Tafazzal Hossain @ Manik Miah). The following unknown & known persons were seen to visit the place of duty:-

|  |  | In | Out |
|---|---|---|---|
| 1. | An unknown person (Car of Bachu Mia @ Sirajuddin of 16, Kali Charan Saha Rd.) | 18.10/EBD Car No. 1877 | 18.40/1877 |
| 2. | Mahmud Ali | 18.20/Baby Taxi, EBD. 285 | 18.45/Rickshaw |
| 3. | S.K. Mujibor Rahman | 18.50/ EBD-7171 | 20.10/7171 |

| 4. | Yusuf Ali Chowdhury | 19.40/ EBD No.3952 | 20.25/EBD-3952 |
| 5. | An unknown Person | 19.45/ EBD-51 | 20.40/EBD-51 |

Due to darkness I could not see the full number of this car. S.I. Ayub Ali supervised my duty place.

Submitted,<br>
Sd/- W.C. Abdul Hakim, S.B.<br>
20.6.62

*D.S. II may also see pl. for Mahmud Ali. Sd/- O/C., Watch. 20.6*

*Seen. As proposed. Sd/- S.R. Choudhury. 28.6.*

---

# 56

# *Watch report shows Sheikh Mujibur Rahman visited Azimpur Party House.*

## Dacca, 19 June 1962

### *C.R. dt. 19.6.62.*

Hours of duty : 06.00 to 11.00 hrs. and 17.00 to 23.00 hrs.

Place of duty : Azimpura Party House.

Purpose of duty : Suspect & suspicious persons.

### *Result of watch.*

I attended my duty at the above noted place for the above noted purpose and did secret watch duty there. During my duty period M.P.As left party house between 08.30 to 08.50 hrs. in different by Baby Taxi and rickshaw. After that I took up my duty at assembly house and did secret watch duty there till 11.00 hrs.

Again I attended my duty and did secret watch duty there. Suspect Sk. Mazibur Rahman with 4 other unknown persons visited the said place by E.B.D. Car No. 7171 between 18.10 hrs. to 18.15 hrs.

During my duty period no students were seen to visit the said place. S.I. M. Alam Sb. supervised the duty in the evening duty period.

Submitted,

Sd/- W.C. Yar Mohd.<br>
Ishaque of S.B., Dacca,<br>
20.6.62

*To D.S.VI pl. Sd/- for D.S.I. 20.6.62*

*Seen. Place extract in the P.F. of Sk. Mujibor Rahman pl. Sd/- S.R. Choudhury. 20.6*

---

## 57

*Statement of Sheikh Mujibur Rahman protesting restriction on movements of political leaders published in Morning News.*

Dacca, 20 June 1962

**Government of East Pakistan**
Police Directorate
Dacca.

*Secret.*

No. IV/S/4-62/925/S. dated: 20.6.62.

To
M. Ahmed, Esqr., P.S.P.,
Dy. Inspector General of Police,
Special Branch, East Pakistan,
Dacca.

Sub: Statement of Mr. Sk. Mujibur Rahman published in "Morning News" dated 20.6.62.

I am directed to send herewith a paper cutting from "Morning News" Dated 20.6.62 and request you to kindly send a report in the matter for the information of Inspector General.

The paper cutting may kindly be returned along with the report.

Sd/- 20.6.62
(A.A. Mollah)
Administrative Officer,
Police Directorate.

—

Paper cutting from "Morning News" dated 20.6.62.

...

"I am now told that some serious restrictions are being imposed on some former political prisoners who have been recently released from jail denying them freedom of movement, speech and other activities and in pursuance of this some over-zealous intelligence people are running after them to serve such notice and even exerting pressure to accept notice. I think this is not the Government's policy when they have released them unconditionally but is due to the over–zealous activities of certain interested persons. I hope Government will issue proper instruction asking them not to do such things."

*I.G.P. Sd/- S. Ahmad.20.6.62.*
*Ask D.I.G., S.B. for a report. Sd/- A.M.A. Kabir. 20.6.62.*

—

Phone No. 4231/61

*Secret/Immediate*

Addl. S.P. D.S.B. Dacca.

Please refer to this office memo No. 12160 dt. 4.7.62 and expedite your reply thereto.

DS (6) for SS(2)

*Reply received not to be issued.*

—

Phone No. 4231/61

No. 12160/606-48 P.F. dt. 4.7.62

*Secret/ Immediate*

Addl. S.P. DSB, Dacca.

Sub : Statement of Mr. Sk. Mujibar Rahman published in "Morning News" dt. 20.6.62.

In forwarding herewith a copy of the (flagged R) paper cutting from "Morning News" dt. 20.6.62, I would request you to send a report on the matter immediately, as desired by I.G.P.

Sd/- 11.7.62

for SS(2)

—

*Secret/ Immediate*
Phone: 4231/34.

**District Special Branch**
Dacca, the 9/10th July, 1962.
No. 5429/100-49 P.F.

To
K.G. Mohiuddin, Esqr., P.S.P.,
Spl. Supdt. of Police,
S.B., E.P., Dacca.

Ref: Your No. 12160/606-48 P.F. dated 4.7.62.

Sub: Statement of Mr. Sk. Mujibur Rahman published in "Morning News" dated 20.6.62.

The news item alleging that some over-jealous intelligence people were running after the released security prisoners to serve the restriction orders and even exerting pressure to accept those is not based on facts. On receipt of the G.Os from the Govt. of E.P. regarding imposition of restrictions over the movements & activities of security prisoners after their release, D.S.B. officers were detailed to serve those on the persons concerned at the jail gate. Some of them readily accepted those and the rest refused to do so. Some of the restriction orders were also received subsequent to the release of the security prisoners. In those cases officers had to go to their respective houses to serve the restriction orders as required under section 35(1) of the E.P.P.S.O., 1958.

Hence it is evident that it is not the over-jealousness of the intelligence officers but their jealous discharge of lawful duty which prompted them to see them after their release.

About the nature of the restriction orders, as contained in the G.Os we have nothing to comment.

Sd/- 10.7.62

(A.K.M. Sirajul Haq)

Addl. Supdt. of Police,

D.S.B., Dacca.

Phone No. 4231/61

*Secret/ Immediate*

*East Pakistan Form No.1.*

# GOVERNMENT OF EAST PAKISTAN
## OFFICE OF...
## DEPARTMENT. ... GROUP. BRANCH.

| Maps or plans | To | To be marked for | |
|---|---|---|---|
| Spare copies | Administrative Officer, Police Directorate. | Department | |
| | | Branch | |
| | | Collection No | |
| Class of papers | Subject: Statement of Mr. Sk. Mujibar Rahman published in "Morning News" dt. 20.6.62 | Number and year of File | |
| | | Serial number in File | |
| Reply Received No. Date. | Reminders issued: 1st No. ,dated 2nd No. ,dated 3rd No. ,dated | Date of dispatch | |

No.12707 dated 13/7/62
Enclosures:

Please refer to your memo No. IV/S/4-62/925/S dt. 20.6.62 on the above subject.

The statement of Mr. Sk. Mujibar Rahman alleging that some jealous intelligence people were running after the released Security Prisoners to serve restriction orders and exerting pressure on them is on enquiry found to be not based on facts. G.O.'s regarding imperative of restrictions over the movements and activities of S. Prs. are served by D.S.B. Officers on the persons concerned at the jail gate. Some of the restriction orders are received subsequent to the release of the S. Prs. In those cases officers have to go to their respective houses to serve the restriction orders as required u/s 35 (1) of the E.P.P.S.O. 1958.

It is, therefore, evident that it is not the over-jealousness of the officers as alleged in the statement but their jealous discharge of duty which troubled them to see them after their release.

The restrictions contained in the Govt. orders were laid down by the Govt. and we have nothing to comment.

The original paper cutting is returned herewith.

Sd/- 12.7.62
for D.I.B., S.B.

*(Flagged R please keep copy)*

—

# 58

*Sheikh Mujibur Rahman made statement that he did not enjoy his release as many patriots were still in jail.*

Dacca, 20 June 1962

*Sangbad dt. 20.6.62*

বহু দেশপ্রেমিক আটক থাকায় মুক্তিলাভে আনন্দ পাই নাই
- শেখ মুজিব

ঢাকা, ১৯ শে জুন। - সদ্য কারামুক্ত অধুনালুপ্ত পূর্ব পাকিস্তান আওয়ামী লীগের সাবেক জেনারেল সেক্রেটারী শেখ মুজিবর রহমান সংবাদপত্রে প্রকাশার্থ নিম্নলিখিত বিবৃতি দান করিয়াছেন:

আমার প্রিয় নেতা জনাব হোসেন শহীদ সোহরাওয়ার্দ্দী, মাওলানা আবদুল হামিদ খান ভাসানী, খান আবদুল গফফার খান সহ বহু দেশপ্রেমিক কারান্তরালে থাকায় আমার কারামুক্তি আমাকে আনন্দিত করিতে পারে নাই। স্বাধীনতা কামিয়াবের জন্য ইহাদের ত্যাগ ও জনগণের জন্য ইহাদের ভালবাসা সম্পর্কে সকলেই অবগত। এ সম্পর্কেও কেহ অজ্ঞাত নহেন যে, পূর্ব্ব পাকিস্তান পরিষদের সদস্যগণ ও জাতীয় পরিষদের পূর্ব্ব ও পশ্চিম পাকিস্তানী অধিকাংশ সদস্য যাহারা ঠিক সামরিক শাসনের আমলেই সীমাবদ্ধ ভোটাধিকারের মাধ্যমে নির্বাচিত হইয়াছেন, তাঁহারা সর্বসম্মতিক্রমে ও দ্ব্যর্থহীন ভাষায় অবিলম্বে রাজবন্দীদের বিনা শর্তে মুক্তিদান ও রাজনৈতিক কর্মীদের উপর হইতে সকল হুলিয়া প্রত্যাহারের দাবী জানাইয়াছেন। ইহা বিস্ময়কর যে, এই ভূমিকার পশ্চাতে সমগ্র জাতির সমর্থন থাকা সত্ত্বেও এই গণদাবীর প্রতি কেন্দ্রীয় ও প্রাদেশিক সরকার কর্ণপাত না করিতে দৃঢ় প্রতিজ্ঞ বলিয়া মনে হয়।

কতিপয় রাজবন্দীকে পর্য্যায়ক্রমে মুক্তিদান বিলম্বীকরণের কৌশল ছাড়া আর কিছুই নহে, যাহার অর্থ জনগণের নিকট অজ্ঞাত নহে। জনগণের কথা আল্লাহরই কথা এবং বর্ত্তমান ক্ষমতাসীন কর্তৃপক্ষ এখনও জনগণের ইচ্ছার প্রতি শ্রদ্ধা প্রদর্শন করিলে ভাল করিবেন। কিছুদিন পূবের্ব মেসার্স নুরুল আমীন, আতাউর রহমান খান, আবু হোসেন সরকার, হামিদুল হক চৌধুরী, ইউসুফ আলী চৌধুরী, মাহমুদ আলী, সৈয়দ আজিজুল হক ও পীর মোহসেন উদ্দিন আহমদ সংবাদপত্রে যে যুক্ত বিবৃতি প্রদান করিয়াছে, তাহাতে সকল রাজবন্দীর বিনা শর্তে মুক্তিদানের আবেদন জানান হইয়াছে। ইহারা পূর্ব পাকিস্তানের নেতৃবৃন্দ এবং ইহাদের পশ্চাতে জনসমর্থন রহিয়াছে। ইহাদের বিবৃতিতে জনগণের দাবীই প্রতিধবনিত হইয়াছে এবং আমিও এই দাবীর সহিত শরিক হইতেছি।

এই প্রসঙ্গে আমি জাতীয় পরিষদের সেই সকল পূবর্ব পাকিস্তানী সদস্যকে অভিনন্দন জানাইতেছি। যাহারা ন্যুনতম ৭-দফা কর্মসূচী আদায়ের দাবী করিয়া জনপ্রিয় ভূমিকা গ্রহণ করিয়াছেন এবং সেই সকল পশ্চিম পাকিস্তানী সদস্যকে অভিনন্দন জানাইতেছি, যাহারা এই ৭-দফা দাবীর প্রতি অকুণ্ঠ সমর্থন দান করিয়াছেন। জনগণের গণতান্ত্রিক অধিকার প্রতিষ্ঠার যে সকল ছাত্র-যুবক সংগ্রাম করিয়াছেন এবং যাতনা ভোগ করিয়াছেন, আমি তাঁহাদেরও অভিনন্দন জানাইতেছি।

আমি আমার নিজের ও পূর্ব পাকিস্তানের জনগণের পক্ষ হইতে জাতীয় পরিষদের সদস্যদের এই আশ্বাস প্রদান করিতেছি যে, ৭-দফা কর্মসূচী ভিত্তিক তাহাদের ন্যায্য ও যৌক্তিকতাপূর্ণ দাবী জনগণেরই দাবী এবং আমি নিশ্চিত যে, ন্যায় ও ঐক্যের বলে তাঁহারা এই দাবী আদায়ে সক্ষম হইবেন।

আমি আশা করি, সরকার সকল রাজবন্দীকে অবিলম্বে মুক্তি দান করিবেন এবং দেশের বৃহত্তর স্বার্থে জাতীয় পরিষদ সদস্যদের ৭-দফা দাবী স্বীকার করিয়া লইবেন।

কারামুক্ত কতিপয় রাজবন্দীর উপর কতিপয় গুরুতর কড়াকড়ি আরোপ করা হইয়াছে বলিয়া আমি জানিতে পারিয়াছি। ইহাদের গতিবিধির স্বাধীনতা, বাক স্বাধীনতা ও অন্যান্য কাজের স্বধীনতা হরণ করিয়া সম্প্রতি কারাগার হইতে মুক্তিদান করা হইয়াছে এবং ইহার পরিপ্রেক্ষিতে কতিপয় অতি উৎসাহী গোয়েন্দা এ সম্পর্কিত নোটিশ অর্পণের জন্য ইহাদের পিছনে পিছনে ধাওয়া করিতেছে এবং নোটিশ গ্রহণের জন্য চাপ প্রয়োগও করিতেছে।

আমি মনে করি, সরকার যখন ইহাদের বিনাশর্তে মুক্তি দান করিয়াছেন তখন সরকারের ইহা নীতি নহে এবং ইহা কতিপয় স্বার্থান্বেষী লোকের অতি উৎসাহী তৎপরতা। আমি আশা করি, সরকার এই কাজ হইতে বিরত হওয়ার জন্য যথাযথ নির্দ্দেশ দান করিবেন।

## একটি তারবার্ত্তা

জাতীয় পরিষদ সদস্য ডাঃ গোলাম মওলার নিকট অধুনালুপ্ত মাদারীপুর মহকুমা আওয়ামী লীগের সেক্রেটারী যে তারবার্ত্তা প্রেরণ করিয়াছেন, তাহার অবিকল নকল নিম্নে প্রদান করা হইলঃ

খাটি মার্কিন ধরনের প্রেসিডেন্সিয়াল সরকার প্রতিষ্ঠা ও সাবর্বজনীন ভোটাধিকার প্রবর্ত্তনের জন্য আপনার বিলম্বিত যে সুপারিশ সংবাদপত্রে প্রকাশিত হইয়াছে, তাহাও রাওয়ালপিন্ডি যাত্রার প্রাক্কালে জনসভায় প্রদত্ত আপনার বক্তৃতা সম্পূর্ণ পরস্পর বিরোধী। সুতরাং, ইহা হতাশাব্যঞ্জক। আছমত আলী খান, নুরুল হক, আমিনুল ইসলাম, আলী আহমদ ও আমি আপনার বিবৃতির সামঞ্জস্য বিধানের দাবী জানাইতেছি।

*Seen. Place in his P.F. Sd/- 21.6.62*

বহু দেশপ্রেমিক আটক থাকায় মুক্তিলাভে আনন্দ পাই নাই

—শেখ মুজিব

শেখ মুজিবরের বিবৃতি

একটি তারবার্তা

Sangbad 20-6-62

*Eastern Examiner dt. 20.6.62.*

## MUJIB NOT VERY HAPPY OVER HIS RELEASE.
### Urges Freedom For All Political Stalwarts, Now In Jail

Dacca June 19 (APP): Sheikh Mujibur Rahman, former General Secretary of the now defunct East Pakistan Awami League, released from the Dacca Central Jail yesterday, has issued the following statement to the press:-

My release from jail gives me little solace, while a great many patriots of the country including my beloved leader Mr. H.S. Suhrawardy and Moulana Abdul Hamid Khan Bhasani, and Khan Abdul Gaffar Khan, whose sacrifice for the independence of the country and love for the people known to everybody, are still groaning behind the prison bars. It is also not unknown to anybody that the members of the East Pakistan Assembly and most of the members of the National Assembly both from East Pakistan and West Pakistan who were elected on a very limited franchise during the very Martial Law Regime have unequivocally and unanimously demanded the unconditional release of all political prisoners without delay, and withdraw all warrants of arrest against political workers. It is most astounding that even after such a move having the backing of the entire nation, the Governments, both at the Centre and in the Province seem to be determined to turn a deaf ear to this popular demand.

The release of some political prisoners, batch by batch, is nothing but a delaying tactics whose implications are not unknown to the people. The voice of the people is the voice of God, and the present ruling authorities will do well to respect the people's will even now.

The joint statement issued to the press, sometime back by Mesrs. Nurul Amin, Ataur Rahman Khan, Abu Hossain Sarkar[21], Hamidul Haque Choudhury, Yousuf Ali Choudhury, Mahmud Syed Azizul Haque and Pir Mohsenuddin Ahmed, who are leaders of East Pakistan, having popular support, has also urged upon the Government to release all political prisoners unconditionally. This statement voices the demand of the people and I join hands with them to concede this demand without delay.

---

21. ***Abu Hossain Sarkar (1894-17 April 1969)*** - *Abu Hossain Sarkar was born in Rangpur, Bengal Presidency. He was elected to the Bengal Constituent Assembly in 1937. He played an important role in the formation of Krishak Sramik Party in 1953. In 1954 Sarkar was elected to the East Bengal Provincial Assembly from the United Front. On June 1955 he was elected as Chief Minister of East Bengal. He resigned on 30 August 1956 over inflation and food shortages.*

In this connection I congratulate those members of National Assembly from East Pakistan, who have taken a popular stand demanding the minimum acceptance of a seven-point programme and, those members in the National Assembly from West Pakistan who have also extended their unstinted support for those seven points and I also congratulate the students and youth of the country for their struggle and sufferings they have undergone in the fight for the democratic rights of the people.

I convey to the members of the National Assembly an assurance on my personal behalf and on behalf of the people of East Pakistan that their just and righteous stand on the seven-point programme is the demand of the people, and I am sure they shall be able to realise them by dint of their justness and unity.

I hope Government, will immediately release all political prisoners and accept the 7 points demands of the National Assembly members for the greater interest of the country.

I am now reported that some serious restrictions are being imposed on some former political prisoners, who have been recently released from jail denying them freedom of movements, speech and other activities and in pursuance of this some overzealous intelligence people are running after them to serve such notice and even exerting pressure to accept the notice.

I think this is not the Government's policy when they have released them unconditionally, but is due to the overzealous activities of certain interested persons. I hope Government will issue proper instructions asking not to do such things.

*Seen. Place in his P.F. Sd/- 23.6.62*

MUJIB NOT VERY HAPPY OVER HIS RELEASE

Urges Freedom For All Political Stalwarts, Now In Jail

Dacca, June 19 (APP): Sheikh Mujibur Rahman, former General Secretary of the now defunct East Pakistan Awami League, released from the Dacca Central Jail yesterday, has issued the following statement to the press:—

My release from jail gives me little solace, while a great many patriots of the country including my beloved leader Mr. H.S. Suhrawardy and Maulana Abdul Hamid Khan Bhasani, and Khan Abdul Gaffar Khan, whose sacrifices for the independence of the country and love for the people known to everybody, are still groaning behind the prison bars. It is also not unknown to anybody that the members of the East Pakistan Assembly and most of the members of the National Assembly both from East Pakistan and West Pakistan who were elected on a very limited franchise during the very Martial Law Regime have unequivocally and unanimously demanded the unconditional release of all political prisoners without delay, and withdraw all warrants of arrest against political workers. It is most astonishing that even after such a move having the backing of the entire nation, the Governments, both at the Centre and in the Province seem to be determined to turn a deaf ear to this popular demand.

(See Last Page Col. 8)

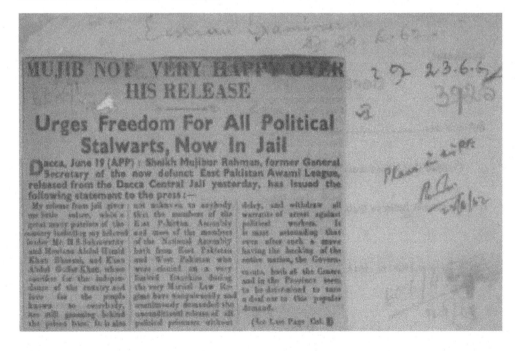

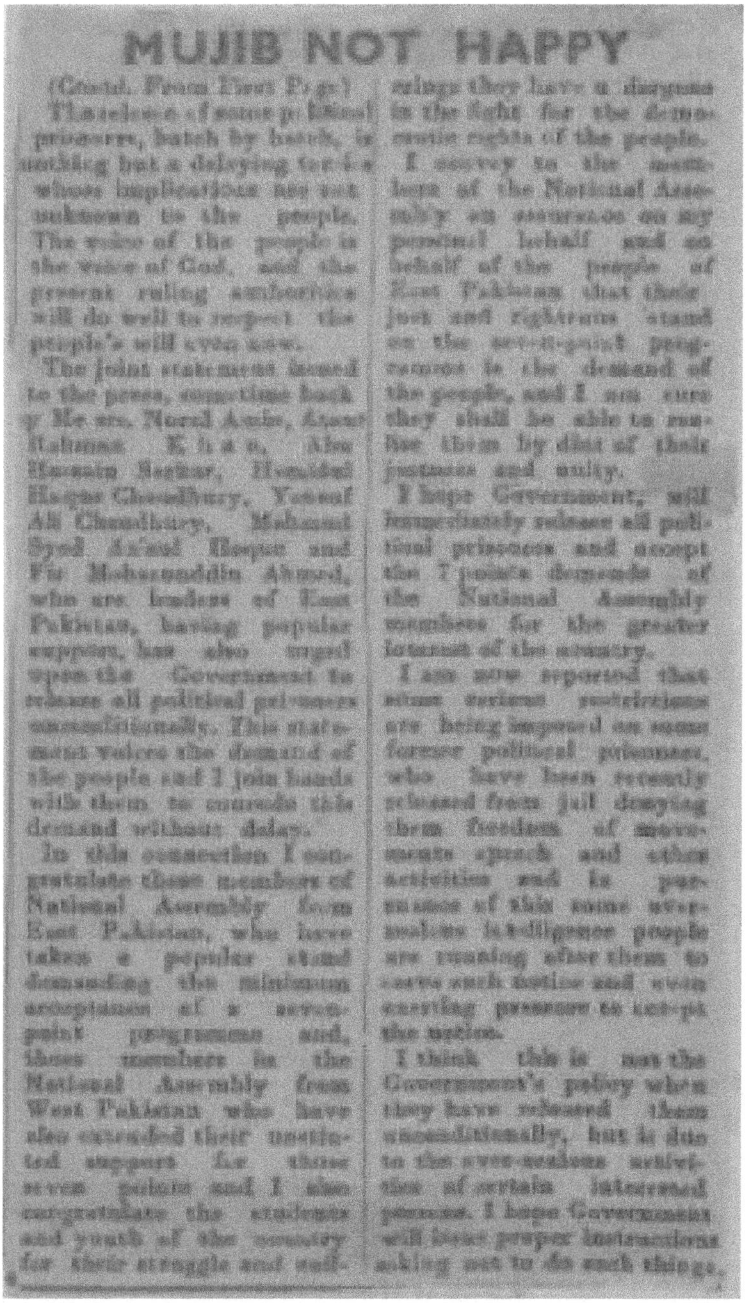

## MUJIB NOT HAPPY

*Pakistan Observer dt. 26.6.62*

### Sk. Mujib Wants Detenus' Release

Sheikh Mujibur Rahman, former General Secretary of the now defunct East Pakistan Awami League released from the Dacca Central Jail on Monday has expressed the hope that the Government will immediately release all political prisoners and accept the 7-point demands of the National Assembly Members for the greater interests of the country, reports PPA.

In a statement released to the Press here yesterday, Mr. Sheikh Mujibur Rahman said that some serious restrictions were being imposed on some former political prisoners who have been recently released from jail. Ascribing this to 'the over-zealous activities if certain interested persons' he expressed the hope that the Government will issue proper instructions to put a stop to such things.

He said that his release from jail gives him little solace while a great many patriots of the country including my beloved leader Mr. H.S. Suhrawardy and Moulana Abdul Hamid Khan Bhasani, Khan Abdul Gaffar Khan whose sacrifice for the independence of the country and love for the people are known to everybody, are still groaning behind the prison bars.

*Seen. Place in his P.F. Sd/- 23.6*

SK. Mujib Wants Detenus' Release

Sheikh Mujibur Rahman, former General Secretary of the now defunct East Pakistan Awami League released from the Dacca Central Jail on Monday has expressed the hope that the Government will immediately release all political prisoners and accept the 7-point demands of the National Assembly Members for the greater interests of the country, reports PPA.

In a statement released to the Press here yesterday, Mr. Sheikh Mujibur Rahman said that some serious restrictions were being imposed on some former political prisoners who have been recently released from jail. Ascribing this to 'the over-zealous activities of certain interested persons' he expressed the hope that the Government will issue proper instructions to put a stop to such things.

He said that his release from jail gives him little solace while a great many patriots of the country including my beloved leader Mr. H. S. Suhrawardy and Moulana Abdul Hamid Khan Bhasani, Khan Abdul Gaffar Khan whose sacrifice for the independence of the country and love for the people are known to everybody, are still groaning behind the prison bars.

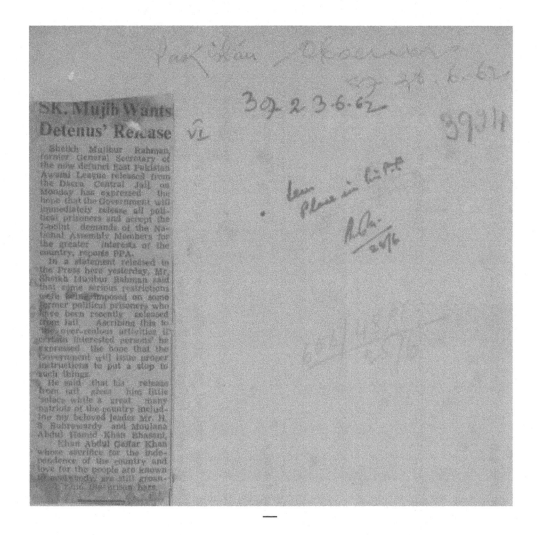

# 59

*Report on allegation of harassment of recently released security prisoners by intelligence officer.*

### Dacca, 26 June 1962

*DSI*

Re: The allegation of harassment of recently released security prisoners by intelligence officer. I beg to submit that no information of such nature has yet come to our notice.

A few days back a journalist friend of mine in course of talk reported to an alleged harassment of a recently released Security Prisoner by the local police in the matter of obtaining bond from them. Particulars of the prisoner concerned are not known to me.

Sd/-26.6.62.

Zonal Inspector, SB

—

# 60

*Watch report on Ataur Rahman Khan shows Sheikh Mujibur Rahman met him.*

### Dacca, 1 July 1962

### C.R. dt. 1.7.62

| | | |
|---|---|---|
| Duty Hours | : | 19.00 - 23.00 hrs. |
| Duty place | : | At 500/A, Dhanmandi R/A. Rd. No. 7, Dacca. |
| Subject Name | : | Mr. Ataur Rahman Khan. |

### Result of Watch.

During the duty time at about 19.20 hrs. Sk. Majibar Rahman came to the above mentioned place by his car No. 7171 E.B.D. After that at about 19.50 hrs. suspect Sk. Majibor Rahman left the said place along with Mr. Ataur Rahman Khan by the said car and proceeded to the New market side. Then they were not returned till 23.20 hrs. From 20.30 hrs. to 22.00 hrs. suspect Mr. Mahmud Ali visited my duty place by the Auto-Rickshaw No. E.B.D. 9548.

Submitted.
Sd/- A.S.I. Arham Ali.
S.B., Dacca.
2.7.62

*Seen. D.S.II may pl. see. Sd/-for D.S.6.2.7*

*Ext. to P.F. Sd/-for D.S.II 2.7.62*

—

## 61

## *Report on the proposed meeting to be held at Paltan Maidan.*

Dacca, 5 July 1962

**Secret**

A reliable secret source reported on 4.7.62. that some followers of Mr. Sk. Mujibur Rahman in course of discussions with Mr. Mujibur Rahman on the same day told him that they apprehended some disturbances on the occasion of their proposed meeting to be held at Paltan maidan on 8.7.62. Mr. Mujibur Rahman stated that they are not going to make any 'golmal' in the meeting. They should see him later for necessary instructions.

...

No. 3381 dt. 5.7.62.

Forwarded to S.S. II, S.B., EP., Dacca for information and necessary action.

Sd/-5.7.62
(A. Ahmed)
S.S., SC.

—

**DS(6)**

Perusal pl. the report below regarding Sk. Mujibar Rahman. SSII has kindly seen this Action if any may kindly be advised. Sd/- 6.7.62

Further report may be awaited.

DS I may pl. see.

Sd/-6.7.62

—

## 62

## *Watch report shows Sheikh Mujibur Rahman and others visited Ataur Rahman Khan.*

Dacca, 6 July 1962

**C.R. dt. 6.7.62.**

Hours of duty : 06.00 to 11.00 hrs. & 16.00 to 23.00 hrs.

Place of duty : 500/A, Dhanmandi R/A, Road No. 7

Name of Suspect : Mr. Ataur Rahman Khan (Ex. Chief Minister of E.P.)

## *Result of watch.*

In the morning duty period at about 20.30 hrs. the said suspect left his quarters and proceeded towards town side by his own Car E.B.D.-27. Till 11.00 hrs. the suspect was not returned to his quarters.

In the evening duty period at about 17.15 hrs. the suspect left his quarter and proceeded towards town side by his own Car E.B.D. 27. At about 19.40 hrs. the suspect returned to his quarter by the same car. At about 20.15 hrs. the aforesaid suspect along with suspect Mahmud Ali of Sylhet and Mahiuddin Ahmed (Ex. S.Pr.) left his quarter and proceeded towards the south by his own car and at about 21.30 hrs. they returned to said quarters by the same car. Since then the suspect was not seen to come out from his quarters till 23.00 hrs.

During my duty period no known suspect or suspicious persons were seen to visit the said place except the following:

| | | In | Out |
|---|---|---|---|
| 1. | Sk. Majibur Rahman | 18.15 hrs./EBD-7171 | 18.20 hrs./ EBD-7171 |
| | -do- | 20.00 hrs./ EBD-7171 | 20.15 hrs./ EBD-7171 |
| | -do- | 22.35 hrs./ EBD-7171 | 22.55 hrs./ EBD-7171 |
| 2. | Mr. Mahmud Ali | 18.15 hrs./ EBD-7171 | 18.20 hrs./ EBD-7171 |
| | -do- | 19.50 hrs./ on foot. | 20.15 hrs./EBD -27. |
| | -do- | 21.30 hrs./ EBD-27 | 10.15 hrs./ EBD-8656 |
| 3. | Mr. Mohiuddin Ahmad (Ex. S.Pr.) | 19.10 hrs. on foot | 20.15 hrs./EBD -27 |
| | -do- | 21.30 hrs./ EBD -27 | 22.15 hrs./ EBD-8656 |
| 4. | Mr. Zahiruddin (Advocate) | 19.10 hrs. on foot | 22.15 hrs./ EBD-8656 |
| 5. | Mr. Rafiqul Husain (Advocate) | 19.45 hrs./ EBD- 5422 | 21.20 hrs./ EBD-5422 |
| 6. | Mr. Qamruddin (Advocate) | 20.50 hrs./ EBD-8656 | 22.15 hrs./ EBD 8656 |
| 7. | Mr. Tofazzal Hussain @Manik Miah. | 22.55 hrs./ EBD-7171 | 22.50 hrs./ EBD-7725 |
| 8. | One unknown person | 19.10 hrs. on foot. | 20.15 hrs./ EBD-7171 |
| 9. | Four (4) unknown persons | 22.30 hrs./ EBD- 7725 | 22.50 hrs./ EBD- 7725 |
| 10. | One (1) unknown person. | 20.40 hrs. by rickshaw | 22.15 hrs./ EBD-8656 |

S.I. Mahbubul Alam Sb. supervised my duty in evening time.

Submitted.
Sd/- W.C. Ghulam Haider
of S.B, Dacca.
Dt. 7.7.62

*E.B.D.7171 -Sk. Mujib's Car. E.B.D. 7725 -M/S. Pakistan Genl. Insurance Co. Ltd. 33, Jinnah Ave. Sd/-A.H.M. Muhiuddin. 7.7.62. Seen D.S. II may pl. see. Sd/-for D.S.6, 7.7, Seen. Relevant ext. to the P.F. of Mahmud Ali. Sd/-K.R.A. Ansari. 9.7.62.*

—

## 63

### *Report on students' meeting at Madhu's Canteen, DU and a public meeting.*

Dacca, 9 July 1962

**Secret**

SITUATION REPORT DATED 9.7.62.

1. A joint meeting (50/60) of the various groups of students was held on 7.7.62 afternoon at Madhu's canteen in the Dacca University campus in which discussions were held regarding the arrest of Khan Abdul Qaiyum Khan, release of all political prisoners etc. It was decided that students would assemble in the University campus at 3 P.M. on 9.7.62, from where they would proceed to the public meeting at the outer stadium in a procession, carrying placards and shouting slogans.

* * *

5. The public meeting convened by the ex-politicians commenced at 5 P.M. on 9.7.62 and continued up to 6.45 P.M. under the presidentship of Mr. Nurul Amin, ex-Chief Minister. About 60,000/70, 000 people including about 25 ladies attended the meeting. Messrs. Ataur Rahman Khan, Abu Hussain Sarkar, Sk. Mujibar Rahman, Mahmud Ali and Shah Azizur Rahman, besides the president, addressed the meeting and made impressive speeches which were generally appreciated and interjected with occasional shouts of "Shame". Abdur Rashid Tarkabagish[22] (AL), before the commencement of the meeting, invoked the blessings of Allah to get rid of the conspiracy of Mr. Muhammad Ali of Bogra and Pir Mohiuddin @ Dudu Miyan (N.L.) offered "munajat", after the meeting, invoking the unity of politicians and progress of Pakistan. Some amongst the audience were, however, heard to comment that the ex-politicians did not look to the interest of the people when they were in power and that they would not be in a position to maintain unit amongst themselves if power came to them again.

* * *

Speaking first in the meeting, Mr. Ataur Rahman Khan criticised the Constitution as undemocratic and anti-people, and as having been thrust upon the people against their wishes and in defiance of the Constitution Commission's

---

**22.** ***Maulana Abdur Rashid Tarkabagish*** *(27 November 1900-20 August 1986) – He was born in Sirajganj. President of Awami League from 10 October 1957 to 25 January 1966. He presided over the first session of National Parliament of Bangladesh in 1972.*

Report, and said that it was the work of one man who only enjoyed some rights. He bitterly criticised the Basic Democracies and the electoral system, and demanded a constitution with Federal Parliamentary form of Government with universal adult franchise, embodying basic rights etc. Referring to the promulgation of Martial Law, he said that the representatives of the people were dismissed by sheer might.

—

# 64

## *Report on the visit of Sheikh Mujibur Rahman to Tungipara.*

### Faridpur, 12 July 1962

Ref. C.R. dt. 10.7.62 on A.L. 544 Mr. Sk. Mujibur Rahman D.R. 67 dt. 11.7.62.

It is secretly learnt that the subject Sk. Mujibur Rahman left for his native village at Tongipara, Faridpur via Jessore by Air on 10.7.62. He is expected to come back on the 15/16 instant.

Submitted
Sd/- M. Alam.
S.I. 12.7.62

*D.S.VI may pl. see. Sd/- O/C, Watch 12.7, Seen. S.I. Rustam Ali to note pl. Sd/-S.R. Chaudhuri, 12.7, P.S. Pl. ask the S.S. P., D.S.Bs. Jessore and Faridpur by Radiogram about the subject's visit and his activities there if any. Sd/- S.R. Chaudhuri, 12.7 Received at 4.20 Pm. Sd/ -12.7.*

—

### RADIOGRAM

*No. 12662(2) dt. 12.7.62*

S.P. D.S.B'S Faridpur and Jessore.

Please report the activities of suspect AL. 544 who is reported to have left for Tongipara, Faridpur via Jessore by Air on 10.7.62. Most Immediate.

Phone No. 4231/61
***Secret*** *Dintell*

*No. 12662/1(2) dt. 12.7.62.*

Copy by Post forwarded to – in confirmation. This is in connection with Sk. Mujibur Rahman.

Sd/ -12.7.62
DS(6) for SS(2)

—

To be telegraphed at once

*East Pakistan Form No. 5449-M (modified)*

**EAST PAKISTAN POLICE MESSAGE FORM.**

| Call. | Serial No. | Precedence | Transmission Instructions. | |
|---|---|---|---|---|
| From : (Originator)<br>A) DINTELL DACCA | | | Date Time origin | Office Date Stamp |
| To : SUPERINTENDENT POLICE DSB FARIDPUR<br>(For action) | | | Count Group- | |
| W) For information. | | | | |

Originator's No 12675 dt. 13.7.62 PLEASE REPORT THE ACTIVITIES OF SUSPECT AL 544 WHO IS REPORTED TO HAVE LEFT FOR TONGIPARA FARIDPUR VIA JESSORE BY AIR ON 10.7.62 (.) (.) EXPRESS.

Telegram issued
vide No. 12675 dt. 13.7.62.

| Signature of originator | Originator's Instruction Degree of precedence. | Time | System | Operator |
|---|---|---|---|---|
| | | THI or TOR | | |
| Sd/-12.7.62. FOR D.I.G., S.B., E.P., DACCA | MOST IMMEDIATE | | | |
| Telephone No. 4231/37 | | Time cleared | | |

—

To : Dintell Dacca.

Subject : Instruction for use of EPR Wrls.

Your msg. No. 12662(2) of 12.7.62 is returned herewith as there is no wireless station at Faridpur. You are therefore requested to make use of existing T&T facilities.

Sd/- 12.7
CDSO
Signal Centre
East Pakistan Rifles

*Immediate.*
*Issue Telegram pl. Sd/- 13.7*
*Including this, there are now three districts Barisal, Rangamati and Faridpur, which are reported to have no wireless Stn. now. Exact position in this respect may be ascertained immediately whether the closure of the wireless Stns. is for a temporary period or for all time. Meanwhile, telegram may be sent to these districts in all cases, where necessary. This may be circulated to all concerned please. Sd/- 13.7.62*
*As proposed. Sd/- 13.7*

—

*Chapter I – 1962*

S.B No 3754 (4) dt. 12.7.62 21.55

*East Pakistan Form No. 5449-M (modified)*

## EAST PAKISTAN POLICE MESSAGE FORM.

| Call | Serial No. 13-15/12 | Precedence *in* | Transmission Instructions. | |
|---|---|---|---|---|
| From : SP DSB Jessore A) | | | Date Time origin 12   12.30 | Office Date Stamp |
| To : (For action) Addl. SP DSB Dacca | | | Count  Group | |
| W) For information. Dintell Dacca & SSP DSB Khulna & Faridpur | | | | |

Originator's No 3493 (4) Dated 12.7.62 (.) AL number 544 arrived at Jessore on the afternoon of 10.7.62 by PIA and left for Gopalgonj via Khulna on the same day.

| Signature of originator. | Originator's Instruction Degree of precedence. | Time | Syste | Operato |
|---|---|---|---|---|
| | | THI or TOR 1400 | TG | Sd/12.7 |
| Designation | | | | |
| Telephone No. | | Time cleared | | |

—

S.B No 3754 (4) dt. 12.7.62   21.55

*East Pakistan Form No. 5449-M (modified)*

## EAST PAKISTAN POLICE MESSAGE FORM.

*Register No. 8*

| Call | Serial No. 15-16/12 | Precedence –M– | Transmission Instructions. | |
|---|---|---|---|---|
| From : SP DSB Khulna A) | | | Date Time origin 12, 16.00. | Office Date Stamp |
| To : (For action) SP DSB Faridpur | | | Count  Group- 22 | |
| W) For information. Dintell Dacca & SP DSB Jessore | | | | |

Originator's No 3875 (3) Dated 12.7.62 (.) AL 544 Arrived Khulna on 10.7.62 afternoon from Jessore by Car and left for Gopalgonj the same evening (.) Immediate.

| Signature of originator | Originator's Instruction Degree of precedence. | Time | System | Operator |
|---|---|---|---|---|
| | | THI or TOR 1845 | TG | Sd/-12.7 |
| Designation | | | | |
| Telephone No. | | Time cleared | | |

—

**DS(6)**

Perusal pl. the radiogram below regarding the movements of Sk. Mujibar Rahman. This is known to us. Necessary action has already been taken. No further action perhaps. May file pl. Sd/- 13.7

—

## EAST PAKISTAN POLICE RADIOGRAM.

From   :   S.P.D.S.B. KLN.

To   :   S.P. D.S.B. FRD, DINTELL DCA. & S.P. D.S.B. JSR.

ORIGINATOR'S NO. 3875(3) DATED: 12.7.62.

A.L. 544 ARRIVED KHULNA ON 10.7.62 AFTERNOON FROM JESSORE BY CAR AND LEFT FOR GOPALGANJ THE SAME EVENING (.) IMMEDIATE (.)

S.P. D.S.B. KLN.

...

*Confidential*
PHONE NO. 2791.

**District Special Branch**
Khulna, the 12ᵗʰ July 1962
No. 3875/3/21-62

*Copy (by post) forwarded to:*

1) K.G. Mohiuddin, Esqr., P.S.P, Special Supdt. Police, Special Branch, E.P. Dacca,

2) S.L. Husain, Esqr., Supdt, of Police, D.S.B., Faridpur.

3)  S.A. Irtiza Esqr., Supdt. of Police, D.S.B., Jessore in confirmation.

Sd/-12.7.62
for Superintendent of Police.
D.S.B., Khulna.

—

Extract of Notes & Orders copied from the C.N.S.1 of Secret Information dt. 12.7.62 (A.L. defunct)

...

### DS VI/SS. II

Perusal please. The original stt. may kindly be marked for indexing and other actions suggested.

S.B. signal no. 12662(2) dt. 12.7.62 mentd. in the forwarding memo is not traceable in C.S. It was probably issued from office file. Copy of the statement without nom-de-plume may go in office for action please.

Sd/- Md. S'Uddin
16.7

### CS

Names marked.

Copy of the stt. need not go to office as suggested. Instead, inform office accordingly.

Sd/- S.R. Chaudhuri
17.7.62

Forwarded to office RD for n/a. *The memo under reference may pl. be shown disposed of and the DA dealing with the file may be supplied with this.*

Sd/- S.I.
19.7.62

—

### Secret

**District Special Branch**
Faridpur, the 21<sup>th</sup> July, 62.
No. 3363/ R. 2287, 33-50 A. P. 909.

To
K.G. Mohiuddin, Esq., PSP.,
Spl. Supdt. of Police,
S.B., E.P., Dacca.

Ref : Your Telegram No. 12675 dated 13.7.62 regarding suspect A.L. 544-Sk. Mujibur Rahman.

Sk. Mujibur Rahman(A.L. * suspect 544) S/o Sk. Lutfar Rahman of Tangipara, Gopalganj, Faridpur came to his native village at Tangipara on 11.7.62 from Dacca via Jessore and Khulna. So far learnt he came to see his old parents. About 500 people including students and public and also his relations welcomed him at

Gohardanga Steamer Station when he alighted from Barisal Mail Steamer on 11.7.62. The subject halted at his house up to 16.7.62. During his stay at home, his friends, admirers, relations and people of his own village and also surrounding villages came to see him and discussed local problems with him. One Mr. Abdus Salam (A.L.), Mukhtear of Gopalganj town met the subject at Tangipara on 12.7.62 and discussed matters relating to the convening of a proposed public meeting to be held at Gopalganj in August next. Neither any meeting was held nor anything of interest happened during his visit.

One Mr. Abdur Rab Sarnamat (A.L.75), G.D/N.A.P., B.L., Pleader, Barisal came to Tangipara on 7.7.62 and left for Barisal on 14.7.62. During his visit no objectionable person met the subject. He is the brother-in-law of Sk. Mujibur Rahman (mentd.). Abdur Rab Sarnamat (mentd.) came to see his old father-in-law and mother-in-law at Tangipara.

Further report will follow:-

*Sd/- 21.7.62*
Supdt. of Police,
D.S.B, Faridpur.

—

*Secret*

### District Special Branch
Faridpur, the 4th August, 62.

No. 3543/33-50 A. P. 823.

To
K.G. Mohiuddin, Esq., PSP.,
Spl. Supdt. of Police,
S.B., E.P., Dacca.

Ref:- This Office Memo No. 3363 dated 21.7.62.

* A.L. suspect 544 Sk. Mujibur Rahman left his house on 17.7.62 at 07.30 hrs. by Barisal mail steamer and reached Barisal at 17.30 hrs. the same day. The suspect got down at Barisal and went to the house of A.L. suspect 75 Abdur Rob Sarnamat (NAP/GD) of Barisal with the members of his family. The suspect left for Dacca by steamer on 17.7.62 at 21.05 hrs. and reached Dacca on 18.7.62 afternoon. During the period of journey from Tangipara to Dacca via Barisal nothing unusual happened. The suspect was shadowed by W.C. 1109 Awlad Husain of this D.S.B. and made over to S.B. staff there.

*Sd/-*
Supdt. of Police,
D.S.B., Faridpur.

———

# 65

## *Report on Mashiur Rahman shows Sheikh Mujibur Rahman met him.*

Jessore, 14 July 1962

**P. 241 of F. 447-88 P.F.**

*Secret*
*Phone no. 4*

**District Special Branch**
Jessore the 14th July, 1962
No. 3555/ 21-48 PF

To

K.G. Mohiuddin Esqr., P.S.P.,
Special Supdt. of Police,
Special Branch, E.P., Dacca.

Ref: S.B. Memo No. 13685/606-48 PF dated 27.7.61 regarding activities of Mr. Mashiur Rahman.

A secret meeting of the defunct A.L. leaders of Jessore was held at his quarter on 7.7.62 where they took a decision to hold a public meeting at Jessore on 20.7.62 in support of the statement of the 9 political leaders of East Pakistan. He also met Sk. Mujibur Rahman (AL/Ex Minister), Genl. Secy. of the E.P.A.L. at his quarters on 10.7.62 where he discussed about the present political situation of the country.

He left for Dacca on 11.7.62 to discuss political affairs with Mr. Ataur Rahman Khan (AL/ Ex- Chief Minister).

Supdt. of Police, D.S.B.,
Jessore.

—

# 66

## *Watch report on Sheikh Mujibur Rahman shows he left Goperdanga along with his family for Barisal.*

Faridpur, 18 July 1962

Shadowing report for suspect * AL 544 Sk. Mozibor Rahman (AL)

...

To
The O/C., Watch, S.B., Dacca.

Sir,

I beg to report that on 17.7.62 I was on duty for suspect Sk. Mozibor Rahman (AL). At about 07.30 hrs. the suspect along with his wife and children left Goperdanga S/S (By Barisal Mail Steamer) of Faridpur. The Steamer reached at Barisal Steamer ghat at about 17.30 hours at that time the suspect along with his family got down from the steamer and went to Barisal town (house of Abdul Rab Sarnamat (NAP) of Barisal town by rickshaw. At about 20.45 hrs. the suspect along with his family left the above mentioned house and returned to Barisal steamer at about 20.55 hours. The suspect left Barisal steamer ghat by Barisal Mail at about 21.05 hour. On 18.7.62 at about 14.55 hrs. the suspect along with his family got down from the steamer at Narayanganj at the same time the suspect along with his family left Narayanganj for Dacca town by E.B.D. 7171.

During his journey period no suspect or suspicious person were seen to talk with him or smuggled to anything anybody except Abdur Rab Sarnamat of Barisal. I submitted a report to O/C., Watch, D.S.B., Barisal and I also inform to O/C., Watch, S.B., Dacca by over phone.

This is for favour of your kind information.

Submitted.
Sd/- W.C. /1109 Awlad Husain.
of Gopalganj D.S.B. Dt. Faridpur.
dated 18.7.62.

*D.S.VI may pl. see. Ext. may go in P.F. Sd/- O/C. Watch.19.7.62.*
*As proposed. Sd/-S.R. Choudhury.19.7.62*

—

# 67

## *Watch report on Hamidul Huq Chowdhuri at his residence shows Sheikh Mujibur Rahman and others visited him.*

Dacca, 19 July 1962

Copied from watch report[23] dt. 19.7.62

---

**23.** **Watch Report** – *Regular report submitted by IB officer about open or secret activities of the members of political organizations. It may sometimes be necessary to place 24 hour watch on a house or persons to verify and collect secret information.*

*S.S.II.*

May kindly see the watch report dt. 18.7.62 (enclosed) on Mr. Hamidul Huq Chowdhuri, at his residence.

The visit of Messrs Mujibar Rahman, Ataur Rahman (AL) and other leading members of the K.S.P. on the house of the subject is significant particularly when ban from the political parties has been lifted.

It appears that they assembled together with a view to come to an alliance for forming a party in pursuance of the Joint Statement of nine ex-political leaders.

Despite the watch report we have received no information of this meeting from any quarter, as yet.

The activities of the Muslim political groups are gaining momentum and hence need coverage by our secret agencies.

It is, therefore, suggested that D.S.B., Dacca and officers of S.B. may be directed to exert their efforts in collecting the day-to-day development of their activities, so as to keep track with their movement.

Sd/- S.R. Chaudhuri.

19.7.62

*D.I.G. may kindly see. Sd/- K.G. Mohiuddin. 19.7*
*Yes. This must be done. Sd/- M. Ahmad. 19.7*
*Seen. Write to the DSB and circulate to S.B. Officers, pl. Sd/-S.R.Chaudhuri.19.7.62.*

—

### C.R. dt. 18.7.62.

Hours of duty      :   16.00 to 23.00 hrs.

Place of duty      :   Dhanmondi Green Road, Dacca.

Name of suspect    :   Hamidul Haq Chawdhury, Ex-Minister of Pakistan.

### Result to watch.

I took up my duty at Dhanmondi Green Road, Dacca for the subject Hamidul Haq Chawdhury. At about 17.00 hours the above noted suspect returned from outside by EBD Car No. 6781 and the following suspects and unknown persons visited my suspect's quarter by Cars and Babi Taxi and rickshaw above noted below:

|  | In | Out |
|---|---|---|
| 1.   Yussuff Ali Chaudhury | 17.20<br>by Babi Taxi No. 7211<br>EBD | 19.40<br>by Car 6781 EBD |
| 2.   Ataur Rahman Khan<br>     Sk. Mozibar Rahman | 17.25 by<br>Car 6940   EBD | 18.10 by Car 7171 |

| 3. One (1) unknown person | 17.40 by EBD Car No. 3100. | 18-10 Do |
|---|---|---|
| 4 Abu Hossain Sarkar | 17.45 by Car 75. | 19.20 Do |
| 5. Syed Azizul Hoque Mahamud Ali One (1) unknown person | 17.50 4500 EBD Car | 18.55 Do only Azizul Hoque |
| 6. Abdur Rashid Tarkobagish. | 17.50 by Babi Taxi 492 EBA | |
| 7. 4 Unknown person | 18.00 Car No. 9333 EBD. | 18.40 Do |
| One unknown person | 19.15 Car No. 6741 EBD. | 21.45 Do |
| One unknown person | 19.20 by Babi Taxi 9769 EBD | 22.00 by rickshaw |

Suspects Ataur Rahman Khan and Sk. Mozibor Rahman and Abdur Rashid Tarkobagish and one (1) unknown person left from my suspect's quarter and proceeded towards town side by EBD Car No. 7171 about 18.10 hours.

S.I. Mahabub Alam Shaheb visited my duty place during evening period.

Submitted
W/C.  A. Salam Khan,
S.B. Watch Section,
Dacca.  dt. 19.7

—

***Secret***

A reliable secret source reported on 18.7.62 that one Motahar (to be fixed, particulars not known) informed Mr. Sk. Mujibur Rahman on the same date that there would be a meeting at 17.30 hrs. on the same day at the residence of Mr. Hamidul Haque Chaudhury ( ex-Minister). M/S Nurul Amin, Ataur Rahman Khan, Yusuf Ali Chaudhury @ Mohan Miyan and other political leaders would attend.

...

No. 3653 dt. 19.7.62

Forwarded to K.G. Mohiuddin, Esq., P.S.P., Spl. Supdt. of Police (II), S. B., E.P., Dacca, for information.

The agent dealing officers may be asked to collect details of the meeting and report.

Sd/- 19.7.62
(A. Ahmed)
S.S., SC.

—

# 68

## *Weekly confidential report containing movement of Sheikh Mujibur Rahman and others.*

### Faridpur, 21 July 1962

W.C.R. of the Supdt. of Police, D.S.B., Faridpur for the week ending 21.7.62

### *Part- I.*

Secret Abstract of Intelligence No. 20 dated 19.5.62 has been received.

...

### *Movements of Suspects.*

1. A.L. 502/C.P. Manwar Husain returned to Faridpur on 12.7.62 from Jessore.

2. A.L. 463/C.P. Liyaqat Husain left for Dacca on 16.7.62 by launch.

3. A.L*544/A.L. Mujibur Rahman arrived at Tangipara, Gopalganj on 11.7.62.

4. *A.L. 105/C.P. Abu Azhar Abdul Hai left for Daulatpur, Khulna on 15.7.62

...

Seen.

D.S.B. may report the purpose of visit to Dacca & Daulatpur by Liyaqat Husain and A.A. Abdul Hai respectively.

Ext. to their P.Fs.

Sd/- K.R.A Ansari.
26.7.62

—

# 69

## *Watch report on Sheikh Mujibur Rahman.*

### Dacca, 21 July 1962

### *C.R. dt. 21.7.62.*

Hours of duty   :  11.00 hrs. to 17.00 hrs.

Place of duty    :  677/32. Dhanmandai R/A.
Name of suspect :  Sk. Mujibur Rahman.

### Result of watch.

At about 11.30 hrs. the said suspect returned to his quarter from outside by his car No. E.B.D. 7171. Again at about 12.30 hrs. he left his qrs. with bag and baggage and proceeded towards southern side by the same car. Then I left the place and availed the state bus and reached at Dacca R/S and the said suspect was seen present there. At about 13.25 hrs. the said suspect left Dacca R/S for Brahmanbaria by Green Arrow train and reached at B. Baria R/S, at about 16.00 hrs. being shadowed by me and at that time I made over the said suspect to W/C. Abdul Hamid Choudhury of R.I.B., B. Baria. Details report submitted to D.I.O., B. Baria.

During my shadowing period no suspects or suspicious persons were seen to meet with him except Mr. Ataur Rahman Khan, Mr. Abu Hossain Sarker and Mr. Mahmud Ali.

Submitted.

Sd/- W.C. S.M. Noorul Islam.

Dt. 22.7.62.

*Seen. Place the shadowing report in his P.F. Pl. Sd/-S.R. Choudhury. 23.7.*

—

# 70

## *Watch report on Abu Hossain Sarkar and Ataur Rahman Khan.*

### Dacca, 22 July 1962

Shadowing report of suspects Abu Hossain Sarkar and Ataur Rahman Khan.

...

To

The O/C., Watch, S.B., E.P., Dacca.

Sir.

I beg to report that I was on 'secret' watch duty at Dacca R/S on 21.7.62 from 11.00 hrs. to 17.00 hrs. At about 13.20 hrs. suspect Abu Hossain Sarker left Dacca R/S for Brahmanbraia by 3 up Chittagong train. I shadowed him accordingly. On the way at Dacca Cantonment R/S suspect Ataur Rahman Khan availed the same train and reached at Brahmanbaria R/S at 16.00 on 21.7.62 and both the suspects got down from train accordingly. I made over them to W/C. Abdul Hamid Choudhury, R.S.B. of Brahmanbraia, who was on duty at Brahmanbaria R/S. During my shadowing period the suspects associated with Sk. Majibor Rahman, Rafiqul Hussain, Abdur Rahman, Mahmud Ali.

This is for favour of your kind information.

Y.O.S.
Sd/- W.C. Md. Yakub Hossain.
of S.B., E.P., Dacca.
22.7.62.

*D.S.VI may pl. see. Sd/- O/C., Watch. 23.7*

*Seen. Should it not go in the respective P.Fs. Sd/- S.R. Choudhury. 23.7.*

*Place in the respective P.Fs. pl. Sd/- S.R. Choudhury. 24.7.*

*Yes Sir. Sd/- A.M.M. Muhiuddin. 27.7.*

—

# 71

*Report on the alleged instruction of Sheikh Mujibur Rahman not to give big reception to Farid Ahmed (MNA) while returning from West Pakistan.*

## Dacca, 23 July 1962

### Secret

A reliable secret source reported on 22.7.62 that Mr. Sk. Mujibur Rahman during his discussion with Aziz (AL) of Chittagong and others on the same day stated that Mr. Farid Ahmed (MNA) should not be given a big reception at Chittagong on his return although he deserves it for his activities in West Pakistan, as in that case he would get undue prominence. So, Mr. Zahur Ahmed and other workers of Chittagong should arrange to give him a general ovation on his return from West Pakistan, but should not arrange any public meeting on the occasion. Mr. Farid Ahmed is, perhaps, not a supporter of the recent joint statement of the different 9 political leaders of East Pakistan. He will probably organise Nizam-e-Islam party with Mr. Chaudhuri Mohammad Ali[24] (ex-Prime Minister of Pakistan.)

---

**24.** ***Chaudhry Mohammad Ali (15 July 1905 – 2 December 1982)*** *– Chaudhry Muhammad Ali commonly known as Muhammad Ali a career civil servant, served as Finance Secretary of Pakistan. In 1951 he was appointed as Finance Minister by Prime Minister Khawaja Nazimuddin. He was the president of Pakistan Muslim League from 12 August 1955 to 12 September 1956.*

No. 3718  dt. 23.7.62.

Forwarded to K.G. Mohiuddin Esq., PSP., Spl. Supdt. of Police (II), S.B., E.P., Dacca, for his information and necessary action.

This shows that the recent joint statement of the 9 different political leaders of different political parties is nothing but an attempt on their part just to come in contact with the mass for the present and ultimately they are likely to be rival to each other.

Sd/- 23.7.62

(A. Ahmed)

S.S., SC.

*Seen. Sd/- 23.7*

—

Ext. from Secret Information.  dt. 22.7.62.

Phone No. 4231/61

No. 13765 dt. 26.7.62

*Secret/Immediate.*

S.P. D.S.B. Chittagong

Copy forwarded to - for information and comments. He is also requested to let us know if N.I. is likely to be revived, at the instance of Mr. Farid Ahmed.

Sd/- 24.7

for SS(2)

—

**Secret**

Phone – 5827.

**District Special Branch**

Chittagong, the 29 Aug. 62

No. 5574/R. 3299/150-48

To
S.A. Khasru, Esq., P.S.P.,
Spl. Superintendent of Police,
S.B., E.P., Dacca.

Ref:  Your No. 13765/606-48 P.F. dated 26-7-62.

On enquiry it was learnt that the prominent A.L. and N.A.P workers of the district had a contemplation to give a rousing reception to Mr. Farid Ahmad, M.N.A., on his return to Chittagong. It was also learnt that Jahur Ahmad Chaudhuri (AL) and Mahmudunnabi Chaudhuri (KSP) even had a discussion on this with Mr.

Farid Ahmad at Dacca and they requested him to wait for a date from them but nothing was done by them subsequently. As Mr. Farid Ahmad was reported to be in favour of reviving Nizam-e-Islam, his original party, the A.L. and N.A.P. workers changed their views and did nothing in connection with his reception or meeting.

In this connection Stt. of C.H. 31 dated 15-8-62 may kindly be referred to.

It is learnt that at the instance of Mr. Farid Ahamd, M.N.A., efforts are being made to revive the Nizam-e-Islam party, but nothing concrete has yet taken shape in this regard.

The matter is under watch.

Sd/- 29.8.62

Superintendent of Police,

D.S.B., Chittagong.

—

No. 16462 dt. 8.9.62

**Secret**

Phone-4231/61

To

The Supdt. of Police, Special Branch, Chittagong.

Ref. Your letter No. 5574 dt. 29.8.62 reg. the re-organisation of the Nizam-e-Islam Party in Chittagong Dist.

You are requested to kindly report how far Mr. Farid Ahmad Chaudhury, M.N.A. has been successful in re-organising the N.I. in the district.

Sd/- 6.9.62

D.S.VI, for SS(2)

—

**Secret**

Phone-5827

**District Special Branch**

Chittagong, the 6th Dec/62

No. 9417/R.4006, 59-48.

To

S. A. Khasru, Esq., PSP.

Spl. Supdt. of Police.

S.B., E.P., Dacca.

Ref: Your No. 16462/606-48 P.F. dated 8-9-62.

The Nizam-e-Islam Party has not yet been re-organised in this district. It is learnt that on 9-9-62 Maulana Siddiq Ahmad, Ex-M.P.A. of Boruitali. P.S. Chakaria, Ctg. , ex-Scey. of E.P. N.I. met Mr. Farid Ahmad, M.N.A. at Chakaria and requested him to organise the party, but the latter told him that he would do so later on. Further development will be communicated to you in due course.

Sd/- 5.12.62
Superintendent of Police.
D.S.B., Chittagong.

—

# 72

## *Report on movement of Sheikh Mujibur Rahman and other political leaders.*

Dacca, 25 July 1962

*S.S (SC)*

*Sir,*

*I beg to inform you that Sk. Mujibur Rahman, Mohamed Abu Hossain Sarkar, Mohamad Ali & other leaders are going to Faridpur to Khulna by launch, they will hold there a meeting in the evening.*

*This is for your kind information. Sd/- S.I. 25.7*

*SS II may like to see for n/a. Sd/- 25.7.62*

—

*341/27.7.62*

*Office*

*Please the order of S.S. II & D.S. VI and returned the paper after taking N/A.*

*Secret*
*Immediate*

*DSVI.*

*It is reported that early this morning Sk. Mujibur Rahman, Abu Hussain Sarkar, Shah Azizur Rahman, Md. Solaiman and some others* have left Dacca for Faridpur by Steam launch to hold public meeting there.

Faridpur DIB may be informed by Radiogram.

Sd/-

O/C Watch

*SSII, Perusal of the report regarding the political leaders' departure for Faridpur.*
*Action may be taken as suggested. Sd/- 27.7.62*
*Received at 11.25 AM from R.D. Sd/- 27.7.62*

—

## Express Telegram

No. 13867 dt. 27.7.62.

S.P. DSB Faridpur

A.L. Suspect 544 and others reported to have left for Faridpur for holding public meeting. Please report their activities there in details. Dintell.

Phone No. 4231/61

No. 13867/1 dt. 27.7.62

## Secret

Copy by post forwarded to - in confirmation. This is in connection with Sk. Mujibar Rahman, Abu Husain Sarkar, Shah Azizur Rahman, MD. Sulaiman and others.

Sd/- 27.7.62

DS(6) for SS(2)

—

**Secret**

### District Special Branch.
Faridpur, the 4th July 1962.
No. 3542/33-50 A.

To
K.G. Mohiuddin, Esq., PSP.,
Spl. Supdt. of Police,
S.B., E.P., Dacca.

Ref: Your Telegram No. 13867 dated 27.7.62.

A.L. suspect 544 and others arrived Faridpur at about 16.30 hrs. on 27.7.62 and left for Dacca at about 08.30 hrs. on 28.7.62 being shadowed by W.Cs of this D.S.B.

In this connection this Office Memo No. 3471 dated 30.7.62 under which a detailed report was sent to S.B. may kindly be referred to.

*Sd/-*
Supdt. of Police.
D.S.B., Faridpur.

—

# 73

## *Letter of Sheikh Mujibur Rahman to Mashiur Rahman regarding prevailing situation.*

Dacca, 15 August 1962

**Secret.**

## INTELLIGENCE BRANCH
DACCA;

The *15.8.1962*

**Memo. No.**

*(The secrecy of this interception may kindly be maintained.)*

| | | | |
|---|---|---|---|
| 1. | From (with address) | : | Sheikh Mujibur Rahman 677, Dhanmandi Residential Area Rd. No. 32, Dacca-2. |
| 2. | To (with address) | : | Mr. Mashiur Rahman, Ex-Minister, Jessore, Dt. Jessore. |
| 3. | Language of letter | : | Eng. |
| 4. | Date of letter | : | 16.8.62. |
| 5. | Postal Seal | : | Outgoing. |
| 6. | Post office of interception | : | Ramna. |
| 7. | Date of interception | : | 18.8.62. |
| 8. | Name of officer who can prove the interception | : | A. Hussain S.I. |
| 9. | Whether photographed or not | : | No. |
| 10. | Whether withheld or delivered | : | Submitted with Copy. |

| | | |
|---|---|---|
| 11. | If delivered, whether copy kept or not | : *Original delivered.* |
| 12. | Number and date of Government order authorising interception | : *Casual.* |

—

### Copy /translation forwarded to

*No. I dt. 20.8.62*

*DSVI*

*Enclosed is a copy of a letter in English from Sk. Mujibur Rahman, Ex-general Secy, A.L. to Mashiur Rahman, Ex-Minister, Jessore.*

*The letter indicates that there will be a discussion on 2.9.62 at the house of Mr. Ataur Rahman at Dhanmandi regarding the problem in view of the present situation in the country.*

*An officer may be deputed to report on the discussion to be held at Dhanmandi.*

*Sd/- 18.8.62*

—

*SS II*

*May kindly see the intercepted letter below from Sk. Mujibur Rahman to Moshiur Rahman (A.L.) ex-Minister of Jessore.*

*This is about a meeting of the A.L. to be held on 2.9.62 at the residence of Mr. Ataur Rahman at Dhanmandi where the addressee has been waited.*

*Although we have no information to this end from other channels, it is likely that similar letters have been issued to all the leading A.L. members of the Dist.*

*This may be considered for inclusion in D.R.*

*Agent dealing officer of SB and D.S.B. Dacca may cover this meeting by their sources.*

*Sd/- 18.8*

*Pl. inform DSB Dacca. Sd/- 19.8*
*Included in D.R. Sd/- 19.8*

—

[I.B. interception dt. 18.8.62]

Phone No. 4231/61

No. 15488 dt. **24.8.62**

*Secret/Immediate*

Addl. S.P. D.S.B.  Dacca

Copy forwarded to - for information and with the request to cover the meeting through sources whenever held. The holding of the meeting has since been postponed.

Sd/-21.8.62

Issue 22.8.62

DS(6), Order below. Draft for approval please. Sd/- 20.8.62

—

*R.S.I.*

Please show the order of D.S.6 to S.B. Agent dealing officers, in respect of the intercepted letter below.

Sd/- 24.8.62

This meeting has been postponed. Sd/-24.8.62.

Seen. Sd/-24.8

—

Copy of an English letter dt. 16.8.62 intercepted at Ramna P.O. on 18.8.62 from Sheikh Mujibur Rahman 677, Dhanmandi Residential Area Road No 32, Dacca-2 to Mr. Mashiur Rahman Ex-Minister, Jessore Dt. Jessore.

Sheikh Mujibur Rahman
677, Dhanmandi Residential
Area, Rd. No. 32, Dacca-2.

My dear Mashiur Rahman Sb.,

This is to request you to kindly participate in our discussion regarding the problems we are facing in view of the present situation, to be held at Plot No. 500, Dhanmandi Residential Area, residence of Mr. Ataur Rahman Khan on Sunday 2.9.62 at 9 A.M. Your attendance will be much appreciated.

Yours Sincerely
Sd/- S. M. Rahman
16.8.62.

—

# 74

## *Report on movement of Sheikh Mujibur Rahman.*

### Dacca, 17 August 1962

*S.B. No. 4530 (2) dt. 17.8.62*
*East Pakistan Form No. 45.*

**TELEPHONE MESSAGE**

Handed in at...... AM/PM

Received at........ 08.35 AM/PM Date: 17.8.62

From : *S.I. R. Ahmed* –Addresses (if given)-DAP

To : *D.S.I repeated to O/C Watch S.B.*

*Mr. Sk. Mojibur Rahman arrived from Chittagong today at 08.10 hrs. by P.I.A. plane. This is for favour of your kind information.*

*D.S.VI may pl. see for n/a pl. Sd/-DS I 17.8.62*

—

# 75

## *Watch report shows Sheikh Mujibur Rahman and Dr. M.A. Karim visited Daily Ittefaq Office at R.K. Mission Road.*

### Dacca, 20 August 1962

**_C.R. dt. 20.8.62._**

Hours of duty : 06.00 to 11.00 and 17.00 to 22.00 hrs.

Place of duty : Daily Ittefaq Office- R.K. Mission Rd.

Name of Suspect : Ali Aksad.

**_Result of Watch._**

In the morning duty period the said suspect was not seen by me. In the evening duty period the said suspect was not seen by me but I came to learn that the said suspect was in. Sk. Muzibur Rahman and Dr. M.A. Karim visited the said place from 19.30 hrs. to 21.15 hrs. by car No. E.B.D. 7171.

Submitted.
Sd/- W.C. S.M. Noorul Islam
Dt. 21.8.62

*Seen. Show D.S.6. pl. Sd/- A. Majid. 21.8*
*Seen. Ext. to P.F. of Sk. Majibur Rahman. Sd/-for D.S.6, 23.8.*

—

## 76

## *Report on movement of Sheikh Mujibur Rahman and other political leaders.*

Narayanganj, 21 August 1962

To
The R.S.O.,
Dacca.

Sir,

Beg to report that I was on secret duty at N' Ganj R/S. and S. ghat on 18.8.62.

On 18.8.62 at about 23.00 hrs. *Suspect A.L. No/529 Sk. Majibur Rahman **Suspect A.L.463 Mahmud Ali and along with Ataur Rahman, Syed Azizul Haque, Md. Shamsul Islam, Md. Solaiman and Asgar Khan arrived N'Ganj Steamer ghat from Dacca then they left for Barisal by Barisal mail Steamer. I shadowed them up to Barisal Steamer ghat.

On 19.8.62 at about 12.00 hrs. the said steamer reached at Barisal steamer ghat then they were got down at the said Steamer ghat I made over and point out the said suspects and the above noted persons to A.S.I. Md. Eunus Mia of Barisal D.S.B. at the said steamer ghat in the above noted time and date.

On 19.8.62 at about 21.00 hrs. again I received * Suspect A.L. No. Sk. Majibur Rahman and along with Ataur Rahman, Syed Azizul Haque, Md. Solaiman , Md. Shamsul Islam, Ikbal Ansari and Asgar Khan from A.S.I. Jalaluddin of Barisal D.S.B. They left for N'Ganj by Barisal Steamer. They were shadowed by me and along with S.I. Feroz Meher of S.B., Dacca.

On 20.8.62 at about 15.00 hrs. the said steamer reached at Narayanganj Steamer ghat, then the said suspect and his party got down at N'Ganj steamer ghat. I made over and pointed out the said suspect and his party to W/C. Abdul Maleque of N'Ganj R.S.B. at the said ghat. During the up down journey found no suspect or suspicious was meet with them. Telephone message communicated to D.S.B. officer in due time.

This is for your kind information.

Submitted.
Sd/- A. Rahim.
A.S.I., R.S.B
N'Ganj.
21.8.62

*6858 dt. 23.8.62, Forwarded to O/C., Watch, S.B., E.P., DA for information. Sd/- R.I.O.DA. 22.8.62*

*D.S.VI may pl. see. Ext. to P.F. Sd/-25.8., O/C., Watch.*

*Seen. As proposed. Sd/-S.R. Choudhury. 25.8.62*

—

# 77

## *Report on Sheikh Mujibur Rahman's departure from Dacca to Karachi.*

### Dacca, 21 August 1962

**Telephone Message**

Received at 20.45 hrs. Date -21.8.62.

From : S.I. R. Ahmed II. D.A.P

To : O/C., Watch, S.B., Dacca.

Mr. Sk. Majibor Rahman, General Secy. of defunct Awami League left for Karachi today at 20.30 hrs. by P.I.A. plane.

*Sd/- 21.8.62*

*D.S.VI may kindly see. Sd/-G. Kibria. S.I. 22.8*
*If approved, C.I.D. Karachi may be informed. Included in D.R. Sd/- 22.8*
*Seen. Action as suggested. Sd/- S.R. Choudhury. 22.8.*

—

**Express**

No. 15372 dt. 22.8.62

COPS, Karachi

E.P.L. 529 left for Karachi on 21.8.62 by P.I.A. Please report his activities there.

Dintell

Phone No. 4231/61

No. 15372/1 dt. 22.8.62

**Secret**

Copy by post forwarded to S.P. C.I.D. Karachi in confirmation. This is in connection with Sk. Mujibar Rahman.

Sd/- 22.8.62
for D.S.6 S.B.

Issue 22.8
DS(6) order below. Draft for approval pl. Sd/- 22.8

—

## 78

## *Report on movement of Sheikh Mujibur Rahman along with other political leaders.*

Faridpur, 28 August 1962

To
The O/C., Watch, S.B., Dacca.

Sir,

I have the honour to report that I shadowed the political suspect Sk. Mazibur Rahman (A.L.) along with Mohd. Soleman (M.L.), Abu Hosain Sarkar (K.S.P.) Shah Azizur Rahman, Mahmud Ali (N.A.P.) all of Dacca town from Tepakhola Launch Ghat (Faridpur) to Dacca Sadar ghat by Launch on 28.7.62. The above noted suspects arrived at Sadarghat on 28.7.62 at about 18.30 hrs. and for Dacca town by Car No. 7171- E.B.D. and 75.

During my duty periods found nothing to note.

Y.O.S.
Sd/-W.C. Hemayetuddin Ahmed
of D.S.B., Faridpur.
28.8.62

*D.S.VI and D.S.II may pl. see. Exts. may go in P.Fs. Sd/- O/C., Watch. 29.7*
*As proposed. Sd/- for D.S.6. 30.7*

—

## 79

## *Movement report of Sheikh Mujibur Rahman from Tungipara to Dacca.*

Khulna, 29 August 1962

**EAST PAKISTAN POLICE MESSAGE FORM.**

*Register No.*

| Call | Serial No. | Precedence | Transmission Instructions. | |
|---|---|---|---|---|
| From : *SP DSB KHULNA* (Originator) A) | | | Date- Time origin. | Office Date Stamp |
| To : *DINTELL DACCA* (For action) | | | Count Group. | |
| w) For information | | | | |
| Originator's No. 4989 dt. 29.8.62 | | | | |

AL 529 LEFT KHULNA FOR DACCA VIA JESSORE ON TWENTY EIGHTH BY AIR (.)

...

*Secret*

# DISTRICT SPECIAL BRANCH
Khulna, the 29th August, 1962.

No. 4989/1(1)/21-62.

Copy, by post forwarded to M. Yusuff, Esqr., Special Superintendent of Police, Special Branch, East Pakistan, Dacca, in confirmation. This relates to A.L.*529 Shaikh Mujibur Rahman (AL) who reached here on 28.8.62 from his native village Tungipara, Dist. Fairdpur.

Sd/- 29.8.62
Superintendent of Police,
D.S.B. Khulna.

| Signature of originator<br>Sd/-29.8.62 | Originator's instructions Degree of precedence.<br><br>*IMMEDIATE* | Time | System | Operator |
|---|---|---|---|---|
| | | THI or TOR | | |
| | | Time cleared. | | |
| Designation SP DSB KLN. | | | | |
| Telephone No. 2791 & 2016. | | | | |

—

*Immediate*

S.B No./4793 dt. 30.8.62 at 09.00 hrs.

*East Pakistan Form No. 5449-(Modified).*

## EAST PAKISTAN POLICE MESSAGE FORM.

*Register No. 8*

| Call<br>26 | Serial No.<br>1/4/30 | Precedence<br>PRIORITY | Transmission Instructions. | |
|---|---|---|---|---|
| From : SP DSB Khulna (Original)<br>A) | | | Date Time origin<br>29 1600 | Office Date Stamp |
| To : Dintell Dacca (For action)<br>W) For information. | | | Count Group- 15 | |

Originator's No 4989 Dated 29-8-62 (.) AL 529 left Khulna for Dacca via Jessore on twenty eighth by air. 29 17.00

9581 link
Mobarak Hussain
30.8.62

| Signature of originator. | Originator's Instruction Degree of Precedence. | Time. | System | Operator. |
|---|---|---|---|---|
| | | THI or TOR | Tg/1 | 10233/Sign |
| Designation | CKD Twenty eight | 07.10 | | Sd/- 30.8.62 |
| Telephone No. | | Time cleared. | | |

—

**DS (6)**

Perusal please the radiogram below regarding the movements of Sk. Mujibar Rahman. F.O.P.

Sd/- 30.8

O/C watch to please note. Sd/- 30.8, DS6

O/C watch, Seen. Sd/- 30.8

—

# 80

## *Report on the activities of Sheikh Mujibur Rahman and other political leaders at Karachi.*

### Karachi, 31 August 1962

#### IN LIEU OF MESSAGE FORM

From : COPS KARACHI

To    : DINTELL DACCA

No. SB/8817 dated 30.8.1962 (.) Reference your telegram nos 15271 and 15372 dated 20th and 22nd August 1962 (.) EPL nos. 376 and 529 could not be picked up at the airport (.) As the telegrams were received late by us (.) The addresses of their probable places of stay may kindly be furnished to keep them under watch (.) 310810

Read by Syed Ahmad at 13.40 Hrs. on 31.8.62

—

606-48 PF

Security Sec.

**DS(6)**

Perusal please the radiogram below regarding the movements of Sk. Mujibur Rahman and T. Hussain. F.O.P. Sd/- 1.9.62

O/C Watch to please report. Sd/- 1.9.62

**DS6**

Karachi CID should have fixed up the subjects during their stay in the city. It is not possible for S.B watch section of Dacca to report Karachi addresses of the subjects. Agent dealing officers may ascertain this from their agents, if possible.

Sd/- O/C Watch
4.9.62

O/C Watch, 1.9.62

DS6, 4.9.62, Please write to Karachi C.I.D. that the subject went to see Mr. Suhrawardy. His activities there may be reported. Sd/- 4.9.62.

—

**Secret**

No. 16299/606-48 P.F. dt. 5.9.62.

To,

The S.P. C.I.D. Karachi.

Ref: Your telegram No. SB/8817 dt. 30.8.62

EPL. 529 (Mr. Sk. Mujibar Rahman) and EPL. 736 (Mr. Tofazzal Hossain @ Manik Miyan) went to Karachi to see Mr. H.S. Suhrawardy.

Their activities there may kindly be reported. Mr. Tofazzal Hossain@ Manik Miyan is the subject of EPL-736 and not of EPL-376.

Sd/- 5.9.62
for SS(2)DS/PL

DS(6), Order below. Draft, put up for appl. pl. Sd/- 5.9

—

**Secret**

Tel: 30031

No. SB/12304
Office of the Supdt. of Police, S.B.,
Karachi, the 18<sup>th</sup> Dec.1962.

To

The Special Supdt. of Police (II),

Special Branch, East Pakistan,

Dacca.

Reference your letter No. 16299/606-48 P.F. dated 5.9.1962 regarding a report on the activities of Sh. Mujibur Rehman and Tafazzul Hussain @ Manik Miyan who came to Karachi to see Mr. H.S. Suhrawardy.

I. Enquiries reveal that Sh. Mujibur Rehman came to Karachi by air on 22.8.1962 and stayed with one of his friends Mr. Tayab Dada (Memon), a businessman, at 27/3-Jamshed Road, Karachi. He along with East and West Pakistan Awami Leaguers met Mr. H. S. Suhrawardy in camera meeting at his residence and congratulated him on his release from detention. They discussed the matter of Organising Awami League in Pakistan. Following were present in the said meeting:-

| | | |
|---|---|---|
| 1. | Nowabzada Nasrullah Khan | West Pakistan |
| 2. | Pir Salahuddin. | |
| 3. | Agha Shorish Kashmiri. | |
| 4. | Malik Hamid Sarfaraz. | |
| 5. | Tafezzul Hussain @ Manik Miyan. | East Pakistan |
| 6. | Sheikh Mujibur Rahman. | |

Mr. Mujibur Rehman left for Dacca by air on 23.8.1962.

II. Mr. Tafazzul Hussain @ Manik Miyan arrived from Dacca by air on 20.8.1962 and stayed in Room No. 11-Taj Hotel, Kutchery Road, Karachi. He attended the same meeting at the residence of Mr. H.S. Suhrawardy.

III. He left for Dacca by air on 23.8.1962.

Sd/- 17.12
for Superintendent of Police,
Special Branch,
Karachi.

—

# 81

## *Weekly confidential report on movement of Sheikh Mujibur Rahman and others.*

Khulna, 1 September 1962

Weekly Confidential Report of the Superintendent of Police, D.S.B., Khulna, for the week ending 1.9.62.

...

**Part I.**

East Pakistan Police Abstract of Intelligence No. 28 dated 14.7.62 was received here on 27.8.62.

**Part I.**

### *Movement of Suspects.*

D.S.3-    (1)   Ref. W.C.R. for the week ending 25-8-62 Sl. No. 1 A.L. 26 Abdul Ghafur (C.P./ N.A.P.) returned to Khulna on 25.8.62 from Dacca by place and road.

D.S.6-    (2)   A.L.* 529 Sk. Mujibur Rahman (A.L.) passed through Khulna on 28.8.62 en-route to Dacca by road and place being shadowed.

D.S.3-    (3)   A.L.*343 Foriduddahar (CP) left Khulna on 28.8.62 for Narail (Jessore) by Launch being shadowed. He retd. to Khulna on 31.8.62.

*To their P.Fs. Sd/-A. Ahmed. D.S.3, 4.9.62.*
*Seen. Sd/- M. Yunus. 4.9.62*

—

# 82

# *Watch report on Nurul Amin shows Sheikh Mujibur Rahman and other political leaders visited him.*

Dacca, 6 September 1962

### *C.R. Dated 6.9.62.*

Hours of duty      :   06.00 to 11.00 hours, 17.00 to 23.00 hours.

Place of duty      :   20, New Eskaton.

Name of Suspect :   Nurul Amin.

### *Result of Watch.*

I had been secret on duty at the above noted place for the above noted suspect. At about 09.00 hours the suspect left his quarters and proceeded town side by car E.B.D. No. 4043. After that the suspect was not seen to return till 11.00 hours.

In the evening duty period the suspect was present at his quarter.

A meeting was held at suspect quarters from 17.45 to 21.00 hours. The following persons attended the meeting. In the meeting a Flood Relief Committee with Nurul Amin as President and Ataur Rahman Khan as Secy. was formed.

|   |   | In | Out | Convance |
|---|---|---|---|---|
| 1. | Sk. Majibur Rahman along with one unknown person. | 17.47 Hrs. | 21.00 Hrs. | E.B.D. 7171 |
| 2. | Abu Hossain Sarkar. | 17.50 " | 21.00 " | B. Taxi 6230. |
| 3. | Ataur Rahman. | 19.00 " | 21.00 " | E.B.D. 27. |
| 4. | Azizul Haque. | 19.15 " | 21.00 " | " 4500. |
| 5. | Shawkat Ali Khan. | 19.30 " | 21.00 " | " 4567. |
| 6. | Mahamad Ali. | 19.30 " | 21.00 " | " 4563. |
| 7. | Mahiuddin Ahmed, Ex. Spr. | 19.20 " | 20.55 " | by Rickshaw |
| 8. | Abdul Jabbar Khadar. | 18.30 " | 21.00 " | E.B.D. 4043. |
| 9. | Abdul Rashid Tarkabagish. | 19.20 " | 21.00 " | " 4043. |
| 10. | Syedul Hassan. | 19.05 " | 21.00 " | E.B.C. 567. |
| 11. | Sha Azizur Rahman. | 19.00 " | 21.00 " | E.B.D. 9333. |
| 12. | Khaja Kharauddin. | 19.00 " | 21.00 " | " 9333. |
| 13. | Yousuff Ali Chowdhury along with one unknown person. | 19.25 " | 21.00 " | " 7725 |
| 14. | Abdul Latif Biswas. | 19.20 " | 21.00 " | K. A. A 5364. |
| 15. | Ikbal Ahmed son of Ali Amzad Khan (Adv.) along with one unknown. | 19.40 " | 21.55 " | E.B.D. 4578. (J.B) |

and about 20 unknown person visited the suspect quarters the following car and Baby Taxi and Rickshaw.

|   | In | Out | Convince |
|---|---|---|---|
| Two unknown person. | 19.15 Hrs. | 21.00 Hrs | E.B.D. 31... |
| Three unknown person. | 19.20 " | 21.00 " | " 406.. |
| Two unknown person. | 19.22 " | 21.00 " | " 8.... |
| Three unknown person. | 19.18 " | 21.00 " | on foot.... |
| Two unknown person. | 19.16 " | 20.50 " | " |
| Two unknown person. | 19.40 " | 21.00 " | by Rickshaw |
| Three unknown person. | 19.13 " | 20.58 " | on foot |
| Two unknown person. | 19.45 " | 21.00 " | by Rickshaw |
| One unknown person. | 19.50 " | 21.00 " | " |

S.I. Firaz Maher Sb. visited the duty place in the evening duty period.

Submitted
W/C. Kazi Abdus Sattar
S.B., E.P., Dacca.
7.9.62

*This meeting is the continuation of the meeting held in the residence of Ataur Rahman Khan, on 5.9.62*
*in the evening. Sd/- O/C. Watch. 7.9.62*
*Seen, Sd/-Show S.S.(II),D.S.(II),Sd/- M. Yunus. 8.9.62.*
*S.I. Feroz Meher to fix up pl. O/C, Watch, 7.9.62*

—

# 83

## *Report on the activities of Sheikh Mujibur Rahman and Tofazzal Hussain at Karachi and return to Dacca.*

Karachi, 8 September 1962

**Secret**

Fair in file—681–49 P.F.

Telephone No. 30031.

No. SB/9192.

Office of the Supdt. of Police, C.I.D. Karachi, the 8th September, 1962.

To
The Spl. Supdt. of Police, II.
(Special Branch), East Pakistan, Dacca.

Sub : WATCH REPORT OF EPL. 736.

Reference your endorsement No. 1527/1, dated 20.8.1962, on the subject noted above.

Tofazzal Hussain @ Manik Miyan arrived here by air on 20.8.62 at 02.30 hours and stayed in Room No. 59, Taj Hotel, Kutchery Road, Karachi. During his stay here he used to visit the Lakhim House, Jehangir Road, Karachi. He attended a private meeting held at the residence of Mr. Suhrawardy, participated by Sheikh Mujibur Rahman (E.P) and Nawabzada Nasrullah Khan, Pir Salahuddin, Agha Sorish Kashmiri (W.P) where the discussions on the formation of Awami League in East and West Pakistan was made.

Mr. Taffazzal Hussain along with Sheikh Mujibur Rahman returned to Dacca by air on 23.8.1962.

Sd/- 8.9
for Supdt. of Police, C.I.D.,
Karachi.

—

# 84

## *Weekly confidential report on movement of Sheikh Mujibur Rahman and other political leaders.*

Faridpur, 8 September 1962

Weekly Confidential Report of the Supdt. of Police., D.S.B., Faridpur, for the week ending 8.9.62.

...

Secret Abstract of Intelligence No.29 dated 21.7.62 has been received,

***Part- I***

***Movement of Suspects.***

D.S.2 1) A. L.**463/NAP- Mahmud Ali came to Gopalganj on 26.8.62 (morning) from Dacca & attended a meeting and the same day he returned to Dacca.

D.S.6 2) A.L. 528/N.I. Muhsinuddin Ahmad Maulana @ Dudu Miyan arrived at Gopalganj from Dacca on 26.8.62 (morning), attended a meeting and the same day he left for Dacca.

3) A. L.*529/ A.L. Mujibar Rahman Shaikh came to Gopalganj on 26.8.62 held a meeting and left for Dacca on 28.8.62 via Khulna.

D.S.2 4) A.L.450/C.P.-Liyaqat Husain left for Dacca on 6.9.62.

5) A.L. 487/C.P. Manwar Husain left for Dacca on 4.9.62

Ext. to P.Fs.

Sd/-for D.S. II

13.9.62

—

# 85

## *Watch report on H S Suhrawardy shows Sheikh Mujibur Rahman and other political leaders visited him.*

### Dacca, 18 September 1962

C.R. dated 17.9.62 of H.S. Suhrawardy at Bazi Kakrail, Dacca.

...

I had been on secret duty in the above noted vicinity from 12.00 hours to 18.00 hours.

During the period under watch the subject was not seen but the following known and unknown persons were seen to visit the place.

Maidul Hasan went out at about 12.45 hours on foot.

Abdur Rashid Tarkabagish along with one another visited the place from 12.20 to 13.25 hours by car E.B.D. 2521.

One unknown person visited from 15.30 to 17.30 hours by car E.B.D. 8402.

Submitted.
Golam Kibriah, S.I.
18.9.62.

*Seen. Copy to his P.F. Sd/- M.Yunus. 18.9.62*

—

### *C.R. dt 17.9.62.*

Hours of duty       :    17.00 to 22.00 hours.

Place of duty       :    68/53, Bazi Kakrail.

Name of Suspect   :    Mr. H.S. Suhrawardy.

### *Result of Watch.*

I was on secret watch duty for the subject noted above. At about 19.20 hours the subject left his quarters along with Ataur Rahman Khan and Sk. Mujibur Rahman by car No. 27 E.B.D and proceeded towards northern side. Till 22.00 hours the subject was not seen to return.

During my duty hours the following known and unknown persons visited the noted place.

| | | *IN* | *Out* |
|---|---|---|---|
| 1. | Two unknown persons by E.B.D. 8402 | x | 17.30 Hours. |
| 2. | Abdul Jabbar Khaddar along with Ahsanullah (Balak Neta) | 19.00 hours | 18.30 |
| 3. | Zahur Hossain Chowdhury by E.B.D. 5158 | 18.10 | 18.30 |

| | | | |
|---|---|---|---|
| 4. | Ataur Rahman along with Sk. Mujibur Rahman by E.B.D 27. | 19.10 | 19.20 |
| 5. | Shudhir Babu by E.B.D. 2798 | 18.20 | 18.30 |
| 6. | Two unknown persons by E.B.D.4062. | 19.45 | 20.00 |
| 7. | Three unknown persons by E.B.A.301. | 19.30 | 20.30 |
| 8. | M.A. Ispahani & three others by E.B.D. 2470 | 20.40 | 20.50 |
| 9. | Kalu Chowdhury ( Contractor) | 19.00 | 20.45 |

From 18.00 hours to 21.30 hours about 25 unknown persons also visited the noted place.

Submitted.
M.M. Z. Huque.
A.S.I., S.B., Dacca,
18.9.62.

*Copy to P.F. the unidentified persons should be filled. Sd/- M. Yunus.18.9.62*

—

C.R. on Mr. H.S. Suhrawardy dt. 17.9.62 & 18.9.62 up to 02.00 hours. At Kakrail, time 06.00 to 12.00 & 18.00 to 02.00 hours on 18.9.62.

...

In the morning period between 06.00 hours & 12.00 hours Mr. Suhrawardy was not seen to come out of his residence. The following among others visited him during this period.

1. Mr. Sudhir Banarjee of M/S. R.P. Shaha.

2. Mr. Sadri Ispahani and 3 unknown.

3. Mr. Kalu Mia Choudhury, Contractor

4. Mr. Dildar Ahmad, Ex-Minister and 6/7 unknown Awami Leaguers of Khulna district.

5. Mr. Abdul Jabbar Kahaddar Ex- M.P.A and 4 others unknown persons.

In the evening period the following persons among others visited the residence of Mr. Suhrawardy between 18.00 &19.10 hrs.

1. Mr. Sudhir Banarjee of M/S R.P. Shaha.

2. Mr. Juhur Husain Choudhury, Editor the Sangbad.

3. Mr. Abdul Jabbar Khaddar,

4. Md. Ahsanullah of Char Aojbalia, P.S. Sudharam, Noakhali and 4 unknown persons.

At about 19.10 hours Mr. Ataur Rahman Khan and Sk. Mujibur Rahman came to the place by E.B.D 27 and left the place along with Mr. Suhrawardy towards

Eskaton side. He returned to the residence of Manik Mia at about 01.50 hours by car No. E.B.D.5293 (car of American Consulate).

The subject could not be shadowed throughout the day as the office Jeep was not available.

In absence of Mr. Suhrawardy some 25/30 unknown persons visited the residence of Manik Mia.

Submitted.
M. Alam, S.I.
18.9.62

*Seen. Copies to P.F. of Mr. Suhrawardy & others. Sd/- M.Yunus 18.9.62*

*Mr. H.S. Suhrawardy went to the residence of Mr. Nurul Amin.*

*Who are they? Sd/- M.Yunus 18.9.62.*

—

# 86

## *Report on collection and hand over fund for organizing strike.*

### Dacca, 18 September 1962

**Secret**

A reliable secret source reported on 15.9.62 that one Mazid (particulars not known) collected Rs. 250/00 and made over the same to Mr. Sk. Mujibur Rahman for utilising this in organising the strike on 17.9.62.

...

No. 52 /33(SC) dated 18.9.62

Forwarded to S.A. Khasru, Esq., P.S.P., Spl. Supdt. of Police, Spl. Branch, E.P., Dacca, for his information and necessary action.

Sd/- 18.9.62
(A. Ahmed)
Spl. Supdt. of Police,
SC, SB, Dacca.

—

# 87

## *DC, Dacca rejected application of Sheikh Mujibur Rahman to hold Awami League Workers Convention.*

### Dacca, 18 September 1962

**Secret**

A reliable secret source reported today (18.9.62) that Mr. Sk. Mujibur Rahman approached the Dy. Commissioner, Dacca for permission to hold A.L. Workers

Convention tomorrow (19.9.62) in front of the residence of Mr. Ataur Rahman Khan, but the Dy. Commissioner did not grant them the permission as order under section 144 Cr. P.C. was in force. Therefore Mr. Sk. Mujibur Rahman asked the workers of his party who have come from different districts to meet Mr. H.S. Suhrawardy at the place of his stay at Dacca (i.e. at the residence of Mr. Tofazzal Hossain @ Manik Mia) between 09.00 hrs. and 13.00 hrs. and again in the afternoon, in groups.

...

No. 53/SS(SC) dt. 18.9.62.

Forwarded to S.A. Khasru, Esq., P.S.P, Spl. Supdt. of Police Spl. Branch, E.P., Dacca for his information and necessary action.

Sd/- 18.9.62

(A. Ahmed)

Spl. Supdt. of Police,

SC, SB, Dacca.

—

# 88

## *Report on the proposal of Sheikh Mujibur Rahman to lead students after death of four persons on firing near Curzon and Jagannath hall.*

### Dacca, 18 September 1962

**Secret**

A reliable secret source reported on 17.9.62 that Mr. Sk. Mujibur Rahman having discussed the situation prevailing in Dacca at noon (17.9.62) with Mr. Ataur Rahman Khan informed him that firing took place near the Curzon Hall in which 1 person died and 3 were injured. Firing also took place near Jagannath College[25] in which 6 rounds of bullets were fired and 4 persons (perhaps, all students) died and others were injured. He thought that the situation aggravated to a great extent and that was the time for them to join with the students to lead them. So, he proposed to see Mr. H.S. Suhrawardy at his residence immediately. Mr. Yusuf Ali Chaudhury @

---

**25.** *Jagannath College– Jagannath College has a history that started in 1858 when Dhaka Brahma School was founded by Dinanath Sen and other Hindu elites. Kishorilal Chowdhury, the Zamindar of Baliati in Manikganj, who took over the school in 1872 and renamed it after his father as Jagannath School. It was upgraded to a second grade college in 1884 and then in the year 1908 it raised to a first grade college started with 48 students. Jagannath College was transformed into Jagannath University in 2005 by passing a bill named Jagannath University Act-2005 in the Parliament. Jagannath University is a government financed public university at Sadarghat, Dhaka.*

Mohan Mia also informed Mr. Ataur Rahman Khan accordingly. He told Mr. Ataur Rahman Khan that they would be holding a meeting at 7 P.M (17.9.62) with Mr. Suhrawardy to decide the issue if they would make province-wise strike to meet the demands of the students.

...

No. 51/SS (SC) dated 18.9.62

Forwarded to S.A. Khasru, Esq., P.S.P., Spl. Supdt. of Police. Spl. Branch, East Pakistan, Dacca, for his information and necessary action.

Sd/- 18.9
(A. Ahmed)
Spl. Supdt. of Police,
SC. S.B., E.P. Dacca.

—

# 89

*Report on obstruction of students to Sheikh Mujibur Rahman while entering Dacca Medical College Hospital to see the injured by Police firing.*

Dacca, 19 September 1962

SSPP/D.S.II

Sir,

In course of talk with a student of Jagannath College yesterday (18.9.62) it is learnt that while Mr. Sk. Mujibar Rahman ex-Minister and ex-General Secretary Awami League, had been to the Dacca Medical College Hospital at about 16.30 hrs. a group of students (not identified) did not allow him to enter into the Hospital building saying that he and his party is responsible for creating hooliganism, disturbances and for damaging the Government and public properties. The students were reported to have told him further that his party and group wanted to take advantage of the students' peaceful general strike to fulfill their political motives.

It was further gathered that Mr. Mujibar Rahman had been to the Medical College Hospital to see injured people and students who were admitted there due to the incidents of 17th instant. Mr. Mujibar Rahman could not enter the Hospital and see the patients due to the obstruction of the students.

Y.O.S
Mumtazuddin Ahmed
S.I. S.B, 19.9.62

SSII may like to peruse. Sd/-SSPP,19.9.62
Seen. D.S.VI, for n/a pl. Sd/- 19.9

—

## 90

## *Report on the press statement of Sheikh Mujibur Rahman regarding shooting in the meeting of Suhrawardy at Gujranwala.*

Dacca, 2 October 1962

Sangbad dt. 2.x.62,

*শেখ মুজিবর কর্তৃক সাংবাদিক সম্মেলনে*

**গুজরান ওয়ালার ঘটনা আলোকপাত সম্পর্কে**

গতকল্য (সোমবার) এক সাংবাদিক সম্মেলনে সাবেক আওয়ামী লীগের জেনারেল সেক্রেটারী শেখ মুজিবর রহমান বলেন যে, গুজরানওয়ালায় সোহরাওয়ার্দ্দীকে লক্ষ্য করিয়া গুলী বর্ষনের পশ্চাতে যে সরকারী ইঙ্গিত রহিয়াছে, সে সম্পর্কে সন্দেহের অবকাশ নাই। ভীতি ও সন্ত্রাসের মাধ্যমে জাতীয় ফ্রন্টের লক্ষ্য ও কর্মপন্থাকে রোধ করা যাইবে না। (নিজস্ব বার্ত্তা পরিবেশক)

করাচী হইতে সদ্য প্রত্যাগত সাবেক আওয়ামী লীগ সম্পাদক শেখ মুজিবর রহমান গতকল্য (সোমবার) ঢাকায় এক সাংবাদিক সম্মেলন বলেন যে, গুজরানওয়ালার সাম্প্রতিক ঘটনা সম্পর্কে সরকার যে প্রেস-নোটে প্রকাশ করিয়াছেন, উহা প্রকৃত ঘটনা ধামাচাপা দেওয়ার অন্য উদ্দেশ্যমুলকভাবে প্রণীত। তিনি বলেন যে, ঘটনার সময় জনাব সোহরাওয়ার্দ্দী ছাড়া জাতীয় পরিষদ সদস্য জনাব কামরুজ্জামান, জনাব হোসান মনসুর, জনাব আমজাদ হোসেন এবং পাঞ্জাবের জাতীয় পরিষদ সদস্য নবাবজাদা নসরুল্লা খানসহ বহু সংখ্যক দায়িত্বশীল নেতা ও কর্মী উপস্থিত ছিলেন। তিনি আরও বলেন যে, ঘটনার দিন বেলা ১১ টার দিকে জনাব সোহরাওয়ার্দ্দীকে লইয়া ট্রেনটি গুজরানওয়ালা ষ্টেশনে পৌঁছিলে এক বিরাট জনসমুদ্র তাঁহাকে সম্বর্দ্ধনা জ্ঞাপন করে এবং জনতার সেই ভীড় ঠেলিয়া সামনে অগ্রসর হওয়া প্রায় অসম্ভব হইয়া পড়ে। তখন চেরাগ পাহলোয়ান ও অপর কতিপয় বলিষ্ট কর্মী জনাব সোহরাওয়ার্দ্দী গা বাঁচাইয়া তাঁহাকে মোটরের দিকে আগাইয়া লইতে থাকেন। জনাব সোহরাওয়ার্দ্দী নীচু হইয়া গাড়ীতে প্রবেশ করিতেই কর্ণবিদারী শ্লোগানের মধ্যে অকস্মাৎ বহু পটকার আওয়াজ শ্রুত হইতে থাকে। ইত্যবসরে চেরাগ পাহলোয়ান বুলেট বিদ্ধ হইয়া

চীৎকার করিয়া উঠেন; কিন্তু কেহ ব্যাপারটি বুঝিবার আগেই জনাব সোহরাওয়ার্দ্দীর গাড়ীটি ছাড়িয়া যায় চেরাগ পাহলোয়ান তাহার ডান পার্শ্বের নিতম্ব চাপিয়া ধরিয়া চীৎকার করিতে থাকিলে সকলের দৃষ্টি তাহার দিকে নিবদ্ধ হয়।

ইত্যবসরে বেদনায় কাতর যে সরকারী ইঙ্গিত রহিয়াছে ইহা বুঝিতে কোন কষ্ট হয় না। লাহোর ও লায়ালপুরের পর ঘটনার এই ধরণের ক্ষোভ পরিগ্রহ করিতে দেখিয়া পাঞ্জাবের জাতীয় পরিষদ সদস্য নবাবজাদা নসরুল্লাহ খান, ন্যাপ নেতা জনাব মাহমুদ আলী কাসুরী ও প্রাক্তন কেন্দ্রীয় মন্ত্রী কর্নেল আবিদ হোসেন প্রমুখ স্বার্থান্বেষী চক্রের কারসাজি সম্পর্কে রীতিমত সন্দিহান ও উদ্বিগ্ন হইয়া পড়েন। অতঃপর শেখ সাহেব গুজরানওয়ালাতে জনসভা বাতিল করার কারণ বর্ণনা করেন।

### করাচীর ঘটনা

লাহোর হইতে ৩০শে সেপ্টেম্বর জনাব সোহরাওয়ার্দ্দী করাচী ষ্টেশনে পৌছিলে যে ঘটনা ঘটে, সে সম্পর্ক শেখ মুজিবর রহমান বলেন যে, বিপুল জনসমুদ্র যখন ষ্টেশনে জনাব সোহরাওয়ার্দ্দীকে সম্বর্দ্ধনা জানায় তখন প্লাট ফর্মের বাহিরে সাতখানি ট্রাকের (তম্মধ্যে দুইখানি পুলিশের) উপর কালো পতাকা হস্তে কতিপয় বিক্ষোভকারীকে দেখা যায়। জনাব সোহরাওয়ার্দ্দী যে মুহূর্ত্তেই স্টেশন ত্যাগ করেন,ঠিক সেই মুহূর্ত্তে পুলিশ অকস্মাৎ প্লাটফর্মের উপরই জনাব সোহরাওয়ার্দ্দীর সম্বর্দ্ধনা কারীদের উপর লাঠি ও *....(missing from the original document due to page damage)* বুলেটটি মাটিতে পড়িয়া যায় এবং সে নিজে উহা তুলিয়া লয়। বুলেটসহ চেরাগকে উপস্থিত কর্ম্মীবৃন্দ গুজরানওয়ালা সরকারী মেডিক্যাল অফিসারের নিকট লইয়া যায়। ক্ষতস্থান দেখিয়া তিনি বুলেটের আঘাতে বলিয়া মন্তব্য করেন। এবং অবিলম্বে পুলিশ কেস করিবার পরামর্শ দেন। বুলেটটি তিনি পুলিশের নিকট ফরোয়ার্ড করিতে চাহিলে কর্মীবৃন্দ বিনা রসিদে উহা সমর্পণ করিতে অসম্মতি জানায়। ফলে যথারীতি রশিদ লইয়াই বুলেটটি পুলিশ কর্ত্তৃপক্ষের হস্তে সমর্পণ করা হয়। মেডিক্যাল অফিসার চেরাগের ক্ষতস্থানটি পরীক্ষাকালে অকস্মাৎ তাহার টেলিফোন বাজিয়া উঠে। প্রাথমিক আলাপের এক পর্য্যায়ে তিনি "এ ঘরে বহু লোক থাকায় শোনা যাইতেছে না" বলিয়া পাশের ঘরে অন্য টেলিফোনে চলিয়া যান। মিনিট কয়েক পর তথা হইতে ফিরিয়া আসিয়া তিনি পুনরায় চেরাগের ক্ষতস্থান পরীক্ষা করিতে থাকেন এবং বেশ কিছুক্ষণ পর মত পাল্টাইয়া "ক্ষতটি পটকার আঘাত জনিত" বলিয়া মন্তব্য করেন। তাঁহার এই মন্তব্যে সকলে বিস্মিত হন।

অপর এক প্রশ্নোত্তরে শেখ মুজিবর রহমান বলেন যে, লাহোর ও লায়ালপুরের ঘটনা গুজরানওয়ালার তুলনায় কিছুই নহে। বরং তাহারা মনে করেন যে, লাহোর ও লায়ালপুরের বিশৃঙ্খলা সৃষ্টির চেষ্টা করিয়া রাজনৈতিক হত্যায় সিদ্ধহস্ত কায়েমী স্বার্থবাদী দল জনাব সোহরাওয়ার্দীর প্রাণনাশেরই পরিকল্পনা করিয়াছিল; কিন্তু খোদার মেহেরবানীতে তাঁহাদের সে প্রচেষ্টা ব্যর্থ হইয়াছে।

এক প্রশ্নোত্তরে শেখ সাহেব বলেন যে, গুজরানওয়ালায় এসব ঘটনার সাক্ষী কেবল কর্মীরাই নহেন, সাক্ষী হইবেন পাঞ্জাবের জাতীয় পরিষদ সদস্য নবাবজাদা নসরুল্লা খান, জনাব হাসান

মনসুর, জনাব আমজাদ হোসেন, জনাব কামরুজ্জামান, পশ্চিম পাকিস্তানের ন্যাপ নেতা জনাব মাহমুদ আলী কাসুরী, প্রাক্তন কেন্দ্রীয় মন্ত্রী জনাব আবিদ হোসেন প্রমূখ।

নাগরিক সম্বর্দ্ধনাকালীন ঘটনা বলীর বিবরণ দান প্রসঙ্গে শেখ সাহেব বলেন যে, অপরাহ্নে জনাব সোহরাওয়ার্দীর নাগরিক সম্বর্দ্ধনাকালেই উক্ত সময়ে অদূরে যে ৩০/৪০ জন বিক্ষোভকারী জাতীয় ফ্রন্টের বিরুদ্ধে বিক্ষোভ করিতেছিল প্রয়োজনীয় জ্ঞানের অভাবে তাহারা সকল শ্লোগানের মধ্যে "থানেদার সাব (ও-সি) জিন্দাবাদ" 'মিয়া সাব জিন্দাবাদ,"হাওলাদার সাব জিন্দাবাদ" ধ্বনি তুলিতে থাকে।

এই ঘটনার পর জাতীয় ফ্রন্ট বিরোধী বিক্ষোভকারীদের পশ্চাতে ব্যাটন চার্জ শুরু করে। ঐ সময় অন্ততঃ ১৪ জন জাতীয় পরিষদ সদস্যসহ পূর্ব ও পশ্চিম পাকিস্তানের নেতৃবৃন্দ ও ঘটনাস্থলে উপস্থিত ছিলেন।

পদব্রজে শোভাযাত্রা করা নিষিদ্ধ থাকা সত্বেও জনতা শোভাযাত্রা করায় পুলিশ লাঠি চার্জ্জ করিয়াছে বলিয়া কর্তৃপক্ষ দাবী করিয়াছেন। এই মর্মে জনৈক সাংবাদিক মন্তব্য করিলে শেখ মুজিবর বলেন, মিথ্যা কথা। লাঠি চার্জ্জ করা হইয়াছে তো প্লাটফরমের উপর। সুতরাং শোভাযাত্রার প্রশ্ন উঠিল কি করিয়া?

### প্রেসিডেন্টের মন্তব্য প্রসঙ্গে

জনাব সোহরাওয়ার্দীকে পাকিস্তানে আশ্রয় দেওয়া হইয়াছে বলিয়া সম্প্রতি প্রেসিডেন্ট যে মন্তব্য করিয়াছেন, সাংবাদিক সম্মেলনের শেষ পর্য্যায়ে শেখ সাহেব তাহার প্রতিবাদ করিয়া বলেন: পাকিস্তান ইস্যুর উপর নির্বাচনে জনাব সোহরাওয়ার্দ্দী পাক-ভারত উপমহাদেশের এই অংশে মুসলীম লীগকে কিভাবে জয়যুক্ত করিয়াছিলেন এবং সেই চরমতম পরীক্ষার দিনেও জনাব সোহরাওয়ার্দীই যে সমগ্র উপমহাদেশের একমাত্র মুসলীম লীগ প্রধান মন্ত্রী ছিলেন, একথা যেন কেহ ভুলিয়া না যান। তিনি বলেন, আর কেহ না জানিলেও বাংলার অধিবাসী হিসাবে আমরা জানি, পাকিস্তান সংগ্রামে জনাব সোহরাওয়ার্দ্দী কতদূর ত্যাগ স্বীকার করিয়াছিলেন। সুতরাং জনাব সোহরাওয়ার্দী পাকিস্তানে আশ্রয় চাহিতে আসেন নাই- আসিয়াছেন তাহার অধিকারাবলেই।

উপসংহারে তিনি বলেন যে, জনাব সোহরাওয়ার্দী যখন পাকিস্তান তথা স্বাধীনতা অর্জনের জন্য মরণপণ সংগ্রাম করিতেছিলেন, অনেকেই তখন বৃটিশ সরকারের সেবা করিতে ব্যস্ত ছিলেন।

প্রসঙ্গতঃ উল্লেখযোগ্য যে, শেখ মুজিবরের সহিত করাচী হইতে সদ্য প্রত্যাগত জাতীয় পরিষদ সদস্য জনাব সৈয়দ আবদুস সুলতান ও বেগম রোকাইয়া আনওয়ারও এই সাংবাদিক সম্মেলনে উপস্থিত ছিলেন এবং বিভিন্ন প্রশ্নে শেখ মুজিবরের সহিত একই মত প্রকাশ করেন।

...

নাসির উদ্দিন আহমদ কর্ত্তৃক ইষ্ট পাকিস্তান প্রেস, ২৬৩, বংশাল রোড, ঢাকা হইতে মুদ্রিত ও প্রকাশিত। সম্পাদক- জহুর হোসেন চৌধুরী।

Sangbad 2.X.62
14 4.X.62

শেখ মুজিবর কর্তৃক সাংবাদিক সম্মেলনে

# গুজরানওয়ালার ঘটনা আলোকপাত সম্পর্কে

# শেখ মুজিবর কর্তৃক সাংবাদিক সম্মেলন

*Immediate*
*Secret*

Office of the

Deputy Director, Intelligence,

Government of Pakistan,

Pak. Secretariat, Segun Bagicha.

Ramna, Dacca.

D.O. No. S/2872/190-48 (P.F.) Dated, the 6th *October,* 1962.

My dear Haque,

Information has been received that a certificate given by a private doctor at Gujranwala on 28.9.62 relating to the bullet injury of Cheragdil, immediately after the incident and before admission in the hospital has been taken away by Mr. Sk. Mujibur Rahman and brought to East Pakistan for the distribution of its Photostat copy in the public meeting to be held on 7.10.62

I shall be grateful if necessary action is taken to stop the distribution of the same.

Yours sincerely

Sd/-(A.S.M. Ahmed)

6.10.62

M.A. Haque, Esqr., P.S.P.,

Deputy Inspector General of Police,

Special Branch, East Pakistan, Dacca.

## Secret

1) D.S.B Dacca may be informed to take n/a. The letter may issue today. Action taken pl. Sd/- 6.10.62

2) I have instructed Zonal Inspector. If Mr. S.A. Khan to be on the lookout for same. SSII may kindly approve. Sd/- DSVI, 6.10.62

   DIG may kindly see for necessary orders. Sd/- 6.10.62

   Discussed with H. S. No action can be taken. Sd/- 7.10.

   –

*Secret*

By Spl. messenger

No. 18021 dt. 10.62

To

Addl. S.P. D.S.B. Dacca

Information has been received that a certificate given by a private doctor at Gujranwala on 28.9.62 relating to the bullet injury on Cheragdil, immediately after the incident and before admission in the hospital, has been taken away by Mr. Sk. Mujibur Rahman and brought to E.P. for the distribution of its Photostat copy in the public meeting to be held on 7.10.62.

Pl. direct your staff to be on the lookout for the same.

Sd/-6.10.62

D.S.6 for SSII

—

# 91

## *Watch report on H S Suhrawardy shows Sheikh Mujibur Rahman and other political leaders visited him.*

### Dacca, 7 October 1962

Date : 7.10.62

Time : 07.00-14.00.

Place : Baze Kakrail, Name of the Suspect-Mr. H.S. Suhrawardy.

...

At about 08.30, 7 unknown students entered into the house and the following persons visited the place at different times as noted against each.

|    |                                | In.   | Out.  |
|----|--------------------------------|-------|-------|
| 1. | Mustaq Ahmed (A.L.)            | 09.00 | 10.00 |
| 2. | Abdul Jabbar Khadder (").      | 09.15 | 10.00 |
| 3. | 7 unknown students (mentd.)    | "     | 09.30 |
| 4. | 2 unknown                      | 09.35 | 10.00 |
| 5. | 2 "    by a car No. E.B.D.4    | 09.40 | "     |

6. Sk. Mujibur Rahman along with Abu Hossain Sarkar, visited the place by EBD-7171 at 09.55 and left the place with Mr. Suhrawardy by the same car at about 10.00 and went to the residence of Mr. Nurul Amin where they held a discussion up to 12.10. Pir Mohsinuddin, Ataur Rahman, Syed Azizul Huq,

Yusuf Ali Choudhury amongst others were prominent. At about 12.20 Mr. Suhrawardy reached Baze Kakrail along with Sk. Mujibur Rahman by the latter's car.

Submitted.
Sd/- 8.10.62

*S.I. M. Iliyas to fix up above. Sd/- A.H.M. Muhiuddin.*

*O/C., Watch. 9.10, SS.II. may like to see. Sd/- M.Yunus. 8.10.62*

*Seen, Sd/- S.A. Khasru. 9.8, D.S.VI. Who are they? Sd. M. Yunus.8.10.62*

—

Ref. C.R. dt 7.10.62 of Suspect Mr. H.S. Suhrawardy reg. fixing up unknown persons.

It is learnt secretly that Shah Muazzam Hussain, Nurul Alam, Sk. Fazlul Haq, Abdur Rahim Azad and Enayatur Rahman (all students) visited Mr. H.S. Suhrawardy. The names of the rest of the students could not be collected on secret enquiry. Mr. Shamsuzzoha (A.L.) of Narayanganj, Ahsanullah of Noakhali also visited the subject on 7.10.62.

Submitted.
Sd/- S.I.
23.10.62

*D.S.VI. may pl. see. Sd/- O/C., Watch. 23.10.62, Seen. S.I. Rustam Ali to please keep a note. Ext. of the report may be kept in P.Fs. of the student leaders. Sd/- for D.S.VI. Pl. take action on 'A' Sd/- M. Yunus. 24.10.62*

—

## 92

### *Report on alleged objectionable speech delivered by Sheikh Mujibur Rahman at Khulna.*

Khulna, 12 October 1962

#### *Extr. from P/856 file No. 279-62*

English translation of the objectionable portions of the speech delivered by Sk. Mujibur Rahman, at Khulna on 12.10.62.

...

The duty of Pakistan Military is to fight the enemy when they invade the borders of the country.

F.M. Ayub[26] has not learnt as to how the administration of a country is run. He knows how to fight with guns. The people of Pakistan have got right to pay tax but not to vote.

—

*Extr. from PP/ 148-149 file No. 279-62.*

## Meeting Report.

Time. : 16.10 hrs to 17.45 hrs.

Place : Khulna Circuit House Maidan

Date 12.10.62

Convened by : National Democratic Front[27], Khulna.

President over by : Abdul Jabbar (N.A.P.) Advocate, Khulna town.

Political party or : Leaders of the N.A.P., A.L. and other body concerned. Dissident group of M.L.

Number of persons attended : About 50,000 in the meeting.

Names of speakers : * * *

(5) Sk. Mujibur Rahman Ex-Minister. * * *

---

26. **General Ayub Khan -** *Mohammad Ayub Khan (14 May 1907-19 April 1974) – A Pakistan Army General and second President of Pakistan. Forcibly assumed the presidency ousting first president Iskander Mirza through military coup in 1958. Banned all political parties and arrested Awami League and other opposition leaders including Sheikh Mujibur Rahman almost without touching Muslim League leaders. Pormulgated EBDO (Elective Bodies Disqualification Order) contrary to the constitution barring political leaders from taking part in political activities. Also introduced Basic Democratic system at all levels. Elected union council members called Basic Democrats constituted the electoral college and they voted to elect the President, National and Provincial Assembly members of the country. The controversial win over Fatima Jinnah in presidential elections and the outcomes of war with India in 1965 brought devastating results for Ayub Khan's image and his presidency. The popular demonstrations and labour strikes all over Pakistan, especially those under Awami League leadership in East Pakistan ultimately compelled him to step down in 1969.*

27. **National Democratic Front (NDF)-** *NDF was constituted of Awami League, NAP, KSP, Council Muslim League, Nizam-e-Islam and Jamaat-e-Islami on 4 October 1962. HS Surahwardy, Sheikh Mujibur Rahman, Ataur Rahman Khan and some other leaders from East Pakistan and Maulana Abul Ala Moududoodi, Mian Mumtaz Mohammad Khan Daulatana, Gulam Ali Talpore and some others from West Pakistan took initiative to form NDF. The alliance was formed with a view to launching a united movement against military dictator Ayub Khan and realize the demandes of real democracy, basic rights, a constitution providing federal Parliamentary form of government on the basis of universal adult franchise instead of Basic Democracies and electoral college system, withdrawal of EBDO etc. NDF leaders traveled across the country attending public meetings to mobilize people's opinion against Ayub Khan's regime. They also appealed to the public to vote in favour of NDF candidates in the parliament election.*

2. Hussain Munsur Ahmad, M.P.A. stated in his speech that the Assembly had no power under the present Constitution. The provincial Assembly unanimously passed a resolution to release all political prisoners but this resolution was not put into effect by the president with whom lies all power. He demanded a complete change of the present Constitution.

3. Mahmud Ali-Ex-Minister, said in his speech that the people fought for Pakistan for attainment of personal liberty and full democracy which were completely denied in the present Constitution. He urged upon the students, labourers, cultivators, peoples of all shades of opinion, rich or poor- all to join the United Front to nullify the present Constitution and to have a democratic one its place. United demand was the only effective weapon to make the present Constitutional null and void. To achieve this end the people shall have to embrace great calamities emanating from the ruling clique.

\* \* \*

5. Sk. Mujibur Rahman in his speech also reiterated that all powers were vested with the president and governors of the provinces under the present Constitution which denied the basic rights of the people. He pointed out the economic disparity between East Pakistan and West Pakistan and urged upon the president to return the excess money spent for development of West Pakistan denying due share to East Pakistan for the last 15 years. East Pakistan would not tolerate this disparity any longer. No power on earth by coercion or oppression can debar this peoples urge for a democratic Constitution.

—

*Copy of page no, 11 of file No. F 279-62*

An assessment of the political maneuvers conducted in the Province by the National Democratic Front, the measure of success, if any, they have achieved so far and the anticipated developments.

...

Mr. H.S. Suhrawardy after discussion with political leaders of East and West Pakistan made a press announcement on 4.10.62 from Karachi on the formation of the National Democratic Front for democratisation of the Constitution. He also mentioned the name of 54 leaders of East and West Pakistan, who according to him agreed to support the stand of the organisation.

With a view to conducting political campaign on behalf of the National Democratic Front in East Pakistan, Mr. H.S. Suhrawardy arrived at Dacca in the evening of 6.10.62. It is reported that he held an informal discussion with Mr. Nurul Amin and other supporters of National Democratic Front in the house of Mr. Nurul

Amin on 7.10.62 where the pros and cons of the formation of N.D.F. were discussed in the light of some press statements that it comes under the preview of Political parties Act. It was agreed in course of their discussion that the N.D.F. comes under the preview of the political parties Act. But they should continue the movement without infringing the provisions of the said Act. Mr. Suhrawardy in course of speech delivered at Dacca on 7.10.62 declared that the N.D.F. was not a political party. It had no funds, all were volunteers and workers and there were not leaders.

To materialise the objection of the N.D.F. and to mobilise mass opinion for democratisation of the Constitution thought the platform of this organisation, public meetings are being held at different places of the province at the initiative of the workers of the A.L., N.A.P., K.S.P. and M.L. (non-revivalist) Mr. Suhrawardy, has addressed, so far, public meetings at Dacca, Jessore, Khulna, Barisal, Chandpur, Rajshahi, and Rangpur. The meeting at Dacca was presided over by Mr. Nurul Amin (M.L.) in the meetings held at districts Messrs. Sk. Mujibur Rahman, Ataur Rahman Khan, Mahmud Ali and others also made speeches. Mr. Suhrawardy in his speeches in these meetings laid particular emphasis on the need for democratisation of the Constitution and the establishment of the peoples rule in the country by amending the Constitution accordingly. He adversely criticised.

—

# 93

## *Weekly confidential report on movement and political activities of Sheikh Mujibur Rahman and others.*

### Dacca, 13 October 1962

Weekly Confidential Report of D.S.B., Dacca, for the week ending 13-10-62.

...

Abstract of Intelligence Report No. 34 dated 25-8-62 was received on 4-10-62.

...

Weekly Confidential Report of D.S.B., Dacca, for the week ending 13-10-62.

...

### *Part –I.*

*Movement of suspects*

1.  A.L. * 529  :  Shaikh Mujibur Rahman (A.L) left Dacca for Jessore on 11-10-62 by plane.

2. A.L. ** 463 :  Mahmud Ali (C.P/N.A.P.) left Dacca for Jessore on 11-10-62 by Plane.

3. A.L. * 459  :  Mahabub Ali Dewan left Dacca for Serajganj (Pabna) on 11-10-62 by train.

4. A.L. * 525  :  Muhiuddin Ahmad left Dacca for Serajganj (Pabna) on 11-10-62 by train and returned to Dacca on 13-10-62 by train.

5. A.L. 156    :  Anwar Zahid arrived Dacca on 13-10-62 from Pabna by train.

*4 copies pl. Sd/- 29.10, circulation. Sd/- 17.10.62, Sd/- 30.10.62*
*D.S.-6, 23.10.62, D.S.1, 17.10, D.S.2, 24.10, D.S.III, 25.10*
*Copy to them P.F.  Sd/- DS 3, 21.10.62*

—

Ext. from Weekly Confidential Report of the Supdt. of Police, D.S.B., Bakarganj, for the week ending 13.10.62

...

*Part- II.*

### 3. *POLITICAL ACTIVITIES.*

\* \* \*

*Others*

(a) D.I.O. Sadar reported on 13.10.62 that Mr. H.S. Suhrawardy (AL), Ex-Prime Minister, Pakistan, Sk. Mujibur Rahman (AL), Ex-Minister, East Pakistan, Mahmud Ali (NAP), Ex-Minister, East Pakistan, Shah Azizur Raham (M.L) and a few other leaders of different political parties arrived at Barisal on 13.10.62 by service launch at 11th hour. About 500 persons including students Bidi Sramik workers and local leaders of A.L., N.A.P., P.N.C. & C.P. accorded reception to the Party.

(b) O/C., Jhalakati P.S. reported on 13.10.62 that a public meeting (1000) was held on the same day at Jhalakati Bandar, & district Bakarganj at the instance of the leaders of the local Awami League with Dr. A Saduzzaman, M.B.B.S. (A.L.), Chairman, Jhalakati Town Committee, s/o, Abdul Wahab of Jhalakati in the chair. Mr. H.S. Suhrawardy (A.L.), Ex-Prime Minister of Pakistan, Sk. Mujibur Rahman (A.L.), Ex- Minister, East Pakistan and a few other leaders of the National Front arrived at Jhalakati at 07.45 hrs. on the date. Mr. H.S. Suhrawardy (mentioned) delivered speeches in the meeting criticising the policy of the present Government and the present undemocratic constitution of Pakistan. He urged upon the people to become united to achieve a democratic constitution. Resolutions demanding release of all political prisons including

Maulana Bhashani and repeal of existing undemocratic constitution were passed in the meeting.

(c) A D.I.O. reported on 13.10.62 that a public meeting (5000/6000) was held at A.K. School play-ground, Barisal town on the same day with B.D. Habibullah (KSP), s/o. late Abdul Majid of Lohalia, P.S. Patuakhali, Bakerganj and of Barisal town, in the chair. The meeting was held at the instance of the Bakarganj District Ganatantrik Parishad in connection with the visit of Mr. H.S. Suhrawardy (mentined) to Barisal. Besides the President A.F.N.A. Jalil (A.L.) Advocate, Khulna, Mahmud Ali (NAP) of Sylhet, Ex-Minister, East Pakistan, H.S. Suhrawardy (mentioned) among a few others delivered speeches demanding restoration of full democracy in the country and urging upon the audience to become united to achieve the same. Mahmud Ali in his speech demanded the release of all political prisoners. H. S. Suhrawardy (mentioned) in his speech demanded democratic constitution and stressed on maintenance of unity for the benefit of the country. He called the supporter of the present constitution as treacherous persons. He demanded adult franchise. He also gave out that the Govt. tried to create disturbances in his meeting in West Pakistan by giving wine to the goondas. Resolutions demanding adult franchise, democratic constitution, release of Maulana Bhashani, Abdul Gaffar Khan and other security prisoners, withdrawal of warrant of arrest and restriction orders on political workers etc. were passed in the meeting.

*Exts. may be placed in the P.Fs. of Mr. H.S. Suhrawardy, Sk. Mujibur Rahman & Mahmud Ali. Sd/- for D.S.VI, 19.10*

—

# 94

## *Report on the visit of H S Suhrawardy, Sheikh Mujibur Rahman and other political leaders to Jessore.*

### Jessore, 13 October 1962

*Extr. from PP/ 29-31 of file No. F 279-62 Gnl.*

Sk. Mujibur Rahman almost corroborated the above speakers. He further criticised the present Govt. for economic disparity between the two wings of Pakistan and for increasing union taxes. He further said that corruption also had increased under the present regime. He said that the people of West Pakistan were never politically unconscious. He criticised the annexation of Karachi with West

Pakistan which was built up as a capital of Pakistan. In conclusion he enjoined the people to strengthen the movement to realise their own rights from which they were going to be deprived of.

\* \* \*

*Name of the speakers:-*

(1)  Mr. Mahmud Ali, Ex-Minister (NAP)

(2)  ″  Shah Azizur Rahman, (ML)

(3)  Begum Rokeya Anwar (AL), M.N.A.

(4)  Mr. Sk. Mujibur Rahman, Ex-Minister (AL)

(5)  ″  H.S. Suhrawardy (AL)

\* \* \*

Mr. Mahmud Ali in his address, inter alia, urged upon the people to stand and to wake up unitedly as they stood united for the achievement of Pakistan. They must carry on their movement till the goal was reached for restoring real democracy in Pakistan. In conclusion he said that there was no power in earth to snatch away the rights of the people if they are united. He also eulogised the leadership of Mr. H. S. Suhrawardy.

\* \* \*

*Secret.*

## DISTRICT SPECIAL BRANCH

Jessore, the 13 Octr., 1962

No. 5188 /132-50

To

S. A. Khasru, Esqu. P.S.P.,

Special Supdt. of Police,

S.B., E.P., Dacca.

Sub:  Report on the visit of Mr. H.S. Suhrawardy and his party to Jessore on 11.10.62 and 12.10.62.

Mr. H.S. Suhrawardy (AL) accompanied by M/S Mujibur Rahman (AL) \*\*\* arrived Jessore Airport on 11.10.62 at 11.50 hrs. from Dacca. At the Airport they were received by Mr. Saiyid Shamsur Rahman, Advocate (ML), Chairman, Dr. Ahad Ali Khan were the prominent amongst others who attended the Airport. Besides, about 2000 people consisting of about 700 school and college students also attended the Airport to accord reception to the leaders of the National democratic Front. The students carried some placards with inscriptions demanding democratic

Constitution, repeal of the present Constitution, release of all political prisoners and withdrawal of warrants of arrests. The crowd shouted following slogans:-

| | | | |
|---|---|---|---|
| (1) | NARAYE TAKBIR | : | ALLAHU AKBAR |
| (2) | PAKISTAN | : | ZINDABAD |
| (3) | SHAHID SUHRAWARDY | : | ZINDABAD |
| (4) | RAJ BANDIDER | : | MUKTI CHAI |
| (5) | NATIONAL DEMOCRATIC FRONT | : | ZINDABAD. |

—

# 95

*Report on the speeches delivered by Sheikh Mujibur Rahman at Chandpur railway station platform.*

Chandpur, 14 October 1962

*Extr. from P/243-244 file No. 279-62*

Proceedings of a meeting held at Chandpur Rly. Platform on 14.10.62 between 08.40 hrs. to 09.10 hrs.

\* \* \*

8. Speaker: Mr. Sk. Majibur Rahman (Ex-A.L.)

\* \* \*

Mr. Mujibur Rahman during his short speech explained the present movement of the people of Pakistan not withstanding petty differences caste and leadership etc. is to unite together so as to achieve full democracy with all fundamental right including the right to vote and elect representatives according to the wishes of the people, by abrogating the present constitution which is undemocratic and unworkable. He termed the present administration as rule by one person i.e. dictatorship. With a view to abrogate the present constitution, they have got no other alternative but to follow the advice of the Naive Leaders. He describes Mr. H.S. Suhrawardy as the only real national leader and he is only capable of achieving the true democracy for the people of Pakistan. He professed this by his experience gathered during 22 years of his company with Mr. Suhrawardy. Lastly he said that this is a most critical time for Pakistan to save the State from the whims of the present administration and from ultimate ruination. It is incumbent on the part of all shades of people of Pakistan to forget all differences and to fight unitedly against the giant of dictatorship.

—

# 96

*Report on the speech delivered by Sheikh Mujibur Rahman and other political leaders in a meeting at Idgah Maidan, Rajshahi.*

Rajshahi, 15 October 1962

*Copy from PP/ 113-111 file No. F 279-62*

### Meeting Report.

Date & Hour : On 15.10.62-between 16.30 hrs and 18.00 hrs.

Place of meeting : Idgah Maidan, Rajshahi town, Dt. Rajshahi.

Seize of the meeting : Large.

Attendance : About 10,000 people.

Convened by : Sponsors of NDF under the Chairmanship of Madar Baksh (M.L.) s/o L. Baliuddin of Sepahipara Rajshahi town, Dt. Rajshahi.

Presided by : Abu Husain Sarkar (K.S.P.) of Rangpur and of Dacca (Ex.-Chief Minister, East Pakistan).

Speakers : (1) Madar Baksh (mentioned)

(2) Md. Sulaiman (K.S.P.) Dacca. Genl. Secy. Defunct KSP, East Pak.

(3) Hakim Yakub (A.L), Genl. Secy. West Pakistan, Defunct Awami League, Karachi.

(4) Begum Rokeya Anwar, M.N.A. of Dacca.

(5) Ataur Rahman Khan (A.L.), Ex-Chief Minister, East Pakistan, of Dacca.

(6) Sk. Mujibur Rahman (A.L.) Genl. Secy., Defunct East Pakistan Awami League.

(7) Mahmud Ali (N.A.P.) Genl. Secy., Defunct N.A.P.

(8) Mr. H.S. Suhrawardy (A.L.) Ex-Prime Minister of Pakistan

(9) Abu Husain Sarkar (KSP), Ex-Chief Minister East Pakistan.

The public meeting organised by the advocates of National Democratic Front was held at the Rajshahi Idgah Maidan on 15.10.62 from 16.30 hrs. to 18.00 hrs.

with Mr. Abu Husain Sarkar (mentioned) in the Chair. The meeting commenced with the recitation from the Holy Quran.

It may incidentally be mentioned here that Mr. Suhrawardy came to the dais at 17.00 hrs. after half an hour of the commencement of the meeting.

There were altogether 9 speakers including the President of meeting who addressed the gathering. All the speakers spoke on the same line of the need of a movement for having a Democratic Constitution under the banner of "National Democratic Front" Sponsored by the national leader Mr. H.S. Suhrawardy as according to them the present constitution was shorn of democratic form. They further explained the need of a united move in this direction as according to them no power on earth could resist the force of public will.

Speaking first on the occasion Mr. Madar Baksh, as Chairman of the reception committee welcomed Mr. Suhrawardy amongst them as a national hero. In course of his short speech he criticised the President of Pakistan Mr. Ayub Khan as a dictator who assumed power by branding the politicians as traitors. He contended that the President being a servant (Ghulam) of the British who did not even hesitate to shot down the persons fighting for the achievement of freedom, had come how to challenge competence of those political leaders who had brought the independence of the country. Explaining to the audience Mr. Suhrawardy's achievements he said that Mr. Suhrawardy's fault was that he had been working most sincerely for the displeasure of Mr. Ayub Khan and for this only he was taken a prisoner.

But due to the force of public opinion, Mr. Ayub had to set him free and now seeing the mass support of Mr. Suhrawardy. Mr. Ayub Khan was putting up a threat of "Blood bath". But he asserted that they had already seen many "Blood Bath" in the past and as such they were not at all afraid of such empty threats. They are prepared for all eventualities and would continue their struggle for the achievement of democratic rule in the country. Challenging Mr. Ayub Khan to come to Rajshahi to seek public opinion on this score, he maintained that he would miserably fail. Concluding his speech, he urged upon the people to rally round the NDF for the achievement of democracy in the country.

Md. Sulaiman in course of his short speech explained the reasons which held to the different political parties in the country to forge an unity amongst them. In the pre-independence struggle movement such an unity could not be possible, but today the National crisis was felt so acute that the leaders forgetting all their differences had to come under one platform for one object only and that was the establishment of democracy in the country. Decrying the present constitution he said that it does not recognise the question of adult suffrage which was the birth-right of every citizen.

Hakim Yakub Ali of Karachi eulogising the people of East Pakistan of political consciousness, said that wherever he had gone with Mr. Suhrawardy in this province, he found the people giving an unstinted support to Mr. Suhrawardy in the matter of the establishment of democracy. He has seen people of West Pakistan coming behind Mr. Suhrawardy over this issue but the real leadership in this venture was provided by the people of East Pakistan who regardless of their differences had become one to end the despotic rule of Ayub Khan, the President.

Begum Rokeya Anwar of Dacca said that the real independence was yet to come and for which necessary preparation had to be made. She suggested that the people should unite under the "National Democratic Front" to achieve the real independence. Referring to the Present Constitution she said that an addition and alteration is essential to it and for which she said that they would bring bills for such addition and alteration in the next National Assembly sitting and together with this, she exhorted the people to create mass opinion in its support.

Mr. Ataur Rahman Khan said that the people of Pakistan was given the paper independence in 1947. In 1956 he became the Chief Minister of East Pakistan with the votes of the people but on the morning of $7^{th}$ Oct, 1958 he woke up from sleep and found that he was no longer a Chief Minister. He asked the people that the people made him the Chief Minister, but who dislodged him from that position- it was by a Sepoy. This means the people were deprived of their votes by a single man. This right, he demanded, should be restored and for which an united effort is necessary. There was an awakening in the pre-independence day for the achievement of Pakistan and none other awakening of similar nature is required for the achievement of democracy for getting the differences and entities. Criticising the President, he said that the President had started abusing them as he felt that his days were numbered. This was his last chance for hurling these abuses on them as according to him he (President) would get no other chance to repeat it.

Sk. Mujibur Rahman, in course of his speech denounced Martial Law regime and said that if there was at all any glory of achievement during this regime it was in the sector of development of corruption, nepotism, favoritism. Lauding the last students movement he contended that due to the irresistible concerted movement of the students the Government had to release Mr. Suhrawardy and as such he exhorted the people to unite under the banner of "National Democratic Front" and launch united movement for the achievement of democracy and thereby end the autocratic rule of President Ayub.

—

# 97

*H S Suhrawardy along with Ataur Rahman Khan, Sheikh Mujibur Rahman, Abu Hosain Sarkar and others toured Pabna, Rajshahi and Rangpur.*

Dacca, 15 October 1962

*Extr. from PP/135-133 file No. 279-62*

**Gist for D.R.**

Mr. H.S. Suhrawardy accompanied by other N.D.F. leaders viz. Messrs Ataur Rahman Khan (Ex-Chief Minister), Abu Hosain Sarkar (Ex- Minister), Sk. Mujibur Rahman (Ex-Minister) and others made a tour in the Districts of Pabna, Rajshahi and Rangpur from 15.10.62 to 16.10.62. In course of tour they addressed public meetings at Iswardi, Natore, Rajshahi Parbatipur and Rangpur.

\* \* \*

Mr. Sk. Mujibur Rahman inavically stated that the Martial Law regime's achievements were corruption, nepotism and favoritisms. He praised the students for their movement which led to the release of Mr. Suhrawardy. Mr. Suhrawardy said that Democracy was never given a trial in the country as President Eskandar Mirza postponed the general election and finally imposed Martial Law. He said that their fight for democracy was not a fight with guns, but it was their requests and prayers. In East Pakistan, he said, all the people are behind this move except Ministers and Parliamentary Secretaries. He also praised the students and congratulated them.

———

# 98

*Report on the public meeting of H S Suhrawardy and other political leaders at Rangpur.*

Rangpur, 16 October 1962

*Copy from P/ 119 file No. 279-62*

Detailed report in connection with the visit of Mr. H.S. Suhrawardy and other political leaders to Rangpur and meeting held on 16.10.62.

...

On 16.10.62 at about 11.45 hrs. Mr. H.S. Suhrawardy accompanied by Messrs. Ataur Rahman Khan, Abu Husain Sarker (both ex-Chief Minister, East Pakistan), Sk. Mujibur Rahman, Ex-Genl. Secy, A.L., Md. Sulaiman,

\* \* \*

Mr. H.S. Suhrawardy at the Rly. Station. The following slogans were raised at the Rly. Station.

(i)  "JATIYA GANATANTRIK FRONT-ZINDABAD" (Long live National Democratic Front).

(ii)  HUSAIN SHAHID SUHRAWARDY-ZINDABAD (Long live Husain Shahid Suhrawardy).

(iii)  GANATANTRIK PAKISTAN-ZINDABAD (Long live the Democratic Pakistan.

(iv)  AYUB SHASHAN TANTRA–BATIL KARO (Repeal the constitution formed by Ayub).

(v)  BHASHANI O GHAFFAR KHAN SHAHA SAMASTA RAJ BANDIR MUKTI CHAI (Demand the release of all political prisoner along with that of Bhasani and Gaffar Khan etc.

—

*Copy from PP/ 118-117 of file No. 279-62.*

At the instance of the Reception Committee, formed earlier by all party workers viz. A.L., N.A.P., K.S.P., and M.L. of Rangpur, a public meeting was organised at Collectorate Maidan, Rangpur on the same date (16.10.62). About 30,000 people attended the public meeting. The meeting was held from 16.30 hrs. to 17.45 hrs. Messrs Ataur Rahman Khan, Abu Husain Sarker, Md. Sulaiman, Sk. Mujibur Rahman and Husain Mansur arrived at the meeting place at about 16.00 hrs. and waited on the dais for Mr. H.S. Suhrawardy who reached there at about 16.30 hrs. in a jeep. At the time of his arrival there, at the instance of the meeting raised slogans like SHAHID SUHRAWARDY-ZINDABAD (Long live Shaheed Suhrawardy). NATIONAL DEMOCRATIC FRONT-ZINDABAD (National Democratic Front Zindabad) and so on.

The meeting was opened by reciting verses from the Holy Quran by one Shamsul Haq (being fixed). Mr. Abu Husain Sarkar as proposed by Mr. Mushiur Rahman and seconded by others on the dais occupied the chair of the President of the meeting and he continued as such till the end.

The following addressed the meeting. All of them excepting Mr. H.S. Suhrawardy individually spoke in the meeting for 5 minutes only.

\* \* \*

(5) Sk. Mujibur Rahman (mentd.).

\* \* \*

***The speeches were as follows:-***

\* \* \*

(5) Sk. Mujibur Rahman (mentd.).

His speech was very short but it was forceful. He maintained that Martial Law was imposed when according to the president, the corruption in every form increased in the country. He ironically remarked that the following are the achievements of the President of Pakistan:-

(i)   Debarred the people from the right of vote to elect their representatives.

(ii)  Reduced the price of jute as against the rise in the prices of other essential commodities.

(iii) Detained the leaders of the country who fought for the achievements of Pakistan.

(iv)  Spoiled the education system of the country and opening fire on the innocent students when they demanded proper education system.

(v)   And remove the capital of Pakistan from Karachi to Rawalpindi, although Karachi was built up with the revenue of East Pakistan for the last 11 years. He also uttered notes of warning against the president of Pakistan not to behave like Hitler, Mussolini, Czar and other dictators of the world who had ultimately to surrender to the will of the people. He further said that the President of Pakistan had still time to think and go with the wishes of the people if he at all desired to continue. He also uttered a stern note of warning to the president that he easily arrested Mr. H.S. Suhrawardy during the Martial Law time but he would not have an easy sail if he made any attempt to arrest him now and in that case the president would require as good as one thousand more jails in the country. He urged upon the people to rise to the occasion unitedly and realise democracy at any cost.

—

## 99

## *Report on the meeting at Ishurdi attended by H S Suhrawardy along with Ataur Rahman, Sheikh Mujibur Rahman, Abu Husain Sarkar, Mahmud Ali and Mrs. Begum Rokeya.*

Pabna, 16 October 1962

*Copy from P/99 of file No. F 279-62*

**Confidential.**

### DISTRICT SPECIAL BRANCH
PABNA, the 16th Oct. 1962
No. 4371 / 42-62/

To,

S.A. Khasru, Esqr., P.S.P.,

Spl. Supdt. of Police,

S.B., E.P., Dacca.

Ref. This office memo No. 4321/1(5) dated 13.10.62 reg. Public meeting addressed by Mr. H.S. Suhrawardy at Ishurdi on 15.10.62.

Mr. H.S. Suhrawardy accompanied with Mr. Ataur Rahman, Mr. Abu Husain Sarkar- both Ex-Chief Ministers of E.P., Sk. Mujibur Rahman, Ex-Minister, Mr. Mahmud Ali (NAP) and Mrs. Begum Rokeya arrived at Ishurdi from Dacca at 10.45 hrs. on 15.10.62. He was received by the leaders of A.L. /NAP of Pabna, Mr. Qamruzzaman, B.L., M.N.A., Mr. Madar Baksh, B.L. and a few others of Rajshahi also came to Ishurdi to receive him. About 300 people assembled at the airport to receive Mr. Suhrawardy.

At about 12.15 hrs. Mr. Suhrawardy and his party left for Rajshahi by road via Natore.

—

## 100

## *Report on Sheikh Mujibur Rahman's West Pakistan visit.*

Lahore, 16 October 1962

### *IN LIEU OF MESSAGE FORM*

From  :  SURVA CID LAHORE

To  :  (1)  COPS KARACHI (2) DINTELL DACCA

D. T. O. : 151515

GR-33

Ref your W/T message dated 11-10-62 recording E.L. P. No. 529 (.) He left Lahore for Karachi on 29-9-62 (.) Pse. verify from Dacca (.) It is possible that he has gone to Dacca are his resident (.)

16/X/62

*Immediate, 11.00 Hours, 606-48 P.F.*
*Rcd. on W/T by Shahabuddin at 09.50 hrs. on 1 .....*

—

### IN LIEU OF MESSAGE FORM
OP

From : COPS KARCHI 201210

To : DINTEL DACCA

No. SB/10574 DT 20/X/62 O DT 20/X/62

Sk. Mujibur Rahman, No. 529 left Lahore for Karachi on 29.9.62. But he is not traceable here. Pse. let us know his present whereabouts by return signal.

Recd. by M. Ali at 1435 on 20/X

Sd/- 20.10.62

*To, O/C Watch 16.50 Hrs. 14.45 Hrs.14.35*

—

*Immediate*

### ON PAKISTAN STATE SERVICE
S.B No. 8779 dt. 20/11 at 16.25 hrs.

No. S.B/10574

### DINTELL DACCA

*To, O/C Watch, Concerned. Sd/- 20.10.62*

—

### Radiogram

No. 18976 dt. 22.11.62

To : KOPS Karachi.

From : DINTELL-Dacca

EPL No. 529 returned to Dacca on 1.10.62 by PIA from Karachi. He is at present touring Chittagong.

Sd/- 22.10.62
For DINTELL

*Secret*

No. 18976/1 22/X/62
606-48 P.F.

Copy by post in confirmation to S.P. C.I.D. Karachi. This refers to suspect Sk. Mujibur Rahman.

Sd/- 22.10.62
for SSII /SB/

*D.S.6, Order below, draft radiogram for appl. please. Sd/- 22.10*

—

From : DINTELL DACCA

To : COPS KARACHI

EPL No. 529 returned to Dacca on 1.10.62 at 07.45 by PIA from Karachi. He is at present touring Chittagong.

...

**D.S.VI.**

Perusal please above with ref. to enclosed Radiogram from Karachi C.I.D. The above reply may be sent to COPS Karachi by signal.

Sd/- A.H.M. Muhiuddin.
O/C., Watch.
22.X.62

*As proposed, Sd/- M. Yunus. 22.10.62.*

—

# 101

*Report on the speeches delivered by H S Suhrawardy, Sheikh Mujibur Rahman and other political leaders at Comilla Town Hall premises meeting.*

Comilla, 18 October 1962

*Extr. from P / 152-153 file No. 279-62*

Sk. Majibur Rahman in course of his speech criticised the administration under the Martial Law as complete failure. According to him during the last 4 years of Martial Law corruption and other malpractices increased abnormally and declared the report of the Education Commission as a death blow to mass education. Warning the Govt. he declared that if the Govt. resort to further arrest there will be widespread movement in the country which will topple down the present regime from power. He uttered an ultimatum to the Govt. that the time has come and either the Govt. or the people will be crushed forever. He urged upon the audience to stand united for the restoration of democracy and discussed that the N.D.F. would be formed in no time. Mr. Ramizuddin in course of his presidential address urged upon the audience to leave aside all their ideological and party differences and unite for the restoration of democracy in Pakistan.

After the arrival of Mr. Suhrawardy, Mr. Azizur Rahman, Chairman Reception Committee read out an address of welcome.

Resolutions demanding release of all political prisoners including Hayat Khan, restoration of Parliamentary System of Govt., Democratic Constitution with adult franchise, withdrawal of warrants against the political leaders and restoration of their confiscated properties were adopted in the meeting.

Reaction: The people appeared to have appreciated the speeches of the leaders and approved the stand by raising their hands on call.

\* \* \*

Report on the proceedings of the meeting held on 18.10.62 at 16.00 hrs. at Comilla Town Hall premises.

...

1. Date and hour : 18.10.62 from 16.00 hrs. to 17.30 hrs.
2. Place : Comilla Town Hall Premises.
3. Flag : Pakistan National Flag.
4. Convener : All party reception Committee, Chairman Azizur Rahman, MNA.
5. Audience : About 50000.
6. President : Ramiz Uddin Ahmad (K.S.P.) M.N.A. S/o. L .Yusuf Ali Bepari of Gazipur, P.S. Daulatkandi and of Comilla town.
7. Party responsible : All Parties.
8. Speaker : (1) Abu Hosain Sarkar, Ex-Chief Minister of East Pakistan.
   (2) Mr. H.S. Suhrawardy.
   (3) Ataur Rahman Khan, Ex-Chief Minister of E.P.
   (4) Mahmood Ali ( NAP)
   (5) Sk. Mujibur Rahman (A.L.)
   (6) Shafiqur Rahman (M.L.)
   (7) President.

—

*Extr. from P/155 file No. 279-62*

Proceeding of a meeting held at Akhaura Rly. Station platform on 18.10.62.

\* \* \*

8. Speakers:   (1)   Mr. H.S. Suhrawardy

            (2)   Mahmud Ali, NAP and

            (3)   Sk. Mujibur Rahman, A.L.

\* \* \*

Mr. Sk. Mujibur Rahman delivered speeches criticising the present regime for economic depression of the people and increment of various taxes, abnormal fall of the prices of Jute. He further urged upon the audience to unite together and to get themselves prepared for great sacrifices for bringing the full democracy in the country under the leadership of Mr. Suhrawardy as the present Govt. might not surrender to the popular demand. He also cautioned the present Government to take serious notice of the mass awakening amongst the people of Pakistan specially of East Pakistan failing which they should have to face serious consequences.

—

# 102

## *Report on the meetings of H S Suhrawardy, Sheikh Mujibur Rahman and other political leaders at Chittagong.*

Chittagong, 19 October 1962

*Extr. from P/343-345 file No. 279-62*

**Secret.**
Phone 5827

**District Special Branch,**

Chittagong, the 19.10.62.

No. 7441/

S.A. Khasru, Esq., P.S.P.,

Spl. Supdt. of Police,

S.B., E.P. Dacca.

Sub:   The visit of Mr. H.S. Suhrawardy along with other leaders at Chittagong on 19.10.62.

Mr. H.S. Suhrawardy and his party arrived at the Chittagong Railway Station at 10.15 hrs. the train being late by about an hour. At Sitakunda Rly. Station, M/S Amir Hussain Dobash, Salimul Hoq Khan Milky, Bar-at-Law, Sultan Ahmed, Bar-at-Law and Zahur Ahmed Chaudhuri along with 60/70 students received Mr. Suhrawardy. Mr. Suhrawardy addressed the gathering from the train. Similar gatherings also assembled at Kumira, Fauzdarhat and Pahartali Railway Stations. The gathering at Pahartali Railway station was reported to be about 2000 strong mixed crowd of public and students started pouring in the Chittagong Railway station premises from 07.30 hrs. The students and other groups from the side of the Reception Committee carried placards containing following inscriptions:

1. Sahid Suhrawardy Zindabad.

2. Daman Niti Chalbena,

3. Siksha Commissioner Report Batil Kara.

4. Bhashani Shaha Rajbandider Mukti Chai,

5. Jatiya Ganatantri Front Zindabad.

6. Ganatantrik Sashantantra Kaem Huk,

7. Ayub Shahi Dhangsha Huk.

The public meeting at Laldighi Maidan started at about 16.20 hrs. with Amir Hossain Dobash (AL) in the Chair. Mr. Nurul Amin, Mr. Suhrawardy, Mr. Abu Hossain Sarkar, Sk. Mujibur Rahman, Mr. Abdus Salam Khan[28], Mr. Mahmud Ali and Mr. Jahiruddin delivered speeches in the meeting more or less in the same vein as in other public meetings address by them in different places of the province. About a lac of people attended the meeting.

Two leaflets - one captioned issued in the name of M.A. Farid Ahmed, Abdunnoor, Abul Kashem, Abdul Mannan and another leaflet captioned issued in the name of Mr. Fazal Kabir and two others were found in circulation in the afternoon in Chittagong town near about the meeting place. The leaflets are enclosed, which will speak for themselves. The meeting ended peacefully at 20.30 hrs. A detailed report about the meeting will follow.

—

***The following resolutions were passed at the end of the meeting.***

1. The meeting condemned the existing Constitution and demanded its democratisation under the leadership of Mr. Suhrawardy.

---

28. ***Abdus Salam Khan*** *(1906 - 29 February 1972) — He was a lawyer and politician. He was active worker of Muslim League and Pakistan Movement. Later he left Muslim League and joined newly formed Awami Muslim League in 1949. Upon the nomination of United Front he was elected member of East Pakistan Legislative Assembly in 1954 and became Minister. He was the main advocate of the Agartala Conspiracy Case lodged against Bangabandhu Sheikh Mujibur Rahman by the Pakistan Government. He was uncle of former Commerce later Civil Aviation and Tourism Minister retd. Col. Faruk Khan MP.*

2. It demanded the release of Maulana Bhashani, Khan Abdul Gaffar Khan and all other political prisoners of both the wings.

3. It demanded the withdrawal of restriction orders from Khan Adbul Qayum Khan and others and also withdrawal of warrant of arrest pending execution against political workers.

4. It congratulated the students of Chittagong for the role played by them to realise their demands etc.

5. It expressed satisfaction for the partial acceptance of the students' demands by the Govt. and demanded for the repeal of the Education Commission Report, and acceptance of other demands.

6. It condemned the Police firing and action at Sarkarhat, Dacca and other places and demanded suitable compensation for the relations of the victims.

7. It condemned the Indian aggression at Asalong and other borders of Pakistan and expressed their determination to sacrifice every this for the cause of the motherland.

Sd/- 19.10.62
(S.A.S.F. Kabir)
Supdt. of Police, D.S.B.,
Chittagong.

—

# 103

## *Weekly confidential report on movement of H S Suhrawardy, Sheikh Mujibur Rahman and other political leaders within Chittagong Division.*

Chittagong, 20 October 1962

WEEKLY CONFIDENFIAL REPORT OF CHITTAGONG DISTRICT FOR THE
WEEK ENDING SATURDAY THE 20.10.62.

...

### *Part. I.*

S.B. Secret Abstract of Intelligence No. 36 was received here on 16.10.62

*Movement of Suspects.*

1. *A.L. 284 Das Gupta Probodh Chandra arrived Chittagong from Comilla on 16.10.62. at 21.30 hrs. and left for Comilla on 20.10.62 at 12.30 hrs. by train.

2.  **A.L. 463 Mahmud Ali arrived Chittagong from Dacca on 19.10 at 06.35 hrs. by train and left for Dacca on 20.10.62 at 07.00 by P.I.A.

3.  A.L. * 40 Abdul Jabbar Khaddar arrived Chittagong from Feni on 19.10.62 at 10.20 hrs. by train.

4.  A.L. * 529 H. S. Suhrawardy arrived Chittagong from Feni on 19.10.62 at 10.20 hrs. by train.

5.  A.L. 529 Majibur Rahman Sheikh arrived from Feni on 19.10.62 by train at 10.20 hrs.

6.  A.L. 163 Ataur Rahman Khan arrived Chittagong from Feni on 19.10.62 at 10.20 hrs. by train and left for Dacca by Green Arrow at 12.30 hrs.

    Sd/- K.R.A. Ansari. 29.10.62

*Copies linked P.Fs. Sd/-M- Yunus 26.10.62*

*Circulation. Staff. J.Ahmed.23.10.62. D.S.4.24.10.62. D.S.2. 29.10.62.D.S.6. 26.10.62*

*Seen. G. Nabi.25.10.62*

—

# 104
## *Secret Weekly Summary of SP, DSB, Jessore.*

Jessore, 25 October 1962

*P.F. of Sk. Mujibur Rahman.*

Ext. Secret Weekly Summary of Jessore District for the week ending 25.10.62.

...

V. Youth and Student Groups- E.P.S.L.

J.E.C.A. 41 reports on 23.10.62 that on 14.10.62 in course of talk with Atiar Rahman, a student worker of the E.P.S.L., Dacca and a student of M.A. Part II of the Dacca University, s/o Abdus Samad of Lahuria, P.S. Lohagara, Jessore, he disclosed that according to the instructions of Sk. Mujibur Rahman (AL, Ex-Minister), Ex-General, Provincial Awami League, E.P. about the formation of E.P.S.L. a frontal organisation of the Awami League at Jessore, he contacted Abul Kalam Azad, a student of 1st Yr. I.A., M.M. College, Jessore and Abdul Aziz @ Shikha, a 3rd Yr. student of the M.M. College Jessore (both supporters of E.P.S.U.) and produced them before Sk. Mujibar Rahman (mentd.) on the night of 11.10.62 at the Circuit House, Jessore when Sk. Mujibar Rahman (mentd.) asked them to form E.P.S.L. and imparted them necessary instructions about its organisational work amongst the students of M.M. College, Jessore. Accordingly Atiar Rahman (mentd.) entrusted Abul Kalam Azad and Abdul Aziz @ Shikha (both mentd.) with the organisational work of the E.P.S.L at Jessore. Atiar Rahman (mentd.) also asked Abul Kalam Azad (mentd.) to write him a letter at Dacca after completing the organisational work for the purpose and promised to send one E.P.S.L. worker named Muazzem Husain, a student of Dacca University to check up their organisational work and to form a Committee of the same at Jessore.

As instructed by Atiar Rahman (mentd.), Abul Kalam Azad and Abdul Aziz @ Shikha (both mentd.) have already started the organisational work of the E.P.S.L. with Tariqul Islam (being fixed), a student of 1ˢᵗ Yr. Arts. M.M. College, Jessore and Ali Tariq (EPSU Supporter) S/o Rahmatullah of Shastitalapara, Jessore town and others.

The same source also reports that according to Atiar Rahman (mentd.), Abul Hussain (EPSU-supporter), Vice-President of the College Union, M.M College, Jessore, s/o Qadir Baksha of Moswampur, P.S. Jhikargacha, Jessore has given his consent to join the E.P.S.L. if it is actually formed at Jessore.

Atiar Rahman (mentd.) came to Jessore on 9.10.62 and left for Dacca on 17.10.62.

2. J.E. 25 reports on 24.10.62 that on 16.10.62, a secret meeting of some important ex-E.P.S.U. members and workers of Jessore was held in room No.7 of the College Hostel of the M.M. College, Jessore. Qazi Abdush Shahid (EPSU), s/o Qazi Abdul Ghani of Puratankashba, Kotwali, Jessore, Amirul Islam (EPSU) s/o Abdul Ghafur of Chhatiantala, Kotwali, Jessore and others (4 mentioned.) attended the meeting. In course of discussion Qazi Abdush Shahid (mentd.) gave out that he had received instructions from the Provincial E.P.S.U. authority to reorganise the E.P.S.U. at the district level. According to Qazi Abdush Shahid (mentd.), the E.P.S.U. was the strongest organisation of the students and as such it should take the lead to reorganise the students before any other student organisation comes to occupy the student front. He also said that an important secret meeting of the E.P.S.U leading members would be held at Dacca on 20.10.62. The meeting would continue for 2/3 days. In this meeting the organisational programme of the E.P.S.U. would be chalked out. Qazi Abdush Shahid (mentd.) and Nurul Islam (EPSU), s/o Md. Baktar Biswas of Jadabpur, P.S. Bagharpara, Jessore had already left for Dacca to attend the said meeting. The exact venue of the meeting at Dacca could not be ascertained. They have not yet returned to Jessore.

Further development in this connection will be reported on their return from Dacca.

*Forwarded to office for N.A. Pl. Sd/- 7.11*

—

# 105

## *Report on Sylhet visit of H S Suhrawardy along with Sheikh Mujibur Rahman and other political leaders.*

Dacca, 9 November 1962

Shadowing report of Mr. H.S. Suhrawardy dt. 9.11.62

To
The O/C, Watch, S.B., E.P., Dacca.

Sir,

I beg to report that on 9.11.62 at 21.25 hrs. Mr. H.S. Suhrawardy along with (1) Sk. Mojibur Rahman, (2) Abu Hossain Sarkar, (3) Mahmud Ali, (4) Pir Mohsen Uddin @ Dudu Mia, (5) Nawab-Jada Nasarullah Khan,(6) Md. Soleman, (7) Malik Md. Tafayel & (8) Hakim Azmali all were left Dacca R/S for Sylhet by Sylhet up mail train being shadowed by me by the same train.

On 10.11.62 at 05.00 hrs. while the train reached at Kulaura junction, about 200 student & public assembled at the station for their reception and they shouting the following slogan হোসেন সহিদ ছরওয়ার্দ্দী জিন্দাবাদ, সহিদ-ভাষানী জিন্দাবাদ, ভাষানীর (৪ দফা দাবী মানতে হবে। ছাত্র ঐক্য জিন্দাবাদ, জাতীয় ফ্রন্ট জিন্দাবাদ।)

After that about 50 students including public availed the train with a Mike and they shouted the above noted slogans up to Sylhet Station. At about 07.25 hrs. on 10.11.62 Mr. H.S. Suhrawardy reached at Sylhet station along with his party and I made over the subject to A.S.I. Abdul Majid of R.I.B., Sylhet. About 1000 public including students were assembled at the station for their reception on shouting the mentioned slogans. During the journey on the way to Sylhet there nothing unusual to happened. This is for your kind information. I also submitted a separate report about the subject to D.I.O (I)., Sylhet.

Submitted
Sd/- Shamsul Huda Choudhury.
A.S.I. of Police, S.B.
12.11

*D.S. VI may pl. see. Ext. may go in P.F. of Mr. Suhrawardy. Sd/-O/C., Watch. 13/XI.*
*As proposed, Sd/- M. Yunus. 13.11.62*

–

*Extr. from P/469 file No. 279-62*

*Report on the public meeting held at Sylhet town on 10.11.62 under the auspices of the local N.D.F.*

Sk. Mujibur Rahman in his short speech criticised the Govt. in his usual tone. He also very vehemently criticised the President for usurping power and becoming sole master of the country.

---

# 106
## *Report on visit of H S Suhrawardy and other leaders to Noakhali.*

Noakhali, 14 November 1962

***Secret.***

**District Special Branch**
Noakhali, the 14th Novr. 1962.
No. 5933/38-49.

To
S.A. Khasru, Esqr., PSP.,
Spl. Supdt. of Police,
East Pakistan, Dacca.

Sub : Visit of Mr. H.S. Suhrawardy and other leaders to Noakhali on    11.11.62.

Ref : Your No. 19638/1(3)/ 124-60 (Statts.) dt. 3.11.62.

Mr. H.S. Suhrawardy, ex-Prime Minister of Pakistan and NDF leader along with his party including

\* \* \*

(3)  Mr. Sk. Mujibur Rahman, (A.L.) Genl. Secy., defunct A.L. (E.P.), arrived at Noakhali R/S on 11.11.62 at 08.00 hrs. by train from Sylhet. A big crowd numbering about 5000 persons with various placards in their hands received the N.D.F leaders shouting slogans in favour of their demands. Earlier, similar warm receptions were also given to the NDF leaders at Sonaimuri Bazar, Chaumuhani, Maijdi Court and Harinarayanpur R/S. As soon as the train carrying the leaders arrived at Sonaimuri and Chaumuhani R/S, crackers were exploded to herald their arrival. A large number of people from Sonaimuri, Chaumuhani and other outlying stations accompanied the N.D.F leaders in the same train. Due the paucity of accommodations in the train, hundreds of passengers got up on the roof while others remained standing on the coupling and foot boards of the train. Due to the heavy rush of passengers, the train moved slowly from Sonaimuri to Noakhali R/S and as such, nothing untoward had happened.

---

# 107

## *Weekly confidential report on Sheikh Mujibur Rahman and others.*

### Dacca, 17 November 1962

W.C.R. of D.S.B., Dacca, for the week ending 17.11.62.

...

East Pakistan Police Abstract of Intelligence No. 39 dated 29.9.62 was received here on 12.11.62.

...

W.C.R. of D.S.B., Dacca, for the week ending 17.11.62.

...

### Part-I.

#### *(Movement of suspects.)*

1. *A.L. 529- Shaikh Mujibur Rahman(A.L) left Dacca for Sylhet on 9-11-62 by train. He returned to Dacca on 12-11-62 morning by train from Noakhali.
2. ** A.L. 463- Mahmud Ali left Dacca for Sylhet on 9.11.62 night by train. He returned to Dacca by train on 12.11.62 morning from Noakhali.
3. * A.L. 366- Ghulam Azam @ Shansha arrived Dacca on 13-11-62 at 19.30 hours from Parbatipur.

Sd/- 12.11.62

*Circulation of 21.11.62, D.S. 6-copy to P.F Sd/- 26.11. D.S.1/II 22.11. D.S.6 26.11*

---

# 108

## *Report on movement of H S Suhrawardy and Sheikh Mujibur Rahman.*

### Dacca, 22 November 1962

#### *Telephone Message.*

Received at 15.30 hrs. Date: 22.11.62.

From : A.S.I. Arham Ali of S.B

To : O/C., Watch, S.B., Rajarbagh.

Mr. H.S. Suhrawardy along with Sk. Mujibur Rahman left for Narayanganj with bag and baggage by car E.B.D.-4 being shadowed by S.I. A. Karim of S.B. by jeep today 14.25 hrs.

This is for your kind information. Sd/- 22.11

...

D.S.VI may pl. see. He has left for Faridpur. Sd/- O/C. Watch 22.11

Seen. Copy to his P.F.

In future the message of arrival and departure should be sent to office for record in his P.F.

Sd/- M. Yunus.<br>22.11

*Seen. Sd/- A.H.M. Muhiuddin 23.11*

---

## 109

### *Report on speeches of H S Suhrawardy and Sheikh Mujibur Rahman at Rajbari.*

Faridpur, 23 November 1962

*Extr. from P/578 file No. 279-62*

**C.R. dt. 23.11.62.**

Subject : Mr. H.S. Suhrawardy.

Place : Goaland Mail to Faridpur.

Time : 06.00 to 24.00 hrs.

At about 08.00 hrs. the subject and his party got down from the Goaland Mail Steamer and availed the waiting train at the ghat. The subject delivered a short speech to a gathering (150) at the ghat about the N. D. F. etc. The train left Goaland at 08.10 hrs. and arrived at Rajbari at about 08.40 hrs. About one thousand persons mostly students received the subject with different slogans at the Rajbari Station. The subject along with his party left the station for Dak Bunglow and attended a meeting 3/4000 at Rajbari town club maidan with Kazi Hedayet Husain, MPA in the chair. The meeting was addressed by Solaiman (GS of KSP) Mahmud Ali, Shah Azizur Rahman, Sk. Mujibur Rahman.

* * *

The speakers as usual criticised the present Govt. and the constitution in which one man has seized the power from the people and urged them to unite under N.D.F for bringing back the people's rule in the country.

* * *

It was observed in the meeting that Sk. Mujibur Rahman & Mohan Mia are the most unpopular and unwanted man in the meeting.

At about 15.30 hrs. a meeting 5/6000 was held at the Faridpur Stadium with K.B. Ismail, B.L. in the chair.

The meeting started with following leaders Sk. Mujibur Rahman, Suhrawardy came to the meeting afterwards at about 16.15 hrs. At the beginning of this meeting one Rousan Zaman Khan protested against the tall talks of those leaders and said what they did while they were in power. He was constantly delivering speech in the meeting against them and the audience stood up from their seats. It was felt that they (audience) will leave the meeting. In that time H.S. Suhrawardy came to the meeting and the people (mostly came to see and hear him) took their seats. Mr. Suhrawardy delivered his speech but it was not very much impressive to the people. He declared that opposition is a very good thing which he likes to entertain. The meeting ended before "Mugrib" prayer in this chaotic condition though it was scheduled to be held after Mugrib also. After all it was observed that the meeting of Faridpur is a great failure.

The subject and his party left the meeting for Circuit house and halted for the night.

—

### Extr. from p/583-585 file No. 279-62.

Copies of D.I.O's reports on the public meetings addressed by Mr. Suhrawardy and others held on 23.11.62 at Goalundoghat, Rajbari and Faridpur town.

...

**Goalundoghat:**

I beg to state that on 23.11.62 at 06.00 hrs. (1) Mr. H.S. Suhrawardy, (2) Mr. Mahmud Ali, (3) Mr. Nurul Amin, (4) Mr. Ataur Rahman Khan, (5) Mr. Shah Azizur Rahman, (6) Mr. Mujibur Rahman (7) Mr. Solaiman along with 18 others came to Goalundoghat by Dacca mail Steamer MASHUD.

\* \* \*

4. Sk. Mujibur Rahman (mentd.) in course of his speech criticised the activities of the present Governor of E.P and said that the Governor should not indulge himself in party politics. He said that the price of jute had come down considerably at present than that of the previous years while the price of other essential commodities has gone beyond the purchasing capacity of the common people. He continued saying that the tax and land revenue had increased more than 4 times than that of pre-Martial Law regime. He further criticised the

disparity between the two wings of Pakistan in respect of development works and said that the common people of East Pakistan were exploited in all possible means. Referring to the Constitution he said that in it the common people had been denied of their fundamental rights and urged upon the people to rally round Mr. H.S. Suhrawardy to launch a strong movement for the realisation of their legal demands.

—

# 110
## *Watch report on H S Suhrawardy, Sheikh Mujibur Rahman and others.*

Dacca, 25 November 1962

### *Telephone Message.*

Received at 11.15 hrs.   Date -25.11.62

From    :   W.C.  A. Khaleque, Kakrail, Dacca.

To       :   O/C., Watch, S.B., E.P., Dacca.

Today at about 10.45 hrs. (I) Mr. H.S. Suhrawardy, (II) Sk. Mujibor Rahman, (III) Mr. Ataur Rahman Khan and (IV) Mr. Mahmud Ali entered into the quarter of Mr. Tofajjal Hossain @ Manik Mia by Car. E.B.D. 27. They left the place again except Mr. H.S. Suhrawardy by the same car.

Sd/ – 25.11.62

*D.S VI may pl. like to see. Included in D.R Sd/- 25.11, Seen. Copy to P.F. Sd/- M. Yunus.26.11*

——

# 111
## *Report on the speeches of H S Suhrawardy, Sheikh Mujibur Rahman and other political leaders.*

Kushtia, 25 November 1962

*Extr. from PP/ 415-416 file No. 279-62*

Copy of a D.I.O.'s report dated 25.11.62.

...

At the instance of Kushtia District N.D.F a very big size public meeting (15000) was held on 24.11.62 at the Renwick Maidan, Kushtia town with Shah Md. Azizur Rahman, Advocate (M.L.) s/o late Shah Md. Siddique of Thanapara,  Kushtia town and of Topkhana Road, Dacca, in the chair. The meeting commenced at 15.15 hrs. with recitation of a verse from the Holy Quran followed by the singing of a GAZAL by Khademul Islam (AL) s/o late Abul Khair of Thanapara, Kushtia town. The following persons addressed the meeting:-

\* \* \*

4) Mr. Shaikh Mujibur Rahman (A.L.) / Ex- S. pr., Ex-Minister Govt. of East Pakistan, s/o, late Lutfar Rahman of Tungipara, Gopalganj, Faridpur and of Dacca town.

\* \* \*

All the speakers more or less spoke on the same line and gave emphasis on the democratisation of the Constitution and urged upon the members of the public to forget their differences of opinion and unite themselves under the banner of the N.D.F and carry on the movement throughout the length and breadth of the country for full democratisation of the Constitution.

Addressing the vast multitude of people of the country Mr. Mahmud Ali said that the leaders like Shah Md. Azizur Rahman, Nurul Amin, Yusuf Ali Chaudhuri and others rendered their services in bringing Sylhet into Pakistan during the Referendum held in 1947. He said that although the people got no weapons in their hand yet they drove back the British from the country and achieved freedom. Similarly they would again achieve their liberty without the help of Bayonet but through their movement under the N.D.F. Criticising the present Govt., he said that it had snatched away the individual liberty of the people but he warned the Govt. that it would not be possible for them to retain their present power. Lastly he requested the people to keep their unity and solidarity and continue their fight for gaining liberty.

In course of his speech Mr. Nurul Amin (mentd.) elaborately explained the aims and objects of the National Democratic Front and said that the 9 leaders had got no fascination for holding power but they united under the leadership of Mr. H.S. Suhrawardy for bringing back the adult franchise which had been crippled under the present constitution. He also said that the M.N.As. and M.P.As have got no right to work according to their will and all power was vested in one man viz. the president of Pakistan. As such the people have lost the most essential right in the present Constitution. Referring to the various Govt. policies including the jute policy and the G.K. Project, he said that the people had got no right to speak anything and the present Ministers also did nothing to solve these problems as they were like Govt. servants and not responsible to the members of the public.

\* \* \*

Mr. Sk. Mujibur Rahman (mentd.) vehemently criticised the present Govt. and said that Pakistan has lost its prestige in the Comity of Nations of the world during the Ayub regime. He stated that the president usurped the liberty of the people and anyone could be detained for an indefinite period without any trial. He said that the Govt. set up a number of Commissions like the (i) Constitution Commission (ii) Education Commission, (3) Pay and Services Commission and (iv) Franchise Commission but they did not care to materialise the recommendation of such commissions. He also said that even the Govt. has got no courage to publish the recommendation of Pay & Service Commissions' Report. He criticised the shifting of capital from Karachi to Rawalpindi and the Military Headquarters to Peshawar. He stated that although 65% of the National income was spent on defence affairs, yet East Pakistan was not getting even 2% benefit from this expenditure, as East Pakistan were not taken in sufficient numbers in the Military Service. Referring to the alleged step motherly attitude of the Central Govt. towards East Pakistan, he said that although East Pakistan has got 56% of the total population yet there was no adequate defence arrangement for these people. He criticised the Govt. for not keeping parity in the matter of development of the yeo einhd og Pakistan. Lastly he said that lectures, resolutions, meetings would not do any good to the country but "SANGRAM PARISHAD" should be created in every nook and corner of the country for the realisation of all the demands of East Pakistan and at least 50000 workers from amongst the eleven lakhs people of Kushtia district should be prepared to court imprisonment if necessary to make the N.D.F successful.

—

# 112
## *Watch report on Sheikh Mujibur Rahman and others.*

Narayanganj, 26 November 1962

To
The R.S.O. R.S.B., Dacca.

Sir,

Beg to report that I was on secret duty at Narayanganj R/S and Sadarghat on 22.11.62 from 03.30 hrs. to 01.30 hrs.

I attended all the up and down train and Steamer. At about 11.55 hrs. the ** suspect A.L. No. 463 Mohammad Ali * suspect Sk. Majibur Rahman (AL) No. 29 Mr. H.S. Suhrawardy, Md. Solaiman, Nural Amin, Ataur Rahman Khan arrived at

Narayanganj R/S by his own car and left for Goalundo by Mail Steamer, I Shadowed him up to Goalundo ghat by said Steamer on 22.11.62. At about 06.00 hrs. got down at Goalundo ghat, I made over the said party to W/C Mr. Solahuddin of Goalundo R.S.B. in the above mentioned time. I could not manage communicated to D.S.B. office Dacca.

This is for your kind information.

Submitted.
W/C Abdul Maleque Miah
R.S.B. N.Ganj.
26.11.63

*D.S. VI may pl. see. Ext. may go in P.Fs. Forwarded to O/C watch S.B.E.P. Dacca for n/a. Sd/- 28.11.62. As proposed. Sd/- M. Yunus. 29.12.62*

---

# 113

## *Weekly confidential report on movement of Sheikh Mujibur Rahman and other political leaders from Dacca to Kushtia.*

Faridpur, 1 December 1962

Extract from Weekly Confidential Report of the Supdt. of Police, D.S.B., Faridpur, for the week ending 1.12.62

...

Secret Abstract of Intelligence No. 41 dated 13.10.62 has been received.

...

***Part- I.***

***Movement of Suspects.***

(1)  A.L. ** 463/ N.A.P. - Mahmud Ali, (2) A.L. * 529/A.L. Mujibur Rahman and (3) A.L. 163/A.L. Ataur Rahman Khan arrived at Faridpur from Dacca via Goalundo on 23.11.62 to attend a public meeting. They left Faridpur for Kushtia on 24.11.62 via Rajbari wherefrom they left for Dacca the same day via Rajbari and Goalundo.

(4)  A.L. * 100/ C.P. Abu Azhar Md. Abdul Hye left for Dacca on 22.11.62 to bring his wife and came back on 27.11.62 without being shadowed by anybody.

(5)  A.L. * 105/ M. L. Abul Hashim of Dacca arrived at Goalundoghat on 15.11.62 from Kushtia on way to Dacca. The suspect was shadowed by one of our R.I.B. watchers up to Narayanganj.

(6)  A.L. ** 682/ C.P.–Santi Ranjan Sen (Sec. Pr.) came home (Rambhadrapur, P.S. Bhedarganj) on 25.11.62 on release from Dacca Central Jail.

(7)  A. L. 450/ C.P. Liyaqat Husain left for Dacca on 29.11.62.

*Copies to respective P.Fs. Sd/- M. Yunus. 5.12.62.*

—

# 114

## *Forwarding letter of long hand notes of the speeches of Sheikh Mujibur Rahman and Aftabul Islam.*

Comilla, 1 December 1962

*Copy from P/476 file No. 279-62*

**Secret.**

**District Special Branch**
Comilla, the 1ˢᵗ Dec. 1962.
No. 7439/ R. 5170 /90-49 (C)

To
S.A. Khasru, Esq., P.S.P. ,
Spl. Supdt. of Police,
S.B., E.P., Dacca.

Ref : Your Memo No. 20847/279-62  Genl. dated 24.11.62.

The long hand notes of the speeches of Mr. Sk. Mujibur Rahman and Mr. Aftabul Islam were attested by the Sub-Register of Chauddagram. There are witnesses to prove the objectionable speeches delivered in the meeting.

Sd/- B. Rahman
1.12.62
Supdt. of Police, DSB.,
Comilla.

—

# 115

## *Sheikh Mujibur Rahman and other political leaders spoke in a meeting at Bogra.*

Bogra, 4 December 1962

*Extr. from P/687 file No. 279-62*

Shadowing report on Mr. H.S. Suhrawardy dated 4.12.62 and 5.12.62 from Dacca Railway Station to Bogra Town.

* * *

This afternoon (5.12.62) at about 15.45 hours a public meeting was held organised by different Political parties at the local Altafoonnessa Park. About ten thousand people assembled in the meeting (including Hindus)

The meeting was addressed by Md. Sulaiman, Mahmud Ali, Shah Azizur Rahman, Sk. Mujibur Rahman, Abu Hussain Sarker and Mr. Suhrawardy under the presidentship of Mr. B.M. Ileas of Bogra. All the above leaders delivered a lecture in the meeting regarding the present constitution and called upon the people to remain united and continue to fight for the democratisation of the Present Constitution.

—

# 116
## *Report on the difference of opinion between Sheikh Mujibur Rahman and H S Suhrawardy regarding holding meeting in West Pakistan.*

Dacca, 6 December 1962

**Secret**

A reliable secret source reported on 3.12.62 that in course of discussion about arrival of Mr. H.S. Suhrawardy at Dacca airport on the same day at 18.45 hrs., Mr. Tofazzal Husain@ Manik Miyan told Mr. Sk. Mujibur Rahman that he may not attend the airport as he got fever. Mr. Sk. Mujibur Rahman said that he already told Mr. Suhrawardy not to hold any meeting in West Pakistan. But still he was doing so. Mr. Suhrawardy was playing with fire. Mr. Tofazzal Husain remarked that he would not do any politics with Mr. Suhrawardy if he did not listen to them. He would tell Mr. Suhrawardy so on his arrival.

...

Phone: 4231/11.

Security Control, S.B., East Pak.

Rajarbagh,

Dated Dacca the 6th Dec. 62.

No. 76  4-56/TS(L) SS/SC

Forwarded (in duplicate) to S.A. Khasru, Esqr., P.S.P. , Spl. Supdt. of Police (II), S.B., E.P., Dacca for his information and necessary action.

Extract may go to their respective P.Fs.

Sd/- A. Ahmed.

Spl. Supdt. of Police, Sc. SB,

Dacca 6.12.62

*Action taken from the PF of Mr. H.S. Suhrawardy.*

—

# 117

## *Report on movement of H S Suhrawardy from Bogra to Dinajpur.*

### Bogra, 6 December 1962

Shadowing report on Mr. H.S. Suhrawardy dated 6.12.62 from Bogra to Dinajpur.

...

On 6.12.62 at about 06.50 hrs. Mr. Suhrawardy and his party left Bogra circuit house and arrived at the Rly. Station. At about 07.00 hrs. they availed the train for Dinajpur. On the way they were received at different station and the following slogans were raised by the N.D.F. workers and students হোসেন শহীদ সোহরাওয়ার্দী জিন্দাবাদ, জাতীয় ১ নেতা জিন্দাবাদ, শহীদ ভাষানী জিন্দাবাদ etc. The receptionists carried placards bearing inscriptions ১ নেতা জিন্দাবাদ, শহীদ সোহরাওয়ার্দী জিন্দাবাদ, জাতীয় ফ্রন্ট জিন্দাবাদ, গণতান্ত্রিক ফ্রন্ট জিন্দাবাদ। At about 15.30 hrs. they reached at the Dinajpur Railway station where about 6 hundred people including some students received them. Some crackers were seen to burst at the Rly. Station. The party was taken to circuit house by a Jeep No. E.P.A. 1169.

A public meeting was arranged by the local N.D.F workers which was held at the circuit house premise at about 16.25 hrs. It was presided over by Dr. Hafizuddin of Dinajpur town about 9000 people of all communities attended. Sk. Mujibur Rahman, Shah Azizur Rahman, Mahmud Ali, Abu Hossain Sarker and Mr. Suhrawardy spoke in the meeting. They explained the demands of the N.D.F leaders and asked the general public to be united and fight for the same. The meeting dissolved at about 20.30 hrs. and returned to the circuit house.

Submitted

Md. Shamsul Ghani.

S.I. (watch) S.B., Dacca.

Dated 7.12.62

—

*Extr. P/659-658*

*6.12.62 at 4.25 P.M.*

*Seal of Sk. Mojibur Rahman.*

১৯৫৮ সালে *Martial law* জারী হল, সামরিক প্রেসিডেন্ট মিছিল তাড়িয়ে দিয়ে *Martial Law* জারী করেন। দেশে অরাজকতা ও দুর্নীতির কারন *Martial Law* হল। চার বৎসর কি করিলেন তাহা সকলেই জানে। চার বৎসরে কত লোককে জেলে তুলিয়ে দেওয়া হইয়াছে। দুর্নীতি কত বেড়েছে তাহা আপনি জানেন। চার বৎসর পর তাহার পকেট

হইতে একটি আকর্ষনীয় শাসনতন্ত্র বের করিয়া দিলেন। আপনারা কতটুকু তাহা একবার চিন্তা করেন। কারন মানুষের কোন প্রকার ভোট দেওয়ার অধীকার নেই। ছাত্রদের উপর গুলি করা হইল। বৃটিশ আমলে যারা সিপাই ছিল তারাই আজ দেশের কর্ণধার। এইভাবে কতদিন আমরা গোলামী করিতে পারিব। কারন দেশে কতপ্রকার Tax বেড়েছে সরকারী চাকুরীতে আমাদের কোন চাকুরী হয় না। পুর্ব পাকিস্তান ও পশ্চিম পাকিস্তানে কত তফাৎ । ১৯৫৯ সালে Election হওয়ার কথা ছিল। সকলেই বলেছে East Pakistan খুবই জুলুম করা হইয়াছে যদি Election করা হয় তবে এই সময় তাহাদের সকল দাবী বুঝিয়ে দেওয়া হইবে। তাই Ayub Khan Sb. Martial Law জারী করিয়া দিলেন। আজ সেই আইয়ুব খান হইল দেশের নেতা আর যাহারা তাহাকে দেশে রেখেছে তাহারাই হইল দেশদ্রোহী। আজ দেশে হাহাকার পড়ে গেছে। তুমি দেশের লোকে একটু সাহায্য করিতে পারনা। যখন আইয়ুব খা লেফ্‌ট রাইট করতো তখন Suhrawardy ছিল প্রধান মন্ত্রী। আজ আর তাহাদের সে সব নাই। আমরা দেশের মধ্যে কোন বেআইনী কাজ করিতে চাই না। কিন্তু দেশের মধ্যে কোন বেআইনী হতেও দেব না । সকলেই সংযমী হইতে হইবে। যুবক ভাইরা তোমরা প্রস্তুত হও। অত্যাচারের বিরুদ্ধে যুদ্ধ করিতে হইবে। জালেম সার্তকারদের অত্যাচারের বিরুদ্ধে সংগ্রাম করিতে হইবে।

—

# 118

## *Report on movement of H S Suhrawardy from Dinajpur to Pabna.*

Dinajpur, 7 December 1962

Shadowing report on Mr. H.S. Suhrawardy dated 7.12.62 from Dinajpur to Pabna town

* * *

This afternoon (7.12.62) a public meeting was held at station ground between 15.30 hrs. to 17.15 hrs. Munsur Ali (ex-captain) of Pabna town presided over the meeting, about 8000 people attended.

The meeting was addressed by Shah Azizur Rahman, Sk. Mujibur Rahman, Mahmud Ali, Abu Hossain Sarkar and Mr. Suhrawardy. Here Mr. Suhrawardy made it clear that the N.D.F by no chance wanted to capture power for create confusion in the country. It aimed at reestablishing democracy through peaceful means by creating public opinion. The speaker asked the people to unite and fight for the democracy at all cost. They also deal on the economic problems of the country. When Mr. Suhrawardy arrived at the meeting place a balloon bearing a pair of Pakistan flags was raised in the sky and crackers were burst for his honour. After the meeting he went to circuit house and took his dinner at the house of said Mr. Munsur Ali of Pabna town. The party halted at Pabna circuit house.

—

English translation of the objectionable portion (marked) of speeches delivered by Sk. Mujibur Rahman at Pabna on 7.12.62.

\* \* \*

A    Your and our mouths were sealed for 4 years during the Martial Law Regime. We had pain, but could not give vent to it, 4 years ago, Ayub Khan in consultation with Iskandar Mirza promulgated Martial Law with the object that the subsequent election was not held.

B    You achieved Pakistan through vote, Ayub Khan said that you all are sheep and goats, you have no right to vote. I want to say if we become sheep and goats then what he would be? If I say that when you were serving in the military as Major during British period, the people of this country under the leadership of Mr. Suhrawardy and Quaid-e-Azam[29] launched movement for Pakistan and then these sheep and goats achieved Pakistan through vote. Today you say that we have no intelligence. If we have no intelligence why do you collect tax from us? Collect tax from B.Ds and from those who are Ministers. If I pay tax then I have got right to say.

\* \* \*

C    We gave army, arms and ammunitions to defend the country from foreign aggression. But in 1958 these arms and ammunitions were aimed at us. This means our country has been taken by Darwans. They have become your leaders. But you have to gain the right of vote.

\* \* \*

D    The officers of Bengal are not so mean. No movement can be suppressed by showing guns and cannons. Bengal cannot be kept suppressed. Bengal has a tradition. So I urged the youths of Pabna to go forward in the same manner as they did jump for achievement of Pakistan. Not too many people, I want one lac of people of Bengal who would be prepared to go to jail without hesitation, otherwise democracy will not be established in Pakistan. If it is not so done the posterity will curse you when they will find that you have made them slave by living in peace and happiness.

—

---

29.  **Mohammed Ali Jinnah (Quad-i-Azam)** *(1876-1948) - Mohammed Ali Jinnah, father of the nation of Pakistan was called Quad-i-Azam. Jinnah served as a leader of the All India Muslim League from 1913 until creation of Pakistan on 14 August 1947. He served as first Governor General of Pakistan till death.*

# 119

## *Weekly confidential report of DSB, Dinajpur.*

### Dinajpur, 8 December 1962

Extract from Weekly Confidential Report of D. S. B., Dinajpur, for the week-ending 8.12.62

### *Part –II*

3. *Political activities.*

(c) *Others.*

A Sadar D.I.O reports on 7.12.62 that a public meeting (7000) under the auspices of all political parties, Dinajpur, was held at Gore-E-Shahid Maidan, Dinajpur town, on 6.12.62 between 16.25 hours and 20.00 hrs. with Dr. Hafiz uddin Ahmad (M) S/o late Baharuddin of Balubari, Dinajpur town, in the chair. M/S H. S. Suhrawardy (AL), Sk. Mujibur Rahman (AL), Mahmud Ali (NAP), Shah Azizur Rahman (ML), Md. Solaiman (KSP), Abdur Rashid Tarkabagish (AL), Abu Husain Sarkar (KSP) and Dr. Hafizuddin Ahmad (mentioned) addressed the meeting.

Sk. Mujibur Rahman, in course of his speech, said that President Md. Ayub Khan promulgated Martial Law by driving away Mr. Eskandar Mirza and became the leader of the country. He further gave out that those leaders who achieved Pakistan through struggle have been termed as traitors of the country and put to jail. But the servants of the British who killed many persons those who fought for Pakistan and those who were boot-lickers of the British have since became administrators of Pakistan. During the last 4 years, many people were arrested and detained, corruptions increased abnormally, many students were ...(*missing from the original document due to page damage)* by shootings. Afterwards, the President took out a constitution from his pocket bereft of the rights of the people. He urged upon the youths of the country to remain ready for any sacrifice to launch movement against the oppressive Govt. to restore democracy in the country. Now all the political parties are united under the leadership of Mr. Suhrawardy to establish real law in the country.

Shah Aziur Rahman, in course of his speech, stated that the movement of the people would continue till the real democracy was established and financial disparity between the two wings of Pakistan was removed. The constitution given by the president did not contain the basic rights of the people, powers of the legislative Assembly and the courts. So, the people have been launching movements unitedly under National Democratic Front to abolish this undemocratic constitution.

Md. Solaiman, in course of his speech, has stated that Mr. Md. Ayub Khan is responsible for destroying democracy in the country as he snatched away powers from the hands of the people by promulgating Martial Law. Mr. Md. Ayub Khan framed the constitution against the wishes of the people saying that they did not know how to cast their votes. But the people can make him understand that once they drove away the British by their votes.

Mahmud Ali, in course of his speech, said that during the last 15 years not a single problem of Pakistan was solved. A single man cannot solve any problem. No problem could be solved unless democracy is established in the country. The Constitution of 1956 was abrogated at the threat of arms. The demand of the people cannot be turned down by a singly man. The State does not belong to one man but it belongs to all. So, the people should launch movement unitedly to establish democracy in such a way that the whole world will wonder.

Abdur Rashid Tarkabagish, in course of his speech, has stated that a new spirit amongst all the people of East Pakistan is seen on the common object of establishing democracy in the country. Nobody can stand on this way. Democratic constitution is the Islamic Constitution. The motto taken by Mr. H.S. Suhrawardy and other political leaders in this respect must succeed with the help of Allah. The people in unity must establish democracy in the country.

Mr. Abu Husain Sarkar, in course of his speech, stated that the servants of the people grasped the powers of the country so strongly that it would be very difficult to restore democracy. Mr. Md. Ayub Khan captured all powers by destroying democracy. During the last 4 years of military rule, the condition of the country worsened. Being a soldier and knowing only 'left and right' parade, he could not understand the sufferings of the people. People demand democratic constitution and for this they are launching movement unitedly. Mr. Mohd. Ayub Khan possesses arms and ammunition but there is nothing to fear. If the people are united to restore democracy Allah will grant it. If democracy and adult franchise are restored votes could not be purchased as it happened in the last basic democracy election. President's cabinet has become just like Ali Baba and his forty thieves. Parliamentary Secretaries are appointed on high salaries in order to make propaganda in favour of Mr. Md Ayub Khan. As imposition of new taxes are not possible the implementation of the recommendation of pay and service commission could not be given effect to, whereas the Capital was shifted to Rawalpindi by spending huge money of the poor people of Pakistan. All political parties are now united to achieve democracy which is for the interest of the people.

Mr. H.S Suhrawardy in course of his speech stated that all the people are demanding democratic constitution. Now the time has come to do their duty. President Md. Ayub Khan formed Basic Democracy with the hope of gaining support and also formed another party in the name of Muslim League but there was no Muslim Leaguer. He also held a convention at Rawalpindi by collecting men through free air lifts. Due to fear the proposed National Assembly session at Dacca was cancelled by calling an emergent session at Rawalpindi but no new policy was taken in the emergent meeting. Until now none supported the President except some goondas. At Lahore, he addressed a meeting of 80,000 People where all demanded democracy and none gave slogans as 'Ayub Zindabad' except 25 goondas. In some other places of his meeting in West Pakistan, goondas obstructed. It means that the solidarity of the President was frustrated in West Pakistan also. He urged upon the people for unity to establish democracy. Now all the political parties are united to achieve their goal.

He further stated that unless the representatives from the people would be able to get power, no problem could be solved. Hence the first thing is to establish democratic constitution then the grievances of the people will be solved in accordance with the wishes of the people.

He further added that negotiation for solving Kashmir problem between Pakistan and India could not be made without consulting the Kashmiri leaders like Sk. Abdulla and Chaudhuri Ghulam Abbas who know the actual situation there. He further stated that Chinese military forces are at the door of Assam which is situated just on the borders of East Pakistan. So people of East Pakistan demand that at least 30,000 Bengalis of East Pakistan should be recruited in military immediately to defend East Pakistan in case of emergency as the people themselves would be able to defend their country. It is also the demand of the people, that compulsory military training in all the schools and colleges in East Pakistan should be started immediately in the manner like Ansars were organised.

Resolutions inter alia demanding full Democratic Government, democratisation of the present constitution and changing the foreign policy of the country if and when required were passed in the meeting.

It appears that the audience have appreciated his speech to some extent as when Mr. Suhrawardy asked the audience to raise their hands if they want Democratic Constitution majority of them raised their hands. When he again asked if they were ready to sacrifice even their lives for launching the movement a few person raised their hands and many began to leave the place.

A large number of people including political workers and students gave him a warm reception at Dinajpur railway station at the time of his arrival by playing a band and firing crackers.

Both long hand and short hand notes of the speeches in the meeting were taken.

*1. SS II may like to see. 2. His speech appears to be actionable. 3. Copy to NDF file for n/a. Sd/-M-Yunus.12.12.Sd/- 13/12 Sd/- A, Ahmad.*
*D.S.3. DS6/DS3. Extract to P.Fs. of Sk. Mujibur Rahman, Md. Solaiman, Mahmud Ali and Abu Hussain Sarker. 24/12/62 R 31160 dt 24/12,*
*Extract to the P.F. of Mr. Suhrawardy. Sd/- M. Yunus.12.12,*
*D. S.6/ D. S.3 Sd/- A. Ahmad. 13.12.*

———

# 120

## *Public meeting at Rajbari and Faridpur attended by H S Suhrawardy.*

Faridpur, 14 December 1962

Phone Nos. 3025 & 4231
***Secret.***

### *DRAFT.*

Memo. No. 22089/dated 14th Dec.'62

To
The Section officer, Govt. of East Pakistan,
Home (Poll) Deptt., Dacca.

Sub:     Public meetings at Rajbari and Faridpur addressed by Mr. H.S. Suhrawardy and others on 23.11.62.

Ref: Your Memo. No. 1261-poll/s(1) dated 28/11/62.

Mr. H.S. Suhrawardy accompanied by M/S. Sk. Mujibur Rahman, Ataur Rahman Khan, Yusuf Ali Chaudhury arrived at Rajbari in the morning of 23.11.62 and addressed a public meeting. The meeting was presided over by Kazi Hedayet Husain, M.P.A. After the speeches of three speakers when Sk. Mujibur Rahman and Ataur Rahman were delivering speeches one after another, they were interrupted by two persons who put questions as to what they did when they were in power. When Mr. Suhrawardy was finishing his speech, the two persons along with about 15 others stood up and started asking him embarrassing questions. When Mr. Suhrawardy was arguing with them all the audience stood up and the meeting was announced to be closed without taking any resolution.

It is reported that only 30% of the audience could appreciate the speeches delivered in this meeting.

At Faridpur, the public meeting was held in the afternoon of the same day (23.11.62) with Khan Bahadur[30] Mr. Md. Ismail, B.L. as the President. When the speeches of Mahmud Ali and Sk. Mujibur Rahman were over, Mr. Nurul Amin was requested by the President to speak, the audience showed resentment by moving their hands. In this stage of confusion, one Raushan Zaman Khan (Ex-A.L. and an ex- security prisoner of Faridpur) suddenly appeared before the mike and wanted to speak but the President did not allow him to speak. However, on the demand of the audience Raushan Zaman Khan made a speech criticising the United Front leaders for not doing any good for the people. He held the U.F. leaders responsible for the

---

30.     ***Khan Bahadur*** *– A compound of Khan (leader) and Bahadur (brave) was a formal title of respect and honour, which was conferred exclusively on Muslim subjects of the British Indian Empire. It was a title one degree higher than the title of Khan Sahib.*

murder of Mr. Shahed Ali the then Speaker of East Pakistan Assembly. He also held Sk. Mujibur Rahman and Yusuf Ali Chaudhury responsible for imposition of Martial Law in the country. He also stated that Sk. Mujibur Rahman and Nurul Amin who were at loggerheads previously had now joined hands for personal ends. He wanted to know from the audience whether they would again be fooled by these self-seekers. The audience loudly supported his views saying that they would not fall into their traps again. After his speech, Mr. Suhrawardy arrived in the meeting and delivered a speech. The meeting abruptly ended without taking any resolution as the audience did not appear to have appreciated the speeches.

Sd/- 13.12
D.I.G.,S.B., E.P.

---

## 121

*Report on the statements of Sheikh Mujibur Rahman, Mahmud Ali and Mohammad Ibrahim criticizing Government's demand of bond from Ittefaq.*

Dacca, 14 December 1962

*Ittefaq dt. 14.12.62*

### শেখ মুজিবর রহমান

পূর্ব পাকিস্তানের সাবেক আওয়ামী লীগের জেনারেল সেক্রেটারী শেখ মুজিবর রহমান বলেনঃ ইত্তেফাকের উপর এই হামলার অর্থই হইতেছে দেশের গণতান্ত্রিক শক্তির উপর হামলা। সরকার যে দেশে গণতন্ত্র চলিতে দিতে প্রস্তুত নয়, এতদ্বারা স্পষ্টভাবে তাহাই প্রতিভাত হইয়া উঠিয়াছে।

VI, P. F of Sk. M. Rahman, 138 dt. 31/12/62, Sd/-31.12.

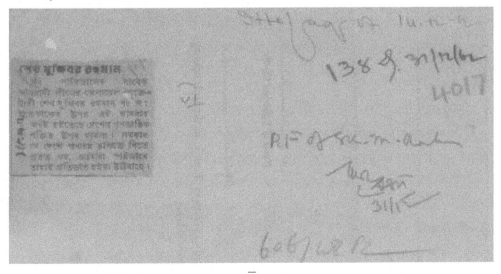

---

*Sangbad dt. 14.12.62*
*251 Dt 15.12.62*

<u>নেতৃবৃন্দের বিবৃতি ঃ</u>

**সংবাদপত্রের কন্ঠরোধ প্রচেষ্টার' প্রতিবাদ**

দৈনিক ইত্তেফাকের প্রকাশক ও মুদ্রাকরের নিকট দশ হাজার টাকা জামানত তলবের সংবাদে জনমনে গভীর ক্ষোভ ও অসন্তোষের সৃষ্টি হইয়াছে। এই অগণতান্ত্রিক কার্য্যের তীব্র নিন্দা করিয়া জননেতাগণ গতকল্য (বৃহস্পতিবার) সংবাদপত্রে প্রকাশার্থ যে সব বিবৃতি প্রদান করেন নিম্নে তাহা প্রকাশিত হইলঃ

**শেখ মুজিব**

পূর্ব পাকিস্তানের সাবেক আওয়ামী লীগের জেনারেল সেক্রেটারী শেখ মুজিবর রহমান বলেনঃ

ইত্তেফাকের উপর এই হামলার অর্থই হইতেছে দেশের গণতান্ত্রিক শক্তির উপর হামলা। সরকার যে দেশে গণতন্ত্র চলিতে দিতে প্রস্তুত নন এতদ্বারা স্পষ্টভাবে তাহাই প্রতিভাত হইয়া উঠিয়াছে। ইহা অত্যন্ত দুঃখজনক ও নিন্দার্হ। আমি অবিলম্বে সংশ্লিষ্ট সরকারী আদেশ প্রত্যাহারের দাবী জানাইতেছি।

**মাহমুদ আলী**

পূর্ব পাকিস্তানের সাবেক রাজস্ব মন্ত্রী জনাব মাহমুদ আলী বলেন:

দৈনিক ইত্তেফাকের নিকট হইতে গভর্নরের দশ হাজার টাকা জামানত তলব সংবাদপত্রের স্বাধীনতার উপর আরও একটি হামলার নামান্তর। ইহা দ্বারা পূনরায় প্রমানিত হইল যে বর্ত্তমান সরকারের সংবাদপত্রের স্বাধীনতা ও বাক- স্বাধীনতার কথা একেবারে ভূয়া এবং বহির্বিশ্বকে ধোকা দেওয়ার প্রচেষ্টা মাত্র এ প্রসঙ্গে। এ কথা বলাবাহুল্য যে, পাকিস্তানের জনসাধারণ চিরদিনের জন্য তাহাদের অধিকার প্রতিষ্ঠাতে বদ্ধপরিকর। ক্ষমতাসীন ব্যক্তিদের স্মরণ রাখা দরকার যে, তাঁহারা যতই দমনের এবং জনগণের অধিকার খর্বের চেষ্টা করুন না কেন, তাহাতে তাঁহাদের গদি চিরস্থায়ী হইবে না। তাহাদের দেওয়ালের লিখন পাঠ করিতে সক্ষম হওয়া উচিত। আমি আশা করি যে, তাঁহাদের শুভবুদ্ধির উদয় হইবে এবং 'ইত্তেফাকে'র উপর হইতে আদেশটি প্রত্যাহৃত হইবে। তাহা হইলে তাঁহারা জনগণের শুভেচ্ছা লাভ করিতে পারিবেন। স্মরণযোগ্য যে বিংশ শতাব্দীর এই শেষার্দ্ধে যে কোন সরকার অপরিহার্য্যরুপেই জনগণের শুভেচ্ছার উপর নির্ভরশীল।

**প্রাক্তন আইন সচিব**

প্রাক্তন কেন্দ্রীয় আইন সচিব জনাব মোহাম্মদ ইব্রাহীম বিবৃতিতে বলেনঃ

জামানত তলবের নির্দ্দেশটি দেখিয়া আমি বিস্মিত না হইয়া পারি নাই। কি ধরনের আপত্তিকর সংবাদ সরকারকে জামানত তলবে বাধ্য করিয়াছে, নির্দেশটিতে উহার কোন উল্লেখ নাই। নিদের্শটীর নিজস্ব বৈশিষ্ট্যই উহার ন্যায়ানুগতা প্রমাণ করে না যে নির্দিষ্ট বিষয়টি অনুরুপ পর্য্যায়ের নির্দেশ দানের অবস্থা সৃষ্টি করিয়াছে, সে সম্পর্কে কোনরুপ উল্লেখ না থাকিলে উহা নিবর্তনমুলক কিংবা হুশিয়ারী ব্যবস্থা হিসাবে অন্যান্য প্রকাশকদের উপর প্রয়োগ করা যাইতে পারে না। আমি যতদুর জানি ইত্তেফাক সম্পাদককে পর্যন্ত এই বিশেষ ব্যাপারটা সম্পর্কে কোন কিছু জানান হয়

নাই। আমি মনে করি সরকারের মতে কোন বিষয়টি আপত্তিকর, উহা সম্পাদককে বলা উচিৎ এবং অনুরুপ ধরনের নির্দ্দেশ প্রদানের পুর্বে তাহাকে তাঁহার বক্তব্য পেশের একটা সুযোগ দেওয়া উচিত।

আইনের অনুশাসন দাবী করে যে, আনীত অভিযোগ সম্পর্কে সুপষ্ট ও সুনির্দ্দিষ্টভাবে অবহিত হওয়া ব্যাতিরেকে কেহই যেন শাস্তি ভোগ না করে-কেন না ইহার দ্বারা সে তাহার কোন বক্তব্য থাকিলে উহা বিশ্লেষনের সুযোগ পাইবে।

**যশোর বাসীর ক্ষোভ প্রকাশ**

যশোর হইতে প্রাপ্ত খবরে জানা গিয়াছে যে, দৈনিক ইত্তেফাকের জামানত তলবে সরকারী নির্দ্দেশের কথা জানিতে পারিয়া যশোরের অধিবাসীগণ প্রচন্ড ক্ষোভ প্রকাশ করে এবং সকল শ্রেণীর সংবাদক-পাঠক উক্ত সরকারী আদেশের বিরুদ্ধে তীব্র সমালোচনায় ফাটিয়া পড়ে। স্থানীয় বারের সদস্যগণ তথা শহরের বুদ্ধিজীবী ও চিন্তাশীল মহল প্রাদেশিক সরকারের এই নির্দ্দেশে বায়পরনায় বিষ্ময় প্রকাশ করেন।

যশোর বারের জনৈক প্রবীন সদস্য ১৯৬০ সালের প্রেস এন্ড পাবলিকেশন অর্ডিন্যান্সে এই ধরণের কোন ব্যবস্থা গ্রহনের পূর্বে একজন সেশন জজের অভিমত গ্রহনের যে বিধান রহিয়াছে তাহার উল্লেখ করিয়া ১৯৫৮ সালের জননিরাপত্তা আইন বলে ইত্তেফাকের প্রকাশক ও মুদ্রাকরের নিকট ১০ হাজার টাকার জামানত তলব করিয়া প্রাদেশিক সরকার যে আদেশ জারী করিয়াছেন তাহার আইনগত যথার্থত্তা সম্পর্ক প্রশ্ন উৎথাপন করেন। ন্যায় নীতির খাতিরে "ইত্তেফাকে"র প্রকাশক ও মুদ্রাকরকে তাহার আত্মপক্ষ সমর্থনের সুযোগ দেওয়া উচিত বলিয়া তিনি অভিমত প্রকাশ করেন।

জনাব কে এম এম আবদুল কাদের বলেনঃ যে চারিটি স্বাধীনতার উপর গণতন্ত্রের প্রতিষ্ঠা, সংবাদপত্রের স্বাধীনতা তাহার অন্যতম। সুতরাং সংবাদপত্রের স্বাধীনতার উপর হস্তক্ষেপের যে কোন চেষ্টা গণতন্ত্রকে অস্বীকার করার সামিল। ইত্তেফাক এর প্রতি এই জামানত তলবকে সংবাদ পত্রের স্বাধীনতার উপর হস্তক্ষেপ ছাড়া আর কিছুই বলা যায়না। গণতন্ত্রের উক্ত হিসাবে আমি সরকারের এই আচরণের তীব্র প্রতিবাদ করিতেছি। আমি অবিলম্বে এই আদেশ প্রত্যাহারের দাবী জানাইতেছি।

*D.S VI may pl. see. Sd/- 15.12.62.*
*On the P.F of Sk. Mujibur Rahman. Sd/-DSVI.*

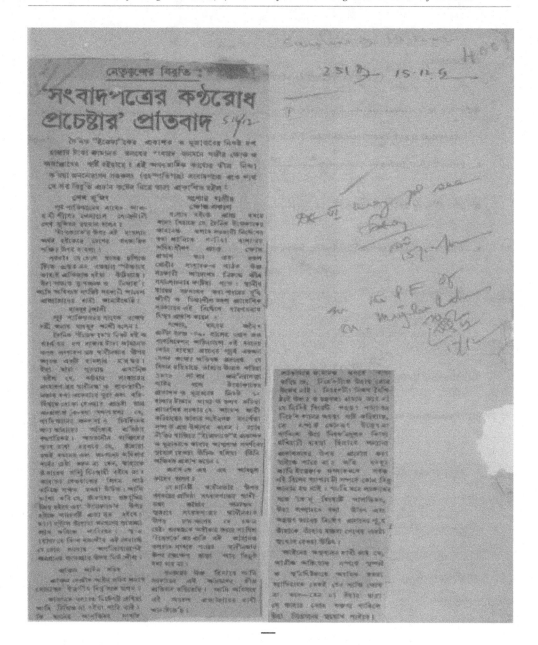

নেতৃবৃন্দের বিবৃতি

'সংবাদপত্রের কণ্ঠরোধ প্রচেষ্টার' প্রতিবাদ

—

# 122

## *Report on visit of Sheikh Mujibur Rahman to his brother-in-law 3rd officer of SDO office.*

Dinajpur, 17 December 1962

***Confidential***

**DISTRICT SPECIAL BRANCH**

Dinajpur the 17th Dec. 1962

No. 5629 /20-62

S.A. Khasru, Esq., P.S.P.,

Spl. Supdt., S.B., Dacca.

On 6.12.62 just after giving his speech in a public meeting at Dinajpur town (reported in this district W.C. R. for the w/e 8.12.62 heading 3 political activities) A.L. 529 Sk. Mujibur Rahman (A.L) left for Thakurgaon in a jeep along with Mashiur Rahman Muktear (A.L), Abdur Rashid Muktear (A.L.), both of Thakurgaon and a person of Dinajpur town. He went to his brother-in-law Mr. A.T.M. Sayed Husain, 3rd Officer, Thakurgaon, took his dinner and returned to Dinajpur after about 2 hours. He did not hold any meeting at Thakurgaon.

*Sd/- 17.12*
Superintendent of Police,
D.S.B., Dinajpur

—

## 123

## *Report on formation of Provincial Executive Committee by Sheikh Mujibur Rahmanm.*

### Dacca, 18 December 1962

**Secrct**

A reliable secret source reported on 13.12.62 that Mr. Sk. Mujibur Rahman and others held a meeting on the previous night and decided to form a Provincial Executive Committee by taking 2 members from each defunct Political Parties. Mr. Hamidul Haque Chaudhury also attended the meeting for a short time.

From the trend of discussion of Mr. Mujibur Rahman it appeared that he did not care if Mr. Hamidul Haque Chaudhury was with them or not.

No 82/SS (SC) dt. 18.12.62

Forwarded to S.S. II for his information and necessary action.

(A. Ahmed)
S.S., SC.
18.12.62

*D.S.VI, Pl. verify by our agent. Executive committee of what? Sd/- 20.11*
*Pl. put up to DSVI on his return from Sardah for contacting his P.ACA 94 Z.I. may*
*also try through his sources. Sd/-DSVI 18.12*

—

# 124

## *Weekly confidential report of SP, DSB, Dinajpur, Bogra on Sheikh Mujibur Rahman and other political leaders.*

Dinajpur, 20 December 1962

Weekly Confidential Report, of the Supdt. of police D.S.B. Dinajpur, Bogra for the Week ending 20.10.62.

...

Secret Abstract of Intelligence No. 42 dated 20-10-62 was received in this office during the week under review.

### *Part-I*

***Movement of Suspects:-***

1) A.L. 79 A.I.M. Abdur Rahman returned from Gaibandha (Rangpur) on 28-11-62 by 198-Dn. train at 16.10 hrs.

2) *A.L.529 – Mujibur Rahman Sk.

3) **A. L. 463- Mahmud Ali

4) *A. L. 83 Abdur Rashid Tarkabagish

5) A. L. 700- Mir Shahid Mandal returned from Dacca on 30-11-62 by 273 up train at 16.00 hrs.

They arrived at Bogra from Dacca on 5-12-62 by 192-Dn. train at 13.15 hrs. and left for Dinajpur on 6-12-62 by 194-Dn. train at 06.22 hrs.

*Issue 3 copies pl. Sd/- 18/12, Circulation. Sd/- 12.12, D.S. 6, 12.12, D.S.3 13.12, To his P.F. pl. Sd/-13.12.62*

—

# 125

## *Weekly confidential report of Mymensingh District shows Sheikh Mujibur Rahman met Abdul Hamid Khan Bhashani at Tangail.*

Mymensingh, 22 December 1962

WEEKLY CONFIDENTIAL REPORT OF MYMENSINGH DISTRICT FOR THE WEEK ENDING 22.12.62

...

SECRET ABSTRACT OF INTELLIGENCE NOS. 44 DATED 3.11.62 AND 45 DATED 10.11.62 HAS BEEN RECEIVED DURING THE WEEK UNDER REVIEW.

### *PART. 1.*

***MOVEMENT OF SUSPECT.***

"A.L. 529 MUJIBAR RAHMAN SHEIKH VISITED TANGAIL FROM DACCA ON 18.12.62 AND MET MAULANA ABDUL HAMID KHAN BHASHANI. ON THE SAME DATE HE LEFT FOR DACCA.

*Circulation at 27.12.62, D.S.6_27/12,*
*Pl. give extract of P.F. Sd/-27/12, DS VI.*

—

## 126

## *Statement of Sheikh Mujibur Rahman to fulfil demand of teachers.*

Dacca, 22 December 1962

*Ittefaq dt. 22.12.62.*

**শিক্ষকদের দাবী পূরণের আহবান**

*সাবেক আওয়ামী লীগ সম্পাদক শেখ মজিবের বিবৃতি*

সাবেক আওয়ামী লীগ সম্পাদক শেখ মুজিবর রহমান এক বিবৃতি প্রসঙ্গে কর্তৃপক্ষকে এই মর্মে সর্তক করিয়া দেন যে, বেসরকারী কলেজের অধ্যাপকদের দাবীদাওয়া পূরণের ব্যাপারে এমন কিছু করা উচিত নহে- যাহাতে পরিস্থিতি আয়ত্তের বাহিরে চলিয়া যায়। তিনি দুঃখ করিয়া বলেন যে দাবী আদায়ের জন্য বেসরকারী কলেজের অধ্যাপকদের চরম পন্থা হিসাবে প্রতীক ধর্মঘট করিতে হইয়াছে।

শেখ মুজিরব রহমান আরও বলেন, ইহা স্বীকৃত সত্য যে, আমাদের দেশের বেসরকারী কলেজ ও স্কুলের শিক্ষকরা কম বেতন পান এবং তাহারা আমাদের দেশের বুদ্ধিজীবীদের মধ্যে সব চাইতে অবহেলিত। অথচ তাঁহারাই আমাদের দেশের শিক্ষা ব্যবস্থাকে টিকাইয়া রাখার জন্য সর্বস্ব ত্যাগ করিতেছেন।

পরিশেষে শেখ সাহেব দেশের শিক্ষা ব্যবস্থাকে আর অবহেলা না করিয়া অবিলম্বে শিক্ষকদের যুক্তিসঙ্গত দাবী-দাওয়া পূরণের জন্য সরকারের নিকট দাবী জানান।

*P.F. of Sk M. Rahman. Sd/- DS PL 31.12.*

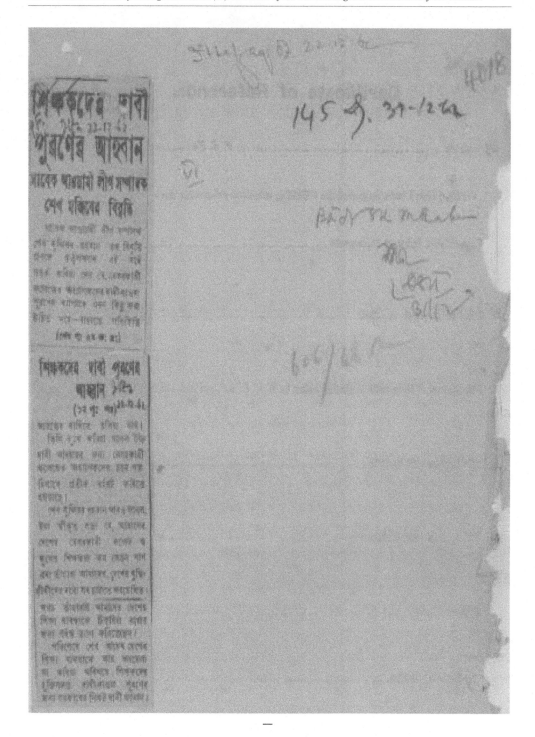

শিক্ষকদের দাবী পূরণের আহ্বান

সাবেক আওয়ামী লীগ সম্পাদক শেখ মুজিবের বিবৃতি

শিক্ষকদের দাবী পূরণের আহ্বান

—

Ref. order of D.S. VI on the paper cutting from Daily Sangbad dt. 22.12.62. True copy of the Statement of Sk. Mojibur Rahman.

অধুনালুপ্ত প্রাদেশিক আওয়ামী লীগের সাবেক সাধারন সম্পাদক শেখ মুজিবের রহমান সংবাদপত্রে প্রদত্ত এক বিবৃতিতে প্রদেশের বেসরকারী কলেজের ধর্মঘট শিক্ষকদের ন্যায় সঙ্গত দাবী মানিয়া লওয়ার জন্য সরকারকে অনুরোধ জানাইয়াছে।

বিবৃতিতে তিনি বলেন যে দেশের শিক্ষাব্যবস্থার যথেষ্ট ক্ষতি সাধিত হইয়াছে। এই অবস্থাতে আর বেশী দিন চলিতে দেওয়া যাইতে পারে না। যেকোন দৃষ্টিকোন হইতে বিবেচনা করিয়া শিক্ষকদের এই দাবী-দাওয়া অত্যন্ত সর্বনিম্ন ও যুক্তিসঙ্গত বলিয়া তিনি বিবৃতিতে দাবী করেন।

—

*Sangbad dt. 22.12.62.*

*<u>৬ জন পরিষদ-সদস্য ও শেখ মুজিবুরের বিবৃতি</u>*

**শিক্ষকদের দাবী পূরণে সরকারকে অগ্রণী হইতে হইবে**

*(নিজস্ব বার্তা পরিবেশক)*

পূর্ব পাকিস্তানের বেসরকারী কলেজ শিক্ষকদের দাবীর সমর্থন করিয়া শেখ মুজিবর রহমান ও দশজন জাতীয় পরিষদ সদস্য বিবৃতি প্রদান করিয়াছেন। জাতীয় পরিষদ সদস্যগণ এক যুক্ত বিবৃতিতে বলেন যে, শিক্ষক সমাজের ন্যায়সঙ্গত দাবী দাওয়া পূরণের জন্য অনতিবিলম্বে সরকারকে সম্ভাব্য সকল ব্যবস্থা গ্রহণ করা উচিত।

জাতীয় পরিষদ সদস্য জনাব আবদুল হক, জনাব আবদুল মোস্তাকি চৌধুরী, জনাব জামালুস সাত্তার, সৈয়দ হাবিবুল হক, জনাব আক্তার উদ্দীন আহমদ এবং জনাব ফরিদ আহমদ স্বাক্ষরিত বিবৃতিতে বলা হইয়াছেঃ

"আমরা অতীত দুঃখ ও উদ্বেগের সহিত লক্ষ্য করিয়াছি যে, দাবী আদায়ের জন্য বেসরকারী কলেজ শিক্ষকগণকে তাহাদের দাবী আদায়ের জন্য শেষ পর্যন্ত প্রতিক ধর্ম্মঘটের মত চরম ব্যবস্থা গ্রহন করিতে হইয়াছে। যে যুক্তি এবং পরিস্থিতির জন্যই হউক, এই ধরনের ধর্মঘট এই প্রদেশের উচ্চতর শিক্ষার সম্প্রসারণকে ব্যাহত করিতে বাধ্য। আমরা একান্তভাবে বিশ্বাস করি যে, আর বিলম্ব না করিয়া শিক্ষক সমাজের ন্যায় সঙ্গত দাবী সরকারকে সম্ভাব্য সকল ব্যবস্থা গ্রহন করা উচিত।

**শেখ মুজিব**

অধুনালুপ্ত প্রাদেশিক আওয়ামী লীগের সাবেক সাধারন সম্পাদক শেখ মুজিবর রহমান সংবাদপত্রে প্রদত্ত এক বৃবতিতে প্রদেশের বেসরকারী কলেজের ধর্মঘট শিক্ষকদের ন্যায়সঙ্গত দাবী দাওয়া মানিয়া লওয়ার জন্য সরকারকে অনুরোধ জানাইয়াছেন।

বিবৃতিতে তিনি বলেন যে, দেশের শিক্ষা ব্যবস্থার যথেষ্ঠ ক্ষতি সাধিত হইয়াছে। এই অবস্থাকে আর বেশী দিন চলিতে দেওয়া যাইতে পারে না।

যে কোন দৃষ্টিকোন হইতে বিবেচনা করিলে শিক্ষকদের এই দাবী দাওয়া অত্যন্ত সর্বনিম্ন ও যুক্তিসঙ্গত বলিয়া তিনি বিবৃতিতে দাবী করেন।"

*Seen. Copy to P.F of Sk. Mojibur Rahman. Sd/- 24.12.*
*Ref. orders above. Copy enclosed for favour and n/a. Sd/- 29.12.62.*

Sangbad 22-12-62

22/12/62

৬জন পরিষদ-সদস্য ও শেখ মুজিবুরের বিবৃতি

# শিক্ষকদের দাবী পূরণে সরকারকে অগ্রণী হইতে হইবে

(নিজস্ব বার্তা পরিবেশক)

[illegible]

শেখ মুজিব

[illegible]

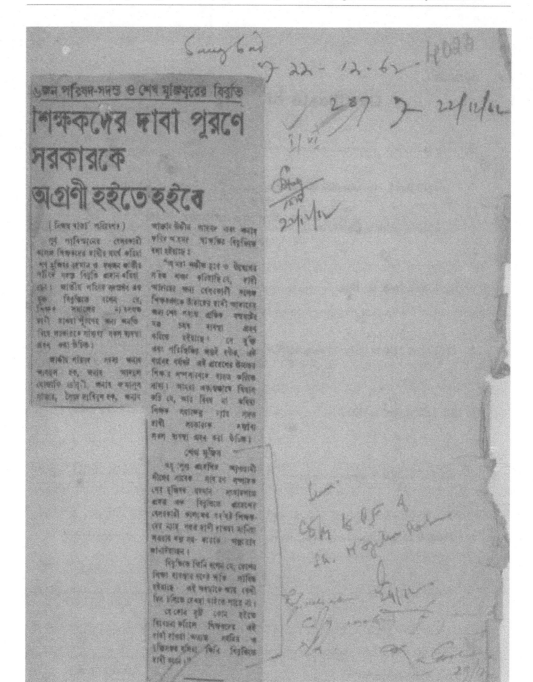

# 127

*Report on Sheikh Mujibur Rahman relating to observation of Democratic day and formation of NDF.*

### Dacca, 24 December 1962

A reliable secret source reported on 23.12.62 that Mr. Sk. Mujibur Rahman in course of discussion with his other friends on the same day informed them that he had talks with the student leaders. The students will help them in every respect. Mr. Mujibur Rahman further disclosed that they will not observe Democracy Day on 6.1.63. They may observe it on 13.1.63 after it is confirmed by Mr. H.S. Suhrawardy. Mr. Suhrawardy is expected back to Dacca on 3.1.63. Mr. Mujibur further told that he met Maulana Bhashani at the latter's request and had a long discussion with him. He also stated that he has formed N.D.F. and would issue necessary instructions to all districts.

No. 84/55(SC) dated 24.12.62

Forwarded to S.S. II, S.B., for information and necessary action.

Sd/-A. Ahmed.
S.S., SC
24.12.62.

*Seen. Show, D.S. VI. Entered in D.R. Sd/- S.A. Khasru, 24.12.62,Seen, (1) Copy to N.D.F folder and D.F. (2) Copy to P.F of Sk. Mujibur Rahman.( 3) D.S. (I) may also see. Seen. Copy to S.A.S. Sd/- A.Majid. 26.12.62. Sd/- M. Yunus. 26.12.62.*

———

# 128

## *Special Branch authority ask for report whether any case pending against Sheikh Mujibur Rahman.*

Dacca, 27 December 1962

Extract from orders copied from NSP 51 of S.B. file No. 2-59/T.S.

\* \* \*

(3)  Is Sk. Mujib still undergoing trial in a case? Sd/- M. A. Haque 27.12.

\* \* \*

From Prepage.

Discussed with D.I.O. today in presence of S.S. II along with the note placed below.

D.I.G. desires following action on the points mentioned prepage.

\* \* \*

(3)  D.S VI may please depute an officer to expedite the opinion of L.R. after consulting S.S. II.

Sd/- A. Majid
28.12.62.

*Security Sec. for immediate action pl. Sd/-1/1/62*

—

Ext. of report to query at NSP 51 (3) by D.S.I dated 28.12.62.

\* \* \*

3.  Sk. Mujibur Rahman is not at present undergoing trial in any case and no case is reported to be pending against him as ascertained from B.A.C. L.R's opinion is being sought through A.I.G. for launching prosecution against him for delivering a prejudicial speech at Chauddogram (Comilla) on 18.10.62. Letter issued to A.I.G. on 26.12.62. P.P., Comilla opined for prosecution.

—

*Chapter – II*
*1963*

## 129

### *SB reports Sheikh Mujibur Rahman left Dacca for Tungipara to bring his family.*

Dacca, 2 January 1963

*Telegram*

*Express*

No. 150/606-48 P.F dt. 2.1.63.

S. P. D.I.B Faridpur

AL 529 left Dacca for Gopalganj by Launch on 31.12.62.

Sd/- 2.1.63

Dintell

*Phone No. 4231/61*

*Secret*

No. 150/1/606-48 P.F. dt. 2.1.63

Copy by Post forwarded to- in confirmation. This is in connection with Sk. Mujibur Rahman. His activities there may please be reported to this office.

Sd/-2.1.63

DS (6) for SS (2)

—

Reference C.R. dated 31.12.62 of Suspect Sk. Mujibur Rahman

...

It is ascertained secretly that the Subject left his residence for Gopalganj to bring his family on 30.12.62 at 06.00 hrs. by his own car E.B.D. 7171 up to Sadarghat. From Sadarghat he (subject) availed launch for Gopalganj, Faridpur at 09.30 hrs. He is expected to come back today evening.

Submitted
2.1.63.

*D.S.VI may pl. like to see Sd/- 2.1.63. F.R. awaited pl. inform Dist. Sd/- M. Yunus. 2.1.63.*

—

*Secret*

**District Special Branch,**
Faridpur, the 16th Jany. 63.
No.174 33.50. P. 936., R. 36

To

S. A. Khasru, Esq., PSP.,
SPl. Supdt. of Police,
S.B. , E.P. , Dacca.

Ref: Your No. 150/1/ dated 2.1.63 regarding AL 529 Shaikh Mujibar Rahman.

Al 529 Sk. Mujibar Rahman (A.L.) s/o Lutfur Rahman of Tungipara, Gopalganj, Faridpur and of Dacca came to his native village Tungipara from Dacca on 31.12.62 at 08.00 hrs. by Motor Launch. He was not shadowed by any D. S. B. or S.B. staff from Dacca. On arrival of the suspect, watch was placed on him. The suspect halted from 31.12.62 to 4.1.63 at Tungipara. The local people including his friends and relations met him during his stay. The subject did not visit any place.

So far ascertained, the subject came to his native village to see his old parents and grand mother-in-law who was reported to have been suffering from disease. Nothing unusual did happen during his stay.

The subject left for Dacca with his family via Barisal by steamer on 4.1.63 at about 03.00 hrs. from Patgati Steamer Station being shadowed by W. C. 1109 Awlad Husain of this DSB.

*Sd/ -14.1.63*
Supdt. of Police,
D.S.B, Faridpur.

—

## 130
*Report on visit to residence of H S Suhrawardy by*
*Sheikh Mujibur Rahman and other political leaders.*

Dacca, 4 January 1963

Reference C.R. dated 10.12.62 on
Mr. H.S. Suhrawardy (DR 156/62)

...

I made secret enquiry and learnt that the following persons among others visited the residence of Mr. Suhrawardy on the date at Kakrail.

1.  Sk. Mujibur Rahman.
2.  Zahur Husain Choudhury.
3.  Kamal Ahmad, Advocate.
4.  Pir Mohsinuddin.
5.  Ahsanul Haq of M/S Railly Brs.

6. Abdul Latif Biswas.

7. Begum Rokeya Anwar M.N.A.

8. Munsur Ali (Captain) of Pabna.

9. Md. Salaiman (K.S.P.) and two persons from M/S Bhattacharjee & Co., Narayanganj whose names could not be known.

Submitted.
M. Alam. 4.1.63.

*D.S.VI may pl. like to see. Sd/-5.1.63. Copy to P.F. Sd/- M. Yunus 5.1.63*

—

# 131

*Sheikh Mujibur Rahman left his native village Tungipara along with family members for Dacca via Barisal by steamer.*

Faridpur, 6 January 1963

To

The O/C, Watch, S.B. E.P., Dacca.

Sir,

I beg to report that I shadowed the political suspect * A.L 529 Shaik Mojibur Rahman s/o Sk. Lutfar Rahman of Tongipara P.S. Gopalganj Dt. Faridpur from Tongipara to Narayanganj S/S on 5.1.63 at about 20.00 hrs. by Barisal Mail Steamer. On 4.1.63 at about 05.00 hrs. the said suspect left his house Tongipara along with his family members and bag and baggage and reached Patgati S/S by Boat at about 07.00 hrs. He was at Patgati S/S along with his family members on the Boat about till 15.00 hrs. due to the late running of Barisal Mail Steamer. At about 15.00 hrs. he left Patgati S/S for Narayanganj via Barisal along with his family members and bag and baggage by Barisal mail Steamer and reached Barisal S/S at about 01.00 hrs. on 5.1.63. At about 01.45 hrs. he left Barisal along with his family members by Barisal mail Steamer and reached Narayanganj S/S with his family members and bag baggage on 5.1.63 at about 20.00 hrs. I search the W/Cs of Narayanganj R.I.B. at Narayanganj S/S to make over the said suspect at Narayanganj R.I.B. staff but no W/Cs was present there at that time as noted suspect left Narayanganj towards Dacca side along with his family members and bag and baggage by car No E.B.D.7171 and E.B.D. 3364 at about 20.30 hrs. So I left said place and reached Rly. P.S. at Narayanganj and sent the phone message to S.B. E.P. officer Dacca from Narayanganj to inform the superior officer.

During my shadowing period no suspect and suspicious persons was seen to meet with him and none smuggled anything to anybody.

This is for favour of your kind information.

Y.O.S.

W/C, Awlad Husain, Gopalganj,

D.S.B. Faridpur.

6.1.63.

*D.S.VI may pl. see. Ext. may go in P.F. Sd/-7.1.63*
*1. As proposed. 2. What about the report of 'A' regarding absent of R.I.B. W.C.? Sd/- M. Yunus. 'A'*
*7.1.63*

—

Weekly Confidential Report of the Supdt. of Police, D.S.B., Faridpur, for the week ending 12.1.63.

Secret Abstracts of Intelligence Nos. 46 and 47 dated 17.11.62 and 24.11.62 respectively, have been received.

### Part 1.

### *Movement of Suspects.*

1. A.L.# 529/A.L.-Shaikh Mujibur Rahman came to his native village Tungipara, Gopalganj, Faridpur on 31.12.62 from Dacca and halted there up to 4.1.63. He left for Dacca with his family on 4.1.63 via Barisal being shadowed by W.C. 1109-Awlad Husain of this D.S.B. He was not shadowed by any watcher from Dacca during his journey from Dacca to Tungipara, his native village.

2. A.L.458/A.L-Liyaqat Husain left for Dacca on 3.1.63 and came back on 6.1.63.

*Circulation. Sd/-17.1.63. Copy to P.F. Sd/-18.1. One copy pl. Sd/-19.1.63*

—

# 132

## *Strongly worded criticism of Sheikh Mujibur Rahman against promulgation of new law.*

Dacca, 9 January 1963

*Morning News dt. 9.1.63,*

### MUJIB

Sheikh Mujibur Rahman, former General Secretary of the Awami League, said the promulgation of the new ordinances "imposing fool-proof bars on EBDOed politicians", "had added a new chapter to the "repressive laws of regimentation" having no parallel in any other democratic country.

In a strongly-worded statement issued to the Press, Sheikh Mujibur Rahman vehemently criticised the ordinances. In the course of the statement, he said: "The last faint hope of the people that democracy would come back is gone. The patience of the people is overtaxed and God alone knows what is ultimately reserved in the fate of the country.

"I am sure and the politically conscious people of the country will agree with me, that the ordinances are not directed against the EBDOed politicians alone, but is a measure to suffocate the voice of the entire nation and one can rightly hope that the conscious section of our people will not bow down their heads before this high-handedness of the authorities" Sheikh Mujibur Rahman added.

Morning News 9.1.63

27 9 10.1.63

MUJIB

Sheikh Mujibur Rahman, former General Secretary of the Awami League, said the promulgation of the new ordinances "imposing fool-proof bars on EBDOed politicians", had added a new chapter to the "repressive laws of regimentation" having no parallel in any other democratic country.

In a strongly-worded statement issued to the Press, Sheikh Mujibur Rahman vehemently criticised the ordinances. In the course of the statement, he said: "The last faint hope of the people that democracy would come back is gone. The patience of the people is overtaxed and God alone knows what is ultimately reserved in the fate of the country.

"I am sure and the politically conscious people of the country will agree with me, that the ordinances are not directed against the EBDOed politicians alone, but is a measure to suffocate the voice of the entire nation and one can rightly hope that the conscious section of our people will not bow down their heads before this high-handedness of the authorities," Sheikh Mujibur Rahman added.

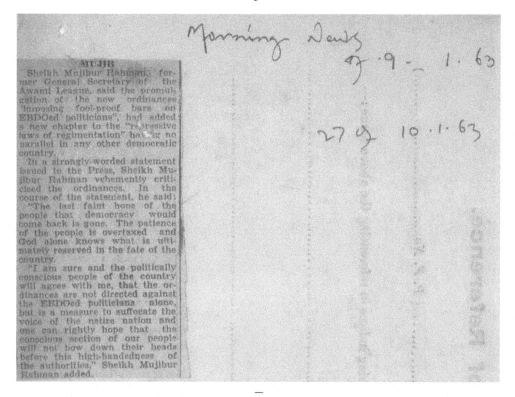

—

*Pakistan Observer dt. 9.1.63*

**Sheikh Mujib**

Sheikh Mujibur Rahman, former General Secretary of the now defunct East Pakistan Awami League, issued the following statement to the Press Tuesday.

"The new ordinances promulgated by the President imposing fool-proof bars on EBDOed politicians is a new chapter added to the repressive laws of regimentation having no parallel example in any other democratic country. The all-powerful President seems to be depending on, and guided by, a handful of political orphans who have neither the people's backing nor the will to restore democracy in the county. It is now crystal clear that the President and his henchmen have set for the most authoritarian way of Statecraft."

*1) SS II may peruse the two statements of Sk. Mujibur Rahman published in Pak Observer & Morning News (placed below) of 9.1.63. The statements differ in tone.*
*2) After action these may be placed on his P.F. Sd/-20.1.63, Seen. Sd/-11.1*

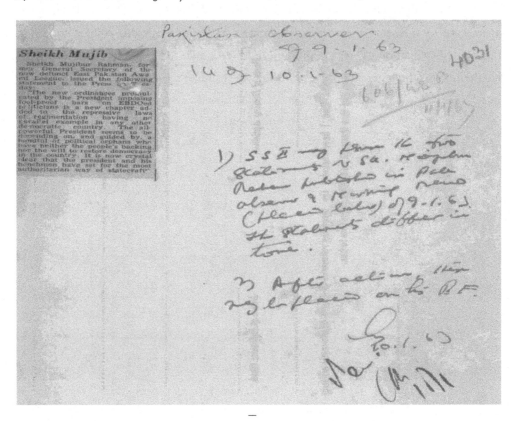

Pakistan Observer
9.1.63
10.1.63
4031

**Sheikh Mujib**

Sheikh Mujibur Rahman, former General Secretary of the now defunct East Pakistan Awami League, issued the following statement to the Press on Tuesday:

"The new ordinances promulgated by the President imposing fool-proof bars on EBDOed politicians is a new chapter added to the repressive laws of regimentation having no parallel example in any other democratic country. The all-powerful President seems to be depending on, and guided by, a handful of political orphans who have neither the people's backing nor the will to restore democracy in the country. It is now crystal clear that the president and his henchmen have set for the most authoritarian way of statecraft"

—

*O/C Censor*

Pl. put up the Paper cuttings of Morning News & Pak Observer dated 9.1.63 containing statement of Sk. Mujibar Rahman in connection with the new ordinance. The statements vary in tone.

DSVI Sd/-10.1.63.

*Sir, The relevant Cuttings are enclosed. Sd/-10.1.63*
*Seen. SSII may kindly peruse. Sd/-10.1.63.*

—

## 133
### *Watch report reveals Sheikh Mujibur Rahman left Dacca for Karachi.*

Dacca, 11 January 1963

**C.R. of 10.1.63**

Hours of duty     :  06.00 to 11.00 hours &17.00 to 23.00 hrs.

Place of duty     :  677 Dhanmondi R/A, Road No. 32.

Name of suspect. :  Sk. Mujibur Rahman.

**Result of Watch.**

During my morning duty period at about 08.55 hrs. the suspect left his quarter and proceeded towards the town side by EBD Car No. 7171. Then the suspect was not seen to return to his quarter till 11.00 hrs.

During my evening duty period at about 18.20 hrs. the suspect returned to his quarter from outside by EBD Car No.7171. At about 19.00 hrs. the said suspect left his quarter and proceeded towards the town side by the said car No. 7171. Then the suspect was not seen till 23.00 hrs.

No suspect or suspicious persons were seen to visit the duty place.

Submitted.

W.C. Md. Abdul Haque S.B. E.P.

Dacca, 11.1.63.

*The subject has left Dacca for Karachi. Karachi C.I.D. informed by telegram. Sd/- 11.1.63*

—

**Telegram**

EXPRESS No. 729/606-48 P.F. dt. 11.1.63.

COPS Karachi

EPL 529 left for Karachi on dt. 10.1.63 by PIA.

Dintell

Phone No. 4231/61            No.729/1/606-48 P.F. dt. 11.1.63.

**Secret**

Copy by Post forwarded to – in confirmation. This is in connection with Sk. Mujibar Rahman. His activities there may please be reported to this office.

Sd/-11.1.63 for DIG

—

*East Pakistan Form No. 45.*

## TELEPHONE MESSAGE

Handed in at  A.M/P.M. Date: 1.1.62.

Received at  20.15. A.M/P.M

From    :   Golam Haider DAP. Addresses/(if given)

To       :   O/C Watch, SB

Suspect:  *Sk. Mujibur Rahman left for Karachi by PIA Boeing Jet Service today at 20.50 hrs.*

*This is for your kind information.*

*DSVI may pl. see. Karachi CID may be informed by telegram.*

—

Extract from the Telephone Message Received at 20.25 hrs. dated 16.1.63 from S.I. K. Farid Uddin  D.A.P. to O/C, Watch S.B. and reported to D.S. (I)

...

Today at 18.45 hrs. Sk. Majibur Rahman arrived Dacca Airport from Karachi by P.I.A. Boeing Jet Plane. Copy to P.F. Sd/- M. Yunus. 17.1.63

—

# 134

## *Report on statement of Sheikh Mujibur Rahman condemning indiscriminate arrest.*

### Dacca, 18 January 1963

*Pakistan Observer, dt. 18.1.63.*

### Mujib Condemns Arrests

Sheikh Mujibur Rahman, former General Secretary of the now defunct East Pakistan Awami League, in statement issued here on Thursday strongly condemned indiscriminate arrests in East Pakistan and the recent promulgation of ordinances about the EBDOed politicians, reports PPA.

He urged upon the Government to realise the gravity of their present policy and warned that they should not lag behind the time.

The statement said:  "the ruling clique has again, to the disappointment of the people, set the steam roller of oppression in East Pakistan. Indiscriminate arrests have taken place including Mr. Mashihur Rahman, the deputy leader of the Opposition in the National Assembly, a student leader Shah Muazzam Hussain and many ex-MPAs and leaders and warrants of arrests are still hanging against a large number of persons including students. The recent promulgation of ordinances about the EBDOed politicians followed by this kind of repressive measures are understandably meaningful."

*DSVI P.F. Sd/-18.1.63.*

Pakistan Observer 18.1.63

DSVI

Mujib Condemns Arrests

Sheikh Mujibur Rahman, former General Secretary of the now defunct East Pakistan Awami League, in statement issued here on Thursday strongly condemned indiscriminate arrests in East Pakistan and the recent promulgation of ordinances about the EBDOed politicians, reports PPA.

He urged upon the Government to realise the gravity of their present policy and warned that they should not lag behind the time.

The statement said: "the ruling clique has again, to the disappointment of the people, set the steam roller of oppression in East Pakistan. Indiscriminate arrests have taken place including Mr. Mashihur Rahman, the deputy leader of the Opposition in the National Assembly, a student leader Shah Muazzam Hussain and many ex-MPAs and leaders and warrants of arrests are still hanging against a large number of persons including students. The recent promulgation of ordinances about the EBDOed politicians followed by this kind of repressive measures are understandably meaningful."

P.F. 18.1.63

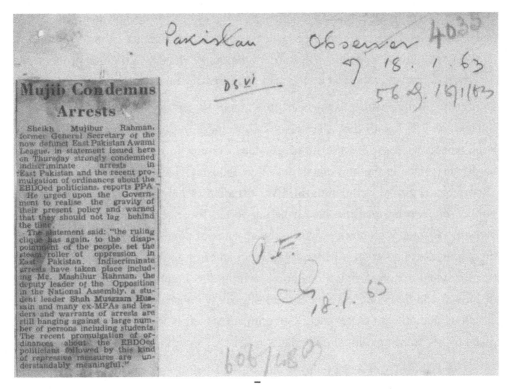

Censor Section

Pl. put up the statement of Sk. Mojibur Rahman published on the press (M. News) today (18.1.63) in connection with Rangpur incidents after review if it is actionable.

DSVI
18.1.63

*1) Officer to take action at once & P.F. of Sk. Mojibur Rahman. Sd/-5.2.63*
*Sir, Relevant paper cutting is attached herewith. sd/-19.1.63*
*Pl. Censor Section to note D.I.G's order. Sd/-5.2.63*
*There is no point in keeping such an urgent matter pending for my perusal. Action should be taken at once. Sd/-21.1.63*

*Morning News dt. 18.1.63*

## Mujib's Appeal To Govt. To Revise Present Policies

Sheikh Mujibur Rahman, former General Secretary of the now defunct East Pakistan Awami League has issued the following Statement to the Press:

The ruling clique has again, to the disappointment of the people, set the Steam-roller of oppression in East Pakistan. Indiscriminate arrests have been made, including those of Mr. Masihur Rahman, the Deputy leader of Opposition in the National Assembly, a Student leader Shah Muazzam Hussain and many ex-MPAs and leaders, and warrants of arrests have been issued against a large number of persons, including students. The promulgation of recent ordinances about the EBDOed politicians followed by the present repressive measures is understandable.

Curiously enough, while I had been in Karachi to see my ailing leader, Mr. H.S. Suhrawardy, I found that the news about these repressive measures and the hooliganism let loose by the hired goondas or men in authority in Rangpur had hardly any place in the newspapers of West Pakistan. This black-outing of news of importance is also very meaningful. Every student of political history knows that in politics one wrong measure has to be supported by another hundred and one like measures to keep a group in power in the absence of popular support. But ultimately the wrong doers do always fritter away as a matter of course. The good intention of the President for restoring democracy within the country has more than been disproved and he is bound to meet the Political Trafalgar in no time because of the atrocious activities of the Present Government which is the result of the ill advice given by his present political lieutenants.

The Political workers of East Pakistan had many an occasion to witness and experience the perils of political repression in the past and all they faced boldly and ultimately those reactionary forces were swept away most insignificantly. The patience of the people, specially of the conscious Political Workers of East Pakistan is almost exhausted and when they cannot fight in a democratic and constitutional way, their disappointment may push them to take recourse to unconstitutional activities which would mark the beginning of the darkest chapter in our country's political history. I still urge upon the Government not to create such a dangerous situation and as a believer in democracy and constitutionalism. I very much urge upon the Government to realise the gravity of their present policy and warn them that they should not lag behind the time.

Should they see the light of reasons, the Government must at once revoke all repressive laws and ordinances, withdraw all political warrant orders and release the arrested persons and reopen the educational institutions and make room for a democratic constitution.

Let me only hope that the President and his subordinates will realise the present position and revise their policies.

*VI, SSII may kindly peruse. The portion side lined appears to be strongly worded as an indirect threat to resort to unconstitutional means.*
*DSB, Dacca may be requested to comment P.P. immediately if any action lies against Sk. Mojibur Rahman. The paper may be dealt for his P.F. D.I.G may like to see. Sd/- 19.1.63*

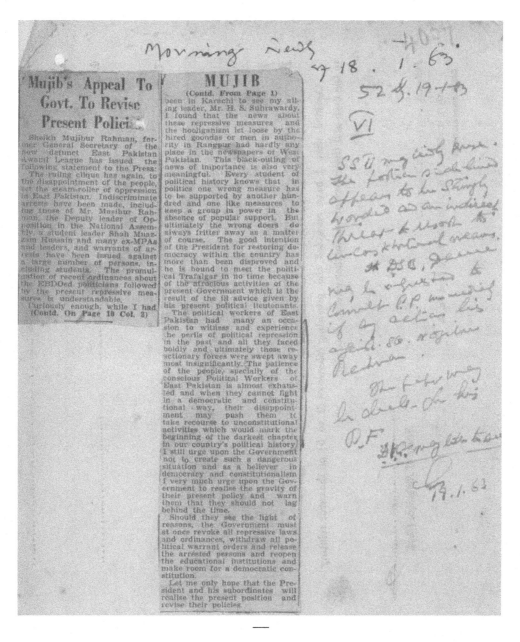

Phone No. 4231/61

No. 2158/606-48 P.F. Dt. 6.2.63.

**Secret/Immediate**

Addl. S.P. DIB Dacca

In sending herewith a copy of the statement of Mr. Sk. Mujibur Rahman published in the daily 'Morning News' dt. 18.1.63, I would request to consult the P.P. if any legal action can be taken against the subject on the face of the statement and report the result thereof. The reply should be sent immediately.

Sd/-5.2.63

DS (6) for SS(2)

**Secret/ Immediate**

Phone No.  4231/61 No. 2683 dt. 14.2.63

Addl. S.P DIB Dacca

Kindly refer to this office memo no. 2158 dt. 6.2.63 and expedite your reply thereto.

Sd/-13.2.63

DS (6) for 84(2)

Phone No. 4231/61

No. 4286/606-48 P.F. dt. 18.3.63

**Secret/Immediate**

Addl. S.P. DSB. Dacca

Please refer to this office memo nos. 2158 dt. 6.2.63 and 2683 dt. 14.2.63 and expedite your reply thereto.

Sd/-15.3.63

DS6 for SS (2)

Phone No. 4231/61

No. 5070/606-48 P.F. dt. 30.3.63

**Secret/Immediate**

Addl. S.P. DSB Dacca.

Please expedite your reply to this office memo no. 2158 dt. 6.2.63 and subsequent reminder Nos. 2683 dt. 14.2.63 and 4286 dt. 18.3.63

Sd/-30.3

DS (6) for SS (2)

*Secret.*

*Phone no. 4231/34.*

## District Special Branch,

Dacca, the 2nd April, 1963.

No. 2859/R.1432/100-49 P.F.

To

S.A. Khasru, Esqr., P.S.P.,

S.S. (II), S.B., E.P., Dacca.

Ref: Your No. 2158/606-48 P.F., dated 6.2.63.

P.P. was referred to for his opinion on the subject who expressed that the matter requires to be placed before the higher legal advising authorities of the state for advice.

Sd/-3.4.63

Addl. Supdt. of Police,

D.S.B., Dacca.

—

Phone No. 4231/61

No. 6172/606-48 P.F. dt. 13.4.63

*Secret*

S.O; Home (Poll) Deptt., Dacca

Sec. I

In sending herewith a copy of the statement of Mr. Sk. Mujibur Rahman published in the daily 'Morning News' dt. 18.1.63, I am to inform you that as the statement appeared to be an indirect threat to resort to unconstitutional means, the matter was referred to P.P. Dacca for his opinion on the subject. But the P.P. opined that the matter required to be placed before the higher legal advising authorities of the Govt.

I would, therefore, request you to take such action deemed fit.

Sd/-10.4

for DIG SB

—

# 135

*Government approved for two years although Sheikh Mujibur Rahman applied for five years' renewal of his International Passport.*

Dacca, 4 February 1963

*Notes & Orders copied from file no. 18-63 (IP) reg. grant of Int. PP.*

To

Mujibur Rahman Sk.

S/o Sk. Lutfur Rahman

Gopalganj, Faridpur.

Notes & Orders copied from Home (Spl.) Deptt. File No. 2P-3/63 reg: grant of Int. passport to Mr. Sheikh Mujibur Rahman S/o Sheikh Lutfur Rahman of Gopalganj, Faridpur.

...

Mr. Sk. Mujibur Rahman S/o Sk. Lutfur Rahman of Gopalganj, Faridpur, has applied for renewal of his Int. passport which was issued gratis to him from Karachi. This passport was issued in continuation of his previous passport No. 228691 from Karachi on 27.3.56 and was valid up to 26.3.61. The validity of his last passport expired on 25.8.62 and was valid for United States, all Commonwealth Countries, Middle East and Far East. Will the Home Deptt. kindly give us their views at a very early date as to whether there is any objection to the above passport being renewed for a further period of 5 years. This was discussed unofficially with the D.I.G., S.B., who opined that Sk. Mujibur Rahman being a well known figure it would be advisable to obtain views from the Home (Poll.) Deptt. direct.

Sd/-Syed Ahsan

Dy. Director (I&P)

4.2.63.

The Dy. Secy., Home (Spl.) Deptt., Dacca.

Dte. of (I&P), Dacca, U/o No. 160-PP dated 4.2.63.

Notes above.

Mr. Sk. Mujibur Rahman has been enjoying passport facilities since past few years, sometimes with slight restriction in the matter of visit to some communist countries and some time with no reservation. There was no special reference from the S.B. or from any other authority giving details of his activities or recommending refusal of passport facilities to him.

He is an important and active politician and the issue of passport to him is a matter of policy decision. No report from S.B. about activities vis-a-vis security aspect of the issue is, perhaps, necessary. His present activities and attitude towards the present Govt. may, however, be taken into account for a decision for renewal of passport of Mr. Rahman.

Sd/-7.2.63.

We may perhaps refer to DIG, SB to give his views in the matter first.

D.S. may kindly see.<br>
Sd/-S.O. 8.2.63<br>
Sd/-D.S. 9.2.

### *D.S. XI*

Typed notes at prepage may kindly be seen. This is regarding grant of Int. passport to Mr. Sk. Mujibur Rahman (Ex-Prov. Minister).

Sd/-M.R. Khan.<br>
13.2.63.

Office will please put up the P.F. of the subject containing his up-to-date B.H. and the short note if any, early.

Sd/- S.R. Chowdhury<br>
13.2.63.

### *PP. Sec.*

Up-to-date F. 606-48 PF of Sk. Mujibur Rahman is linked herewith please.

Sd/- Tarek.<br>
16.2.63

### *D.S. XI*

Re: orders above.

The up-to-date CS folder No. 354 is placed below pl. Sd/-18.2.

Inspr. B. Ahmed will please prepare an up-to-date short note based on the subject's B.H. etc. for the purpose of assessing his case in granting him the passport.

Sd/-18.2.63.

My notes placed below please.

### *SS/PP*

May kindly see the notes at 'A' on NSP 1, transcribed from the Govt. file reg: renewal of Int. passport to Sk. Mujibur Rahman.

In this connection an up-to-date note on the activities of the subject is placed below for their perusal. As desired by Govt. we may place a copy of the note in the Govt.'s file with our views that in the light of the potentialities of the subject as an active political worker, we do not recommend renewal of his Int. passport.

Sd/- S.R. Chowdhury<br>
8.3.63.

## DIG, SB

For favour of perusal N.S. Page 1 & 2.

Govt. wants our views regarding renewal of Int. passport of Mr. Sk. Mujibur Rahman, Ex-Minister and Ex-General Secy. of the defunct Awami League. His previous Int. passport was issued gratis from Karachi, the validity of which expired on 25.8.1962. So he applied for the renewal of his Int. passport for a further period of 5 years.

In this connection short note on his political and prejudicial activities on file may kindly be seen. He is a desperate active worker of high potentialities and he brandishes in manner which are akin to disturb public peace and tranquility.

In view of his past and present political and prejudicial activities of disruptive nature, I think we may not recommend the renewal of his Int. passport. If approved we may send a copy of the short note stating that we do not recommend his case.

Sd/- Khaleque<br>
S.S./ PP 11.3.63.

As proposed. Sd/- M.A. Haque. 14.3.63.

## D.S. XI

Order above. May return Govt. file saying. In view of the applicant's past and present political and prejudicial activities of disruptive nature he is not recommended for the grant of Int. passport.

In this connection a note on his political and anti-state activities is placed below in a separate sealed cover for favour of information and the same may kindly be returned when done with.

Sd/- M.R. Khan.<br>
14.3.63.

## SS/PP

Re: orders prepage. Draft Endt. for Govt. file may please be approved.

Sd/- S.R. Chowdhury.<br>
14.3.63.<br>
Sd/- A. Ahmed<br>
14.3.63.

## SS/SC

Order above. Fair endorsement in the Govt. file may kindly be signed.

Sd/- M.R. Khan<br>
14.3.63.<br>
Sd/- A. Ahmed.<br>
14.3.63.

*Ref/C.S.*

Please remove your folder with ref. to notes on NSP 2 pl. Sd/- M.R. Khan, 14.3.63.

Removed F. 606-48 PF please. Sd/- Tarik 14.3.63.

*H.A.*

Extract of notes and orders from NSP 1 to above may go to P.F. for records please. Sd/- M.R. Khan, 14.3.63. Sd/- M.A.H.14.3.63.

—

Govt. Of E. Pakistan File no. 18/63 (ip).

Ext. of Home (Spl.) Deptt. no. 9/2 HSP (S) of Dacca the 29th July 1963 to Deputy Director of Immigration & Passports, Govt. of Pakistan, Dacca.

Subj.- Grant of International Passport to Mr. Sk. Mujibur Rahman S/o, Sk. Lutfar Rahman of Gopalganj, Faridpur.

Sir,

I am directed to refer to your unofficial no. 160 P.P. dt. 4.2.63 on the subject mentioned above and to say that this Govt. have no objection to the grant of a restricted passport for 2 years to Mr. Sk. Mujibur Rahman.

Yours Obedient Servant
Sd/- S.A. Hoque
S.O. Govt. of .E.P.

To P.F. Ascertained for Mr. A. Khaleq, A.D. I&P that they have issued P.P. to Sk. Mojib. Sd/-9.8.63.

—

# 136

*Report on reaction to resignation of VC, Dacca University and appointment of a new one.*

Dacca, 14 February 1963

O/C Censor Section

Please put up paper cutting under head "M.O. Ghani's Appointment welcomed" of the 'Morning News' dt. 14.2.62. It contains Sk. Mujibur

Rahman's stt.

Sd/-14.2.63
DS. VI

Sir, The relevant paper cutting is enclosed herewith. Sd/-15.2.63

—

Morning News dt. 14.2.63

### M.O. Ghani's Appointment Welcomed

*(By Our Varsity Correspondent)*

Mr. Abdul Aleem, the Provincial Parliamentary Secretary hailed the appointment of Dr. M.O. Ghani as the new Dacca University Vice-Chancellor.

In a statement issued last night Mr. Aleem said that during last ''few months the students and the people were demanding a Vice-Chancellor from East Pakistan who knows the feeling and growing needs of our boys.''

Expressing his firm belief in Dr. Ghani's ''appreciation of events'' and also his ability, the Parliamentary Secretary welcomed the new Vice-Chancellor and said that he would be able to tackle the student problems effectively and thus redress the grievances of the students.

A meeting of the teachers of the Dacca University Science Faculty held yesterday (Wednesday) also welcomed the appointment of Dr. M.O. Ghani.

Held under the presidentship of Prof. A. Majeed, Dean of the Faculty of Science, the meeting "expressed its sense of happiness and satisfaction on the appointment of a former member of the faculty in the person of Dr. M. O. Ghani as the Vice-Chancellor.''

The teachers also offered him their heartiest congratulation and expressed the hope that his induction to the office will usher in a new phase of accelerated development of the Science faculty.

### FAREWELL PARTY

The teachers of Dacca University met in a meeting yesterday (Wednesday) to discuss arranging farewell parties for Dr. Mahmud Hussain, the Dacca University Vice-Chancellor, who tendered his resignation on Tuesday. The meeting was held at the Dacca University Club and attended by almost all the teachers now present at Dacca.

The Dacca University Club will throw a dinner party in honour of the outgoing Vice-Chancellor on Sunday to be held at the Curzon Hall. The Varsity Teachers' Council will bid him farewell at an Iftar Party to be held on February 18.

Meanwhile, hundreds of students, both individually and in batches continued to visit the out-going Vice-Chancellor yesterday to express their feelings. Dr. Hussain took pains to explain the position to them in details.

Several delegations of teachers and Varsity employees also met him at his residence.

Meanwhile the Central Secretariat of the East Pakistan Teachers' Association has appealed to the Government to reconsider the question of the Vice-Chancellor's resignation.

In a Press Statement, Sheikh Mujibur Rahman, former General Secretary of the now defunct East Pakistan Awami League criticised the Government action "The forced resignation of the Vice-chancellor of Dacca University is another glaring example of coercion, repression and oppression resorted to by the present ruling authority not only in the administration of the country, but even in the field of education'' he said.

*Pl. keep it in the P.F of Sk. Mujibur Rahman. Sd/-15.2*

Morning news d/ 14.2.63

110 d/ 13.2.63

# M.O.Ghani'sAppointment Welcomed

(By Our Varsity Correspondent)

Mr. Abdul Aleem, the Provincial Parliamentary Secretary hailed the appointment of Dr. M. O. Ghani as the new Dacca University Vice-Chancellor.

In a statement issued last night Mr. Aleem said that during last few months the students and the people were demanding a Vice-Chancellor from East Pakistan who knows the feeling and growing needs of our boys."

Expressing his firm belief in Dr. Ghani's "appreciation of events" and also his ability, the Parliamentary Secretary welcomed the new Vice-Chancellor and said that he would be able to tackle the student problems effectively and thus redress the grievances of the students.

A meeting of the teachers of the Dacca University Science Faculty held yesterday (Wednesday) also welcomed the appointment of Dr. M. O. Ghani.

Held under the presidentship of Prof. A. Majeed, Dean of the Faculty of Science, the meeting "expressed its sense of happiness and satisfaction on the appointment of a former member of the faculty in the person of Dr. M. O. Ghani as the Vice-Chancellor."

The teachers also offered him their heartiest congratulations and expressed the hope that his induction to the office will usher in a new phase of accelerated development of the Science faculty.

FAREWELL PARTY

The teachers of Dacca University met in a meeting yesterday (Wednesday) to discuss arranging farewell parties for Dr. Mahmud Hussain, the Dacca University Vice-Chancellor, who tendered his resignation on Tuesday. The meeting was held at the Dacca University Club and attended by almost all the teachers now present at Dacca.

The Dacca University Club will throw a dinner party in honour of the outgoing Vice-Chancellor on Sunday to be held at the Curzon Hall. The Varsity Teachers' Council will bid him farewell at an Iftar Party to be held on February 18.

Meanwhile, hundreds of students, both individually and in batches continued to visit the out-going Vice-Chancellor yesterday to express their feelings. Dr. Hussain took pains to explain the position to them in details.

Several delegations of teachers and Varsity employees also met him at his residence.

Meanwhile the Central Secretariat of the East Pakistan Teachers' Association has appealed to the Government to reconsider the question of the Vice-Chancellor's resignation.

In a Press statement, Sheikh Mujibur Rahman, former General Secretary of the now defunct East Pakistan Awami League criticised the Government action "The forced resignation of the Vice-Chancellor of Dacca University is another glaring example of coercion, repression and oppression resorted to by the present ruling authority not only in the administration of the country, but even in the field of education," he said.

Pl. keep it in the P.F of Sk. Mujibur Rahman

15/2

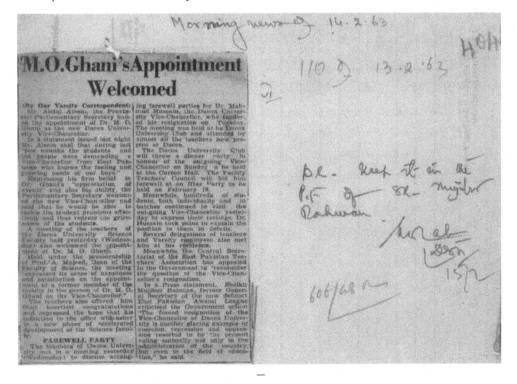

*Pakistan Observer dt. 14.2.63*

## VC'S Resignation Causes General Dissatisfaction

*By A Staff Correspondent.*

The resignation of Dr. Mahmud Husain, Vice-Chancellor, Dacca University has evoked resentment in different quarters. Corporate bodies of educationists and individuals alike on Wednesday expressed dissatisfaction over the reported forced resignation of the Vice-Chancellor.

The Central Secretariat of the East Pakistan Teachers' Association in a statement issued to the Press on Monday said. We have been shocked to learn that Dr. Mahmud Husain had to resign from the Vice-Chancellorship of the University of Dacca as he had sharp difference of opinion with the administration and as he could not compromise on principle in matters of administration of the university.

''The circumstances that are reported to have led to his resignation will be shocking to all the lovers of education of the Province.''

Concluding, the statement appealed to the government to reconsider the matter in the perspective of the widespread bitterness in the mind of the student community and asked the authority ''to leave the university alone.''

Mr. Sheikh Mujibur Rahman, former General Secretary of the now defunct East Pakistan Awami league in another statement called the resignation of the Vice-Chancellor of Dacca University ''another glaring example of coercion, repression and oppression resorted to by the present ruling authority not only in the matter of administration but also in the field of education.''

Sheikh Mujibur Rahman further said in his statement that according to all available indications Dr. Mahmud Husain was forced to resign due to his refusal to take extreme punitive measures against students against whom legal action was pending and also for his reported refusal to close the University again after the Eid.

This, according to Sheikh Mujibur Rahman, had clearly violated the sanctity of the highest educational institution in the country.

*(1) SS II may see portion 'A'. (2) P. F. of Sk. Mojibur Rahman. Seen. Sd/-20.2*

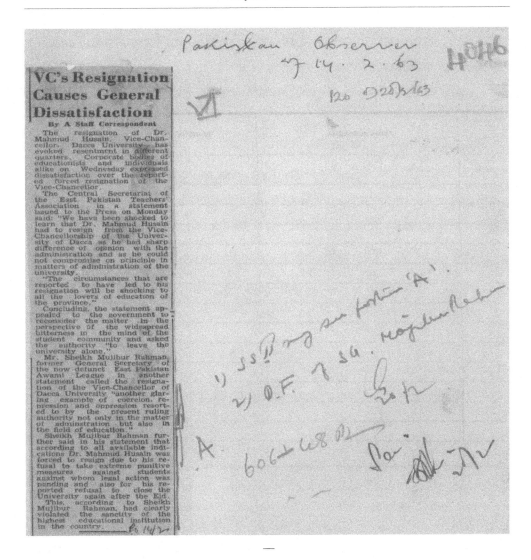

## 137
*Report on statement of Sheikh Mujibur Rahman in connection with the observance of 'Shahid Day'.*

Dacca, 20 February 1963

Extract from the Sangbad dated 19.2.63

...

শেখ মুজিবর রহমান,

সাবেক আওয়ামী লীগ নেতা শেখ মুজিবর রহমান তাঁহার বিবৃতিতে বলেন, ২১ শে ফেব্রুয়ারী শহীদ দিবস আমাদের দ্বারে সমুপস্থিত। শহীদ দিবস স্মরণের দিন জাতীয় প্রয়োজনে আত্মাহুতিদানের শপথ গ্রহনের দিন। আজ আমাদের ভাবিয়া দেখিতে হইবে যে,

মাতৃভাষার অধিকার প্রতিষ্ঠার সংগ্রামে যে কয়টি মুল্যবান জীবন আত্মবিসর্জন দিয়াছিলেন, তাঁহাদের আদর্শ বাস্তবায়নে আমরা কতখানি সফল হইয়াছি। জীবনের অন্যান্য গুরুত্বপূর্ন ক্ষেত্রে আমরা কতখানি অগ্রসর হইতে পারিয়াছি তাহাও আমাদের গভীরভাবে অনুধাবন করিতে হইবে।'

বিবৃতির উপসংহারে শেখ মুজিব দেশবাসী বিশেষ করিয়া যুবক সমাজের প্রতি আহবান জানাইয়া বলেন, গণতন্ত্র অর্থনৈতিক ও সমাজিক ন্যায় বিচার ব্যতীত আমরা বাঁচিতে পারি না।কিন্তু আজ পর্যন্ত পূর্ব্ব পাকিস্তান ইহা হইতে বঞ্চিত হইতেছে। সুতরাং আমি আপন হৃদয় অনুসন্ধান করিয়া আরও আত্মত্যাগের জন্য প্রস্তত হইবার অনুরোধ জানাইতেছি।

Copy of the Statement of Sk. Majibur Rahman to his P.F.

Sd/-M. Yunus
20. 2.63

—

*Secret.*

*By spl. messenger*

No. 3071/606-48 P.F. dt. 21.2.63.

To

D.S (Home) by name

I send herewith two paper cuttings from Ittefaq and Pakistan Observer dated 19.2.63 which contain statement of Sk. Mujibur Rahman, Ex-General Secretary of defunct Awami league in connection with the observance of 'Shahid Day' on 21.2.63. The statement appears to have induced the younger generation to take part in Political activities.

Legal opinion of the L.R. may kindly be obtained if the statement is actionable u/s 153B PPC or any other relevant section of law.

Sd/- for D.I.G.
21.2.63

*Today. Action for P.F. of Sk. Mujibur Rahman. Sd/-21.2.63*

—

# 138

## *Sheikh Mujibur Rahman demanded immediate release of the UCACEP leaders.*

Dacca, 25 February 1963

*Pakistan Observer dt. 25.2.63*

*RAMADAN 30.1382 (H)*

**Mujib Demands Release of UCACEP Leaders**

Sheikh Mujibur Rahman, former General Secretary of the now-defunct Awami League demanded the immediate release of the UCACEP leaders arrested on Saturday and withdrawal of ban from the organisation, reports PPA.

In a statement issued to the Press Sheikh Mujibur Rahman described the actions taken by the authorities as 'most unfortunate'. He said that actions had been taken by the Government without any Provocation

*1) SS II may like to see.*
*2) To P.F of Sk. Mojibar Rahman*
*3) DSI may also see. Sd/-27.2.63. Seen. Sd/-1.3,*

Mujib Demands Release Of UCACEP Leaders

Sheikh Mujibur Rahman, former General Secretary of the now-defunct Awami League demanded the immediate release of the UCACEP leaders arrested on Saturday and withdrawal of ban from the organisation, reports PPA.

In a statement issued to the Press Sheikh Mujibur Rahman described the actions taken by the authorities as 'most unfortunate'. He said that actions had been taken by the Government without any provocation.

DS VI

1) SS II may like to see.
2) To P.F. of Sk. Mojibar Rahman
3) DSI may also see.
27.2.63

—

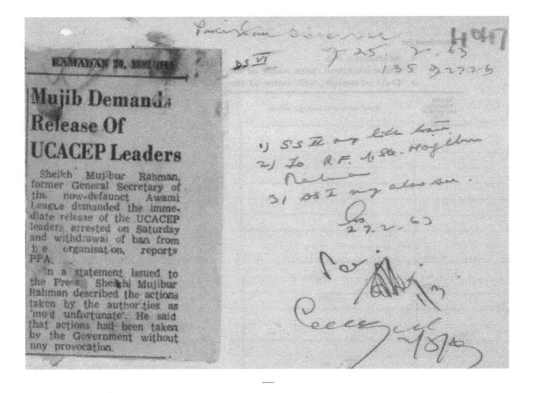

# 139

## *Watch on Nurul Amin reveals Sheikh Mujibur Rahman and other political leaders met him.*

### Dacca, 28 February 1963

### *C.R. dt. 28.2.63.*

Hours of duty     :    06.00 to 11.00 & 17.00 to 23.00 hrs.

Place of duty     :    20, New Eskaton Rd.

Name of suspect   :   Mr. Nurul Amin.

### *Result of watch.*

At about 08.30 hrs. the said suspect left his quarter by car No. E.B.D. 4043 and proceeded towards the western town side. After that the said suspect was not seen to return to his quarter till 11.00 hrs.

In the evening duty period at about 17.10 hrs. to 17.40 hrs. the said suspect was seen present at his quarter. After that said suspect was not seen by me till 23.00 hrs.

At about 18.30 hrs. suspect Sk. Mojibur Rahman entered into the suspect quarter from outside by Car No. E.B.D. 7171. Again at about 19.00 hrs. the suspect Mojibor Rahman came out from the said quarter and proceeded towards the western town side by the same car. No suspicious persons were seen to visit the said place.

Submitted

Sd/-W.C. Delwar Hossain.

S.B., E.P., Dacca.1.3.63

*It is reported that a meeting of N.D.F. leaders was held in the house of Mr. Nurul Amin. But the W.C. does not show their presence. O/C., Watch to question the W.C. please. Sd/- M. YUNUS. 1.3.63.*
*SI S. Ghani to enquire & report pl. Sd/- A.H.M. Muhiuddin O/C., Watch.1/3.*

—

### *C.R. dt. 28.2.63.*

Ref: Mr. Nurul Amin, 20, New Eskaton Road.

It is learnt on secret enquiry that the following persons amongst others visited the resident of Mr. Nurul Amin where a meeting of N.D.F. was held.

1)   Sk. Mujibur Rahman,

2)   Ataur Rahman.

3)   Pir Mohsinuddin

4) Md. Solaiman

5) Mahmud Ali.

6) Mr. Azizul Haq and 2/3 others whose names could not be collected.

Submitted,

Sd/- Shamsul Ghani,

S.I. (Watch), S.B., Dacca.

19.3.63.

*D.S.VI may like to see pl. Sd/-20/3. P.Fs. Sd/- M. Yunus.*

—

# 140

## *Report on the formation of NDF East Pakistan committee including Sheikh Mujibur Rahman.*

### Dacca, 1 March 1963

*Extr. from P/790 file No. 279-62*

Formation of Provincial Committee of the NDF for East Pakistan and its legal implication.

...

The formation of the East Pakistan Committee was announced in the Press on 1.3.63 with following as members.

4. Mr. Hamidul Huq Choudhury (K.S.P.)

6. Sk. Mujibur Rahman (A.L.)

It is worth noting that none of the leaders, disqualified under articles 7 (2) and 8(2) of the EBDO (Persons voluntarily retired or disqualified through Tribunal) has been included in the list of the office bearers of the committee.

—

*Extr. from P/767 file No. 279-62*

**Secret.**

It is understood from a reliable source that the N.D.F. will arrange meetings of all opposition members of the National Assembly on the 6th March, 1963 at the residence of Mr. Abdul Muntaqim Chaudhury, M.N.A., Bar-at-law at Nazimuddin Road and on the 7th March at the residence of Mrs. Rokeya Anwar. In these meetings, all possible attempts will be made to consolidate the Opposition.

Their present plan is to formally announce that Mr. Suhrawardy would be the National Chief of the Front and Messrs Nurul Amin and Sardar Bahadur Khan, the Provincial Chiefs. Mr. Mahbubul Huq, M.N.A. may be made Chief of the Co-ordination Committee.

It is also understood that the opposition will select some spokesman whose responsibility will be to present the opposition's point of view in the Assembly. Frantic effort will be made to consolidate the N.D.F. and desperate attempt will be made to bring Maulana Basani within the fold.

The opposition will bitterly criticise the proposed Bill of the Govt. for restoration of fundamental rights and will move such amendments as will not be acceptable to the Govt. This will be done in under to show lack of bona fide on the part of the Govt.

Sk. Mujibur Rahman is very active and is meeting political workers including Messrs Oli Ahad and Sulaiman in the office of his Insurance Co. (Alpha Insurance Co.).

He is trying to build opposition to any proposal for partitioning of Kashmir.

—

# 141

*Report on the probable disturbances in the National Assembly Hall at the time of inaugural speech by the President.*

Dacca, 5 March 1963

*Original in file No. 434-52 Genl.*

*Phone No.4231/61 & 81667.*

**Special Branch, East Pakistan.**
Rajarbagh.
Dacca, the 5th March/63.
No. 3423/279-62 Gl.

To
W.B. Kadri, Esqr, C.S.P
Secy. to the National Assembly of Pakistan, Dacca.

It appears from a secret report that the M.N.As. supporting N.D.F. may issue some passes to some unmarked goonda elements to ease their entry in the National

Assembly Hall with a view to creating disturbances at the time of inaugural speech by the President.

I may mention that this is an unconfirmed report and is being verified.

Sd/- S.A. Khasru.
5.3.63
for Dy. Inspr. Genl of Police
S.B., East Pakistan, Dacca.

Memo. No 3423/1, 279-62 Gl. dt. 5.3.63

Copy forwarded to S. Ahmed, Esqr. C.S.P, Dy. Secy. to the Govt. of East Pakistan, Home (Poll) Deptt. Dacca, for favour of information.

Sd/- S.A.Khasru.
5.3.63
for Dy. Inspr.
Genl. of Police, S.B.,
East Pakistan, Dacca

*DS 6 May kindly see for information. Sd/- A. Majid 5.3.63.*
*Seen. Copy to P.F. of Sk. Mujibur Rahman. Sd/- M. Yunus 5.3.63*

—

Extract from a report dated 4.3.63 of Mumtazuddin Ahmed SI., S.B., E.P., Dacca.

The contacts further reports that the N.D.F. supporter M.N.As. may issue some passes to some unmarked goonda elements to ease their entry in the National Assembly Hall with a view to create disturbances at the time of the opening speech of the President. It is reported that Sk. Mujibar Rahman and other A.L. leaders are financing some student agitators belonging to Students League groups.

—

# 142
## *Watch report on Sheikh Mujibur Rahman.*

Dacca, 5 March 1963

### *C.R. dt. 5.3.63*

Hours of duty      :   06.00 to 11.00 & 17.00 to 23.00 hrs.
Place of duty       :   677, Dhanmondi R/ A, Road No. 32.
Name of Suspect   :   Mr. Sk. Mojebur Rahman.

### Result of Watch

At about 08.30 hours the above noted suspect left his quarters by his car No. E.B.D. 7171 then he was not seen to return till 11.00 hours.

Again I attended my evening duty at the above noted place for the above noted suspect. At about 17.15 hours the above noted suspect returned to his quarters from outside by his car No. E.B.D.7171 and at about 18.00 hours the above noted suspect left his quarters by his car No.E.B.D.7171.

Then he was not seen to return till 23.00 hours. No suspect or suspicious persons were seen to visit the said place in my both the duty period.

Submitted
Arob Ali Miah, H.C.S.B.
E.P. Dacca.
6.3.63

*D.S. VI , The subject along with Ataur Rahman Khan went to the residence of Muhammad Ali at 20.10. hrs. Sd/-6.3.63 O/C, Watch. P.F. Sd/- M. Yunus 6.3.63*

—

# 143

## *Press statement of Sheikh Mujibur Rahman supporting demands of Railway employees.*

### Dacca, 12 March 1963

*Morning News dt. 12.3.63*

### Plea To Accede To Railway Employees'
### *Demands*

Sheikh Mujibur Rahman, the General Secretary of the now defunct Awami League, yesterday strongly supported the cause of the railway employees.

In the course of a Press statement released in Dacca last night, Mr. Mujibur Rahman described the demands of the railway employees as "most legitimate".

The existing economic conditions in the country and the high prices of essential commodities he said, made it more imperative to accede to their demands without any delay.

Sheikh Mujibur Rahman apprehended that the proposed strike on April 10 by the railway employees would throw the communication system in the country not only in jeopardy but also adversely affect the prices of essential commodities resulting in tremendous dislocation of the normal life of the people.

In fine, he expressed the hope that the Government would shake off what he called "its traditional bureaucratic mentality" and come forward to accept the legitimate demands of the railway employees of Pakistan.

*(1) P.F. (2) DS IV may see. Sd/-14.3.63.*

Morning news dt. 12.3.63

1459 14.3.63 4058

**...n T... Accede To Railway Employees' Demands**

Sheikh Mujibur Rahman, the General Secretary of the now defunct Awami League, yesterday strongly supported the cause of the railway employees.

In the course of a Press statement released in Dacca last night, Mr. Mujibur Rahman described the demands of the railway employees as "most legitimate".

The existing economic conditions in the country and the high prices of essential commodities he said, made it more imperative to accede to their demands without any delay.

Sheikh Mujibur Rahman apprehended that the proposed strike on April 10 by the railway employees would throw the communication system in the country not only in jeopardy but also adversely affect the prices of essential commodities resulting in tremendous dislocation of the normal life of the people.

In fine, he expressed the hope that the Government would shake off what he called "its traditional bureaucratic mentality" and come forward to accept the legitimate demands of the railway employees of Pakistan.

1) P.F.
2) DS IV may see.
14.3.63.

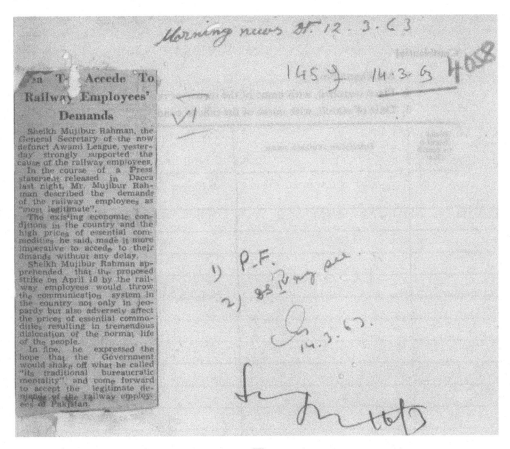

# 144

## *Nurul Amin met many political leaders including Sheikh Mujibur Rahman as revealed on watch.*

Dacca, 17 March 1963

***C.R. Dated 17.3.63***

| | | |
|---|---|---|
| Hours of duty | : | 17.00 to 22.00 hrs. |
| Place of duty | : | 20, New Eskatoon Road. |
| Name of suspect | : | Mr. Nurul Amin, Ex-C.M. E.P. |

### Result of Watch.

At 17.00 hrs. I took up my duty at Outer Stadium, in the meeting called by NDF, when my suspect Nurul Amin was on the chair. At about 18.15 hrs. the subject left the meeting along with Mahammad Ali by car E.B.D. 4043. Then I left the place for my original duty place and did duty there from 19.00 hrs. to 22.00 hrs. but the subject was not seen to come out from his quarter. The following persons visited the said place.

| | | In | Out. |
|---|---|---|---|
| 1. | Sk. Mazibur Rahman. | 20.00 hrs. EBD. 7171 | 20.40 |

***The following known suspects and members of the M.N.A. attended the meeting.***

| | | | |
|---|---|---|---|
| 1. | Sk. Mazibur Rahman. | 2. | Mr. Hamidul Haque Choudhury. |
| 3. | Mahmud Ali. | 4. | Mr. Shah Azizur Rhaman. |
| 5. | Md. Solaiman. | 6. | Abdul Jabbar Khaddar. |
| 7. | Mahiuddin Ahamad, (Ex-S.Pr.) | 8. | Advocate Zahir Uddin. |
| 9. | Begum Ruqaiya Anwar, (M.N.A.) | 10. | Major Afsaruddin (M.N.A.) |
| 11. | Mr. Ramij Uddin (M.N.A.) | 12. | Nawab Jada Nasirullah Khan. |

Submitted.
A.S.I. Md. Wazed Ali Mia.
S.B. E.P., Dacca.
18.3.63.

*P.F. Sd/- M. Yunus.18.3.63.*

—

# 145

*Sheikh Mujibur Rahman criticized govt restriction on democratic rights in a public meeting organised by NDF at Outer Stadium with Nurul Amin in the chair.*

Dacca, 18 March 1963

*Extr. From p/823 file no. 279-62*

**D.s.i./21.**

A Public meeting (25000) organised by the National Democratic Front, at the outer Stadium on 17.3.63 at 4.40 hrs. was held with Mr. Nurul Amin, Convener of the E.P. Committee of N.D.F. in the Chair.

*The following delivered speeches.*

1    Mr. Shah Azizur Rahman,

2.    Mr. Mahmud Ali G.S. of the now defunct N.A.P.

3.    Sk. Mujibur Rahman, G.S. of the now defunct A.L.

4.    Mr. Ramizuddin Ahmed.

5.    Mr. Hamidul Haq Choudhury of N.D.F.

6.    Mr. Nurul Amin (mentd.).

The meeting discussed about the present position of the country with that of disparity. All the speakers wanted unity amongst the people to continue fight for democratic right.

The meeting passed same resolutions. These have been published in the daily newspaper.

The meeting ended at 6.15 hrs.

Sd/-S.I. (2)

18.3.63

—

### Extr. from PP/ 836(a) -836(b) file No. 279-62

A short note on the points elaborated by the following N.D.F. leaders during the public meeting at Dacca on 17.3.63,

* * *

IV.  Sk. Mujibur Rahman.

1.    The speaker elaborately explained the question of parity between the two wings of Pakistan-monopolisation of all powers in West Pakistan and partiality in the allocation of foreign aid between the two wings.

2.    He criticised the absence of political right; repressive measures by the Govt. if the actual condition of the country is brought to its notice,

3.    Shifting of capital at huge expenditure. He contrasted it with the pitiable condition of East Pakistani settlers in West Pakistan.

4.    He challenged the President to obtain 10% votes in favour of the present Constitution, in which case his party would accept the Constitution.

5.    He urged upon the people to be united for achieving a democratic Constitution, failing which the people would make the persons in power to submit to the will

of the people. He reminded the people in power of the fate of Hitler, Mussolini and other dictators.

6. The speaker asked the audience to mark 'these men' who are now sitting among hoard of Ministers and Parliamentary Secys.

7. The audiences were urged upon to prepare themselves for all kinds of ordeal.

–

*Extr. from PP/ 874-875 file No. 279-62*

## APPRECIATION REPORT

Reg.: Public meeting at Paltan Maidan on 17.3.63.

...

On 17/3/63 a public meeting was held at Paltan Maidan under the auspices of N.D.F. Mr. Nurul Amin, former chief Minister of East Pakistan presided over the meeting. The meeting commenced at 16.35 hrs. and terminated at 18.15 hrs. The audience was about 10000 mainly due to the fact that the spectators who had been witnessing spots inside the inner Stadium and after it was finished gathered at the meeting place. Messers Shah Azizur Rahman, Mahmed Ali, Sk. Mujibur Rahman, Ramizuddin, M.N.A., Hamidul Haq Chowdhury and Nurul Amin spoke in the meeting. Mr. Zahiruddin (A.L), Mr. Md. Solaiman (A.L), Mr. Mahbubul Haq, (K.S.P.) M.N.A. Begum Ruqaiya Anwar, (M.N.A.) Syed Hosain Mansur, (M.N.A.) Mr. Kamruzzaman, (M.N.A.) Mr. Masihur Rahman, (M.N.A.) Mr. A. Wasiq, Mojour, Afsaruddin, (M.N.A.) Nawabzada Nasrullah Khan, (M.N.A.) (W.P.) Choudhuri Fazal Elahi, M.N.A. (W.P) Jafar Baluch, M.N.A. (W.P.) were found sitting on the dais.

The audience listen the speakers with rapt attention. There was frequent sound of applaud and shouts of "SHAME SHAME" from a section of audience sitting in the front of the dais some of the audience, appeared to be non-interested and were passive spectators.

After the termination of the meeting a section of people mostly students followed Mr. Jafar Baluch up to the main gate of stadium giving him avation in recognition of his utterance that the people favour Baluchistan were also behind the East Pakistan in their straggle.

Sd/-18.7

–

*Extr. from PP/878-877 file No. 279-62*

A public meeting (20,000) organised by the National Democratic Front was held at the outer Stadium on 17.3.63 between 16.30 hrs. and 18.15 hrs. with Mr. Nurul Amin in the chair as proposed by Mr. Mahmud Ali (N.A.P.) and seconded by Mr. Sk. Mujibur Rahman, (A.L.).

The following political leaders addressed the meeting besides the president.

(1) Mr. Shah Azizur Rahman (M.L.) (ii) Mr. Mahmud Ali (N.A.P) Mr. Ramizuddin MNA, Sk. Mujibur Rahman (A.L.) and Mr. Hamidul Haq Choudhury K.S.P.

All the speakers delivered speeches dueling mainly upon the two points viz (i) the Constitution of the country and its resultant consequences viz-a-viz the security of Pakistan as a whole and (2) disparity in all spheres of National life between the two wings of Pakistan. They fervently appealed to the people to be united and launch a vigorous mass movement minding no sacrifice to undo the present dictatorship in the country for the establishment supremacy of the will of the people.

The two members of the National Assembly from West Pakistan who were present on the dais delivered short speeches supporting the 5 resolutions adopted in the meeting.

The resolutions demanding a democratic constitution of a Federal type based on parity on all spheres of life between the two wings, release of all political prisoners, repeal of political parties Act and withdrawal of ban on Ebdoed political leaders, creation of a suitable memorial as well as declaration of holiday on 27th April in memory of late A.K. Fazlul Haq etc. were adopted in the meeting.

—

# 146
## *Sheikh Mujibur Rahman arrived in Karachi being called upon by H S Suhrawardy.*

Dacca, 18 March 1963

*Telegram*
*Express*

No. 4273 dt. 18.3.63

COPS Karachi

E.P.L. 529 is leaving for Karachi this evening by P.I.A.

K. Rahman
for Dintell

*Secret*

*Phone No.4231/61*

*No. 4274/1 dt. 18.3.63*

Copy by post forwarded to - in confirmation. This is in connection with Mr. Sk. Mujibar Rahman. His activities there may please be reported.

Sd/-18.3.63
DS (6) for DS (2)

—

*Secret*

*DSVI*

It is learnt that Sheikh Mujibar Rahman will be leaving Dacca for Karachi this evening by PIA to see Mr. H.S. Suhrawardy prior to his departure for Beirut. If approved Karachi CID may be alerted in advance.

Sd/-18.3.63
Mr. Asghar

1) As proposed. 2) Pl. show SS II

—

### C.R. dt. 18.3.63.

Hours of duty    :  17.00 hours to 22.00 hours.

Place of duty     :  677 No. Dhanmondi R/A, Road No. 32.

Name of suspect  :  Sk. Majibar Rahman.

### Result of watch.

I did secret duty at above noted place for above mentioned suspect. During my evening duty period the suspect Sk. Majibur Rahman was seen present at his quarter. But at about 18.30 hrs. he left his quarter and proceeded towards Mohammadpur by car E.B.D. 7171. After that he was not seen to come back till 22.00 hrs.

No suspect and suspicious person were seen to visit the suspect's quarter during my duty period.

Submitted
W/C, Shahabuddin Chaudhury of
S.B.E.P. Dacca dt. 19.3.63.

*The subject has left Dacca for Karachi by P.I.A. at 19.10 hrs. to see Mr. H.S. Suhrawardy before his departure for Beirut.*

*Sd/-19.3.63. Seen. P.F. Sd/- M. Yunus. 19.3.63.*

—

## IN LIUE OF MESSAGE FORM

From : COPS KARACHI 251527

To : Dintell Dacca. 13

No. SB/2893 Dated 25/3/63 (.) EPL
No. 529 left for yours by P.I.A. on 21.3.63 (.) on 21.3.63.
Recd. on wireless at 1745 Dt. 25.3 Recd. Ali Asghar

To O/C, Watch, Sd/- 25.3.63. 18.30 Hrs.
Seen & action taken. Sd/-26.3 O/C Watch.

—

*Secret/Immediate.*

*Tel: 30031.*

*No. SB/3490*

Office of the Supt. of Police, S.B., Karachi, the 18th Apr: 1963.

To

The Deputy Inspector General of Police,
Special Branch, East Pakistan, Dacca.

Reference your endorsement No. 4274/1, dated 18th March, 1963 regarding E.P.L. No. 529 Sheikh Mujibur Rahman.

Sheikh Mujibur Rehman was specially called upon from East Pakistan by Mr. H.S. Suhrawardy before his departure to Beirut, Lebanon because he wanted to give him some special instructions in respect of Awami League and the National Democratic Front. Sh. Mujibur Rehman came in Karachi by air on 18.3.1963 and stayed at Lakham House with Suhrawardy. Before his departure Sh. Mujibur Rehman had several private meetings with Suhrawardy. The gist of *talks* which they had privately is as under.

Mr. Suhrawardy appointed Sh. Mujibur Rehman as his representative in respect of Awami League and N.D.F. affairs till the period of his return from his tour and specially directed him to continue the work with great zeal and vigour. He said that he was at present going to Lebanon but it was not certain as to when he would return. He might go to U.S.A. from Lebanon. And that it was his earnest desire that the political situation in Pakistan may become smooth and calm. He added that in his absence he would be dealing with all sorts of affairs of Awami League Group and that no programme of any group or league should be included in the N.D.F. except the democracy. It was the high time that the support of the N.A.P. should be obtained but the only difficulty was that Maulana Bhashani was in favour of

Independent Foreign Policy, and he wanted it to be included in the N.D.F. Programme which was against his policy. In view of this, the N.D.F. without the support of Maulana becomes weakened and nominal. The only solution for this was that the nine leaders of East Pakistan, who own pro-Democratic, should be asked to bring round Maulana Bhashani and that they may lay stress on this that no cause, except the "Democracy Question" should be included in the N.D.F. He also added that he should also make appeal to the EBDOED leaders through Mahmood Ali (NAP) and the Nine Pro-Democratic Leaders of East Pakistan, that they after breaking the restrictions imposed on them, should come in the Political Field to join hands with them. He should be kept informed of all such activities.

After the departure of Mr. H.S. Shurawardy, Sh. Mujibur Rehman remained staying at Lakham House till 17.50 hrs. on 21.3.1963. During this period the following important persons came to see him:-

*Secret.*

1. Hakim Muhammad Yaqoob Ajmali.    2.   Akhtar Ali Khan.
3. Aftab Ahmad Khan.    4.   Ali Azhar Jafri.
4. Sultan Ahmad Khan.    5.   Khalil Tarmizi.
6. Sharif Azmi.    7.   Abdul Malik and others....

Hakim Yaqoob Ajmali had also asked Sh. Mujib-ur-Rehman to stay in Karachi till the Convention of the "Democratic Convention Committee" is held on 31.3.1963 and 1.4.1963 but he expressed his inability to stay for such period as he had some more important work to do in East Pakistan.

He left Karachi on 21.3.1963 at 12.50 hrs. by air.

Sd/-17.4
for Superintendent of Police,
Special Branch, Karachi.

—

# 147
## *SB asked short notes on political leaders.*

Dacca, 22 March 1963

As desired by S.S.1 Short Notes on the individuals mentioned in the enclosed list should be prepared and sent to G.S.O. (II) immediately.

Sd/-A. Majid.
22.3.63.

1. Bhashani.
2. Sk. Mujibur Rahman.
3. Manik Miyan.
4. Tarkabagish.
5. Ataur Rahman.
6. Suhrawardy.
7. Mahmud Ali.
8. Haji Danesh.
9. Mahbub Ali.
10. Muhiuddin.
11. Hamidul Haq Chaudhury.
12. Abu Husain Sarkar.
13. Azizul Haq.
14. Nurul Amin.
15. Shah Azizur Rahman.
16. Zahur Husain Chaudhury.

—

Received short notes on Sk. Mujibar Rahman

Sd/-
Capt QAMAR ZAMAN
HQ 14 DIV
Dt. 25.3.63

—

# 148

*Sheikh Mujibur Rahman along with his wife travelled to different tourist spots of Chittagong and Cox's Bazar.*

Dacca, 26 March 1963

**Radiogram**

No. 4793 dt. 26.3.63.

S.P. DSB Chittagong

AL. 529 left for Chittagong today by P.I.A. Most Immediate.

Sd/ -26.3.63
Dintell

Phone No. 4231/61 No. 4793/1 dt. 26.3.63.

**Secret**

Copy by post forwarded to - in confirmation. This is in connection with Mr. Sk. Mujibar Rahman. His activities there may please be reported.

Sd/ -26.3.63.
DS 6 for SS (2)

—

*Immediate.*

Copy of Telephone Message dated 26.3.63 from SI. A. Rahim, DAP to D.S.I.

...

Today at 07.10 hrs. Mr. Sk. Mujibur Rahman left for Chittagong by P.I.A. plane.

This is for your kind information.

D.S. VI may please see.
Sd/-26.3.63.

1) Seen. Inform Chittagong D.S.B.
2) Copy to P.F.

Sd/- M. Yunus,
26.3.

—

To

The O/C, Watch, S.B.E.P., Dacca.

Sir,

I beg to report that I shadowed P.S. A.L. *Sk. Majibur Rahman with his family of Dacca from Chittagong by 9 down Green Arrow at 12.30 hrs. on 2.4.63 and reached Dacca R/S at 20.30 hrs. and made over to W/C, A. Rashid of S.B., Dacca. Nothings important to note.

This is for favour of your kind information and necessary action.

Y.O.S.

Abul Khair.

R.S.B. Chittagong. 2.4.63.

*D.S. VI may pl. see. Ext. may go in P.F. Watch arranged. Sd/- A.H.M.M. Uddin. Seen. Sd/-3.4.63.*

—

*Secret*

## District Special Branch,

Chittagong, the 2$^{nd}$ May' 63.

No. 2971/20-63/ R. 1272

To

M. Yusuff, Esq.,

Special Superintendent of Police,

Special Branch, East Pakistan. Dacca.

Ref:   S.B. Signal No. 4793 dated 26.3.63 regarding A.L. 329 Sk. Mujibur Rahman.

The subject along with his wife arrived Chittagong on 26.3.63 by P.I.A. morning Flight and halted in Room No. 13, Rest House Station Road, Chittagong town. They were received at the Airport by Mr. M.A. Aziz (A.L.), Zahur Ahmad Chaudhuri (A.L) and Buphati Bhusan Chaudhuri (AL/CP).

At about 13.30 hrs. the subject along with M.A. Aziz, left Rest House in Car No. KAA 6547 and came back to the Rest House at about 15.30 hrs. with M.A. Aziz and Zahur Ahmad Chaudhuri by the same car. So far learnt that the subject went to the house of Zahur Ahmad Chaudhuri where he took his meal. Again the subject went out of the Rest House at 16.10 hrs. and came back to Rest House at 16.30 hrs. along with Amir Hussain Dobash.

At about 16.40 hrs. the subject along with M.A. Aziz, Zahur Ahmad Chaudhuri and Amir Hussain Dobash left Rest House in Car No. KAA 6547 and he alone came back to the Rest House at 22.45 hrs. and halted for the night. It is reported that the subject took his evening meal at the residence of Amir Husain Dobash.

On 27.3.63 at about 19.15 hrs. the subject along with his wife left Chittagong for Cox's Bazar by road. They arrived Cox's Bazar at about 12.45 hrs. and took shelter at Cottage No. 3. At about 18.00 hrs. Mr. M.A. Salam (KSP) S/O late Kader Baksh of Baharchara, P.S. Cox's Bazar met the subject at Cottage No.3. Mr. Gulam Mohiuddin Chaudhuri (A.L) S/O Faiz Ahmad Chaudhuri of Hurbang at present Cox's Bazar Court met the subject at the same cottage at about 19.00 hrs. The subject matter of their discussions could not be ascertained.

On 28.3.63 at about 06.30 hrs. the subject left for Himchari by Tourist Jeep and came back to C.B at about 08.30 hrs. At about 09.00 hrs. the subject along with his wife left for Ramu to see Pagoda. They came back to CB at 11.30 hrs. At about 15.00 hrs. the subject along with his wife left for Ukhiya. At Ukhiya, they took tea at Forest Dak Bungalow, D.F.O., Cox's Bazar provided a jeep to the subject for this journey. At about 19.30 hrs. they came back to Cox's Bazar. At about 21.00 hrs. M.A. Salam (mentioned) Badiul Alam, Pleader CB Court (Reporter Ittefaq), Eklasul Kabir, Pleader Cox's Bazar Court and Gulam Mohiuddin Chaudhuri (mentioned) met the subject at Cottage No. 3. So far learnt on secret enquiry they discussed about the present political situation of Pakistan.

On 29.3.63 at about 06.30 hrs. the subject along with his wife left for Moiscal by a speed boat to see the Island and came back to CB at 11.30 hrs. At about 17.00 hrs. Badiul Alam, Eklasul Kabir, M.A. Salam and Gulam Mohiuddin Chaudhuri all mentioned met the subject at Cottage No. 3. The subject matter of their discussion could not be collected. At about 19.30 hrs. the subject along with his wife attended a function organised by the student of Cox's Bazar High School at School premises. The subject and his wife returned to Cottage No.3 at about 20.30 hrs.

On 30.3.63 at about 07.00 hrs. the subject along with his wife left for Chittagong town by road. At about 10.30 hrs they arrived Chittagong and halted at Chittagong Rest House. At about 10.40 hrs. Mr. Aziz and Bhupati Bhusan Chaudhuri (mentioned) met the subject and discussed. It could not be ascertained what was the subject matter of their discussion. At about 10.55 hrs. the subject along with M.A. Aziz left for town and came back to Rest House at about 11.40 hrs. and halted. At about 13.40 hrs. the subject left for Halisahar to take meal in the house of Mr. M.A. Aziz and came back to Rest House at 15.15 hrs.

On 31.3.63 the subject along with his wife left for Kaptai at about 08.45 hrs. by road and came back to Chittagong at about 20.00 hrs. and halted.

On 1.4.63 between 09.00 hrs. and 11.15 hrs. M.A. Aziz met the subject and then both left the Rest House in a car and they returned to Rest House at 13.30 hrs. After a few minutes they again left in a car and came back to Rest House at 17.15 hrs. At about 19.30 hrs. the subject along with M.A. Aziz went out in a car and back to Rest House at about 23.30 hrs.

On 2.4.63 between 07.45 hrs. and 09.30 hrs. M.A. Aziz and Bhupati Bhusan Chaudhuri met the subject.

At about 1200 hrs. the subject left Rest House for Chittagong R.S. along with his wife. At Chittagong Rly. Station M.A. Aziz and A.L ** 747 Wali Ahad met the subject. At about 12.50 hrs. the subject along with his wife left for Dacca by Green Arrow being shadowed by W/C 1934 Abul Khair of R.S.B. Chittagong. The subject was made over to W/C Abdur Rashid of S.B. Dacca at Dacca R.S.

Sd/- 2.5.63
Superintendent of Police,
D.S.B., Chittagong.

—

# 149
## *Instruction from SB, West Pakistan to complete history sheet of Sheikh Mujibur Rahman.*

Lahore, 6 April 1963

**Phone No.**
**Secret/ Confidential**          No. *2203-(4)-DSB*

# SPECIAL BRANCH, WEST PAKISTAN

Dated Lahore, the 6.4.1963.

To

The Deputy Inspector General of Police,

Special Branch, East Pakistan, Dacca.

Subject: Completion of History Sheet of Mujib-ur-Rehman.

*Memorandum.*

Kindly refer to your secret Memo. No. 2142-CA-29/63 dated 25.3.1963.

2. A copy of this office Secret Memo. No. 8672 (4) BDSB, dated 13.12.1962, is sent herewith, as desired. An up-to-date note on the previous activities of Mr. Mujib-ur-Rehman *since Nov-60* may please be sent at an early date.

Sd/-

for Deputy Inspector General of Police,
Special Branch, West Pakistan.

—

*Secret*

EXPRESS Reminder

*From*
*ACID/LAHORE*

To

THE D.I.B. S.B. East Pakistan, Dacca.

Subject:  Completion of H.S of Mujib-ur-Rahman No. 2764 (4)B, DSB, dated Lahore, the 26-4-1963.

Please refer to this office secret memorandum No. 2203 (4) DSB dated 6.4.63 on the subject cited above.

2.  Please expedite your report.

Sd/- 25.4

for Deputy Inspector General of Police
S.B., West Pakistan, Lahore.

—

*H.A.*

The ref. could not be traced. Earlier, a reminder from W. Pak. S.B. was received here which was addressed to S.S., C.I.D. As the ref. quoted therein could not be traced here the same was passed on to the S.S.,

C.I.D. as addressed. In this connection notes and orders attached may kindly be seen.

Now, the forwarding letter has been addressed to D.I.G. S.B. and the subject matter relates to us. The issue no. as mentioned appears to be of C.I.D. It approved, the previous papers may be called for from the C.I.D and the action taken from the P.F. of the subject, pl.

Sd/-16.4.63<br>
SS III<br>
Sd/-16.4.63.

—

*Phone no. 4231/62*

*Secret*

*East Pakistan Form No. 1.*

## GOVERNMENT OF EAST PAKISTAN
### OFFICE OF.
### DEPARTMENT. GROUP. BRANCH.

| Maps or plans | To *SSP CID East Pakistan. Dacca.* | To be marked for takid |
|---|---|---|
| | | Department |
| Spare copies | | Branch |
| | | Collection No. |
| Class of paper | Subject: *Short note on the Political activities of Mr. Sk. Mujibar Rahman* | Number and year of File |
| | | Serial number on File |
| Reply No. Received Date. | Reminders issued:-<br>1st No.    ,dated<br>2nd No.    ,dated<br>3rd No.    ,dated | Date of despatch |

No.6570 dated. 22.4.63.

Enclosures:- Kindly refer to your memo no. 2142-CA/29/63 dt. 25.3.63 addressed to Special Branch, West Pakistan, Lahore calling for a copy of their memo no. 8672 (4)/ BDSB dt. 13.12.62 on the above subject.

As the subject matter of the memo referred above concerns as necessary action on the same is being taken from this office.

This is for your information.

Sd/-20/4

SSII

—

Not traced SB RD pl. Sd/-1.4

Sc/PP/CS 1.4

The memo does not appear to have received by C.S.

Sd/-1.4.63

Not traced in S.C.O. pl. Sd/-1.4.63, Not traced in PP pl. Sd/-1.4.63, The ref. could not be traced which notes above please. Sd/- 1.4

—

H.A.

The attached reminder has been missent to us. The ref. could not be traced. This may be passed on to the S.S. C.I.D. E.P. Dacca.

Sd/-2.4.63

—

S.A.

Orders prepage. The endtt. below may kindly be signed.

Sd/-2.4.63

SB WP No. 8672 (4) BDSB dt. 13.12.63 re H.S. of Mujibur Rahman No.5252 dt. 3.4.63

—

Phone No. 4231/61

Secret/Immediate

East Pakistan Form No. 1.

# GOVERNMENT OF EAST PAKISTAN
OFFICE OF DEPARTMENT.
GROUP. BRANCH.

| Maps or plans | To<br>SSP CID East Pakistan,<br>Dacca. | To be marked for takid |
|---|---|---|
| | | Department |
| Spare copies | | Branch |
| | | Collection No. |
| Class of papers | Subject:- | Number and year of File |
| | | Serial number on File |
| Reply No. Received Date. | Reminders issued:-<br>1st No. ,dated<br>2nd No. ,dated<br>3rd No. ,dated | Date of despatch |

No. ... , dated .... .

***Enclosures:***

I write to inform you that the Special Branch, West Pakistan, Lahore called for a short note on the political activities of Mr. Sk. Mujibar Rahman, General Secretary, defunct Awami League under their memo No. 8672 (4)/ BDSB dt. 13.12.62. But no action on the same could be taken at this end as the letter was not received here.

*What does it mean actually mean? Sd/-* Thereafter a reminder issued from your address was received in this office from the Special Branch, West Pakistan, Lahore. As the reference of matter therein could not be traced in this office, the reminder was passed to your office vide memo no. 5252 dt. 3.4.63

*Not to be issued .* Now it appears from the correspondence of the Special Branch, West Pakistan, Lahore addressed to this office that on receipt of the reminder your office have called for a copy of their memo no. 8672 (4)/BDSB dt. 13.12.62.

As the subject matter concerns as I would request you to kindly send the previous paper if any in this connection to this office for necessary action.

Sd/-SSII for D.I.G.

*Secret*

EXPRESS ~~LETTER~~ Reminder

From  :  ACID/LAHORE

To    :  THE *Dy. Inspector General of Police, S.B. East Pak. Dacca.*

Subject : *Completion of H.S. of Mujib-ur-Rahman*

No. 3250 (4) DSB, dated Lahore, the *16-5-1963*

PLEASE refer to this office secret memorandum No. 2203 (4)BS dated 6.4.63 on the subject cited above.

2. Please expedite your report.

Sd/- 16.5<br>for Deputy Inspector General of Police<br>S.B., West Pakistan, Lahore.

—

*Secret*

No.9148/606-48 P.F. dt. 8.6.63

*To*

*The D.I.G. S.B. West Pak.*

*Kindly refer to your memo no. 2203-(4)-BSB-dt. 6.4.63.*

*I send herewith copy of an up-to-date note on the activities of Sk. Mujibur Rahman, as desired.*

Sd/-<br>for DIG/SBEP<br>Sd/-7.6.63

*Copy enclosed pl.*

—

*Secret*

*Special Branch*<br>WEST PAKISTAN

No. 8672 (4)/BDSB dated Lahore, the *13.12.1963.*

Subject : COMPLETION OF HISTORY SHEETS.

**Memorandum**

HISTORY sheet (A card) of *Mr. Mujib-ur-Rahman, Ex-chief Minister of Awami League,* originally a resident of *East Pakistan* does not contain details of his political activities since *November 1963.* In order to bring his history sheet up-to-date, will you please submit a detailed note on all important political events in which he participated so that the same should be included in his history sheet.

2. This may please be treated as urgent.

   *(Was a Awami Leaguer)*

*Sd/-*

for Deputy Inspector General of Police, *SB*
West Pakistan, Lahore.

(1)  The Inspector Political (I), C.I.D., Lahore.

(2)  The Group Officer, C,I.D.,

(3)  The Superintendent of Police, *SB, East Pakistan, Dacca.*

—

# 150

## *Weekly confidential report of SP, DSB, Chittagong Hill Tracts.*

Chittagong, 6 April 1963

WEEKLY CONFIDENTIAL REPORT OF THE SUPDT. OF POLICE, D.S.B.,

CHITTAGONG HILL TRACTS FOR THE WEEK ENDING 6.4.63.

...

***Part – I.***

Movement of Suspect- A.L. 624 Tridiv Roy, left for Chittagong on 2.4.63.

A.L. 529 Mujibur Rahman Sheikh visited Karnaphuli Paper Mills and Kaptai Project on 31.3.63 and left Chittagong on the same day.

Secret Abstract No. 6 received.

*Circulation. Sd/-10.4,*

*Seen. Pl. ask for the purpose of visit. Sd/-DS VI, 12.4*

—

*Phone No. 4231/61*

*No. 6309/606-48 PF(E) dt. 17.4.63*

*Secret*

*S.P. D.S.B. C.H.T.*

Please refer to your W.C.R. Part I-under head-Movement of Suspects for the W/E 6.4.63 and report the purpose of Sk. Mujibur Rahman's visit to Karnaphuli Paper Mills.

Sd/-16/4

DS (6) for SS(2)

—

**Secret**

### District Special Branch
Rangamati, the 31 May 1963.

No. 1797/ R. 876/17-63.

To

S.A. Khasru, Esqr., P.S.P.,

Spl. Supdt. of Police,

Special Branch, E.P., Dacca.

Ref:  Your Memo No. 6309/606-48 P.F. (E) dt. 17.4.63 regarding the visit of Sk. Mujibur Rahman.

On enquiry it has been ascertained that the subject came here on a pleasure trip with a view to seeing the Paper Mills and the Kaptai Project.

Sd/- 31.5.63

(A. Ahmed)

Supdt. of Police, D.S.B.,

Chittagong Hill Tracts.

—

# 151
## *Report on visit of residence of Sheikh Mujibur Rahman by some persons.*

Dacca, 6 April 1963

Ref. C.R. dated 6.4.63 of suspect Mr. Sk. Mujibur Rahman of Dhanmondi.

It is learnt on secret enquiry that one Mr. Kanai Lal Mendra c/o Chhogmal Ram Ratan N. Ganj along with 2 of his employees visited the residence of Mr. Mujibur

Rahman Khan on 6.4.63. They visited the subject residence in connection with their business.

Submitted.
25.4.63.

*D.S.VI may pl. see. Sd/- A.H.M. Mohiuddin. O/C watch. 26.4.63.*
*Seen to P.F. Sd/-26.4.63.*

—

## 152

## *Report on statement of Sheikh Mujibur Rahman on indiscriminate baton charge on Dacca University students.*

Dacca, 11 April 1963

*Sangbad Dated 11.4.63*

*শেখ মুজিব কর্তৃক*

**ছাত্রদের উপর পুলিশী জুলুমের নিন্দা**

জাতীয় গণতান্ত্রিক ফ্রন্টের অন্যতম নেতা ও সাবেক আওয়ামী লীগের সাধারণ সম্পাদক জনাব শেখ মুজিবুর রহমান গতকল্য (বুধবার) সংবাদপত্রে প্রকাশার্থ এক বিবৃতিতে ঢাকা বিশ্ববিদ্যালয় প্রাঙ্গণে পুলিশ প্রবেশ ও ছাত্রদের উপর বেপরোয়া লাঠিচার্জের তীব্র নিন্দা করিয়াছেন।

বিবৃতিতে তিনি বলেনঃ ইহা অতীব দুঃখজনক যে পুলিশ বিশ্ববিদ্যালয় প্রাঙ্গণে প্রবেশ করিয়াছে এবং শান্তিপূর্ণ ছাত্রদের উপর বেপরোয়া লাঠিচার্জ্জ করিয়াছে। এই ঘটনায় ইহা মনে করিবার যথেষ্ট যুক্তি সংগত কারণ রহিয়াছে যে, সরকার শান্তিপূর্ণ বিক্ষোভের উপর শক্তি প্রয়োগ করিয়া তাহার ক্ষমতা দেখাইতে চাহে। আমি সরকারকে ইহা স্মরন রাখিতে অনুরোধ করি যে, ক্ষমতায় চিরদিন অধিষ্ঠীত থাকার বিধিদণ্ড অধিকার কাহারো নাই।

আমাদের ছেলেদের উপর এই জাতীয় অহেতুক হামলার প্রতিবাদ জ্ঞাপনের জন্য আমি জনসাধারণের নিকট আবেদন জানাইতেছি। এই ধরনের স্বৈরাচারের আমি তিব্র নিন্দা করিতেছি। সরকার যেন স্মরণ রাখেন যে, শক্তি প্রয়োগের মাধ্যমে কেহই অধিক দিন ক্ষমতায় অধিষ্ঠীত থাকিতে পারে না।

*P.F. of Sk. Mujibur Rahman. Sd/-DSVI. 15.4.*

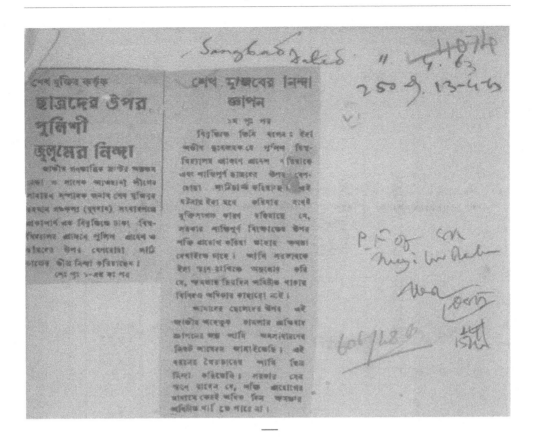

শেখ মুজিব কর্তৃক
## ছাত্রদের উপর পুলিশী জুলুমের নিন্দা

## শেখ মুজিবের নিন্দা জ্ঞাপন

—

# 153

## *Watch report on Ali Akhsad reveals Sheikh Mujibur Rahman visited him.*

Dacca, 12 April 1963

**C.R. dt. 12.4.63.**

Hours of duty : 06.00 hrs. to 11.00 hrs. & 17.00 to 23.00 hrs.

Place of duty : Ittefaque Office, R.K. Mission Road.

Name of suspect : Mr. Ali Akhsad.

***Result of watch.***

I had been on duty at above noted place for the above noted suspect and did secret watch duty there.

At about 17.10 hrs. the said suspect came from outside by Rickshaw and entered into the Ittefaque office. At about 18.30 hrs. he left the said office and proceeded towards the western side by Babi Taxi E.B.A. 2357. After that till 23.00 hrs. he was not seen to return to the said office.

***The following persons were seen to visited my duty place noted below times.***

Mr. Motaher Hossain Siddique. : (In 08.30 hrs. by Car E.B.C.2726 out 08.45 hrs. by the same car.) (09.50 by car E.B.C. 2726 out 10.40 hrs. by Rickshaw) (18.30 hrs. on foot out 20.00 hrs. by Rickshaw)

2. Mr. Mojibur Rahman Shake. : (In 18.30 hrs. by car E.B.D. 7171 out 19.20 hrs. by the same car.)

3. Mr. Tofazzal Hossain @ Manik Miah. : (In 18.00 hrs. Out 19.20 hrs. by car E.B.D. 2529)

4. Mr. Anwar Zahid. : (19.40 hrs. on foot out 20.15 hrs. on foot)

5. Mr. Abdur Rouf. : (In 08.45 hrs. on foot out 20.10 hrs. by Rickshaw.)

Submitted.
Ashrafuddin Choudhury.
S.B.E.P., Dacca, 13.4.63.

*Seen. Show D.S.6 pl. Who is no. 5? Sd/- A.Majid. 15.4.63.*
*He is accountant of Ittefaq and an active worker of defunct A.L. Sd/- A.H.M. Mohiuddin. O/C, Watch. 16.4.63. Seen. Copy to P.F. of Sk. Mojibur Rahman. Sd/- M. Yunus. 18.4.63. Show D.S. 6 pl. Sd/- A. Majid. 16.4.63.*

—

# 154
## *Letter of Sheikh Mujibur Rahman to DIG, IB requesting investigation relating to a threat letter addressed to Mohammad Bhai of Ismailia Sect.*

Dacca, 22 April 1963

*Sheikh Mujibur Rahman*

Phone: 2561.
677, Dhanmandi Residential Area,
Road No. 32, Dacca-2.

*REGISTERED A/D.*                                    Dacca; the 22$^{nd}$ April, 1963

Mr. Haque,

D.I.G. Police, I.B.,

Rajarbagh Police Line, Dacca.

My dear Haque Saheb,

I enclose herewith two typewritten letters addressed to Mr. Mohammad Bhai of M/s. M. Barkat Ali & Co., Ltd., Dacca which will speak for itself.

I understand that someone wants to blackmail me and he intentionally mentioned my name which is really very bad and the contents are itself quite unfortunate.

I hope you would look into the matter and investigate it so that nothing untoward should happen with the said gentleman.

Yours sincerely,

Sd/-

(Sheikh Mujibur Rahman)

—

606-48 P.F. (Loose)

Sk. M. Rahman.

**DS6**

Perusal please of the letter below from Mr. Sk. Mujibar Rahman. This is in connection with some letters addressed to Mr. Mohammad Bhai of M/S Barkat Ali and Co., Dacca by some unknown person in the name of the subject. Mr. Rahman requests us to investigate into the matter. For orders please.

Sd/-25.4.63.

SS II may kindly peruse.

The author of the anonymous threatening letter appears to be either a fanatic or he might have some grudge against the proprietor of M/S Barkat Ali. It incites sectarian feelings. We may send the letter to DSB for enquiry & report. They may try to trace the author.

Sd/-25.4.63.

SS(2) 26.4.63 DS (6) Order above. Sd/-26.4.
Draft below for approval pl. Sd/-25.4.63
Issue. 29.4.63.

—

*[Letter from Mr. Sk. Mujibar Rahman addressed to DIG, SB]*

Phone No. 4231/61

No. 6938/606-48 P.F. dt. 29.4.63

*Secret.*

Addl. S.P., DSB, Dacca.

Copy, with two typed letters (in original) forwarded to-for information and with on request to make an enquiry into the matter and report the result thereof. Attempts may also be made to trace the writer of the letters. The original letters may please be returned with your report.

Sd/-26.4.63

DS(6) for SSII

—

Phone No. 4231/61

No. 9994/606-48 P.F. (F) dt. 25.6.63

*Secret*

Addl. S.P. DSB Dacca.

Please refer to this office memo no. 6938 dt. 29.4.63 and expedite your reply thereto.

Sd/-22.6.63

DS (6) for SS (2)

—

**Secret.**
Phone: 4231/34.

**District Special Branch,**

Dacca, the 1st July'63.

No. 5390/ R-3527/16-62

To

S.A. Khasru, Esqr., P.S.P.,

Spl. Supdt. of Police,

S.B., E.P., Dacca.

Ref:   Your No. 6938/606-48 P.F. dt. 29.4.63 and subsequent reminder No. 9994 dt. 25.6.63.

On enquiry, the writer of the letter could not be traced. The type-writer by which the letters were typed could not also be traced.

The original letters sent with your letter under reference are returned herewith as desired.

*Sd/-1.7.63*
Addl. Supdt. of Police,
D.S.B., Dacca.

—

### Warning to Aghakhani (ismaili)

If you wish to live in East Pakistan you must accept following mentioned laws of Islam & must embrace Islami Religion which is the best religion in the World. Because you are not true Muslims but claim yourself to be Muslims, when your religion is the worst than Hindoos religion & you believe Agahkhan as your prophet or peer & attend in Khana (hole) for his pray & gather cooked food to sell by auction which is against law of Islam. Now you cannot live in our country as Aghakhani (ismaili) any more, but you must accept Islami Religion as soon as possible so that, you can remain safe here otherwise not.

*Islami Laws are as follows:-*

1  Embrace Islami Religion with true mind.

2  Attend in our Mosques for pray of Allah only.

3  Believe Hazarat MOHAMMAD as the greatest prophet of ISLAM.

4  Don't take wine in your food as you take always.

5  Don't trust or believe Agahakhan as your prophet or peer.

6  Don't wear teddy & Christian type dresses which you wear always.

7  Observe Pardha in your women.

8  Help our people who ruined by cyclone & flood when you have been earning too much profits from us (Bengali) in business, but you never gave any donations or help to them in time of distress, which is against law of Islam & thus you made the richest men from us. The proof is that you had nothing when you reached in East Pakistan from India, but after reaching here you became Industrialists, businessmen, & owners of fashionable Bungalows & Houses, when mostly all of you have Motor Cars, also you are the biggest Black Marketers. If you fail to accept our above mentioned laws of Islam within six months you will not be able to live in our country as Aghakhani (ismaili) which is the worst religion of the World & there will be no scope for you to hide your black & unislamic laws, but will have to quit this country forever. Hence we

advise all of you to embrace Islami religion for your safety soon, this is our warning all of you (ismaili) which note.

We are well wishers of Islam & true Muslims.
*Shk. Mujibur Rahman*
date 15-4-1963

***Our names are as follows:-***

S.K. Mujibur Rahman 73 Segunbaghicha Dacca.

M.A. Choudhry 4 Siddique Bazar, Dacca.

Haji Osman Gani, Khulna.

Kafiluddin Havalder Chandpur & thousands others.

—

# 155
## *Watch report on Sheikh Mujibur Rahman.*

### Dacca, 23 April 1963

#### *C.R. dt. 23.4.63.*

Hours of duty.   :   06.00 hrs. to 11.00 and 17.00 to 23.00 hrs.

Place of duty   :   677, Dhanmondi R/A, Road No. 32.

Name of suspect  :   Sk. Mojibur Rahman.

#### *Result of watch.*

During my morning duty period, at about 09.30 hrs. the above noted suspect left his quarter and proceeded towards the town side by his car No. EBD. 7171. Then the suspect was not seen by me to turn back to his quarter till 11.00 hrs.

During my evening duty period, at about 18.30 hrs. the suspect left his quarter and proceeded towards the town side by his car No. E.B.D. 7171. Then the suspect was not seen by me till 23.00 hrs. At about 17.15 hours Haji Mohd. Danesh entered into the duty place by Baby Taxi No.E.BA. 2335 and at about 18.00 hrs. he left my duty place by Baby Taxi No. E.B.A. 1130 and proceeded towards the New Market side. SI S.A. Karim Sb. supervised my duty in the evening time.

Submitted.
W.C. Md. Fazlul Haque.
of S.B.E.P., Dacca. 24.3.63.

*P.F. Sd/- M.Yunus. 24.3.63.*

—

## 156
### *Report on the Sheikh Mujibur Rahman visiting Kushtia.*

Kushtia, 23 April 1963

*Extr. from PP/914-913 file No. 279-62*

**Secret.**

### District Special Branch

Kushtia, the 23 April, 1963.

No. 1406/R.4269- P.1201/74-49

S.A. Khasru, Esq, PSP.,

Spl. Supdt. of Police, S.B.E.P., Dacca.

Ref : Your No. 21330/279-62 Genl. dt. 1.12.1962.

\* \* \*

Sa'ad Ahmad was the Chairman of the reception committee as also the principal organiser of the public meeting that was addressed by Mr. H.S. Suhrawardy and 5 provincial leaders of the N.D.F. including Sheikh Mujibur Rahman at Kushtia town on 24.11.62 with a view to putting Sa'ad Ahmad in disgrace and thereby undermining his leadership, the prominent members of the rival group contemplated to stage a black flag demonstration by some outsiders against the NDF leaders on their arrival at Kushtia on the morning of 24.11.63 but the idea was eventually dropped, at the intervention of Shah Azizur Rahman (s/o Late Shah Md. Siddiq of Kushtia town) and Md. Sulaiman, the Ex-General Secy. of M.L. and K.S.P. respectively who had arrived at Kushtia one day earlier. There is, however, no corroboration of the report that about 1500 black flags were already prepared for the purpose or that the speech of Sk. Mujibur Rahman was very much resented by some of the N.D.F. leaders. The public meeting was attended by not less than 15000 people though according to some of the speakers including Mr. H.S. Suhrawardy strength of the audience was over one lac. In a small district like Kushtia such an well-attended meeting can hardly be construed as unsuccessful.

No corroboration of the information contained in the second sub-para of Para I has been available.

### *Re: Para II*

The information appears to be correct.

The delay in replying to the letter is regretted.

*Sd/-*

(M.N. Huda)

Supdt. of Police, D.S.B.,

Kushtia.

—

## 157

## *Statement by Sheikh Mujibur Rahman called the 'boastful' comments of the Central Minister an "attempt to befool the people of West Pakistan."*

Dacca, 24 April 1963

*Morning News dt. 24.4.63.*

### Mujib's Rejoinder To Waheeduzzaman

The following statement was issued to Press by Shaikh Mujibur Rahman, former General Secretary of the now defunct East Pakistan Awami League last night.

"My attention has been drawn to the news item published in different newspapers dated 22-4-63 about Mr. Waheeduzzaman's observations in course of his meeting with Press correspondents at Lahore airport.

"I have all along been ignoring Mr. Waheeduzzaman's tall talks since he became Minister knowing it fully well what the public opinion is. But when he has gone to the extent of making sweeping attack on the East Pakistan Press as a whole and on Ittefaq and Pakistan Observer in particular and at the same time wants to befool the people of West Pakistan by telling that his nominee can defeat anybody in the bye-election in his constituency, it is difficult to remain silent anymore. It is not perhaps unknown to the people of Pakistan that in the general elections held in 1954 Mr. Waheduzzaman was defeated by me by a majority of more than ten thousand votes. Let the people of West Pakistan know that in the last so called election wherein only the Basic Democrats were the voters. I was disqualified for having suffered a few years of imprisonment as a security prisoner and another political leader of the constituency. Mr. Abdus Salam Khan having been EBDOed thus leaving almost nobody to contest him. Besides I was in jail at the time of last election under Security Act. Moreover workers of other political parties preferred not to participate in the election as it was held absolutely on limited franchise and on individual basis. It is amusing to note that Mr. Zaman has again contradicted that news of resignation.

"If Mr. Zaman is so boastful of his popularity I throw a challenge to him. Let him contest me without resigning from his advantageous position of the Central Minister in an election on the basis of adult franchise. I shall, Insha-Allah, defeat him this time with a much more margin of votes. Let the President withdraw the disqualification from over me. I can also go a step further. Although I am dead against the limited franchise system still for the sake of meeting M. Zaman's challenge, I am ready to contest him in the present limited franchise also. Then why does he not resign from ministership and come to the field? I am sure he has never had that courage and he will avoid it.

"In the circumstances I would ask my West Pakistani brethren not to be misled by Mr. Zaman's empty boastings. I know the people of East Pakistan will laugh at this words, because they know his limitations and his past.

"Let me add a few words more about Mr. Zaman's "rationalisation" of Government policy to the Daily Ittefaq and Pakistan Observer and Sangabad. It is nice that he has admitted that these papers are very popular and powerful. But in the same breath he has said that these are "views papers. I want to tell him that every newspaper is also a views paper and the Government advertisements should be distributed on the basis of circulation. Government money is not anybody's personal property."

*P.F. of Sk. Mujibur Rahman. Sd/- 9.5.*

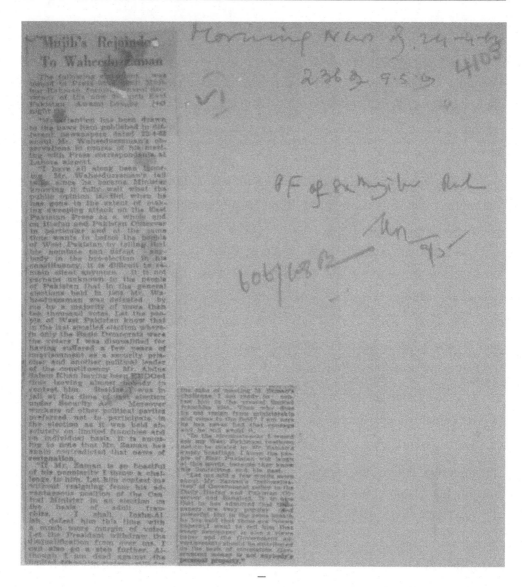

Pakistan Observer dt. 24.4.63

### Mujib Resents Zaman's Attack On E. Pak Press

*By A Staff Correspondent*

Sheikh Mujibur Rahman, former General Secretary of the now defunct East Pakistan Awami League came out with a rejoinder to the reported airport interview of Mr. Wahiduzzaman, Central Minister for Commerce on Tuesday.

Challenging Mr. Wahiduzzaman's sweeping remarks on the East Pakistan Press, "particularly on Pakistan Observer and Ittefaq." Sheikh Mujibur Rahman said that every newspaper has some views but the Government advertisement must be distributed on the basis of circulation only, since government money was not anybody's personal property.

Pointing out the fact that Mr. Wahiduzzaman had admitted the popularity and standing of the three papers, namely, The Pakistan Observer, The Ittefaq and The Sangbad. Sheikh Mujibur Rahman said that "naturally, certain ulterior motives have guided them to discriminate."

Regarding further points of the Lahore airport interview of the Central Minister, Sheikh Mujibur Rahman threw an open challenge in the claimed popularity of the Minister in his constituency.

Sheikh Mujibur Rahman said that Mr. Wahiduzzaman could win the elections with limited franchise only because there were no other competent contestants in his constituency.

Continuing he said that, if he was to face the Central Minister in an election on the basis of adult franchise he would defeat the latter with even greater a margin than in 1954. He also claimed that if he was allowed to contest the elections on the present limited franchise even then he could defeat him.

Sheikh Mujibur Rahman called the 'boastful' comments of the Central Minister an "attempt to befool the people of West Pakistan."

*P.F. Sd/-3.5.63*

Mujib Resents Zaman's Attack On E. Pak Press

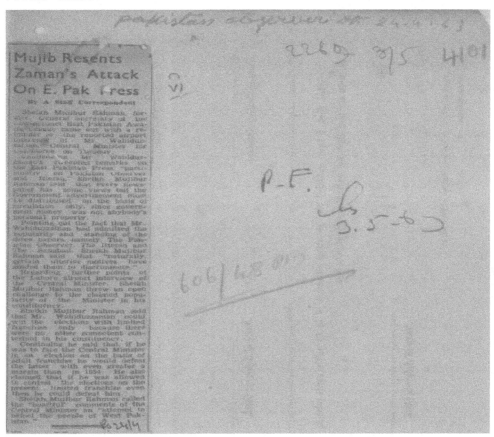

*Sangbad Dated 24.4.63*

## ওয়াহিদুজ্জামানের প্রতি শেখ মুজিবের চ্যালেঞ্জ

ঢাকা, ২৩ শে এপ্রিল। -সাবেক পূর্ব পাকিস্তান আওয়ামী লীগের সাধারণ সম্পাদক শেখ মুজিবুর রহমান সংবাদপত্রে প্রদত্ত এক বিবৃতিতে বলেন যে, লাহোর বিমান বন্দরে সাংবাদিকদের সহিত আলোচনা প্রসঙ্গে জনাব ওয়াহিদুজ্জামানের যে বক্তব্য গতকল্যকার বিভিন্ন পত্রিকায় প্রকাশিত হইয়াছে, তাহার প্রতি আমার দৃষ্টি আকৃষ্ট হইয়াছে।

তিনি বলেন, জনমত সম্পর্কে জ্ঞাত থাকা সত্বেও মন্ত্রিত্ব গ্রহনের পর হইতে জনাব ওয়াহিদুজ্জামানের লম্বা লম্বা কথা এত দিন পর্যন্ত আমি উপেক্ষা করিয়া আসিয়াছি। কিন্তু যখন তিনি পূর্ব পাকিস্তানের সমস্ত সংবাদপত্র বিশেষ করিয়া দৈনিক ইত্তেফাক ও পাকিস্তান অবজার্ভারের উপর বেপরোয়া আক্রমণের সীমায় পৌঁছিয়াছেন এবং তাঁহার নিজস্ব নির্ব্বাচনী এলাকায় তাঁহার মনোনীত প্রার্থী যে কোন ব্যক্তিকে পরাজিত করিয়া উপনির্ব্বাচনে জয়লাভ করিবে এই কথা বলিয়া পশ্চিম পাকিস্তানী জনসাধারণকে বোকা বানাইবার চেষ্টা করিতেছেন, তখন আর এক মুহুর্ত্তে চুপ করিয়া থাকা যায় না। পাকিস্তানের জনসাধারণের নিকট ইহা নিশ্চয়ই অজানা নয় যে, ১৯৫৪ সালে অনুষ্ঠিত সাধারণ নির্বাচনে জনাব ওয়াহিদুজ্জামান আমার সহিত প্রতিদ্বন্দিতা করিয়া ১০ হাজার ভোটের ব্যবধানে পরাজিত হন। পশ্চিম পাকিস্তানী জনগনের জানা প্রয়োজন যে, গত তথাকথিত নির্বাচনে যেখানে কেবলমাত্র বুনিয়াদী গণতন্ত্রীরাই ভোটার ছিল, আমি নিরাপত্তাবন্দী হিসাবে কয়েক বৎসর কারান্তরালে থাকায় এই নির্বাচনে অংশগ্রহণে অযোগ্য ছিলাম এবং নির্বাচনী কেন্দ্রের অপর রাজনৈতিক নেতা জনাব আবদুস সালাম খান এবডো আইন অনুযায়ী অযোগ্য ঘোষিত হইয়াছিলেন, তাঁহার সহিত প্রতিদ্বন্দিতা করার কেহই ছিল না ইহা ছাড়া গত নির্বাচনের সময় আমি নিরাপত্তা আইনে কারাগারে আটক ছিলাম। তদুপরি অন্যান্য রাজনৈতিক দলের কর্ম্মীবৃন্দ নির্বাচনে অংশ গ্রহন না করায় অধিকতর শ্রেয়ঃ মনে করে ফলে ইহা সম্পূর্ণরূপে সীমাবদ্ধ ভোটাধিকার ও ব্যক্তিভিত্তিক নির্বাচন হিসাবেই অনুষ্ঠিত জানান হয়। ইহা খুবই বিস্মকর যে, জনাব জামান উক্ত পদত্যাগের সংবাদ পরে অস্বীকার করিয়াছেন।

শেখ মুজিবর রহমান বলেন যদি জনাব জামান তাঁহার জনপ্রিয়তার ব্যাপারে গর্বিত হন তবে আমি তাঁহাকে চ্যালেঞ্জ জানাইতেছে তিনি আসুন, প্রাপ্ত বয়স্কদের ভোটাধিকারের ভিত্তিতে অনুষ্ঠিত যে কোন নির্বাচনে তাঁহার কেন্দ্রীয় মন্ত্রিত্বের সুযোগ সুবিধাপূর্ণ মর্যাদায় থাকিয়া তিনি আমার সহিত প্রতিদ্বন্ধিতা করুন ইনশাল্লাহ আমি তাঁহাকে আরও অধিক ভোটের ব্যবধানে পরাজিত করিব। প্রেসিডেন্ট যদি আমার উপর হইতে বাধা নিষেধ প্রত্যাহার করেন তবে আমি আরও একধাপ অগ্রসর হইতে পারি। যদিও আমি সীমাবদ্ধ ভোটাধিকার ব্যবস্থার বিরোধী তা সত্ত্বেও জনাব ওয়াহিদুজ্জামানের চ্যালেঞ্জের মোকাবেলা করিতে আমি বর্ত্তমান ভোটাধিকারেও তাঁহার সহিত প্রতিদ্বন্দিতা করিতে প্রস্তুত। তাহা হইলে তিনি মন্ত্রিত্বের পদ হইতে পদত্যাগ করিয়া মাঠে আসিতেছেন না কেন? আমি নিশ্চিত যে, তাঁহার কখনও এই ধরনের সৎসাহস ছিল না ও নাই এবং তিনি ইহাকে এড়াইয়া যাইবেন।

এমতাবস্থায় জনাব ওয়াহিদুজ্জামানের ফাঁকা বুলিতে বিভ্রান্ত না হওয়ার জন্য আমি আমার পশ্চিম পাকিস্তানী ভাইদের অনুরোধ জানাইতেছি। আমি জানি, পূর্ব পাকিস্তানের জনসাধারণ তাঁহার

কথায় না হাসিয়া পারিবে না, কারণ তাঁহার ক্ষমতার দৌড় ও অতীত কার্যকলাপ জনসাধারণ জানেন।

জনাব রহমান বলেন "দৈনিক ইত্তেফাক সংবাদ ও পাকিস্তান অবজার্ভারের প্রতি সরকারী নীতির পক্ষে জনাব ওয়াহিদুজ্জামানের "সাফাই" সম্পর্কে আরও কয়েকটি কথা সংযোজন করিতে চাই। ইহা খুবই আনন্দের ব্যপার যে, তিনি স্বীকার করিয়াছেন যে, এই পত্রিকাগুলি অত্যন্ত জনপ্রিয় ও শক্তিশালী। কিন্তু এই সঙ্গে তিনি বলিয়াছেন যে, এই গুলি মতামত প্রকাশের পত্রিকা। আমি তাহাকে বলিতে চাই যে প্রত্যেকটি সংবাদ পত্রই একটি মতামত প্রকাশের পত্রিকাও বটে এবং সরকারী বিজ্ঞাপন সমূহ পত্রিকার সার্কুলেশনের ভিত্তিতে বন্টন করা উচিত। কারণ সরকারী অর্থ কাহারও ব্যক্তিগত সম্পত্তি নয়।

*P.F. of Sk. Mojibur Rahman. Sd/-25.4.63*

Sangbad Dated 24-4-63

ওয়াহিদুজ্জামানের প্রতি শেখ মুজিবের চ্যালেঞ্জ

শেখ মুজিবের চ্যালেঞ্জ

—

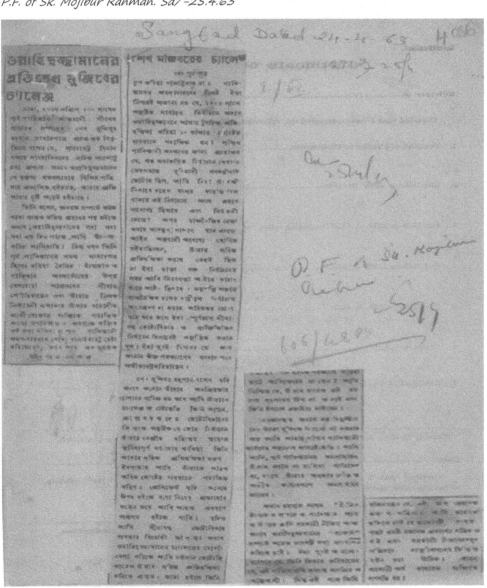

Extract from an S.B. officer's report dt. 28.4.63.

...

Mr. Ataur Rahman Khan deplored the attitude of the Govt. in not allowing them to hold a public meeting to condole the death of the leader and referred to the allegedly palpable silence of the authorities in the matter of building a mausoleum of the dead leader. He gave out that if the Govt. sponsored committee failed to do the same they would do it with the co-operation of the people.

Sk. Mujibur Rahman referred to the 'Lahore Resolution of 1940' moved by the late A.K. Fazlul Huq and exhorted the audience that they should see that all the provisions of the resolutions are implemented. And by such they would be commemorating the memory of the great leader.

—

# 158

## *Sheikh Mujibur Rahman urged upon the Provincial Government to bring back to East Pakistan the unfortunate East Pakistan settlers now stranded in West Pakistan published in Pakistan Observer.*

### Dacca, 12 May 1963

*Jehad dated 12.5.63*

### তাহাদের এই প্রদেশেই মরিতে দেওয়া হউক
### পশ্চিম পাকিস্তানের বাঙ্গালী কৃষকদের সম্পর্কে
### শেখ মুজিবুর রহমানের বিবৃতি

অদ্য সাবেক পূর্ব পাকিস্তান আওয়ামী লীগের সাধারণ সম্পাদক শেখ মুজিবুর রহমান এক বিবৃতি প্রসঙ্গে প্রাদেশিক সরকারকে পশ্চিম পাকিস্তান হইতে পূর্ব পাকিস্তানী হতভাগ্য কৃষকদের পূর্ব পাকিস্তানে ফেরৎ আনিবার আবেদন জানান। তিনি বলেন যে, যদি সেই হতভাগ্য পূর্ব পাকিস্তানীদের মৃত্যুবরণ করিতে হয় তাহা হইলে তাহাদের পূর্ব পাকিস্তানেই মৃত্যুবরণের সুযোগ দেওয়া হউক।

জনাব মজিবর রহমান দুঃখ প্রকাশ করিয়া বলেন যে, কেন্দ্রীয় বা পশ্চিম পাকিস্তান সরকার কাহারও এই হতভাগ্যদের পূনর্বাসনের জন্য মাথা ব্যথা নাই।

জনাব মুজিবুর রহমান বলেন যে, এই পূর্ব পাকিস্তানীদের যখন পশ্চিম পাকিস্তানে প্রেরণের জন্য সরকার ব্যবস্থা গ্রহন করেন তখন তাহাদের জন্য উন্নত ধরনের ব্যবস্থা হইবে বলিয়া আশ্বাস দেওয়া হইয়াছিল। অথচ তাহাদের গোলাম মোহাম্মদ বাধের নিকট অনুর্বর জমি দেওয়া হয়। সেখানে

তাহারা গত কয়েক বৎসর যাবৎ শস্য ফলাইবার চেষ্টা করিয়া ব্যর্থ হয়। তারপর তাহারা ঐ স্থান ত্যাগ করিয়া আসে। তাহারা আশা করিয়াছিল তাহাদের উন্নততর জমি দেওয়া হইবে। কিন্তু আজ তাহাদের শুধু অবশ্যম্ভাবী মৃত্যুর প্রত্যাশা করিতে হইতেছে।

- পি,পি,এ

*P.F. of Sk. Mujibur Rahman Sd/-29.5*

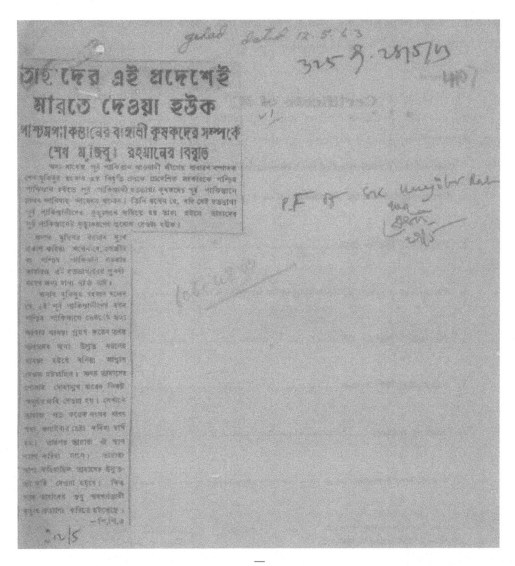

তাহাদের এই প্রদেশেই মারিতে দেওয়া হউক

পশ্চিম পাকিস্তানের বাঙ্গালী কৃষকদের সম্পর্কে শেখ মুজিবুর রহমানের বিবৃতি

—

*Pakistan Observer Dt. 13.5.63*

**Bring The 'Settlers' Back Home**

Sheikh Mujibur Rahman, former General Secretary of the now-defunct Awami League urged upon the Provincial Government to bring back to East Pakistan the unfortunate East Pakistan settlers now stranded in West Pakistan.

In a statement here on Saturday Mr. Rahman regretted the reported miserable conditions of the settlers, who, he said were given practically non-productive land on Golam Mohammad Barrage where they toiled for the last few years but failed to produce any crop.

He strongly criticised the attitude of the Government towards the settlers who he said were persuaded to leave East Pakistan and added neither the Central Government nor the West Pakistan Government is willing to take any action for their rehabilitation.

Mr. Rahman further said that the settlers left the province with the hope that the Government will give them better land where they will be able to grow food. But nothing has been done for them and they have been abandoned only to meet the inevitable death due to want of bare necessities of life.

*P.F. of Sk. Mujibur Rahman. Sd/-23.5*

pakistan observer dt. 13.5.63

Bring The 'Settlers' Back Home

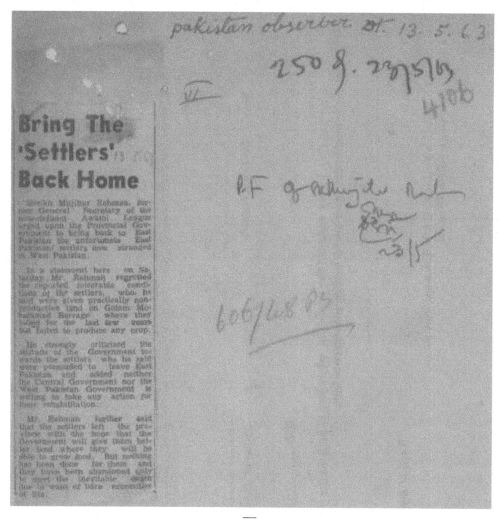

# 159

## *Sheikh Mujibur Rahman said in an interview with PPA representative that Supreme Court Judgement reveals present constitution is undemocratic and non-functional.*

Dacca, 15 May 1963

*Ittefaq dated 15.5.63*

**বর্তমান শাসনতন্ত্র অগণতান্ত্রিক ও সম্পূর্ণ অচল**

**সুপ্রীম কোর্টের রায় প্রসংগে শেখ মুজিবের মন্তব্য**

সাবেক প্রাদেশিক আওয়ামী লীগের সেক্রেটারী শেখ মুজিবর রহমান গতকল্য (মঙ্গলবার) পি, পি, এ প্রতিনিধির নিকট এক বিশেষ সাক্ষাৎকারে বলেন, পাকিস্তান সুপ্রীম কোর্ট ঢাকা হাই কোর্টের রায় বহাল রাখিয়া চুড়ান্ত রায় ঘোষণা করায় কেন্দ্রীয় ও প্রাদেশিক পরিষদে যে সমস্ত মন্ত্রীর সদস্যপদ বাতিল হইল, এবার সেই সমস্ত শুণ্য আসনে উপনির্বাচনে সরকারী দলকে কঠিন পরীক্ষার মোকাবিলা করিতে হইবে। তিনি মন্তব্য করেন যে, সুপ্রিম কোর্টের রায় একদিকে যেমন বর্তমান শাসনতন্ত্রের অন্তর্নিহিত দুর্বলতা প্রকাশিত হইয়া পড়িয়াছে, অন্যদিকে তেমনিই এই অপ্রিয় সত্য প্রকটিত হইয়া উঠিয়াছে যে, এই শাসনতন্ত্র শুধু অগণতান্ত্রিকই নহে, সম্পূর্ণ অচলও বটে। শেখ মুজিবর রহমান বর্তমান শাসনতন্ত্রের স্থলে একটি সত্যিকারের খাঁটি গণতান্ত্রিক শাসনতন্ত্র প্রণয়নের দাবী জানান। তিনি জনসাধারণকে একটি খাঁটি গণতান্ত্রিক শাসনতন্ত্র প্রদান করিয়া দেশের শাসনতান্ত্রিক সংকটের চূড়ান্ত ফয়সালা করার জন্য প্রেসিডেন্টের নিকট আবেদন জানান।

পশ্চিম পাকিস্তানের জাতীয় গণতান্ত্রিক ফ্রন্ট নেতাদের আটকের উল্লেখ করিয়া শেখ সাহেব বলেন যে, সরকারের এই স্বেচ্ছাচারী গ্রেফতার কার্যের ফলে দেশের ঘোলাটে রাজনৈতিক পরিস্থিতির আরও অবনতি ঘটিবে। তিনি পাকিস্তান দন্ডবিধির ১২৪(ক) ধারাকে "জংলী আইন" বলিয়া আখ্যায়িত করেন এবং এই দমনমূলক আইনের আশু বিলুপ্তির দাবী জানান। রাজবন্দীদের পক্ষ সমর্থনের জন্য পশ্চিম পাকিস্তানের ন্যায় পূর্ব পাকিস্তান পূর্ব পাকিস্তানেও সংগ্রাম কমিটি গঠিত হইবে কিনা, জিজ্ঞাসা করা হইলে তিনি বলেন যে, পূর্ব পাকিস্তানে জাতীয় গণতান্ত্রিক ফ্রন্টের অনুরূপ একটি কমিটি ইতিপূর্বেই নিয়োগ করা হইয়াছে এবং এই কমিটি আটক রাজবন্দীদের ব্যাপারে প্রয়োজনীয় ব্যবস্থা গ্রহণ করিবে।

জনাব সোহরাওয়ার্দীর বৈরুত হইতে স্বদেশ প্রত্যাবর্তনের সম্ভাব্য সময় জিজ্ঞাসা করা হইলে শেখ মুজিবর রহমান বলেন যে, জুনের শেষ সপ্তাহে তাঁহার দেশে আসার সম্ভাবনা রহিয়াছে। জনাব সোহরাওয়ার্দী পুনরায় দেশের রাজনীতিতে প্রবেশ করিবেন কিনা, জিজ্ঞাসা করা হইলে তিনি বলেন, অবশ্যই তিনি দেশের রাজনীতিতে শরীক হইবেন। কারণ, সমগ্র দেশ তাঁহার নেতৃত্ব কামনা করিতেছে। নির্বাচনী অযোগ্যতা আইনে দন্ডিত ব্যক্তি হিসাবে তিনি রাজনীতি করিতে পারেন কিনা, জিজ্ঞাসা করা হইলে শেখ সাহেব দ্ব্যর্থহীনভাবে বলেন, এবডো অনুযায়ী তিনি দন্ডিত হউন আর যাই

হউন, তিনি বর্তমানেও আমাদের নেতা এবং ভবিষ্যতেও আমাদের নেতা। আপনারা জানেন, মি. গান্ধী কোন রাজনৈতিক দলের সঙ্গে জড়িত না থাকিয়াও ভারতের নেতৃপদে অধিষ্ঠিত ছিলেন।

প্রদেশের খাদ্য-সঙ্কটের প্রশ্নে তিনি মন্তব্য করেন যে, প্রদেশে খাদ্য-সঙ্কট নাই প্রচারণা করা ডাহা মিথ্যাচারের নামান্তর। গ্রামের লোকদের যদি অনাহার ও অনশনে মরিতে হয়, সে অবস্থায় সরকারী গুদামে চাউল থাকিলে কি লাভ হইল?

তিনি ভ্রান্ত তথ্য পরিবেশন করিয়া জনসাধারণকে বিভ্রান্ত না করার এবং বাস্তব অবস্থার পরিপ্রেক্ষিতে খাদ্য-সঙ্কটের চূড়ান্ত সমাধানের জন্য সরকারের প্রতি আবেদন জানান।

*To P.F. of Sk. Mujibur Rahman pl. Sd/-22.5 for DS6*

বর্তমান শাসনতন্ত্র অগণতান্ত্রিক ও সম্পূর্ণ অচল

সুপ্রীম কোর্টের রায় প্রসঙ্গে শেখ মুজিবের মন্তব্য

বর্তমান শাসনতন্ত্র সম্পূর্ণ অচল

(১ম পৃঃ পর)

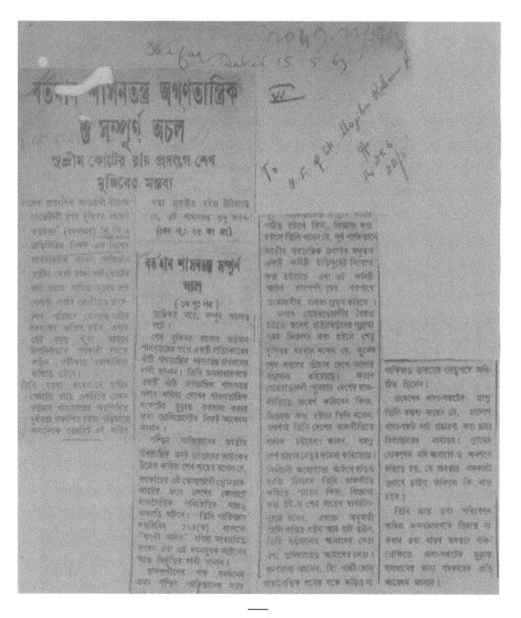

# 160

## *Report on the formation of NDF committee including Sheikh Mujibur Rahman.*

Dacca, 24 May 1963

*Ext. from 2942 file No. 279-62*

Copy of report of a D.I.O. dated 24.5.63.

...

I beg to report that a nine men Committee of the N.D.F. of East Pakistan has been formed with the following:-

\* \* \*

4.  Sk. Mujibur Rahman, A.L., A.M.L., Ex-Minister s/o Lutfar Rahman of Tangipara, P.S. Gopalganj, Dist Faridpur and of 677, Dhamandi Residential area.

\* \* \*

*Secret/Immediate.*

### District Special Branch

Dacca, the 8th June '63

No. 4693/105-62/R-1801

Copy forwarded to S.A. Khasru, Esqr, P.S.P. Spl. Supdt. of Police, S.B., E.P., Dacca, for information with reference to his No. 3271(17) dt. 4.6.63

*Sd/-*

Addl. Supdt. of Police,
D.S.B., Dacca.

—

# 161

## *Government of East Pakistan communicated message to proceed against Sheikh Mujibur Rahman under EPPSO.*

Dacca, 30 May 1963

**Secret**
**Immediate**

### GOVERNMENT OF EAST PAKISTAN
HOME (POLITICAL) DEPARTMENT
SECTION-I.

From : W.A. Sikder, Esq., T.K., Section officer, Govt. of East Pakistan.

To : The Deputy Inspector General of Police, Special Branch, East Pakistan, Dacca.

Memo : No. 511-Poll/S (I) dated Dacca the 30th May, 1963.

In forwarding herewith a copy of demi-official letter No. 8/5/63-Poll (I) dated 23rd May, 1963 from the Government of Pakistan, Ministry of Home and Kashmir Affairs (Home Affairs Division), Rawalpindi, the undersigned is directed to request that Government may please be favoured with his views on the Central Government's proposal to proceed against Mr. Shaikh Mujibur Rahman under the East Pakistan Public Safety Ordinance as envisaged in paragraph 2 of the attached letter.

A very early reply is requested.

*Sd/-30.5.63.*
Section Officer,
Government of East Pakistan.

—

*Secret*

D.O. No. 8/5/63-Poll (I)
Government of Pakistan
Ministry of Home and Kashmir Affairs
(Home Affairs Division)
Rawalpindi, the 23rd May, 1963.

My dear Ali Hassan,

In the interview which Sk. Mujibur Rahman gave to the representative of Nawa-i-Waqt (Rawalpindi) at Dacca on the 8th March 1963 he made the following statement:-

(1) East Pakistan has been ruined economically: freedom of East Pakistanis was snatched away during Martial Law.

(2) There are four reasons for restiveness in East Pakistan, namely, (a) control of West Pakistanis over the Central administration; (b) investment of capital in West Pakistan; (c) control of West Pakistanis of capital producing sources; and (d) tendency of establishing all the defence formations in West Pakistan.

(3) Denial of due share in the Central Services to East Pakistanis.

(4) Presence of industrialists in East Pakistan who earn money in East Pakistan but deposit it in banks in West Pakistan and avoid employing East Pakistanis in their industries.

(5) Complete democracy should be restored in the country to ensure normal conditions.

(6) When the people have already lost confidence, they cannot be satisfied with piecemeal amendments to the Constitution.

(7) Criticised the policy of West Pakistan Government about the supply of cement to East Pakistan and said that the demand of East Pakistanis will be that not a single pie from the foreign exchange earnings should be spent on development in West Pakistan not even on defence purposes because 92% of the defence expenditure was in connection with West Pakistan.

(8) It seems that the Policy of non-supply of cement to East Pakistan has been decided by the Government of West Pakistan in order to disrupt the development projects in East Pakistan.

2. The effect of the publication of the interview in the papers was to excite hatred, contempt and disaffection against the Government; and hatred between East Pakistanis and West Pakistanis. Although there is a 50% chance of his conviction if he is tried in a court of law, yet such a step is not considered advisable for political reasons as the publicity of the case against him will simply make him a hero. It is, therefore, considered that it will be politically more convenient to proceed against him under the East Pakistan Public Safety Ordinance.

3. Before, however, a final decision is taken in the matter, we would be grateful to have the comments of the Provincial Government on the proposed line of action at an early date.

Yours sincerely,

Sd/- Ali Ausat

To

Ali Hasan, Esqr., CSP.,

Home Secretary to the Govt. of East Pakistan,

Dacca.

—

Phone Nos. 4231/61
**Secret**
Immediate

No 9157/606-48 P.F. dt. 8.6.63

To
The Section Officer to the Govt. of E.P.,
Home (Poll) Deptt.
Section-1.

Sub.   Proposal to proceed against Mr. Shaikh Mujibur Rahman under the East Pakistan Public Safety Ord., 1958.

Ref :   Home (Poll) Deptt, (Section-1) memo No. 511-Poll/S(1) dt. 30.5.63.

The objectionable observations, made by Sk. Mujibur Rahman during his press interview with the representative of Urdu Paper 'Nawai Wakt' (Rawalpindi) at Dacca on 8.3.63 are not new. Such observations or allegations were made by other politicians including Ms.N.A. publicly while ventilating the grievances of people of East Pakistan and no legal action could yet be feasible. Even some of these allegations were debated in the National Assembly by opposition members and were flashed in the Newspapers.

The political situation in the province does not appear to be alarming. There is no agitational activities by the political leaders which may impair law and order situation at this stage.

Security detention at this stage may equally make him more popular and a hero. Politically it may create fresh issue for agitation.

Therefore, Security detention of the subject may not be desirable in the context of present political situation. His activities are under close watch and action for security detention may be taken against him when the local situation would so demands as was done on previous occasions.

Sd/-6.6<br>for D.I.G. S.B.

# 162

*Watch report on Ataur Rahman Khan shows he was visited by political leaders including Sheikh Mujibur Rahman. Cyclone Relief Committee meeting of NDF held at his residence.*

Dacca, 1 June 1963

### C.R. dated 31.5.63.

Hours of duty     : 06.00 to 11.00 & 17.00 to 23.00 hrs.

Place of duty     : 500/A Dhanmondi, Road-7.

Name of suspect  : Mr. Ataur Rahman Khan.

### Result of watch.

In the morning duty period at about 08.40 hrs. the said suspect left his quarters by Car EBD. NO. 27 and till 11.00 hrs. he was not seen to return.

In the evening period at about 17.40 hrs. the said suspect was seen present at his quarters after that he was not seen.

The following known & unknown persons visited the duty place by Car & Rickshaw in different times and times are given below against their names.

| | Name | In | Out |
|---|---|---|---|
| 1) | Nurul Amin (Car EBD No. 4500) | 17.35 hrs. | 18.00 hrs. |
| 2) | Hamidul Haque Chowdhury (Car EBD. No. 6781.) | 17.00 hrs. | 17.35 hrs. |
| 3) | Sk. Mojibur Rahman (Car EBD. No. 7171.) | 17.10 hrs. | 19.20 hrs. |
| 4) | Hajee Mohd. Dhanesh (on Foot) | 17.15 hrs. | 18.30 hrs. |
| 5) | Syed Azizul Haque (Car EBD. No. 4500) | 17.30 hrs. | 18.00 hrs. |
| 6) | Mohd. Sulaiman (Car EBD. No. 7725) | 17.20 hrs. | 18.15 hrs. |
| 7) | Two unknown persons (by Baby Taxi EBA. No. 252) | 17.10 hrs. | 18.35 hrs. |
| 8) | Two unknown persons (by Baby Taxi EBA. No. 1832) | 17.20 hrs. | 18.40 hrs. |
| 9) | Two unknown persons | 17.20 hrs. | 18.45 hrs. |
| 10) | Mohiuddin Ahmed (by Rickshaw) | 17.15 hrs. | 18.20 hrs. |

S.I. Mohd. Ilias Sb. supervised the duty place from 18.30 hrs. to 19.00 hrs.

Submitted.
W/C Abdur Rashid S.B.,
East Pakistan, Dacca.
Dt. 1.6.63.

*SS II may kindly peruse. The proceedings of the meeting came out in the papers. Copy to relevant P.Fs. Sd/- M. Yunus, 1.6.63.*

*(1) A meeting of the Cyclone Relief Committee was held in the residence of the subject. It was discussed in the meeting that the NDF leaders and their associates will tour the cyclone affected areas to gauge the extent of damage caused by cyclone evasion and suggest relief measure for the suffering people. Sd/- A.H.M. Mohiuddin. 1.6.63*

*(2) S.I. S.A. Karim will pl. fix up the unknown persons. Sd/- A.H.M. Mohiuddin. O/C watch. 1.6.63.*

—

### Ref. C.R. dated 31.5.63.

Ref: Ataur Rahman Khan, 500-A R/A Dhanmondi.

It is learnt on secret enquiry that the following persons also reported to have attended the meeting held at the residence of Ataur Rahman Khan on 31.5.63.

1) Mohan Miyan (Yusuf Ali Chowdhury)

2) Shah Azizur Rahman.

3) Mahmud Ali

4) Serajuddin (Council M.L.)

5) Gazi Ghulam Mustafa (City A.L.) and the rest could not be fixed up by secret enquiry.

Submitted
Sd/-4.6.63.

*DS VI may pl. see. Sd/- A.H.M. Mohiuddin.5.6.63. Seen. Copy to P.F. of Mohan Miyan.     Sd/- G. Nabi. 5.6.63.*

—

Ref   :  C.R. dated 31.5.63.

Ref   :  Ataur Rahman Khan.

It is learnt on secret enquiry that a relief meeting of the N.D.F. party was held at the residence of the subject being attended by the important N.D.F. leaders such as Mr. Nurul Amin, Sk. Mujibur Rahman etc. as noted in the C.R. but the unknown person who visited the place by rickshaw & baby Taxi could not be fixed up by contacting the drivers of those vehicles even.

Submitted.
S.A. Karim
23.7.63.

*DS VI may like to see pl. Sd/- S.A. Karim 26.7. Seen. Ext. to P.Fs. Sd/- M. Yunus. 26.7.63.*

———

# 163

## *Report on Sheikh Mujibur Rahman who left Dacca for Chittagong where he visited cyclone affected area and held meeting with local political leaders.*

### Dacca, 1 June 1963

*Secret*

*Immediate*

No. 8916/606-48 P.F. dt. 1.6.63.

To

S.B. DSB, Chittagong.

A.L. Suspect 529 (Sk. Mujibur Rahman) left for Chittagong by PIA today (1.6.63).

Kindly report his activities there.

for SS II/SB/EP

*Secret*

No. ... . dt. ... . 606-48 PF.

Copy by post in confirmation to- This refers to Mr. Sk. Mujibar Rahman.

Sd/-1.6.63.

For SS II/SB/EP.

—

*East Pakistan Form. No. 45.*

## TELEPHONE MESSAGE.

Handed in at. A.M/P.M. Date 1.6.63.

Received at. 07.15 A.M/P.M.

From : S.I. S. Rahman for OC Immigration, DAP Addresses/(if given)

To : A.S.I & repeated to O/C Watch S.B.

Sk. Mujibur Rahman Ex. Minister Govt. of E. Pak along with Mr. Farid Ahmed (MNA) left for Ctg. today at 07.00 hrs. by P.I.A.

This for your Kind information. Sd/-1.6.63. Telephone operator

DS VI may pl. see. Sd/-1.6.63.
1) Seen. Pl. inform Dist. 2) Copy to P.F. Sd/-1.6.63.
—

SB No. 4247

East Bengal[31] Form. No. 45.

## TELEPHONE MESSAGE.

Handed in at. A.M/P.M. Date 3.6.63

Received at. 19.45. A.M/P.M.

From : S.P DSB, Chittagong Addresses/(if given)

To : S.S. S.C.

---

31. **East Bengal** – The partition of British Indian province of Bengal took place in 1947 as part of the partition of India. Bengal was divided based on the Radcliffe Line between India and Pakistan. Hindu majority West Bengal became a state of India and predominantly Muslim East Bengal became a province of Pakistan.

East Bengal was renamed as East Pakistan by the 'One Unit' scheme of Prime Minister Mohammad Ali of Bogura. The 'One Unit' was a geopolitical program launched by the government of Pakistan led by the then Prime Minister on 22 November 1954. The program was believed to be enacted after the government faced difficulty of administrating the two unequal polities of Pakistan separated from each other by more than a thousand miles. To diminish the differences between the two regions, the program merged the four Provinces of West Pakistan into a single province while East Pakistan (now Bangladesh) was integrated with Pakistan as another province.

*Sk. Mojibur Rahman left Chittagong for Dacca today at 17.45 hours by P.I.A. plane and two (2) Chinese National named:-*

1) *MR. CHENG HSIHO HUNG*

2) *WAMG HUNG WEI*

*This is for your kind information. Sd/-3.6.63. Telephone operator*

*Seen. Copy to P.F. of Sk. Mojibur Rahman Sd/-4.6*

*Copy given to S.C.O. Sd/- 4.6. 606/48 PF*

—

**Secret.**

## District Special Branch

Chittagong, the 20th June'63.

No. 3943/20-63/ R-2611.

To

S.A. Khasru, Esqr., P.S.P.,

Spl. Supdt. of Police, S.B.,

East Pakistan, Dacca.

Ref :  Your No. 8916/606-48 P.F. dated 1.6.63 regarding movement of  A.L.*529 Mujibur Rahman Sk.

The subject arrived Patenga Airport, Chittagong from Dacca on 1.6.63 by P.I.A. morning Flight. From Patenga Airport, the subject straightway came to Hotel Shahjahan, Sadarghat Road, Chittagong town and took rest for few minutes and then left for Patenga side along with Bhupati Bhusan Chaudhuri @ Manik (A.L.) and M.A. Aziz (AL) to see the cyclone affected areas in a car. From Patenga they visited Halisharar, Kattali and Kumira and talked with the people of that area about the relief works. They came back to Hotel Shahjahan and halted. Bhupati Bhusan Chaudhuri and M.A. Aziz (mentioned) left for their respective houses.

On 2.6.63 morning the subject along with Bhupati Bhusan Chaudhuri @ Manik and M.A. Aziz (mentioned) left Hotel Shahjahan and visited Boalkhali, Patiya and Dolahazra and talked with the people of that area about the relief measures taken by the Govt. In the evening they returned to Hotel Shahjahan and halted. Bhupati Bhusan Chaudhuri and M.A. Aziz (mentioned) left for their respective houses.

On 3.6.63 morning the subject along with Bhupati Bhusan Chaudhuri and M.A. Aziz (mentioned) left Hotel Shajahan and visited Sitakunda and Abu Torab and talked with the people about the relief measures taken by the Govt. and then returned to Hotel Shajahan. In the evening flight the subject left Chittagong for Dacca.

The subject was seen off at the Airport by Mr. M.A. Aziz and Bhupati Bhusan Chaudhuri @ Manik (Mentioned).

Sd/ - 20.6.63<br>
Superintendent of Police,<br>
D.S.B., Chittagong.

Phone No. 4231/61 and 81667

No. 10340/606-48 P.F. dt. 1.7.63

*Secret*

S.P. DSB, Chittagong

Sub : Activities of Sk. Mujibar Rahman.

Please refer to your memo no. 3943 dt. 20.6.63 and report the full particulars of Bhupati Bhusan Chaudhuri together with his party affiliation, if any.

Sd/ -27.6.63<br>
DS(6) for SS (2)

*Secret*

## District Special Branch

Chittagong, the 21<sup>st</sup> July, 63.<br>
No. 5270/20-63/R. 3007.

To

S.A. Khasru, Esq., P.S.P.,

Special Superintendent of Police,

Spl. Branch, East Pakistan, Dacca.

Ref: Your Memo No. 10340/606-48 PF. dated 1.7.63 regarding full particulars of Bhupati Bhusan Chaudhuri.

Bhupati Bhusan Chaudhuri @ Manik is son of the late Dhirendra Lal Chaudhuri of Habilaisdwip, P.S. Patiya, Chittagong and of Chittagong town. He is a C.P. supporter working in A.L.

Sd/ -21.7.63<br>
Superintendent of Police,<br>
D.S.B., Chittagong.

Phone no. 4231/61 and 81667

No. 12022/606-48 PF (E) dt. 29.7.63

**Secret**

S.P. DSB, Chittagong

Please refer to your memo no 5270 dt. 21.7.63 and send us verified records to show that Bhupati Bushan Chaudhuri @ Manik is a C.P. supporter.

Sd/-27.7.63

DS (2) For SS (2)

—

**Secret.**

## District Special Branch

Chittagong. the 26ᵗʰ Aug'63

No. 6054/20-63/R. 3448

To

S.A. Khasru, Esq., P.S.P.,

Special Superintendent of Police,

Spl. Branch, East Pakistan, Dacca.

Ref : Your Memo No. 12022/606-48 P.F. dated 29.7.63, regarding Bhupati Bhusan Chaudhuri @ Manik.

The subject Bhupati Bhusan Chaudhuri @ Manik attended a group meeting of the C.P. at North Bhurshi, P.S. Boalkhali, Chittagong on 16.9.55 in which the party workers and sympathisers were asked to collect funds to form a new Cell Committee. He was reported to be regular party subscriber in Patiya P.S. elaka on 24.8.56. He also attended a group meeting of the C.P. workers at Panchauria P.S. Patiya, Chittagong on 3.6.61 which was organised at the initiative of Dhirendra Nath Das (CP/D.C. member, now detained as security prisoner). Dhirendra Nath Das (mentioned) read out a cyclostyled Bengali note styled "Shashantantra Prasange Jaruri note" dated 9.5.61, issued by C.P., E.P., Dacca. The subject donated a sum of Rs. 100/- towards C.P. fund. The workers present in the meeting appreciated the move against the undemocratic Constitution of the country as characterised in the note. Dhiren Das asked Bhupati Bhusan Chaudhuri in the meeting to contact A.L. leaders and workers in this connection. The subject became Secretary of the 'Purbachal Club' which was formed at Habilasdwip, Patiya on 14.8.62 at the direction of Dhiren Das (mentioned) to infuse C.P. ideology through it.

It was reported on 12.5.63 that the subject is a donor and supporter of the C.P. and he has got party name as 'Karim'. He has also contacts with M.A. Aziz (A.L.) of Chittagong, Sk. Mujibur Rahman (AL/Ex-Minister) and Mr. H.S. Suhrawardy.

Sd/-25.8.63
Superintendent of Police,
D.S.B., Chittagong.

—

# 164

## *Sheikh Mujibur Rahman visited cyclone affected area of Chittagong and his briefing on plight of affected people published in newspapers.*

Dacca, 4 June 1963

*Ittefaq dt. 4.6.63*

**দূর্গত মানবতার সেবায় চরম অব্যবস্থা**

*উপদ্রুত অঞ্চল সফর শেষে শেখ মুজিবরের অভিজ্ঞতা বর্ণনা*

সাবেক প্রাদেশিক আওয়ামী লীগের সম্পাদক শেখ মুজিবর রহমান গতকল্য (সোমবার) সংবাদপত্রে এক বিবৃতি প্রসঙ্গে বলেন:

চট্টগ্রাম জেলার বাত্যাবিধ্বস্ত এলাকা সরেজমিনে পরিদর্শন করার জন্য পূর্ব পাকিস্তান রিলিফ কমিটির পক্ষে আমি গত শনিবার চট্টগ্রামে গমন করি। তিন দিন ধরিয়া চট্টগ্রাম ও সন্নিহিত এলাকাসমূহ, ডবল মুরিং থানার পল্লীসমূহ, পতেঙ্গা অঞ্চল প্রভৃতি ছাড়াও দক্ষিনে চিড়িঙ্গা এবং দোহাজারী পর্যন্ত এবং উত্তরে সীতাকুন্ড এবং মীরেশ্বরাই পর্যন্ত ব্যাপকভাবে আমি সফর করিয়াছি। যোগাযোগ ব্যবস্থার অভাবে দ্বীপাঞ্চলসমূহে আমি যাইতে পারি নাই। যে বীভৎস দৃশ্য আমি চতুর্দিকে আমি দেখিয়াছি তাহা সম্পূর্ণ বর্ণনা করা আমার পক্ষে সম্ভব নয়। উপকুল এলাকার কোন কোন গ্রাম সম্পূর্ণভাবে ভাসিয়া গিয়াছে এবং এই সকল অঞ্চল জনমানব শুন্য বলিয়া মনে হয়। শত সহস্র গবাদি পশু এবং গৃহপালিত জীবজন্তু ছাড়াও মানুষের মৃত্যুর সংখ্যা আমার অনুমানে ত্রিশ হাজারের কম নহে। দ্বীপসমূহে যে প্রানহানি ঘটিয়াছে বা ক্ষয়ক্ষতি হইয়াছে তাহা অবশ্য এই মৃত্যুর সংখ্যার অন্তর্গত নহে। শুধু দোহাজারী ইউনিয়নেই তিন হাজার লোক মৃত্যুমুখে পতিত হইয়াছে। কক্সবাজারের মহকুমা হাকিম অবশ্য এই অঞ্চলে কিছু খাদ্যদ্রব্য প্রেরণ করিয়াছেন। আনোয়ারা থানার অন্তর্গত রায়পুর বড়ডুলি এবং বালুছড়া ইউনিয়নে প্রায় এক হাজার লোক প্রাণ হারাইয়াছে। কিন্তু অদ্যাবধি সেইসব এলাকা কেহই পরিদর্শন করেন নাই।

গত শনিবার পর্যন্ত সরকারী রিলিফ ব্যবস্থা 'কিছুইনার' সামিল ছিল। পতেঙ্গায় ১৭,০০০ লোকের মধ্যে মাত্র ৭০ মন চাউল বিতরন করা হয়। উপদ্রুত এলাকার কোথাও পানীয় জল নাই।

কিন্তু অদ্যাবধি পানীয় জল সরবরাহের কোন ব্যবস্থা করা হয় নাই। আজ পর্যন্ত কোথাও একটিও নতুন টিউবওয়েল (নলকুপ) বসানো হয় নাই। মৃত দেহের স্তূপ সরানোর কোন ব্যবস্থা হইতেছে না। ফলে আবহাওয়া এবং জলাশয়সমূহ বিষাক্ত হইয়া উঠিতেছে এবং ঐসব এলাকার লোকেরা দ্রুত কলেরা বসন্ত এবং রক্ত আমাশয় জাতীয় সংক্রামক ব্যাধিরকবলে পতিত হইবার আশঙ্কা দেখা দিয়াছে। ব্লিচিং পাউডার বা ঐ জাতীয় অন্য কোন প্রকার বিশোধক কোথাও সরবরাহ করা হয় নাই।

এখন পর্যন্ত সরকারী রিলিফকার্য যথাবিহিত শুরু হয় নাই। মনে হয় যে, সরকার উচ্চ, মধ্য এবং নিম্ন পর্যায়ে সম্মেলন অনুষ্ঠান করিয়া অযথা সময় নষ্ট করিতেছেন। অধিকাংশ সরকারী কর্মচারীই এই সব সম্মেলনে যোগদান করিতেছেন এবং রেলওয়ে ষ্টেশন বা বিমান বন্দরে গভর্নর এবং মন্ত্রীদিগকে সম্বর্ধনা জানাইতে ব্যস্ত আছেন। কয়েক জন সরকারী কর্মচারী আমাকে বলিয়াছেন যে, তাঁহারা গভর্নরকে সম্বর্ধনা জানাইবার জন্য সকাল আটটা হইতে দ্বিপ্রহর দুইটা পর্যন্ত বিমান বন্দরে আটকা পড়িয়াছিলেন। ফলে ঐ সময়ে তাহাদের কেহই রিলিফের কোন কাজ করিতে পারেন নাই। প্রেসিডেন্ট জাতীয় ও প্রাদেশিক পরিষদের সদস্যগনকে উপদ্রুত এলাকা সফর করিতে নিষেধ করিয়াছেন। উহাতে নাকি স্থানীয় কর্মচারীদের রিলিফকার্য পরিচালায় বিঘ্নের সৃষ্টি হইবে। ইহা সর্বৈব ভুল। কোন সরকারী কর্মচারীকেই জাতীয় বা প্রাদেশিক পরিষদের সদস্যদের দেখাশুনা বা তাহাদের জন্য গাড়ী ঘোড়ার ব্যবস্থা করিতে দেখি নাই। বরঞ্চ, গভর্নর বা মন্ত্রীদের স্বাগত সম্বর্ধনা বা বিদায় সম্বর্ধনা জানানো বা তাঁহাদের সহচর হওয়ার বিষয়েই সরকারী কর্মচারীরা সারাক্ষণ ব্যস্ত রহিয়াছে। সরকারী রিলিফ ব্যবস্থার পুরাপরি অভাব না হইলেও উহার মন্থর গতির সম্ভবতঃ ইহাই অন্যতম কারণ। অপরপক্ষে বেসরকারী ব্যক্তিগণ এবং প্রতিষ্ঠানসমূহ উপদ্রুত এলাকায় প্রশংসার্হ কাজ করিয়া যাইতেছেন। বেঙ্গল রিলিফ কমিটি, যেমন খিদমত কমিটি, শিল্প ও সাহিত্য সমিতি, ছাত্রলীগের পাহাড়লী শাখা প্রচুর পরিমানে খাদ্য, পানীয় এবং অন্যান্য দ্রব্য উপদ্রুত এলাকায় সরবরাহ করিতেছেন। চট্টগ্রাম নাগরিকদের রিলিফ কমিটি নামে একটি নয়া কমিটি শীঘ্রই রিলিফ কার্য শুরু করিবে বলিয়া আশা করা যায়। পূর্ব পাকিস্তান রিলিফ কমিটি কর্তৃক প্রেরিত মেডিক্যাল স্কোয়াড গতকল্য সকালে চট্টগ্রাম পৌঁছে এবং সঙ্গে সঙ্গেই উপদ্রুত এলাকার উদ্দেশে রওয়ানা হইয়া যায়। প্রানহানি, ক্ষয়ক্ষতি এবং ধ্বংসের পরিমাণ দৃষ্টে দেখা যায় যে, জনসাধারণ এবং বেসরকারী প্রতিষ্ঠানের সক্রিয় ও পূর্ণ সমর্থন ছাড়া প্রেসিডেন্ট এবং গভর্নরের বড় বড় কথা সত্ত্বেও উপদ্রুত এলাকায় যথার্থ পরিমাণ সাহায্যের ব্যবস্থা করা যাইবে না। শুরু হইতেই সরকারী মনোবৃত্তি অত্যন্ত অপ্রয়োজনীয় প্রতিপন্ন হইয়াছে। ক্ষয়ক্ষতির পরিমাণ চাপা রাখিবার এবং সর্বনাশের তীব্রতা হ্রাস করার প্রবনতা লইয়া সরকার শুরু করিয়াছিলেন। ফলে, বিদেশী রাষ্ট্রসমূহ যাহারা সচরাচর এইসব দূর্যোগকালে বিরাট সাহায্য লইয়া আগাইয়া আসে তাহাদের নিকট হইতে আজ কোন সাড়া পাওয়া যাইতেছে না। সরকার যেমন দূর্যোগের শ্রষ্টা নন, ঠিক তেমনি সরকারই একমাত্র ত্রাতাও নহেন। সার্থকতা অর্জনের জন্য সরকারের সকল মহলের সহযোগিতা পাইতে হইবে।

*To his P.F. Sd/-11.6.63.*

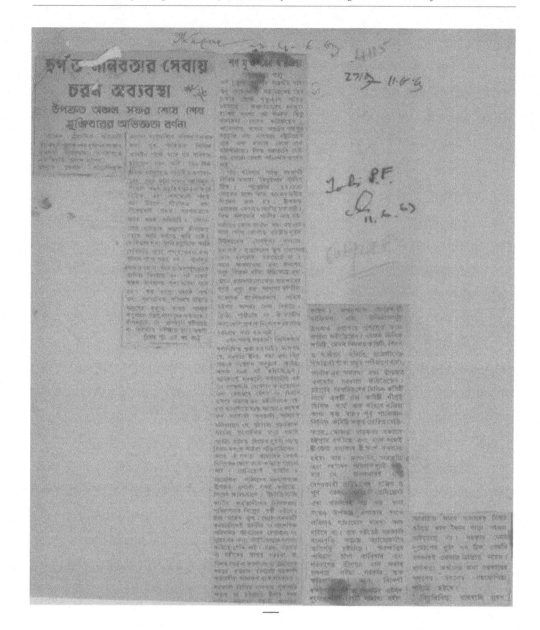

দুর্গত মানবতার সেবায় চরম অব্যবস্থা

উপদ্রুত অঞ্চল সফর শেষে শেখ মুজিবরের অভিজ্ঞতা বর্ণনা

—

# 165

## *Report on political activities of Sheikh Mujibur Rahman in connection with Chittagong cyclone.*

Chittagong, 5 June 1963

*Original file No. 12/63 Gl.*

***Secret.***

**District Special Branch**

Chittagong, the 5th June, 1963.

No. 3568/20.

To

S.A. Khasru, Esq., P.S.P.,

Spl. Supdt. of Police (II),

S.B., East Pakistan, Dacca.

Subject: Activities of the Political in connection with the Cyclone.

I am to inform you that the following important N.D.F. leaders amongst others visited the cyclone affected areas as detailed below:-

1 A.L. 529 Sk. Muzibur Rahman, General Secy. of AL (defunct) came to Chittagong on 31-5-63 and being accompanied by (2) AL 525 Mahiuddin Ahmad (CP/GD/NAP), (3) AL 20 Abdul Aziz and (4) Bhupati Bhusan Choudhury @ Manik S/o Dhirendra Choudhury of Habilaish Dwip P.S. Patiya and of Chittagong town visited cyclone affected areas under Double mooring, Sitakund, Mirsarai, Patiya, Boalkhali and Chakaria P.Ss. jurisdiction by Car. Sk. Mujibur Rahman left Chittagong by plane on 3.3.63. On his return to Dacca he gave a press statement and estimated the death roll to the tune of 30000 excluding the off shore Islands. This seems to be an exaggerated figure.

Besides the above leaders, Zahur Ahmad Choudhury (NDF/AL), Saifuddin Ahmad Siddiqui (N.D.F./M.L. Councillor) and M.A. Aziz (N.D.F./AL) all local leaders also visited the cyclone affected areas and is reported to have distributed some relief articles.

Maulana Abdul Hamid Khan Bhasani (N.A.P.) has arrived Chittagong today and is staying with Salimul Hoq Khan Milky (N.A.P) Bar-at-law of Chittagong town. The Maulana may visit the affected areas.

Sd/- A. Khaleque

5.6.63.

Supdt. of Police, D.S.B., Chittagong.

—

# 166

*Sheikh Mujibur Rahman delivered speech criticizing Government.*

Dacca, 8 June 1963

*Origl. is in file 279-62 Gl.*

**Office.**

Please place speeches of all the leaders of N.D.F. delivered in Public meetings to their respective P.Fs. for record and facility of preparing notes on them.

Sd/-8.6.63
(M. YUNUS)
Dy. Supdt. of Police, (VI), S.B.,
East Pakistan, Dacca.

*Sk. Mujibar Rahman 606-48 PF 10.6.63*

—

**Government of East Pakistan**

Home Department

**Triplicate**

*Transcription of the speeches delivered by Messrs Sheikh Mujibar Rahman and Mahmood Ali in NDF meeting held at Laldighi Maidan, Chittagong on 19.10.62.*

**Sheikh Mujibar Rahman**

মাননীয় সভাপতি ও আমার চট্টগ্রামের ভাইরা

বহুদিন পরে আপনাদের লালদীঘি ময়দানে আসার সৌভাগ্য হল। মার্শাল ল' যখন হল তখন ভাবি নাই যে আর সুযোগ পাব। সোহরাওয়ার্দ্দী সাহেব বক্তৃতা করেছেন, নূরুল আমীন বক্তৃতা করেছেন, আবু হোসেন সরকার বক্তৃতা করেছেন। দাবী করেছেন, অনুরোধ করেছেন যে প্রেসিডেন্ট সাহেব Constitution দিয়ে দেন। কিন্তু আমার ধারনা হল এই যে- আপনারা নিশ্চয়ই জানেন যে কার জমি যদি কেউ দখল করে তবে যে পর্য্যন্ত সেটা বেদখল না করতে পারে সে পর্য্যন্ত জমি দখল করতে পারবেনা। ডান্ডার ভয় কে না করে। মাঝে মাঝে ভয় হয় কবে আবার জেলে নিয়ে যায়। কথা হল এই যে, আমরা জেল অতীতে খুব খেটেছি, তাই কেউ জেলের ভয় করিনা। ৪ বৎসর পূর্ব্বে আপনারা ঘোষণা করলেন যে দেশে অনাচার হয়েছে, দুর্নীতি হয়েছে, অবিচার হয়েছে, সেজন্য মার্শাল ল' জারী করলেন। আপনারা বুকে হাত দিয়ে চিন্তা করে দেখুন, আপনাদের উন্নতি হয়েছে না অবনতি হয়েছে? বলবেন উন্নতি হয়েছে। কেউ ফুলে কলাগাছ হয়েছে, কেউ ব্ল্যাক মার্কেটিংয়ে বড়লোক হয়েছে। দুর্নীতি আমাদের সময়ে বেশী ছিল, এখন শুনছি যে সেটা ডবল মার্চ্চ করে চলেছে। দেশে আজ দুর্দ্দিন এসে গিয়েছে। বলবেন, পরকে গালাগালি করে লাভ নাই। মীরজাফর আমাদের দেশে যুগযুগ ধরে হয়েছে, বহু মীরজাফর এদেশে জন্মগ্রহণ করেছে। পূর্ব্ব পাকিস্তানের প্রধান সমস্যা উন্নয়নের। পশ্চিম পাকিস্তান গড়ে উঠছে। কিন্তু একথা স্বতন্ত্র কথা। যারা পূর্ব্ব

পাকিস্তানের লোক মন্ত্রী হয়ে গেছেন তারা জানেন যে শাসনতন্ত্রে তাদের কোন ক্ষমতা নাই, তবে বড় বড় কথা বলার রাস্তা খোলা আছে, এটা করবে, সেটা করবে। এই Constitution এর মধ্যে একজনের ক্ষমতা আছে, তিনি হচ্ছেন প্রেসিডেন্ট, আর একজনের কিছু আছে, সে হচ্ছে গভর্নর। মন্ত্রীদের কোন ক্ষমতা নাই। ফাইলে Sign করতে দেয় না। ছাগলের যেমন ৩/৪ টা বাচ্চা হলে ২টি দুধ খায় আরগুলি লাফায় এও সেই রকম। পাকিস্তানের Constitution প্রেসিডেন্ট আর গভর্নর দুধ খায় আর মন্ত্রীরা লাফায়। তারা বলছে EBDO plan-এ action নিলে ঐ নেতা জালে পড়বে। ১৫ বৎসরে কতই দেখলাম। শেষ পর্য্যন্ত চট্টগ্রামের জাকির হোসেনকেও দেখলাম। আপনারা জানেন, বড় কথা বলে লাভ নেই। কিন্তু দেশে জুলুম করে শাসন করা যায় না। দেশকে শাসন করতে হলে মহত্ত্ব চাই। সোজা আঙ্গুলে ঘি উঠেনা। এই Constitution যদি দেখতে হয়, আমার মনে হয় এই সাড়ে চার কোটী পূর্ব্ববাংলার জনসাধারনকে এমনভাবে সঙ্ঘবদ্ধ হতে হবে যদি একজনের গায়ে হাত দেয়, এমন আন্দোলন আমরা শুরু করব যে আইয়ুব খানের সিংহাসন তাসের ঘরের মত ভেঙ্গে পড়বে। আমরা দেশের মধ্যে কোন বিশৃঙ্খলা করতে চাই না। আমরা শান্তভাবে আন্দোলন করছি। মার্শাল ল'র সময় সোহরাওয়ার্দ্দীকে গ্রেফতার করার পর ছাত্ররা আন্দোলন করল আর বিশৃঙ্খলা সৃষ্টি করল আইয়ুব সরকার। আবার যদি দেশের মধ্যে বিশৃঙ্খলা সৃষ্টি করতে চায় তাহলে সরকারই দায়ী হবে, আমরা হবনা। হিটলার মুসোলিনি, বন্দুক-কামান নিয়ে কেউ দেশ শাসন করতে পারে নাই। জনসাধারনকে বন্দুক, কামান, জেলের ভয় দেখিয়ে দাবান যায়না। আমার অনুরোধ Constitution এর ভার দেশের জনসাধারনের উপর ছেড়ে দিতে হবে। আইয়ুব সাহেব এই উপকার করেছেন যে আপনাদের আর ভোট নাই। ট্যাক্স আপনারা দেন, তা না হলে গভর্নমেন্ট চলতে পারেনা। ট্যাক্স দেওয়ার মালিক আপনারা কিন্তু ভোট দেওয়ার অধিকার নাই। তিনি বললেন বাংলাদেশের লোক গরু-ছাগলের মত। আমি বলছিলাম গরু-ছাগলের প্রেসিডেন্ট কি হয়? সোহরাওয়ার্দ্দী সাহেব বলেছেন, পূর্ব্ব পাকিস্তানের অর্থনৈতিক অবস্থা কি হয়েছে, গ্রামের অবস্থা কি হয়েছে। আমার বাপ মা গ্রামে থাকে তাই আমিও গ্রামে যাই। দেশের মধ্যে অত্যাচার, হাহাকার, জুলুম হয়েছে। মানুষ সাহায্য করতে পারে না। আপনারা গোলাম হয়েছেন। আপনারা সংগ্রাম করবেন। আমরা ইনসাফ চাই, পূর্ব্ব পাকিস্তানের জন্য সমান ভাগ চাই। আমাদের টাকা আমরা ব্যয় করতে চাই। আমাদের ছেলেপেলের কসুর আর কি হয়েছে? আমি পশ্চিম পাকিস্তানী ভাইদের বলি এবং গভর্নমেন্টকে বলি যে সমান সমান ভাগ করে খাও না হলে গরু, খেজুর গাছ আর কাঁথার কাহিনী হয়ে যাবে। ১৫ বৎসরে যে অধিকার আমরা দেখলাম তাতে যদি আক্কেল না হয় তাহলে জীবনেও আক্কেল হবে না। সোজা কথা আমরা পাকিস্তানের নাগরিক, পাকিস্তানকে রাখতে চাই। কিন্তু সোহরাওয়ার্দ্দী সাহেব বলেছেন, ইসলামের নামে একটি অংশকে লুট করে আর একটি অংশ খেতে পারে না। কায়েদ-ই-আজম বলেছিলেন, করাচীতে রাজধানী হবে। জানি বাংলাদেশের কোন উপকার সেখান থেকে হতে পারে না। তবুও কায়েদ-ই-আজম বলেছিলেন, আমরা

মেনে নিয়েছিলাম। ১২শ' কোটী টাকার মত খরচ হল। করাচীর এখন আয় ২০ কোটী থেকে ৩০ কোটী টাকা। আইয়ুব সাহেব বললেন, করাচীতে স্বাস্থ্য টিকেনা, রাজধানী রাওয়ালপিন্ডিতে করতে হবে, আর করাচীকে পশ্চিম পাকিস্তানে জুড়ে দিলেন। তাতে পশ্চিম পাকিস্তানের আয় ৩০ কোটী টাকা বেড়ে গেল। করাচী বাংলার পাট আর চায়ের টাকায় গড়ে উঠেছিল। কেমন করে রাওলপিন্ডি তারা যায়? বদলাতে যদি হয় তাহলে রাজধানী এখানে নিয়ে এস। আমরা সবসময় ভাই ভাই, কাজেই আমাদের দেওয়া উচিৎ। আপনারা সঙ্ঘবদ্ধ হোন। দলমত ভুলতে হবে। আওয়ামীলীগ, কৃষকশ্রমিক পার্টি, মুসলীম লীগ, ন্যাপ ভুলে যান। শুধু জনসাধারণ নয়, এদেশের কার ভোট নাই। জজ, ম্যাজিষ্ট্রেট, পুলিশ সাহেব কার ভোট নেই। আজ দুনিয়ার কাছে আমরা মুখ দেখাতে পারিনা, এইজন্য যে ভোট দেওয়ার অধিকার আমাদের নাই। আজ নেতাদের EBDO করেছে। একবার EBDO নেতার সঙ্গে ইলেকশনে দাঁড়ান। জামানতের টাকা বাজেয়াফত হয় কিনা দেখে নেই। তারা দেখি কতটা ভোট পায়। আইয়ুব খানের জন্য বলিনা, বলি মন্ত্রীদের জন্য। যে সমস্ত নেতা এখানে আছেন তারা যদি পাকিস্তানের জন্য সংগ্রাম না করতেন তাহলে এই সমস্ত কর্ম্মচারীদের আজ retire করে বাড়ীতে বসতে হত। যারা স্বাধীনতা আনল তাদের তারা অপমান করেছে। আপনাদের Political Party-র মেম্বর হতে দেবে না। ভাই, গোলমাল আমরা করতে চাই না। এই দেশ আমাদের সুখী ও সমৃদ্ধশালী দেশ করতে হবে। কিন্তু সোজা আঙ্গুলে ঘি উঠেনা। আজ নেতৃবৃন্দ এক হয়েছে। বাংলাদেশের জনসাধারণ এবং পশ্চিম পাকিস্তানের গরীব জনসাধারণ তারা গণতান্ত্রিক শাসনতন্ত্র চায়। আপনারা সঙ্ঘবদ্ধ হোন। এদেশের গ্রামে গ্রামে Propaganda করুন। ছাত্র, যুবক, মধ্যবিত্ত, বুদ্ধিজীবি এক হয়ে যাবেন। জালেম সরকার ধুলিস্যাৎ হয়ে যাবে। কোন ক্ষমতা নেই, আপনাদের দাবী রুখতে পারে। সোহরাওয়ার্দ্দী, নুরুল আমীন, আবু হোসেন সরকারের পর আর বক্তৃতা করার কিছু নাই। রাজবন্দীদের জন্য আন্দোলন বা দাবী দাওয়া এ সম্বন্ধে কার দ্বিমত নেই। যেখানে আল্লাহও বিনা বিচারে শাস্তি দেয় না সেখানে এই ইসলামী রাষ্ট্রে ১৫ বৎসর পর্য্যন্ত লোক বিনা বিচারে জেল খাটছে। তাদের মা-বোন, ছেলে-মেয়ে আছে। যারা বিনাবিচারে জেলে দেয় তাদের যদি একবার জেলে দেওয়া যেত তাহলে তারা আর বিনাবিচারে কোনদিন জেল দিত না। আমার কথা হল এই যে আমরা সরকারের কাছে অনুরোধ করি অন্ততঃপক্ষে চিন্তা করে দেখবেন ৩ থেকে ৭ বৎসর পর্য্যন্ত একটা লোককে বিনা বিচারে জেলে রাখা এতবড় অন্যায়, অবিচার, জুলুম দুনিয়ার আর আছে কিনা সন্দেহ আছে। আমি অনুরোধ করছি ছেড়ে দিন। আজ ছাড়ুন আর কাল ছাড়ুন, ছাড়তে হবে। তবে সময় থাকতে ছাড়ুন। সসম্মানে ছাড়ুন। ভাষানী সাহেবকে ৪ বৎসর জেলে রেখে দিয়েছেন। সোহরাওয়ার্দ্দীকে জেল খাটিয়েছেন, কাইয়ুম খানকে জেল খাটিয়েছেন। ভাষানী, গফফার খান জেলে আছে। এরা যদি না থাকত তাহলে পাকিস্তান কোনদিন হতনা। ২২ বৎসরের রাজনীতিতে তাকালে দেখা যায় আমার কি দেশের উন্নতি হল। আমরা গণতান্ত্রিক শাসনতন্ত্র চাই, যেখানে মানুষের বাঁচার অধিকার থাকবে, যেখানে

আমাদের দাবী আদায় হবে। আমরা সবাই বলি, আমাদের কেউ মন্ত্রী হতে চায় না। আপনারা দেশে গণতান্ত্রিক শাসনতন্ত্র দেন। কেউ কোন পদ চায় না। আমি আপনাদের কাছে অনুরোধ করব, আপনাদের সঙ্ঘবদ্ধ হতে হবে। হিন্দু-মুসলমান, ছাত্র, যুবক, কৃষক-শ্রমিক এক হবেন। মীরজাফর থাকবে। কিন্তু মীরজাফরদের মনে রাখা উচিৎ যে এই বাংলাদেশে তাদের আবার ফিরে আসতে হবে। এবং মনে রাখা উচিৎ এইভাবে যদি তারা চলতে থাকে, বহুবার ক্ষমা করা হয়েছে আর তাদের আমরা ক্ষমা করবনা।

—

## TRIPLICATE

*Transcription of the speech delivered by Mr. Sheikh Mujibar Rahman in N.D.F Meeting held at Outer Stadium, Dacca on 17.3.63.*

মাননীয় সভাপতি সাহেব ও আমার ভাইরা, পাগলের খেলা আর কি দেখবেন। আমরা পাগল, দেশ পাগল কাজেই পাগলের খেলা আর কি দেখবেন। বহুদিন পরে আপনাদের সামনে হাজির হয়েছি। গত সভায় জনাব সোহরোয়ার্দ্দী ছিলেন, তিনি আজ অসুস্থ অবস্থায় হাসপাতালে আছেন। আমি অনেক দিন পরে আপনাদের কাছে এসেছি। বাংলাদেশের ১৭ জেলায় আমরা সভা করেছি, প্রস্তাব পাশ করেছি, আবেদন করেছি, অনুরোধ করেছি, সবিনয় নিবেদন করেছি হুজুর মেহেরবানী করে গণতন্ত্র কায়েম করুন। হুজুরের কান বন্ধ আর চক্ষু বন্ধ কি না জানিনা। তবে যদি কান বন্ধ হয়ে যায় কানের চিকিৎসা করতে হয়। চক্ষু যদি অন্ধ হয়ে যায় যাতে দেখতে পায় তার বন্দোবস্ত করতে হয়। তা করতে হলে জনসাধারনের সমবেত আন্দোলনের মাধ্যমে করতে হয়।

আজ ১৬ বৎসর হল পাকিস্তান হয়েছে। ১৬ বৎসরের মধ্যে আমাদের উপর কি অত্যাচার, অবিচার হয়েছে সে খতিয়ান আমার বন্ধু বলে গেছেন। আজকে একটা রাষ্ট্রের জন্য যে কয়েকটা জিনিষের প্রয়োজন তার একটাও পূর্ব্ব পাকিস্তানের হাতে নাই। আপনারা জানেন কেন্দ্রীয় রাজধানী ছিল করাচী এখন করেছে ইসলামাবাদ। আর একটা হল শাসন। কেন্দ্রীয় শাসন আমাদের হাতে নাই, শতকরা ৯০ জন পশ্চিম পাকিস্তানীর হাতে। শতকরা ১০ জনের মত সেখানে আছে। রাজধানী ইসলামাবাদের ধাক্কায় তারও কয়েকজন পালিয়েছে। শিল্পের মূলধন বাঙ্গালীর হাতে নাই। তারপর মিলিটারী। সামরিক বাহিনী অর্থাৎ Air Force HQs, Navy HQs এবং Army HQs সব পশ্চিম পাকিস্তানে। আমাদের রাজনৈতিক ক্ষমতা ছিল যার মাধ্যমে আমরা দাবী দাওয়া আদায় করতাম তাও ছলেবলে কৌশলে Field Martial এর দৌলতে সে ক্ষমতা কেড়ে নেওয়া হয়েছে। একটা রাষ্ট্রের যে ৫টি দিক থাকে তা পূর্ব্ব পাকিস্তানের হাতে নাই।

আমাদের যারা মন্ত্রী আছেন তারা বলেন ১৯৫৮ সাল থেকে আইয়ুব খানের আমলে এত উন্নতি পূর্ব্ব পাকিস্তানের হয়েছে, সংখ্যাসাম্য সেখানে পালন করা হচ্ছে। আমরা যদি জিজ্ঞাসা করি, মানুষ যদি বেহায়া হয় তাহলে তার সঙ্গে কথা চলেনা। আমরা জিজ্ঞাসা করি

দ্বিতীয় পাঁচসালা পরিকল্পনায় কি করা হল? সেখানে হিসাব করে দেখা যায় যে সাড়ে নয় শত কোটী টাকা পূর্ব্ব পাকিস্তানের জন্য ব্যয় হবে আর তিন হাজার কোটী টাকা পশ্চিম পাকিস্তানের জন্য ব্যয় হবে। আমরা একথা বলতে চাইনা যে আমাদের পশ্চিম পাকিস্তানের জনসাধারনের বিরুদ্ধে সংগ্রাম। কিন্তু সেখানকার কয়েকটি শিল্পপতি, তাদের হাতে পূর্ব্ব বাংলার সমস্ত সম্পদ চলে গেছে। আজ পূর্ব্ব পাকিস্তানের গ্রাম, শহর ধ্বংস হয়ে গেছে। যদি এ সম্বন্ধে কথা বলেছি তাহলেই শুরু হয়েছে অত্যাচার। ট্যাক্সের জন্য গ্রামে যাওয়া যায় না। খবরের কাগজ যদি Certificate না দেয় তাহলে "ইত্তেফাক", "সংবাদ"-এর মত black listed হয়ে যাবে। আবার ১০ হাজার বা ৫ হাজার টাকা deposit দিতে হবে। আর বেশী কথা বললেই জেলখানায় পুরে দেয়। ছাত্ররা আন্দোলন করলে rusticate করে। জেলে দেয় না হয় মিথ্যা মামলার আসামী করে। কৃষক আন্দোলন করলে গুলী চলে। দেশে হয়েছে কি? ভোটাধিকার কেড়ে নিয়ে গেছে। ব্যক্তি স্বাধীনতা নাই, মানবাধিকার নাই, খাবার চাইলে গুলী পায়। এখন এই অবস্থার মধ্যে আমাদের বাঁচার উপায় কি? এর উপায় আপনাদের বের করতে হবে। আপনারা ঢাকা শহরের গরীব ব্যবসায়ীরা এখানে টিকতে পারবেন না। এক আছে Octroi tax। Municipal tax বেড়ে গিয়েছে। গ্রামে যান দেখবেন এত সুন্দর উন্নতি করেছে যে গ্রামের মানুষ না খেয়ে কষ্ট পাচ্ছে। এখন আপনাদের উপায় কি? কি করতে চান আপনারা? মিটিং করবেন, প্রস্তাব পাশ করবেন, সনির্বন্ধ আবেদন নিবেদন করলে শুনবেনা, দাবী করলে শুনবেনা। একমাত্র উপায় আছে আপনাদের সামনে। পরের ছেলেকে গালাগালি করে লাভ নাই। বাংলাদেশে মীরজাফর বেইমানী করেছিল, সে মীরজাফরের আত্মা ঘরে ঘরে আছে কিনা জানিনা। রমিজুদ্দীন সাহেব বলেছেন আমাদের কোন ক্ষমতা নাই। তবুও মন্ত্রীরা বড় বড় বক্তৃতা করে।

একজন কেরানীকে বরখাস্ত করতে হলে proceedings draw করতে হয় কিন্তু আজ মন্ত্রীকে dismiss করতে হলে সময় লাগেনা। আজ UCACEP Strike করতে পারবেনা। রেল Strike করতে পারবেনা। তারা দেখাল, শর্ষিনায় দেখা যায় ৪ লক্ষ লোক হয়েছে, সেখানে ৫০ লক্ষ লোক প্রতি বৎসরই হয় ওরসে। এই যদি জনসমর্থন হয় তাহলে বাংলাদেশের লোকের কাছ থেকে সরেজমিনে ভোট নাও। যদি বাংলাদেশ থেকে শতকরা ১০ ভোটও পান আমরা আপনাকে সমর্থন করতে পারি। জনসাধারনকে বলতে পারেন, ডান্ডা মারতে পারেন, অত্যাচার করতে পারেন কিন্তু ধোকা বেশীদিন দেওয়া যায় না। আপনারা সঙ্ঘবদ্ধ হোন, এছাড়া কোনদিন দাবী আদায় হয় নাই। দাবী করে চিৎকার করলে আর বক্তৃতা শুনে বাড়ীতে গিয়ে ঘুমিয়ে থাকলে দাবী আদায় হবে না। যদি ভদ্র লোকের মত আমাদের দাবী দাওয়া মেনে নেওয়া হয় আমরা আইয়ুব খানকে কথা দিতে পারি তার বিরুদ্ধে আমাদের শত্রুতা নাই। যদি না হয় তাহলে বলতে চাই যুগে যুগে হিটলার মুসোলিনী জন্মগ্রহণ করেছে, তারা শেষ হয়েছে, তোমরাও শেষ হয়েছ। আমি এই কথা বলতে চাই যে, দেশের মধ্যে বিশৃঙ্খলা আমরা তৈরী করতে চাই না। আমাদের রক্ত মাংসের শরীর। ছাত্রদের লাঠিচার্জ কর, গরীব কৃষকদের গুলী চালাও, কর্ম্মচারী ছাঁটাই কর, রাজবন্দীদের EBDO

কর, সোহরোয়ার্দ্দী, আতাউর রহমান, আবু হোসেন সরকারকে *politics* করতে দেবেনা, ভোটাধিকার দেবেনা, তার উপর অত্যাচার কর, দেশে যদি বিশৃঙ্খলা হয় তোমাদের জন্যই হবে, আমাদের জন্য হবে না, আমরা বলতে চাই বন্ধ কর তোমাদের বন্দুক, বন্ধ কর তোমাদের কামান। তোমাদের জেলখানায় আমাদের লোক বহু থেকেছে। তোমাদের জেল আমাদের দেখা আছে। তোমাদের গুলী আমরা দেখেছি, তোমাদের অত্যাচার আমরা সহ্য করেছি। যদি আমাদের দেশের কৃষক না খেয়ে মরে যায়, যদি ছাত্ররা শিক্ষা না পায়, শ্রমিক বেকার হয়ে যায়, আমার অর্থে যদি অন্য জায়গায় বড় বড় দালান প্রস্তুত হয়, আজ হোক, কাল হোক, ইনশাআল্লাহ জয় আমাদের হবেই। তোমাদের এই সিংহাসন তাসের ঘরের মত লুটিয়ে পড়বে। তোমরা অত্যাচার কর আমাদের জয় হবে। আমি আমার বাংলার শ্রমিক, যুবক, মধ্যবিত্ত ও শিক্ষিত সমাজকে অনুরোধ করছি আপনারা সঙ্ঘবদ্ধ হোন। রাতের ঘুম দিনের বিশ্রাম হারাম করুন। আইয়ুব খাঁন দেখুক বাংলাদেশে যত জেল আছে তা যেন পূরণ না হয়। আমরা বিশৃঙ্খলা করতে চাই না। কিন্তু এই কথা বলতে চাই আমাদের মারতে থাকলে, মানুষ জেগে উঠলে সে সময় কেউ *Control* করতে পারবেনা। সঙ্ঘবদ্ধ হোন। এ কথা মনে রাখুন যে এবার আমরা *List* করেছি, যদি বেইমানী কর ভবিষ্যতে বাংলাদেশ ক্ষমা করবেনা। আপনাদের কাছে অনুরোধ করতে চাই একথা তাদের জানিয়ে রাখুন। ভাল করে জানিয়ে রাখুন। সঙ্ঘবদ্ধ হোন, গণ-আন্দোলন শুরু করুন, শান্তিপূর্ণভাবে আন্দোলন করুন। ইনশা-আল্লাহ জয় আমাদের হবে। আমাদের সমস্ত দাবী দাওয়া সুদে আসলে আদায় করে নেব। আমরা না খেয়ে মরব আর একজন পেট ভরে খাবে তা আমরা চাইনা। আজ পাঁচ শত কোটী টাকা খরচ করে ইসলামাবাদ করছ আর বন্যায় বৎসরের পর বৎসর বাংলাদেশের লক্ষ লক্ষ লোক মরে যাচ্ছে তা বন্ধ করতে পারনা। বল টাকা নাই। কিন্তু ইসলামাবাদ কোথা থেকে হয়? আজ ফাঁকি দিয়ে কতকগুলি লোককে পশ্চিম পাকিস্তানে নিয়ে যাওয়া হয়েছে। আজ ১২০ টি পরিবার করাচীতে বলছে আমাদের জায়গা দাও। এখনও ১০০ টি বাঙ্গালী পরিবার করাচীতে পড়ে আছে। জায়গা না দিতে পার আমাদের ছেলেকে আমাদের ফিরিয়ে দাও। আপনারা সঙ্ঘবদ্ধ হোন। ইনশা-আল্লাহ জয় আমাদের হবে যদি সঙ্ঘবদ্ধভাবে সংগ্রাম চালিয়ে যান। আস্‌সালামো আলায়কুম।

Md. Shamsul Hoque<br>Govt. Reporter<br>27.3.63.

—

## At Stadium Maidan, Pabna on 7.12.62

**Sheikh Mujibar Rahman**

"মাননীয় সভাপতি ও আমার পাবনার ভাইরা, বহুদিন পরে আপনাদের কাছে আসার সুযোগ হয়েছে। ৪ বৎসরের মার্শাল ল'য়ের সময়ে আপনাদের ও আমাদের মুখ বন্ধ ছিল, বুক বন্ধ ছিল। ব্যথা ছিল, বলতে পারিনি। ৪ বৎসর পূর্ব্বে আইয়ুব খান এসকেন্দার মীর্জ্জার সঙ্গে পরামর্শ করে মার্শাল ল' জারী করল এই উদ্দেশ্যে নিয়ে যে পরবর্ত্তী ইলেকশন না হয়। ১৯৫৮ সালে মার্শাল ল' জারী হয়। প্রাদেশিক সরকার ও কেন্দ্রীয় সরকার ভেঙ্গে দেওয়া হয়। মন্ত্রিসভা ভেঙ্গে দেওয়া হয়। মিলিটারী শাসন বসান হয় যাতে অন্যায় করলে ক্যাপটেন বিচার করে ১০ টা করে বেত দিতে পারে। দুনিয়ার কোন সভ্য দেশে কোন আইন নাই যেখানে বেত মারা হয়। ৪ বৎসরে আপনারা কি পেয়েছেন না পেয়েছেন, সে হিসাব বলে লাভ নেই। সেটা আপনারা ভাল করে জানেন। এদেশে শিক্ষা সংস্কার কি হয়েছে আপনারা জানেন, ট্যাক্স কি পরিমাণ বেড়েছে তা আপনারা জানেন। এক টাকার কাপড় পাঁচ টাকা হয়ে গেছে। দুর্ভিক্ষে মানুষ মরে যায়, কোন সাহায্য হয় না। আপনারা বলেন রাজনীতির লোকেরা বহু ক্ষতি করেছিল। সোহরাওয়ার্দ্দী জেলে ছিল, ভাষানী জেলে ছিল, বহু কর্ম্মী জেলে ছিল, কিন্তু আপনারা কি করেছেন? একটা ভোটের অধিকার ছিল, তাও কেড়ে নেওয়া হয়েছে। পাকিস্তান আপনারা ভোট দিয়ে নিয়েছিলেন। আইয়ুব খান বললেন তোমরা ভেড়া, ছাগল, তোমাদের ভোটাধিকার নেই। আমি বলতে চাই, আমরা যদি ভেড়া ছাগল হই তাহলে তিনি কি হন? যদি বলি আপনি যখন ইংরাজ আমলে মিলিটারীতে মেজর ছিলেন সেই সময় এদেশের লোক সোহরাওয়ার্দ্দীর নেতৃত্বে এবং কায়েদ-ই-আযমের নেতৃত্বে পাকিস্তান আন্দোলন করেছিল, তখন এই ভেড়া ছাগলরাই ভোট দিয়ে পাকিস্তান এনেছিল। আজ আপনি বলছেন আমাদের বুদ্ধি নাই। আমাদের বুদ্ধি যদি না থাকে আপনি ট্যাক্স নেন কেন? যারা বিডি, যারা মন্ত্রী সাহেব কেবল তাদেরই ট্যাক্স নিন। আমি যদি ট্যাক্স দেই তাহলে আমার অধিকার আছে বলবার। সেটা আপনারা দাবিয়ে রাখতে পারেন না। আমরা পকিস্তান এনেছিলাম এই জন্য যে আমার দেশের লোকেরা না খেয়ে মরবেনা, ছেলে মেয়েদের লেখাপড়া হবে। ১৫ বৎসরে কি উন্নতি হয়েছে আপনাদের? দিন দিন আপনারা নিঃশেষ হয়ে যাচ্ছেন। ১৫ বৎসর হল পাকিস্তান হয়েছে। এই পাকিস্তানের ২ টা অংশ আছে-পশ্চিম পাকিস্তান আর পূর্ব্ব পাকিস্তান। পশ্চিম পাকিস্তানের লোকসংখ্যা শতকরা ৪৪ জন আর আপনারা শতকরা ৫৬ জন। ১৫ বৎসরে যে অর্থ ব্যয় হয়েছে *development*-এর জন্য, শিক্ষার জন্য, তার সমস্ত কিছু হিসাব করে দেখা যায় পূর্ব্ব বাংলায় শতকরা ১০ ভাগের বেশী পড়ে নাই। আপনাদের উন্নতি কি করে হবে? ট্যাক্স আপনি দেন কিন্তু খরচ করার মালিক আপনি নন। কৃষক পাটের দাম পায় ১০ টাকা আর বড় বড় নেতা ব্যবসায়ীরা বেশী মুনাফা করে আর সে টাকা ব্যয় হয় পশ্চিম পাকিস্তানে। উন্নয়নের ব্যাপারে ৩ হাজার কোটি টাকা পশ্চিম পকিস্তানের আর পূর্ব্ব পাকিস্তানের শতকরা ৫ ভাগ। *Defence*-এ ৭০ ভাগ টাকা ব্যয় হয় তার শতকরা ৫ ভাগ পূর্ব্ব পাকিস্তানের। কেন্দ্রীয় সরকারের চাকুরীতে আমাদের দেশের লোক শতকরা ১০ ভাগের

বেশী নাই। আমরা সব বেকার হয়ে থাকি। এইভাবে রাষ্ট্র চলতে পারে না। যখনই আপনারা দাবী করেছেন, এই বাংলাদেশের জনসাধারণ দাবী করেছে যে আমাদের স্বায়ত্বশাসন দিতে হবে, আমাদের টাকা আমাদের ফিরিয়ে দিতে হবে, তখনই আপনাদের উপর আঘাত এসেছে। শতকরা ৯৭ জন যুক্তফ্রন্টের পক্ষে ভোট দিয়েছিল। আমি মন্ত্রী হয়েছিলাম। ১৪ দিন পর আমাকে জেলে নিয়ে যাওয়া হয়, হক সাহেবকে বন্দী করা হয়। ১৯৫৮ সালের অক্টোবর মাসে ৪ মাস সময় ছিল সাধারণ নির্ব্বাচনের, তা না দিয়ে তখন মার্শাল ল' হল। এই Military-তে বাঙ্গালী নাই। ৪ বৎসর পর্য্যন্ত করাচীতে ১২শ' কোটী টাকা খরচ করে রাজধানী করা হয়েছে, যে রাজধানী বাংলার টাকায় হয়েছে সেই রাজধানী আজ পশ্চিম পাকিস্তানের সঙ্গে লাগিয়ে দিয়ে নূতন রাজধানী করা হচ্ছে আইয়ুব খানের বাড়ীর কাছে রাওয়ালপিন্ডিতে। বাংলাদেশের লোক খেটে মরে আর জব্বর মিয়া মোটা হচ্ছে। শুধু প্রস্তাব পাশে হবেনা। আমাদের দলমত নাই, কিছুই নাই। আমরা গোলামের চেয়েও গোলাম। আমি বলেছিলাম বগুড়ায় যে আমরা ইংরেজের গোলাম ছিলাম কিন্তু গোলামের গোলাম হতে পারিনা। আপনারা গোলাম হয়ে গেছেন। আপনাদের স্বাধীনতা নাই, কথা বলার অধিকার নাই, বাঁচার অধিকার নাই, না খেয়ে মরে গেলেও টাকা চাওয়ার উপায় নাই। দুঃখের সঙ্গে বলতে হয় আজ যারা পাকিস্তানে শাসন চালাচ্ছে তারা ইংরেজ আমলে গোলামী করেছিল। সোহরাওয়ার্দ্দী ও অন্যান্য দেশকর্ম্মী আজ যারা জেলে আছে তারা পাকিস্তানের জন্য সংগ্রাম করেছিল। আজ সোহরাওয়ার্দ্দী, আবু হোসেন সরকার, আতাউর রহমান সব EBDO এর অর্থ হচ্ছে ভোটাধিকার নাই আর Political party র মেম্বার হতে পারবেনা। দেশ রক্ষা করার জন্য আমরা সেনাবাহিনী দিলাম, বন্দুক কামান দিলাম, যদি বৈদেশিক আক্রমণ হয় তাহলে দেশকে রক্ষা করার জন্য। কিন্তু ১৯৫৮ সালে সেই বন্দুক কামান আমাদের দিকে তুলে ধরা হল। এর হচ্ছে আপনাদের দেশ দারোয়ান নিয়ে গেছে। আপনাদের নেতা হয়েছে তারা। কিন্তু আপনাদের ভোট লাভ করতে হবে। বক্তৃতা আপনারা অনেক শুনেছেন, শুধু বক্তৃতায় কিছু হবে না। দুঃখ দূর করতে হলে আপনাদের প্রয়োজন সঙ্ঘবদ্ধভাবে গণ আন্দোলন করা। সে আন্দোলন করতে হলে দল মত নির্বিশেষে সব ভুলে যেতে হবে। আমি বাংলার যুবক, পাবনার যুবকদের অনুরোধ করি, আপনারা মনে করবেন না যে, কোন দেশ মুক্তি পেয়েছে আন্দোলন ছাড়া। ইংরেজ ছেড়ে যেতে বাধ্য হয়েছিল গণ-আন্দোলনের সামনে। আজ আপনাদের সামনে স্বাধীনতার সংগ্রাম। আপনাদের আজাদীর সংগ্রাম। আপনাদের মনুষত্ব ফিরিয়ে আনতে হবে, মানবাধিকার ফিরিয়ে আনতে হবে, গণতন্ত্র ফিরিয়ে আনতে হবে। এইজন্য আন্দোলন করতে হবে। দেশের মধ্যে বিশৃঙ্খলা সৃষ্টি করতে আমরা চাইনা। কিন্তু তোমরা গণ্ডগোল সৃষ্টি করলে। করাচীতে সোহরাওয়ার্দ্দীর সভায় গুন্ডা লাগিয়ে attack করলে। পুলিশ বাহিনী সাহায্য করেছে, বড় বড় অফিসার মদ দিয়ে সাহায্য করেছে। তারা ছোরা, লাঠি নিয়ে সভায় এসেছিল। বাংলাদেশের অফিসাররা অত হীন নয়। বন্দুক কামান দেখিয়ে কোন দিকে কোন আন্দোলন দাবিয়ে রাখা যাবেনা। বাংলাকে দাবিয়ে রাখা যাবেনা। বাংলার ঐতিহ্য আছে। পাবনার যুবকদের তাই বলি একদিন যেমন পাকিস্তান আদায়ের জন্য ঝাঁপিয়ে পড়েছিলেন আজও সেইভাবে অগ্রসর হতে হবে। বেশী লোক নয়, বাংলাদেশের

একলক্ষ লোক চাই যারা বিনা প্রতিবাদে জেলে যাওয়ার জন্য প্রস্তুত থাকবে, তা না হলে পাকিস্তানে গণতন্ত্র কায়েম হবেনা। এটা না হলে আপনাদের ভবিষ্যৎ বংশধররা আপনাদের অভিশাপ দেবে যদি দেখে আপনারা তাদের গোলাম করে দিয়ে আপনারা সুখ শান্তিতে বাস করছেন। আজকে সোহরাওয়ার্দ্দীর নেতৃত্বে আমরা সব N.A.P, আওয়ামী লীগ K.S.P, মুসলীম লীগ ভুলে গেছি। প্রয়োজন নাই সে দলের যেখানে জনাব সোহরাওয়ার্দ্দী, আতাউর রহমান, আবু হোসেন সরকার নাই। আমি বলেছিলাম আমরা ক্ষমতা চাইনা একথা *registry* করে দেব কিন্তু আমাদের টাকা ফিরিয়ে দিতে হবে। আপনারা সঙ্ঘবদ্ধ হোন, ইনসাআল্লাহ জয় আপনাদের হবে। ত্যাগ ছাড়া জয় কিছুতেই হবেনা। আপনারা ত্যাগের জন্য প্রস্তুত হয়ে যাবেন।"

—

ইংরাজী ২৪.১১.৬২ তারিখে কুষ্টিয়া জেলার সদরে জাতীয় গণতান্ত্রিক ফ্রন্টের উদ্যোগে আয়োজিত জনসভায় নিম্ন লিখিত বক্তা কর্তৃক প্রদত্ত বাংলা বক্তৃতার পদানুবাদ।

**শেখ মজিবর রহমান**

"আপনারা আমাদের অনেক বক্তৃতা জীবনভর শুনেছেন, আরো শুনবেন, কিন্তু আপনাদের দুঃখ দুর্দশা দূর হবে কিনা তা আজো বলা যায় না। এই পাকিস্তানের জন্য আপনারা সংগ্রাম করেছিলেন এই জন্য যে দেশ স্বাধীন হলে শিক্ষার ব্যবস্থা হবে, পেট ভরে খাবেন- আপনাদের ছেলে মেয়ে শিক্ষার সুযোগ পাবে। ১৫ বছরে কি পেয়েছেন? এই পেয়েছেন- অত্যাচার, জুলুম- জমি থেকে বিতাড়িত হয়েছেন, ঘর ছাড়া হয়েছেন- সর্বহারা হয়েছেন।"

"১৯৫৮ সালে আয়ুব খাঁ ইস্কান্দার মির্জার সাহায্যে এদেশে মার্শাল ল জারি করলেন তখন তিনি বললেন দেশের মধ্যে বিশৃঙ্খলা সৃষ্টি হয়েছে রাজনীতিকরা দেশকে শেষ করে দিয়েছে। দুর্নীতি বেড়ে গেছে এদেশে গণতন্ত্র চলতে পারে না। মির্জা সাহেব পাকিস্তানের প্রেসিডেন্ট ছিলেন তিনি লন্ডন চলে গেলেন। আয়ুব খাঁ তার স্থান দখল করলেন। প্রেসিডেন্ট হলেন। মেম্বাররা তাকে প্রেসিডেন্ট বানায়েছে? কেউ না। তিনি নিজের ইচ্ছামত বললেন আমি প্রেসিডেন্ট তিনি *sign* করলেন- মিনিষ্টাররা বলল আপনি *Field Martial*. তিনি *Field Martial* হলেন।"

"দেশের মধ্যে এমন একটা বিশৃঙ্খলা সৃষ্টি করেছেন আয়ুব খাঁ আমাদেরকে দুনিয়ার কাছে এমনভাবে বেইজ্জৎ করেছেন যার তুলনা হয় না। ব্যক্তিগতভাবে আমি তার বিরুদ্ধে নই। আমার বক্তব্য হল, এই যে তিনি পাকিস্তানের প্রেসিডেন্ট হলেন কার ভোটে? তিনি একটি মাত্র উন্নতি করেছেন- ইংরাজ আমলে যে ভোট ছিল তা কেড়ে নিয়ে গেছেন। আরো উন্নতি করেছেন- যারা পাকিস্তানের স্বাধীনতার জন্য সংগ্রাম করেছেন- ইংরেজদের বিরুদ্ধে লড়েছেন যখন আয়ুব খাঁ চাকুরি করতেন মেজর হিসেবে।

সেই মাওলানা ভাষানী ও কাইয়ুম খাঁকে জেলের মধ্যে আটকে রাখলেন। আপনারা জানেন পাকিস্তানের জন্য কারা সংগ্রাম করেছিলেন? তাদের প্রত্যেককে জেলে রাখা হয়েছে। বিনাবিচারে কোন লোককে জেলে রাখা যেতে পারেনা কিন্তু পাকিস্তানে তা' হচ্ছে।"

"তিনি একটা Constitution Commission করলেন জজ্ সাহাবুদ্দিনকে নিয়ে। East-West এর ৫/৭ জন নিয়ে একটা কমিশন করলেন। নুরুল আমিন আতাউর রহমান প্রমুখ বাংলাদেশের সমস্ত লোকের মতামত নিলেন- পশ্চিম পাকিস্তানের মতামত নিলেন। আপনারা জানেন তিনি একটা কমিশন করলেন- শিক্ষা কমিশন করে শিক্ষা বন্ধ করে দিলেন। আর একটা কমিশন করলেন- Pay Commission যেই দেখলেন বেতন বাড়াতে হবে তখন আর প্রকাশ করেন না। যখন কর্মচারীরা বলল, strike করব অমনি বললেন এই নয় নেতা এসব করছেন।"

"বক্তৃতা করে কিছু হবে না। কোনদিন কোন দাবী পূরণ হবে না যে পর্য্যন্ত না আপনারা আন্দোলন করেন। এক বিঘা জমি যদি কেউ দখল করে ভাইরা। আয়ুব খাঁ সাহেবের পকেট থেকে একটা কমিশন বাহির করলেন- আপনারা জানেন অনেক সময় জমি নিয়ে ঝগড়া হয়- যখন বেদখল হয়ে যায় মামলা হেরে যায়- আবার দখল করলে মামলা জিতে যায়। এই পাকিস্তান বেদখল হয়ে গেছে তা দখল করতে হবে। "

"১৫ বছরের মধ্যে যদি হিসাব করে দেখা যায় এটা দুঃখের সঙ্গে বলছি- এই পূর্ব ও পশ্চিম পাকিস্তানে- পূর্ব পাকিস্তানে বাস করে শতকরা ৫৬ জন- পশ্চিম পাকিস্তানে বাস করে শতকরা ৪৪ জন- আমাদের রাজধানী করাচী থেকে এখন রাওয়ালপিন্ডিতে গেছে। আমাদের সেনা বাহিনীর Head Quarter ছিল সেটা।

"আজ আমাদেরকে প্রশ্ন করা হয়, Defence সমন্ধে পিছনে কেন? আজ বলা হয়, যদি বাংলাদেশ আক্রান্ত হয় তবে দিল্লী দখল করে নিব কিন্তু আমার বাংলার কি হবে? শতকরা ৬৫ টাকা সেনাবাহিনীতে ব্যয় হয় তার শতকরা দুই ভাগও পূর্ব পাকিস্তানে হয় না। চাকুরীতে যা ব্যয় হয় তার শতকরা ৯৫ ভাগ হয় পশ্চিম পাকিস্তানে- ৫ ভাগ পূর্ব পাকিস্তানে অথচ আমরা শতকরা ৫৬ ভাগ তারা ৪৪ ভাগ। এইরূপভাবে করাচীতে থেকে রাওয়ালপিন্ডিতে তুমি রাজধানী করেছ এইভাবে পূর্ব পাকিস্তানের কৃষকের টাকা নিয়ে পশ্চিম পাকিস্তানে বড় বড় Industry উঠেছে। এই ভাবে জুলুম করলে বেশীদিন চলে না।"

"তাই বলি গণতন্ত্রের সঙ্গে আমাদের অর্থনৈতিক সমস্যা, বাঁচার সমস্যা- যা লুট করে নিয়ে যাচ্ছে তা ফিরে আনার সমস্যা জড়িত। আমরা জেল বহু খেটেছি আরো খাটতে রাজী আছি; কিন্তু এইটুকু বলতে চাই ১৫ বছরে বাংলাকে গোলাম করেছে- আমার দেশের লোক না খেয়ে মরবে এটা কোন্ আইনে আছে?"

"ভাইরা ! সোজা আঙ্গুলে ঘী উঠে না। বুড়ারা মরে যাবে কিন্তু যুবকরা বেঁচে থাকবে। মনে আছে পাকিস্তান আন্দোলনের সময় যুবকরাই এগিয়ে এসেছিল। ত্যাগও তারা করতে পারে। আমরা গরীব আমাদের কি আছে যে ডাকাত পড়লে ভয় করব? ভবিষ্যৎ আমাদের

অন্ধকার। এক টাকার ট্যাকস এর জায়গায় ৫০ টাকা হয়েছে। উন্নতি নাই আমাদের দেশে- দেখে আসুন পশ্চিম পাকিস্তানে উন্নতি কাকে বলে।"

"১৯৪৭ সালে আমাদের যে মাথা পিছু আয় ছিল আজ পশ্চিম পাকিস্তানে তার ১০০ গুণ বেড়ে গেছে। আমাদের দেশ গরীব হয়ে গেছে। যার গোলা ভরা ধান ছিল- পুকুর ভরা মাছ ছিল সব চলে গেছে। আজ দলাদলী ভুলে যান- এক হয়ে যান। সংগ্রামের জন্য প্রস্তুত হয়ে যান। আপনারা সব গোলাম হয়ে গেছেন। গোলামের কোন স্বাধীনতা নাই। এই গোলামীর থেকে মুক্ত হতে হবে। তাই আমাদের একত্র হয়ে কাজ করতে হবে- এই গোলামীর বিরুদ্ধে সংগ্রাম করতে হবে। স্বাধীনতা কায়েম করতে হবে একমাত্র যুবকরা তা পারে। তাই বলি প্রত্যেক ইউনিয়নে প্রত্যেক মহকুমায়- মহল্লায় মহল্লায় আপনারা এইভাবে সংঘবদ্ধ হউন যদি আবার আয়ুব খাঁর কালা কানুনের ভিত্তিতে আমাদের কর্মীদের গ্রেফতার করে- কারণ কর্মীরাই স্বাধীনতা আনবে।- কুষ্টিয়ার লোকের পক্ষ থেকে ৫০ হাজার কর্মী চাই- আমি জানি কুষ্টিয়ায় বড় একটা জেল হয়েছে।

এমন কর্মী চাই যারা জেলে যাওয়ার জন্য প্রস্তুত। বাড়ীতে ভাত কম খাবেন- জেলে গেলে ভাত পাবেন- কাপড় পান না বাড়ীতে পরতে- জেলে গেলে পাবেন। তাই ভয়ের কোন কারণ নাই। কাজেই সংঘবদ্ধ হয়ে যান।"

আমরা দেশের মধ্যে বিশৃঙ্খলা সৃষ্টি করতে চাইনা। শান্তিপূর্ণ ভাবে আন্দোলন গড়ে তুলতে চাই। সরকারের কাছে অনুরোধ করি। কুষ্টিয়া জেলায় আজ এতলোক অথচ তার মন্ত্রীরা বলেন- সোহরাওয়ার্দ্দির সভায় লোক হয় না। তাই আপনারা ত্যাগের জন্য প্রস্তুত হউন। আমরা কামিয়াব হব- আজাদী ফিরে পাব।"

সামসুল হক<br>
গভর্নমেন্ট রিপোর্টার<br>
২৪.২.৬২ ইং

–

**Duplicate**

*Transcription of the speech delivered by Mr. Sheikh Mujibar Rahman at Faridpur Stadium, Faridpur on 23.11.62*

মাননীয় সভাপতি সাহেব, আমার ভাইয়েরা আজ আপনাদের কাছে বক্তৃতা করার বেশী কিছু নাই। আপনারা জানেন দেশের কি অবস্থা এবং কেন আমরা সংগ্রাম করছি। কোন জিনিষ কোনদিনে বক্তৃতা করে পাওয়া যায় না। কোনদিন কোন দাবী ত্যাগ ছাড়া আদায় হয় না। কোনদিন কোন দাবী সাধনা ছাড়া পাওয়া যায় না। আজ যদি আমরা মনে করে থাকি আমাদের দাবী গণতান্ত্রিক শাসনতন্ত্রের দাবী তা প্রস্তাব পাশ করলে মিটিং করে বক্তৃতা দিলে পাব সব ভুল হবে। ১৯৫৮ সালে এ দেশে Martial Law করা হ'ল। জনাব আয়ুব খান পাকিস্তানের Commander-in-Chief ছিলেন। তিনি এদেশে ইস্কান্দার মির্জার সাহায্যে

Martial Law জারী করলেন। ইস্কান্দার মির্জ্জা লন্ডনে গিয়েছেন। কবে আয়ুব খান সাহেবের যেতে হয় বলতে পারিনা। ১৫ বৎসর আগে আমরা পাকিস্তান চেয়েছিলাম।

আশা করেছিলাম জনসাধারনের উন্নতি হবে। গ্রামে দেখতে পাই হাহাকার। ৪ বৎসর Martial Law সাহেব যে আইন পাশ করেছিলেন তার দৌলতে কৃষক বেশীদিন বাঁচবে বলে মনে হয় না। ঢাকা শহরে এক বন্ধু বললেন ৩ টাকার ট্যাক্স ৩৫ টাকা হয়েছে। কৃষকের তৈরী জিনিষের দাম কম। মন্ত্রীরা বারবার বলছেন পাটের দাম বাড়বে। আদমজীর গুদামে গেলে বাড়বে। এখানে কিছুদিন পূর্ব্বে আমাদের নূতন গভর্নর সাহেব এসেছিলেন। গভর্নর সাহেবের আমরা কোন criticism করি না। গভর্নরের একটা সরকারী চাকুরী। কিন্তু যদি কেউ নিজে ইচ্ছা করে criticism ডেকে আনেন তা ভাল হয় না। মোনেম খান সাহেব কালকের মানুষ। ইস্কান্দার মির্জ্জার জেল, আয়ুব খানের জেল খেটেছি। নুরুল আমিন সাহেব তাঁর জেল খেটেছি, আমি সে সম্বন্ধে কিছু বলবনা। গভর্নরের পদের একটা সম্মান আছে। আশা করি মোনেম খান সাহেব তাঁর পদের ইজ্জত রেখে দিবেন। তিনি বহুদিন পার্লামেন্টের মেম্বর ছিলেন। মন্ত্রী হয়েছেন। আজ গভর্নর হয়ে ফিরে এসেছেন। তিনি কি জানেন বহু টাকা পূর্ব্ব পাকিস্তানকে দেওয়া হয়েছিল খরচ করতে পারেনি? মার্চ্চ মাসের ১৫ দিন আগে টাকা আসত কি করে খরচ করবে? ১৫ বৎসর আমাদের পাটের, চামড়ার, income tax- এর টাকা নিয়ে পশ্চিম পাকিস্তানে industry গড়ে উঠেছে। পশ্চিম পাকিস্তানে শতকরা ৪৪ জন, শতকরা ৫৬ আমরা। আমরা ইংরাজ আমলে মাথা নত করিনি। পাকিস্তানে আমরা গণতান্ত্রিক শাসনতন্ত্র চাই। আয়ুব খান সাহেব Constitution করলেন। জনসাধারনের ভোট কেড়ে নিয়ে গিয়েছেন। হাইকোর্টের জজ, ম্যাজিষ্ট্রেট, জজ সাহেব, হাকিম সাহেব, পুলিশ সাহেব, ছাত্রদের ভোট নাই। Basic democrat-এর ভোট আছে। মোনেম খান সাহেব, আয়ুব খান সাহেবের আছে। আমি ভোট দিবনা ট্যাক্স দিব কেন? আমরা গোলমাল করতে চাই না। পাকিস্তান জনসাধারনের রাষ্ট্র। জনসাধারণ তাদের নিরধারিত প্রতিনিধির ভোটের মাধ্যমে শাসনতন্ত্র করবে, শাসন করবে, বন্দুক, সিপাহী নিয়ে করবেনা। ইংরাজ দুইশত বৎসর পূর্ব্ব পাকিস্তানকে যেভাবে শোষণ করেনি, ১৫ বৎসর পশ্চিম পাকিস্তানের কয়েকজন ব্যবসায়ী, শিল্পপতি তার চেয়ে বেশী শোষণ করেছে। একথা যদি মিথ্যা হয় জেলে খাটতে পারি। হাইকোর্ট জজ নিয়ে বিচার হোক প্রমাণ করব। মুসলমানের নামে, ইসলামের নামে শোষণ উচিত নয়। আমরা নুরুল আমীন সাহেব, মোহন মিঞা politics কেউ আমরা করব না। শিল্পপতিরা পূর্ব্ব পাকিস্তানের যা নিয়েছে তা ফিরৎ দিতে হবে। গ্রামে ডাকাত পড়লে সবাই মিলে ঠেকায়। পাকিস্তানে ডাকাত পড়েছে এটা আমরা কি করে ঠেকাই। আমাদের বন্দুক, কামান নাই। কেবল মাত্র সংঘবদ্ধ হয়ে আওয়াজ তুলি তাই যথেষ্ট। আমরা কারো সঙ্গে গোলমাল করতে চাই না, দেশের মধ্যে বিশৃঙ্খলা করতে চাই না। পশ্চিম পাকিস্তানের ভাইদের সঙ্গে আমাদের কোন গোলমাল নাই।

পশ্চিম পাকিস্তানের শিল্পপতিরা এখানকার টাকা পশ্চিম পাকিস্তানে নিয়ে যায়। কৃষকরা যদি পাট, চামড়া উৎপাদন না করে ব্যবসা বন্ধ হয়ে যাবে। শিক্ষা বিভাগে নূতন আইন

হচ্ছে। নূতন আইন হচ্ছে। তুমি বন্দুক, কামান, মিলিটারী *expert*, লেখাপড়া, শিক্ষা-দীক্ষার কত কি জান। সোজা আঙ্গুলে ঘি উঠবেনা, না কাঁদলে মায়েও দুধ দিবেনা। একবার সংঘবদ্ধ হয়ে চান আমাদের মৌলিক অধিকার, নাগরিক অধিকার, গণতান্ত্রিক অধিকার ফিরত দিবে। এখন স্বাধীন দেশে বিনা বিচারে বন্দী করা ঠিক হবে না। প্রকাশ্য বিচার চাই। লজ্জায় মরে যাই আমাদেরকে নেতারা গালাগালি করে। কি কথা শুনি মন্ত্রার মুখে। জানিনা ভোটে আসলে কি হ'ত। ফরিদপুরের যুবকরা, বন্ধুরা সংঘবদ্ধ হন। মিথ্যা টিকতে পারে না। আজ হোক কাল হোক সত্যের জয় হবে।

Golam Yazdani
Bengali Reporter

–

ইংরাজী ১০.১১.৬২ তারিখে জাতীয় গণতান্ত্রিক ফ্রন্ট কর্তৃক আয়োজিত সিলহটের জন সভায় নিম্নলিখিত বক্তা কর্তৃক প্রদত্ত বাংলা বক্তৃতার পদানুবাদ।

**শেখ মজিবর রহমান**

"মাননীয় সভাপতি সাহেব। আমার সিলেটের ভাইরা। আপনারা জনাব সরকার সাহেবের বক্তৃতা শুনেছেন। বহুদিন পর সিলেটে আসলাম। আমরা ময়দানে নেমেছি বক্তৃতা করার জন্য। আপনাদের বুঝাবার জন্য।"

"জনাব আয়ুব খাঁ সাহেব যিনি নিজে প্রেসিডেন্ট হয়েছেন- ভোট বোধ হয় তিনি নেন নাই প্রেসিডেন্ট হওয়ার জন্য। তিনি ৪ বছর মার্শাল ল চালায়েছেন সে সম্বন্ধে সরকার সাহেব বলেছেন। তিনি কি কি কাজ করেছেন? উনার কাজের মধ্যে একটা আমি বলতে চাই আমাদের ছেলেদেরকে ধরে নিয়ে বেঁত মেরেছেন। আর রাস্তার কথা। এত রাস্তা উনি করেছেন যে হাঁটতে গেলে আপনারা হোঁচট খেয়ে পড়ে যান। ৪ বছর কোন লোকের কথা বলার অধিকার ছিল না- উনি শাসন করেছেন। আমরা রাজনীতিকরা নাকি দেশের গরীবের অবস্থা কাহিল করে দিয়েছি- শিক্ষা নষ্ট করেছি- পাকিস্তানের ইজ্জৎ নষ্ট করেছি। এই কথা তিনি *Paper* এ দিয়েছিলেন। ৪ বছর *Paper* এ শুধু তিব্বত শ্লো আর আয়ুব খাঁর *statement* ছাড়া আর কিছু ছিল না। ৪ বছরে তিনি বহু বড় বড় নেতাকে জেল দিয়েছেন।"

"তারপর তিনি একটা কমিশন বসায়ে বললেন- তোমরা একটা *Constitution* করে দাও। তারা রিপোর্ট দিল কিন্তু উনি নিজেই একটা *Constitution* করলেন। এই *Constitution* এ *Member* দের কোন ক্ষমতা নাই। তারপর মন্ত্রীর কথা? পাকিস্তানের মন্ত্রীকে যদি *Dismiss* করতে হয় তবে *Get out* বললেই হল।"

"আমরা ভেবেছিলাম ৪ বছর পর মার্শাল ল' তিনি তুলেছেন- উনি সসম্মানে চলে যাবেন। পাকিস্তানে আমরা আপনাদের টাকা দিয়ে কিছু লোক রেখেছিলাম- পাকিস্তানকে বাঁচাবার জন্য। কিন্তু একদিন দেখা গেল- দারোয়ান এসে বাড়ীর মালিককে বলল *Get out* আমাদের অবস্থা তাই হলো। তিনি সেনাপতি ছিলেন- বন্দুক হাতে নিয়ে এসে বললেন, "*Get out*".

"ইসকান্দার মির্জা ছিল এক বিরাট ব্যক্তি। তিনি পাকিস্তানের প্রেসিডেন্ট ছিলেন- উনি Sign করে দিলেন মার্শাল ল জারীর কথা। কিন্তু তাকে মাসিক ২ হাজার টাকা দিয়ে একদম লন্ডনে পাঠান হল। যে লোক দেশের এত ক্ষতি-সর্বনাশ করেছে তাকে কোন পদ দেওয়ার অধিকার কারো নাই।"

"আজ ৬ বছরে কি উন্নতি হয়েছে- কি ট্যাক্স বেড়েছে- কি হাজার অত্যাচার অবিচার হয়েছে এসব সব জানেন। শুনুন। আপনাদের রাষ্ট্র বেদখল হয়ে গেছে যেটা দখল করতে হবে। ক্ষমতায় গেলে কেউ কোন দিন ছাড়ে নাই এটা আদায় করে নিতে হয়। গ্রামের বাড়ীতে আগুন লাগলে শত্রুতা ভুলে গিয়ে সকলে মিলে আগুন নিভিয়ে দেয়, পাকিস্তানে ডাকাত পড়েছে এই ডাকাত তাড়াতে হবে।"

"বৃটিশ সহজে এদেশ ছাড়ে নাই বহু জীবন দিতে হয়েছে। এই সংগ্রাম আমাদের সেই স্বাধীনতার সংগ্রাম। আমি জানি প্রথমে শুনেছেন পূর্ব বাংলার গভর্নর নাকি বলেছেন "সোহরাওয়ার্দ্দি ও অন্যান্য নেতার বিরুদ্ধে Action কি করে নেওয়া যায় সে সম্বন্ধে চিন্তা করছেন।" আরো বলেছেন সোহরাওয়ার্দ্দি United Bengal চেয়েছিলেন। এই বাংলাদেশকে বিক্রী করে দিয়ে গভর্নর হয়েছেন আপনার মুখে বলা অনেক কিছু সাজে। গভর্নর না হয়ে আসতেন যদি আপনার মুখে চামচিকাও চাটি মারত না।

"পূর্ব ও পশ্চিম পাকিস্তান আমাদের এক দেশ। কিন্তু সরকার সাহেব বলেছেন 'কেন্দ্রীয় চাকুরিতে পশ্চিম পাকিস্তান শতকরা ৭৫ জন পায়- এখানে আমরা ৫ জন পাই। মিলিটারীতে বেশীর ভাগ যেখানে ব্যয় হয়। আমার দেশের মানুষ ট্যাকস দিয়ে মারা যাচ্ছে- আমার পাটের টাকা দিয়ে তোমরা বড় বড় অট্টালিকা গড়ে তুলছ আমাদের কিছু হয় না। আমরা পাকিস্তানের স্বাধীন নাগরিক হিসাবে বাঁচতে চাই। আজ আপনাদের সংঘবদ্ধ হ'তে হবে ত্যাগের জন্য। দুনিয়ার মধ্যে কোন জিনিষ ত্যাগ ছাড়া হয় নাই সাধনা ছাড়া কোন জিনিষ পাওয়া যায় নাই। নেমে পড়ুন- সংঘবদ্ধ হয়ে গ্রামে গ্রামে আন্দোলন গড়ে তুলুন। এমন আন্দোলন গড়ে তুলুন- যাতে আয়ুব খাঁর সিংহাসন ভেঙ্গে চুরমার হয়ে যাবে।"

সামসুল হক
গভর্নমেন্ট রিপোর্টার
২৩.২.৬৩ ইং

—

জাতীয় গণতান্ত্রিক ফ্রন্টের উদ্যোগে মাদারিপুর সদরে অনুষ্ঠিত জনসভায় নিম্নলিখিত বক্তা কর্তৃক প্রদত্ত বাংলা বক্তৃতার পদানুবাদ।

তারিখ ৭.১১.৬২ ইংরাজী

**শেখ মজিবর রহমান**

"ভাইসব। জনাব সোহরাওয়ার্দ্দি সাহেবের বক্তৃতা শুনেছেন। বক্তৃতা আর বেশী কিছু করতে চাই না। আমি অনেক বক্তৃতা করেছি আপনারাও শুনেছেন আমরা প্রস্তাব পাশ করব

আপনারাও দাবী করবেন। লোক না খেয়ে মরছে, ছেলে মেয়ে লেখাপড়া শিখতে পারছেনা, আপনারা জানেন কি অত্যাচার অবিচার হয়েছে।"

"৫ বছর পর্য্যন্ত একজন লোক ডান্ডা দিয়ে আমাদের শাসন করেছে, ডান্ডার জোরে তিনি হুকুম চালায়েছেন। জনসাধারনের ভোটাধিকার কেড়ে নিয়েছেন। ৫ বছর পর্য্যন্ত আপনাদের উপর কি অত্যাচার অবিচার হয়েছে তা আপনারা জানেন।"

"এই মাদারিপুরের ভাইদের কাছে অনুরোধ করব- সোজা আঙ্গুলে এখনও ঘী উঠে না। এই পাকিস্তান আপনাদের এই বাংলাদেশ আপনাদের এই রাষ্ট্র চলে আপনাদের টাকায়- সরকারী কর্মচারীরা চলে আপনাদের ট্যাকস্ এর টাকায়। সেই জন্য ভাইরা আপনারা সংঘবদ্ধ হয়ে যান। অন্যায় যে সহ্য করে সেও পাপী যে করে সেও পাপী।"

"আজ গোটা ৭ কোটি লোককে ছলে বলে কৌশলে মার্শাল ল' দিয়ে লোকের রক্ত শোষণ করেছে, এই রক্ত আদায় করে আনতে হবে। মাদারিপুরের লোক বহু আমার সঙ্গে জেলে দেখা হয়- এই মাদারিপুরের অনেক লোকের ফাঁসি হয়েছিল।"

"কোনদিন কোন কাজ ত্যাগ ছাড়া হয় নাই। প্রস্তাব পাশ করেও হবে না। শান্তিপূর্ণভাবে কাজ করতে হবে। তাদের জানিয়ে দিতে হবে- যেভাবে ইংরেজ এদেশ ত্যাগ করেছিল আজ তাদেরকেও ত্যাগ করতে হবে। একদিন এসেছিলাম পাকিস্তান সংগ্রামের জন্য- বলেছিলাম- ত্যাগ ছাড়া পাকিস্তান আসবেনা- সেই পাকিস্তানকে বরবাদ করেছে। স্বাধীনতা কেড়ে নিয়েছে- গরীব না খেয়ে মরছে।

"যুবক ভাইদের নিকট আমি অনুরোধ করব তোমরা সংঘবদ্ধ হও। তোমাদের বিরুদ্ধে ডাকাত পড়েছে এদের বিরুদ্ধে সংগ্রাম করতে হলে সমস্ত লোককে একত্র হতে হবে। আমরা পাকিস্তানের নাগরিক আমরা পাকিস্তানীর মত বাস করতে চাই। আমাদের দাবী পূরণ হবে না যে পর্য্যন্ত না আমরা সংঘবদ্ধ হই। যদি সংঘবদ্ধ হই তবে যত বড়ই হোক না কেন তাসের ঘরের মত ভেঙে চুরমার হয়ে যাবে।"

সামসুল হক
গভর্নমেন্ট রিপোর্টার
২৩.২.৬৩ ই

—

জাতীয় গণতান্ত্রিক ফ্রন্টের উদ্যোগে অনুষ্ঠিত জনসভায় নিম্নলিখিত বক্তা কর্তৃক প্রদত্ত বাংলা বক্তৃতার পদানুবাদ।

স্থান : ময়মনসিংহ সার্কিট হাউস ময়দান।

তারিখ : ২৬.১০.৬২ ইং

বক্তা : **শেখ মজিবর রহমান।**

"মাননীয় সভাপতি আমার মোমেনশাহীর ভাইরা। বক্তৃতা শুনে কিছু পাবেন সে বিষয়ে আমার সন্দেহ আছে। আপনারা জানেন ৪ বছর পূর্বে মার্শাল ল' দাবি করলেন ইসকান্দার

মীর্জা – তার দোসর ছিলেন আয়ুব খাঁ। তিনি ছিলেন *Commander in chief* আর মীর্জা সাহেব ছিলেন প্রেসিডেন্ট। ১৯৫৮ সালের ৭ই অকটোবর তারিখে মার্শাল ল জারি করে তিনি বললেন রাজনীতিকরা দেশে বিশৃঙ্খলা সৃষ্টি করেছে; দেশের মানুষের কষ্টের সীমা নাই, দেশের মধ্যে অরাজকতা সৃষ্টি হয়েছে।"

"মার্শাল ল' হওয়ার পর আয়ুব খাঁর পকেট থেকে একটা শাসনতন্ত্র বাহির হয়ে এসেছে। এই ৪ বছরে কি পেয়েছেন সে সম্বন্ধে অনেকে বলেছেন চিন্তা করলে দেখতে পাবেন আপনাদের কি অবস্থা হয়েছে। পাটের দাম কি হয়েছে জানেন- ট্যাক্স কি পরিমান হয়েছে তাও জানেন। রাজনৈতিক কর্মীদের জেলে রাখা হয়েছে তাও জানেন। আর একটা হয়েছে জংলী আইন। মার্শাল ল' মানে জংলী আইন। মার্শাল ল'র আমলে সামরিক অফিসাররা কোর্টে ধরে নিয়ে বলত ১৪ বছর জেল।"

"যে মন্ত্রীরা হয়েছে তারা কত উপকার করেছে তা জানেন। কথা হল এই ১৫ বছরে পাকিস্তানবাসী পেয়েছে কি? এই ১৫ বছরে পূর্ব পাকিস্তানের অবস্থা কোথায় গিয়েছে?"

"কেন্দ্রীয় সরকারের চাকুরীতে- শতকরা ৫৬ ভাগ আমরা কিন্তু যেখানে শতকরা ৪ জন এর বেশী বাঙ্গালীর চাকুরি নাই। মিলিটারীতে শতকরা ৬০-৭০ ভাগ ব্যয় হয়- তার মধ্যে শতকরা দুই ভাগ বাঙ্গালী নাই। বাংলাদেশের মানুষের হাড় মাংস এক হয়ে গেছে। তাদের ঘরে ঘরে ছেলে মেয়েরা কত মরছে।"

"আমাদের অধিকার ছিল কথা বলা বলতে পারতাম আমাদের প্রতিনিধি যেখানে গিয়ে ঝগড়া করতে পারত। এখন পাকিস্তানে জমিদারী নাই- তারা মোতাওয়াল্লী হলেন।

আমার দেশের মন্ত্রীরা নিবে টাকা আর কামান বন্দুক দিয়ে আমাদের শাসন করতে চায়।"

"উনি নুরুল আমিন সাহেবকে গাল দেন। দিবেনই তো ! নুরুল আমিন সাহেব না করলে তুমি কিছুই হতে পারতে না। চাকুরি পেয়েছ চাকুরি কর। এই মার্শাল ল'র আমলে ৪/৫ জন গভর্নর আসে-যায়। তুমিও আসবে-যাবে। কিন্তু তুমি মনে রেখো তোমাকে এই মোমেনশাহী- জেলায় বাস করতে হবে। তোমাকে বাংলার বুকে থাকতে হবে।"

"তোমরা মনে কর জুলুম করলে- জেল দিবে। তোমাদের জেল আমাদের বহুবার খাটা আছে। তোমরা কাউকে বাদ দাও নাই পূর্ব পাকিস্তানের লোকের। কিন্তু জেল দেওয়ার আগে অফিসার হাকিমের সংখ্যা বাড়াও জেলের সংখ্যা বাড়াও। পূর্ব পাকিস্তানের ১৭ টি জেলায় মাত্র ১৭টি জেল আছে। আবার যদি পূর্ব পাকিস্তানের গায়ে হাত দাও .... ।"

পূর্ব বাংলার মানুষ তার দাবী আদায় করে ছাড়বে। যে কোন ত্যাগের জন্য তারা প্রস্তুত আছে। ভোট কেড়ে নিয়েছ নৌকার উপরও ট্যাক্স বসায়েছ।"

"কিসের আজ বন্দী মুক্তি। পাকিস্তানের ৯ কোটি লোক সবাই মুক্ত। অর্থাৎ আয়ুব শাসনতন্ত্রে কারো ক্ষমতা নাই উনি ছাড়া। বাচ্চা যদি না কাঁদে মাও দুধ দেয়না। আর আঙ্গুল যদি বাঁকা না করেন ঘী উঠে না।"

"আজকে আমাদের কিছুটা সাহস এসে গেছে- আমাদের এক হতে হবে। দেশে গণতন্ত্র না থাকলে দুঃখ দূর্দশা দূর হতে পারেনা। আগে ৩/৪ বছর পরে সকলে আসত ভোটের জন্য এখন আসবে কি? বিডি এর দ্বারা ফাঁকিঝুকি দিয়ে ভোট নিয়ে পগার পার।"

"আমি এদেরকে নেতা বলব না। এদের নাম নিতেও ঘৃণা হয়। এদের সম্বন্ধে আমাদের ছোট খাট কর্মীরাই যথেষ্ট। আয়ুব সাহেব পাকিস্তানের সেনাপতি ছিলেন- দেশ রক্ষা করতেন। তিনি দেশের কি বুঝবেন। তার কাজ হ'ল দেশ রক্ষা করা- গুলি চালনা। কি করে দেশের মধ্যে শত্রু আসলে গুলি করতে হয় কি করে ডবল মার্চ করতে হয়।"

"যা হোক তিনি প্রেসিডেন্ট হয়ে গেছেন। তিনি যে শাসনতন্ত্র দিবেন তা এর চেয়ে বেশী হতে পারে না।

জনাব সোহরাওয়ার্দ্দি সাহেব ৪০ বছর রাজনীতি করেছেন, আমরা ছোট-খাটরাও ২০ বছর রাজনীতি করেছি। আমরা গ্রামের অবস্থা বুঝি।"

"ইংরাজ এর বিপক্ষে আমরা সংগ্রাম করেছি তারা আপনাদের পক্ষে সার্টিফিকেট দিবে না তো দিবে সোহরাওয়ার্দ্দিকে? সাম্রাজ্যবাদী যে সমস্ত শক্তি আছে তারা তাদের গোলামকে সার্টিফিকেট দিবে আমাদের দিবে না। আমরা প্রস্তাব পাশ করতে চাই না। আমরা একটা শান্তিপূর্ণ আন্দোলন করব যেখানে হিন্দু-মুসলমান, কৃষক-শ্রমিক, ছাত্র-যুবক এমনভাবে সংঘবদ্ধ হবে- যদি আয়ুব খাঁর জেল দিতে চান আশাকরি বাংলার যুবকরা- তোমরা সংগ্রাম করেছ বৃটিশের বিরুদ্ধে- বাংলার Terrorist দের নাম শুনলে অন্তর কেঁপে উঠে। তোমাদের দিকে চেয়ে আছে তোমাদের মা বোনেরা- গোটা দেশ। তোমাদের ত্যাগ করতে হবে- ত্যাগ ছাড়া কিছু আসে নাই। জিন্দাবাদ দিয়ে পাকিস্তান এসেছিল কিন্তু তার পিছনে শক্তি ছিল। যে সমস্ত লোক জেলের মধ্যে ২০ বছর ছিল তাদের মধ্যে ছিল স্বাধীনতার বাণী। ভুলে যেতে হবে সবকিছু একটি মাত্র দাবী- আমরা মানুষের মত বাঁচতে চাই। আমাদের ন্যায্য দাবী চাই। সোহরাওয়ার্দ্দি সাহেব পরিস্কার করে বলেছেন, তোমাদের কাছে ক্ষমতা আমরা চাই না। তোমরা ক্ষমতা কোনদিন দেখ নাই। আমাদের ক্ষমতার দরকার নাই। কিন্তু তোমরা বিচার করতে পারবে না।"

"হুসিয়ার করে দিতে চাই- হাত তুলো না- আগুন ডেকে এনো না- দেশে বিশৃঙ্খলা এনো না। সময় থাকতে মানুষের ক্ষমতা মানুষকে ফিরিয়ে দাও। এই আজাদী ঝুটা হয়ে গেছে। এটা আদায় করতে হবে। সেই জন্য ত্যাগ করতে হবে।"

"ভাইরা ! তাই আমি অনুরোধ করতে চাই- আপনারা একতাবদ্ধ হয়ে যাবেন। গ্রামে গ্রামে যুবক কর্মীরা চলে যান দল গঠন করুন- যদি সংঘবদ্ধভাবে অগ্রসর হই- আমি জানি যত গর্জে তত বর্ষে না- সংঘববদ্ধ জনসাধারণের সংগ্রামের সামনে কিছুই দাড়াতে পারে না। আপনারা সংগ্রাম করে যান এনশাল্লা জয় আমাদের হবেই হবে।"

সামসুল হক
গভর্নমেন্ট রিপোর্টার
২৩.২.৬৩

—

Duplicate

**Government of East Pakistan**

Home Department

Transcription of the speech of Sk. Mujibar Rahman delivered at Rangpur Town on 16.10.62

**Sk. Mujibar Rahman**

জনাব সভাপতি সাহেব ও আমাদের নেতারা ও আমার রংপুরের ভায়েরা। সময় খুব অল্প, বক্তৃতা করা অল্প সময়ের মধ্যে কষ্ট হয়। কেন আমরা আজকে বিপদের মধ্যে আছি এখানে। ৪ মিনিটে বলা যায় না। আপনাদের মনে আছে ১৯৫৮ সালে জনাব আয়ুব খান সাহেব তখন ছিলেন পাকিস্তানের প্রধান সেনাপতি– এই দেশে Martial Law জারী করলেন এই কথা বলে যে দেশের মধ্যে দুর্নীতি বেড়ে গিয়েছে, জিনিষ পত্রের দাম বেড়ে গিয়েছে, মানুষের কষ্টের সীমা নাই, বিশৃঙ্খলার সৃষ্টি হয়েছে– অনেক কথা বললেন। তখন Martial Law জারী করলেন ইস্কান্দার মির্জ্জার সঙ্গে– তিনি পালিয়ে লন্ডনে গিয়েছেন– ভায়েরা আপনারা জানেন। Martial Law ক্ষমতা অধিকার করল– তারা অন্যায় করেছে, দুর্নীতি বেড়েছে কি কমেছে দেশের অবস্থা ভাল হয়েছে কি মন্দ হয়েছে, জিনিষ পত্রের দাম কত পরিমাণ কমেছে, পাটের দাম একটা জিনিষ তার কি করেছে আর কি উন্নতি করেছে– জনসাধারনের যে ভোট ছিল সেই ভোট কেড়ে নিয়েছে। আর একটা জিনিষ করেছে ছাত্রদের উপর গুলি, লাঠি চার্জ করেছে; শিক্ষা প্রায় বন্ধ করেছে আর একটা উপকার করেছে তা হ'ল গরীবের কোটী কোটী টাকা পাটের টাকা, তামাকের টাকা যে টাকা গরীবের কাছ থেকে কেড়ে রাওয়ালপিন্ডি নিয়ে গিয়েছে রাজধানী। যারা পাকিস্তান কায়েম করল সোহরাওয়ার্দ্দী সাহেব বাতিল হয়ে গিয়েছে আর দেশের শত শত কর্ম্মীকে রাজবন্দী হিসাবে জেলের মধ্যে রেখেছে এটা উপকার বলতে হবে কারণ উপকার যদি না হ'ল তাহলে আমরা এই ভাবে লক্ষ লক্ষ লোক একতাবদ্ধ হতে পারতাম না। জালেমের সঙ্গে সংগ্রাম করতে হলে, জালেমের বিরুদ্ধে সংগ্রাম করতে হলে সঙ্ঘবদ্ধ হতে হবে। তাদের জেল আমরা খেটেছি, অত্যাচার সহ্য করেছি ১৫ বৎসর। বাংলার কৃষককে ধ্বংস করেছে মধ্যবিত্ত যারা সমাজের মেরুদন্ড তাদের ভেঙ্গে চুরমার করেছে আজ আয়ুব সাহেব বলছেন পাকিস্তানে গণতন্ত্র দিয়েছি। তিনি গণতন্ত্র দিয়েছেন? মনে করা উচিত যদি এই সোহরাওয়ার্দ্দী সাহেব, কায়ুম খান, ভাসানী স্বাধীনতার জন্য সংগ্রাম না করত Field Martial আয়ুব খান colonel হয়ে pension নিতেন। পাকিস্তান আজ স্বাধীন। যে স্বাধীন না হলে তিনি কোনদিন Commander-in-chief হতেন না– তিনি সম্মান করে কথা বলবেন আমরা আশাকরি। আমার কৃষক যদি তার সামনে বলে আমার টাকায় দুনিয়া ভ্রমণ কর। আমার টাকায় বাড়ীর খরচ চলে– কৃষক গরীবকে অপমান করার কোন অধিকার তার নাই। দুনিয়াকে সে বলে আমরা গরু ছাগলের মত ভোট দিই। দরকার নাই গরু ছাগলের প্রেসিডেন্টের। আমরা যদি গরু ছাগল হই দুনিয়ার লোক বিচার করে দেবেন ১০ কোটী

লোককে অপমান করে এইভাবে দেশ শাসন করে চলছে। হিটলার, মুসোলিনীর কথা মনে রাখবেন, জারের কথা মনে রাখবেন। কয়েকখানি বন্দুক কামান নিয়ে বসে আছেন। কামান বন্দুক দিয়ে দেশ শাসন করা যায়? দেশ শাসনের জন্য মনুষত্বের দরকার। যদি দেশের জনসাধারণ অপমান করেন? ব্যক্তিগতভাবে আপনার সঙ্গে আমাদের ক্ষমতার লড়াই নাই। থাক প্রেসিডেন্ট- কিন্তু জনসাধারণের ভোট দেয়ার অধিকার দাও। ভোট চাই। আপনাদের কাছে আমার একটি অনুরোধ আপনাদের মন্ত্রী যারা এখন আছেন যাদের কথা আমি বলছি Constitution এ ২টা মানুষের ক্ষমতা আছে- সমস্ত ক্ষমতা প্রেসিডেন্টের। আমার বন্ধু Mashiur Rahman সাহেবের কথা শুনলেন- ক্ষমতা হ'ল Field Martial Ayub Khan সাহেবের। আপনারা জানেন গভর্ণর সাহেবের কোন ক্ষমতা নাই অফিসার এর File এর উপর। Assembly Member এ আইন পাস করলে আইন হয় না। আপনাদের গল্প মনে আছে নিশ্চয়ই জনসাধারণের মিটিং এ বলেছিলাম- আমাদের দেশের ছাগলের ২ টী বাচ্চা হয় যখন ২ টার বেশী বাচ্চা হয় তখন ২ টী বাচ্চা ২ টা বান খায় আর বাকি বাচ্চারা পিছনে পিছনে লাফায়। পাকিস্তানের যে মন্ত্রী কয়েকজন উনারা তেমনি লাফান- কোন ক্ষমতা নাই এদের কিছু নাই- সময় নষ্ট করতে চাই না। আয়ুব সাহেব সময় আছে এখনও সময় আছে। মনে করবেন না সোহরাওয়ার্দ্দীকে গ্রেফতার করবেন, আবু হোসেনকে গ্রেফতার করবেন, আতাউর রহমানকে গ্রেফতার করবেন, শাহ আজিজুর রহমানকে গ্রেফতার করবেন- করতে পারেন কিন্তু মনে রাখবেন- আপনি সোহরাওয়ার্দ্দী সাহেবকে Martial Law এর আমলে গ্রেফতার করে আপনাকে পালিয়ে যেতে হয়। আবার যদি গ্রেফতারের কথা চিন্তা করেন মনে রাখবেন পাকিস্তানে আপনি শাসন করতে পারবেন না। আমরা দেখেছি শুনেছি অত্যাচার জুলুমের বিরুদ্ধে সংগ্রাম কি করে করতে হয়। এবার মেহেরবানী করে জেল যদি বানাতে হয় হাজার খানেক বানিয়ে নাও তার চেয়ে মেহেরবানী করে দেশের লোককে ভোটের অধিকার দাও, গণতন্ত্র দাও এছাড়া তোমাদের সঙ্গে আমাদের আর কোন আপোষ নাই। এটা আমাদের আপোষহীন সংগ্রাম যত ত্যাগ করতে হয় প্রস্তুত আছি মনে রেখ।

Md. Hussain
Bengali Reporter
5.2.63.

–

*Duplicate*

Transcription of the speech delivered by Mr. Sheikh Mujibur Rahman at Idgah, Rajshahi, on 15.10.62

জনাব সভাপতি সাহেব, আমার ভাইয়েরা, আমার শুধু একটা কথা হল আপনারা ৪ বৎসর আয়ুব সাহেবের শাসন দেখেছেন। আপনারা জানেন শত শত কর্ম্মী জেলে আছে। ভাসানী সহ অনেক নেতা জেলে বন্দী। রাজশাহী থেকে আরম্ভ করে অনেক জায়গায় ছাত্রদের

উপর অত্যাচার হয়েছে, শুধু যদি মনে করেন বক্তৃতা করে যাবেন নেতারা, আপনাদের হাতে সব হয়ে যাবে তা নয়। আপনাদের সংঘবদ্ধ হতে হবে। আজ মুস্লীম লীগ, আওয়ামী লীগ, ন্যাশনাল আওয়ামী পার্টীর কথা ভুলে যান। আপনাদের ভোট দেওয়ার অধিকার কেড়ে নিয়েছে। ভোট সোহরাওয়ার্দ্দী সাহেবের নাই, আতাউর রহমান সাহেবের নাই। ট্যাক্সের টাকা দেশের বুভুক্ষু মানুষ দেয়। আমার টাকায় বন্দুকের ভয় দেখিয়ে আমাদের ব্যক্তি স্বাধীনতা কেড়ে নিয়ে গিয়েছে। দলমত ভুলে যান। সংঘবদ্ধ হতে হবে। ছাত্ররা দেখিয়েছিল সোহরাওয়ার্দ্দী সাহেবকে Martial Law আমলে গ্রেপ্তারের জন্য এমন আন্দোলন করেছিল বোধ হয় ঐ জন্য সোহরাওয়ার্দ্দী সাহেবকে মুক্তি দেয়। আমরা বিশৃঙ্খলা সৃষ্টি করতে চাই না। আমরা অশান্তি সৃষ্টি করতে চাই না। দুইটি পন্থা, হয় আমাদের দাবী মানতে হবে না হয় আমাদের জেলে নিতে হবে। আপনারা এক হয়ে দাবী করলে তাদের সিংহাসন তাসের ঘরের মত ভেঙ্গে চুরমার হয়ে যাবে।

Golam Yazdani
Bengali Reporter

–

*Duplicate*

*Transcription of the speech delivered by Mr. Sheikh Mujibur Rahman at Circuit House Maidan, Khulna, on 12.10.62*

জনাব সভাপতি সাহেব, আমার খুলনার ভাইয়েরা, গণতান্ত্রিক শাসনতন্ত্র আমরা চাই। পাকিস্তানের শাসনতন্ত্রে একজনের ক্ষমতা তিনি হচ্ছেন প্রেসিডেন্ট। তারপর যাঁর ক্ষমতা তিনি হচ্ছেন পূর্ববঙ্গের গভর্নর। মন্ত্রীরা আমাদের সম্বন্ধে যাই কেন বলুন না কেন ভ্রূক্ষেপ করবনা। সে সময় আমাদের নাই। খবরের কাগজ মারফৎ আমাদের গালি দিতে পারেন। পাকিস্তানের শাসনতন্ত্রে দুই জনের ক্ষমতা। একজন হলেন প্রেসিডেন্ট আর এক জন হলেন গভর্নর। পাকিস্তানের শাসনতন্ত্রে জজ সাহেব, পুলিশ সাহেব, ছাত্র কৃষকের ভোট নাই, উকিল, এ্যাডভোকেট, ডাক্তার সাহেবের ভোট নাই। সোহরাওয়ার্দ্দী সাহেবের ভোট নাই। ভোট আছে Basic democrat এর। দুর্নীতি অনেক আমাদের আমলে হ'ত। ভোট ১৭, ১৮ বিক্রি হয়েছে। আমরা চাই জনগণের ভোট দ্বারা তৈরী জনগণের শাসনতন্ত্র। পাকিস্তানের মিলিটারীর একটা কাজ আছে সেটা হচ্ছে দেশ রক্ষা করা। বর্ডারের বাহির থেকে শত্রু আসলে যুদ্ধ করা। রাষ্ট্র পরিচালনা কি করে করতে হয় ফিল্ড মার্শ্যাল আয়ুব হয়ত শিখেননি। বন্দুক চালিয়ে যুদ্ধ করতে তিনি জানেন। পাকিস্তানের জনসাধারণের ট্যাক্স দেওয়ার ক্ষমতা আছে, ভোট দেওয়ার ক্ষমতা নাই। ১৯৫৮ সালে যখন মার্শ্যাল ল' জারী করা হয়, এই জায়গায় সরকারী কর্ম্মচারীরা বক্তৃতা করতেন, এখানকার ডিষ্ট্রিক্ট ম্যাজিষ্ট্রেট সাহেব বক্তৃতা করতেন মার্শ্যাল ল' কেন জারী হয়েছিল। মার্শ্যাল ল' একটা ল' চীফ্ মার্শ্যাল এ্যাডমিনিষ্ট্রেটর যা বলবেন তাই হবে। একটা জমির দলিল থাকে। পাকিস্তান ৩.৫ বৎসর পর্য্যন্ত দলিল ছাড়া চলেছে। তখন

ঘোষণা করা হল রাজনীতিবিদেরা তারা দেশকে ধ্বংসের দিকে নিয়ে গিয়েছে। আমরা জিনিষপত্রের দাম বাড়িয়ে দিয়েছি, দুর্নীতি বাড়িয়ে দিয়েছি, বিশৃঙ্খলা সৃষ্টি করেছি, ট্যাক্স ধরেছি। আমাদের অনেককে মার্শ্যাল ল' হওয়ার পর জেলে নেয়। অনেককে রাজনৈতিক বন্দী করে রাখা হয়েছিল। বিচারে দেখা গেল Zero. আমি জিজ্ঞাসা করি বুকে হাত দিয়ে বলুন যে ১৯৫৮ সালে কি অবস্থা ছিল, এখন কি অবস্থা আছে। জিনিষের দাম বেড়েছে না কমেছে, ট্যাক্স বেড়েছে না কমেছে। আগে যেখানে ১৲ ঘুষ দিত সেখানে বোধ হয় ২৫৲ দিতে হয়। ট্যাক্স বেড়েছে না কমেছে। একটা জিনিষের দাম কেবল কমেছে সেটা হল পাটের দাম। মন্ত্রী সাহেব বলেছেন পাটের দাম বাড়িয়ে দিচ্ছি। এখানে পাটের কারখানা, আড়তদার আছে। আপনারা জানেন পাটের দর কি। একটা কাপড়ের দাম ১৫৲। মার্শ্যাল ল আমলে উন্নতি করেছে- করাচী থেকে রাজধানী উঠিয়ে রাওয়ালপিন্ডি নিয়েছে, আর একটা জিনিষ ছাত্ররা কথা বললে আন্দোলন করলে গুলি, ছাত্রদের বেতন বাড়িয়েছে। আর একটা জিনিষ মাসের পর মাস কর্ম্মীদের জেলে আটক রেখেছে। ১৯৪৭ থেকে ১৯৬০ পর্য্যন্ত ৩৫ শত কোটী টাকা এ্যাডমিনিষ্ট্রেশনে ব্যয় হয়েছে। ৫ শত কোটি টাকা পূর্ব্ব পাকিস্তানে আর ৩ হাজার কোটি পশ্চিম পাকিস্তানে ব্যয় হয়েছে। বৈদেশিক মুদ্রা এর মধ্যে পূর্ব্ব পাকিস্তানের পাট, চা, চামড়ায় টাকা আছে, ১৯ শত কোটি টাকার মধ্যে ১৪ শত কোটি পশ্চিম পাকিস্তানে ব্যয় হয়েছে আর ৫ শত কোটী পূর্ব্ব পাকিস্তানে। ১২ শত কোটী টাকা লেগেছে করাচী রাজধানী করতে, আবার রাওয়ালপিন্ডি রাজধানী করেছে। আমাদের দেশের কৃষক, মজদুর, ছাত্র এই বন্যায় না খেয়ে শৃগাল কুকুরের মত মরে যাচ্ছে। আমরা গণতান্ত্রিক শাসনতন্ত্র চাই। আমরা ইনসাফ, বিচার চাই। ১৫ বৎসর পূর্ব্ববঙ্গের অর্থ নিয়ে পশ্চিম পাকিস্তানে করাচী গড়ে তুলেছ সেটা ফেরত দেও আমরা রাজনীতি করবনা। একটা হাউস বিল্ডিং কর্পোরেশন আছে তার শতকরা ৮৮ ভাগ পশ্চিম পাকিস্তানে ব্যয় হয়েছে, পূর্ব্ব পাকিস্তানে ১২ ভাগ শতকরা। পি. আই, ডি, সি- তে পশ্চিম পাকিস্তানে শতকরা ৫৫ ভাগ ব্যয় হয়েছে, পূর্ব্ব পাকিস্তানে ৪৫ ভাগ ব্যয় হয়েছে। পশ্চিম পাকিস্তানের জনসাধারণ আজ চায় গণতান্ত্রিক Constitution আসুক। ১৫ বৎসর সোনার বাংলা ধ্বংস হয়ে গিয়েছে। গ্রামে গ্রামে হাহাকার উঠেছে। কৃষক ধ্বংস হয়ে গিয়েছে। আর সহ্য করতে আমরা রাজী নয়। আমার একটা ভোট ছিল আয়ুব খান সাহেব তা নিয়ে গিয়েছেন। তোমার বন্দুক কামান আছে জানি। তোমার জেল আমি খেটে দেখেছি। তোমার কারাগারে মৌলানা ভাসানীর মত কর্ম্মী আছে। যদি মনে করে থাক এই কয় মন্ত্রীরা বাংলাদেশ ও পাকিস্তান শাসন করবে তাহলে তুমি ভুল করেছ। দেশের মধ্যে আমরা বিশৃঙ্খলা সৃষ্টি করতে চাই না। যদি দরকার হয় শান্তিপূর্ণভাবে কি করে গণআন্দোলন করতে হয় তা দেখিয়ে দিব। তারা আইন পাশ করতে চেষ্টা করেছিল একমাত্র উর্দ্দু রাষ্ট্র ভাষা করবে তা পারেনি। বাংলার যুবক, ছাত্র, ব্যবসায়ি, শ্রমিক কৃষক ১৫ বৎসর আর্থিক মার খেয়েছে, আর মার খেতে প্রস্তুত নয়। আমাদের ন্যায্য দাবী চাই। জনাব সোহরাওয়ার্দ্দীর নেতৃত্বে যে জাতীয় ফ্রন্ট গঠন হতে যাচ্ছে তাঁর উপর EBDO করেছে। তুমি EBDO করেছ

আমি মানলাম না। তুমি গণতান্ত্রিক শাসনতন্ত্রের উপর ভোটাভোটি নেও, পূর্ব্ব পাকিস্তানে ভোট নেও, যে কোন লোকের সঙ্গে যে কোন area য় তিনি কিন্তু মার্শ্যাল contest করুন তাঁর টাকা বাজেয়াপ্ত না হয় রাজনীতি ছেড়ে দিব। ভোট নেও তুমি দেখ বর্ত্তমান শাসনতন্ত্র লোকে চায় কি না। ভুলে যাও বন্দুক কামানের কথা। এখনও সময় আছে। দেশ উদ্ধার কর। আমরা বিশৃঙ্খলা সৃষ্টি করতে চাই না। আমরা নিয়মতান্ত্রিক উপায়ে আন্দোলন করব।

Golam Yazdani
Bengali Reporter

—

# 167

## *Memo of SP, DSB, Mymensingh to SSP, SB, Dacca containing report on Sheikh Mujibur Rahman and Moulana Bhashani.*

Mymensingh, 12 June 1963

Office Phone No. 41.
Res. No. 20.

**District Special Branch**
Mymensingh, the 12th June'63.
No.3628/21-62

To
A.Rahim, Esqr., P.S.P.,
Spl. Supdt. of Police,
Spl. Branch, E.P., Dacca.

The S.D.P.O., Jamalpur reported on 19.5.63 that he has some friends and relations in the Dacca University and from the trend of their talks he could know that Mr. Mujibar Rahman, ex-Minister has been regularly paying money to some students of his group. During the students' disturbance at Dacca in December last year supply of mike and other things were also made available to the agitating students of the Polytechnic Institute as well as of Dacca University. Obaidur Rahman of the Dacca University Central Students Union is in close touch with Mr. Mujibar Rahman. He also reports that Mr. Mujibar Rahman, ex-Minister has invited the student community in general to take part in the Awami League convention to be held in June, 1963.

Mukhlesur Rahman s/o B.R. Ansary of Chandra, P.S. Jamalpur and of Ashek Mahmood College is in close touch with Rabi Neogy of Sherpur (a C.P. worker) who has lately being trying to bring Maulana Bashani in order to organise Krishak Samities. The said Mukhlesur Rahman and other students of his group frequent the house of Rabi Neogy of Sherpur and Tasiruddin Ahmed Mukhtear Jamalpur and hold secret meetings.

Sd/-12.6.63
Superintendent of Police,
D.S.B., Mymensingh.

—

## 168
### *Hearing date of treason case fixed at ADC's court against Sheikh Mujibur Rahman.*

Dacca, 14 June 1963

*Ittefaq dt. 14.6.63*

### শেখ মুজিবের বিরুদ্ধে রাষ্ট্রদ্রোহ মামলা
#### আগামী ১৩ই জুলাই শুনানির তারিখ ধার্য

*(স্টাফ রিপোর্টার)*

ঢাকার অতিরিক্ত ডেপুটি কমিশনার জনাব এম, বি, আলমের এজলাসে আগামী ১৩ই জুলাই প্রাদেশিক আওয়ামী লীগ সম্পাদক শেখ মুজিবর রহমানের বিরুদ্ধে আনীত রাষ্ট্রদ্রোহ মামলার শুনানির তারিখ ধার্য হইয়াছে।

প্রকাশ থাকে যে, ১৯৫৮ সালের পূর্ব পাকিস্তান জননিরাপত্তা আইনের ৭(৩) ধারা এবং পাকিস্তান দণ্ডবিধির ১২৪-ক ধারা অনুযায়ী শেখ মুজিবর রহমানের বিরুদ্ধে এই মামলা আনীত হইয়াছে।

প্রসঙ্গত: উল্লেখ করা যাইতে পারে যে, গত ১৯শে মে ঢাকার পুলিশ সুপার শেখ মুজিবের বিরুদ্ধে এই মামলার অভিযোগ পেশ করেন। এই অভিযোগে বলা হয় যে, গত ১৫ই ডিসেম্বর শেখ মুজিবর রহমান পল্টন ময়দানে এক জনসভায় বাংলায় যে বক্তৃতা দেন তাহাতে আইনের বলে প্রতিষ্ঠিত সরকারে প্রতি ঘৃণা বা অসম্মান বা অসন্তোষ সৃষ্টির প্রয়াস বা আশঙ্কা ছিল এবং তাহাতে আইন ও শৃংখলা রক্ষার প্রশ্নে হস্তক্ষেপ বা হস্তক্ষেপে উসকানি প্রদান করা হয় ও উহা রাষ্ট্রদ্রোহাত্মক ছিল। কারণ তিনি নিম্নলিখিত কথা বলিয়া শ্রোতাদের উত্তেজিত করেন : আমি জানিনা, জনাব সোহরাওয়ার্দী মারা গিয়াছেন কিনা ! কিন্তু আমি মনে করি, আমার নেতাকে হত্যা করা হইয়াছে। বৃদ্ধ বয়সে জেলে পুরিয়া আমার নেতাকে হত্যা করা হইয়াছে। আমার বাঙ্গালী ভাইরা, ঐক্যবদ্ধ হউন এবং ইহার প্রতিশোধ নিন- গ্রামে গ্রামে ছড়াইয়া পড়ুন- যাহারা আমাদের নেতাকে হত্যা করিয়াছে তাহাদের বিরুদ্ধে আমাদের প্রতিশোধ গ্রহণ করিতে হইবে- হায় বাঙালী। ঐক্যবদ্ধ হইয়া আমার নেতার মৃত্যুর প্রতিশোধ না লইলে আমি আপনাদের বিশ্বাসঘাতক ও অকৃতজ্ঞ বলিব।

অত্যাচারীদের হাত হইতে জনসাধারণের হাতে আবার ক্ষমতা ফিরিয়া আসিলে তাহার বিচার করা হইবে।”

উপরোক্ত বক্তৃতার দ্বারা পূর্বোক্ত অপরাধ অনুষ্ঠিত হইয়াছে বলিয়া অভিযোগে বলা হয়।

এডভোকেট শাহ আজিজুর রহমান এবং জনাব জহিরুদ্দীন এই মামলায় শেখ মুজিবের পক্ষ সমর্থন করিতেছেন।

*To P.F. of Sk. Mujibur Rahman. DIG/ SSI may kindly see, Sd/-17.6 DSPL*

শেখ মুজিবের বিরুদ্ধে রাষ্ট্রদ্রোহ মামলা

আগামী ১৩ই জুলাই শুনানির তারিখ ধার্য

(স্টাফ রিপোর্টার)

ঢাকার অতিরিক্ত ডেপুটি কমিশনার জনাব এম. বি. আলমের এজলাসে আগামী ১৩ই জুলাই প্রাদেশিক আওয়ামী লীগ সম্পাদক শেখ মুজিবর রহমানের বিরুদ্ধে আনীত রাষ্ট্রদ্রোহ মামলার শুনানির তারিখ ধার্য হইয়াছে।

প্রকাশ থাকে যে, ১৯৫৮ সালের পূর্ব পাকিস্তান জননিরাপত্তা আইনের ৭(৩) ধারা এবং পাকিস্তান দণ্ডবিধির ১২৪-ক ধারা অনুযায়ী শেখ মুজিবর রহমানের বিরুদ্ধে এই মামলা আনীত হইয়াছে।

...

শেখ মুজিবের বিরুদ্ধে মামলা

(১ম পৃঃ পর)

...

অত্যাচারীদের হাত হইতে জনসাধারণের হাতে আবার ক্ষমতা ফিরিয়া আসিলে তাহার বিচার করা হইবে।”

উপরোক্ত বক্তৃতার দ্বারা পূর্বোক্ত অপরাধ অনুষ্ঠিত হইয়াছে বলিয়া অভিযোগে বলা হয়।

এডভোকেট শাহ আজিজুর রহমান এবং জনাব জহিরুদ্দীন এই মামলায় শেখ মুজিবের পক্ষ সমর্থন করিতেছেন।

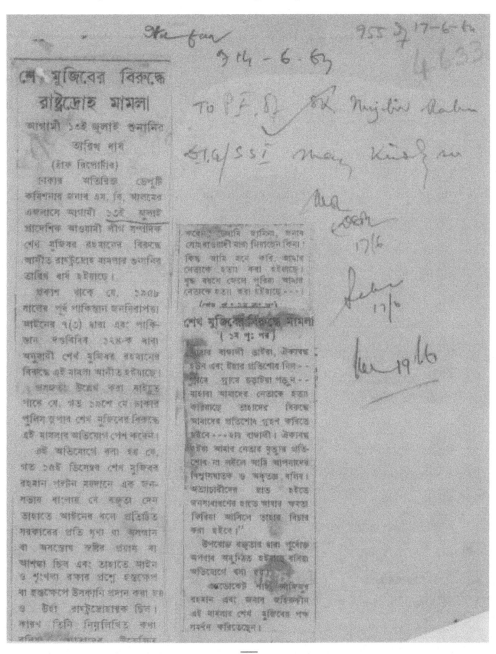

# 169

## *Watch report on Ataur Rahman Khan reveals meeting with Sheikh Mujibur Rahman and other political leaders.*

### Dacca, 14 June 1963

### *C.R. dated 14.6.63.*

Hours of duty     :    06.00 to 11.00 hrs. & 17.00 to 23.00 hrs.

Place of duty     :    500/A Dhanmondi Road-7.

Name of suspect    :    Mr. Ataur Rahman Khan.

### *Result of watch.*

At about 09.45 hrs. the suspect left his quarters and proceeded town side by Auto Rickshaw EBD. No. 8796. After that suspect was not seen to return till 11.00 hrs.

In the evening duty period the suspect was seen present at his quarters. The following person visited the duty place as noted below:-

| | NAME | IN | OUT | CONVEYANCE |
|---|---|---|---|---|
| 1) | Ahamodul Kabir (with three unknown Persons) | 17.25 hrs. | 18.45 hrs. | EBD. Car 5158. |
| 2) | Md. Solaman (with three unknown Persons) | 17.30 hrs. | 20.00 hrs. | EBD. Car 2816. |
| 3) | Syed Azizul Haque | 17.32 hrs. | 20.00 hrs. | Rickshaw. |
| 4) | Zahir Uddin (Advocate) | 17.30 hrs. | 20.00 hrs. | Rickshaw. |
| 5) | Abdus Samad | 17.30 hrs. | 21.30 hrs. | On foot. |
| 6) | Hamidul Haq Choudhury. | 17.40 hrs. | 18.30 hrs. | EBD. Car. 6781. |
| 7) | Pir Mahashin Uddin | 17.45 hrs. | 21.30 hrs. | Rickshaw. |
| 8) | Yousuf Ali Choudhury. | 17.30 hrs. | 21.50 hrs. | KAA Car. 1434. |
| 9) | Mahmud Ali | 17.45 hrs. | 21.30 hrs. | Rickshaw. |
| 10) | Kamaruddin (Advocate) | 17.30 hrs. | 21.30 hrs. | EBA. Car. 6856. |
| 11) | Mr. Nurul Amin. | 18.15 hrs. | 20.45 hrs. | EBA. Car. 4043. |
| 12) | Syedul Hossain. | 17.45 hrs. | 18.50 hrs. | EBC. Car. 567 |
| 13) | Sk. Mujibur Rahman. | 20.00 hrs. | 21.00 hrs. | EBD. Car. 4578 |
| 14) | Iqbal Ansari (with two unknown persons.) | 17.50 hrs. | 21.50 hrs. | EBD. Car. 4578 |
| 15) | Mahiuddin Ahmed. | | 21.00 hrs. | Rickshaw. |

S.I. Md. Ilias Miah visited the duty place.

Submitted.
W/C Shamsul Haq of S.B.
Dacca. Dt. 15.6.63.

*Seen. Copy to P.F. of Ataur Rahman Khan. A meeting of Relief Committee was held here. Sd/- M. Yunus. 15.6.63. DS II may pl. see for Sl. No. 5 & 9. DS III may pl. see for Sl. No. 15. Sd/- A.H.M. Mohiuddin, O/C watch. 15.6.63.*

—

# 170

## *Watch on Sheikh Mujibur Rahman reveals Anwar Husain, Reza Ali and some other student workers visited his residence.*

### Dacca, 18 June 1963

Ref: C.R. dated 13.6.63
Reg: Sk. Mujibur Rahman,
677 R/A., Rd. 32.

It is learnt on secret enquiry that Anwar Husain s/o Manik Miah, Reza Ali s/o T. Ali and some other student workers of the Chittagong cyclone affairs visited the residence of the subject on 13.6.63. The names and particulars of the unknown workers could not be collected through secret enquiry.

Submitted
Sd/-18.6.63.

*DSVI may pl. see. Sd/-19.6.63 O/C, Watch. Copies of its reports and watch report to P.F. of Sk. Mujibur Rahman. Sd/- M. Yunus. 19.6.63.*

—

# 171

## *Sheikh Mujibur Rahman demanded implementation of Krug Mission Plan for flood control.*

### Dacca, 18 June 1963

*Ittefaq dt. 18.6.63*

### ক্রুগ মিশন পরিকল্পনা বাস্তবায়ন কর

#### প্রদেশের বন্যা নিয়ন্ত্রণে ফুলপুরের জনসভায় শেখ মুজিবের দাবী

##### (ইত্তেফাক'-এর ভ্রাম্যমাণ প্রতিনিধি)

ময়মনসিংহ, ১৭ই জুন-গতকল্য ময়মনসিংহ জেলার ফুলপুরে অনুষ্ঠিত এক বিরাট জনসভায় বক্তৃতাদানকালে আওয়ামী লীগের সাধারণ সম্পাদক শেখ মজিবর রহমান পূর্ব পাকিস্তানে বন্যা

নিয়ন্ত্রণকল্পে অবিলম্বে ক্রুগ মিশন পরিকল্পনা বাস্তবায়নের দাবী জানান। তিনি বলেন, বন্যার ফলে পূর্ব পাকিস্তানে প্রতি বৎসর যে ব্যাপক শস্যহানি ঘটিয়া থাকে, বন্যা নিয়ন্ত্রণ করিয়া এই বিপুল পরিমাণ অপচয় বন্ধ করা যাইতে পারে। তিনি আরও বলেন, ইহা খুবই পরিতাপের বিষয় যে, সিন্ধু অববাহিকা উন্নয়ন পরিকল্পনা ও পানির লবণাক্ততা নিরোধ পরিকল্পনার জন্য সরকার যেক্ষেত্রে ১৫০০ কোটি টাকা এবং ইসলামাবাদে নয়া রাজধানী নির্মাণে আরও ৫০০ কোটি টাকা ব্যয় করিতেছেন, সেক্ষেত্রে পূর্ব্ব পাকিস্তানের বন্যা নিয়ন্ত্রণ পরিকল্পনার জন্য এক হাজার কোটি টাকাও প্রদান করিতেছেন না। সরকারকে উহার আন্তরিকতা প্রমাণের জন্য বন্যা নিয়ন্ত্রণ পরিকল্পনার পূর্ব পাকিস্তানকে অর্থ প্রদানের জন্য তিনি সরকারের প্রতি আহবান জানান। (অসমাপ্ত)

*To P.F. Sd/-20.6 DS/PL*

ক্রুগ মিশন পরিকল্পনা বাস্তবায়ন কর

প্রদেশের বন্যা নিয়ন্ত্রণে ফুলপুরের জনসভায় শেখ মুজিবের দাবী

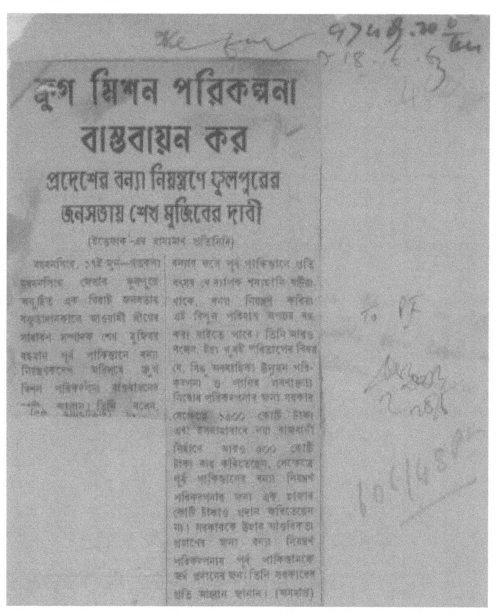

# 172

## *Sheikh Mujibur Rahman demanded Tribunal to find out informantion regarding Gandhara Industries.*

Dacca, 21 June 1963

*Ittefaq dt. 21.6.63*

**গান্ধারা ইন্ডাষ্ট্রীজ প্রসঙ্গে ট্রাইব্যুনাল দাবী**

*সম্প্রতি উদ্‌ঘাটিত তথ্যাদি সম্পর্কে শেখ মজিবের বিবৃতি*

গতকল্য (বৃহস্পতিবার) সাবেক পূর্ব পাকিস্তান আওয়ামী লীগের সাধারণ সম্পাদক শেখ মজিবর রহমান এক বিবৃতিতে বলেন যে, জাতীয় পরিষদে উদঘাটিত তথ্যে পাকিস্তানের প্রত্যেক সুবিবেচক নাগরিক বিস্মিত ও স্তম্ভিত হইয়াছেন। সামরিক শাসনকালে স্বজনপ্রীতি, দুর্নীতি, ব্যক্তিগত লোভ ও সুবিধা গ্রহনের জন্য রাজনীতিকদের বিরুদ্ধে অভিযোগ আনয়ন ও কুৎসা রটনা করা হইয়াছে; দেশের বিশিষ্ট রাজনীতিকদের এবডো ও পোডো অনুযায়ী অযোগ্য ঘোষণা করা হইয়াছে; হিসাব দেখানো হয় নাই এমন অতিরিক্ত সম্পদ অর্জনের জন্য গ্রেফতার করা হইয়াছে, দুর্নীতি ও অসদাচরণের দায়ে র্নিদিষ্ট মামলায় অভিযুক্ত করা হইয়াছে এবং এমনকি নিরাপত্তামূলক ব্যবস্থার মারফৎ তাঁহাদের কারাপ্রাচীরের অন্তরালে প্রেরণ করা হইয়াছে। আমাকেসহ কতিপয় রাজনীতিকদের বিরুদ্ধে মিথ্যা ও হাস্যকর মামলা আনয়ন করা হইয়াছে। কিন্তু সাক্ষীদের ভয় দেখানো সত্ত্বেও আদালত হইতে আমাদের মুক্তি দেওয়া হয়। কিন্তু অতীতে কখনও রাষ্ট্র প্রধান এবং কোন রাজনীতিকদের বিরুদ্ধে স্বজনপ্রীতির এমন তথ্য উদঘাটিত হয় নাই। গান্ধারা ইন্ডাষ্ট্রীজ সম্পর্কে যে তথ্য প্রকাশিত হইয়াছে, তাহাতে যেকোন গণতান্ত্রিক দেশে সরকারের ইস্তফা দানের পক্ষে যথেষ্ট কারণ বলিয়া বিবেচিত হয়। বিষয়টির প্রতি মেসার্স ফজলুল কাদের ও শোয়েবের সমর্থন ইহার অন্তর্নিহিত দুর্বলতাকে প্রকট করিয়াছে এবং "নিরঙ্কুশ ক্ষমতায় নিরঙ্কুশ দুর্নীতি" সৃষ্টি করে বলিয়া লর্ড একইনের উক্তির সত্যতা প্রমাণিত হইয়াছে। প্রেসিডেন্ট আইয়ুব যখন ক্ষমতা দখল করেন, তখন তাঁহার যে পুত্র শুধুমাত্র একজন ক্যাপ্টেন ছিলেন এবং তাঁহার পুত্রের শ্বশুর যিনি একজন লেঃ জেনারেল হিসাবে অবসর গ্রহণ করেন, তাঁহারা কিভাবে রাতারাতি গান্ধারা ইন্ডাষ্ট্রীজ চালু করা এবং জেনারেল মোটরস কুক্ষিগত করার মত হোমরা-চোমরা ব্যবসায়ী হইয়া উঠিতে পারেন, তাহা কাহারাও বিশ্বাসে কুলাইবে না।

বিকেন্দ্রীকরণের নামে কর্নফুলী পেপার মিল কেন দাউদ কর্পোরেশনের নিকট হস্তান্তরিত করা হইল, জনসাধারণের তাহা জিজ্ঞাসা করার অধিকার রহিয়াছে। কাহার নির্দেশে ইহা করা হইয়াছে? আইয়ুব খানের পুত্র কি উক্ত কর্পোরেশনের একজন ডিরেক্টর? তিনি কর্পোরেশন হইতে কত টাকা নেন? ইহা কি সত্য যে, আইয়ুব পরিবারে লোকেরা পেট্রো কেমিক্যাল ইন্ডাষ্ট্রীজ ও হোটেল

মেট্রোপোলের ব্যবসায় নিয়ন্ত্রণ করেন? পাকিস্তানী সংবাদপত্রে প্রকাশিত কাহিনী ছাড়াও বিদেশী সংবাদপত্রে প্রেসিডেন্টের ব্যক্তিগত জীবন সম্পর্কে দুঃখজনক কাহিনী প্রকাশিত হইয়াছে।

এই অভিযোগসমূহ অত্যন্ত গুরুতর এবং জাতির পক্ষে প্রেসিডেন্ট ও তাঁহার সরকারের পদত্যাগ দাবী এবং সুপ্রীম কোর্ট ও হাইকোর্টের জজদের লইয়া গঠিত ট্রাইব্যুনালের নিকট অভিযোগ সম্পর্কে জওয়াবদান ও নিজেকে অভিযোগ মুক্ত করিতে বলার অধিকার রহিয়াছে। আমি বিশ্বাস করি যে, দেশের একটি রাজনৈতিক দলের বিশিষ্ট সদস্য হিসাবে তিনি এই ধরনের ট্রাইব্যুনালের নিকট আত্নসমর্পন করিতে দ্বিধা করিবেন না।

আমরা জানি যে, প্রেসিডেন্ট সারাজীবন একজন সৈনিক ছিলেন এবং জাতীয় অথবা আন্তর্জাতিক রাজনীতি সম্পর্কে তাঁহার শিক্ষা-দীক্ষা নাই। কাজেই তিনি যাহা বলেন ও করেন, তাহার তাৎপর্য তিনি বুঝিতে পারিবেন বলিয়া আশা করা যায় না। কিন্তু এখন তাঁহার বুঝা উচিত যে, তিনি যদি অভিজ্ঞের মত কথাবার্তা বলিতে থাকেন, তবে পাকিস্তান আন্তর্জাতিকভাবে হেয় হইয়া পড়ে। চীনের বিরুদ্ধে পন্ডিত নেহরুর নিকট তাঁহার ভারত ও পাকিস্তান যৌথ দেশরক্ষা প্রস্তাব অবিজ্ঞোচিত হইয়াছে এবং ভারতও সরাসরি তাহা অগ্রাহ্য করিয়াছে। আফগানিস্তান, ভারত, পাকিস্তান ও বার্মাকে লইয়া দক্ষিণ-পূর্ব এশিয়ায় একটি সাধারণ বাজার গঠন সম্পর্কে তাঁহার প্রকাশ্য প্রস্তাব উক্ত দেশগুলির নিকট বিদ্রুপের খোরাক হইয়াছে। তুরস্ক, ইরান ও আফগানিস্তানকে লইয়া কনফেডারেশন গঠন সম্পর্কে তাঁহার সর্বশেষ প্রস্তাবটি ইঙ্গ-মার্কিন জোট কর্তৃক চেষ্টাকৃত মধ্যপ্রাচ্য দেশরক্ষা চুক্তির অনুরূপ ভাগ্য বরণ করিতে বাধ্য হইবে।

কনফেডারেশন গঠনের প্রস্তাব করার ক্ষমতা তাঁহাকে কে দিয়াছে, তাহা প্রেসিডেন্টর নিকট জিজ্ঞাসা করার অধিকার দেশের রহিয়াছে। তিনি কি এই প্রস্তাবের গুরুত্ব উপলব্দি করিতে পারিতেছেন ! অথবা তিনি কি জাতীয় জীবনে যাহা করিয়াছেন এবং কাশ্মীর সম্পর্কে তাঁহার ব্যর্থতা ঢাকার উদ্দেশ্যে জনগণের দৃষ্টি অন্যদিকে ধাবিত করার চেষ্টা করিতেছেন? যে-কোন ভাবেই হউক, তিনি আগুন নিয়া খেলিতেছেন।

পূর্ব পাকিস্তান যখন দুর্ভিক্ষ, বেকারী, বন্যা, ঘুর্ণিবাত্যার দ্বারা জর্জরিত, তখন প্রেসিডেন্টের সরকার ইসলামাবাদের উন্নয়নকল্পে ৯০ কোটি টাকা ব্যয় করিতে যাইতেছেন। যখন উন্নয়নের ক্ষেত্রে পূর্ব ও পশ্চিম পাকিস্তানের মধ্যে বৈষম্য বৃদ্ধি পাইতেছে, যখন পূর্ব পাকিস্তান স্বায়ত্তশাসন দাবী করিতেছে, তখন পূর্বাঞ্চলের জনসাধারণের ন্যায্য দাবী দাবাইয়া রাখার উদ্দেশ্যে প্রেসিডেন্ট আন্তর্জাতিক প্রশ্ন তৈরীর চেষ্টা করিতেছেন। আমাদের দাবী সরল ও দ্ব্যর্থতাশুন্য--- আমাদের জনগণ যাহাতে ঘুর্ণিবাত্যা অথবা সামুদ্রিক জলোচ্ছাস, দুর্ভিক্ষ অথবা ব্যাধিতে লাখে লাখে না মারা যায় তজ্জন্য আমাদের জাতীয় ও বৈদেশিক আয় দ্বারা নিজেদের উন্নয়ন করিতে চাই। আমাদের ভবিষ্যতের জন্য আমাদের কাজ করার অধিকার রহিয়াছে। প্রেসিডেন্টের বাস্তবতার সম্মুখীন হওয়া উচিত। বিভেদ, বিচ্ছিন্নতা ও বৈদেশিক শক্তির সঙ্গে ষড়যন্ত্রের ধুঁয়া তুলিয়া আমাদের আশা-আকাঙ্খা দমনের চেষ্টা করিয়া কোন লাভ হইবে না।

গান্ধারা ইণ্ডাষ্ট্রীজ প্রসঙ্গে ট্রাইব্যুনাল দাবী
সম্প্রতি উদ্‌ঘাটিত তথ্যাদি সম্পর্কে শেখ মুজিবের বিবৃতি

গান্ধারা ইণ্ডাষ্ট্রীজ প্রসঙ্গে ট্রাইব্যুনাল দাবী

*Jehad dt. 21.6.63.*

পদত্যাগ করিয়া ট্রাইব্যুনালের মোকাবিলা করুন

গান্ধার ইন্ডাষ্ট্রিজ সম্পর্কে প্রেসিডেন্ট আইয়ুবের প্রতি শেখ মুজিবের আহ্বান

*(ষ্টাফ রিপোর্টার)*

গতকল্য (বৃহস্পতিবার) সাবেক পূর্ব পাকিস্তান আওয়ামী লীগের সাধারণ সম্পাদক শেখ মুজিবুর রহমান জাতীয় পরিষদের রাষ্ট্র-প্রধান প্রেসিডেন্ট আইয়ুবের বিরুদ্ধে স্বজন-প্রীতির যে অভিযোগ আনা হইয়াছে, তৎসম্পর্কে এক বিবৃতিতে বলেন যে, অভিযোগ খুবই মারাত্মক। জাতির

এ ব্যাপারে কৈফিয়ত তলব করার এবং প্রেসিডেন্ট ও তাঁহার সরকারকে পদত্যাগ করিয়া সুপ্রীম কোর্ট ও হাইকোর্টের বিচারপতি সমন্বয়ে গঠিত ট্রাইব্যুনালের সম্মুখে হাজির হইয়া এই অভিযোগ মোকাবিলা করার এবং নিজেদের দোষ স্খলনের আহ্বান জানানোর অধিকার রহিয়াছে।

তিনি আরও বলেন যে, জাতীয় পরিষদে চাঞ্চল্যকর তথ্য প্রকাশের ফলে দেশের প্রত্যেকটি চিন্তাশীল নাগরিক স্তম্ভিত ও হতভম্ব হইয়া পড়িয়াছে। তিনি আরও বলেন যে, সামরিক শাসনামলে রাজনীতিবিদগণের বিরুদ্ধে স্বজন-প্রীতি ও দুর্নীতির অভিযোগ আনয়ন করিয়া প্রকাশ্যে আক্রমণ চালানো হইয়াছে, এবডো এবং পোডো মারফত নেতৃস্থানীয় রাজনীতিবিদগণকে অযোগ্য ঘোষণা করা হইয়াছে এবং নিরাপত্তা আইনে কারাগারে বন্দী রাখা হইয়াছে। এমন কি অনেকের বিরুদ্ধে মিথ্যা মামলা চালানো হইয়াছে কিন্তু সকলেই সসম্মানে মামলা হইতে অব্যাহতি লাভ করিয়াছে।

বিবৃতিতে জনাব মুজিবুর রহমান বলেন যে, জাতীয় পরিষদে প্রেসিডেন্টের বিরুদ্ধে স্বজন-প্রীতির যেই অভিযোগ আনয়ন করা হইয়াছে, পূর্বে কোন রাষ্ট্র-প্রধান বা কোন রাজনীতিবিদদের বিরুদ্ধে অনুরুপ অভিযোগের কথা শুনা যায় নাই। গান্ধারা ইন্ডাষ্ট্রিজ লিঃ সম্পর্কিত তথ্য প্রকাশের পর গণতান্ত্রিক পদ্ধতি অনুসারে সরকারের পদত্যাগ করা উচিত।

মেসার্স ফজলুল কাদের ও শোয়েব কর্তৃক উক্ত ব্যাপারে কর্তৃপক্ষকে সমর্থন দান তাঁহাদের দুর্বলতাই শুধু প্রকাশ করিয়াছে। তিনি আরও বলেন যে, প্রেসিডেন্টের ক্ষমতা গ্রহণকালে তাঁহার ছেলে যেই ক্ষেত্রে সামরিক বাহিনীর সাধারণ একজন ক্যাপ্টেন এবং ছেলের শ্বশুর একজন লেফট্যান্যান্ট জেনারেল হিসাবে অবসর গ্রহণ করেন, সেই ক্ষেত্রে জেনারেল মটরস পরিচালনার দায়িত্ব গ্রহন করিয়া গান্ধারা ইন্ডাষ্ট্রিজ আরম্ভ করিবার মত শিল্পপতি রাতারাতি কিভাবে হইলেন, ইহা কেহ কল্পনাই করিতে পারিবেন না।

তিনি আরও বলেন যে, জনসাধারণের এখন জিজ্ঞাসা করিবার অধিকার আছে যে, মূলধন প্রত্যাহারের নামে কেন কর্ণফুলী কাগজের মিল দাউদ কর্পোরেশনের নিকট হস্তান্তরিত করা হইল? কাহার উদ্যোগে ইহা হইল? আইয়ুব খানের ছেলে কি উক্ত কর্পোরেশনের ডিরেক্টর? ইহা কি সত্য যে, আইয়ুব খানের পরিবার পেট্রো-কেমিকেল ইন্ডাষ্ট্রিজ এবং হোটেল মেট্রোপোল নিয়ন্ত্রণ করিতেছে?

তিনি আশা প্রকাশ করেন যে, দেশের একটি রাজনৈতিক দলের নেতৃস্থানীয় সদস্য হিসাবে তিনি অনুরূপ ট্রাইবুন্যালের নিকট আত্মসমর্পণ করিতে সংকোচ বোধ করিবেন না।

জনাব রহমান বলেন যে, আভ্যন্তরীণ ও আন্তর্জাতিক রাজনীতিতে একেবারে অনভিজ্ঞ সমগ্র জীবনব্যাপী যিনি সৈনিক ছিলেন, তাঁহার প্রস্তাবিত ভারতের সহিত যুক্ত রক্ষাব্যবস্থা, দক্ষিন এশিয়ার দেশগুলি লইয়া কমনমার্কেট ও তুরস্ক, ইরান এবং আফগানিস্তানকে লইয়া কনফেডারেশন গঠনের পরিকল্পনা বিদেশে পাকিস্তানের পক্ষে অসম্মানজনক।

তিনি আরও বলেন যে, কনফেডারেশনের প্রস্তাব করিবার ক্ষমতা প্রেসিডেন্টকে কে দিল-এই মর্মে দেশবাসী প্রশ্ন করিতে পারে। জনাব মুজিবুর রহমান প্রশ্ন করেন যে, তিনি কি প্রস্তাবের গুরুত্ব উপলব্দি করিতে পারেন, না শুধু মাত্র দেশবাসীকে ভাওতা দিবার জন্য এবং বিশেষতঃ কাশ্মীরের

ব্যাপারে সম্পূর্ণ ব্যর্থ হওয়ার ফলে দেশবাসীর দৃষ্টিকে বিপথগামী করিবার জন্য অনুরূপ চেষ্টা করিতেছেন।

পরিশেষে তিনি উল্লেখ করেন যে, যখন পূর্ব পাকিস্তানিগণ বন্যা, ঘূর্ণিবাত্যা, দুর্ভিক্ষ ও বেকারত্বের মধ্য দিয়া দিনাতিপাত করিতেছে, তখন প্রেসিডেন্টের সরকার ইসলামাবাদের উন্নয়নের জন্য ৯০ কোটি টাকা খরচ করিতেছেন। জনাব রহমান ঘোষণা করেন যে, আমাদের দাবী অত্যন্ত সহজ ও সরল, দুর্ভিক্ষ, ঘূর্ণিবাত্যা ও জলোচ্ছ্বাসে মৃত্যুর হাত হইতে রক্ষা পাইবার জন্য আমরা আমাদের দেশী ও বিদেশী আয় দ্বারা নিজদিগকে গড়িয়া তুলিতে চাই, আমাদের লক্ষ্যক্ষেত্রে পৌছিবার জন্য কাজ করিবার অধিকার আমাদের আছে। তিনি প্রেসিডেন্টের উদ্দেশে বলেন যে, ভূয়া ধ্বংসাত্মক ও বিচ্ছেদমূলক কার্যকলাপের ধুয়া তুলিয়া আমাদের আকাংখা দমনের চেষ্টা বৃথায় পর্যবসিত হইবে।

*Pl. put up in file, Sd/-3.7*

পদত্যাগ করিয়া ট্রাইব্যুনালের মোকাবিলা করুন

English translation of a statement of Sk. Mujibur Rahman, General Secretary of the defunct East Pakistan Awami League published in the daily Ittefaq dated 21.6.63.

Demand of Tribunal in connection with Gandhara Industries. Statement of Sk. Mujibur Rahman on the information recently revealed.

Sk. Mujibur Rahman, Secretary of the defunct East Pakistan Awami League yesterday said in a statement that every sensible citizen of Pakistan has been surprised and astounded at the information revealed in the National Assembly. During Martial Law regime complaints were brought and canards were spread against politicians for nepotism, corruption and for personal greed and for taking advantage (of official power) and important politicians were disqualified under EBDO and PODO. They were arrested for unaccountable properties and prosecuted for corruption and misconduct and even were sent behind prison bar on security grounds. False and ridiculous cases were brought against some politicians including myself. But in spite of threats held out to witnesses we were set free by the Courts.

But no information of such nepotism against the head of the state and any politicians came to notice in the past. The information which came to light about Gandhara Industries is considered a sufficient ground for the resignation of a Govt. in any democratic country. The support given by M/s. Fazlul Quader Choudhury and Shoib to this deal, had exposed its inner weakness and proved the truth of the statement of Lord Act on "absolute power brings absolute corruption". When President Ayub captured power his son was mere a captain and the father-in-law of his son had retired as a Lieutenant General, and, it will not be believable to anybody as to how they could be big businessmen so as to run the Gandhara Industry and acquire General Motors overnight.

People have the right to ask why the Karnafuli Paper Mills was transferred to Dawood Corporation on the plea of decentralisation. At whose order it was done? Is the son of Ayub Khan is a Director in the said corporation? What amount of money does he take from the corporation? Is it true that the members of Ayub Family control the business of Petro-Chemical Industries and Hotel Metropole. Besides the story published in Pakistani newspapers sad story about private life of the President has been published also in foreign papers.

This allegation is very serious and the Nation has the right to demand resignation of the President and his Govt. and his appearance before a tribunal consisting of Judges of the Supreme Court and High Court and prove his innocence of the guilt. I believe that as an important member of a political organisation of the country, he will not hesitate to surrender before such a tribunal.

We know that the President was all his life a soldier and has no education and training in National and International politics. So it is not expected that he understands the meaning of what he says and does. But he should now understand that if he speaks like an experienced man, Pakistan will be internationally lowered in prestige. His proposal to Pandit Nehro for Indo-Pak. joint Defence against China was unwise, and, India straightway rejected it. His open proposal for the formation of a Common Market in South East Asia with Afghanistan, India, Pakistan and Burma has become a subject ridicule to these countries. His last proposal for the formation of confederation with Turkey, Iran, Afganistan will meet the same fate as that of the Anglo American sponsored Middle East Defence pact.

The country has the right to ask the President as to who has given him the power to give proposal for confederation. Is he able to understand the importance of this proposal or is he trying to divert the attention of the people to cover up what he has done in the National life and his failure regarding Kashmir? Any how he is playing with fire.

The Govt. of the President is going to spend Rs. 90 crores for development of Islamabad when the people of East Pakistan are seriously suffering due to famine, unemployment, flood and cyclone. When the disparity between East and West Pakistan is widening in the field of development, when East Pakistan is demanding regional autonomy, the President is trying to create International question by suppressing legitimate demands of the people of the East wing.

Our demands are simple and unambiguous – we want to develop ourselves with the National income and foreign exchange earnings so that the people do not die in lacs due to cyclone, or tidal bore, famine or disease. We have the right to work for our future. The President should face realities. It will not be possible to suppress our hopes and aspirations by raising (baseless) questions of disruption, secession, and conspiracy with foreign powers.

—

## 173

*Watch report on Nurul Amin reveals Sheikh Mujibur Rahman and other political leaders visited him.*

Dacca, 3 July 1963

### C.R. dated 3.7.63.

Hours of duty   :  06.00 to 11.00 hrs. & 17.00 to 23.00 hrs.

Place of duty    :  20, New Eskaton Road.

Name of suspect  :  Mr. Nurul Amin.

### Result of Watch.

In the morning duty period at about 10.00 hrs. the suspect left his quarter and proceeded towards the town side by EBD. Car No. 4043. Then he was not returned back till 11.00 hours.

In the evening duty period the following known and unknown persons were visited my duty place and the suspect seen present in his quarter till 23.00 hours.

| | Known & unknown persons | In | Out | Car. |
|---|---|---|---|---|
| 1. | Mr. Hamidul Chowdhury. | 18.00 | 20.10 | EBD.6781. |
| 2. | Mr. Ataur Rahman. | 18.10 | 20.20 | EBA.3131 |
| 3. | Sk. Mozibur Rahman. | | | |
| 4. | Mr. Iqbal Ansari. | 18.15 | 21.00 | EBD.4578(J) |
| 5. | Md. Solaiman. | 19.25 | 21.15 | EBD.7725. |
| 6. | Khaja Khair Uddin. | 19.00 | 19.40 | EBD. 9333. |
| 7. | Mr. Mohamud Ali. | 18.20 | 21.20 | EBA. 670. (Auto Rick.) |
| 3. | (Three unknown) | 19.16 | 20.18 | EBD. 7433. |
| 2. | (Two unknown) | 19.22 | 20.19 | EBA. 206 (Auto Rick.) |

Submitted.
W/C
S.B.E.P., Dacca. Dt. 4.7.63.

*It is reported that they were Haji Md. Danesh, Pir Mohsiruddin & Shah Azizur Rahman.*
*Sd/- A.H.M. Mohiuddin. O/C Watch.4.7.63. Seen. A meeting of the NDF was held. Copies to respective P.Fs. Sd/- M. Yunus. 4.7.63.*

—

### C.R. dated 3.7.63.

Hours of duty     :   11.00 hrs. to 17.00 hrs.
Place of duty     :   20, New Eskaton Road.
Name of Suspect   :   Mr. Nurul Amin.

### Result of Watch.

Returned to his quarters from outside by his Car No. EBD. 4043 at about 16.00 hrs. He was seen present at his quarters till 17.00 hrs.

No suspect or suspicious persons were visit the above noted place.

Submitted.
A.S.I. Md. Muttaleb Hossain.
S.B.E.P., Dacca.
*Sd/- A.H.M. Mohiuddin. 4.7.63. Seen. Sd/- M. Yunus. 4.7.63.*     Dt. 4.7.63.

—

# 174

*Watch report on Ataur Rahman Khan reveals Sheikh Mujibur Rahman and other political leaders visited him.*

## Dacca, 10 July 1963

### *C.R. dated 10.7.63.*

Hours of duty    : 06.00 to 11.00 hrs. 17.00 to 23.00 hrs.

Place of duty     : No. 500/A Dhanmondi Road No. 7

Name of suspect  : Mr. Ataur Rahman Khan.

### *Result of Watch.*

I attended my morning duty at the above noted place for the above noted suspect. At about 09.00 hrs. suspect, S.K. Majebar Rahman entered into the said place by Car No. 3131 EBA. At about 09.15 hrs. suspect Mr. Ataur Rahman Khan left his quarter along with suspect Mr. S.K. Majebar Rahman by Car No. 27 EBD. and proceeded towards the town side. I did duty there up to 11.00 hrs. But the said suspect was not seen to return to his quarter from outside. At that time I point out the said suspect to be Mahbat Ali and w/c Abdul Majed Malik.

Again at 17.00 hrs. I attended my evening duty at the above noted place for the above noted suspect. I did duty there up to 23.00 hrs. But the said suspect was not seen by me. The following known and unknown persons visited my duty place from 19.35 hrs. to 21.15 hrs.

| | Name | In | Out |
|---|---|---|---|
| 1) | S.K. Majebar Rahman. | 19.40 (by Car No. 3131 EBA.) | 21.15 hrs. Car 3131 EBA. |
| 2) | Five unknown persons. | 20.00 hrs. (by Car No. 2611 EBA. | 20.45 hrs. Car No. 2611 EBA. |
| 3) | Two unknown persons. | 20.00 hrs. (by car No. 1488 EBA. | 20.55 hrs. Car No. 1488 EBA. |
| 4) | Three unknown persons. | 20.00 hrs. (by car No. 8656 EBD. | 21.15 hrs. Car No. 8656 EBD. |

S.I. Eliash sb. supervised my duty place from 17.30 hrs. -18.00 hrs. S.I. S.A. Karim sb. supervised my duty place.

Submitted.

W/C Abdul Kader Sarder S.B.

E.P., Dacca.

Dt. 11.7.63.

*S.I. Ayub Ali to fix up sl. nos. 2,3 & 4. Sd/- A.H.M. Mohiuddin, O/C watch. 11.7.63.*

*F.R. awaited. Was any meeting held here? Sd/- M. Yunus.11.7.63. Ext. to P.Fs. Sd/- M. Yunus. 11.7.*

*Sd/- A.H.M. Mohiuddin. 11.7*

# 175

## *Sheikh Mujibur Rahman replying on the comment of Mahmudul Haq Osmani, General Secretary of All-Pakistan NAP.*

### Dacca, 23 July 1963

*Morning News dt. 23.7.63*

### BOTH WINGS' AL UNITED ON FOREIGN POLICY
*Mujib's Rejoinder To Usmani*

Sheikh Mujibur Rahman, former General Secretary of the now defunct East Pakistan Awami League categorically stated in Dacca yesterday that there was no difference of opinion between the East and West Pakistan Awami League regarding foreign policy, reports PPA.

He was commenting on a statement of Mr. Mahmoodul Huq Usmani, General Secretary of the defunct All-Pakistan National Awami Party that the "formation of a National Democratic Party might not be possible on an all Pakistan basis because of a different stand on foreign policy of Awami League Party in East Pakistan.

In a statement issued to the Press, Sheikh Mujibur Rahman maintained: Mr. Usmani clearly makes a positive attempt to make the people believe that formation of a National Democratic Party is not possible for the stated obstacle created by East Pakistan Awami League."

"This," he went on, is not at all the fact. On the contrary, it seems to be a clever device to wedge a rift between East and West Pakistan Awami League and to throw the blame for failure till now to form an NDP on East Pakistan Awami League."

Sheikh Mujibur Rahman declared categorically that there is no difference of opinion between the East and West Pakistan Awami League regarding foreign policy."

"On the other hand those of us who are in the NDF have been getting the best possible co-operation from the rank and file of the East Pakistan NAP except a few leaders who are the real obstacles in the way of working together for a democratic constitution for the country."

Concluding, Sheikh Mujibur Rahman hoped that nobody can be "duped and misguided" by Mr. Usmani's reported statement.

*To P.F. of Sk. Mujibur Rahman. Sd/-31.7.63, 606/48 PF*

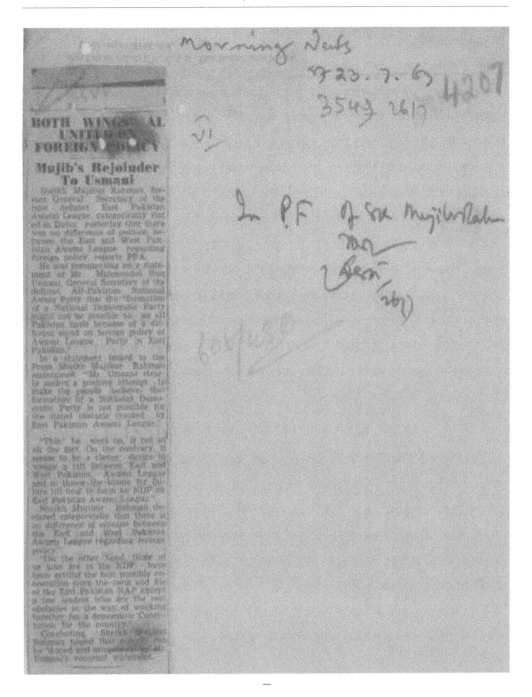

*Ittefaq dt. 23.7.63*

### জাতীয় গণতান্ত্রিক পার্টি গঠনের অন্তরায় আওয়ামী লীগ নহে
#### ওসমানীর কথিত বিবৃতির জবাবে শেখ মুজিবর কর্তৃক প্রকৃত পরিস্থিতি ব্যাখ্যা

অধুনালুপ্ত পূর্ব পাকিস্তান আওয়ামী লীগের প্রাক্তন সাধারণ সম্পাদক জনাব শেখ মুজিবর রহমান গতকল্য (সোমবার) সংবাদপত্রে প্রদত্ত এক বিবৃতিতে বলেন, অধুনালুপ্ত নিখিল পাকিস্তান

ন্যাশনাল আওয়ামী পার্টির সাধারণ সম্পাদক জনাব মাহমুদুল হক ওসমানী কর্তৃক প্রদত্ত বলিয়া কথিত একটি বিবৃতি সম্পর্কে আমার দৃষ্টি আকৃষ্ট হইয়াছে। উহাতে তিনি বলিয়াছেন যে, পররাষ্ট্র নীতি সম্পর্কে পূর্ব পাকিস্তানে আওয়ামী লীগের ভিন্ন মনোভাবের দরুন সর্ব পাকিস্তান ভিত্তিতে একটি জাতীয় গণতান্ত্রিক দল গঠন করা সম্ভবপর না-ও হইতে পারে। জনাব ওসমানী সুস্পষ্টভাবে জনসাধারণের এই ধারণা সৃষ্টির চেষ্টা করিয়াছেন যে, পূর্ব পাকিস্তান আওয়ামী লীগের তরফ হইতে প্রতিবন্ধকতা সৃষ্টির জন্যই জাতীয় গণতান্ত্রিক দল গঠন করা সম্ভবপর হইতেছে না। ইহা আদৌ সত্য নয়। উপরন্তু ইহা পূর্ব পাকিস্তান ও পশ্চিম পাকিস্তান আওয়ামী লীগের মধ্যে বিরোধ সৃষ্টি এবং জাতীয় গণতান্ত্রিক দল গঠনের ব্যাপারে এ যাবৎকালের সমস্ত ব্যর্থতার দায়িত্ব পূর্ব পাকিস্তান আওয়ামী লীগের উপর চাপাইবার একটি সুচতুর প্রচেষ্টা মাত্র। আমি সরাসরিভাবে একথা জানাইয়া দিতে চাই যে, পররাষ্ট্র নীতির ব্যাপারে পূর্ব ও পশ্চিম পাকিস্তান আওয়ামী লীগের মধ্যে কোন প্রকার দ্বিমত নাই, অপরপক্ষে জাতীয় গণতান্ত্রিক ফ্রন্টের মধ্যে আমরা সকলেই নেতৃস্থানীয় কয়েকব্যক্তি ব্যতীত পূর্ব পাকিস্তান ন্যাপের সাধারণ কর্মীদের নিকট হইতে সর্বপ্রকার সহযোগিতা পাইয়া আসিতেছি। দেশের জন্য গণতান্ত্রিক শাসনতন্ত্র প্রবর্তনের উদ্দেশ্যে মিলিতভাবে কাজ করার ব্যাপারে ঐ সমস্ত নেতৃস্থানীয় ব্যক্তিই প্রকৃত অন্তরায় হইয়াছেন। এইরুপ অবস্থায় জনাব ওসমানীর উক্ত বিবৃতিতে কেহই বিভ্রান্ত হইবেন না বলিয়া আমি আশা করি।

## প্রাদেশিক ন্যাপের বৈঠক অনুষ্ঠানের প্রস্তুতি

'ইত্তেফাকে'র ষ্টাফ রিপোর্টারের এক খবরে বলা হয়ঃ ন্যাপের একটি প্রভাবশালী মহল ন্যাপের কেন্দ্রীয় কমিটির প্রস্তাবিত পিন্ডি বৈঠকটি স্থগিত রাখাইয়া তৎপূর্বে পূর্ব পাকিস্তান ন্যাপের প্রাদেশিক কমিটির বৈঠক অনুষ্ঠানের জন্য চেষ্টা করিতেছেন বলিয়া বিশ্বস্ত সূত্রে জানা গিয়াছে। প্রাদেশিক ন্যাপের উক্ত বৈঠকে দেশের সামগ্রিক রাজনৈতিক অবস্থা পর্যালোচনা করা হইবে। এই প্রসঙ্গে প্রাদেশিক কমিটি ন্যাপের পুনরুজ্জীবন করা না-করা বা জাতীয় গণতান্ত্রিক পার্টি গঠন করা না-করা অথবা বর্তমান অবস্থাতেই জাতীয় গণতান্ত্রিক ফ্রন্ট চালু রাখা হইবে কি-না, সে সম্পর্কে বিচার-বিবেচনা করিবেন। এদিকে গত রবিবারে ঢাকায় প্রাপ্ত এক তারবার্তায় জানা গিয়াছে যে, মওলানা ভাসানী ম্যালেরিয়ায় আক্রান্ত হইয়া অসুস্থ হইয়া পড়িয়াছেন।

*P.F. of Sk. Mujibur Rahman. Sd/-DSVI 26.7*

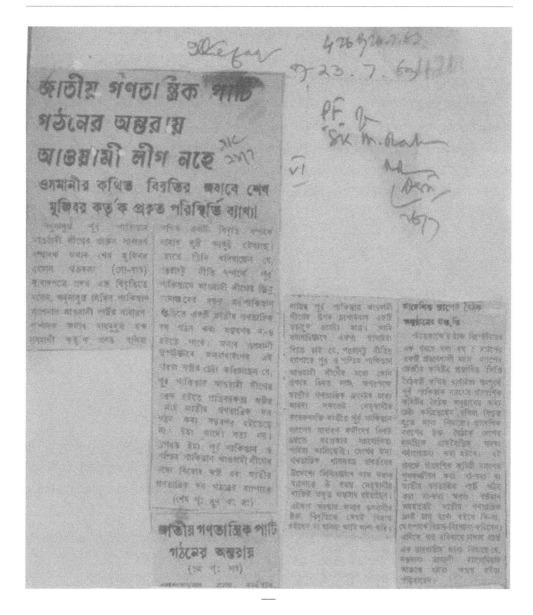

জাতীয় গণতান্ত্রিক পার্টি গঠনের অন্তরায় আওয়ামী লীগ নহে

ওসমানীর কথিত বিবৃতির জবাবে শেখ মুজিবর কর্তৃক প্রকৃত পরিস্থিতি ব্যাখ্যা

জাতীয় গণতান্ত্রিক পার্টি গঠনের অন্তরায়

## 176

*Watch report on Sheikh Mujibur Rahman.*

Dacca, 29 July 1963

***C.R. dated 29.7.63.***

Hours of duty : 06.00 to 11.00 hours & 17.00 to 23.00 hrs.

Place of duty : 677, Dhanmandi, R/A Road No. 32.

Name of suspect : Sk. Majibur Rahman.

### Result of watch.

When I was on duty in the morning time, there the said suspect left his quarter and proceeded towards southern side at about 09.00 hours by his private Car No. EBA 3131. After that he did not return at his quarter from outside till 11.00 hours.

During my evening duty hours said suspect left his quarter and proceeded towards southern side at about 19.30 hours, by the same Car. After that he did not come back at his quarter from outside till 23.00 hours.

No suspects and suspicious persons were seen to visit the duty place.

Submitted,
W/C Md. Monowar Hossain
S.B., E.P., Dacca.
dated 30.7.63.

*Sd/- A.H.M. Mohiuddin. 30.7. When did he go? Sd/- M. Yunus. 30.7.63. S.I. Feroz Meher to enquire & report please. Sd/- A.D.M. Mohiuddin. O/C Watch 30/7. Report is attached pl. Sd/- 10.8.63.*

—

### Ref: C.R. dated 29.7.63.

Reg : Suspect Sk. Majibar Rahman of 677, Dhanmandi R/A Road No. 32.

It is learnt on secret enquiry that suspect Sk. Majibar Rahman had been to Ittefaq office from 20.00 hrs. to 23.00 hours and discussed with suspect Tofazzal Husain @ Manik Miyan regarding the proposed visit of suspect Mahmudul Haque Usmani at Dacca on 30.7.63.

The suspect returned to his quarters at about 23.30 hrs. by his new car E.B.A. 3131.

Submitted
Sd/-10.8.63

*DSVI may please see. Sd/- O/C watch. 10.8. 606/48 PF*

——

# 177
## *Report on arrival and activities of Mahmudul Haq Osmani, All-Pakistan NAP in Dacca.*

Dacca 30 July 1963

### C.R. dated 30.7.63 (mobile)

Sub   :   Mahmudul Haq Osmani
Place   :   Dacca Airport to 3/8 Liaquat Avenue.
Time   :   09.00 to 14.00 hrs.

On 30.7.63 Mr. Mahmudul Haq Osmani arrived at Dacca Airport from Karachi by P.I.A. at 10.50 hrs. In the Airport amongst others he was received by Mahmud Ali (N.A.P.), Abdus Samad (N.A.P.), Abul Kalam (Khulna House), Habibur Rahman of Sylhet, Mudassar Ali of Sylhet and Haider Akbar Khan a student leader of Dacca University. The subject left Dacca Airport by E.B.A. Car No. 3120 (owner Abul Kalam) being accompanied by Mahmud Ali, Samad Madassar Ali and A. Kalam drove the Car. At about 11.50 hrs. they arrived at 3/8 Liaquat Avenue at the residence of Shawkat Ali Khan where Moulana Bhasani were staying. It was learnt that at 3/8 Liaquat Avenue, Haji Danesh (N.A.P. Ex-S.Pr.), Santosh (N.A.P.) of Sangbad, Ex-S.Pr. Anwar Zahid (N.A.P.) and such other (N.A.P.) workers were in discussion with Bhasani before the arrival of Osmani. The subject and the N.A.P. workers present reported to have long discussion about their party programmes keeping in view the present political situation (including foreign affairs) of Pakistan arising out of the massive arms aid to India by the so called friendly Western Countries. In the noon the local N.A.P. workers such as A. Samad, A. Kalam, Santosh, Anwar Zahid, Modassar, Habibur Rahman, Haider Akbar Choudhury left that place. The subject took his lunch there and went to short rest.

Submitted.
Sd/-30.7.63.
14.00 hrs.

*Sd/- A.H.M. Mohiuddin. 31.7.63. Pl. put up programmes. Sd/- A. Majid. 31.8.63.*

—

Precis on the activities of Mahmudul Haque Usmani, Ex-Genl. Secy. of defunct N.A.P. of West Pakistan.

On 30.7.63 at 10.50 hrs. the subject arrived at the Dacca Airport from Karachi by P.I.A. He was received at the Airport by **Mahmud Ali **Abdus Samad, Muddassar Ali of Sylhet, Haider Akbar Khan (Student Leader), Abul Kalam Khan (business man) and Iqbal Alvi (P.I.A. Canteen Manager). From Airport he drove straight to 3/8 Liaquat Avenue along with Mahmud Ali, Abdus Samad, Abul Kalam Khan, and saw Moulana Bhasani. They discussed present political situation of the country. In the discussion almost all the Top Ranking NAP leaders including Mahmud Ali, Abdus Samad, Muddassar Ali, Anwar Zahid, Santosh Gupta, Wali Ahad, Habibur Rahman, Azad Sultan, Shawkat Ali Khan, and others were present.

The subject M.H. Usmani left the place at 14.45 hrs. by Baby Taxi along with Mahmud Ali and went to Hotel Shahabagh.

He put up in room No. 303. At about 19.10 hrs. the subject along with Mahmud Ali and Abul Kalam Khan went to Moulana Bhasani in Car No. EBD. 3120 and saw him (Moulana Bhasani) leaving Dacca for Kagmari, Tangail in Car No. EBD. 4567 (Shawkat's Car).

[The subject and Mahmud Ali then went to Ittefaq office in Baby Taxi at 19.15 hrs. leaving the car of Abul Kalam Khan. In the Ittefaq office they were seen to associate with Sk. Majibur Rahman and Tofazzal Husain @ Manik Miyan. The subject returned to hotel Shahabagh in the car of Sk. Majibur Rahman at 21.35 hrs. who dropped him there. Mahmud Ali also took a lift in the same car and dropped down at his residence at 31, Purana Paltan.]

Submitted.
Sd/-31.7.63.

*Seen. Show DS VI pl. Sd/- A. Majid. 2.8.63. Exts. of portions within[  ] to P.Fs. of Sk. Majibur Rahman and Manik Miyan. Sd/- M. Yunus. 6.8.63.*

—

# 178
## *Report on the meeting of Sheikh Mujibur Rahman and Tofazzal Hossain with Sadri Ispahani.*

### Dacca, 1 August 1963

**Secret**

A reliable secret source reported on 31.7.63 that Maulana Bhashani agreed with the views of Sk. Mujibur Rahman and others. Sk. Mujibur Rahman and his followers are awaiting for Mr. H.S. Suhrawardy.

On the night following 31.7.63, Sk. Mujibur Rahman and Tafazzal Hossain @ Manik Miyan had an engagement with Mr. Sadri Ispahani to see him at his place for some discussion.

Sd/-1.8.63
(A. Ahmed)
S.S., SC.

*Copy may be placed in the respective P.Fs. of Sk. Mujibur Rahman & Tofazzal Hossain.*

—

File 606-48 PF

*DS 1*

*Regarding the proposed visit of Sk. Mujibur Rahman and Manik Mia to the residence of Sadri Ispahani. I beg to submit that Mr. M.A. Ispahani father of Sadri Ispahani who happens to be in U.K. sent a letter to his son wherein he had stated about the present health of Mr. H.S. Suhrawardy. In order to have the details of Mr. Suhrawardy's health from the contents of the letter they wanted to see Mr. Sadri Ispahahi. No information of their having any other motive for such meeting could be had.*

*Sd/-7.8.63*
*Zonal Inspr. H.Q.*

—

# 179

## *Watch report on Sheikh Mujibur Rahman reveals his attempt to meet M H Osmani missed.*

### Dacca, 1 August 1963

### *C.R. dated 1.8.63*

Hours of duty    :   06.00 to 11.00 & 17.00 to 23.00 hrs.

Place of duty    :   677 Dhanmondi R/A Road No. 32.

Name of suspect  :  Sk. Majibur Rahman.

### *Result of watch.*

At about 08.00 hrs. the above noted suspect came out from his quarter and proceeded towards town side by his Car No. E.B.A. 3131. I was there till 11.00 hrs. but the said suspect was not seen to return again.

Evening duty period the above noted suspect at about 19.00 hrs. the said suspect came out from his quarter and proceeded towards town side by his same car. I was there till 23.00 hrs. but the subject was not seen to return again.

Submitted.
W.C. Emdadul Hoque of S.B.,
Dt. 2.8.63.

*SSII may kindly see P.F. Sd/- M. Yunus. 2.8.63. Seen. Sd/- S.A. Khasru. 2.8.63.*

*He went to Hotel Shahabag to meet M.H. Osmani but as he was not present in his room No. 303 the subject left the place. Sd/- A.H.M. Mohiuddin. 2.8.63.*

—

# 180

## Watch report on Ataur Rahman Khan reveals Sheikh Mujibur Rahman and other political leaders visited him.

### Dacca, 3 August 1963

**C.R. dated 3.8.63.**

Hours of duty      : 06.00 to 11.00 hrs. & 17.00 to 23.00 hrs.

Place of duty       : 500/A Dhanmondi R/A Road No.7

Name of suspect  : Ataur Rahman Khan.

### Result of watch.

At about 08.45 hrs. the above noted suspect came out from his quarter and proceeded towards town side by his Car No. E.B.D. 27. I was there till 11.00 hrs. but the said suspect was not seen to return.

In the evening duty period at about 20.00 hrs. three unknown persons came from outside and entered into my suspect's quarter by Car No. EBA. 2982, at the same time the suspect Ataur Rahman came out from his quarter and got up the above said car and proceeded towards town side along with the said three unknown persons. I was there till 23.10 hrs. but the said suspect was not seen to return.

The following suspect visited my suspect's quarter in between time and given below :-

|  |  | IN | OUT |
|---|---|---|---|
| 1) | Hazi Md. Dhanesh | 17-30 hrs.<br>on foot | 19-55 hrs.<br>on foot |
| 2) | Mahmod Ali<br>Mahmudul Haque Osmani. | 17-40 hrs.<br>By Baby Taxi<br>EBD. 7141 | 19-00 hrs.<br>By Baby Taxi<br>No. EBA. 826. |

The said suspects being shadowed by S.I. Ayub Ali Sb.

| (3) | Sk. Majibur Rahman    X | 18-55 hrs.<br>By Car No. EBA. 3131 |
|---|---|---|

S.I. Md. Illias Sb. supervised the duty place from 17.00 hrs. to 17.30 hrs.

Submitted.

W.C. Kh. Shamsul Huda of S.B.

Dacca. Dt. 4.8.63.

*Sd/- A.H.M. Mohiuddin. 5/8/63. SS II/DS I may like to see. Exts. to P.Fs. The object of visit is being ascertained through the source. Sd/- M. Yunus. 3.8.63. Sd/- S.A. Khasru. 6.8.63. Sd/- A. Majid. 7.8.63.*

---

Hours of duty : 06.00 to 11.00 & 17.00 to 23.00 hrs.

Place of duty : 500/A Dhanmondi Road No. 7

Name of suspect : Ataur Rahman Khan.

### *Result of watch.*

In the morning duty period the said suspect at about 10.00 hrs. left from his quarter by Car EBD. No. 27 and proceeded towards town side. Then the suspect was not seen to return to his quarter from outside till 11.00 hrs.

In the evening duty period the said suspect was seen present at his quarter at about 21.15 hrs. Then the suspect was not seen again by me till 23.00 hrs.

The following suspect visited the said place of different car and different time as noted below:-

|  | | *IN* | *OUT* |
|---|---|---|---|
| 1) | Sk. Muzibur Rahman | 20.07 hrs. Car EBA. 3131 | X |
| 2) | Mahmudul Haque Osmani | 20.05 hrs. EBA. 221 baby Taxi. | X |
| 3) | Mahmud Ali Yousuf Ali Choudhury | 20.05 hrs. EBD. 7881  "    " | |

Mahmudul Haque Osmani along with Sk. Mazibur Rahman and Mahmud Ali left from said place by Car EBA. 3131 and proceeded towards Southern side at about 20.55 hrs. being shadowed by S.I. Karim Shahin.

Co-watcher:- W.C. Abdur Rauf.

Submitted.
Kazi Sayidur Rahman
S.B.E.P., Dacca.
Dt. 1.8.63.

*Ext. to P.Fs. DS I may see. Seen. Sd/- M. Yunus. 1.8.63. Sd/- A. Majid. 6.8.63.*

—

### *C.R. dated 6.8.63.*

Hours of duty : 06.00 to 11.00 & 17.00 to 23.00 hrs.

Place of duty : 500/A Dhanmondi Road No. 7

Name of suspect : Ataur Rahman Khan.

### *Result of watch.*

In the morning duty period at about 09.00 hrs. the said suspect came out from his quarter & proceeded towards town side by Car No. EBD. 27. But till 11.00 hrs. the suspect was not seen to return from outside.

In the evening duty period at about 21.30 hrs. the suspect came out from his quarter & proceeded towards southern side by Car No. EBD. 27. At about 22.45 hrs. the suspect returned to his quarter from outside by the same Car. But till 23.00 hrs. the suspect was not seen to come out from his quarter. Suspect S.K. Mazibur Rahman visited my duty place from 20.30 hrs. to 21.30 hrs. by EBA. 3131. (2) two unknown persons visited my duty place from 20.35 hrs. to 21.30 hrs. by Jeep Car No. EBH 319. Due to darkness I could not collect the D.R. of the unknown persons.

Submitted.<br>
W.C. Md. Ishaque Miah<br>
S.B.E.P., Dacca. Dt. 7.8.63.

*P.Fs. Sd/- M. Yunus. 7.8.63. S.I. Ayub Ali to fix up pl. Sd/- A.H.M Mohiuddin. O/C Watch. 7.8.63.*

—

# 181
## *Weekly confidential report of Mymensingh District.*

Mymensingh, 3 August 1963

WEEKLY CONFIDENTIAL REPORT OF MYMENSINGH DISTRICT FOR THE<br>
WEEK ENDING 3.8.63.

...

Secret Abstract of Intelligence No. 23 dated 8.3.63 was received during the week under review.

***PART-I***

***MOVEMENT OF SUSPECTS.***

I.   **AL 33 Maulana Abdul Hamid Khan Bhashani arrived at Santosh, Tangail on 30.7.63 at 23.30 hrs. by Private Jeep.

2.   *AL529 Mujibar Rahman Shaikh, AL 519 Muhammad Solaiman and ** AL 463 Mahmud Ali came to Tangail on 26.7.63 at 17.00 hrs. & left for Dacca the same night at about 22.00 hrs.

Sd/- K.R.A. Ansari.<br>
9.8.63.

*Please put up with ext. to P.Fs. and N.D.F. Sd/-8.8.63. for DS VI 606-48 PF.*

—

# 182

*Report on movement of Sheikh Mujibur Rahman who left Dacca for London to meet H S Suhrawardy.*

Dacca, 10 August 1963

*Morning News Dt. 10.8.63*

### Mujib off to London to see Suhrawardy

*(Morning News Service)*

Karachi Aug. 9: Sheikh Mujibur Rahman, former General Secretary of the defunct Awami League flew to London this morning for important political discussions with his chief, Mr. H.S. Suhrawardy.

Although the exact nature of Mr. Rahman's Mission to London is not known, he has been sent by his fellow party men to persuade Mr. Suhrawardy to agree to the Awami League participation in the proposed All-Pakistan National Democratic Party.

The Awami League chief, who is convalescing in London after a heart attack, has not so far keen enthusiastic about the idea of the formation of a National Democratic Party comprising the component parties and groups of the National Democratic Front.

Mr. Mujibur Rahman flew into Karachi on Thursday and left for London after an overnight stay in the city. It is not known whether he had any meeting with any political leaders here.

It may be re-called that Mr. Mahmudul Huq Usmani of the National Awami Party had announced on Wednesday that the stage was set for converting the National Democratic Front into the National Democratic Party.

But some important Awami Leaguers, including Mr. Suhrawardy, the Jamaat-i-Islami and a section of the Council Muslim League headed by Mian Mumtaz Daultana, are known to be against the formation of an all-Pakistan all-party political organisation.

The leaders of the National Awami Party, the Krishak Sramik Party, a number of Awami Leaguers and the leaders of the non-revivalist section of the Muslim League (Mr. Nurul Amin and his followers) appear to have decided to join the new party.

If Mr. Mujibur Rahman, who is in favour of the NDF, succeeds in bringing round Mr. Suhrawardy to his point of view, then a major obstacle in the way of the formation of the NDP will have been removed.

The visit of Mr. Rahman to London was apparently necessitated because Ms. Suhrawardy does not plan to return to Pakistan until the end of October.

It is also in the interest of the protagonists of the NDP to secure the agreement of Mr. Suhrawardy when he is abroad because while he is in the country, he is apt to vacillate under different political influences.

*Pl. put up in file. Sd/-21.8 DS VI. 606/48 PF:*

Mujib Off To London To See Suhrawardy

MUJIB

(Contd. From Page 1)

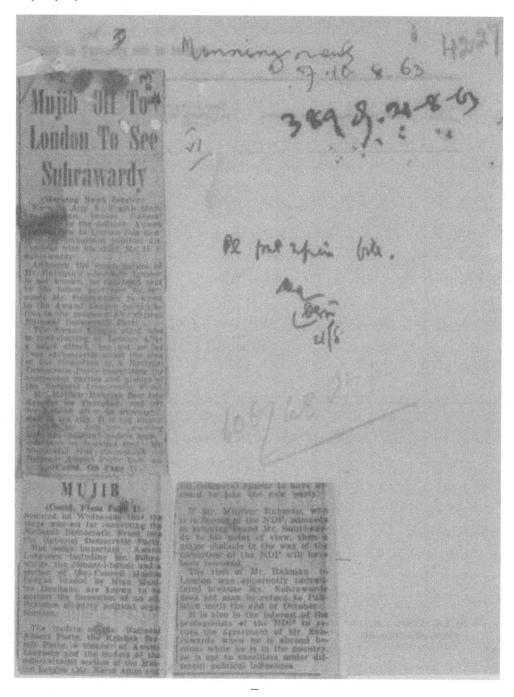

*Ittefaq dt. 11.8.63*

## শেখ মুজিবের লন্ডন উপস্থিতি

*(ইত্তেফাকের লন্ডনস্থ প্রতিনিধির তার)*

১০ই আগষ্ট-সাবেক পূর্ব পাকিস্তান আওয়ামী লীগের সাধারণ সম্পাদক শেখ মুজিবর রহমান গতকল্য করাচী হইতে বিমানযোগে এখানে আসিয়া পৌঁছিয়াছেন।

সাংবাদিকদের প্রশ্নের জবাবে শেখ মজিবর রহমান বলেন যে, পাকিস্তানের বর্তমান রাজনৈতিক পরিস্থিতি সম্পর্কে তাঁহার মন্তব্য করার কিছুই নাই।

লন্ডনে অবস্থানকালে তিনি জনাব সোহরাওয়ার্দীর সহিত সাক্ষাৎ করিবেন বলিয়া জানান। জনাব রহমানের সপ্তাহ খানেকের মধ্যে পশ্চিম জার্মানী যাওয়ার কথা।

*P.F. of Sk. Mujibur Rahman. Sd/-13.8 for D.S.VI*

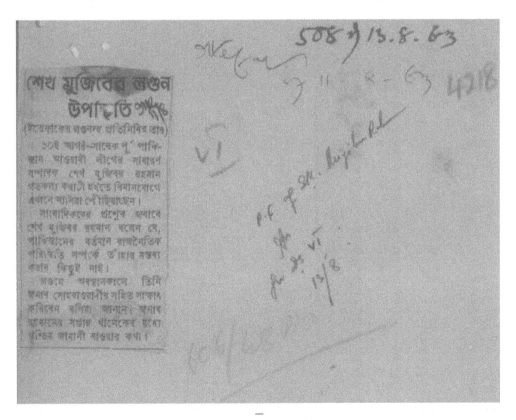

শেখ মুজিবের লণ্ডন উপস্থিতি
(ইত্তেফাকের লণ্ডনস্থ প্রতিনিধির তার)
১০ই আগষ্ট-সাবেক পূর্ব পাকিস্তান আওয়ামী লীগের সাধারণ সম্পাদক শেখ মুজিবর রহমান গতকল্য করাচী হইতে বিমানযোগে এখানে আসিয়া পৌঁছিয়াছেন।
সাংবাদিকদের প্রশ্নের জবাবে শেখ মুজিবর রহমান বলেন যে, পাকিস্তানের বর্তমান রাজনৈতিক পরিস্থিতি সম্পর্কে তাঁহার মন্তব্য করার কিছুই নাই।
লণ্ডনে অবস্থানকালে তিনি জনাব সোহরাওয়ার্দীর সহিত সাক্ষাৎ করিবেন বলিয়া জানান। জনাব রহমানের সপ্তাহ খানেকের মধ্যে পশ্চিম জার্মানী যাওয়ার কথা।


*Ittefaq dt. 29.8.63*

## শেখ মুজিবের ঢাকা প্রত্যাবর্তন

*(ষ্টাফ রিপোর্টার)*

সাবেক পূর্ব পাকিস্তান অওয়ামী লীগের জেনারেল সেক্রেটারী শেখ মুজিবর রহমান অদ্য (বৃহস্পতিবার) ঢাকা আগমন করিবেন বলিয়া জানা গিয়াছে। পি,পি,এ পরিবেশিত খবরে বলা যায়

যে, তিনি গতকল্য (বুধবার) লন্ডন হইতে করাচী প্রত্যাবর্তন করিয়াছেন। করাচীতে এক সাক্ষাৎকারে তিনি বলেন যে, ব্যক্তিগত কারণে তিনি লন্ডন গমন করিয়াছিলেন।

তিনি আরও জানান যে, লন্ডনে জনাব সোহরাওয়ার্দীর সঙ্গে তাঁহার কয়েক দফা আলোচনা হইয়াছে। এই আলোচনার পরিপ্রেক্ষিতে এক্ষণে তিনি পূর্ব ও পশ্চিম পাকিস্তানের নেতাদের সহিত আলোচনা করিবেন।

*PF of Sk. M. Rahman. Sd/-2.9 DSVI 606/48 P.F. 4.9*

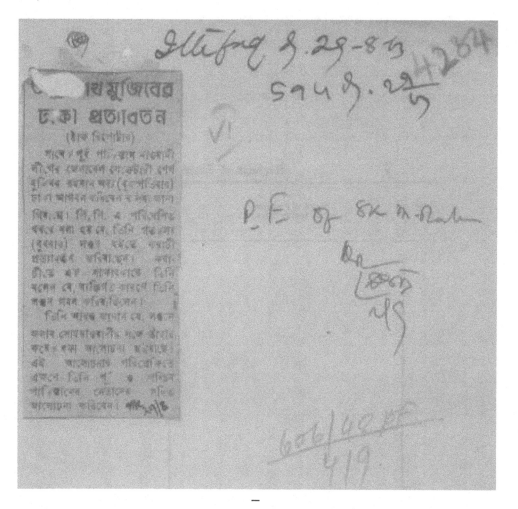

*Jehad dt. 29.8.63*

### শেখ মুজিবের করাচী উপস্থিতি

করাচী, ২৮ শে আগষ্ট।--- অধুনালুপ্ত আওয়ামী লীগের অন্যতম নেতা শেখ মুজিবর রহমান অদ্য লন্ডন হইতে এখানে আসিয়া পৌঁছিয়াছেন। আগামীকল্য তাঁহার ঢাকা রওয়ানা হওয়ার কথা আছে।

শেখ মুজিব লন্ডনে অবস্থানকালে জনাব সোহরাওয়ার্দীর সহিত কয়েক দফা বৈঠকে মিলিত হন এবং তাহার সহিত দেশের রাজনৈতিক পরিস্থিতি লইয়া আলোচনা করেন। জনাব সোহরাওয়ার্দীর

সহিত তাঁহার যে সকল আলোচনা হইয়াছে উহার পরিপ্রেক্ষিতেই এখন তিনি পূর্ব ও পশ্চিম পাকিস্তানের নেতাদের সহিত আলোচনা করিবেন।

অদ্য তিনি করাচীতে রাজনৈতিক কর্মী ও বহুসংখ্যক বন্ধুদের এক বৈঠকে মিলিত হন।

**সোহরাওয়ার্দীর প্রত্যাবর্তন**

জনাব মুজিবর রহমান এক প্রশ্নের জবাবে প্রকাশ করেন যে, জনাব সোহরাওয়ার্দী ১০ই সেপ্টেম্বরের পরিবর্তে অক্টোবরে স্বদেশ প্রত্যাবর্তন করিবেন।

*- পি,পি,এ*

*P.F. of the subject. Sd/-30.8. 606-48 P.F.*

**শেখ মুজিবের করাচী উপস্থিতি**

করাচী, ২৮শে আগষ্ট।—অধুনালুপ্ত আওয়ামী লীগের অন্যতম নেতা শেখ মুজিবর রহমান অদ্য লণ্ডন হইতে এখানে আসিয়া পৌঁছিয়াছেন। আগামীকল্য তাঁহার ঢাকা রওয়ানা হওয়ার কথা আছে।

শেখ মুজিব লণ্ডনে অবস্থানকালে জনাব সোহরাওয়ার্দীর সহিত কয়েকবার বৈঠকে মিলিত হন এবং তাঁহার সহিত দেশের রাজনৈতিক পরিস্থিতি লইয়া আলোচনা করেন। জনাব সোহরাওয়ার্দীর সহিত তাঁহার যে সকল আলোচনা হইয়াছে উহার পরিপ্রেক্ষিতেই এখন তিনি পূর্ব ও পশ্চিম পাকিস্তানের নেতাদের সহিত আলোচনা করিবেন।

অদ্য তিনি করাচীতে রাজনৈতিক কর্মী ও বহুসংখ্যক বন্ধুদের এক বৈঠকে মিলিত হন।

সোহরাওয়ার্দীর প্রত্যাবর্তন

জনাব মুজিবর রহমান এক প্রশ্নের জবাবে প্রকাশ করেন যে, জনাব সোহরাওয়ার্দী ১০ই সেপ্টেম্বরের পরিবর্তে অক্টোবরে স্বদেশ প্রত্যাবর্তন করিবেন। —পি,পি,এ

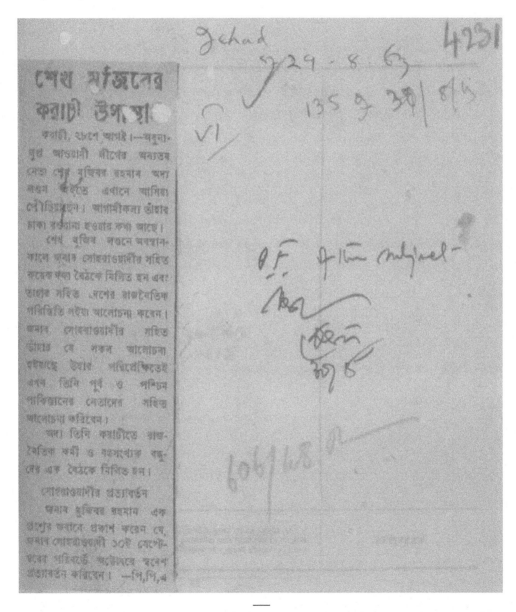

# 183

## *Report on formation of two bogus firms at 8 Jinnah Avenue for secret meetings and discussions.*

### Dacca, 10 August 1963

10.8.63. DACCA.

To
The Director of
Bureau of Anticorruption
Dacca.

Sir,

Most dangerous, anti-Govt. element in E. Pakistan is Sk. Mujibur Rahman. His close relatives Ilias Ahammad Choudhury and Saifuddin Ahammad Choudhury & Ashraf Uddin (Govt. officer) have formed two bogus firms. The Unique Traders and Adelsan & Co. with offices at 8 Jinnah Avenue 4th and 2nd floor.

Sd/-12.8.63.

The offices are secret dens for planning measures against Govt. If proper watches are kept you will find secret meetings and discussions are held up to dead of night mostly at the 4th floor of the Unique Traders office. This is for your information and action.

Thanking you

Your x x x

*Forwarded to D.I.G., S.B., E.P., Dacca for favour of taking action as considered fit.* No. 471-DA/63 15-6-63

—

# 184

## *Sheikh Mujibur Rahman condemns restriction on press freedom.*

### Dacca, 30 August 1963

*Ittefaq dt. 30.8.63.*

### সংবাদপত্রের স্বাধীনতা খর্বের তীব্র নিন্দা

করাচী, ২৯ আগষ্ট---সাবেক আওয়ামী লীগ নেতা শেখ মুজিবর রহমান জাতীয় সংবাদপত্রের উপর প্রস্তাবিত বিধি-নিষেধ আরোপের কঠোর নিন্দা করিয়াছেন।

লন্ডন হইতে গতকল্য এখানে পৌছার পর পি.পি.এ'র প্রতিনিধির নিকট তিনি বলেন যে, পাকিস্তানের জনসাধারণ দেশের সংবাদপত্রের স্বাধীনতাকে খর্ব করা কিছুতেই সহ্য করিবে না।

তিনি বলেন যে, সরকার সর্বত্রই গণতন্ত্রের উপর নিয়ন্ত্রণ আরোপের চেষ্টা করিয়াছেন; আর এখন আমাদের সাংবাদিকদেরও হত্যা করিতে চাহিতেছেন।

শেখ মুজিবর রহমান জনসাধারণ এবং রাজনৈতিক কর্মীদের প্রতি সংবাদপত্রের স্বাধীনতা রক্ষায় সাংবাদিকদের সংগ্রামে সাহায্য করার আহবান জানান।

তিনি সরকারের প্রতি সংশ্লিষ্ট বিষয়ে আর অগ্রসর না হওয়ার আহবান জানাইয়া বলেন যে, তাহাদের একথা জানা উচিত যে, সাংবাদিকগণ সরকারী চাকুরিয়া নহেন। তাছাড়া, সরকারী চাকুরিয়াদেরও ব্যক্তিগত স্বাধীনতা রহিয়াছে।

–পি,পি,এ

*PF of Sk. Mujibur Rahman. Sd/-3.9*

সংবাদপত্রের স্বাধীনতা

(১ম পৃষ্ঠার পর)

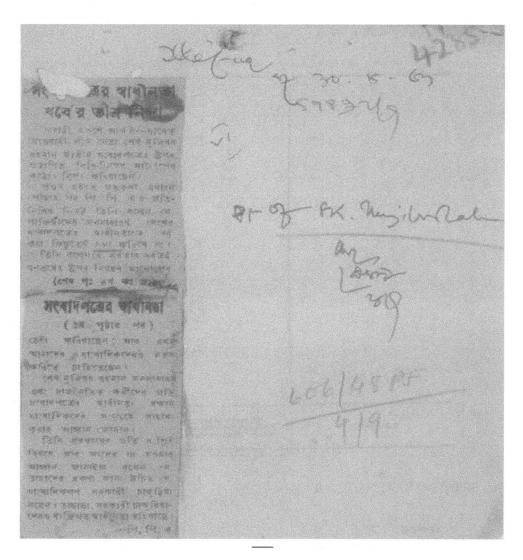

## 185
## *Watch report on Sheikh Mujibur Rahman.*

Dacca, 30 August 1963

### *C.R. dated 30.8.63.*

Hours of duty      :  06.00 to 11.00 hrs. & 17.00 to 23.00 hrs.

Place of duty       :  677, Dhanmandi R/A No. 32.

Name of suspect   :  Sk. Majibur Rahman;

### *Result of watch.*

At about 10.00 hrs. the above noted suspect came out from his quarter and proceeded towards the town side by his Car EBD. No. 3131. After that he was not seen to return till 11.00 hrs.

During my evening duty period the said suspect at about 19.00 hrs. came out from his quarter and proceeded towards town side by his Car EBD No. 3131. After that he was not seen to return till 23.00 hrs.

No suspect or suspicious persons were seen to visit my duty place.

Submitted.
W.C. Syed Nazmal Hossain
S.B.E.P., Dacca.
31.8.63.

*The subject along with Abdul Khaleque (Ex-Central Minister) went to 3/8 Liaquat Avenue to meet Moulana Bhasani from 13.15 to 14.40 hrs. Sd/- A.H.M. Mohiuddin.O/C Watch.31.8.6, Ext. to P.Fs of both. SS II may like to see. Sd/- M. Yunus. 31.8.63.*

–

### POLICE WIRELESS MESSAGE.

FROM :                    TO :

COPS KARACHI          DINTELL DACCA.

DATE & TIME 29 1245 HOURS

No. SB/7654 DATED 29/30.8.1963 (.)

E.P.L. NUMBER 529 AND K.L. NO. 86

LEFT FOR DACCA BY P.I.A. ON 29.8.1963 (.)

# FOR SUPDT. OF POLICE, SPECIAL BRANCH, KARACHI. Dt. 29.8.63.

*Immediate. Important.*

*Secret/Immediate*

*Tel: 30031.*

No. SB/7655 the 30ᵗʰ Aug: 1963.Office of the Supdt. of Police, S.B., Karachi, Post copy forwarded to:-

The Dy. I.G. of Police, Special Branch, East Pakistan, Dacca, in confirmation.

The individuals in question are Sheikh Mujeebur Rehman and Tufail Abbas.

> Sd/-
> for Supdt. of Police, Spl. Br.,
> Karachi.

—

### IN LIEU OF MESSAGE FORM
### FROM COPS KARACHI
### DINTELL DACCA 301025

No. SB/7654 dated 30.8.63 (.) E.P.L. No. 520 Sk. Majibar Rahman and K.L. Tufail Abbas (CP) No 86 left for DACCA by P.I.A ON 29.8.63 (.)

> Sd/-31.8
> Seen.
> Sd/-31.8.63.

Recd. by Syed Ahmad at 1615 HRS ON 30.8.63.

> 18.10 Hrs.
> forwarded.
> Sd/-31.8.63.

(1) DSI may pl. see.

(2) The visit of *Tufail Abbas to Dacca did not come to our notice. He is being fixed. S.I. Ayub Ali to watch him pl. 21.8 To, O/C Watch, Dacca, 30.8.63.

—

# 186

## *Watch report on Hamidul Haq Chowdhury shows Sheikh Mujibur Rahman and other political leaders visited him.*

Dacca, 1 September 1963

### *C.R. dated 1.9.63.*

Hours of duty     :    06.00 to 11.00 & 17.00 to 23.00 hrs.

Place of duty     :    Green Road

Name of suspect   :   Hamidul Haq Chowdhury

### *Result of watch.*

In my morning duty period at about 06.45 hrs. the above noted suspect left his quarter and proceeded towards northern side by Jeep No. E.B.A. 3159 and at about 10.05 hrs. he returned to his quarter from outside by the same car.

In my evening duty period at about 19.15 hrs. the said suspect again left his quarter and proceeded towards northern side by Car No. E.B.A. 3344 after that he was not seen to return to his quarter till 23.00 hrs. The following known and unknown persons visited at my duty place.

| NAMES | IN | OUT |
|---|---|---|
| 1) Md. Sulaiman with two unknown persons. | 18.45 hrs. By Car No. EBD 7725 | 19.10 hrs. Car No. EBD 7725 |
| 2) Sk. Majibur Rahman & Ataur Rahman Khan | 18.50 hrs. By Car No. EBD 3131 | 19.10 hrs. EBD 3131 |
| 3) Syed Azizul Haq @ Nanna Miah with Nurul Amin & one unknown person | 18.50 hrs. By Car No. EBD 4500 | 19.10 hrs. EBD 4500 |
| 4) Iqbal Ansari | 18.40 hrs. By Car No. EBD 47 | 19.10 hrs. EBD 47 |
| 5) Two unknown persons. | 18.45 hrs. EBD. 8656 | 19.10 hrs.EBD 8656 |

Submitted

Sd/- Bashir Ullah A.S.I.

S.B.E.P., Dacca.

Dt. 2.9.63.

*One of them was reported to be Kamrul Ahmed, ex-Ambassador of Pakistan in Burma (his own car EBD. 8656) Sd/- A.H.M Mohiuddin.2.9.63.*

*Seen. P.Fs. Sd/- M. Yunus 2.9.63.*

# 187

*Report on the meeting presided over by Khawja Nazimuddin held at his residence participated by Sheikh Mujibur Rahman and other political leaders.*

Dacca, 2 September 1963

Report on the meeting held at the residence of Khawja Nazimuddin[32] at 27, New Eskaton on 1.9.63 from 19.00 hrs. to 21.00 hrs.

The above noted meeting was held on 1.9.63 from 19.00 hrs. to 21.00 hrs. at the residence of Khawja Nazimuddin and it was attended by M/s Nurul Amin (ML) Ataur Rahman Khan, Sk. Mujibur Rahman, Haji Danesh (NAP), Abdus Samad (NAP), Wali Ahad (NAP), Mahmud Ali (NAP), Shah Azizur Rahman (ML), Fazlur Rahman (ML), A.R. Tarkabagish (AL), Farid Ahmed (NI), Moulana Moslim Khan (JI), Hamidul Huq Choudhury (KSP), Solaiman (KSP), Shafiqur Rahman (ML), Syed Afzal (ML), Aktaruddin, Bar-at-law (JI), Nuruzzaman (JI) of Barisal, Syed Azizul Huq (KSP), Abdus Salam Khan (AL), Khawja Khairuddin, Abdul Jabbar Khadder (AL), Dr. Ahmad Husain and his wife of Baily Road, Kalam Khan of Khulna House, Afsaruddin (leader of opposition) and a few ML (Council) workers from Muffassil areas. It was reported that they all decided to support the candidates of the opposition group in the ensuing bye-election. They also chalked out some programme of their tours in connection with the election propaganda. The meeting was presided over by Khawja Nazimuddin. They all dispersed at about 21.00 hrs. by their respective conveyance. Khawja Nazimuddin presided over the meeting.

Submitted.
Sd/- A. Karim.
2.9.63.

*1) DS VI may pl. see.*

*2) DS I, II & III may pl. like to see for information. Sd/- A.K.M. Mohiuddin. O/C watch.2.9.63.*

*Seen. Sd/- A. Majid. 2.9.63.*

*D.I.G. may kindly see. Sd/- S.A. Khasru 2.9.63. Sd/- M.A. Haque. 2.9.63.*

*Seen. Sd/- K.R.A. Ansari. 2.9.63. Sd/- A. Ahmed 2.9.63,*

*Seen. Ext. to relevant P.Fs. Sd/- M. Yunus. 2.9.63.*

*SS II may please like to see for information. Sd/- A.H.M. Mohiuddin. O/C Watch. 2.9.63.*

—

---

**32.** **Khawaja Nazimuddin** *(19 July 1894 – 22 October 1964) – He was a conservative Pakistani politician and statesman. He served as the 2nd Prime Minister of Pakistan from 15 October 1951 to 1953 after assassination of Liaquat Ali Khan in 1951. He was born in Dhaka, East Bengal (now Bangladesh) into the Nawab family of Dhaka. He opposed introducing Bengali as one of the prime State Languages of Pakistan.*

# 188

## *Sheikh Mujibur Rahman terms new ordinance on press and publication as a serious attack on people's rights.*

Dacca, 5 September 1963

*Sangbad dt. 5.9.63.*

**শেখ মুজিবর রহমান**

পাকিস্তান আওয়ামী লীগের সাধারণ সম্পাদক শেখ মুজিবর রহমান অদ্য এক বিবৃতিতে বলেন যে, সংবাদপত্র ও প্রকাশনা সংক্রান্ত অর্ডিন্যান্স সংশোধন করিয়া প্রবর্তিত অর্ডিন্যান্স প্রকাশনা বিশেষ করিয়া রাজনীতি ও সংবাদপত্র প্রকাশনার ক্ষেত্রে জনসাধারণের অধিকারের অবশিষ্টাংশটুকুর প্রতি গুরুতর আঘাত হানিয়াছে।

তিনি বলেন, "সংবাদপত্রের কণ্ঠরোধ ও দেশের রাজনৈতিক কার্য্যকলাপ খর্ব করার জন্য ইহা নিঃসন্দেহে একটি প্রত্যক্ষ কর্ম্মপন্থা। জনাব মুজিব বলেন, "স্মরণকালের মধ্যে বৃটিশ শাসনকালেও এই ঔপনিবেশিক শক্তি ঘৃণ্যতম অত্যাচারমূলক নীতি বা কর্ম্মপন্থা গ্রহন করিয়াও মৌল অধিকার ব্লাকসেল করার কোন কর্ম্মপন্থা গ্রহন করে নাই।"

জনাব মুজিবর রহমান এই ব্যবস্থার তীব্র প্রতিবাদ জানান এবং সকল শক্তি দিয়া ইহা প্রতিরোধের জন্য জনসাধারণের প্রতি আবেদন করেন।

*P.F. of M. Rahman. Sd/-5.9. 606-48 P.F. 7.6*

শেখ মুজিবর রহমান

শেখ মুজিবর রহমান

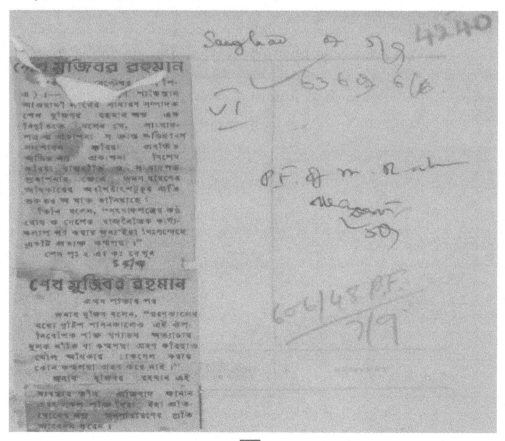

# 189

*Watch report on Sheikh Mujibur Rahman shows he left Dacca for Jessore.*

Dacca, 6 September 1963

### C.R. dated 6.9.63.

Hours of duty    :   06.00 to 11.00 hrs. & 17.00 to 23.00 hrs.

Place of duty    :   Dhanmondi 677

Name of suspect  :   Sk. Mazibur Rahman.

### Result of watch.

I attended my morning duty at the above noted place at about 09.00 hrs. the said suspect was left his quarter and proceeded towards the town side by EBA. Car No. 3131.

I attended my evening duty at the above noted place but the above noted suspect was not seen by me at his quarter during my duty period.

Submitted.
W/C Abdul Aziz
7.9.63.

*He has left Dacca for Jessore at 14.50 hrs. by P.I.A. Jessore DSB may be written to report his activities. Sd/- A.H.M. Mohiuddin. O/C watch. 7.9.63. Seen. Sd/- M. Yunus.7.9.63.*

—

# 190

*Audience appreciated speech of Sheikh Mujibur Rahman delivered in a public meeting held at Khulna Municipal Park.*

Khulna, 6 September 1963

Extr. from PP/1251-1249 file No. 279-62

*** Meeting on 6.9.63 at Khulna Municipal Park

### 8. Name of speakers:

(10) Sk. Mujibur Rahman (A.L.) s/o Lutfar Rahman of Tangipara, Gopalganj, Faridpur.

In course of his speech Sk. Mujibur Rahman (mentd.) said that recently he went to London and found Mr. Eskendar Ali Mirza (Ex-President of Pakistan) working in a hotel. He said that people should take lesson from it. He further said that during the Martial Law regime there was inhuman oppression upon the people and one student leader named Abdul Bari of Mymensingh had been the worst victim of the regime. He said that since after the promulgation of the Martial Law, corruption and bribery had been increased abnormally. The speaker further said that once in a meeting held at Purana Paltan Maidan, he demanded that an enquiry should be made by some Judges of the High Court to find out how Ayub Gauhar (son of the President) who was an Army Caption on the other day could possess property worth about Rs. 17 lacs within so short time but nothing was done. He further said that in the present Constitution, the fundamental right of the people had been curtailed and as such he thought that the Constitution was no better than an ordinary deed. He also demanded that 56% of the service of Central Govt. should be filled up by the people of East Pakistan. He further said that had there been no Suhrawardy, Pakistan would not have come to existence and had there been no Bhashani, the Portion of Assam would not have been included in Pakistan, but it was a pity that after independence both of them had to suffer imprisonments. He also said that the present Governor of East Pakistan who was only the Secretary of a District Muslim League had insulted Mr. Akram Khan[33], who was once President of the Muslim League of Pakistan in presence of some press reporters a few days back, lastly the speaker said that he had come to know that some Govt. officials of Gopalganj had been holding out threats to the Hindu voters saying if they did not support the M.L. Candidate they would have to quit Pakistan. He said he would be going to Gopalganj to see to it. Lastly he requested the youths to move to interior villages and organise the people in favour of the N.D. F.

In his presidential speech Afsaruddin Ahmad said that the Khulna Development Authority had taken a decision to build a mosque in front of Eid-Gah of Daulatpur. He requested the Khulna Development Authority to abandon the plan. He also announced that a public meeting would be held on the next Sunday at Daulatpur on the demand of shifting the side of the Cinema Hall to elsewhere and requested the audience to join the meeting.

11. General appreciation – It was a successful meeting and the audience appreciated the speeches, specially of Sk. Mujibur Rahman.

—

---

33.  **Maulana Akram Khan** *(7 June 1868 – 18 August 1969) – Mawlana Akram Khan was a Bengali journalist, politician and Islamic scholar. He was the pioneer of journalism of Bengal Muslim society and founder of the daily Azad first Bengali newspaper of Dhaka. He was the founder member of Muslim League, President of East Pakistan Provincial Muslim League and Vice-president of All Pakistan Muslim League. He was elected as the member of Constituent Assembly. He took retirement from politics in 1954, rendered remarkable contribution to Muslim Renaissance Movement in undivided Bengal.*

# 191

## *Sheikh Mujibur Rahman travelled from Dacca to Jessore and proceeded to Gopalganj for a public meeting.*

Dacca, 6 September 1963

*[Ext. from C.R. dt. 6.9.63]*

Phone no. 4231/61

No. 16414 and 81667 dt. 13.9.63

*Secret/Immediate*

S.P. D.S.B Jessore

Copy forwarded to- for information and with the request to report the activities of the subject during his stay there.

Sd/-12.9.63
For SS (2)
Sd/-13.9

—

PHONE NO. 4 & 95-A:

*Secret:*

### District Special Branch
Jessore, the 26th Septr'63.
No.4898/R. 2647.21.63(2) (p.51)

To

S.A. Khasru, Esqr., P.S.P,

Spl. Supdt. of Police,

S.B., East Pakistan, Dacca.

Sub: Activities of Sk. Mujibur Rahman at Jessore.

Ref: Your Memo No. 16414 dt. 13.9.63.

It is learnt that AL *529 Sk. Mujibur Rahman came to Jessore on 6.9.63 by the 2nd flight of P.I.A. from Dacca. He made brief halt at Jessore town at the residence of Mashihur Rahman (A.L.) Ex. minister and left for Khulna by a Jeep.

Nothing adverse came to notice during his stay at Jessore.

Sd/-26.9.63.
Superintendent of Police
D.S.B., Jessore.

—

**Radiogram No. 17335 dt. 28.9.63.**

S.P. D.S.B Jessore

AL 494 left for Jessore by P.I.A. today.

Dintell

Phone no. 4281/18 and 6863

**Secret**

No. 17335/1 dt. 28.9.63.

Copy, by post forwarded to in confirmation. This is in connection with Sk. Mujibar Rahman. His activities there may pl. be reported.

Sd/-28.9.63.

for D.I.G. S.B.

—

*East Bengal Form. No. 45.*

**TELEPHONE MESSAGE.**

Handed in at A.M/PM.  Date : 28.9.63

Received. 11.00. A.M/PM

From : S.I. F. Rahim Addresses/(if given) DAC

To    : O/C S.B.E.P. Dacca Reptd. DS-I.

At about 10.45 Sk. Majibur Rahman left for Jessore by PIA Plane. This is for your kind information.

1) Pl. inform Dist.
2) Seen. Further he will go to Gopalgonj to address a public meeting at Boultoli on 2.10.63. SSI may like to see. Sd/-28.9.63. S.B. 7845 dt. 28.9.63. DS VI may pl. see. Sd/-28.9

—

Phone no. 4231/61 and 81667

No. 17381 /606-48 P.F. dt. 1.10.63

**Secret**

S.P. DSB Faridpur

Please refer to your W.C.R. Part II under head-18. Miscellaneous for the W/E 14.9.63 and report if the accusation made by Sk. Mujibar

Rahman against the D.C. and the S.D.O. has been brought to the notice of the D.C. If not, this may be done immediately.

Sd/-27.9.63

for SS(2)

—

W.C.R. of the Supdt. of Police, D.S.B., Faridpur, for the week ending 14.9.63.

### Part-II.

*18. Miscellaneous:*

D.I.O., Gopalganj reported on 7.9.63 that Sk. Mujibur Rahman, Genl. Secy. E.P. A.L., s/o Lutfar Rahman of Tangipara, Gopalganj arrived Gopalganj on 7.9.63 and he was received by Jalaluddin Molla, M.A. LL.B. s/o. Hatem Ali of Borfa, a N.D.F. nominee, Phani Bhusan Mazumder (MJP) s/o Late Satish of Madaripur town, Nurul Islam @ Nasu (A.L.) s/o Late Moazzam Sardar of Haridaspur, Waliur Rahman (A.L.) s/o Late Moazzam Sardar of Haridaspur, Waliur Rahman (A.L.) s/o. -do- Nazir Ahmad Talukdar (AL) s/o. Late Nasiruddin, Altaf Husain Chaudhuri (AL) s/o. Alfaz Husain of Paikendi, Satyendra Nath Baruri (CP/NAP) s/o Late Jagabandhu of Chaitainbari, P.S. Rajoir, Mrinal Kanti Baruri (CP) s/o. Dwarika Nath of -do- and Farid Ahmad (AL) of Gopalganj town.

In course of talk with the above mentioned persons he said that reports were forthcoming that the D.C. and the S.D.O. were influencing the voters to vote in favour of Mr. Faikuzzaman. Sounding a note of warning he said that if they (D.C. and S.D.O.) being the Govt. servants indulged in such activities the result would be disastrous. He said that he would request all Govt. servants to refrain from such activities. Referring the Basic Democrats he said, that they should fight for the democratic rights of the people and they should bear in mind that there was no guarantee that they would remain Basic Democrats forever. He alleged that since the independence, the people of East Pakistan were being deprived of their legitimate share by the vested interest and the result was untold misery for the East Pakistan people. The jute growers were not getting fair price for the jute. The foreign exchange earned through its sale were being spent for the development of West Pakistan whereas the people of E.P. who grew jute were becoming poorer day by day.

(2) Mr. Bhabani Sankar Biswas, Minister for Public Health and Basic Democracies, Govt. E.P., arrived at Gopalganj on 1.9.63 and addressed two public

meetings. In both the places he explained to the people the policy and programme of the Govt. with regard to development work of E.P. in all spheres and landed the role of the Basic Democrats for their earnestness in implementing the various schemes of the Govt. He eulogised the Central Commerce Minister for his various efforts for the development of Gopalganj sub-division and urged upon the Basic Democrats vote for Mr. Faikuzzaman. He bitterly criticised the passed role played by Sk. Mujibar Rahman and other opposition leaders and their failure to improve the lot of the common people of E.P. while they were in power and said they were again becoming active to capture power by misleading the people. He warned the people especially the Basic Democrats not to be deluded by their false propaganda. The Minister also addressed another meeting at Ramshail High School compound on 2.9.63 and spoke on the above line. He left for Dacca on 3.9.63.

*The accusation against the DC & the S.D.O. has been brought to the notice of the D.C. & if not, pl. advise him to do so for his information. (2) Show D.I.G. for information Sd/-26.9 D.S 18.9.*

—

Phone no. 4231/61 and 81667

No. 17382/606-48 P.F. dt. 1.10.63.

*Secret*

S.P. DSB Faridpur

Please refer to the speech of Sk. Mujibar Rahman published on the daily Ittefaq dt 23.9.63 and report if his speech is being examined by you for any action.

Please also send the copy of the longhand notes of his speech delivered in the meeting held on 22.9.63 at Diknagor for record.

Sd/-30.9.63.
for SS(2)

—

Phone: 58
*Secret*

### District Special Branch
Faridpur, the 26th October, 1963
No.4525/R.3477/24-61 P. 502

To
S.A. Khasru, Esqr., P.S.P.,
Special Superintendent of Police,
S.B., East Pakistan, Dacca.

Ref: Your No. 17381/606-48 P.F. dated 1.10.63.

The accusation made by Mr. Sk. Mujibur Rahman against the Deputy Commissioner and Sub divisional Officer was not brought to the notice of the Deputy Commissioner separately except inclusion in W.C.R.

This has, however, been done.

*Sd/-26.10.63.*
Superintendent of Police
D.S.B., Faridpur.

*Seen. Please ask the S.P. to let us know it. Copy to P.F. of Sk. Mujibur Rahman. DSVI may pl. see. Sd/-17.9 DSI. SSII may kindly peruse talk of Sk. Mojibur Rahman, 25/9 Sd/-21.9.63.*

—

## 192

*Report on Sheikh Mujibur Rahman's alleged request to the Government servants to refrain from siding with any party participating in the election, whether it be Government supported party or opposition party.*

Gopalganj, 7 September 1963

Extract from a report of D.I.O. Gopalganj dated 7.9.63.

Sk. Mujibur Rahman, General Secretary of the defunct E.P. Awami League, arrived at Gopalgnaj today (7.9.63) at about 09.30 hours by steamer from Khulna. At about 10.30 hours he came to the timber shop of Afsaruddin (A.L.) son of late Kafiluddin of Gopalganj town and held a discussion. In course of talk he said that he came to know that the D.C. Faridpur and the S.D.O. Gopalganj have been influencing the voters to vote for Mr. Faikuzzaman and uttered a note of warning that if they being Government servants indulge in such activities the result will be disastrous. He said that he would request all the Government servants to refrain from siding any party in the election, whether it be Government supported party or opposition party.

—

## 193

## *Weekly confidential report of SP, DSB, Khulna reveals visit of Sheikh Mujibur Rahman and other political leaders.*

Khulna, 7 September 1963

Weekly Confidential Report of the Superintendent of Police, District Special Branch, Khulna, for the Week ending 7.9.63.

### Part – I

East Pakistan Police Abstract of Intelligence No. 28 dated 13.7.63 was duly received on 3.9.63.

### *Movement of suspects:*

1. A.L. 260 Debendra Nath Das (NAP) left Khulna for Dacca on 29.8.63 at 12.45 hours by Ishurdi Up Train and returned to Khulna on 1.9.63 at 23.20 hours by Goalundo Train.

2. A.L. *366 Ghulam Azam (JI) left Khulna for Dacca on 1.9.63 at 12.45 hours by Ishurdi Up Train being shadowed by WC-17 Belayet Husain up to Jessore wherefrom he left by Plane.

3. A.L *72 Abdur Rahim Maulana (JI) reached Khulna from Dacca on 2.9.63 at 14.00 hours and left Khulna for Dacca by Bus up to Jessore to avail P.I.A.

4. A.L. *100 Abu Azhar Muhammad Abdul Hai (JP) reached Daulatpur on 4.9.63 at 15.00 hrs. from Bhanga, Faridpur by Service Launch being shadowed by WC-320 Shamsul Haq of Faridpur District.

5. A.L. *529 Sk. Mujibur Rahman reached Khulna from Dacca via Jessore on 6.9.63 at 18.00 hrs and left for Gopalganj the same day at 23.30 hrs. by Madaripur Steamer and shadowed by WC-17 Belayet Husain.

P.F. Sd/- M. Yunus 12.9.63.

To their P.Fs of serial No. 1 & 4
Sd/- A. Ahmed, DS III
10-9-63.

—

# 194

*Weekly confidential report on Mymensingh shows movement of Sheikh Mujibur Rahman and other political leaders.*

Mymensingh, 7 September 1963

## WEEKLY CONFIDENTIAL REPORT OF MYMENSINGH DISTRICT FOR THE WEEK ENDING 7.9.63.

The secret Abstract of Intelligence No. 28 dated 13.7.63 was received during the week under review.

### Part – 1

*Movement of Suspects.*

1. A.L. 163 Ataur Rahman Khan, *AL 529 Mujibur Rahman Shaikh, *AL 512 Muhammad Danesh Haji, *AL 83 Abdur Rashid Tarkabagish and AL 758 Zahur Ahmed Choudhuri visited Basail, P.S. Basail on 3.9.63 and left for Dacca on the same day.

2. * AL 512 Muhammad Danesh Haji came to Tangail from Dacca on 6.9.63.

3. * AL 40 Abdul Jabbar Khan came to Mymensingh from Dacca via Tangail on 6.9.63 at 15.30 hrs. and left Mymensingh for Tangail on the same day at about 19.00 hrs.

P.F.
Sd/- M. Yunus
10.9.63 P.F.

*Ext. to P.Fs. Sd/- M. Yunus Sd/- A. Ahmed 13.9.63. Sd/- K.R.A. Ansari 13.9.63. 606-48 P.F.*

—

# 195

*Sheikh Mujibur Rahman criticized Govt in public meeting at Khulna Municipal Park.*

Khulna, 8 September 1963

*Morning News dt. 8.9.63*

### Mujib Criticises Govt. Policies

*(...Morning News)*

Khulna. Sept.7 Sheikh Mujibur Rahman Secretary of the defunct Awami League criticised the Government for its "ill conceived undemocratic and unpopular policies" and called up on the people to fight for the restoration of democracy and their fundamental rights.

Sheikh Mujib who was addressing a big public meeting at the Khulna Municipal Park on Friday evening, said that the Press and Publication (amendment) Ordinance, 1963 was a "primitive method used in the 20th century to gag the nation's voice."

Sounding a note of caution Sheikh Mujib urged the Government to concede to the demand for the restoration of democracy, release of political detenus and introduction of adult franchise. The institution of Basic Democracies, he said, had taken away the right of vote from the intelligentsia, including lawyers, doctors and businessmen.

He made strong plea for election on the basis of adult franchise, freedom of Parliament to pass laws and budget and economic parity between the two wings.

The public meeting presided over by Mr. Afsaruddin was also addressed by Mr. Mansur, Mr. Jalil, Mr. Jabbar and Mr. Momenuddin who it may be recalled is the candidate for the National Assembly bye-election and is supported by the National Democratic Front, including the Council Muslim League.

P.F. Sd/-19.9.

Mujib Criticises Govt. Policies

News

Awami League criticised the Government for its ill conceived, undemocratic and unpopular policies and called upon the people to fight for the restoration of democracy and their fundamental rights.

Sheikh Mujib who was addressing a big public meeting at the Khulna Municipal Park on Friday evening, said that the Press and Publication (amendment) Ordinance 1963 was a "primitive method used in the 20th century to gag the nation's voice."

Sounding a note of caution Sheikh Mujib urged the Government to concede to the demand for the restoration of democracy, release of political detenus and introduction of adult franchise. The institution of Basic Democracies, he said, had taken away the right of vote from the intelligentsia, including lawyers, doctors and businessmen.

He made a strong plea for election on the basis of adult franchise, freedom of parliament to pass laws and budget and economic parity between the two wings.

The public meeting presided over by Mr. Afsaruddin was also addressed by Mr. Mansur, Mr. Jalil, Mr. Jabbar and Mr. Momenuddin who it may be recalled is the candidate for the National Assembly bye-election and is supported by the National Democratic Front including the Council Muslim League.

P.F.
19/9

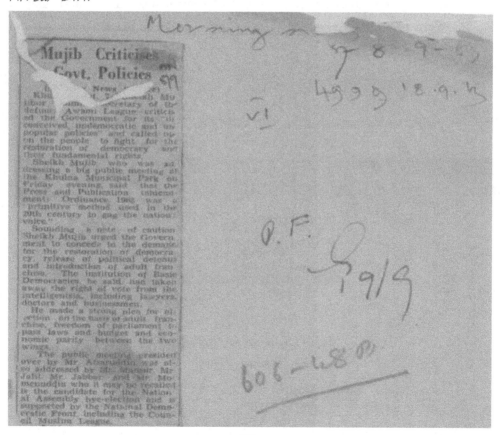

# 196

## *Sheikh Mujibur Rahman delivered speech at Satkhira in a public meeting under the auspices of NDF.*

### Khulna, 15 September 1963

**Extr. from PP/1375-1365 file No. 279-62**

Summary report of the Bengali speeches delivered in a public meeting under the auspices of N.D.F., held at Satkhira, Dist. Khulna, on 15.9.63.

* * *

Mr. Sheikh Mujibur Rahman.

President Ayub was in charge of the defence of Pakistan and he became its self-styled ruler on the plea of corruption and chaos by the politicians. After taking over he declared that he would revise democracy soon. He says that he is doing much work in the country. Let there be a plebiscite, if 20% of the people want him, I shall accept him as a leader for all times. Seven men were hanged in Baluchistan. Hundreds are still in detention in West Pakistan. Leader like Mr. Suhrawardy, who fought most for Pakistan had to be in Jail. Maulana Bahsani had to go to Jail. The leaders who fought for the country's independence have been EBDO-ed. Is Pakistan his inherited property? A man's competence to seek election is a matter for the people to judge. Rs.12 hundred crores were spent to build up Karachi as Pakistan's capital. This amount included money earned by exporting East Pakistan's Jute. Karachi has been integrated with West Pakistan. A new capital is being built at Rawalpindi at the cost of Rs. 5 hundred crores. If the capital is to be at all shifted, it should be shifted to Dacca because East Pakistan constitutes 56% of Pak. Population. There are 10% East Pakistanis in central services and 55% of the Military expenditure is made in West Pakistan. West Pakistan is being built up by the money earned by export of East Pakistan Jute. Jute is selling here at Rs. 14/- per maund, whereas it is selling at 30/- in India. Formerly there was union Board, how it is called Union council. Its chairman can be dismissed by the S.D.O. Tax has been imposed to the tune of Rs. 30 crores. Prices of daily necessities have sold up. It has to be seen if people have the capacity to bear tax. Basic Democrats should remember that the country belongs to them. The country will not forgive them if they go against its interests. Now officers have no vote. Vote for such candidates who have courage and can fight for the interest of the country. You should not fear, Voting will be by ballots. Support our candidate Mominuddin who has worked lifelong for the people. He will ask the President that the Politicians were charged with corruption but how his son Captain Gauhar Khan could become owners of lakhs by becoming proprietor of Gandhar Industries and that the cases started against Mujibur Rahman did not stand. Our condition will not improve unless exploitation is stopped.

*Ext. of the speech of Sk. Mujibur Rahman is to be placed in his P.F. Dist. may examine summary of his speech again and report. Sd/- DS6 26.9.63*
*Seen. The speech of Sk. Mujibur Rahman has been appearing shown to PP. already. I do not think asking the dist. over again as proposed above is necessary. Show D.I.G for information. Sd/-SSIII, 27/9, Sd/- DIG, 28.9.63.*

—

# 197

## *Sheikh Mujibur Rahman warns DC and SDO not to favour candidates in a meeting held at Ramdia Bazar, Kasiani, Gopalganj.*

### Gopalganj, 18 September 1963

English translation of relevant portion of the speech made by Sk. Mujibur Rahman at a meeting held at Ramdia Bazar P.S. Kasiani on 18.9.63.

-

I have come to know that Govt. servants have been threatening the Basic Democrats of Gopalganj to cast their votes in favour of Govt. nominee. I am not so old like Mr. Ayub Khan, Bhasani and Nurul Amin. You know that the then S.D.O Mr. Huda had to shed tears for such activities in the election before the last election. I drove out Mr. Doha, the then I.G.P. I taught a good lesson to Mr. Zakir Husain. I am noting the names of these Govt. officers in my note book and if necessary I shall find them out wherever they might be in Pakistan in opportune moment if I be alive and teach them how to canvass for votes.

—

# 198

## *Weekly confidential report of SP, DSB, Faridpur mentioned speeches of Sheikh Mujibur Rahman in the election meeting at Gopalganj and Kotalipara.*

### Faridpur, 21 September 1963

**W.C.R. of the Supdt. of Police D.S.B.,**

Faridpur for the Week ending 21.9.63.

## Part – II

### 18. *Miscellaneous:*

D.I.O. (G) reported on 9.9.63 that Sk. Mujibar Rahman, Ex-Genl. Secy. of the defunct A.L. s/o Lutfar Rahman of Tangipara, Gopalganj, Phani Bhusan Mazumder (MJP) s/o Late Satish of Madaripur town, Gour Chandra Bala (SCF) s/o. Raj Mohan of Ullabari, P.S. Rajoir and others held an election meeting (100) on 8.9.63 in favour of Molla Jalaluddin, a N.D.F. candidate. In the meeting Sk. Mujibar Rahman (mentd.) introduced Molla Jalaluddin (mentd.) and said that the N.D.F. nominated him and requested the voters to vote for him. Explaining the stands of the N.D.F. he said that they stood for principle and not for power. Their object was restoration of full democracy which the country was lacking today. In 1958 Mr. Ayub Khan promulgated M.L. on the ground that the politicians were corrupt and brought the country on the verge of destruction. He wanted to know from the audience if corruptions had been eradicated from the country. He also gave out that the N.D.F. leaders had no bias against the President or the Ministers, what they wanted was that they would give back the people their fundamental rights and the legitimate share to the East Pakistani people. Citing the differential treatment meted out to E.P. he said that the foreign exchange earned through jute were being spent in W.P. for development work and also for establishing Mills and factories there. He also said the E.P. people contributed hundreds crores of rupees for building the capital at Karachi, the birth place of the father of the Nation and how they will have to pay again for building capital at Islamabad, the birth place of Ayub Khan. Sixty percent of the budget he said was being spent defence of which only 5% were being spent in E.P.

A similar meeting (2000) was held on 10.9.63 at Kotalipara where Sk. Mujibar Rahman (mentioned) spoke on the above line.

*Seen. SS III may like to see. Ext. to his P.F. of Sk. Mujibar Rahman. Sd/- M.Yunus.27.9.63. Sd/- S. Huq for DS I 26.9.63.*

---

# 199

## *Sheikh Mujibur Rahman returned from Faridpur to Dacca.*

### Dacca, 23 September 1963

### DS VI

It is reported that Sk. Mujibur Rahman has come back to Dacca this afternoon by launch from Faridpur.

He is expected to meet Moulana Bhasani this evening or tomorrow to discuss matters concerning the bye-elections.

Sd/- A.H. Mohiuddin
O/C watch.
23.9.63.

*Please show DS I P.F. of Sk. Mujibur Rahman. Sd/- M. Yunus 23.9.63. Sd/- S. Huq for DS I 23.9.63, 606-48 PF.*

—

## 200

## *Sheikh Mujibur Rahman appeals not to use Govt employees in favour of Government party candidate.*

Dacca, 23 September 1963

*Ittefaq dt. 23.9.63.*

**নির্বাচনে সরকারী কর্মচারীদের ব্যবহার না করার আহবান**

*দিকনগরের বিরাট জনসভায় শেখ মুজিবের বক্তৃতা*

গোপালগঞ্জ উপনির্বাচনী এলাকা সফরকালে সাবেক আওয়ামী লীগ নেতা শেখ মুজিবর রহমান গত (রবিবার) দিকনগরের এক বিরাট জনসভায় বর্তমান সরকারের প্রতি নির্বাচনে সরকারী কর্মচারীদের 'ব্যবহার' না করার আহবান জানান।

শেখ মুজিবর রহমান বলেন যে প্রায় সকল উপ-নির্বাচনী এলাকায় কিছু সংখ্যক উচ্চপদস্থ সরকারী কর্মচারী মৌলিক গণতন্ত্রীদের উপর প্রভাব বিস্তার কিংবা ভীতি প্রদর্শন করিয়া সরকার সমর্থক প্রার্থীদের সহায়তা করিতেছেন। শেখ মজিবর রহমান গোপালগঞ্জের মহকুমা অফিসারের বিরুদ্ধে অনুরুপ অভিযোগ আনয়ন করিয়া বলেন যে, অত্র এলাকায় এস,ডি,ও উপ-নির্বাচনে প্রত্যক্ষভাবে সরকার সমর্থক প্রার্থীকে সাহায্য করিতেছেন। সাবেক আওয়ামী লীগ নেতা সতর্কবাণী উচ্চারণ করিয়া বলেন, উপ-নির্বাচনে সরকারী শাসনযন্ত্র, সরকারী সম্পদ ও শক্তি নিয়োগ অব্যাহত থাকিলে দেশে শান্তি ও শৃংখলা ব্যাহত হইতে পারে। তিনি বলেন যে, এইরুপ অবস্থার পরিপ্রেক্ষিতে দেশে শান্তি শৃংখলা ব্যাহত হইলে সমস্ত দায়িত্ব সরকারকেই বহন করিতে হইবে।

সরকারী কর্মচারীরা যাহাতে নির্বাচনে অতি উৎসাহীর ভূমিকা গ্রহন করিতে না পারেন, তৎপ্রতি দৃষ্টি রাখার জন্য তিনি প্রেসিডেন্ট ও প্রাদেশিক গভর্নরকে আহবান জানান।

বিপুল করতালি ও হর্ষধ্বনির মধ্যে শেখ মুজিবর রহমান ঘোষণা করেন যে, যতদিন পর্যন্ত দেশের জনসাধারণ বাদামী চামড়ার অত্যাচার হইতে অব্যাহতি না পাইবে, গরীব জনসাধারণ করভার হইতে মুক্তি না পাইবে এবং দেশে পূর্ণ গণতন্ত্র প্রতিষ্ঠিত না হইবে, ততদিন পর্যন্ত আমাদের সংগ্রাম চলিতেই থাকিবে। সভায় উক্ত উপ-নির্বাচনী এলাকায় বিরোধী দলের প্রার্থী মোল্লা জালাল উদ্দীনও বক্তৃতা করেন। গত শনিবার রামদিয়াতেও এক বিরাট জনসভা অনুষ্ঠিত হয়। উক্ত সভায় শেখ মুজিবর রহমান ছাড়াও মেসার্স মোল্লা জলিল উদ্দীন, গৌরচন্দ্র বালা, শুধাংশু বাবু উকিল, সত্যেন্দ্র নাথ বারই ও নিত্যগোপাল মজুমদার বক্তৃতা করেন।

**শেখ মুজিবের ঢাকা প্রত্যাবর্তন**

গোপালগঞ্জের উপ-নির্বাচন এলাকা সফর শেষ করিয়া শেখ মুজিবর রহমান গতকল্য (সোমবার) ঢাকা প্রত্যাবর্তন করিয়াছেন। তিনি ২/১ দিনের মধ্যে পুনরায় গোপালগঞ্জ রওনা হইবেন।

*VI-The meeting report was included in WCR for w/e 14.9.63.*
*Office to put up pl. Sd/-26.9.63, 606-48 PF.*

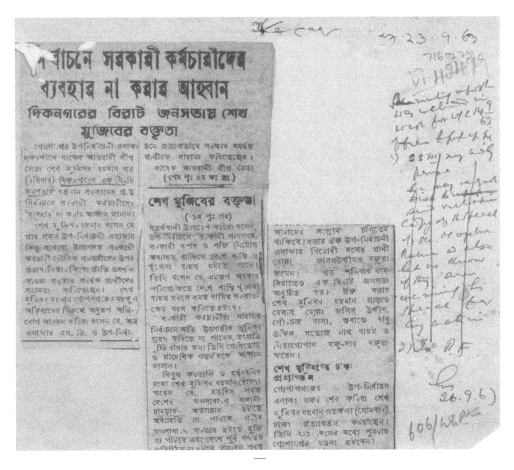

...র্বাচনে সরকারী কর্মচারীদের ব্যবহার না করার আহ্বান

দিকনগরের বিরাট জনসভায় শেখ মুজিবের বক্তৃতা

শেখ মুজিবের বক্তৃতা

( ১ম পৃঃ পর)

শেখ মুজিবরের ঢাকা প্রত্যাবর্তন

গোপালগঞ্জের উপ-নির্বাচন এলাকা সফর শেষ করিয়া শেখ মুজিবর রহমান গতকল্য (সোমবার) ঢাকা প্রত্যাবর্তন করিয়াছেন। তিনি ২/১ দিনের মধ্যে পুনরায় গোপালগঞ্জ রওনা হইবেন।

—

## 201

## *Watch report on Ataur Rahman Khan reveals Sheikh Mujibur Rahman and other political leaders visited him.*

Dacca, 23 September 1963

***C.R. dated 23.9.63***

| | | |
|---|---|---|
| Hours of duty | : | 06.00 to 11.00 & 17.00 to 23.00 hrs. |
| Place of duty | : | 500/A Dhanmondi, R/A Road No. 7 |
| Name of suspect | : | Mr. Ataur Rahman Khan. |

***Result of watch.***

I attended my morning duty at the above noted place for the above noted suspect. At about 10.30 hours the above noted suspect left his quarters by his Car No. E.B.D. 27 then he was not seen to return till 11.00 hours.

During my evening duty period the above noted suspect was seen present in his quarters till 23.00 hours.

During my evening duty period the following suspects and suspicious person visited the said place the arrival and departure are noted as below:-

| | | *IN* | *OUT* |
|---|---|---|---|
| 1. | Mr. Sk. Mujibur Rahman | 18.35 hrs. EBA 3131 | 19.05 hrs. EBA 3131 |
| 2. | Mr. Iqbal Ansari. | 18.30 hrs. EBD. 47 | 20.45 hrs. EBD. 47 |
| 3. | Mr. S. Rahman D.C. of Mymensingh, brother of said suspect. | 17.30 hrs. E.B.M. 1 | X |
| 4. | Mr. A. Aziz A. Satter Prop. of G.M.G. Co. C.T.G. along with two unknown persons. | 18.45 hrs. EBD. 8402 | 20.15 hrs. 8402 |

S.I. Mr. S.A. Karim supervised my duty in the evening duty period.

Submitted
Sd/- Arab Ali Miah. H.C.
S.B.E.P., Dacca.
24.9.63

*Seen. Copy to P.Fs of Ataur Rahman Khan & Sk. Mujibur Rahman. Sd/- M. Yunus 24.9.63. Sd/- A.H.M. Mohiuddin 24.9.63.*

—

## 202

## *SSP, SB, Dacca asked report by special messenger on speeches of Sheikh Mujibur Rahman delivered in various meetings.*

Dacca, 28 September 1963

Phone Nos. 6863 & 4231/18.

***Secret***

***Immediate***

**Special Branch, East Pakistan,**
Rajarbagh,
Dacca, the 28th Sept., 1963
No. 17334/606-48 P.F.

To

M. Ahmed, Esqr.,

Superintendent of Police, District

Special Branch, Faridpur.

Please report whether, in any of the speeches delivered by Sk. Mujibur Rahman in various meetings held in connection with the election campaign, there is any indication that he may try to create trouble in the Gopalganj Constituency. Please also report if you have any other information to this effect. *Please send your report by Spl. messenger by 1.10.63.*

(M. Yunus)

for Spl. Supdt. of Police, (I)

S.B., East Pakistan, Dacca.

*By special messenger*

*Immediate*

*Phone: 58*

*Secret*

**District Special Branch**

Faridpur the *1st* October, 1963

No. *3675*/24-61

To

S.M. Ahsan, Esqr., P.S.P.,

Special Superintendent of Police,

S.B., East Pakistan, Dacca.

Ref : Your No. 17334/606-48 P.F. dated 28.9.63.

The English translation of some portions of the election speeches made by Shaikh Mujibur Rahman is enclosed. Govt. officials, who have been alleged to have canvassed for candidates, have been threatened by him with injury and mischief. A report submitted by D.I.O. Madaripur in this context is also enclosed. This report, however, is an unknown quantity and is being verified by D.I.O. (I). I cannot ensure that there will be no trouble in the Gopalganj Constituency.

*Sd/-1.10.63*

(M. Ahmed)

Superintendent of Police

D.S.B., Faridpur.

## Copy of report of D.I.O. Madaripur dated 25.9.63

I beg to report that during discussion with Dr. Ghulam Mawla, M.N.A. (A.L.) of Madaripur Town on 25.10.63 at about 21.00 hours at his chamber, one Yunusur Rahman Molla, a staunch supporter of Sk. Mujibur Rahman, General Secretary of defunct Awami League gave out that he had been all along with Sk. Mujibur Rahman in Gopalganj area and made a vigorous canvass for N.D.F. candidate Molla Jalaluddin, L.L.B. The position of their candidate now improved much to their entire satisfaction by the timely physical presence of Sk. Mujibur Rahman as well as by whispering campaign of his party workers. Financial help also was being given satisfactorily by the local people to Sk. Sahib in that respect. He also gave out that the opposition candidate must get 60% votes from Kotwalipara P.S., Gopalgnaj P.S. and Muksudpur P.S. elaka and 50% votes from Kasiani P.S. elaka. He also said that Mr. Wahiduzzaman Commerce Minister arranged 5 launches to be loaded with Basic Democrats (voters) just before the date of election and would carry them to the polling centres' unnoticed and uninfluenced by the opposition party. He said that the opposition party must not allow Mr. Wahiduzzaman and his party to do so at any cost according to him there might be a serious breach of peace and heavy casualty. He also said that if required there might be a communal riot. Sk. Mujibur Rahman is not a man to tolerate if Hindus would not cast their votes in favour of democratic minded opposition candidate. He admitted that Sk. Mujibur Rahman personally took part in riot in 1946.

—

Observation made by I.G.P. on S.B. Memo No. 17537/606-48 PF dated 3.10.63.

...

Dy. No. 3161-S dated 5.10.63.

I.G.P. may kindly see the speech of Mr. Mujibur Rahman contained in this report.

Sd/- A.K.M.H. Rahman.<br>4.10.63.

D.I.G., S.B., will pl. send an appreciation to the Govt. on the position there.

D.I.G., S.B.

Sd/- A.M.A. Kabir,<br>Sd/-5.10.63

Police Directorate paper was returned with the endorse as at N.S.P. 316 bottom under Memo No. 17814 dt. 9.10.63.

—

*No. 17856 dt. 10.10.63, 606-48 P.F.*

*Phone Nos. 4231/18, & 6863*

*Secret, Immediate*

### By Spl. Messenger

To

A.I.G., E.P., Dacca.

Kindly read "Apprehends that there will be trouble in Gopalganj constituency" in place of last but one para of the note forwarded to you under this office memo No. 17814 dt. 9.10.63.

*Sd/-*

*for D.I.G. S.B*

*"apprehends that there will be no trouble in Gopalganj constituency"*

—

## SECRET BY SPL. MESSENGER.

*Phone Nos. 6863 & 4231/18.*

*Immediate*

### Special Branch, East Pakistan
Rajarbagh,

Dacca, the 10th October'63,

No. 17856/606-48 P.F.

To

A.K.M.H. Rahman, Esqr., P.S.P.,

Asstt. Inspr. Genl. of Police,

East Pakistan, Dacca.

Kindly read "Apprehends that there will be trouble in Gopalganj constituency" in place of "apprehends that there will be no trouble in Gopalgnaj Constituency" mentioned in last but one para of the note forwarded to you under this office Memo. No. 17814 dated 9.10.63.

(S.M. AHSAN)

for Deputy Inspr. Genl. of Police,

S.B., E.P., D a c c a.

—

# 203

## *Report on Wahiduzzaman, Central Commerce Minister denied allegation against him in a statement of Sheikh Mujibur Rahman.*

### Dacca, 30 September 1963

*Pakistan Observer dt. 30.9.63.*

### Wahiduzzaman Denies Mujib's Allegations

GOPALGANJ Sep'29:- Mr. Wahiduzzaman Central Commerce Minister has issued the following statement here today reports APP.

My attention has been drawn to a statement delivered by one Sheikh Mujibur Rahman at a Press conference held at his luxurious residence at Dhanmondi Dacca. In course of his statement the Sheikh is alleged to have stated that Branch Licence Office of Ministry of Commerce has been opened at Gopalganj with a view to disbursing licences amongst the Basic Democrats and their relatives. As Commerce Minister I consider it my duty to deny this allegation which is false and malicious.

I understand the Sheikh claims to be a leader of country but spreading of this kind of downright falsehood and calumny shows propensity that is far from quality of leadership. Moreover this is serious reflection on character of members of Basic Democracies. Sheikh's pathological hatred towards members of Basic Democracies is quite understandable. During his fortnight long tour in interior of Gopalganj Subdivision he has realised possibly that voters are not prepared either to be cajoled or intimidated by him. Breach of his promises made in 1954 are much too fresh in their memory.

Voters are respectable responsible and patriotic citizens of country with will of their own and they are free to decide for whom they are going to vote.

He has also alleged that Government officers are pressing voters in support of Government. That Sheikh has never shown much respect for Basic Democrats is understandable but does he think that voter all over the country are so weak so greedy and so coward that they succumb to official threats and allurements.

It is not necessary for me to go into details of vituperation of Sheikh but I would welcome any impartial observer or observers to come to Gopalganj and see things for themselves.

I know Khawja Nazimuddin to be an honest and pious man. I shall be happy to invite him to come to Gopalganj and feel the pulse of the people.

The sooner Sheikh refrains from making vague and false allegations and tall claims on leadership and popular support the better for all concerned. The Sheikh has thrown many challenges to me but I accept none just because I would like to see will of the people to prevail and provide convincing answer to self-stated leader like Sheikh Mujibur Rahman.

*1) SSI may like to see 2) To P.F of Sk. Mujibur Rahman. Sd/-1.10.63, 606/48 PF*

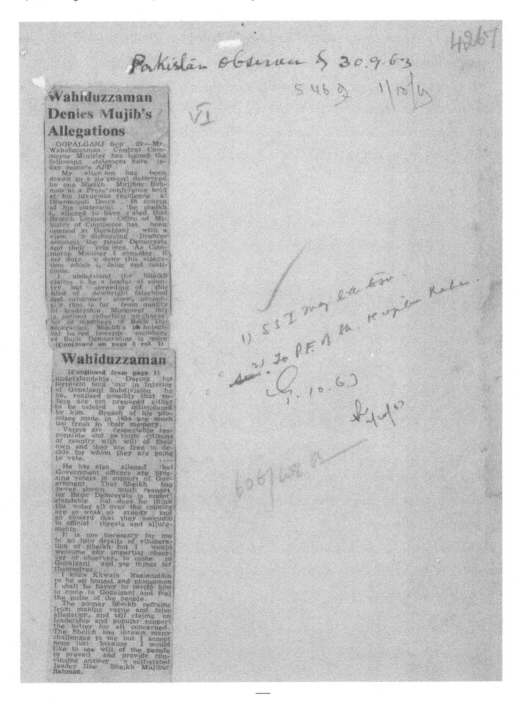

# 204

## *Revised personal history sheet of Sheikh Mujibur Rahman.*

Rawalpindi, 30 September 1963

**Secret.**

No. 14/B/58(39).

### INTELLIGENCE BUREAU

Government of Pakistan, Rawalpindi, dated the 30 SEP 1963.

**Memorandum.**

It is desired to revise the personal history sheet of Sk. Mujibur Rahman S/o Lutfar Rahman of Tangipara, P.S. Gopalganj (Faridpur). Since the records available in this office are insufficient for this purpose, it is therefore, requested that a copy of his dossier maintained in your office be supplied to us at your earliest convenience.

Sd/ – CAPT:

(SHER BAZ KHAN)

Deputy Assistant Director.

S.M. Alam Esq.

Special Supdt. of Police,

Special Branch, East Pakistan, Dacca.

*This is for the main office & should be sent there. Sd/-3.10 606/48 P.F.*

—

Phone no 4231/18 and 6863.

No. 19331 dt. 5.11.63.

*Secret*

A.D. (1), Intelligence Bureau, Rawalpindi.

Please refer to your memo no. 14/B/58(39) dt. 30.9.63 regarding Sk. Mujibar Rahman.

As desired, I send herewith the copies of Brief History and its addenda (from 1st to 4th) on the political activities of the subject.

Kindly acknowledge.

Sd/-1.11.63.

—

*Fourth addendum the Brief History on the political activities of Sk. Mujibur Rahman son of late Lutfar Rahman of Tangipara, P.S Gopalganj, Faridpur and of Dacca.*

1. In March 1962, there was a student strike and procession in Dacca city. The Processionists shouted slogans near about the Dacca Central Jail. Hearing the slogans other security prisoners who were then in detention in the said jail, in the initiative of the subject gave response by shouting of similar slogans and the voice of the subject was heard on the top.

2. The subject who was under security detention in the Dacca Central Jail was released from the said jail on 18.6.62 vide G.O. no. 1159 H.S. dated 18.6.62

3. The subject after his release made a press statement alleging that some serious restrictions were imposed on the released security prisoners. He expressed that his release could give him little solace as a large number of patriots including Mr. Suhrawardi were then behind the prison bar. He added that he shared the views of the nine leaders and joined hands with them.

4. In July 1962, the subject, reportedly visited Jessore and discussed the political situation obtaining in the country with the local leaders of his group. He inter alia urged upon them to organise public meeting in support of the Press Statement of the nine leaders of East Pakistan.

5. The same month the subject received a congratulatory message from R.M. Maitre, Press Attaché, Indian Mission, Dacca for successfully organising the public meeting at Paltan Maidan, (Dacca) on 8.7.62 in support of the Stt. of 9 opposition leaders of E.P.

6. The same month Golam Mortoza, General Secretary, P&T Employees' Union reportedly contacted the subject & sought his advice in respect of their decision to resort to a general strike throughout the Province. The subject reportedly assured him of his (subject's) full support on this issue.

7. The same month the subject attended an informal meeting of the A.L. held in the residence of Mr. Ataur Rahman Khan (Ex: Chief

Minister) at Dacca. The meeting discussed the question of revival of the A.L. vis-a-vis the Political Parties Act and decided not to revive the party for the present.

8. The same month the subject reportedly attended a closed door discussion meeting of the political leaders of East Pakistan held at the residence of Mr. Nurul Amin (Ex-Chief Minister) at New Eskaton, Dacca. After long discussion they decided not to revive any Political Party in East Pakistan at the moment. They also decided to form a single party for East Pakistan under the leadership of Mr. Nurul Amin to fight for the democratisation of the constitution & full-fledged democracy in the country.

9. On 17-9-62, the subject gave an exaggerated information to Mr. Ataur Rahan Khan (Ex-Chief Minister) about the police firing on the students at Dacca on that day. He expressed that it was the opportune moment for them to join hand with the students and lead them.

10. The same month the subject attended an informal meeting of the leaders of the opposition parties held at the residence of Mr. Nurul Amin at Eskaton, Dacca. Addressing the meeting the subject condemned the Police firing of 17.9.62 and suggested observance of a province wide strike as a protest against the said firing. He also wanted to launch a province wide movement for complete scraping of the present Constitution. The meeting was postponed for further discussion in the matter.

11. In October 1962, the subject visited Jessore and persuaded the local students to organise the E.P.S.L. in all the educational institutions of Jessore.

12. During the months of October & November 1962, the subject addressed a number of public meetings at Khulna, Rajshahi, Rangpur, Mymensingh, Madaripur, Chittagong, Sylhet and many other places. In all the meetings the subject in his usual way criticised the President of Pakistan for promulgation of Martial Law etc. In his criticism he laid emphasis on the security detention of the political leaders, exorbitant taxation on the people, economic disparity between the two wings of Pakistan, high prices of essential

commodities, low price of jute, alleged deprivation of the power of voting of the people, shifting of the capital from Karachi, low percentage of the employees in the central Govt. service and the Army etc. He added that nothing could be achieved by fair deal (সোজা আঙ্গুলে ঘী উঠে না). He appealed to the people & the youths to rise up, unite, and be ready for struggle for the achievement of the demands of the East Pakistanis. He asserted that the people of East Pakistan were made slaves.

13.  In November 1962, the subject reportedly visited Noakhali district and held a secret meeting at Chaumohani. In the meeting the subject narrated the political situation prevailing in the country and laid emphasis on the need of mobilising public opinion in favour of the N.D.F. for democratisation of the constitution etc. In reply to a question about the next line of action to be adopted by the N.D.F. for the achievement of their objective, the subject hinted the possibility of a province wide strike in the line of civil disobedience movement by stopping payment of revenue, suspension of work in various Mills & other public utility services.

14. In December 1962, the subject in a press statement supported the demands of the teachers of the private Colleges and urged upon the Govt. to fulfill their demands.

15. The same month the subject is addressing a public meeting at Dinajpur said that the servants & bootlickers of the British who killed many freedom fighters had become the administrators of Pakistan. He added that during the Martial Law regime many people were arrested and detained, corruption increased abnormally & the President brought out a constitution from his pocket & bereft of the rights of the people. He urged upon the youth of the country to remain ready for any sacrifice for launching a movement against the oppressive Govt. to restore democracy in the Country.

16. The same month the subject in a press statement said that demand of the security deposit of Rs. 10,000 by the Govt. from the daily "Ittefaqe" was an attack on the democratic force. He added that this move of the Govt. proved that they were not prepared to allow democracy to exist in this country.

18. In January 1963, the subject in a statement issued to the press vehemently criticised the ordinance imposing bans on E.B.D.O.-ed politicians and called it to be a repressive law of regimentation having no parallel in any other democratic country.

19. The same month (January) after promulgation of the ordinance no. 1/63, amending the Political Parties Act. The subject and Mr. Ataur Rahman Khan met Mr. Nurul Amin at the latter's residence and discussed the future of the N.D.F. In course of discussion the subject became excited & expressed his readiness to violate the law.

20. The same month (Jan. 63) the subject attended an informal meeting of the N.D.F held at the residence of Mr. Nurul Amin, at Eskaton, Dacca. The subject who by then returned from Karachi after discussing the question of formation of the N.D.F committee, with Mr. Suhrawardy disclosed that the latter requested the N.D.F. leaders to form the committee even with the E.B.D.O-ed Politicians in violation of the law if necessary. After discussion the meeting decided to form a N.D.F committee with 10 members excluding the EBDO-ed Politicians who would advise them from behind the screen.

21. The same month (Jan. 63) the subject in a statement to the press vehemently criticised the Govt. for their alleged indiscriminate arrests of political leaders, workers, students including Mr. Ataur Rahman, Deputy Leader of the opposition in the N.A. sounding a note of warning to the Govt. The subject said that the patience of the people, specially of the conscious political workers of East Pakistan was almost exhausted and when they could not fight in a democratic and constitutional way, their disappointment might part them to take recourse to unconstitutional activities which would mark the beginning of the darkest chapter in political history of Pakistan.

22. In February 1963, the subject in a statement to the press demanded the immediate release of the UCACEP leaders and withdrawal of the ban imposed on the organisation.

23. It was reported in March 1963, that the names of the office bearers of the N.D.F committee were announced. The main part in forming the committee was played by the subject & two others.

24. The same month (March 1963,) the subject in a statement to the press supported the cause of the Rly. Employees and described their demands as most legitimate. He urged upon the Govt. to shake off their alleged bureaucratic mentality and accept the legitimate demands of the Rly. Employees.

25. The same month the subject attended an informal meeting of the N.D.F committee held in the residence of Mr. Nurul Amin, the convenor of the committee. The meeting discussed about the public meeting of the N.D.F. proposed to be held on 17.3.63. It was decided that no EBDOed Politician would be allowed to speak in the said meeting. The subject was organising the meeting. He was only a member of the committee. But as a matter of fact he was doing the job of the secretary. The subject was reported to be very restless. He wanted to launch some sort of movement on the issue of democratisation of the constitution.

26. In April 1963, the subject reportedly met Moulana Abdul Hamid Khan Bhashani at Dacca and requested him to join the N.D.F but to no effect.

27. It was reported in the same month (April, 63) that the subject and some other N.D.F. leaders assured Mr. Mahbubul Haq, M.N.A. President, E.P.R.E.L. that they would render all sorts of help in the proposed strike of the E.P.R.E.L. and UCACEP.

28. It was reported in the same month that the subject reportedly contributed Rs. 500/- towards the UCACEP fund.

29. The same month (April, 63) the subject in a statement to the press criticised the alleged entrance of the Police into the Dacca University campus and their lathi charge on the students, whom be considered to be peaceful.

30. In May 1963, the subject in course of a statement released to the press urged upon the Govt. to bring back the East Pakistanis who were sent to the Ghulam Mohammad barrage (W. Pak) for settlement. He strongly criticised the attitude of the Govt. for not looking after the interest of the settlers there.

31. The same month (May-63) the subject in an interview with a representative of the P.P.A. characterized the present constitution to be unworkable. He said that section 124 (A) of the P.P.C. was a jungle law and demanded repeal of all the repressive laws. In his statement the subject further added that the N.D.F. had formed a committee to deal with the affairs of security prisoners.

32. In June 1963, the subject visited the cyclone devastated areas of Chittagong District. In a statement to the press he criticised the Govt. for inadequate relief to the affected people. He said that the Govt. officials were more busy to attend the Governor & Ministers than attending the relief work.

33. In the same month (June, 1963) the provincial workers conference of the E.P.S.L. was held at Dacca. In this conference amount of Rs. 6000.00 was spent. The money was raised from different sources through the subject and two others. The political officer of the American Consulate made some contribution to this fund as reported.

34. It was reported in the same month (June 1963) that the subject regularly paid money to some students of his group. During the student disturbance at Dacca in December 1962, the subject reportedly supplied mike and other things to the agitating students.

35. On 21-6-63, the subject in a statement published in the local papers criticised the President of Pakistan. He said that the information which came to light about GANDHARA Industries was sufficient for his resignation. He called upon the President to resign and face a tribunal on the charge of nepotism and get himself proved innocent.

He posed questions saying that at whose order the Karnafuli paper mill was transferred to Dawood Corporation, if his (President's) son was a director of the Corporation, if the family of the President control the business of Petro Chemical Industries, and Hotel Metro Pole. He alleged that besides the news published in Pakistani news papers more sad stories about the private life of the President were published in Foreign Press. He further said that the President was a soldier and had no education in national and international politics and added that the proposal of the President for Indo-Pak joint defence against China was unwise. His proposal for East Asia with Afganistan, India, Pakistan & Burma was a subject of ridicule in those countries. His (President's) last proposal for formation of a confederation with Turkey, Iran, Afganistan would meet the fate of the middle East defence Pact.

36. In July 1963, the subject attended a meeting of the N.D.F held in the residence of Mr. Nurul Amin, at New Eskaton, Dacca. The meeting discussed the organisational activity of the N.D.F, the franchise and the bye election issues.

36. It was reported on 9-8-63, that with a view to persuade Mr. H.S. Suhrawardy to revive the A.L. The subject reportedly left for Karachi on 8-8-63 en route London.

37. The same month (August 63) the subject on his return from London made a statement to a representative of the P.P.A. at Karachi in which he criticised the alleged restrictions proposed to be imposed by the govt. on the press. He said that the people of Pakistan would not tolerate such restrictions on the press. He urged upon the people and Political Workers to come forward to help the journalists in their struggle.

38. On 31-8-63 and 1-9-63 the subject attended two meetings of the election coordinating committee of the N.D.F held at the residence of Al-Haj Khawaja Nazimuddin at Dacca. The meeting selected some of their nominees to contest the bye-elections of the National and Provincial Assemblies in East Pakistan.

39. In September 1963, the subject addressing a public meeting at Khulna criticised the Govt. for their alleged ill-conceived, undemocratic, and unpopular policies and called upon the people to fight for the restoration of democracy and their fundamental rights sounding a note of caution the subject urged upon the Govt. to concede to the demands for the restoration of democracy, release of political prisoners and introduction of adult franchise.

40. The same month the subject in course of talk with some people at Gopalganj, Faridpur said that reports were forthcoming that the

D.C. & the S.D.O. were influencing the voters to vote in favour of Mr. Faikuzzaman in the N.A. bye-election. Sounding a note of warning he said that if they indulged in such activities the result would be disastrous narrating the miseries of the East Pakistan people, the subject inter alia alleged that the foreign exchange earned through the sale of jute were spent for the development of West Pakistan.

41. The same month (Sept. 63) the subject held election propaganda meetings at Kotalipara & other places of Faridpur Dt. He canvassed in favour of Molla Jalaluddin, N.D.P. candidate in the N.A. bye-election criticising the Govt. the subject stated that foreign exchange earned through jute was spent for the development of W. Pakistan. He added that crores of rupees were spent for building the Capital in Karachi, the birth place of the father of the Nation how they would again pay for building the capital at Islamabad, the birth place of Mr. Ayub Khan. He alleged that only 5% of the defence budget was spent in East Pakistan.

42. The same month (Sept, 63) the subject addressing a public meeting held under the auspices of the N.D.F. at Satkhira, Khulna, criticised the President of Pakistan. He said that President Mr. Ayub Khan who was in charge of the defence of Pakistan became the self-styled ruler of the country. He critcised the shifting of the capital from Karachi to Islamabad. He added that if the shifting of the capital was at all to be done, it ought to have been shifted to Dacca as this wing of the country & constituted 56% of the Population. He criticised the low percentage of East Pakistanis in central Govt. service.

43. The same month (Sept, 63) the subject addressing a meeting at Ramadia bazar, P.S. Kasiani, Faridpur gave out that he came to know that govt. servants were threatening the Basic Democrats of Gopalganj to cast their votes in favour of the alleged Govt. nominee. He said that he was not so old like Mr. Ayub Khan, Mr. Bhashani & Mr. Nurul Amin, and continued to say that Mr. Huda, the then S.D.O. had to shed tears for his such activities before the last general election. He drove out Mr. Doha, the then I.G.P. and taught a good lesson to Mr. Zakir Hossain. He sounded a note of warning that he

was noting the names of the vote canvassing Govt. servants. If necessary he would find them out wherever they might be in Pakistan in opportune moment and teach them a lesson.

44. The same month (Sept, 63) the subject addressing an election meeting at Diknagor Faridpur urged upon the Govt. not to use the Govt. officers in the election. He stated that some high officials in almost all the bye-elections were helping the Govt. candidates sounding a note warning he said that peace and order of the country might be disturbed if Govt. machinery resources & power were used in the election for such eventuality; he said the responsibility would be on the Govt. He further said that the struggle of the people would continue until they get rid of the oppression of the wheat complexioned people, heavy taxation & achieve fall democracy in the country.

Sd/-30.10.63.

SI

A...2 contact of Inspr. G.S. Ahmad at SCO. dt. 6-4-63.

—

Intelligence Bureau

**GOVERNMENT OF PAKISTAN**

Rawalpindi

Department

*Secret*
*(By Spl. Bag)*
*11 Nov. 1963*
*No. 14/B/58(39).*

Subject: *Note on Sk. Mujibur Rahman S/O Lutfar Rahman.*

The undersigned is directed to invite attention to the communication noted in the margin and to Memo No. *14/B/58 (39)* dated *30.9.63* the favour of an early reply request that the return of the file be expedited enquire how the case stands.

Sd/-

for Deputy Assistant Director

—

# 205
## *Sheikh Mujibur Rahman complained wastage of money in an election campaign meeting at Boultoli, Gopalganj.*

Dacca, 3 October 1963

*Ittefaq dt. 3.10.63.*

### নির্বাচনী প্রচারকার্যে সরকারী অর্থের বিপুল অপচয়

বিরোধী দলীয় প্রার্থীর সমর্থনে গোপালগঞ্জের পল্লীতে অনুষ্ঠিত জনসভায় শেখ মুজিবের অভিযোগ।

*(ষ্টাফ রিপোর্টার)*

গতকল্য (বুধবার) গোপালগঞ্জ হইতে টেলিফোন যোগে প্রাপ্ত এক খবরে জানা গিয়াছে যে, গতকল্য বোলতলীতে সাবেক প্রাদেশিক বন বিভাগীয় মন্ত্রী মিঃ গৌরচন্দ্র বালার সভাপতিত্বে এক বিরাট জনসভা অনুষ্ঠিত হয়। আসন্ন জাতীয় পরিষদের উপ-নির্বাচনে অংশ গ্রহণকারী বিরোধী দলীয় প্রার্থী মোল্লা জালাল উদ্দিন আহমদের সমর্থনে উক্ত সভার আয়োজন করা হয়। জাতীয় গণতান্ত্রিক ফ্রন্টের অন্যতম নেতা শেখ মুজিবর রহমান এই সভায় বক্তৃতা দান করেন। শেখ মুজিবর রহমান গোপালগঞ্জের নির্বাচন পরিস্থিতির মোকাবিলায় সরকারী ভূমিকা পর্যালোচনা প্রসঙ্গে বলেন যে, সরকার যে স্বীয় স্বার্থ উদ্ধারের জন্য সরকারী অর্থের অপচয় করেন, উহার জাজ্জ্বল্যমান প্রমাণ গোপালগঞ্জের ঘাটে বাঁধা সরকারী ও আধা সরকারী ১৭টি লঞ্চ। সরকারী অর্থ অপচয় নীতির কঠোর সমালোচনা করিয়া শেখ মুজিব বলেন যে, নির্বাচনকে কেন্দ্র করিয়া শুধু গোপালগঞ্জে যে সরকারী সম্ভারের আমদানী সুচিত হইয়াছে, তাহাতে দেশবাসী সহজেই অনুমান করিতে পারেন যে, সবকয়টি নির্বাচনী কেন্দ্রেই সরকার জন-সাধারণের অর্থ অকাতরে অপচয় করিতেছেন।

### নজির বিহীন ব্যবস্থা

মৌলিক গণতন্ত্রীদের উদ্দেশ্য করিয়া শেখ মুজিব বলেন যে, প্রাপ্তবয়স্ক আপামর জনসাধারণের ভোটাধিকার ফিরাইয়া আনার দাবীতেই বিরোধীদল নির্বাচনে অংশ গ্রহণ করিয়াছে এবং মৌলিক গণতন্ত্রীরাও তাঁহাদের আত্মীয়-পরিজনসহ দেশবাসী সকল প্রাপ্ত বয়স্কদের ভোটাধিকার ফিরাইয়া আনার ব্যাপারে সমান আগ্রহী। শেখ মুজিব বলেন যে, এই নির্বাচনের মধ্য দিয়া প্রমাণিত হইবে যে, মৌলিক গণতন্ত্রীরা নিজেরাই প্রাপ্ত বয়স্কদের ভোটাধিকার আদায়ের সংগ্রামে প্রত্যক্ষভাবে অংশীদার হইয়াছেন।

### সংখ্যালঘুদের স্বার্থে

শেখ মুজিবর রহমান সংখ্যালঘু সম্প্রদায়কে আশ্বাস দিয়া বলেন যে, পাকিস্তানে আগাগোড়াই সাম্প্রদায়িক সম্প্রীতি বজায় রহিয়াছে। তিনি তাঁহাদের স্মরণ করাইয়া দেন যে, সংখ্যালঘুদের

নিজের এবং দেশের বৃহত্তর স্বার্থেই নির্বাচনী প্রশ্নে তাহাদের অধিকতর প্রজ্ঞার পরিচয় দিতে হইবে। তিনি বিশেষ জোর দিয়া বলেন যে, বিশ্বের রাষ্ট্র বিজ্ঞানের সব চাইতে সার কথা হইতেছে যে, প্রাপ্তবয়স্কদের ভোটাধিকারের মাধ্যমেই দেশ ও দেশবাসীর সর্বাপেক্ষা বেশী মঙ্গল সাধিত হইতে পারে এবং ইহার দ্বারাই দেশবাসী সার্বজনীন আত্মনিয়ন্ত্রণাধিকার লাভ করেন।

### পাটের মূল্য বৃদ্ধিই একমাত্র পথ

বিরোধী দল সমর্থিত প্রার্থী মোল্লা জালাল উদ্দিন আহমদ পাটের নিম্নমূল্যে গভীর উদ্বেগ প্রকাশ করিয়া বলেন যে, গ্রাম বাংলার বর্তমান পঙ্গু অর্থনৈতিক অবস্থার উন্নতি করিতে হইলে পাটের মূল্য অবিলম্বে বৃদ্ধি করিতে হইবে। তিনি সরকারের পাট নীতির তীব্র সমালোচনা করিয়া বলেন যে, সরকার দেশের অর্থনৈতিক কাঠামোকে চুরমার করিয়া দিয়া ওয়াকর্স প্রোগ্রাম' লইয়া যে হৈ-চৈ শুরু করিয়াছেন তাহাতে দেশের অর্থনৈতিক পরিস্থিতির পরিবর্তন হইবে না।

মোল্লা জালাল উদ্দিন বলেন যে, আন্তঃ প্রাদেশিক বৈষম্য দূরীকরনের ব্যাপারে সরকারের সুস্পষ্ট নীতি থাকা প্রয়োজন। তিনি শ্রোতৃ মন্ডলীকে আশ্বাস দিয়া বলেন যে, ব্যক্তিগতভাবে তিনি আন্তঃপ্রাদেশিক অর্থনৈতিক বৈষম্য দুরীকরণের প্রশ্নে সক্রিয় নীতি অনুসরণ করিবেন।

### শাসনতন্ত্রের গণতন্ত্রায়নই আসল উদ্দেশ্য

বিরোধী দল সমর্থিত প্রার্থী তাঁহার নির্বাচনী কর্মসুচী ব্যাখ্যা প্রসঙ্গে বলেন যে, শাসনতন্ত্রের গণতন্ত্রায়নই তাহার আসল লক্ষ্য। তিনি বলেন যে, পূর্ণ গণতন্ত্র কায়েম করিয়া রাষ্ট্রীয় ব্যবস্থাপনায় জনসাধারণের সার্বভৌম ক্ষমতা প্রতিষ্ঠাই তাহার নির্বাচনে প্রতিদ্বন্দিতা করার অন্যতম উদ্দেশ্য।

সভাপতির ভাষণে মিঃ গৌর চন্দ্রবালা বলেন যে, প্রাপ্ত বয়স্কদের ভোটাধিকারে নির্বাচিত প্রতিনিধিদের দ্বারাই দেশের সুষ্ঠু পরিচালন সম্ভব।

এই জনসভায় অন্যান্যের মধ্যে বক্তৃতা করেন মেসার্স মুকুন্দ লাল সরকার, অনাদী নাথ বিশ্বাস (মৌলিক গণতন্ত্রী), নিত্য গোপাল মজুমদার এবং সত্যেন্দ্র নাথ বারোরি।

*To P.F. Sd/-4.10 for DSPL. 606-48/PF.*

Ittefaq d/ 3.10.63

774 d/ 4.10.63

PL. H343

# নির্বাচনী প্রচারকার্যে সরকারী অর্থের বিপুল অপচয়

## বিরোধীদলীয় প্রার্থীর সমর্থনে গোপালগঞ্জের পল্লীতে অনুষ্ঠিত জনসভায় শেখ মুজিবের অভিযোগ

(স্টাফ রিপোর্টার)

গতকল্য (বুধবার) গোপালগঞ্জ হইতে টেলিফোন যোগে প্রাপ্ত এক খবরে জানা গিয়াছে যে, গতকল্য বোলতলীতে সাবেক প্রাদেশিক বন বিভাগীয় মন্ত্রী মিঃ গৌরচন্দ্র বালার সভাপতিত্বে এক বিরাট জনসভা অনুষ্ঠিত হয়। আসন্ন জাতীয় পরিষদের উপ-নির্বাচনে অংশ গ্রহণকারী বিরোধী দলীয় প্রার্থী মোল্লা জালাল উদ্দিন আহমদের সমর্থনে উক্ত সভার আয়োজন করা হয়। জাতীয় গণতান্ত্রিক ফ্রন্টের অন্যতম নেতা শেখ মুজিবর রহমান এই সভায় বক্তৃতা দান করেন।

শেখ মুজিবর রহমান গোপালগঞ্জের নির্বাচন পরিস্থিতির মোকাবিলায় সরকারী ভূমিকা পর্যালোচনা প্রসঙ্গে বলেন যে, সরকার যে স্বীয় স্বার্থ উদ্ধারের জন্য সরকারী অর্থের অপচয় করেন, উহার জাজ্বল্যমান প্রমাণ গোপালগঞ্জের ঘাটে বাঁধা সরকারী ও আধা-সরকারী ১৭টি লঞ্চ। সরকারী অর্থ অপচয় নীতির কঠোর সমালোচনা করিয়া শেখ মুজিব বলেন যে, নির্বাচনকে কেন্দ্র করিয়া শুধু গোপালগঞ্জে যে সরকারী সম্ভারের আমদানী সূচিত হইয়াছে, তাহাতে দেশবাসী সহজেই অনুমান করিতে পারেন যে, সবকয়টি নির্বাচনী কেন্দ্রেই সরকার জনসাধারণের অর্থ অকাতরে অপচয় করিতেছেন।

**নজির বিহীন ব্যবস্থা**

মৌলিক গণতন্ত্রীদের উদ্দেশ্য করিয়া শেখ মুজিব বলেন যে, প্রাপ্তবয়স্ক আপামর জনসাধারণের ভোটাধিকার ফিরাইয়া আনার দাবীতেই বিরোধীদল নির্বাচনে

(শেষ পৃঃ ৬ষ্ঠ কঃ দ্রঃ)

### সরকারী অর্থের বিপুল অপচয়

(১ম পৃঃ পর)

অংশ গ্রহণ করিয়াছে এবং মৌলিক গণতন্ত্রীরাও তাঁহাদের আত্মীয়-পরিজনসহ দেশবাসী সকল প্রাপ্ত বয়স্কদের ভোটাধিকার ফিরাইয়া আনার ব্যাপারে সমান আগ্রহী।

শেখ মুজিব বলেন যে, এই নির্বাচনের মধ্য দিয়া প্রমাণিত হইবে যে, মৌলিক গণতন্ত্রীরা নিজেরাই প্রাপ্তবয়স্কদের ভোটাধিকার আদায়ের সংগ্রামে প্রত্যক্ষভাবে অংশীদার হইয়াছেন।

**সংখ্যালঘুদের স্বার্থে**

শেখ মুজিবর রহমান সংখ্যালঘু সম্প্রদায়কে আশ্বাস দিয়া বলেন যে, পাকিস্তানে আগাগোড়াই সাম্প্রদায়িক সম্প্রীতি বজায় রহিয়াছে। তিনি তাঁহাদের স্মরণ করাইয়া দেন যে, সংখ্যালঘুদের নিজের এবং দেশের বৃহত্তর স্বার্থেই নির্বাচনী প্রশ্নে তাঁহাদের অধিকতর প্রজ্ঞার পরিচয় দিতে হইবে। তিনি বিশেষ জোর দিয়া বলেন যে, নিজের স্বার্থ বিসর্জনের

সব চাইতে সার কথা হইতেছে যে, প্রাপ্তবয়স্কদের ভোটাধিকারের মাধ্যমেই দেশ ও দেশবাসীর সর্বাপেক্ষা বেশী মঙ্গল সাধিত হইতে পারে এবং ইহার দ্বারাই দেশবাসী সার্বজনীন আত্মনিয়ন্ত্রণাধিকার লাভ করেন।

**পাটের মূল্য বৃদ্ধিই একমাত্র পথ**

বিরোধী দল সমর্থিত প্রার্থী মোল্লা জালাল উদ্দিন আহমদ পাটের নিম্নমূল্যে গভীর উদ্বেগ প্রকাশ করিয়া বলেন যে, পূর্ব বাংলার বর্তমান পঙ্গু অর্থনৈতিক অবস্থার উন্নতি করিতে হইলে পাটের মূল্য অবিলম্বে বৃদ্ধি করিতে হইবে। তিনি সরকারের পাট নীতির তীব্র সমালোচনা করিয়া বলেন যে, সরকার দেশের অর্থনৈতিক কাঠামোকে চুরমার করিয়া দিয়া ওয়ার্কস প্রোগ্রাম লইয়া যে হৈ-চৈ শুরু করিয়াছেন তাহাতে দেশের অর্থনৈতিক পরিস্থিতির পরিবর্তন হইবে না।

মোল্লা জালালউদ্দিন বলেন যে, আন্তঃপ্রাদেশিক বৈষম্য দূরীকরণের ব্যাপারে সরকারের সুস্পষ্ট নীতি থাকা প্রয়োজন। তিনি শ্রোতৃমণ্ডলীকে আশ্বাস দিয়া বলেন যে, ব্যক্তিগতভাবে তিনি আন্তঃপ্রাদেশিক অর্থনৈতিক বৈষম্য দূরীকরণের প্রশ্নে সক্রিয় নীতি অনুসরণ করিবেন।

**শাসনতন্ত্রের গণতন্ত্রায়নই আসল উদ্দেশ্য**

বিরোধী দল সমর্থিত প্রার্থী তাঁহার নির্বাচনী কর্মসূচী ব্যাখ্যা প্রসঙ্গে বলেন যে, শাসনতন্ত্রের গণতন্ত্রায়নই তাঁহার আসল লক্ষ্য। তিনি বলেন যে, পূর্ণ গণতন্ত্র কায়েম করিয়া রাষ্ট্রীয় ব্যবস্থাপনায় জনসাধারণের সার্বভৌম ক্ষমতা প্রতিষ্ঠাই তাহার নির্বাচনে প্রতিদ্বন্দ্বিতা করার অন্যতম উদ্দেশ্য।

সভাপতির ভাষণে মিঃ গৌরচন্দ্র বালা বলেন যে, প্রাপ্ত বয়স্কদের ভোটাধিকারে নির্বাচিত প্রতিনিধিদের দ্বারাই দেশের সুষ্ঠু পরিচালনা সম্ভব।

এই জনসভায় অন্যান্যের মধ্যে বক্তৃতা করেন মেসার্স মুকুন্দ লাল সরকার, অনাদী নাথ বিশ্বাস (মৌলিক গণতন্ত্রী), নিত্য গোপাল মজুমদার এবং সত্যেন্দ্র নাথ বাগেরি।

to P.F
4/10

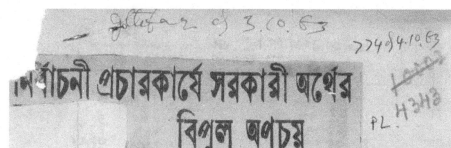

# 206

## *Weekly confidential report showing movement of political leaders.*

### Dacca, 5 October 1963

W.C.R of D.S.B., Dacca, for the week ending 5.10.63.

...

East Pakistan Police Abstract of Intelligence No.32 dated 10.8.63 was received here on 28.9.63.

...

W.C.R of D.S.B., Dacca, for the week ending 5.10.63.

...

### *Movement of suspects*

1.  Single starred A.L. 494-Sk. Mujibur Rahman returned from Chittagong on 26- 9-63 evening by P.I.A.

2.  Double starred A.L. 35- Maulana Abdul Hamid Khan Bhashani left for Karachi on 25-9-63 evening by P.I.A.

3.  A.L. 673 Shawkat Ali Khan left for Karachi on 25.9.63 evening by P.I.A.

*2 Copies pl. Sd/-12.10. Circulation. Sd/-10.10.63. Does not concern me. Sd/- 11.10.*

---

# 207

## *Report on the meetings of Sheikh Mujibur Rahman at Gopalganj and Kotalipara.*

### Gopalgonj, 5 October 1963

Extract from monthly D.O. No. 260, dated 5.10.63 from the Supdt. of Police, Faridpur to I.G., E.P., Dacca.

...

(iv) Miscellaneous:-

Both the Govt. and N.D.F. parties have been holding election meetings at Gopalganj Subdivision with a view to mobilise support of the Basic Democrats in favour of the candidate of their party. Shaikh Mujibur Rahman, Ex-General Secretary of the A.L. also held some meetings at Gopalganj, Katalipara and other places. He criticised the present Govt. and threatened some Govt. officials of the district for their alleged canvassing in favour of the Govt. party.

*DS(PL). Ext. to election & N.D.F file & P.F. of Sk. Mujibur Rahman Sd/- A.A. for D.S. (P.L.) 10/x.*

---

## 208

## *Note for DS, EP Home (Poll) department on the situation prevailing in Gopalganj constituency in connection with bye-election to National Assembly.*

Gopalgonj, 9 October 1963

*No. 17813/606-48 P.F. dt. 9.10.63.*

Phone Nos. 4231/18, & 6863.

*Secret*

*By Spl. Messenger.*

To

The Dy. Secy. to the Govt. of E.P.,
Home (Poll) Deptt.

I send herewith a note on the situation prevailing in the Gopalganj constituency in connection with the bye-election to National Assembly for favour of information.

Sd/-9..10.63.
for D.I.G. S.B

—

*Note on the situation prevailing in the Gopalganj constituency in connection with the bye-election to National Assembly.

...

The bye-election in this constituency will be held on 13.10.63. Among the candidates Mr. Jalal Ahmed is the candidate of the N.D.F. Sk. Mujibur Rahman has concentrated his activity in this bye-election, on behalf of the N.D.F.

During the election campaign Sk. Mujibur Rahman held several election meetings in Gopalganj Sub-Division criticising the Govt. and the President for alleged undemocratic policy, corruption, disparity and held them responsible for miserable condition of the people. Talking to A.L. workers at Gopalganj he also made allegation that Govt. officials including D.C. and S.D.O were interfering in the election matters in favour of Mr. Farquzzaman, the Govt. party candidate. He also sounded a note of warning that if D.C and S.D.O. indulge in such activity the result would be disastrous. In one of the election meetings held at Ramdia, Faridpur on 18.9.63 Mr. Sk. Mujibur Rahman stated that the Govt. servants had been threatening the basic democrats at Gopalganj to cast their votes in favour of Govt. nominee. He threatened to teach a lesson to these Govt. officers. In another election meeting held at Diknagar, Faridpur on 22.9.63 he urged the Govt. not to use Govt. officers in the election. He further stated that some high officials in almost all the bye-elections were helping the Govt. candidates by influencing or by threatening the basic democrats, sounding a note of warning he also said that peace and order in the country might be disturbed if Govt. machinery, resources and power are used in elections and for such eventuality, he said, responsibility will be on the Govt. He urged the President and the Governor to see that Govt. officers do not play over-jealous role in bye elections.

Sk. Mujibur Rahman is further reported to have given out in course of his discussion with some party men on 27.9.63 that the workers of the combined Opposition Group would create disturbance and, if necessary, obstruct voters, if the Govt. officials try to influence the voters and provide them with Govt. transports. In a Press Conference held by him on 27.9.63 at Dacca he alleged malpractices on the part of the Govt. Party in the bye-election and thereby creating chaos in the country. He warned that when constitutional methods are blocked by Govt. unconstitutional methods naturally come.

An unconfirmed information further revealed that the opposition party workers may create serious breach of peace if Mr. Wahiduzzaman, Central Minister and his party use Govt. launches for collection of voters during election. It also revealed that there may be even communal disturbances in case the Hindus do not vote in favour of N.D.F. candidates.

The Superintendent of Police, Faridpur in view of the situation prevailing in the Constituency apprehends that there will be trouble in Gopalganj Constituency.

The Supdt. of Police, Faridpur, however, has been instructed to take precautionary measures to prevent breach of peace.

Sd/-8.10
DSPL

—

*Secret immediate*

*By Spl. Messenger*

**Special Branch, East Pakistan**
Rajarbagh,
Dacca, the 10th October, 1963.

No. 17855/606-48 P.F.

Phone Nos.6863 & 4231/18.

To

S. Ahmed, Esqr., C.S.P.,

Dy. Secy. to the Govt. of

East Pakistan, Home (Poll) Deptt.

Dacca.

Kindly read "Apprehends that there will be trouble in Gopalganj constituency" in place of "apprehends that there will be no trouble in Gopalganj constituency" mentioned in last but one para of the note forwarded to you under this office memo. No. 17813 dated 9.10.63.

Sd/-10.10

(S.M. Ahsan)

for Dy. Inspr. Genl. of Police, S.B.,

East Pakistan, Dacca.

—

## 209

*Report on visit of Sheikh Mujibur Rahman to Comilla in connection with bye-election.*

Comilla, 16 October 1963

*Secret/phone no.217.*

**District Special Branch,**

Comilla, the 16th Oct/63

No.5912

To

S.M. Ahsan, Esqr., P.S.P., Spl. Supdt. of Police,

S.B., East Pakistan, Dacca.

From a secret source it is learnt that SK. MAZIBUR RAHMAN-Genl. Secy. A.L. (now defunct) will visit Comilla on 17.10.63 in connection with the bye-election campaign and Habibullah Choudhuri-President E.P.S.L. Comilla has been requested to instruct E.P.S.L. group to receive him.

Sd/-16.10

Supdt. of Police, D.S.B.,

Comilla.

—

## 210

*Confidential report on movement of Sheikh Mujibur Rahman and Tofazzal Hossain @ Manik Miah.*

Dacca, 17 October 1963

**C.R. Dated 17.10.63.**

| | | |
|---|---|---|
| Hours of duty | : | 17.00 to 23.00 hrs. |
| Purpose of duty | : | For suspect & suspicious persons. |
| Place of duty | : | 1, R.K. Mission Road. (Ittefaq Office). |

**Result of watch.**

At about 17.20 hrs. suspect Tofazzel Hossain @ Manik Miah entered into the aforesaid place from Northern side by car No. 2529 E.B.D.

At about 18.10 hrs. suspect Sk. Majibar Rahman entered into the aforesaid place from western side by Car No. 3131 E.B.A and he left the said place at about 20.05 hrs. by same car along with suspect Tofazzel Hossain @ Manik Miah.

Submitted.

W.C. Md. A. Rahman Miah.

Dt. 18.10.63.

*Sd/- A.H.M. Mohiuddin. Ext. to P.F. Sd/-18.10.63 for DS PL.*

—

## 211

*Report on speech of Sheikh Mujibur Rahman delivered in a public meeting held at Baultali, Gopalganj, Faridpur.*

Faridpur, 18 October 1963

**Secret**

No. 18343/606-48 P.F. dt. 18.10.63.

To

The S.P. DSB. Faridpur

In sending herewith a copy of the summary report of the Bengali speech of Mr. Sk. Mujibur Rahman delivered at Baultali, Gopalganj, Faridpur on 2.10.63 I would request you to let us know if any action is contemplated against the speaker as his speech contains some objectionable utterances.

Sd/-17/x

For SS(I) SB/EP

Sd/-18.10

—

### DS (PL)

Perusal of the speech of Sk. M. Rahman delivered at Baultali, Faridpur. SSI may pl. see the speech of Sk. Mujibur Rahman. The speech contains some objectionable utterances. We may ask D.S.B. to let us know if they contemplate any action.

Sd/-DSPL

9/x

*Order above. Draft for favour of appl. please. Sd/-for DSPL 17.x. Issue Sd/-17.10.63.*

—

Government of East Pakistan

Home Department

Summary report of the Bengali speech delivered in a public meeting held at Baultali, Gopalganj, Faridpur on 2.10.63 by the following speaker.

**Shiekh Mujibur Rahman**

He said:

Being requested by some of my friends I have come here to deliver a lecture. It is pity that my lifelong lectures I have been delivering from time to time have failed to bring your salvation. The people of East Pakistan have not been able to live a man-like life. Oppression & injustice have brought them to the verge of ruination 16 years ago. We achieved Pakistan but we could not improve your conditions. I am not to judge the reasons behind it nor am I to find out responsible one for the same. You people as well as the Lord are the real judges.

I have nowhere seen such soil as found in Bengal. But due to ill-fate of Bengalees MirJafars have been taking birth in the soil & the nation will perish for their treachery.

In 1948, we demanded Bengali as State Language & the students sacrificed their lives. But they accused us to be the agents of the Hindus.

In 1958, when the capitalists of West Pakistan came to understand that if general election could take place they would not be able to pick up traitors from among the Bengalese as before they promulgated Martial Law by putting forward the murder case of the Dy. Speaker in East Pakistan Assembly as one the reasons in support of Martial Law.

Martial Law is nothing but barbarous rule under this law powers are vested on the grasp of one person caring is permissible under this law. Some of my friends have become paralysed for life because they were cared during the Martial Law regime.

A lion's share of our Budget is spent on Defence, but a meager portion of such expenditure comes to the lot of Bengalees. Because only 5% Bengalees are in the Defence service. Though they constitute 56% of the total population they are not being taken in the Defence Service on the plea that they are not a military race. But Ayub Khan does not know them they are such ferocious and brave that they can commit Murder over trifling matters. That was why the British did not take them in the Military.

During the Martial Law period Ayub Khan gave us a constitution who authorised him to do so? He is a tress-passer. Because being appointed to protect the country from outside attack he captured power by night.

It is said the country is achieving tremendous prosperity during this regime. But in fact bribery and corruption increased manifold during this regime and also increased the rate of taxes & tenures. The price of jute is much less than half of that in India.

Both Hindus and Muslims are the sons of this soil. The country cannot prosper without their joint endeavours. I appeal to the Muslims not to do any harm to the Hindus.

I know some officer is propagating in favour of Govt. candidate at threatening the opposition. I warn him not to do so.

In the past Bengal was the colony of the British & now it has become the colony of West Pakistan. I appeal to the B.Ds. to vote for our candidate & not for those who are the show boys of West Pakistan.

Md. Shamsul Haque
Govt. Reporter 7.10.63.

# 212

## *Sheikh Mujibur Rahman rejects parity and demands 56% fair share for East Pakistan.*

Dacca, 21 October 1963

*Azad dt. 21.10.63.*

### *শেখ মুজিবরের অভিযোগ*

### আর সংখ্যাসাম্য নয়ঃ শতকরা ৫৬ ভাগ অংশ পূর্ব্ব পাকিস্তানকে দিতে হইবে

*(ষ্টাফ রিপোর্টার)*

অধুনালুপ্ত প্রাদেশিক আওয়ামী লীগের সাবেক সাধারণ সম্পাদক জনাব শেখ মুজিবুর রহমান গতকল্য রবিবার তাহার বাসভবনে এক সাংবাদিক সম্মেলনে বলেন যে, কেন্দ্রীয় সরকারের দীর্ঘকাল ব্যাপী অনুসৃত নীতির ফলে বর্তমানে পূর্ব্ব পাকিস্তান একটি উপনিবেশে পরিণত হইয়াছে। তিনি বলেন যে, এই অবস্থা হইতে পরিত্রাণের জন্য আমাদের আন্দোলন করিতে হইবে। শেখ মুজিব পূর্ব্ব পাকিস্তানীদের অর্থে গড়িয়া ওঠা কেন্দ্রীয় রাজধানী করাচীকে পশ্চিম পাকিস্তানের অন্তর্ভূক্তির প্রশ্নে গণভোট দাবী করেন। তিনি অত্যন্ত দৃঢ়তার সহিত বলেন যে, গণভোট গ্রহণ করা হইলে একটাও পূর্ব্ব পাকিস্তানী উহার স্বপক্ষে ভোট দিবে না।

তিনি বর্ত্তমানে সরকারের বিরুদ্ধে অভিযোগ করিয়া বলেন যে, পূর্ব্ব পাকিস্তানের মধ্যবিত্ত শ্রেনীর মেরুদন্ড ভাঙ্গিয়া ফেলার জন্য এই সরকার উঠিয়া পড়িয়া লাগিয়াছেন।

"ঔপনিবেশিকতার বেড়াজাল হইতে পরিত্রাণ লাভের জন্য" আন্দোলন শুরু করার প্রশ্নে তিনি বলেন যে, ইহার অর্থ এই নয় যে, আমরা পশ্চিম পাকিস্তান হইতে বিচ্ছিন্ন হইতে চাই। পক্ষান্তরে পশ্চিম পাকিস্তানের সহিত একতাবদ্ধ থাকিয়া আমরা আমাদের ন্যায্য দাবী আদায় করিয়া লইতে চাই।

শেখ মুজিব আরও বলেন যে, আমরা আমাদের ন্যায্য অংশ ও ন্যায় বিচার চাই। দেশের শতকরা ৫৬ ভাগ লোকের বাস পূর্ব্ব পাকিস্তানে। সুতরাং জাতীয় সম্পদের শতকরা ৫৬ ভাগ পূর্ব্ব পাকিস্তানীকে দিতে হইবে। কেন্দ্রীয় সরকারের প্রতিটি ক্ষেত্রে পূর্ব্ব পাকিস্তানকে শতকরা ৫৬ ভাগ অংশ দিতে হইবে।

তিনি অভিযোগ করেন যে, জাতীয় সম্পদ এবং কেন্দ্রীয় সরকারের সকল ক্ষেত্রে সকল সুবিধা হইতে পূর্ব্ব পাকিস্তানকে বঞ্চিত করা হইয়াছে।

করাচীকে পশ্চিম পাকিস্তানের অন্তর্ভূক্ত করার কথা উল্লেখ করিয়া তিনি বলেন যে, উহাতে করাচীর রাজস্ব হইতে কেন্দ্রীয় সরকারকে এবং তাহার অবশ্যম্ভাবী ফল হিসাবে পূর্ব্ব পাকিস্তানকে

বঞ্চিত করা হইয়াছে। তিনি দুঃখ প্রকাশ করিয়া বলেন যে, এই করাচী মহানগরীকে নির্ম্মাণ করিতে পূর্ব্ব পাকিস্তানী জনসাধারণ নিজের মুখের গ্রাস দান করিয়াছে। জনমতকে সম্পূর্ণ উপেক্ষা করিয়া কেন্দ্রীয় সরকারের এই স্বেচ্ছাচারী সিদ্ধান্তের তিনি তীব্র প্রতিবাদ করেন।

তিনি পূর্ব্ব পাকিস্তানের গণ-আন্দোলনের পৃষ্ঠে ছুরিকাঘাত করার জন্য সরকারকে দায়ী করিয়া বলেন যে, যেহেতু এই আন্দোলন সমাজের বুদ্ধিজীবী তথা মধ্যবিত্ত শ্রেণীর দ্বারাই পরিচালিত হইতেছে, সেই জন্য মধ্যবিত্ত শ্রেণীর মূলোচ্ছেদ করার কাজে তাহারা কোমর বাধিয়া লাগিয়াছেন।

শেখ মুজিবর রহমান অতঃপর বলেন যে, পশ্চিম পাকিস্তানে যেমন এক শ্রেণীর মুষ্টিমেয় কোটিপতি ধনিক এবং অপরদিকে কোটি কোটি সর্ব্বহারা মানুষের সমাজ ব্যবস্থা কায়েম রহিয়াছে, তেমনি পূর্ব্ব পাকিস্তানের মধ্যবিত্ত শ্রেণী বিলুপ্ত করিয়া অনুরুপ দুই শ্রেনীর সমাজ ব্যবস্থা কায়েম করার ষড়যন্ত্র করা হইতেছে।

কেন্দ্রীয় রাজধানীর প্রশ্নে তিনি পুনরায় বলেন যে, করাচী হইতে রাজধানী এছলামাবাদে স্থানান্তরিত করা হইয়াছে। এই নয়া রাজধানী নির্ম্মাণ করিতে ৫ শত কোটি টাকা ব্যয় হইবে। যখন পূর্ব্ব পাকিস্তানে টাকার অভাবে বন্যানিয়ন্ত্রণ ব্যবস্থা কার্যকরী করা যাইতেছে না, সেই সময়ে অনাবশ্যকভাবে নয়া কেন্দ্রীয় রাজধানী নির্ম্মাণের জন্য এই বিপুল পরিমাণ অর্থ অপব্যয়ের কি অর্থ হইতে পারে? তিনি ইহাকে পুর্ব্ব পাকিস্তানকে বঞ্চিত করার একটা ফন্দি বলিয়া অভিহিত করেন।

জনাব মুজিবুর রহমান বলেন যে, বর্ত্তমান সরকার জনমতের সহিত খেলা করিতেছেন। এখনও সঠিক পথে না আসিলে তাঁহাদের বহু মূল্য দিতে হইবে।

আওয়ামী লীগের বিঘোষিত 'সমতা' রক্ষার কথা উল্লেখ করিয়া তিনি বলেন যে, তাঁহারা উভয় প্রদেশের প্রতিনিধিত্বের সমতা মানিয়া লইয়াছিলেন। কিন্তু এই মানার পিছনে লিখিত চুক্তি ছিল যে, জাতীয় জীবনের সকলক্ষেত্রে কেবল পরিষদের আসন বন্টনের ক্ষেত্রেই নয় পুর্ব্ব পাকিস্তানকে সমান ভাগ দিতে হইবে। কিন্তু পশ্চিম পাকিস্তানী নেতৃবৃন্দ কেবল মাত্র পরিষদের আসন বন্টনের ক্ষেত্রে সমতা স্বীকার করিয়া অন্যান্য সকল ক্ষেত্রে পূর্ব্ব পাকিস্তানকে বঞ্চিত করিয়াছেন।

তিনি বলেন যে, যখন আর কেবলমাত্র সমতা রক্ষার শ্লোগান উঠাইলে লাভ হইবে না; পূর্ব্ব পাকিস্তানকে সকল বিষয়ে শতকরা ৫৬ ভাগ অংশ দিতে হইবেঃ

উভয় প্রদেশের অর্থনৈতিক বৈষম্য সৃষ্টির জন্য আওয়ামী লীগ অনেকাংশে দায়ী বলিয়া প্রাদেশিক গভর্ণর জনাব আব্দুল মোনায়েম খান সম্প্রতি যে অভিযোগ করিয়াছেন, তাহার উল্লেখ করিয়া জনাব মুজিবুর রহমান গভর্ণর ছাহেবকে সরকারী নথিপত্র ঘাটিয়া সত্যতা যাচাইয়ের উপদেশ দেন। তিনি দাবী করেন যে আওয়ামী লীগ ক্ষমতাসীন থাকা কালেই সর্ব্ব প্রথম উভয় প্রদেশের বৈষম্যের কথা উল্লেখ করা হয় এবং ইহা দূর করার নীতি গ্রহণ করা হয়।

জাতীয় ও প্রাদেশিক পরিষদের উপনির্ব্বাচনে বিরোধী দলসমূহের অংশ গ্রহণের কথা উল্লেখ করিয়া তিনি বলেন যে, ইহার দ্বারা যেন কেহ মনে না করেন যে আমরা বর্ত্তমান শাসনতন্ত্রকে গ্রহণ করিয়াছি। পক্ষান্তরে, আমরা বিশ্ববাসীকে দেখাইতে চাই যে আয়ুব শাসনতন্ত্র কোন অবস্থাতেই গ্রহণযোগ্য নয়। তিনি বলেন যে, এই নির্ব্বাচন কোন নির্ব্বাচনই নয়। কিছু সংখ্যাক ভোটার থাকায় নির্ব্বাচনে যাহারা অধিক টাকা ব্যয় করিতে পারে তাহাদেরই জয় লাভের সম্ভাবনা থাকে।

তিনি গোপালগঞ্জের নির্ব্বাচনের কথা উল্লেখ করিয়া বলেন যে, এই নির্ব্বাচন কেন্দ্রে অধিকাংশ ভোটার হইতেছে সংখ্যালঘু সম্প্রদায়ের লোক। তাহাদের উপর সরকার নানা প্রকার চাপ প্রয়োগ করিয়া এক প্রকার বলপূর্বক ভোট আদায় করার ফলেই এই কেন্দ্রের সরকারী প্রার্থী জয়লাভ করিয়াছেন। তিনি দাবী করেন যে, সংখ্যালঘু বাদে মুছলমান ভোটারদের শতকরা ৯০ ভাগ ভোট বিরোধীদলের প্রার্থী পাইয়াছেন।

ইহাছাড়া, সরকার পক্ষ নির্ব্বাচনী প্রচারে সরকারী যানবাহন, ষ্টীমার, লঞ্চ, মোটর বোট প্রভৃতি ব্যবহার করিয়াছেন। গোপালগঞ্জের এস, ডি, এ'র কর্ম্ম তৎপরতার তীব্র নিন্দা করিয়া জনাব রহমান বলেন যে, তিনি প্রকাশ্যেই সরকারী প্রার্থীর পক্ষে প্রচার চালান।

শেখ মুজিবর রহমান গতকল্য রবিবার এক সাংবাদিক সম্মেলনে গোপালঞ্জের উপ-নির্ব্বাচন সম্পর্কে তদন্ত করার উদ্দেশ্যে একটি উচ্চ ক্ষমতাসম্পন্ন বিচার বিভাগীয় তদন্ত কমিশন নিয়োগের জন্য প্রেসিডেন্ট আইয়ুব খানের নিকট আবেদন জানান।

তিনি গোপালগঞ্জ নির্ব্বাচনী ...*(missing from the original document due to page damage)* তিনি অভিযোগ করেন যে, উপ-নির্ব্বাচন অনুষ্ঠানের সরকারী শাসনতন্ত্র প্রত্যক্ষভাবে সরকারী প্রার্থীর পক্ষে নির্বাচনী প্রচার চালায়। তিনি বলেন যে, সরকারী কর্ম্মচারী এবং সরকারী যানবাহন এই নির্ব্বাচনে ব্যাপকভাবে ব্যবহৃত হইয়াছে। তিনি অবিলম্বে একটি বিচার বিভাগীয় তদন্ত কমিশন নিয়োগের দাবী জানান।

To P.F. Sd/- 23.10 for DSPL. 606-48 P.F.

শেখ মুজিব বলেন—

# আর সংখ্যাসাম্য নয়ঃ শতকরা ৫৬ ভাগ অংশ পূর্ব পাকিস্তানকে দিতে হইবে

(ষ্টাফ রিপোর্টার)

## শতকরা ৫৬ ভাগ দিতে হইবে

# 213
## *Sheikh Mujibur Rahman complains use of government machineries and intimidation in the by-election.*

Dacca, 21 October 1963

*Sangbad dt. 21-10-63.*

*শেখ মুজিবরের অভিযোগ*

**গোপালগঞ্জ উপ-নির্ব্বাচনে ভীতি প্রদর্শন ও সরকারী যন্ত্রের ব্যবহার**

*(নিজস্ব বার্তা পরিবেশক)*

"নির্বাচনে গভর্নর ও তাঁহার কর্ম্মচারীগণ হস্তক্ষেপ করিয়াছেন, একথা গভর্নর অস্বীকার করেন নাই -বরং তিনি ১৯৩৭ সালে পটুয়াখালী নির্বাচনে স্যার নাজিমুদ্দিনের ভূমিকার কথা তুলনা হিসাবে উল্লেখ করেন। এযেন কাহারও বিরুদ্ধে আদালতে চৌর্য্যবৃত্তির অভিযোগ আনিলে অনুরুপ ক্ষেত্রে পূর্ববর্তী ব্যর্থতার দোহাই দিয়া আত্মপক্ষ সমর্থন করা।" গতকল্য (রবিবার) সাবেক পূর্ব পাকিস্তান আওয়ামী লীগের জেনারেল সেক্রেটারী শেখ মুজিবুর রহমান গোপালগঞ্জ উপনির্বাচনে হস্তক্ষেপের অভিযোগ প্রসঙ্গে উপরোক্ত মন্তব্য করেন। স্বীয় বাসভবনে আহত সাংবাদিক সম্মেলনে তিনি গোপালগঞ্জ উপনির্বাচনে সরকারী হস্তক্ষেপ প্রসঙ্গে বলেন যে, যে মূহুর্তে বিরোধী দল উপনির্বাচনে প্রার্থী দাড় করাইবার সিদ্ধান্ত নেয় তখনই প্রেসিডেন্ট গভর্নর ও মন্ত্রীদের নির্বাচনী প্রচার অভিযানে অংশগ্রহণের ক্ষমতা দিয়া একটি নয়া অর্ডিন্যান্স জারী করেন। এখানে উল্লেখ যোগ্য যে, প্রেসিডেন্ট শাসনতন্ত্রের কিছু সংশোধন করিলে সুপ্রিম কোর্ট ইহা অবৈধ ঘোষণার পরই জাতীয় পরিষদের কতিপয় আসন শূন্য হইয়া পড়ে। প্রেসিডেন্ট যদি গভর্নর ও মন্ত্রীদের নির্বাচনে অংশগ্রহণের বিষয়টিকে সঠিকপন্থা বলিয়া মনে করেন তবে কেন তিনি শাসণতন্ত্রে সেইরুপ বিধান সন্নিবিষ্ট করেন নাই। আর শাসনতন্ত্রে যখন সন্নিবেশিত হয় নাই তখনই বা কেন বিল এর আকারে এই বিষয়টি জাতীয় পরিষদে পেশ করা হয় নাই এবং আইন হিসাবে গ্রহণের ব্যবস্থা করা হয় নাই তাহা হইলে পূর্বাহ্নেই বিরোধীদল কোনরুপ সিদ্ধান্তে পৌছিবার পূর্বে নোটিশ পাইতেন এবং এইরুপ আতঙ্ক অবস্থার শিকার হইতেন না। আর এই সবই করা হইয়াছিল জাতীয় পরিষদের অধিবেশনের কয়েকদিন পূর্বে কোন অর্ডিন্যান্সে জরুরী অবস্থার সময়ই জারী করা হইয়া থাকে, জাতীয় পরিষদের অধিকার ও কর্তব্য পালন সংকোচ করার জন্য নহে।

যে অর্ডিন্যান্সের বলে সমস্ত বিষয়টাকে পুরোপুরি ও সম্পূর্ণভাবে পরিবর্তিত করা হইয়াছে সরকারের পক্ষে তেমন একটি অর্ডিন্যান্স জারী করা কি ন্যায়সঙ্গত হইয়াছে।

**প্রচারণায় সরকারী সক্ষমতা ব্যবহার**

শেখ মুজিবর রহমান সাংবাদিকদের নিকট আরও বলেন, গভর্নরের নির্বাচনী প্রচারণায় অংশ গ্রহণ সম্পর্কে প্রেসিডেন্ট বলিয়াছেন যে, মন্ত্রীরা যেখানে প্রচারণায় অংশ গ্রহণ করিতে পারিবেন সেখানে গভর্নরকে কেন প্রচারণায় নামিতে দেওয়া হইবে না, উহা তিনি বুঝিতে পারেন না আমি

তাঁহার প্রতিপাদ্য ও উপসংহার কোনটার সহিতই একমত নহি। প্রেসিডেন্ট পদ্ধতিতে মন্ত্রিগণ প্রেসিডেন্ট-নিয়োজিত তাহারই উপদেষ্টাবর্গ। তাহারা প্রেসিডেন্টের নিকটই দায়ী। অপরদিকে পার্লামেন্টারী পদ্ধতিতে নির্বাচিত মন্ত্রীবর্গ পার্লামেন্টের নিকট দাবী থাকেন এবং চুড়ান্তভাবে জনসাধারণের কাছে দায়ী। কিন্তু প্রেসিডেন্ট পদ্ধতিতে গভর্ণর জনসাধারণ কর্তৃক নির্দ্ধারিত এবং জনসাধারণের নিকট দায়ী সুতরাং জনসাধারণের নিকট তাহার আবেদনের অধিকার রহিয়াছে। কিন্তু পাকিস্তানে এই পদ্ধতিতে (প্রেসিডেন্ট পদ্ধতিতে) গভর্ণরও প্রেসিডেন্ট কর্তৃক নিযুক্ত, তাই জনসাধারণের নিকট আবেদনের অধিকারও তাহার থাকিতে পারে না। উহার অন্তর্নিহিত নীতি এই যে-কোন পদে নির্বাচিত হইয়াছেন, তাহারই নির্বাচক মন্ডলীর সম্মূখীন হওয়ার অধিকার রহিয়াছে। কারণ তিনি তাহাদের নিকট হইতেই ক্ষমতার অধিকারী হইয়াছেন। কিন্তু যিনি শাসন কর্তৃপক্ষ কর্তৃক নিযুক্ত তিনি শাসন কর্তৃপক্ষের নিকটই দায়ী থাকিবেন। সরকারী কর্মচারীদের রাজনীতি হইতে দুরে থাকার জন্য যেখানে সরকারী সার্কুলার দেওয়া হইয়াছে সেখানে মহকুমা ম্যাজিষ্ট্রেট, ডেপুটি কমিশনার ও পুলিশ কর্মচারীগণকে নির্বাচনী প্রচারে সক্রিয় অংশ গ্রহণ করিতে দেওয়া হইয়াছে। ইহাতে সরকারী নির্দ্দেশটাই অর্থহীন হইয়া পড়িয়াছে।

শেখ মজিবর রহমান বলেন যে, গোপালগঞ্জে ভোটারদের বিশেষ ভাবে সংখ্যালঘু সম্প্রদায়ের ভোটারদের ভীতি প্রদর্শন করিয়া ভোট আদায় করা হইয়াছে।

## সংখ্যাসাম্যের সমাধি রচিত হইয়াছে

শেখ মজিবর রহমান সাংবাদিক সম্মেলনে অতঃপর উভয় অংশের মধ্যে সংখ্যাসাম্যের ক্ষেত্রে আওয়ামী লীগের পূর্বাপর ভূমিকা এবং তদানীন্তন গণপরিষদের সদস্য হিসাবে জনাব আব্দুল মোনায়েম খান উভয় অংশের মধ্যে বৈষম্য সৃষ্টিতে কি ভূমিকা পালন করিয়াছেন তাহা বর্ণনা করেন। তিনি ইহাও বলেন এখন পুনরায় আবার সংখ্যাসংখ্যের মূলে কুঠারাঘাত করা হইয়াছে, তাই ন্যায্য ভাবেই আমারা এখন প্রতিক্ষেত্রে শতকরা ৫৬ ভাগ দাবী করিতে পারি।

উদাহরণ দিয়া তিনি বলেন যে, করাচী হইতে ফেডারেল রাজধানী অপসারণ এখানকার করদাতাদের প্রতি অবিচারের একটি উজ্জল দৃষ্টান্ত। প্রকৃতপক্ষে পূর্ব পাকিস্তানকে উপনিবেশে পরিণত করা হইয়াছে।

## জমির খাজনা ও কৃষক সমাজ

জনাব শেখ মুজিবর রহমান বিস্ময় প্রকাশ করিয়া বলেন যে, শিল্পে নির্দিষ্টকালের জন্য আয়কর প্রদানের ক্ষেত্রে অব্যাহতি দেওয়ার ব্যবস্থা রহিয়াছে। কিন্তু কৃষি ব্যবস্থা লাভজনক না হওয়া সত্ত্বেও তাহাদের উপর ট্যাক্স ধরা হয়। তিনি প্রস্তাব করেন যে, ৩০ বিঘা অথবা অনুর্দ্ধ জমি যে পরিবারের আছে তাহাদের জমির খাজনা রেহাই দিতে হইবে।

তিনি ওয়াপদার উন্নয়ন কাজের প্রসঙ্গে বলেন, ইহারা যেখানে সেখানে খাল কাটিয়াছেন সেই খালের উভয়ে পার্শ্বের একর প্রতি জমির উপর ২০ বৎসরের জন্য প্রতি বৎসর ৭৫ টাকা হারে উন্নয়ন ট্যাক্স ধরা হইয়াছে। তিনি ইহার অবসান দাবী করেন।

To P.F. Sd/- 22.x. for DSPL .606-48 P.F.

Sangbad

21.10.63

9868 22-10-63

শেখ মুজিবরের অভিযোগ

# গোপালগঞ্জ উপ নির্ব্বাচনে ভীতি প্রদর্শন ও সরকারী যন্ত্রের ব্যবহার

( নিজস্ব বার্তা পরিবেশক )

"নির্বাচনে গভর্নর ও তাঁহার কর্মচারিগণ হস্তক্ষেপ করিয়াছেন, একথা গভর্নর অস্বীকার করেন নাই—বরং তিনি ১৯৫৪ সালে পূর্ব্ব বাংলা নির্বাচনে নূরুল আমীনের ভূমিকার কথা তুলনা হিসাবে উল্লেখ করেন। এখন কাহারও বিরুদ্ধে আদালতে চৌর্য্যবৃত্তির অভিযোগ আনিলে অনুরূপ ক্ষেত্রে পূর্ববর্তী ব্যক্তির দোহাই দিয়া আত্মপক্ষ সমর্থন করা।"

গতকল্য (রবিবার) সাবেক পূর্ব পাকিস্তান আওয়ামী লীগের জেনারেল সেক্রেটারী শেখ মুজিবুর রহমান গোপালগঞ্জ উপনির্বাচনে সরকারী হস্তক্ষেপের অভিযোগ

শেষ পৃঃ ৩য় কঃ দ্রঃ

## মুজিবরের অভিযোগ

১ম পৃঃ পর

প্রসঙ্গে উপরোক্ত মন্তব্য করেন। স্বীয় বাসভবনে আহূত সাংবাদিক সম্মেলনে তিনি গোপালগঞ্জ উপনির্বাচনে সরকারী হস্তক্ষেপ প্রসঙ্গে বলেন যে, যে মুহূর্তে বিরোধী দল উপনির্বাচনে প্রার্থী দাঁড় করাইবার সিদ্ধান্ত নেয় তখনই প্রেসিডেন্ট গভর্নর ও মন্ত্রীদের নির্বাচনী প্রচার অভিযানে অংশ গ্রহণের ক্ষমতা দিয়া একটি নয়া অর্ডিন্যান্স জারী করেন। এখানে উল্লেখযোগ্য যে, প্রেসিডেন্ট শাসনতন্ত্রের কিছু সংশোধন করিলে সুপ্রীম কোর্ট উহা অবৈধ ঘোষণার পরই জাতীয় পরিষদের কতিপয় আসন শূন্য হইয়া পড়ে। প্রেসিডেন্ট যদি গভর্নর ও মন্ত্রীদের নির্বাচনে অংশ গ্রহণের বিষয়টিকে সঠিক পন্থা বলিয়া মনে করেন—তবে কেন তিনি শাসনতন্ত্রে সেইরূপ বিধান সন্নিবিষ্ট করেন নাই। আর শাসনতন্ত্রে যখন সন্নিবেশিত হয় নাই তখনই বা কেন বিল-এর আকারে এই বিষয়টি জাতীয় পরিষদে পেশ করা হয় নাই এবং আইন হিসাবে গ্রহণের ব্যবস্থা করা হয় নাই। তাহা হইলে সুপ্রীমকোর্ট বিরোধীদল কোনরূপ সিদ্ধান্ত পৌঁছিবার পূর্বে নোটিশ পাইতেন এবং এইরূপ আকস্মিক অবস্থার শিকার হইতেন না। আর এই সবই করা হইয়াছিল জাতীয় পরিষদের অধিবেশনের কয়েকদিন পূর্বে কোন অর্ডিন্যান্সে জরুরী অবস্থার সময়ই জারী করা হইয়া থাকে, জাতীয় পরিষদের অধিকার ও কর্তব্য পালন ম কোচ করার

ক্ষমতার অধিকারী হইয়াছেন। কিন্তু যিনি শাসন কর্তৃপক্ষ কর্তৃক নিযুক্ত তিনি শাসন কর্তৃপক্ষের নিকটই দায়ী থাকিবেন। সরকারী কর্মচারীদের রাজনীতি হইতে দূরে থাকার জন্য যেখানে সরকারী সার্কুলার দেওয়া হইয়াছে সেখানে মহকুমা ম্যাজিষ্ট্রেট, ডেপুটি কমিশনার ও পুলিশ কর্মচারিগণকে নির্বাচনী প্রচারে সক্রিয় অংশ গ্রহণ করিতে দেওয়া হইয়াছে। ইহাতে সরকারী নির্দেশটাই অর্থহীন হইয়া পড়িয়াছে।

শেখ মুজিবর রহমান বলেন যে,

যে অর্ডিন্যান্সের বলে সমস্ত বিষয়টিকে পুরোপুরি ও সম্পূর্ণ ভাবে পরিবর্তিত করা হইয়াছে সরকারের পক্ষে কেমন একটি অর্ডিন্যান্স জারী করা কি ন্যায়সঙ্গত হইয়াছে।

### প্রচারণায় সরকারী ক্ষমতা ব্যবহার

শেখ মুজিবর রহমান সাংবাদিকদের নিকট আরও বলেন, গভর্নরের নির্বাচনী প্রচারণায় অংশ গ্রহণ সম্পর্কে প্রেসিডেন্ট বলিয়াছেন যে, মন্ত্রীরা যেখানে প্রচারণায় অংশ গ্রহণ করিতে পারিবেন সেখানে গভর্নরকে কেন প্রচারণায় বাধিতে দেওয়া হইবে না, উহা তিনি বুঝিতে পারেন না। আমি তাঁহার প্রতিপাদ্য ও উপসংহার—কোনটার সহিতই একমত নহি। প্রেসিডেন্ট পদ্ধতিতে মন্ত্রিগণ প্রেসিডেন্ট-নিয়োজিত তাঁহারই উপদেষ্টাবর্গ। তাহারা প্রেসিডেন্টের নিকটই দায়ী। অপর দিকে পার্লামেন্টারী পদ্ধতিতে নির্বাচিত মন্ত্রীবর্গ পার্লামেন্টের নিকট দায়ী থাকেন এবং চূড়ান্ত ভাবে জনসাধারণের কাছে দায়ী। কিন্তু প্রেসিডেন্ট পদ্ধতিতে গভর্নর জনসাধারণ কর্তৃক নির্বাচিত এবং জনসাধারণের নিকট দায়ী সুতরাং জনসাধারণের নিকট তাহার আবেদনের অধিকার রহিয়াছে। কিন্তু পাকিস্তানে এই পদ্ধতিতে (প্রেসিডেন্ট পদ্ধতিতে) গভর্নর প্রেসিডেন্ট কর্তৃক নিযুক্ত, তাই জনসাধারণের নিকট আবেদনের অধিকার তাহার থাকিতে পারে না। উহার অপর দিক নীতি এই যে-কেহ পদে নির্বাচিত হইয়াছেন, তাহারই নির্বাচক মন্ডলীর সম্মুখীন হওয়ার অধিকার রহিয়াছে। কারণ তিনি তাহাদের নিকট হইতেই

ভাবে সংখ্যালঘু সম্প্রদায়ের ভোটারদের ভীতি প্রদর্শন করিয়া ভোট আদায়ের চেষ্টা হইয়াছে।

### সংখ্যালঘুর সমস্যা বাড়িয়া হইয়াছে

শেখ মুজিবর রহমান সাংবাদিক সম্মেলনে অতঃপর উভয় অংশের মধ্যে সংখ্যাসাম্যের ক্ষেত্রে আওয়ামী লীগের পূর্বাপর ভূমিকা এবং জনাব আবুল মনসুরের সদস্য হিসাবে জনাব আতাউর রহমান খান উভয় অংশের মধ্যে বৈষম্য দূরীকরণে কি ভূমিকা পালন করিয়াছেন তাহা বর্ণনা করেন। তিনি ইহাও বলেন এখন পুনরায় আবার সংখ্যাসাম্যের দুর্গে কুঠারাঘাত করা হইয়াছে, তাই ন্যায়তঃ যেই আমরা এখন প্রতিক্ষেত্রে শতকরা ৫৬ ভাগ দাবী করিতে পারি।

উদাহরণ দিয়া তিনি বলেন যে, করাচী হইতে ফেডারেল রাজধানী অপসারণ এধরনের কর্মতাকেন্দ্রিক অবিচারের একটি উজ্জ্বল দৃষ্টান্ত। প্রকৃতপক্ষে পূর্ব পাকিস্তানকে উপনিবেশে পরিণত করা হইয়াছে।

### জমির খাজনা ও কৃষক সমাজ

জনাব শেখ মুজিবর রহমান বিস্ময় প্রকাশ করিয়া বলেন যে, সিন্ধে নির্দিষ্ট কালের জন্য আয়কর প্রদানের ক্ষেত্রে অব্যাহতি দেওয়ার ব্যবস্থা হইয়াছে। কিন্তু কৃষি ব্যবস্থা লাভজনক না হওয়া সত্ত্বেও তাহাদের উপর ট্যাক্স ধরা হয়। তিনি প্রস্তাব করেন যে, ৩ বিঘা অথবা অনুর্দ্ধ জমি যে পরিবারের আছে তাহাদের জমির খাজনা রেহাই দিতে হইবে।

তিনি ওয়াপদার উন্নয়ন কাজের প্রসঙ্গে বলেন, ইহারা যেখানে সেখানে খাল কাটিয়াছেন সেই খালের উভয় পার্শ্বের একর প্রতি জমির উপর ২০ বৎসরের জন্য প্রতি বৎসর ১৫ টাকা হারে উন্নয়ন ট্যাক্স ধরা হইয়াছে। তিনি ইহার অবসান দাবী করেন।

To P.F.

606/48 P.F.

# 214

*Report on Sheikh Mujibur Rahman answering statements made by President Ayub Khan, Governor Monem Khan and others.*

Dacca, 21 October 1963

*Pakistan Observer dt. 21.10.63*

### Sk. Mujib Replies To Monem
### By-elections No Pointer To People's Feelings.
*By A Staff Correspondent*

Sheikh Mujibur Rahman former General Secretary of the defunct Awami League, contended in Dacca on Sunday that the by-elections had not only showed the failure of the system introduced by President Ayub Khan but had also brought corruption in its wake.

Sheikh Mujibur Rahman who had just returned from the by-elections contest of Gopalganj, was answering to statements made by president Ayub Khan, Governor Monem Khan and Mr. Wahiduzzaman and Khan A. Sabur[34].

Referring to President Ayub's statement that the opposition should accept the verdict of the people as given during the by-elections. Sheikh Mujibur Rahman wondered if the President was saying this seriously.

### Difference between Councilors & people

"For" he said, the president should know the difference between the people and the Basic Councilors. He must have also gone through the intelligence reports-both military and civil-with regard to the verdict of the people" Sheikh Mujibur Rahman added.

On the President's contention that there was no point in not allowing the Governors to canvass for their candidates when Ministers could do so Sheikh Mujibur Rahman suggested that the President's speech writer was suffering from confused thoughts.

---

**34.** ***Abdus Sabur Khan (10 October 1908 – 25 January 1982)*** *– Abdus Sabur Khan or Khan A Sabur was a Bangladeshi politician from Khulna. He directly opposed the 6-point programme of Bangabandhu Sheikh Mujibur Rahman and was an antagonist to the Bengali Nationalist movement. He launched propagation against Bangladesh war of liberation. He was elected to the Pakistan National Assembly in 1962 and became communication minister in Ayub Khan's cabinet. He went into hiding after Bangladesh independence in 1971 but was later captured and put in jail. However, he was released by the order of Bangabandhu Sheikh Mujibur Rahman.*

He said that in a Presidential system the Ministers are nothing more than appointed advisers to the President and the Governors were elected representatives of the people. But in Pakistan Governors were also appointed by the President. Both are responsible to the President only and hence they should not have the right to approach the people to whom they are not answerable.

He said, "One who is elected to his office has the right to go to the electorate because he has derived power from them but one who is the executive can function only as an executive".

### Why the ordinance? Mujib Asks

He further alleged that the method through which Governors and Ministers had been allowed to canvass in the elections was "surreptitious." He pointed out that permission was granted to them for canvassing through an ordinance. If the President had thought that this was proper why was it not brought before the Assembly as a bill, he asked "Ordinances are promulgated for meeting emergencies, he added.

Sheikh Mujibur Rahman also reiterated his earlier stand that it was the Governor and his Ministers, and not the Muslim League (Convention) party which was fighting the elections.

### 'Intervention'

Referring to Governor Monem Khan's reply to his earlier allegation of interference Sheikh Mujibur Rahman said that the Governor tried to justify his and his officers interference in the elections by stating that Sir Nazimuddin did the same in 1937 at an election in Patuakhali.

"It is indeed a strange logic" he continued. "It is like a chief charged in the court for and offence for theft taking the defense that other people who had committed the same offence had not been hauled up and jailed".

### Undemocratic attitude

Sheikh Mujibur Rahman also pointed out to a recent speech of Governor Monem Khan in which he had reportedly admitted taking up arms (lathis) for breaking up others' meetings. He said that all these showed that the Governor did not believe in fair politics or democratic methods.

### Coercion Charge

Regarding the elections at Gopalganj Sheikh Mujibur Rahman claimed that voters belonging to the minority community were intimidated, coerced and cajoled into submission by the Government officials.

He alleged that the Government administrators remind the voters of minority community of Muslim eviction from Assam and Tripura, and told them that in case they did not behave they would feel the consequence.

In Gopalganj the voters of the minority community formed the majority in the electorate, he pointed out.

Sheikh Mujibur Rahman also criticised the SDO, Gopalganj, who allegedly threatened the voters that as returning officer he would know from the ballots who had voted for whom.

Continuing, Sheikh Mujibur Rahman said, "I must congratulate those 175 voters who refused to yield to pressure of power or lure of money and worked for the right cause.

### Govt. transports

He also reiterated his statement that Government transports were used in the election for canvassing. He further added the allegation that voters were carried to polling booths in these transports he named several of the launches used for such purposes. These were according to him: S.I. Winfred, Edith M.V. Mary, Rais-ul-Baha, Mollie, IWTA Kaukhali and G.M.L. Madhumati.

### Monem was a member when disparity began

As regards the charge of creating disparity made by Mr. Monem Khan against the Opposition Sheikh Mujibur Rahman said that the process of disparity had been begun during those 7 years when the Constituent Assembly was the sovereign body. Mr. Monem Khan was a member of this body and had supported all actions of the Government that ruled during those years.

He further said that in 1955 when Awami League came to power the centre was made to recognise the issue of disparity. Definite steps were taken for allocation of foreign exchange on the basis of parity. This was done in other spheres as well.

He said that the claim that Awami League could not spend more than eight crores of rupees in East Pakistan was not a fact. He wanted the Governor to look up relevant papers for the latter's satisfaction.

In this context Sheikh Mujibur Rahman said, "May I ask the Governor to explain the allocation of only Rs. 950 crores for East Pakistan in the second Plan period as against Rs.2300 crores, including the Indus basin reclamation works, for West Pakistan for the same period ?"

### Economic condition in rural areas

Sheikh Mujibur Rahman also gave some account of the economic condition in the rural areas of East Pakistan citing the example that WAPDA had levied Rs. 75 per acre of land along the sides of their irrigation canals he said that this kind of toll would ruin the agriculturist soon. He said in immediate future there would be a multitude of landless labour.

In this context he said, the present economic system was aimed at destroying the middle class of East Pakistan and its objective was creation of two classes "Rich and Poor as in West Pakistan."

### No secession, but justice

Continuing he said, "We feel East Pakistan is a colony and we have to fight for liberation from this colonization. We do not want to break away from Pakistan but we want justice. For this at least 56 percent representation in all spheres of the centre is absolutely necessary."

Regarding Governor Monem Khan's contention about the acceptance of the present Constitution by the Opposition Sheikh Mujibur Rahman said "He thinks we have accepted the Constitution because we are fighting the elections." He should not forget, he said, that both the Muslim League and the Congress[35] had contested elections and held power under the home rule policy of the British. This did not mean that they had accepted British domination."

### No Comment on future of NDF

Sheikh Mujibur Rahman, however, declined to answer questions regarding the future of the National Democratic Front and its internal situation. He informed that Mr. Suhrawardy will be back in Pakistan in the last week of this month or in the first week of next month.

*To P.F. Sd/-22.x for DSPL. 606-48 P.F.*

---

**35.** **Congress** – *Congress was founded in 1885 during the British Raj; its founders include Allan Octavian Hume (a prominent member of the Theosophical Society), Dadabhai Naoroji and Dinshaw Edulji Wacha. In the late nineteenth and early to mid-twentieth century, Congress became a pivotal participant in the Indian Independence Movement, with over 15 million members and over 70 million participants in its opposition to British colonial rule in India. After independence in 1947, Congress became India's dominant political party.*

Pakistan Observer 21.10.63

4325

### Sk. Mujib Replies To Monem

# By-elections No Pointer To People's Feelings

By A Staff Correspondent

Sheikh Mujibur Rahman, former General Secretary of the defunct Awami League, contended in Dacca on Sunday that the by-elections had not only showed the failure of the system introduced by President Ayub Khan but had also brought corruption in its wake.

Sheikh Mujibur Rahman, who had just returned from the by-elections contest of Gopalganj, was answering to statements made by President Ayub Khan, Governor Monem Khan, and Mr. Wahiduzzaman and Khan A. Sabur.

Referring to President Ayub's statement that the Opposition should accept the verdict of the people as given during the by-elections Sheikh Mujibur Rahman wondered if the President was saying this seriously.

**Difference between councillors & people**

"For," he said, "the President should know the difference between the people and the Basic Councillors. He must have also gone through the intelligence reports—both military and civil—with regard to the verdict of the people," Sheikh Mujibur Rahman added.

On the President's contention that there was no point in not allowing the Governors to canvass for their candidates when Ministers could do so Sheikh Mujibur Rahman suggested that the President's speech-writer was suffering from confused thoughts.

He said that in a Presidential system the Ministers are nothing more than appointed advisers to the President and

(Continued on page 8 col. 5)

## Sk. Mujib

(Continued from page 1)

the Governors were elected representatives of the people. But in Pakistan Governors were also appointed by the President. Both are responsible to the President only and hence they should not have the right to approach the people to whom they are not answerable.

He said, "One who is elected to his office has the right to go to the electorate because he has derived power from them but one who is appointed by the head of the executive can function only as an executive."

**Why the Ordinacne ? Mujib asks**

He further alleged that the method through which Governors and Ministers had been allowed to canvass in the elections was "surreptitious." He pointed out that permission was granted to them for canvassing through an ordinance

that this was proper why was it not brought before the Assembly as a bill, he asked. "Ordinances are promulgated for meeting emergencies, he added.

**Sheikh Mujibur Rahman also reiterated his earlier stand that it was the Governor and his Ministers, and not the Muslim League (Convention) party which was fighting the elections.**

**'Intervention'**

Referring to Governor Monem Khan's reply to his earlier allegation of interference Sheikh Mujibur Rahman said that the Governor tried to justify his and his officers' interference in the elections by stating that Sir Nazimuddin did the same in 1937 at an election in Patuakhali.

"It is indeed a strange logic", he continued. "It is like a thief charged in the court for an offence for theft taking the defence that other people who had committed the same offence had not been hauled up and jailed."

**Undemocratic attitude**

Sheikh Mujibur Rahman also pointed out to a recent speech of Governor Monem Khan in which he had reportedly admitted taking up arms (lathis) for breaking up others' meetings. He said that all these showed that the Governor did not believe in fair politics or democratic methods.

**Coercion charge**

Regarding the elections at Gopalganj Sheikh Mujibur Rahman claimed that voters belonging to the minority community were intimidated, coerced and cajoled into submission by the Government officials.

**He alleged that the Government administrators reminded the voters of minority community of Muslim eviction from Assam and Tripura, and told them that in case they did not behave they would feel the consequence.**

In Gopalganj the voters of the minority community formed the majority in the electorate, he pointed out.

**Sheikh Mujibur Rahman also criticised the SDO, Gopalganj, who allegedly threatened the voters that as Returning Officer he would know from the ballots who had voted for whom.**

Continuing, Sheikh Mujibur Rahman said, "I must congratulate those 175 voters who refused to yield to pressure of power or lure of money and worked for the right cause.

**Govt. transports**

He also reiterated his statement that Government transports were used in the elections for canvassing. He further added the allegation that voters were carried to polling booths in these transports.

He named several of the vehicles used for such purposes. These were according to him: S.T. Winfred, Edith, M.V. Mary, Rais-ul-Baha, Mollie, IWTA Kaukbali and G.M.L. Madhumati.

**Monem was a member when disparity began**

As regards the charge of creating disparity made by Mr. Monem Khan against the Opposition Sheikh Mujibur Rahman said that the process of disparity had been begun during those 7 years when the Constituent Assembly was the sovereign body. Mr. Monem Khan was a member of this body and had supported all actions of the Government that ruled during those years.

He further said that in 1956 when Awami League came to power the Centre was made to recognise the issue of disparity. Definite steps were taken for allocation of foreign exchange on the basis of parity. This was done in other spheres as well.

**He said that the claim that Awami League could not spend more than eight crores of rupees in East Pakistan was not a fact. He wanted the Governor to look up relevant papers for the latter's satisfaction.**

In this context Sheikh Mujibur Rahman said, "May I ask the Governor to explain the allocation of only Rs. 950 crores for East Pakistan in the Second Plan period as against Rs. 2300 crores, including the Indus basin reclamation works, for West Pakistan for the same period ?"

**Economic condition in rural areas**

Sheikh Mujibur Rahman also gave some account of the economic condition in the rural areas of East Pakistan. Citing the example that WAPDA had levied Rs. 75 per acre of land along the sides of their irrigation canals he said that this kind of toll would ruin the agriculturist soon. He said, in immediate future there would be a multitude of landless labour.

In this context he said, the present economic system was aimed at destroying the middle class of East Pakistan and its objective was creation of two classes, "Rich and poor as in West Pakistan."

**No secession, but justice**

**Continuing he said, "We feel East Pakistan is a colony and we have to fight for liberation from this colonisation. We do not want to break away from Pakistan but we want justice. For this at least 56 per cent representation in all spheres of the Centre is absolutely necessary."**

Regarding Governor Monem Khan's contention about the acceptance of the present Constitution by the Opposition Sheikh Mujibur Rahman said "He thinks we have accepted the Constitution because we are fighting the elections." He should not forget, he said, that both the Muslim League and the Congress had contested elections and held power under the home rule policy of the British. This did not mean that they had accepted British domination."

**No comment on future of NDF**

Sheikh Mujibur Rahman, however, declined to answer questions regarding the future of the National Democratic Front and its internal situation. He informed that Mr. Suhrawardy will be back in Pakistan in the last week of this month or in the first week of next month.

# 215

*Sheikh Mujibur Rahman demanded high powered judicial enquiry committee on election irregularities.*

Dacca, 21 October 1963

*Jehad dt. 21.10.63.*

গোপালগঞ্জ নির্ব্বাচন

## শেখ মুজিব কর্তৃক তদন্ত কমিশন গঠনের আবেদন

ঢাকা, ২০শে অক্টোবর- অধুনালুপ্ত আওয়ামী লীগের জেনারেল সেক্রেটারী জনাব শেখ মুজিবর রহমান অদ্য গোপালগঞ্জ উপ নির্বাচনের ঘটনা সম্পর্কে তদন্তের জন্য একটি উচ্চ ক্ষমতাসম্পন্ন বিচার বিভাগীয় তদন্ত কমিশন গঠনের নিমিত্ত প্রেসিডেন্টের প্রতি আবেদন জানান।

গোপালগঞ্জে ৪ সপ্তাহব্যাপী সফর সমাপনান্তে গতকল্য ঢাকা প্রত্যাবর্তন করিয়া জনাব মুজিবর রহমান অদ্য এক সাংবাদিক সম্মেলনে বক্তৃতা দান করেন।

তিনি বলেন যে, গোপালগঞ্জে অনুষ্ঠিত উপ-নির্বাচনে সরকারী কর্মচারীরা বিরোধীদলের বিরুদ্ধে নির্বাচনী প্রচারণায় সরাসরি অংশগ্রহণ করিয়াছেন। তাহারা সরকার দলীয় প্রার্থীর পক্ষে অন্যায় ও অসৎ পন্থা অবলম্বন করেন।

ভোটারদিগকে সরকারী গাড়ী যোগে ভোট কেন্দ্রে আনয়ন করা হয় বলিয়াও তিনি অভিযোগ করেন।

পূর্ব পাকিস্তানের গভর্নরের নির্বাচনী প্রচারণার উল্লেখ করিয়া তিনি বলেন যে, ইহার দ্বারা 'সরকারী কর্মচারীদের রাজনৈতিক সভায় যোগদান নিষিদ্ধ সম্পর্কিত বিধি' লংঘন করা হইয়াছে।

-এ পি পি

*To P.F. Sd/-22.10. for DSPL. 606-48 P.F.*

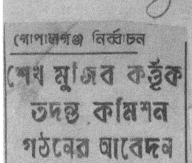

Ittefaq
21. 10. 62
P.L. 312 S. 22/10/62

গোপালগঞ্জ নির্ব্বাচন

# শেখ মুজিব কর্তৃক তদন্ত কমিশন গঠনের আবেদন

ঢাকা, ২০শে অক্টোবর।— অধুনালুপ্ত আওয়ামী লীগের জেনারেল সেক্রেটারী জনাব শেখ মুজিবর রহমান অদ্য গোপালগঞ্জ উপ নির্বাচনের ঘটনা সম্পর্কে তদন্তের জন্য একটি উচ্চ ক্ষমতাসম্পন্ন বিচার বিভাগীয় তদন্ত কমিশন গঠনের নিমিত্ত প্রেসিডেন্টের প্রতি আবেদন জানান।

গোপালগঞ্জে ৪ সপ্তাহব্যাপী সফর সমাপনান্তে গতকল্য ঢাকা প্রত্যাবর্তন করিয়া জনাব মুজিবর রহমান অদ্য এক সাংবাদিক সম্মেলনে বক্তৃতা দান করেন।

তিনি বলেন যে, গোপালগঞ্জে অনুষ্ঠিত উপ-নির্বাচনে সরকারী কর্মচারীরা বিরোধীদলের বিরুদ্ধে নির্বাচনী প্রচারণায় সরাসরি অংশগ্রহণ করিয়াছেন। তাহারা সরকার দলীয় প্রার্থীর পক্ষে অন্যায় ও অসৎ পন্থা অবলম্বন করেন।

ভোটারদিগকে সরকারী গাড়ীযোগে ভোট কেন্দ্রে আনয়ন করা হয় বলিয়াও তিনি অভিযোগ করেন।

পূর্ব পাকিস্তানের গবর্নরের নির্বাচনী প্রচারণার উল্লেখ করিয়া তিনি বলেন যে, ইহার দ্বারা 'সরকারী কর্মচারীদের রাজনৈতিক সভায় যোগদান নিষিদ্ধ সম্পর্কিত বিধি' লংঘন করা হইয়াছে।

—এ, পি, পি

21/10

To P.F.
22/10

606-48

## 216

## *Weekly confidential report on Sheikh Mujibur Rahman's discussion on defeat in Gopalganj by-election.*

Faridpur, 26 October 1963

W.C.R of the Supdt. of Police, D.S.B., Faridpur for the week ending 26.10.63.

...

### *Part –II*

### *18. Miscellaneous:*

D.I.O., Gopalganj reports on 20.10.63 that Shaikh Mujibar Rahman (A.L.) (Genl. Secy., defunct E.P.A.L.), s/o. Lutfar Rahman of Tungipara, Gopalganj, Faridpur and of Dacca held a discussion on 14.10.63 at Gopalganj with the local N.D.F. leaders and workers on the defeat of the N.D.F. candidate in the last Bye-election of N.E. 35. In course of discussions he advised them not to lose heart for the failure but to work with new vigour and zeal for their future success. He also asked them to be prepared for the U.C. elections to be held in 1964. For this purpose he instructed the workers to contact the mass frequently and apprise them of the political and economic situation of the country and infuse political consciousness in them. He was also of opinion that the politically conscious people would never cast votes in favour of the candidates supporting the present regime. He further gave out that the Assembly election of 1965 would never be held on the basis of the adult franchise and as such they (Opposition group) should have to capture more seats in Union Councils for the success in the Assembly elections. He also disclosed that he would visit Gopalganj frequently and give them necessary guidance.

*Ext. to P.F. of Sk. Mujibur Rahman N.D.F/A.L. files. Sd/- DSPL. 2.11.63,*

—

## 217

## *Report on letter of H S Suhrawardy to Sheikh Mujibur Rahman.*

Dacca, 2 November 1963

*Secret*

### Security Section

### *D.I.G.*

A reliable secret source reported on 1.11.63 that Mr. Sk. Mujibur Rahman, Genl. Secy. of the now defunct Awami League, has received a letter from Mr. H.S.

Suhrawardy. He informed Mr. Tofazzal Hossain @ Manik Miyan about the receipt of this letter and wanted to discuss something with him and the latter agreed.

Note:  (i) *The trend of discussion could not, however be ascertained.*

(ii) *O/C, Censor was consulted but he could not throw any light regarding this letter.*

Sd/-2.11.63

(A. Khaleque)

SS SC.

*DS(PL) Perusal pl. No further action perhaps. May file pl. Sd/- 5.11.*
*Seen. Sd/-5.11. 606/48 P.F.*

—

# 218

## *Letter of Sheikh Mujibur Rahman to Moshiur Rahman of Jessore intercepted.*

Dacca, 7 November 1963

*Copy from P/29-28 file No. 447- 48 (I)*

Copy of intercept from Sk.Mujibur Rahman 677, Dhanmandi Residential area, Road, No. 32, Dacca-2, dt. 7.11.63, to Mr. Moshihur Rahman, (AL) Ex-Provincial Minister, Jessore Town. (Copy of the same to Mr. Raushan Ali, B.L., Jessore town)

...

My dear Mashihur Rahman,

While you will find herewith a letter containing suggestions about the present & future working plan of the NDF, I have got to lay a few words from my behalf for reasons which will appear explained to you as below :-

You have noticed that some components of the NDF are working in a way which cannot be congenial for creating a really United Platform. God alone knows what will happen if this fissiparous tendency is not made to stop further. We are to be very cautious. While you are to extend your full co-operation in forming the NDF and working for the same as my impression from tour of certain districts and sub-divisions tell me, you should first of all discuss from time to time among Awami League workers are without any work and naturally a little demoralised. Naturally you must revive the organisational spirit first and I would like that you would convene District conference of the defunct District Awami League workers and leaders, which, when communicated to me I shall to go personally and address the same and hold discussions. Please communicate the date sufficiently prior to the date of the conference so that I can make programme in a way which does not clash with other programme. This may be treated as most confidential.

By the by, we are going to have a conference of office bearers and working committee members of all the districts at Dacca in near future which will be communicated to you in time.

Trust this find you all right. With best wish to you all.

Yours sincerely
Sd/ Sk. Mujibur Rahman

N.B.: *Some people of NDF are propagating against our leader Mr. Suhrawardy, we cannot tolerate this for the sake of so-called unity.*

...

### *Circular*

The N.D.F. convention will be held at Dacca in course of next six weeks. The convention had been planned to consolidate and strengthen democratic forces and to devise ways and means for the introduction of full democracy in the country. In pursuance of this objective we had earlier called upon our respective district and Sub-divisional units throughout East Pakistan to set up NDF committees in their own areas. Many Sub-divisions and district have already formed their committees and a few still remain to be set up. It is hardly necessary to emphasise that united efforts can be effective only through proper organisation. Moreover, representation in the convention from the district and Sub-divisions are proposed to be made with the help of these NDF committees.

We, therefore, hope that our respective units in the districts and Sub-divisions where NDF committees have not yet been formed would do so without any further delay and send intimation of the same to Mr. Nurul Amin, Convenor, E.P. Committees of NDF, 20, Eskaton Rd., Dacca-2.

Copy to:   Mr. Mashihur Rahman and Mr. Raushan Ali, Pleader, Jessore for favour of his information and early compliance.

Dacca. 26.10.1963.

<table>
<tr><td>Sd: Mahmud Ali,<br>General Secretary, E.P., NAP<br>(now defunct)</td><td>Sd: Sk. Mujibur Rahman,<br>Genl. Secy., E.P. Awami League.<br>(Now defunct)</td></tr>
<tr><td>Sd: Muhammad Solaiman,<br>Genl. Secy. E.P. KSP<br>(now defunct)</td><td>Sd: Shah Azizur Rahman,<br>Genl. Secy. E.P. Muslim League.<br>(now defunct)</td></tr>
</table>

—

# 219

## *Weekly confidential report of Jessore District.*

### Jessore, 9 November 1963

*WEEKLY CONFIDENTIAL REPORT OF JESSORE DISTRICT*
*FOR THE WEEK ENDING 9.11.63.*

...

### *Part – II*

2.  Political affairs (Organisation and Propaganda).

\* \* \*

(c) On 8.11.63 at the instance of the leaders, workers and members of the defunct Jessore District Awami League, a public meeting (4000) was held at the Town Hall Maidan, Jessore town, with Afsaruddin Ahmad (AL), Mukhtear, S/O Late Abir Biswas of Narail town, in the chair. The following speakers addressed the meeting:-

1)  Md. Raushan Ali (AL), Pleader, S/O L. Mandar Ali of Jessore town.

2)  Sk. Mujibur Rhaman (AL), ex-Minister, S/O Late Abdul Latif of Tungipara, P.S. Gopalganj, Faridpur and of Dacca town.

3)  Maulana Abdur Razzaq Chisti (supporter of J/I) S/O Abdul Kader of Jessore town.

4)  Subodh Kumar Mitra (No party), S/O L. Jnanendra Nath of Baliadanga, Keshabpur, Jessore.

5)  Muinuddin Ahmad of Khulna.

6)  A.F.M. Abdul Jalil (GD/NAP), S/O Bazlur Rahman of Gobindapur, P.S. Rampal, Khulna and of Farajipara, Khulna town.

7)  Md. Suhrab Husain (AL), LL.B., M.N.A., S/O Late Ghulam Taher of Magura town, Jessore.

8)  Saiyid Atar Ali (AL), B.A., Mukhtear, S/O L. Ahad Ali of Magura town, Jessore.

9)  Abdur Rashid (AL), M.N.A. S/O Abdur Rahim of Moncharpur, P.S. Sailkupa, Jessore.

10) Mashiur Rahman (AL), Advocate, Ex. Minister, S/O Late Md. Ismail of Jessore town.

Md. Raushan Ali (mentd.) in his speech said that during the Martial Law regime the present constitution was framed without taking the opinion of the people when they had no freedom of speech. He alleged that the present Constitution deprived the people of their freedom and provided power for only one man. He also pointed out that the freedom which they even enjoyed during the British regime was taken away by them at Dacca during the month of November, 1963 in which it would be decided whether the N.D.F. would be formed or the Awami League Party would be revived. He demanded that the Constitution should be democratised according to the will of the people.

Sk. Mujibar Rahman (mentd.) in course of his speech requested the audience to pray to Allah for the recovery of Mr. H.S. Suhrawardy, so that he could withstand undergoing Jail again under Ayub's regime. He criticised the Govt. for the present high prices of essential commodities, enhancement of various taxes etc. He also referred to the present constitution and said that there was no provision for adult franchise in it. He further alleged that during the recent bye-elections, the SSP., DCs. and the Governor exerted their influence on the voters which he never saw previously.

### 2. Political Affairs

On the voters which he never saw previously. He .... *(missing from original document due to page damage)* they would support the Ayub's Govt. if it would be .... *(missing from original document due to page damage)* people's vote. He also discussed about the disparity between the two wings of Pakistan and said that West Pakistan .... *(missing from original document due to page damage)* developed by borrowing money and East Pakistan would .... *(missing from original document due to page damage )*debt, they would not tolerate this. He urged upon the .... *(missing from original document due to page damage)* continue their struggle and said that they did not like disturbance but the Govt. wanted this. He also criticised .... *(missing from original document due to page damage)* Education Commission's Report and said that it was done a way that the poor students would not get their education.

Abdur Rashid (mentd.) in his speech criticised the .... *(missing from original document due to page damage)* ties of the present Govt. and alleged that the people we .... *(missing from original document due to page damage)* held at Jhenidah constituency, Jessore, and said that the .... *(missing from original document due to page damage)* Party came out successful by spending money. He also bit .... *(missing from original document due to page damage)* criticised the big Mill owners and merchants and alleged .... *(missing from original document due to page damage)* the Govt. gave them opportunity to make huge profit. He .... *(missing from original document due to page damage)* criticised the Magura Police firing which occurred on 17.... *(missing from original document due to page damage)*.

Mr. Mashiur Rahman (mentd.) also in his speech.... *(missing from original document due to page damage)* the actions of the Govt. in various ways and said that .... *(missing from original document due to page damage)* Ayub Khan still maintained the British rule in the country.... *(missing from original document due to page damage)* pointed out that if Mr. Suhrawardy would not try, Bengal.... *(missing from original document due to page damage)* not have been independent and alleged that F.M. Ayub Khan.... *(missing from original document due to page damage)* all the leaders as traitors to the country and put them .... *(missing from original document due to page damage )*the bar. He also referred to the book "My Chief" and asked people to read it and they would learn how the Martial Law.... *(missing from original document due to page damage)* promulgated in the country. He said that President Iskander Mirza became the manager of a Hotel in England and asked .... *(missing from original document due to page damage)* F.M. Md. Ayub Khan to keep ready for the post of a.... *(missing from original document due to page damage)*. He also referred to the Gandhar Industry and said that the president made his son the Proprietor of the industry. Other speakers also spoke on the same line.

In the meeting resolutions demanding Adult Franchise, Fundamental rights of the people, restoration of democracy and Parliamentary type of Govt., removal of all sorts of corruption, oppression, nefarious activities from the country, release of all political prisoners, exemption of excessive.... *(missing from original document due to page damage)* in the context of the present high prices of essential commodities, stoppage of realising rents by the WAPDA at the rate of Rs.75/- from the owners of the land, withdrawal of Octroi by the Jessore Municipality, fair price for the jute and condemning the hooliganism at Lahore, Lyalpur and Rawalpindi, promulgation of Press and Publication (Amendment) Ordinance, 1963, the killing of Allah Baksh at Lahore, the policy of Mr. Nehru with regard to Kashmir and concentration of Indian forces at Kashmir and East Pakistan borders, requesting the N.D.F. leaders to launch a country wide movement under a programme for the restoration of democracy in the country, condemning the Police firing at .... *(missing from original document due to page damage)* and E.P.R. firing at Balunda, and demanding enquiry in all the bye-elections held recently by the Election Commission as there were corruption in the elections, were adopted in the meeting.

**Note:** The audience consisted of persons from all walks of life. The speech of Sk. Mujibar Rahman, Mr. Abdur Rashid, M.N.A. and Mr. Mashiur Rahman, were impressive and the audience appreciated them with applaud.

*Ext. to A.L. file & P.F. of Sk. Mujibur Rahman.*

*DSB may be asked to send the long hand note of the speech of Sk. Mujibur. Sd/- A. Ahmad.12.11.63. 606/48 P.F.*

—

Phone no. 4231/18and 6863
**Secret**

No. 20179/606-48 p.f. (e) dt. 19.11.63

**S.P. D.S.B. Jessore.**

Please refer to W.C.R. Part II-underhead-2. Political affairs (organisation and propaganda) for the W/E 9.11.63 and send the long hand notes of the speech delivered by Sk. Mujibar Rahman on 8.11.63 in the public meeting held at the Town Hall Maidan, Jessore.

Sd/- DS(PL) for SSI

DS(PL). Orders Below. Draft for approval pl. Sd/-18.11.63.

—

**Phone No. 4**
**Secret**

**District Special Branch:**
Jessore, the 4 December'63:
No. 6326/ R.3569/80-49(p.1133)

To

S.M. Ahsan, Esqr., T.K., P.S.P.,

Spl. Supdt. of Police, S.B.,

East Pakistan, Dacca.

Reference: Your Memo. No. 20179/606-48 P.F. (E) dt. 19.11.63, reg: Long Hand Notes of Awami League Workers meeting held at Town Hall Maidan, Jessore town on 8.11.63.

The long hand notes of the proceedings of the meeting along with the resolutions adopted in the meeting are sent herewith as desired. This may kindly be returned when done with.

Sd/- 4.12.63
Superintendent of Police,
D.S.B., Jessore.

—

Phone no. 4231/18 and 6863
**Secret**

No. 22563/606-48P.F. dt. 16.12.63

**S.P. D.S.B. Jessore.**

Please refer to your memo no. 6326 dt. 4.12.63.

The long hand notes of the speeches of Sk. Mujibar Rahman and others are returned herewith, as desired.

Sd/-13/12,

DS(PL), for SSI

—

## 220

*Report on the movement of Sheikh Mujibur Rahman and other political leaders.*

Jessore, 10 November 1963

### POST COPY SIGNAL

S.P., D.S.B., Jessore. 101230

Addl. S.P., D.S.B. Dacca-W-Dintell, Dacca

5817(2)/21-63(2) dt. 10.11.63(.) AL 494 left for DACCA TO-DAY (10.11.63) BY PIA FIRST FLIGHT (.)

...

Phone No. 4 & 95-A:
606-48 P.F.

*Confidential:*

### DISTRICT SPECIAL BRANCH:

JESSORE, THE 10TH NOV'63:

No. 5817/1(2) 21-63 (2).

*Copy, by post, forwarded in confirmation to:-*

1.  A.K.M. Sirajul Haq., Esqr., Addl. Supdt. of Police, D.S.B., Dacca and

2.  H. Yusuff, Esqr., P.P.M., Spl. Supdt. of Police, S.B., E.P., DACCA.

The subject is Sk. Mujibur Rahman.

Sd/-10.11

Superintendent of Police,
D.S.B., Jessore.

—

*S.B No. 9515 dt. 10.11.63 at 15.40*

*East Pakistan Form No. 45*

### TELEPHONE MESSAGE

Handed in at. A.M./P.M.

Received at. 15.40 A.M./P.M. Date : 10.11. 63

From : S.P. D.S.B. Jessore Addresses/(if given) Sk. Majibar Rahman

To : Addressed Addl. S.P. D.S.B. DA for information Dintell Dacca

Original in No. 5817(2)/21-63(2) Dt. 10.11.63. U/C AL 494 left for Dacca today 10.11.63 by PIA first flight.

Sd/-10.11.63

This is Known. Action taken. Sd/- 11.11.63
To O/C Watch. Sd/-10.11.63 16.30 hrs. 606/48 P.F.

—

*East Pakistan Form No. 5449 M (Modified)*

## EAST PAKISTAN POLICE MESSAGE FORM

S.B. No. 95-18 dt. 10/11/63                    Register: No. 23/10

| Call. /27 | Serial No. 6-7/10 | Precedence | Transmission Instruction |
|---|---|---|---|
| From : SP DSB JESSORE (Originator) (A) | | | Date-Time of origin. 101230 | Office Date Stamp |
| To : ADDL SP DSB DACCA (For action) info - DINTELL, DACCA | | | | Count Group. 14 |

Originators No. 5817(2)/21-63(2) DT. 10/11/63 U/C O AL 494 Left for Dacca today (10/11/63) by PiA first flight.

| Signature of origin for Sd/- 10.11.63 Designation. | Originator's instruction Degree of precedence. 606/48/PF | Time | System | Operator. 9665nh Sd/Amanat Ali |
|---|---|---|---|---|
| | | THI of TOR 101440 | TG 4 | |
| Telephone No. | | Time Cleared. | | |

Passed over Phone to W/C Mirza A. Bari of Dintell Office at 101525 hrs. Sd/-10.11.63. Sent to O/C watch. Sd/-10.11.63.

—

# 221

## *Sheikh Mujibur Rahman delivered speech at Jessore Town Hall criticizing Pakistan President Ayub Khan's policy.*

### Dacca, 11 November 1963

*Ittefaque dt. 11.11.63*

### মৌলিক অধিকার আদায়ের জন্য
### দেশব্যাপী ঐক্যবদ্ধ আন্দোলন চালাইয়া যাওয়ার আহবান
#### যশোরের জনসভায় নেতৃবৃন্দের বক্তৃতা
##### *(নিজস্ব সংবাদদাতা)*

যশোর, ৯ই নবেম্বর - গতকল্য যশোর জেলা সাবেক আওয়ামী লীগের উদ্যোগে টাউন হল ময়দানে অনুষ্ঠিত জনসভায় সাবেক পূর্ব পাক আওয়ামী লীগের সাধারণ সম্পাদক শেখ মুজিবর রহমান বক্তৃতা প্রসঙ্গে বলেন যে, আজ প্রায় ছয় বৎসর অতীত হইতে চলিয়াছে, প্রেসিডেন্ট আইয়ুব ক্ষমতায় অধিষ্ঠিত হইয়াছেন। এই গত ছয় বৎসরের তাহার কার্যাবলী বিশ্লেষণ করিলে দেখা যাইবে যে, জনসাধারণ কর ও ট্যাক্সের ভারে প্রপীড়িত, নিত্য প্রয়োজনীয় দ্রব্যের মূল্য অত্যধিক বাড়িয়া গিয়াছে, জনসাধারণ ভোটের অধিকার হারাইয়াছে, কথা বলার অধিকার হারাইয়াছে, কাশ্মীর সমস্যার কোন সমাধানই তিনি করিতে পারেন নাই, দেশে দুর্নীতির পাহাড় জমিয়া উঠিয়াছে।

প্রেসিডেন্ট আইয়ুব চীৎকার করিয়া বলিয়া বেড়াইতেছেন, তিনি যে শাসনতন্ত্র প্রণয়ন করিয়াছেন, তাহা নাকি দুনিয়ার ইতিহাসে বিরল। কিন্তু সেই শাসনতন্ত্রে জনসাধারণের মৌলিক অধিকার পর্যন্ত আইনের আওতাভূক্ত করা হয় নাই।

গত উপনির্বাচনগুলি সম্পর্কে শেখ মুজিবর রহমান বলেন যে, সরকারী প্রার্থীকে জয়ী করিবার জন্য গভর্নর হইতে শুরু করিয়া চৌকিদার পর্যন্ত কাজ করিয়াছে এমনকি সরকারী যানবাহন পর্যন্ত ব্যবহার করা হইয়াছে। এ সম্পর্কে তিনি বলেন যে, গোপালগঞ্জে উপনির্বাচনে সরকারী প্রতিপক্ষের প্রচার করিবার জন্য সরকারী মোটরলঞ্চ ব্যবহার করিতে দেখিয়াছি।

### অর্থনৈতিক বৈষম্য

তিনি পূর্ব ও পশ্চিম পাকিস্তানের মধ্যে অর্থনৈতিক বৈষম্যের কথা বর্ণনা দিতে যাইয়া বলেন যে, করাচীতে ১২ শত কোটি টাকা ব্যয় করিয়া কেন্দ্রীয় রাজধানী নির্মাণ করা হইয়াছিল। কিন্তু সেই বৈষম্যের কথা অস্বীকার করিয়াছেন? পূর্ব পাকিস্তানের কৃষকের অন্যতম অর্থকরী ফসল পাট সম্পর্কে তিনি বলেন যে, পাটের বাজার এমন করিয়া রাখা হইয়াছে যে, এই অবস্থা আর কিছুদিন থাকিলে এদেশে পাটের উৎপাদন বন্ধ হইয়া যাইবে।

শেখ মুজিব প্রেসিডেন্টকে চ্যালেঞ্জ দিয়া বলেন যে, তিনি প্রাপ্ত বয়স্ক ভোটাধিকার ভিত্তিতে পূর্ব পাকিস্তানের যে কোন একটি কেন্দ্রে নির্বাচনে অবতীর্ণ হোন, আমরা একটি কর্মীর সাহায্যেই তাহাকে পরাজিত করিব। আর তাহা যদি না পারি, তবে আমরা তাহাকে স্বীকার করিয়া লইব।

তিনি বলেন, পাকিস্তানের অখন্ডতায় আমরা বিশ্বাস করি।

To P.F. of Sk. Mujibur Rahman. Sd/- 13.11, 606/48 P.F.

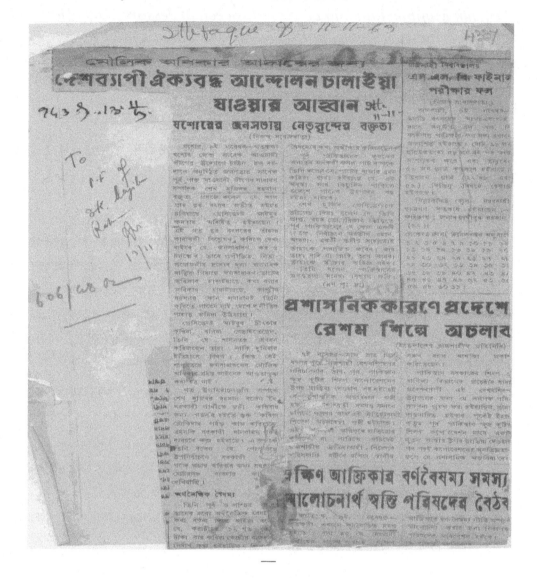

Ittefaque 11-11-63

মৌলিক অধিকার আদায়ের জন্য

দেশব্যাপী ঐক্যবদ্ধ আন্দোলন চালাইয়া যাওয়ার আহ্বান

যশোরের জনসভায় নেতৃবৃন্দের বক্তৃতা

অর্থনৈতিক বৈষম্য

প্রশাসনিক কারণে প্রদেশে রেশম শিল্পে অচলাব

দক্ষিণ আফ্রিকার বর্ণবৈষম্য সমস্যা আলোচনার্থ স্বস্তি পরিষদের বৈঠক

পরীক্ষার ফল

—

## 222

## *Report on movement and activities of Sheikh Mujibur Rahman at Khulna.*

Khulna, 11 November 1963

***Secret.***
***Phone: 2016***

**DISTRICT SPECIAL BRANCH,**

Khulna, the 11th Novr., 1963.

No. 6477/39-49.

To

S.M. Ahsan, Esqr., T.K., P.S.P.,
Special Superintendent of Police,
Special Branch, E.P., Dacca.

It is reliably learnt that on 9.11.63 afternoon Sk. Mujibur Rahman (AL) came to Khulna from Jessore and halted in the house of his brother Sk. Nasir at South Central Road, Khulna Town.

During his stay at Khulna Sk. Mujibur Rahman met the prominent ex-Awami Leaguers of Khulna viz. Abdul Jalil, Advocate, Dildar Ahmad, B.L., Pleader, and a few others in the house of Tafsiruddin Ahmad (mentd.) on 9.11.63 night and discussed the present political affairs of Khulna. During discussion, most of the persons present in the meeting opined that the N.D.F. was not a political party and as it had no programme of work and consisted of divergent element it was not possible to work on it. The members present requested Sk. Mujibur Rahman to try to revive A.L. or to for N.D.P. with a clear-cut programme. Sk. Mujibur Rahman heard the opinion of the ex-Awami League leaders of Khulna and assured them that on his return to Dacca he would discuss the matter with the provincial leaders of the Awami League.

Sk. Mujibur Rahman left Khulna on 10.11.63 for Dacca via Jessore by plane.

Sd/-11.11.64<br>
√ Superintendent of Police<br>
D.S.B., Khulna.

—

## 223

*Report on activities of Moshiur Rahman shows Sheikh Mujibur Rahman delivered speech at Town Hall Maidan and attended workers meeting at Taswir Mahal Cinema hall, Jessore.*

Jessore, 11 November 1963

*P.355 of F. 447-88 P.F.*

Copy of letter No. 5829. Dated 11.11.63 from S.P., DSB, Jessore to Spl. Supdt. of Police, S.B. Dacca.

Sub: Report on the activities of Mr. Mashiur Rahman (AL-Ex. Minister) for the weeks ending 9.11.63.

During the week under review the subject was found to associate with AL*494 Sk. Mujibar Rahman (AL), and others was found to attend a meeting on 8.11.63 organised by the defunct district Awami League at the Town Hall Maidan, Jessore town where he (Mr. Mashiur Rahman), Sk. Majibar Rahman and other A.L. leaders delivered speeches criticising the policy of the Govt.

He was also found to attend the workers meeting of the A.L. workers held at the Taswir Mahal Cinema hall, Jessore town on 9.11.63.

Sd/-Supdt. of Police,
DSB, Jessore

—

# 224

## *Awami League Provincial Working Committee and District Committee meetings called at Ataur Rahman Khan's Dhanmondi residence.*

### Dacca, 12 November 1963

*Ittefaque dt. 12.11.63.*

### সাবেক আওয়ামী লীগ ওয়ার্কিং কমিটি
### শেখ মুজিব কর্তৃক ২৩শে নভেম্বর সভা আহবান
#### (ষ্টাফ রিপোর্টার)

আগামী ২৩শে নভেম্বর সন্ধ্যা ৬টায় জনাব আতাউর রহমান খানের ধানমণ্ডীস্থ বাসভবনে সাবেক পূর্ব পাকিস্তান আওয়ামী লীগের প্রাদেশিক ওয়ার্কিং কমিটি এবং জেলা কমিটিগুলির সভাপতি ও সম্পাদকদের এক সভা হইবে।

এই সভায় দেশের রাজনৈতিক ও অর্থনৈতিক অবস্থা সম্পর্কে আলোচনা হইবে। সাবেক পূর্ব পাকিস্তান আওয়ামী লীগের সাধারণ সম্পাদক শেখ মুজিবর রহমান উপরোক্ত সভা আহবান করিয়াছেন। তিনি সংশ্লিষ্ট সকল সদস্যকে সভায় যোগদানের জন্য অনুরোধ করিয়াছেন।

*The information is known. To P.F. of Sk. Mujibur Rahman. A.L/N.D.F. agent dealing officers of S.B. to pl. note and collect proceedings of the meeting through their agents. Sd/- 13/11 for DSPL.*

*Action taken from the interception folder of the subject. 606/48 P.F.*

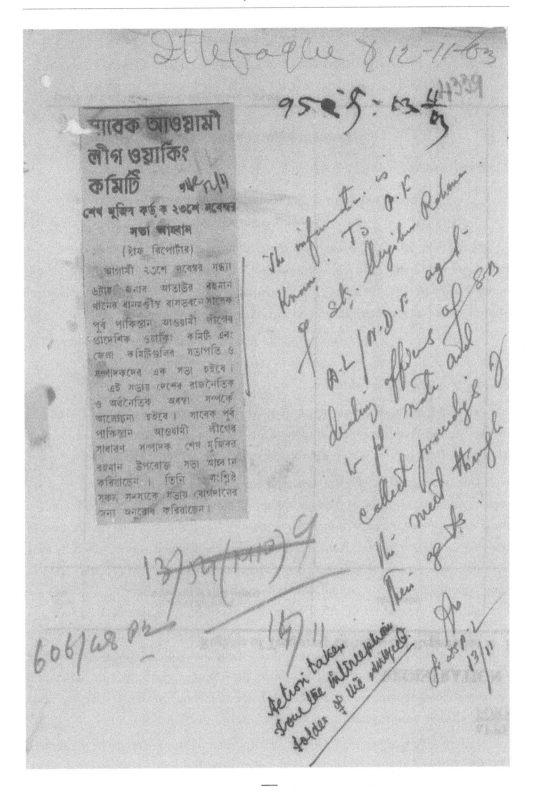

# 225

## *Sheikh Mujibur Rahman in a speech at Jessore refuted Pakistan President Ayub Khan's claim East Pakistan getting a lot of money.*

### Dacca, 12 November 1963

*Pakistan Observer dt. 12.11.63*

### East Pakistanis Being Reduced To Status of Serfs

*From Our Correspondent*

JESSORE, NOV. 9: Sheikh Mujibur Rahman claimed here today that East Pakistanis were being reduced to the position of "serfs" as a result of the economic policy followed by the present administration. He analysed the development allocations for each wing of the country to bring home his point.

Mr. Rahman was addressing a public meeting at the Town Hall maidan. The major part of his speech was devoted to refuting President Ayub's claim that East Pakistan was getting a lot of money.

He said that although apparently parity had been maintained in the allocations for the Second Five-Year Plan: actually East Pakistan had been given an allocation of only Rs. 950 crores whereas West Pakistan's share was Rs. 2350 crores.

This glaring disparity the Government has tried to minimize by making separate allocations of Rs. 500 crores for anti-salinity measures & Rs. 500 crores for the construction of the new capital. An amount of Rs. 1200 crores had been spent in building the former capital, Karachi the major share of which was supplied by East Pakistan. Now, it has been included in West Pakistan. East Pakistan has again to supply money for another capital. Mr. Rahman maintained that such a low price for jute had been created artificially that in ten years time peasants of East Pakistan would cease planting jute. The wretched condition of the people of our villages gave a lie to the claim that East Pakistan had been inundated with money. Continuing he said that "with the Federal Capital in West Pakistan (i.e. with 99% of the central secretariat in that wing) and 95% of defence personnel in West Pakistan. East Pakistanis have been reduced to mere serfs.

The meeting was presided over by Mr. Roushan Ali Ex-Secretary of the Jessore District Awami League who gave a brief review of the present political situation. Others who addressed the meeting were Mr. Sohrab Hussain M.N.A., Mr. Abdur Rashid, M.N.A. and Mr. Mashiur Rahman.

*To the P.F. of S.pr. Sk. Mujibur Rahman. 606/48 P.F.*

—

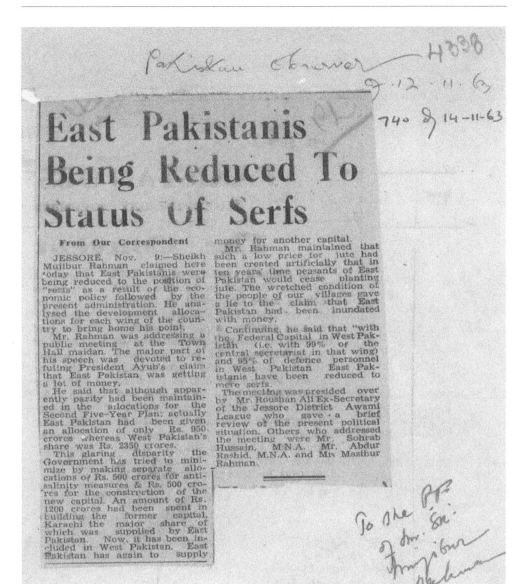

## 226
*Sheikh Mujibur Rahman's letters to Awami League leaders all over the country intercepted.*

Dacca, 12 November 1963

*Secret*

**INTELLIGENCE BRANCH,** *E-Pak*

SPECIAL BRANCH,

DACCA;

The 12.11.1963

**Memo. No.**

*(The secrecy of this interception may kindly be maintained.)*

| | | | |
|---|---|---|---|
| 1. | From (with address) | : | Sheikh Mujibur Rahman, 677, Dhanmandi Residential Area Rd. no -32, Dacca.-2 |
| 2. | To (with address) | : | Mr. Md. Rafique, pleader PO & Dt. Rangpur, East Pak. |
| 3. | Language of letter | : | English (Typed) |
| 4. | Date of letter | : | 7.11.63 |
| 5. | Postal Seal | : | Posting outgoing and unsealed letter. |
| 6. | Post office of interception | : | R.M.S. (Dacca.) |
| 7. | Date of interception | : | 11.11.63 |
| 8. | Name of officer who can prove the interception | : | Kh. Enayetullah SI |
| 9. | Whether photographed or not | : | |
| 10. | Whether withheld or delivered | : | |
| 11. | If delivered, whether copy kept or not | : | One original letter submitted. Copy kept and delivered all letters in office. |
| 12. | Number and date of Government order authorising interception | : | Casual. |

## Similar letter addressed to the following addresses-

1. To Prof.- Khaled — Editor "Daily Azad" Chittagong.

2. To Dr. Saidur Rahman, Batali Rd., Chittagong.

3. Prof. Nurul Islam Chowdhury pleader- Chittagong, Bar Library, Chittagong.

4. To Mominuddin Ahmed, pleader- PO & Dt. Kushtia.

5. Md. Idris C/o M/S Ismail & Sons, Poet Nazrul Islam Rd., Chittagong.

6. To Mr. Amir Hossain Dobesh, Pakistan-Bazar, Chittagong.

7. Mr. Nazrul Islam, President A.L.(Defunct), Dt. Mymenshingh.

8. To Mr. Gour Chandra Bala, Pleader Ex-Minister, PO & Dt. Faridpur.

9. To Roashan Ali Pleader, PO & Dt. Jessore.

10. To Kaji Kafiluddin Ahmed. Ex- M.P.A. PO & Dt. Kushtia.

11. Abdul Aziz Khan, organasing secy. A.L. C/o Kaji Zahirul Quyum Ex. M.P.A. Comilla Rd. Comilla Dt.

12. Prof. Yousuf M.P.A. PO & Dt. Dinajpur.

13. To Zahur Ahmed Chowdhury, Ex- M.P.A. Dhampara, Chittagong.

14. To Abdul Khaleque Ex-Minister, PO & Dt. Jessore.

15. To Mr. A.K. Mujibur Rahman Secy. A.L. (Defunct) PO & Dt. Bogra.

16. To Mr. Mujibur Rahman M.A.L.L.B., President (now Defunct) A.L., Rajshahi, PO & Dt. Rajshahi.

17. To Manik Chowdhury, 6/O Ramjoy Mohajan Lane, Chittagong.

18. To Mr. Rahimuddin Ahmed, Pleader—President A.L.(Defunct) PO & Dt. Dinajpur, E-Pak.

19. To Rafiqueuddin Bhuiya, Secy. (Defunct) A.L., PO & Dt. Mymenshingh, Mymenshingh.

20. To Mr. Asmat Ali Khan Ex-M.P.A. President Dt. A.L., (Defunct) PO & Dt. Madaripur Dt. Faridpur.

21. Abdul Gani-Pleader, Ex—M.P.A., PO Comilla, Dt. Comilla.

22. To Kaji Jahirul Quyum, Ex—M.P.A., College Rd. Comilla, Dt. Comilla.

23. To Mr. Dildar Ahmed, Ex—Minister, PO—Dt. Khulna, E-Pak.

24. To Mr. Munsur Ali, Ex—Minister, PO—Pabna, Dt. Pabna.

25. To Shamsuddin Molla, Pleader, PO & Dt. Faridpur.

26. To Mr. Tafsir Ahmed Income Tax practitioner PO & Dt. Khulna.

27. To Ahmed Ali Pleader—PO. —Comilla—Dt. Comilla.

28. To Mr. Nurul Haque Pleader, PO & Dt. Rangpur—East Pak.

29. To Mr. Nurul Hoque, Mukhter, PO—Madaripur Dt. Faridpur.

30. To Mr. Imamuddin Ahmed, Kamalapur, PO & Dt. Faridpur.

31. A.F.M. Abdul Jalil, Advocate PO & Dt. Khulna.

32. To Mr. A. Mannan, Ex-Secy. A.L. PO-Madaripur, Dt. Faridpur.

33. To Qamruzzaman-M.N.A. Secy. Ex-Awami League. PO & Dt. Rajshahi

34. To Mr. Khairat Hossain, Ex-Minister, PO-Nilphamari, Dt. Rangpur.

35. To M.A. Aziz Ex- Secy. A.L. Rd. 120, Anderkilla, Chittagong.

36. To Mr. Masihur Rahman, Ex-Minister PO-Jessore, Dt. Jessore.

37. To Khan Bahadur Fazlur Rahman, President A.L. (Defunct) PO & Dt. Bogra.

38. To Mujaffar Ahmed Ex-M.P. Agrabad-Chittagong.

39. To Abdur Rahman Chowdhury, Pleader Secy. A.L. (Defunct), PO & Dt. Dinajpur.

40. To Mr. Amir Hossain, Pleader Ex-M.P.A., PO. Comilla, Dt. Comilla.

41. To Mr. Amjad Hussain, M.N.A., PO & Dt. Pabna.

42. To Mr. Abdur Roab (Boga), Ex-Secy. Awami League, PO & Dt. Pabna.

43. To Dr. Golam Mulla M.N.A., PO & Dt. Faridpur.

44. To Mr. Sead Ahmed, Advocate, Secy. Dt. A.L. (Defunct) PO & Dt. Kushtia.

—

*Copy/Translation forwarded to -*

*DS(PL)*

Enclosed is a copy of a letter from Sk. Majibar Rahman along with a copy of circular of the N.D.F. (received previously and action taken) addressed to Md. Rafique, a pleader of Rangpur and an A.L. member. Similar letter has been addressed to other 44 A.L. members.

The letter urges upon the A.L. members to forge a strong unity among A.L. workers and leaders with a view to concerning District conference of defunct A.L. workers. The writer is also of the opinion that some components of the N.D.F. are working in a way which cannot be congenial for creating really united platform.

The original letters have been delivered.

This is a good piece of interception done by S.I. Enayetullah Khundakar who may be rewarded with Rs. 20/- by way of encouragement.

DIG/ SS I may like to see.

Sd/-
O/C Censor, 12.11.63

Notes enclosed. Sd/-13.11

—

**Sheikh Mujibur Rahman,**
677, Dhanmandi Residential Area
Road No. 32, Dacca-2.
Dated: 7.11.1963.

My dear Rofique,

While you will find herewith a letter containing suggestions about the present and future working plan of the NDF, I have got to lay a few words from my behalf for reasons which will appear explained to you as below.

You have noticed that some components of the NDF are working in a way which cannot be congenial for creating a really united platform. God alone knows what will happen if this fissiparous tendency is not made to stop further. We are to be very cautious. While you are to extend your full co-operation in forming the NDF and working for the same, as my impression from tours of certain districts and subdivisions tells me, you should first of all discuss from time to time among Awami League Workers and Leaders and then take a joint stand in the NDF. Our workers are without any work and naturally a little demoralised. Naturally you must revive the organisational spirit first and I would like that you would convene District Conference of the defunct district Awami League workers and leaders, which, when communicated to me I shall try to go personally and address the same and hold discussions. Please communicate the date sufficiently prior to the date of the conference so that I can make programme in a way which does not clash with other programmes.

This may be treated as most confidential.

By the by, we are going to have a conference of office bearers and working committee members of all the districts at Dacca in near future which will be communicated to you in time.

Trust this finds you all right. With best wish to you all.

Yours sincerely,
Sd/- Sk. Mujibur Rahman

N.B: *Some people of NDF are propagating against our leader Mr. Suhrawardy, we cannot tolerate this position for the sake of so-called unity.*

—

*[S.S.I*

The intercepted letter from Sk. Mujibur Rahman(A.L.) addressed to as many as 44 A.L. leaders in the dists. may kindly be seen.]

The Awami League has of late been thinking to reorganise itself at all its levels, keeping the party unreceived. This attitude of the A.L. leaders is based on the reasons that the N.A.P. which is also a component of the N.D.F. has already reorganised the party and working on their own policy and programme, though they have not received the party. The A.L. leaders think that if they sit quiet, they will fall weak in the politics. Sk. Mujibur Rahman also apprehend that the A.L. workers in the dist. might also tried towards the N.A.P.

This confidential letter of Sk. Mujibur Rahman indicates that he also wants to reorganise the A.L. and coordinate all its workers, so that when necessary they may stand on their own leg and survive the party for participating in the next general election. In short the present policy of the A.L. leaders is party first and N.D.F. next. The recent statement of Mr. H.S. Suhrawardy is also on the same line.

We may write to all the D.S.Bs. for comments, for keeping watch on the activities of the Awami Leaguers and to supply us with the full particulars of the addressees.

Copy of the letter may be placed on the files of A.L., N.D.F. and Sk. Mujibur Rahman (A.L.).

It may be noted him that the Awami League has called a meeting of Presidents and Secys. of the Dists. A.L. at Dacca on 23.11.63. The decisions of the meeting may be awaited.

Dacca D.S.B. may be asked to cover the meeting and report its proceedings.

All the D.S.Bs. may be requested to report the names of A.L. leaders attending the meeting from their respective dists.

Agent dealing officers may please keep constant touch with their agents and report developments.

S.I. Rustam Ali of my section may please also cover the meeting and report. The intercepting officer may be rewarded with Rs. 10/00 for the good work done.

D.I.G. may like to see.

Sd/-13.11.63

May be rewarded Rs. 10/- . Sd/-25.11

—

## 227

## *Letter of Md. Suruj Mia, Mukhtear, Maijdi Court, Noakhali to Sheikh Mujibur Rahman, Alpha Insurance Co. Ltd. Dacca intercepted.*

Dacca, 12 November 1963

**Secret**

~~DISTRICT INTELLIGENCE BRANCH~~
SPECIAL BRANCH,

DACCA;

The 12.11.1963

**Memo. No**.

*(The secrecy of this interception may kindly be maintained.)*

| | | | |
|---|---|---|---|
| 1. | From (with address) | : | Md. Suruj Mia, Mukhtear, Maijdi Court, Noakhali. |
| 2. | To (with address) | : | Shek Mojibur Rahman Alfa Insurance Co. Ltd. Dacca. |
| 3. | Language of letter | : | Bengali. |
| 4. | Date of letter | : | 10.11.63. |
| 5. | Postal Seal | : | Illegible. |
| 6. | Post office of interception | : | G.P.O. |
| 7. | Date of interception | : | 12.11.63. |

| | | | |
|---|---|---|---|
| 8. | Name of officer who can prove the interception | : | A. Hussain SI. |
| 9. | Whether photographed or not | : | No. |
| 10. | Whether withheld or delivered | : | Submitted in origin. |
| 11. | If delivered, whether copy kept or not | : | |
| 12. | Number and date of Government order authorising interception | : | Casual. |

***Copy / Translation forwarded to –***

D/S P.L.

This is a copy of a letter from Md. Suruj Miyan Mukhtear, Maijdi Court, Noakhali, addressed to Sk. Mujibur Rahman, General Secy. now defunct Awami League. The writer requests the addressee to hold a Conference of the N.D.F. in Dacca early for placing their view points to the public for mobilising their opinion in favour of the party. Original letter has been delivered.

Sd/-13.11.63

Seen. Send copy to Noakhali D.S.B. for comments and full particular of the writer.
Sd/-13/11

—

Copy of a Bengali letter dt. 10.11.63 addressed to Shek Mojibar Rahman Alfa Insurance Co. LTD. Dacca from Md. Suruj mia, Muktear, Maijdi court, Noakhali.

Noakhali
10.11.63.

আচ্ছালামো আলায়কুম,

জোনাব সেখ সাহেব আশা করি খোদার ফজলে ভাল আছেন। অতি দুঃখে আপনার নিকট লিখিতেছি আপনারা পাকিস্তানের জনদরদী নেতৃবৃন্দ পাকিস্তানের এই যুগ সন্ধিক্ষনে পাকিস্তানের শাসনতন্ত্র সংশোধন ও **মানবাধিকার** আদায়ের জন্য N.D.F. মারফতে চেষ্টা **কখনও ফলবতী হইবার নয়।** হইলেও বহু বৎসর লাগিবে, তখন হয়ত: পাকিস্তানের দুর্দশা চরমে উঠিবে। আপনি জানেন প্রত্যেক গণআন্দোলনই সুপরিকল্পনা অনুযায়ী বিভিন্ন মুখী কার্য্যসূচী লইয়া কাজে অবতীর্ন হইতে হয়। কার্য্যের ভিতর দিয়া অতি সত্বর জনমত গঠিত

হয় এবং তাহা কখনও টাকা পয়সা বা অন্য কোন প্রকারে নষ্ট করা যায় না। নিজেদের কর্ম্মসূচীর কাজের দ্বারা বিরুদ্ধ দলের কর্ম্মসূচীর কাজ ধ্বংসাত্মক প্রমান করিয়া দিতে হয়।

বর্ত্তমান শাসন ব্যবস্থা যেভাবে ধ্বংসাত্মক ও সমাজ বিরোধী কার্য্যকলাপ চলিতেছে আমরা দ্রুত কাজে নামিলে সামনের ইলেকসনে বিরুদ্ধ দলকে ইনশাল্লাহ্‌ নিশ্চয়ই পর্য্যুদস্ত করিয়া দিতে সক্ষম হইব, অন্যথায় নহে। কেননা জনগণ দেখিবে বিরুদ্ধ দলের বড় বড় ধ্বংসাত্মক কাজ ও টাকার স্রোত এবং আমাদের শুনিবে শুধু মুখের বুলী ও গলাবাজী। সুতরাং আমি আপনাকে বিশেষ অনুরোধ করি মেহেরবানী করিয়া অন্ততঃ ২ দিনের জন্য হইলেও ঢাকায় N.D.F. কনফারেন্স ডাকুন এবং আমাকে অর্থনীতি, রাজনীতি ও সমাজনীতির বেড়াজাল আমার ৪০/৪১ বৎসরের অর্জ্জিত অভিজ্ঞতা হইতে আপনাদের সম্মুখে পেশ করিবার সুযোগ দিন। নানা প্রকার লোনগ্রস্থ হইয়াও মনের দুঃখে আপনাকে এই চিঠি লিখিয়া বিরক্ত করিতে বাধ্য হইয়াছি। মাপ করিবেন

ইতি- আপনাদের অনুগত
মোঃ সুরুজ মিঞা মোক্তার

...

***Secret***

A reliable secret source reported on 18.11.63 that Sk. Mujibur Rahman informed Tofazzal Hossain @ Manik Miyan that the conference was successful. About 500 workers attended the conference.

NOTE: The source could not throw further light about this conference.

...

D.S. (PL) will please note and try to find out details of the conference from other sources.

S.S.I may like to see.
*Sd/-19.11.63*
(A. Khaleque)
S.S., SC.

*Seen. D.S.PL. to obtain details pl. Sd/-13.11.*
*S.S.I This is about A.L. conference held on 17.11.63 at Dacca Bar library. Detailed report has been recd. and action taken. SS/SC may pl. see. Sd/-20.11, Seen. Sd/-21.11.63*

—

# 228

## *Report on the identity of writer of intercepted letter and its content.*

Dacca, 21 November 1963

S.B. intercept dt. 11.11.63

**Secret**

No. 20299/606-48 (1) dt. 21.11.63

Copy forwarded to Addl. S.P. D.S.B. Dacca for favour of information and comments. He is also requested to kindly cover the proposed conference and report proceedings of the same, when held. Activities of A.L. leaders may be kept under watch.

Sd/-16.11

for SS (I) SB/PL

*Another below pl.*

—

S.B. intercept dt. 11.11.63

**Secret**

No. 20298 (16)/606-48 (I) dt. 21-11-63.

Copy forwarded to all D.S.Bs. (except Dacca) for information with the request to kindly send us full particulars of the addressees & their respective Districts and the names of selected delegates to the proposed A.L. conference. You are also requested to keep the activities of the Awami Leaguers under watch in the light of the information contained in the intercepted letter.

Sd/-16.11

for SS(I) SB/EP

—

*Secret.*

*Phone : 2791.*

### DISTRICT SPECIAL BARANCH

Khulna, the 29th Novr. 1963.

No. 6907/ R- 4481/39-49 (Int.)

To

S.M. Ahsan, Esqr., T.K., P.S.P.,

Special Superintendent of Police,

Special Branch, East Pakistan, Dacca.

Ref: Your Memo. No. 20298 (16) /606-48(1) dated 21.11.63.

The full particulars of the addressees of the intercepted letter so far as this district is concerned, are furnished below:

1) Dildar Ahmad, (A.L.), Ex-Minister, S/O late Abul Qasim of Samantasena, P.S. & Dist. Khulna.

2) Tafsiruddin Ahmad, (AL), B.L., S/O Mozam Shaikh of Sarsuna, Lohagara, Jessore and of Khulna Town.

3) A.F.M. Abdul Jalil (A.L.), M.A., B.L., Advocate, S/O Umed Ali Mollah of Pantia, Terokhada and of Khulna Town, Khulna.

The activities of the Awami Leaguers have been kept under watch and the names of the selected delegates to the proposed A.L. Conference will be communicated to S.B. in due course.

Sd/-29.11.63

Superintendent of Police,

D.S.B., Khulna.

—

*Secret.*

**District Special Branch**

Rangamati, the 29 November, 1963.

No. 3962/ R. 2510/28-51.

To

S.M. Ahsan, Esqr., P.S.P.,

Spl. Supdt. of Police,

Special Branch, E.P., Dacca.

Ref : Your Memo No. 20298(16) /606-48 (1), dated 21.11.63.

It appears that the intercept has not been addressed to any one of this district and we have also no information as yet about the selected delegate to the proposed A.L. Conference from this district.

The matter has, however, been kept in view as indicated in the memo.

Sd/-29.11.63.

(A. Ahmed)

Supdt. of Police, D.S.B.,

Chittagong Hill Tracts.

—

*Secret.*
*Phone- off. 41.*

## DISTRICT SPECIAL BRANCH,
MYMENSIGH, THE 11ᵗʰ DECR.'63.
No. 7311/ R. 6123. P. 1647/73-49.

To

S.M. AHSAN, Esqr., T.K, P.S.P.,

Spl. SUPDT. OF POLICE,

S.B., E.P. DACCA.

REF : YOUR MEMO NO. 20298 (16)/606-48 (1) DT. 21.11.63.

### *THE PARTICULARS OF THE ADDRESSES ARE GIVEN BELOW:*

1.  NAZRUL ISLAM IS IDENTICAL WITH NAZRUL ISLAM, SAIYID S/O late SAIYID ABDUR RASHID @ RAISUDDIN AHMAD OF DAMPARA, P.S. KISHOREGANJ, MYN. & OF MYMENSINGH TOWN.

2.  RAFIQUDDIN BHUIYAN IS IDENTICAL WITH RAFIQUDDIN BHUIYAN S/O WAFIZUDDIN OF MERANDA, P.S. NANDAIL, DIST. MYMENSINGH & OF MYMENSINGH TOWN.

    A FURTHER REPORT WILL FOLLOW ON OTHER POINT.

Sd/ -14/12
SUPERINTENDENT OF POLICE,
D.S.B., MYMENSINGH.

—

*Secret.*                    **District Special Branch,**
Noakhali, the 11ᵗʰ Decr., 1963.
No. 6584/ R. 5230 /33-63. (Int.)

To

S.M. Ahsan, Esqr., T.K., P.S.P.,

Spl. Supdt. of Police

S.B., East Pakistan, Dacca.

Ref:  Your Memo. No. 20298 (16)/606-48 (1) dated 21.11.63.

Similar letter also came to our notice. In pursuance of this letter, a meeting of the A.L. workers was held on 27.11.63 at the Maijdi Town Hall with Suruj Miyan Mukhtear in the chair. Resolutions on the usual demands of the N.D.F. were adopted. They also demanded either to actives the N.D.F. or the question of revival of A.L. may be considered. No A.L. worker has yet left for Dacca.

Sd/ -10.12.63
(ISRARUL HAQUE)
SUPDT. OF POLICE, D.S.B.,
NOAKHALI.

—

*Secret.*
*Phone 366*

### District Special Branch,

Sylhet, the 17th Dec./63.

No. 10885/R. 8398/102-49 (Int.)

To

S.M. Ahsan, Esq., P.S.P.,

Special Supdt. of Police,

S.B., E.P., Dacca.

Ref : Your Memo. No. 20298 (16)/606-48 (1) dt. 21.11.63.

...

No delegate has yet been selected from this district for the proposed A.L. Conference to be held in Dacca sometime in near future. The activities of the Awami League workers in this district have been kept under watch and if anything of interest comes to light, it will be reported in due course.

*Sd/-17.12.63*

Superintendent of Police,
D.S.B., Sylhet.

—

*Secret.*
*Phone no. 17.*

### District Special Branch,

Kushtia, the 30th Dec. 1963.

No. *6210*/RR. 4526-p. 819-20/74-49 Int.

To

S.M. Ahsan, Esq., TK, PSP.,

Spl. Supdt. of Police, SB., E.P. Dacca.

Ref : Your Memo. No. 20298 (16)/606-48 (1) dt. 21.11.63.

The full particulars of Kazi Kafiluddin Ahmad (Sl.10), and Sa'ad Ahmad, Advocate (Sl. 44) are noted below. Mominuddin Ahmad, Pleader (Sl. 4) does not appear to be man of Kushtia district.

1. Qazi Kafiluddin Ahmad, Mukhtear (A.L.) S/O Late Kefaitullah of Thanapara, Kushtia town. He is aged about 60 years.

2. Sa'ad Ahmad, MA, L.L.B. (A.L.)/(Ex. S. Pr.) S/O Late Dr. Maniruddin Ahmad of Bheramara, Kushtia and of Kushtia town. He is aged about 38 years.

*Sd/-30.12*

Supdt. of Police, D.S.B.,
Kushtia.

—

*S.B. intercept dt. 12.11.63*

...

*Secret*

### No. 20297/606-48 (1)/dt 21/11/63

Copy forwarded to S.P., DSB, Noakhali for favour of information and comments. He is also requested to kindly supply the full particulars of the writer of the letter.

*Sd/-16.11*

*for SS(1)SB/RD*

—

**Secret.**

**District Special Branch,**

Noakhali, the 11th Decr., 1963.

No. 6586/R. 5222/33-63. (Int.)

To

S.M. Ahsan, Esqr., T.K., P.S.P.,

Spl. Supdt. of Police, S.B.,

East Pakistan, Dacca.

Ref: Your Memo. No. 20297/606-48 (1) dated 21.11.63.

The subject who is affiliated with the A.L. is a member of the N.D.F according to him, there is no democracy in our Country and he wants to mobilise the opinion of the democratic minded people for establishment of democratic Govt. He feels that N.D.F is not working properly and the political leaders are doing nothing for establishing democratic rights of the people. He is of opinion that either the N.D.F may be made active or the A.L. should be revived to activise the political party. On 27.11.63, a meeting of A.L. workers with Suruj Miyan Mukhtear of Maijdi Court was held at Maijdi Town Hall in which, besides adopting resolution on the usual demands of the N.D.F., a resolution suggesting revival of A.L. in case N.D.F. did not work properly, was also adopted.

Md. Suruj Miyan Mukhtear (AL), s/o late Nawab Ali Bepari of vill. Hajipur, P.S. Begumganj and of Maijdi Court, Noakhali.

*Sd/-10.12.63*

(ISRARUL HAQUE)

SUPDT. OF POLICE, D.S.B.,

NOAKHALI.

—

*Secret.*
*Phone no. 111.*

### District Special Branch,

Rangpur, the 20th Dec. 1963.

No. 6964/R. 3878/35-62. (A).

To

S.M. Ahsan, Esq., T.K, P.S.P.,

Spl. Supdt. of Police, S.B., East Pakistan, Dacca.

Ref : Your Memo. No. 20298 (16)/606-48 (1) dt. 21.11.63.

*Particulars of the individuals are as follows:-*

1.  Md. Rafique (A.L.), Pleader, Rangpur may be identical with Rafiqul Islam @ Abu, Pleader, Senpara, Rangpur. He is the son of late Mr. Tajammel Husain. He is aged about 30 years.

2.  Mr. Khairat Husain (A.L. Ex-Minister) s/o Hedayetullah of Berakuti, Nilphamari, Rangpur. He is aged 55 yrs.

3.  Mr. Nurul Haq (A.L.) Pleader, s/o Rajab Ali of Bhadurchar, Jaldhaka, Rangpur and of Rangpur town. He is aged about 45 yrs.

None left for attending the proposed Conference from this district. Their activities are under watch.

> Sd/-20.12.63
> Supdt. of Police,
> D.S.B.,Kushtia

—

*Secret.*

### District Special Branch,

Pabna, the 8th January, 1964.

No. 120/ R. 5470 (P.107) /42-62 (Int.)

To

S.M. Ahsan, Esqr., T.K., P.S.P.,

Special Supdt. of Police, S.B.,

East Pakistan, Dacca.

Ref. Your No. 20298 (16)/606-48(1) dated 21.11.63.

*The full particulars of the addressees of this district are as follows:-*

(1)  Mr. Mansur Ali, LL.B. (A.L.) Ex-Minister, E.P., s/o late Haraf Ali of Pabna town.

(2)  Mr. Amjad Husain (A.L.), M.N.A., s/o late Rafiquddin of Pabna town.

(3)  Mr. Abdur Rouf @ Boga (A.L.) s/o late Sabkat Hussain of Pabna town.

*The following individuals of this district attended the conference of the defunct A.L. held in Dacca on 7.12.63:-*

(1) Mr. Amjad Husain, M.N.A. (mentioned).

(2) Mr. Abdur Rouf @ Boga (mentioned).

(3) Mr. Motahar Husain Talukdar (A.L.) s/o late Naimuddin of Gazaria, P.S. Sirajganj, Pabna and of Sirajganj town.
The N.D.F. has not yet been formed in this district.

Sd/ - 8.1.

Superintendent of Police,

D.S.B. Pabna.

—

*Secret*

*Phone- office - 41.*

### DISTRICT SPECIAL BRANCH,

MYMENSINGH, THE 11th Jany.'64.

No. 283/ R.6123.P.1647 R.6259. P.1648/73-49.

To

S.M. Ahsan, Esqr., T.K., P.S.P.,

Spl. Supdt. of Police, S.B., E.P., Dacca.

REF:   YOUR MEMO NOS. 20298(16)/606-48 (1) & 20787 (17)/13-54  (MF) GENL. DATED 21.11.63 & 29.11.63 RESPECTIVELY & THIS OFFICE MEMO NO. 7311/73-49 DATED 11.12.63. REG. A.L. CONFERENCE SCHEDULED TO BE HELD AT DACCA ON 7.12.63.

THE CONFERENCE WAS POSTPONED *DUE TO* THE DEATH OF MR. H. S. SUHRAWARDY, THE CHIEF OF THE A.L.

Sd/ - 11.1.

SUPERINTENDENT OF POLICE,

D.S.B. MYMENSINGH.

—

*Secret/ phone no. 217.*

### District Special Branch,

Comilla, the 13th Jany. 64.

No. 309/ R. 4183 P-800/90-49 (Int.)

To

S.M. Ahsan, Esqr., T.K., P.S.P.,

Spl. Supdt. of Police,

S.B., East  Pakistan, Dacca.

Reference: Your Memo No. 20298 (16)/606-48 (1) dated 21.11.63.

No delegate has yet been selected for Dacca as the date for holding the A.L. conference has not yet been fixed. Particulars of the addressees of this district are furnished below:-

Sl. 11. Abdul Aziz Khan S/o Late Abdul Ghani of Bamnisar, P.S. Debidwar, Comilla and of Court Road, Comilla town.

" 21. Abdul Ghani B.L. S/o Late Ahmad Ali Munshi of Sultanpur, P.S. Brahmanbaria, Comilla and of Comilla town.

" 22. Kazi Zahirul Quayum @ Bachu Miyan S/o Late Kazi Julfiquar Hossain of Choora, P.S. Chouddagram, Comilla and of College Road, Comilla town.

" 40. Amir Hossain, Pleader S/o Jiabuddin of Sidlai, P.S. Burichang, Comilla and of Comilla town.

Sd/- 13.1.

Supdt. of Police, D.S.B.,

Comilla.

—

*Secret.*

*Phone 134.*

**District Special Branch,**

Barisal, the 14th January, 1964.

No. 248/ R. 4189./20-63 (Int.) (P13-14)

To

S.M. Ahsan, Esqr., T.K., P.S.P.,

Special. Supdt. of Police,

Spl. Branch, East Pak., Dacca.

Ref: Your Memo. No. 20298(16)/606-48(I) dated 21.11.63.

No date has yet been fixed for holding the conference for N.D.F. convention in Dacca and no delegate has, so far, been selected to attend such convention.

A conference of the N.D.F. Bakarganj was however, held at A.K. Town Hall, Barisal on 11.1.64 and 12.1.64.

Sd/- 14.1.

Superintendent of Police,

Dist. Spl. Branch, Barisal.

—

*Phone no. 47/ secret.*

### District Special Branch,
Bogra the 22$^{nd}$ Jan./64.

No. 256/ R. 2619/29-63 (Int.)

To

S.M. Ahsan, Esqr., T.K. PSP,

Spl. Supdt. of Police,

S.B., E. Pak., DACCA.

Ref: Your No. 20298/ (16) /606-48 (1) dt. 21.11.63.

*Full particulars of the persons are furnished below:*

The convention was not held due to the death of Mr. H.S. Suhrawardy. A.K. Mujibur Rahman left for Dacca on 7.12.63 and returned on 10.12.63.

1. A.K. Mujibur Rahman (A.L.) Secy. Defunct Bogra Dist. A.L. S/O Shah Amiruddin of Kushtia PS Bogra and of Sutrapur, Bogra town. Y.B. 1925 (approx.).

2. Khan Bahadur Fazlur Rahman, President A.L. (defunct) S/O L. Haji Ghulam Rahman of Sutrapur, Bogra town. He is a retired Dy. Magistrate. Y.B. 1896 (approx).

*Sd/ – 22.1.*

(A.K.L. Rahman)

Superintendent of Police,

DSB BOGRA

—

### District Special Branch,
Faridpur, the 29$^{th}$ Jany.,'64.

No. 361 /R. 4137/33-50 P. 941.

To

S.M. Ahsan, Esq., PSP.,

Spl. Supdt. of Police,

S.B., E.P., Dacca.

Ref: Your Memo No. 20298(16)/606-48(1) dt. 21.11.63.

*Particulars of the individuals are as follows:-*

1. Gour Chandra Bala, M.A., Ex- M.L.A. s/o. Raj Mohan of Ullabari, PS. Rajoir, Dist. Faridpur.

2. Asmat Ali Khan, B.A., Mukhtear, Madaripur town, s/o Late Abdul Jabbar of Housdi, Madaripur.

3. Shamsuddin Molla, B.L. s/o Nuruddin Molla of Chumardi, P.S. Bhanga, Faridpur & of Faridpur town.

4. Nurul Haq, Mukhtear, s/o late Wazed Ali Khalashi of Madaripur & of Araipara, Rajoir, Faridpur.

5. Imamuddin Ahmad @ Iman Sk. s/o. Nasiruddin of Kamalapur, Kotwali, Faridpur.

6. Abdul Mannan @ Tuni Mannan s/o Abul Hashem of Gobindapur, Madaripur, Faridpur.

7. Dr. Ghulam Maula, M.N.A. s/o Late Abdul Ghafur Dhali of Muktarerchar, P.S. Naria, Faridpur & of Madaripur town.

Sd/- 27.1.64.

Supdt. of Police,

D.S.B., Faridpur.

—

***Secret.***

**District Special Branch,**

Rajshahi, The 17th Octr., 1964.

No. 5908/R.4465/63/38-49(II), P.1302.

To

M. Isa, Esqr., P.S.P.,

Spl. Supdt. of Police,

S.B., E.P., Dacca.

Ref: Your Memo No. 20298(16) 606-48(1) dated 21.11.63.

***Particulars of the individuals belonging to this district are furnished below:-***

1. Mujibur Rahman (AL), MA., LL.B., Advocate, President, Rajshahi District Awami League, s/o Late Imran Ali of Sepahipara, Rajshahi town.

2. Qamruzzaman is identical with A.K.M. Qamruzzaman @ Hena (MNA/AL), Pleader, Secretary, Rajshahi District Awammi League, s/o Abdul Hamid of Kadirganj and of Malopara, Rajshahi town.

Sd/- 17.x.64

Superintendent of Police,

D.S.B., Rajshahi.

—

# 229

## *Intercepted letter of Sheikh Mujibur Rahman to M A Aziz, Secretary District Awami League Chittagong shows instructing him to prepare present and future working plan.*

Dacca, 22 November 1963

**Secret**

### DISTRICT INTELLIGENCE BRANCH

SPECIAL BRANCH

DACCA: The 22.11.63.

**Memo No.** *7987/61-53 P.F.*

*(The secrecy of this interception may kindly be maintained.)*

| | | | |
|---|---|---|---|
| 1. | From (with address) | : | *Sheikh Mujibur Rahman, 677 Dhanmondi Residential Area, Daaca-2* |
| 2. | To (with address) | : | *Mr. MA. Aziz Ex- Secy. Dist. A.L. 120, Anderkilla, Chittagong* |
| 3. | Language of letter | : | *English* |
| 4. | Date of letter | : | *7.11.63* |
| 5. | Postal Seal | : | *Dacca. 12 Nov. 63 R.M.S.* |
| 6. | Post office of interception | : | *Chittagong G.P.O.* |
| 7. | Date of interception | : | *15-11-63* |
| 8. | Name of officer who can prove the interception | : | *S.I. Md. Azhar Ali of D.S.B., Chittagong.* |
| 9. | Whether photographed or not | : | *X* |
| 10. | Whether withheld or delivered | : | *Delivered.* |
| 11. | If delivered, whether copy kept or not | : | *Copy kept.* |
| 12. | Number and date of Government order authorising interception | : | *G.O. No. 677 dated 17.5.63.* |

—

***Copy / translation forwarded to***

S.M. Ahsan, Esq., T.K., P.S.P. Spl. Supdt. of Police, Spl. Branch. East Pakistan, Dacca for information.

Sd/-
Superintendent of Police,
D.S.B., Chittagong.

1. S.P/D.S. for perusal please. It is a very important interception which speaks about the move of A.L. leaders to revive A.L. all over the province. It also hints about the components parts of N.D.F. which needs watch by A.L.
2. All D.I.Os. to note and watch developement in this district.
3. Copy to S.B.

Sd/- Abdul Jabbar – 16.11.63.
Inspr. of Police, D.I.O. I
D.S.B., Chittagong.

Sd/- ANM. Waheed – 16.11.63,
Dy, S.P., D.S.B., Chittagong.

Sd/- Abdul Khaleque 18.11.63,
Supdt. of Police, D.S.B.,
Chittagong.

–

Copy of an English typed letter dated 7.11.63 intercepted at Chittagong G.P.O. on 15.11.63.

(1) From : Sheikh Mujibur Rahman, 677, Dhanmandi, Residential Area, Dacca-2.

(2) To : M.A. Aziz, Ex- Secy. Dist. A. L. 120. Anderkilla, Chittagong. Postal seal of issue: Dacca 12Nov' 63.

My dear Aziz,

While you will find herewith a letter containing suggestions about the present and future working plan of the NDF, I have got to lay a few words from my behalf for reasons which will appear explained to you as below.

You have noticed that some component of the N.D.F. are working in a way which cannot be congenial for creating really united platform. God alone knows what will happen if this fissiparous tendency is not made of stop further. We are to be very cautions while you are to extend your full co-operation in forming the N.D.F. and working for the same as my impression from tours of certain districts and sub divisions tells me, you should first of all discuss from time to time among Awami League Workers and Leaguers and then take a joint stand in the N.D.F. Our workers are without any work and naturally a little demoralised. Naturally you must revive the organisational spirit first and I would like that you would convene district Conference of the defunct District Awami League workers and leaders, which, when communicated to me I shall try to go personally and address the same and hold discussions. Please communicate the date sufficiently prior to the date of the conference so that I can make programme in a way which does not clash with other programme. This may be treated as most confidential.

By the by we are going to have a conference of office bearers and working committee member of all the districts at Dacca in near future which will be communicated to you in time.

Trust this finds you all right. With best wishes to you all.

Yours sincerely,<br>Sd: Sheikh Mujibur Rahman.

N.B. *Some people of N.D.F. are propagating against our leader Mr. Suhrawardy, we cannot tolerate this position for the sake of so called unity.*

Enclosure.

The N.D.F. convention will be held at Dacca in course of next six weeks. The convention had been planned to consolidate and strengthen democratic forces and to devise ways and means for the restoration of full democracy in the country. In pursuance of this objective we had earlier called upon our respective dist. and sub divisional units throughout East Pakistan to set up N.D.F. Committees in their areas. Many sub division and districts have already formed their committee and still remain to be set up. It is hardly necessary to emphasize that united efforts can be effective only through proper organisation. Moreover, representation in the convention from the district and sub divisions are proposed to be made with the help of these N.D.F. Committees.

We therefore, hope that our respective units in the district and sub divisions where N.D.F., Committees have not yet been formed would do so without any further delay and send information of the same to Mr. Nurul Amin, Convenor, East Pakistan Committee of NDF 20 Eskaton Road, Dacca-2.

Copy to ..... for favour of information and early compliance.

Sd: Sheikh Mujibur Rahman,

Genl. Secy. E.P.A.M.L. (Now defunct)

2.  Mahmud Ali, Genl, Secy.

E.P., N.A.P. (Now defunct)

3. Shah Azizur Rahman, Genl. Secy.
   E.P.M.L. (Now defunct)

4. Mohammad Sulaiman, Genl. Secy.
   E.P., KSP. (Now defunct)

–

*DS (PL)*

*Perusal of the intercepted letter below. May be marked for indexing. Further action if any, may be addressed.  Sd/-26.11.63*

   *This is known File. Sd/-26.11*

—

# 230
## *Report on the preparation of observing 'Demand Day'.*

### Dacca, 1 December 1963

### Extr. from P/1567 file No. 279-62

**DS/PL**

Reliable information is that the proposed 'Demand Day' on 1.12.63 has been postponed as permission was not given to hold meeting in the Paltan Maidan.

For the information is that a working Committee meeting of the A.L (Awami League) will be held on 7.12.63 in the house of Sk. Mujibur Rahman, Genl. Secy. A.L. (now defunct) to discuss and decide to revive the organisation throughout the province.

It was also learnt that instruction has been issued from the Provincial office of the A.L., Dacca to the workers of Chaumohani A.L. to hold a meeting there before 7.12.63 and pass a resolution requesting the Provincial Working Committee, Dacca to revive the organisation and send the same to the Prov. Working Committee so that it can be placed before the meeting to be held on 7.12.63 (mentd.)

Request was also made to workers to send a representative to attend the above noted meeting at Dacca.

—

# 231

## *Awami League Provincial workers conference at the residence of Ataur Rahman Khan postponed due to sudden demise of H S Suhrawardy.*

Jessore, 9 December 1963

***Secret.***

### DISTRICT SPECIAL BRANCH,
JESSORE, THE 9th DEC.'63.

No. 6428/80-49 (Int.) (P.1563)/R. 3599

To

S.M. Ahsan, Esq., T.K., P.S.P.,

Spl. Supdt. of Police, S.B., East Pakistan,

Dacca.

Reference: Your Memo. No. 20293 (16)/606-48 (1) dt. 21.11.63.

***The full particulars and addressed of persons of this district are given below:-***

Sl. No. 9   :   Raushan Ali, B.L. (AL/Ex-Sec. Pr.), S/o late Mandar Ali of Jessore town.

Sl. No.14   :   Abdul Khaleque, (AL/Ex-Central Minister), S/o late Idu Mullah of Jessore town.

Sl. No. 36 :   Mashiur Rahman (AL/Ex-Prov. Minister), S/o late Md. Ismail of Jessore town.

The Awami League conference of the Provincial workers which was going to be held on 7.12.63 at the residence of Mr. Ataur Rahman Khan, Ex-Chief Minister, Dacca is reported to have been postponed due to the sudden demise of Mr. HS. Suhrawardy, the Ex- Prime Minister of Pakistan. M/S Rausan Ali, B.L. (mentd.), Mashiur Rahman (mentd.), and Saiyid Atar Ali, (AL) S/o late Ahmed Ali of Gangni of Magura, Jessore were selected for attending the proposed meeting on 7.12.63 of the provincial Awami League workers.

Sd/-9.12.63

Superintendent of Police

D.S.B., Jessore.

—

# 232

## *Condolence speech of Sheikh Mujibur Rahman on the death of H S Suhrawardy delivered at Outer Stadium Dacca.*

Dacca, 15 December 1963

*Extr. from P/ 1776 file No. 279-62*

***MEETING REPORT***

| | | | |
|---|---|---|---|
| 1) | Date place and hour | : | 15.12.63 from 16.00 hrs. to 18.30 hrs. at Paltan Maidan, Dacca. |
| 2) | Party | : | The N.D.F. |
| 3) | Object | : | To condole the death of Mr. H.S. Suhrawardy |
| 4) | No of audience | : | About 8000 (25% Students) |
| 5) | President | : | Mr. Nurul Amin ( M.L.-non revival)-N.D.F. |

***Names of speakers:***

(h) Sk. Mujibur Rahman (A.L./N.D.F.) (i)

–

*Extr. from P/1773 file No. 279-62*

8) Sk. Mujibur Rahman stated his speech with tears trickling down his cheek and said that L. Mr. Suhrawardy was killed by the present regime and urged the Bengales to take a vow to revenge this murder. He urged the people to be ready for all sacrifice for the cause of free democracy in the country etc.

–

Extr. from P/2066-2067 F. No. 279-62

Transcription of the speech of Sk. Mujibur Rahman delivered at Outer Stadium Dacca on 15/12/63 at the N.D.F. meeting.

Sk. Mujibur Rahman.

ভায়েরা আমার সোহরাওয়ার্দী সাহেব আর আমাদের সভার বন্দোবস্ত করতে পারবেন না আমরা বক্তৃতা করতে পারবনা। আজ ২০ বৎসর বয়স থেকে উনার সংঙ্গে ছিলাম উনার পাশাপাশি একজন কর্ম্মী হিসাবে কাজ করিয়াছি। জীবনে রাজনীতির কারণে আমার নেতাকে কোন দিন মিথ্যা কথা বলতে দেখি নাই, কোনদিন কাউকে ধোকা দিতে দেখিনাই। আমি মানুষ অনেক দেখিয়াছি। মরার পরে উনি প্রুমান করেছেন উনি- কি ছিলেন আজকে তার কত হাজার টাকা দেনা আছে। উনি হাজার হাজার টাকা উপার্জন করতে পারতেন। পাকিস্তানে উনার জায়গা হলো না। উনি বিলাতে মরলেন কিন্তু কেন উনার লাশ এলো বাংলায় - বাংলার মাটি তাঁকে ভালবাসিত তার প্রুমাণ তার মৃত্যুর পর

জনসাধারণ দিয়াছেন। সোহরাওয়ার্দী সাহেব উনি মারা গিয়াছেন কিনা আমি জানি না আমার মনে হয় উনাকে হত্যা করা হইয়াছে। আপনারা যারা তাঁকে ভাল বাসতেন তিনি সারা জীবন তাদের কল্যানের জন্য সংগ্রাম করেছেন সারা জীবন ন্যায়ের জন্য তিনি সংগ্রাম করেছেন সারা জীবন মানুষের মঙ্গলের জন্য সংগ্রাম করেছেন। গণতন্ত্রের জন্য সংগ্রাম করেছেন। তিনি কিছুই রেখে জান নি রেখে গিয়াছেন তার জন্য শ্রদ্ধা- বাংলাদেশের মাটিকে যদি সোহরাওয়ার্দী সাহেব ভালবেসে থাকেন, পাকিস্তানের মাটিকে যদি সোহরাওয়ার্দী সাহেব ভালবেসে থাকেন, বাংলার মাটিও তাকে ভালবেসেছে তাঁর প্রমান দিয়েছে আপনারা। আমার নেতাকে বৃদ্ধ বয়সে জেলে দিয়ে হত্যা করেছেন বাংলাদেশ তৈরী হও, তোমরা সঙ্ঘবদ্ধ হয়ে তার প্রতিশোধ নেবে সেই জন্য গ্রামে গ্রামে বার হয়ে যাও আমাদের নেতাকে যারা হত্যা করেছেন তার প্রতিশোধ নিতে হবে এই দেশে ন্যায়ের রাজত্ব কায়েম করতে হবে। আমি বক্তৃতা করতে পারিনা আপনারা জানেন আমি আজ কত কাল পর্যন্ত তার কর্ম্মী হিসাবে বাংলাদেশে এমন জায়গা নাই তাঁর পাশে পাশে ঘুরে মিটিং করি নাই দুয়ারে দুয়ারে ঘুরে বক্তৃতা করি নাই যারা আমার নেতাকে হত্যা করেছেন গণতন্ত্রকে হত্যা করেছেন তাদের বিরুদ্ধে সংগ্রাম করে শুধু বলব তার আত্মা সুখী হবেনা, শান্তি পাবেনা যদি চুপ করে ঘরে বসে থাক, বাঙ্গালীকে বলব। বাঙ্গালী তুমি বেঈমান, তুমি নিমক হারাম হবে যদি সঙ্ঘবদ্ধ না হও, যারা আমার নেতাকে হত্যা করেছে তার প্রতিশোধ না লও। যদি দেশের জালেমের কাছ থেকে জনসাধারণের কাছে ক্ষমতা ফিরে আসে তবে তার ব্যবস্থা হবে।

—

# 233

## *Report on letter of advocate Sarfraz of Lahore to Sheikh Mujibur Rahman, Alpha insurance Co. Dacca.*

Dacca, 16 December 1963

***Secret***

**DISTRICT INTELLIGENCE BRANCH,** E-Pak

SPECIAL BRANCH,

DACCA

The.16.12.1963.

***Memo No.***

*(The secrecy of this interception may kindly be maintained.)*

1. From (with address) : *M.H. SARFRAZ B.A. L.L.B. Advocate 1. Dyal Singh Mansion, The Mall, Lahore,*
2. To (with address) : *Sheikh Mujibur Rahman, Alpha Insurance Co. Daaca.*

| | | | |
|---|---|---|---|
| 3. | Language of letter | : | *English.* |
| 4. | Date of letter | : | *Nil* |
| 5. | Postal Seal | : | *Illegible* |
| 6. | Post office of interception | : | *R.M.S (Dacca)* |
| 7. | Date of interception | : | *15-12-63* |
| 8. | Name of officer who can prove the interception | : | *Kh. Enayetullah S.I.* |
| 9. | Whether photographed or not | : | |
| 10. | Whether withheld or delivered | : | |
| 11. | If delivered, whether copy kept or not | : | *Original letter submitted in office.* |
| 12. | Number and date of Government order authorising interception | : | *Casual.* |

—

*Copy / Translation forwarded to* –

T/S please

Sd/-16.12.63

*D.S./P.L.*

Enclosed is the copy of a letter written by Mr. M.H. Sarfraz B.A. L.L.B. Advocate addressed to Mr. Muzibar Rahman Ex-Genl. Secy. (A.L.).

The letter indicates that he cannot express the agonies of his heart for being absent from the last journey of his leader. (i.e. H.S. Suhrawardy). He also expressed in the letter that he is determined to fight for the principle his leader stood for.

The original letter has been delivered.

Sd/-

for O/C, Censor.

16.12.63.

—

M.H. SARFRAZ
B.A., LL.B.
ADVOCATE

**1, DYAL SINGH MANSION**
The Mall
Lahore
Dated : ... ... 196.

My dear Mujib Bhai,

My leader is dead and the irony of fate is that Sarfraz could not arrange even the passage for Dacca because the so called friends turned their faces and were not prepared even lending pennies.

I cannot express the agonies of my heart for being absent from the last journey of my leader except that I feel I am also buried with him.

Believe me and I hope you will that I am more determined to fight for the principles my leader stood for.

I will come to you as early as I could arrange.

Yours affectionately,
M.H. Sarfraz

# Album

## 1962-1963

৬ ফেব্রুয়ারি ১৯৬২: শেখ মুজিবুর রহমানকে জননিরাপত্তা অধ্যাদেশে আটকের প্রতিবাদে আওয়ামী লীগের আহবানে হরতাল পালিত হয়।

*6 February 1962: Observance of Awami League-called hartal against detention of Sheikh Mujibur Rahman in Public Safety Ordinance.*

ফেব্রুয়ারি ১৯৬২ ঢাকা: শেখ মুজিবুর রহমানকে জননিরাপত্তা আইনে আটকের প্রতিবাদে ছাত্র-জনতার মিছিল।

*February 1962 Dacca: Students-Public procession protesting Sheikh Mujibur Rahman's arrest under East Pakistan Public Safety Ordinance 1958.*

ফেব্রুয়ারি ১৯৬২ ছাত্র আন্দোলন: শেখ মুজিবুর রহমানকে জননিরাপত্তা আইনে গ্রেফতারের প্রতিবাদে হরতাল পালনকালে ছাত্র-জনতার মিছিল।

*February 1962 Student Movement: Students-public procession during hartal against Sheikh Mujibur Rahman's detention in Public Safety Ordinance.*

জুন মাসের শেষার্ধ ১৯৬২ ধানমন্ডি ৩২ বাসভবন: জেল থেকে মুক্তি পাওয়ার পর শেখ মুজিবুর রহমান।
*2nd half of June 1962 Dhanmondi 32 Residence: Sheikh Mujibur Rahman after release from jail.*

১০ সেপ্টেম্বর ১৯৬২: শেখ মুজিবুর রহমান সামরিক শাসক আইয়ুব খানের অন্যায়, অত্যাচার ও জুলুমের বিরুদ্ধে বক্তব্য রাখছেন।

*10 September 1962: Sheikh Mujibur Rahman delivering speech against military ruler Ayub Khan's injustice, persecution and oppression.*

*১০ সেপ্টেম্বর ১৯৬২ ঢাকা বিমান বন্দর: শেখ মুজিবুর রহমান ও অন্যান্য আওয়ামী লীগ নেতৃবৃন্দ করাচি কারাগার থেকে সদ্যমুক্ত হোসেন শহীদ সোহরাওয়ার্দীকে স্বাগত জানাচ্ছেন।*

*10 September 1962 Dacca Airport: Sheikh Mujibur Rahman and other Awami League leaders receiving Huseyn Shaheed Suhrawardy recently released from Karachi Prison.*

১৭ সেপ্টেম্বর ১৯৬২ ভিক্টোরিয়া পার্ক ঢাকা: শরিফ শিক্ষা কমিশন রিপোর্টের বিরুদ্ধে শিক্ষার্থীদের বিশাল মিছিল।

*17 September 1962 Victoria Park Dacca: Mammoth Students Procession against Sharif Commission Education Report.*

সেপ্টেম্বর ১৯৬২: শেখ মুজিবুর রহমান ইলেক্টিভ বডিজ ডিসকোয়ালিফিকেশন অর্ডার (এবডো) জারির প্রতিবাদে বক্তব্য রাখছেন।

*September 1962: Sheikh Mujibur Rahman delivering speech protesting promulgation of Elective Bodies Disqualification Order.*

*সেপ্টেম্বর ১৯৬২ ঢাকা: ছাত্রলীগ নেতৃবৃন্দ হোসেন শহীদ সোহরাওয়ার্দী ও শেখ মুজিবুর রহমানের নিকট থেকে শিক্ষা আন্দোলনের দিক নির্দেশনা নিচ্ছেন।*

*September 1962 Dacca: Students League leaders receiving instructions from Huseyn Shaheed Suhrawardy and Sheikh Mujibur Rahman on education movement*

৭ অক্টোবর ১৯৬২ পল্টন ময়দান, ঢাকা: শেখ মুজিবুর রহমান ন্যাশনাল ডেমোক্রেটিক ফ্রন্টের জনসভায় বক্তৃতারত।

*7 October 1962 Paltan Maidan, Dacca: Sheikh Mujibur Rahman speaking at National Democratic Front public meeting.*

১৯৬২: শেখ মুজিবুর রহমান জেল থেকে মুক্তি পেলে হোসেন শহিদ সোহরাওয়ার্দী ও অন্যান্য নেতৃবৃন্দ তাঁকে অভ্যর্থনা জানান।

*1962: Sheikh Mujibur Rahman received by Huseyn Shaheed Suhrawardy and other leaders after his release from jail.*

১৯৬২: সামরিক শাসনের বিরুদ্ধে ও গণতন্ত্রের দাবিতে ছাত্র-জনতার মিছিল।

*1962: Students-public procession protesting Martial Law and demanding democracy.*

১৯৬২: সামরিক আইনের অধীনে আটক রাজবন্দিদের পরিবারের সাহায্যার্থে রাস্তায় ছাত্র-জনতা অর্থ সংগ্রহ করছে।
*1962: Students-public on streets raising money to help the families of political prisoners arrested under Martial Law.*

ডিসেম্বর ১৯৬৩ তেজগাঁও বিমান বন্দর ঢাকা: হোসেন শহিদ সোহরাওয়ার্দী চিকিৎসাধীন অবস্থায় লেবাননের বৈরুতে মারা গেলে তাঁর মৃতদেহ গ্রহণ করছেন শোকাহত দীর্ঘদিনের রাজনৈতিক অনুসারী শেখ মুজিবুর রহমান।

*December 1963 Tejgaon Airport Dacca: Bereaved Sheikh Mujibur Rahman receiving the dead body of his longtime political guide Huseyn Shaheed Suhrawardy who died on 5 December while under treatment in Beirut.*

দৈনিক ইত্তেফাক

THE DAILY ITTEFAQ

Regd. No. DA 295

Phones : Editor : 5702 Residence : 5104. Advt. : 5702. News : 5703 Account : 5171

Tuesday, June 19, 1962

জেল হইতে মুক্তিলাভের অব্যবহিত পরে শেখ মুজিবর রহমানকে শেরে বাংলার মাজার জেয়ারত করিতে দেখা যাইতেছে।

# শেখ মুজিবের মুক্তিলাভ

(ষ্টাফ রিপোর্টার)

সুদীর্ঘ ৪ মাস ১২ দিন নিরা- [illegible]

(শেষ পৃঃ ৫ম কঃ দ্রঃ)

## শেখ মুজিবের মুক্তিলাভ

(১ম পৃঃ পর)

লীগের সাধারণ সম্পাদক ও প্রাক্তন মন্ত্রী শেখ মুজিবর রহমান গতকল্য (সোমবার) অপরাহ্ণে ঢাকা সেন্ট্রাল জেল হইতে বিনাশর্তে মুক্তিলাভ করেন। গত ৭ই ফেব্রুয়ারী জনাব মুজিবর রহমানকে নিরাপত্তা আইনবলে গ্রেফতার করা হয়।

মুক্তিলাভের অব্যবহিত পরেই জনাব রহমান সদ্য মুক্তিপ্রাপ্ত রাজবন্দী দৈনিক 'ইত্তেফাক' সম্পাদক জনাব তফাজ্জল হোসেন সমভিব্যাহারে 'শেরে বাংলা' মরহুম জনাব এ. কে. ফজলুল হকের মাজারে যান।

শেরে বাংলার মাজারে পৌঁছিলে এক বিরাট ছাত্র-জনতা "শেখ মুজিবর রহমান জিন্দাবাদ", "ইত্তেফাক সম্পাদক তফাজ্জল হোসেন জিন্দাবাদ" ধ্বনি দ্বারা উভয়কে অভিনন্দন জানায়। শেরে বাংলার মাজার জেয়ারত ও পুষ্পমাল্য অর্পণের পর শেখ মুজিবর রহমান ও জনাব তফাজ্জল হোসেন উপস্থিত ছাত্র-জনতার মধ্যে অনেকের সহিত ব্যক্তিগতভাবে আলাপ করেন।

অতঃপর শেখ মুজিবর রহমান সৈয়দ আজিজুল হক ও জনাব আতাউর রহমান খানের সহিত সাক্ষাৎ করেন।

রাত্রে কিছুসংখ্যক পরিষদ সদস্যসহ বহুসংখ্যক ব্যক্তি শেখ মুজিবর রহমানের সহিত সাক্ষাতের জন্য তাঁহার বাসভবনে যান।

*19 June 1962, The Daily Ittefaq:*

*After release from jail Sheikh Mujibur Rahman visiting the mausoleum of Sher-e-Bangla A.K. Fazlul Haque.*

দৈনিক ইত্তেফাক
THE DAILY ITTEFAQ
Phone : Editor : 5702. Residence : 5104. Advt. : 5702. News : 5703. Accounts : 5171.
Wednesday, June 20, 1962

# 'কারাগার হইতে মুক্তি পাইয়াও স্বস্তি পাইতেছি না'

## আটক বন্দীদের প্রশ্নে শেখ মুজিবরের বিবৃতি : পরিষদ সদস্যদের প্রতি অভিনন্দন

অধুনালুপ্ত প্রাদেশিক আওয়ামী লীগের সাধারণ সম্পাদক ও সদ্য মুক্তিপ্রাপ্ত রাজবন্দী শেখ মুজিবর রহমান গতকল্য (মঙ্গলবার) এক বিবৃতিতে বলেন :

"আমার প্রিয় নেতা জনাব এইচ, এস, সোহরাওয়ার্দী, মওলানা আবদুল হামিদ খান ভাসানী ও খান আবদুল গফ্‌ফার খান সহ অসংখ্য দেশপ্রেমিক এখনও কারাপ্রাচীরের অন্তরালে আটক থাকায় কারাগার হইতে মুক্তি লাভ করিয়া আমি সামান্যই স্বস্তি লাভ করিতে পারিয়াছি। দেশের স্বাধীনতা সংগ্রামে তাঁহাদের আত্মোৎসর্গ ও জনসাধারণের ভালবাসার কথা সুপরিজ্ঞাত।

"সামরিক শাসন আমলে অত্যন্ত সীমাবদ্ধ ভোটদাতাদের ভোটে নির্বাচিত হইলেও পূর্ব পাকিস্তান পরিষদের সকল সদস্য ও জাতীয় পরিষদের অধিকাংশ সদস্য দ্ব্যর্থহীন ভাষায় অবিলম্বে সকল রাজবন্দীর মুক্তি এবং সকল গ্রেফতারী পরোয়ানা প্রত্যাহার দাবী জানাইয়াছেন। পরিষদে গৃহীত এই দাবীর প্রতি সমগ্র জাতি সার্বিক সমর্থন প্রদান করিলেও কেন্দ্রীয় ও প্রাদেশিক সরকার এই

(শেষ পৃঃ ৮ম কঃ দ্রঃ)

*20 June 1962, The Daily Ittefaq: Leaving our leaders in jail, I am not at ease even after my release from prison.*

*— Sheikh Mujibur Rahman's press statement.*

THE PAKISTAN OBSERVER

Firing : Tear Gas And Lathi-Charge

One Dies : Over Hundred Injured

OMPLETE HARTAL : ARMY CALLED IN : SEC. 144

IN DACCA YESTERDAY

Govt Press Note Says

EPR Fired In Self-Defence

Three Days' Mourning

GENERAL STRIKE TODAY

ders Want

cial Inquiry

DACCA WEATHER

Lahore Students' Protest Today

১৯ সেপ্টেম্বর ১৯৬২, পাকিস্তান অবজারভার: পুলিশের গুলি, কাঁদুনে গ্যাস ও লাঠিচার্জে একজন নিহত, একশ'র উপর আহত। পূর্ণ হরতাল, সেনাবাহিনী তলব, ১৪৪ ধারা জারি।

*19 September 1962: The Pakistan Observer.*

Regd. No. DA 250

দৈনিক ইত্তেফাক

THE DAILY ITTEFAQ

Phones : Editor : 5702. Residence : 5104. Advt. : 5702. News : 5703. Account : 5171

Tuesday, October 2, 1962

# গুজরানওয়ালায় কি ঘটিয়াছিল—

## ঢাকার সাংবাদিক সম্মেলনে শেখ মুজিবর কর্তৃক পূর্বাপর ঘটনা পর্যালোচনা

( ষ্টাফ রিপোর্টার )

করাচী হইতে সদ্য প্রত্যাগত সাবেক আওয়ামী লীগ সম্পাদক শেখ মুজিবর রহমান গতকল্য (সোমবার) ঢাকায় এক সাংবাদিক সম্মেলনে বক্তৃতা প্রসঙ্গে গুজরানওয়ালার সাম্প্রতিক ঘটনা সম্পর্কে সরকার যে প্রেসনোট প্রকাশ করিয়াছেন, উহাকে প্রকৃত ঘটনা ধামাচাপা দেওয়ার জন্য উদ্দেশ্যমূলকভাবে প্রণীত বলিয়া অভিমত প্রকাশ করেন। [illegible]

(শেষ পৃঃ ৪র্থ কঃ দ্রঃ)

### ৬ই অক্টোবর জনাব সোহরাওয়ার্দীর ঢাকা আগমন

(ষ্টাফ রিপোর্টার)

জাতীয় নেতা জনাব হোসেন শহীদ সোহরাওয়ার্দী আগামী ৬ই অক্টোবর (শনিবার) সকালে করাচী হইতে ঢাকা আসিয়া পৌঁছিবেন। জনাব সোহরাওয়ার্দী ৭ই অক্টোবর (রবিবার) বিকালে পল্টন ময়দানে এক জনসভায় বক্তৃতা দান করিবেন। তিনি চট্টগ্রামও সফর করিবেন বলিয়া আশা করা যাইতেছে। জনাব সোহরাওয়ার্দীর পূর্ব পাকিস্তান সফর ৩০ দিন স্থায়ী হইবে বলিয়া জানা গিয়াছে।

### গুজরানওয়ালায় কি ঘটিয়াছিল—

(১ম পৃঃ পর)

[illegible]

*2 October 1962, The Daily Ittefaq: What happened in Gujranwala?*
*— Sheikh Mujibur Rahman analyses the entire situation at a press conference in Dacca.*

Regd. No. DA 250.

REFERENCE ON
Not to be removed from
L. L. R., D. U., Dacca

দৈনিক
# ইত্তেফাক
THE DAILY ITTEFAQ

১০ম বর্ষ : ২৬৬তম সংখ্যা

প্রতি সংখ্যা ১৬ পয়সা

Phones : Editor : 5702. Residence : 5104. Advt. Circulation, Accounts : 5171 News : 5703. News Editor & Chief Reporter Res. : 81043.

Tuesday, September 24, 1963

## নির্বাচনে সরকারী কর্মচারীদের ব্যবহার না করার আহ্বান

### দিকনগরের বিরাট জনসভায় শেখ মুজিবের বক্তৃতা

গোপালগঞ্জ উপ-নির্বাচনী এলাকা সফরকালে সাবেক আওয়ামী লীগ নেতা শেখ মুজিবর রহমান গত (রবিবার) দিকনগরের এক বিরাট জনসভায় বর্তমান সরকারের প্রতি নির্বাচনে সরকারী কর্মচারীদের 'ব্যবহার' না করার আহ্বান জানান।

শেখ মুজিবর রহমান বলেন যে প্রায় সকল উপ-নির্বাচনী এলাকায় কিছু সংখ্যক উচ্চপদস্থ সরকারী কর্মচারী মৌলিক গণতন্ত্রীদের উপর প্রভাব বিস্তার কিংবা ভীতি প্রদর্শন করিয়া সরকার সমর্থক প্রার্থীদের সহায়তা করিতেছেন। শেখ মুজিবর রহমান গোপালগঞ্জ মহকুমা [illegible] বিরুদ্ধে অনুরূপ অভিযোগ আনয়ন করিয়া বলেন যে, অত্র এলাকার এস. ডি. ও উপ-নির্বাচনে প্রত্যক্ষভাবে সরকার সমর্থক প্রার্থীকে সাহায্য করিতেছেন।

সাবেক আওয়ামী লীগ নেতা

(শেষ পৃঃ ৩য় কঃ দ্রঃ)

## মোহাজের সমস্যা বিবেচনা

### কেন্দ্রীয় আইন মন্ত্রীর সভাপতিত্বে বৈঠক অনুষ্ঠান

এ. পি. পি. পরিবেশিত সংবাদে বলা হয়, কেন্দ্রীয় আইন সচিব জনাব খুরশিদ আহমদ গতকল্য (সোমবার) করাচী হইতে ঢাকা পৌঁছিয়াছেন। পূর্ব পাকিস্তান সেক্রেটারিয়েটে [illegible] মোহাজের সমস্যা বিবেচনার্থে গঠিত একটি উচ্চ ক্ষমতাসম্পন্ন কমিটির বৈঠকে সভাপতিত্ব-

(শেষ পৃঃ ১ম কঃ দ্রঃ)

## শেখ মুজিবের বক্তৃতা

(১ম পৃঃ পর)

সতর্কবাণী উচ্চারণ করিয়া বলেন, উপ-নির্বাচনে সরকারী শাসনযন্ত্র, সরকারী সম্পদ ও শক্তি নিয়োগ অব্যাহত থাকিলে দেশে শান্তি ও শৃংখলা ব্যাহত হইতে পারে। তিনি বলেন যে, এইরূপ অবস্থার পরিপ্রেক্ষিতে দেশে শান্তি শৃংখলা ব্যাহত হইলে সমস্ত দায়িত্ব সরকারকেই বহন করিতে হইবে।

সরকারী কর্মচারীরা যাহাতে নির্বাচনে অতি উৎসাহীর ভূমিকা গ্রহণ করিতে না পারেন, তৎপ্রতি দৃষ্টি রাখার জন্য তিনি প্রেসিডেন্ট ও প্রাদেশিক গভর্নরকে আহ্বান জানান।

বিপুল করতালি ও হর্ষধ্বনির মধ্যে শেখ মুজিবর রহমান ঘোষণা করেন যে, যতদিন পর্যন্ত দেশের জনসাধারণ [illegible] অত্যাচার হইতে অব্যাহতি না পাইবে, গরীব জনসাধারণ অভাব হইতে মুক্তি না পাইবে এবং দেশে পূর্ণ গণতন্ত্র প্রতিষ্ঠিত না হইবে, ততদিন পর্যন্ত আমাদের সংগ্রাম চলিতেই থাকিবে। সভায় উক্ত উপ-নির্বাচনী এলাকায় বিরোধী দলের প্রার্থী মোল্লা জালালউদ্দীনও বক্তৃতা করেন। গত শনিবার রাম-দিয়াতেও এক বিরাট জনসভা অনুষ্ঠিত হয়। উক্ত সভায় শেখ মুজিবর রহমান ছাড়াও মেসার্স মোল্লা জলিল উদ্দীন, গৌরচন্দ্র বালা, [illegible] উকিল, সত্যেন্দ্র নাথ [illegible] ও নিতাইগোপাল মজুমদার বক্তৃতা করেন।

*24 September 1963, The Daily Ittefaq: Do not use government employees in favour of your party candidates.*

*— Sheikh Mujibur Rahman's call to government at Diknagar Public Meeting*

Regd. No. DA 250.

দৈনিক ইত্তেফাক

REFERENCE ONLY
Not to be removed from Library
I. E. R., D. U., Dacca.

THE DAILY ITTEFAQ

Phones : Editor : 5702. Residence : 5104. Advt Circulation, Accounts 5171 News: 5703 News Editor & Chief Reporter Res. : 81943

Saturday, September 28 963

উপনির্বাচনী এলাকার অবস্থা

# নির্বাচনের পূর্বেই হাইকোর্ট বিচারপতির নেতৃত্বে তদন্ত অনুষ্ঠানের আহ্বান

## শেখ মুজিব কর্তৃক মৌলিক গণতন্ত্রীদের প্রলুব্ধ করার জন্য সরকারী অর্থব্যয় ও কর্মচারীদের প্রভাব খাটাইবার কাহিনী বর্ণনা

## 'বর্তমান নির্বাচন পদ্ধতির বিরুদ্ধে জনমত গড়িয়া তোলার জন্যই বিরোধীদল উপনির্বাচনে অংশ গ্রহণ করিবে'

(ষ্টাফ রিপোর্টার)

শেখ মুজিবর রহমান বলেন উপনির্বাচনী এলাকার অবস্থা

*28 September 1963, The Daily Ittefaq: We will participate in the by-election only to create public opinion against present election system under basic democracy.*

*— Sheikh Mujibur Rahman at a press conference.*

*21 October 1963, The Daily Ittefaq: Sheikh Mujibur Rahman at a crowded press conference in Dacca cautions government against continuous negligence to people's demands.*

Regd. No. DA 250.

দৈনিক ইত্তেফাক

THE DAILY ITTEFAQ

Phones : Editor : 5702. Residence : 8104. Advt., Circulation, Accounts : 5171. News : 5703. News Editor & Chief Reporter Res. 81943.

Saturday, November 9, 1963

Not to be removed from Library I. E. R., D. U., Dacca.

# জাতীয় সম্পদের সিংহভাগ এক অঞ্চলে ব্যয় জাতীয় সংহতির পরিপন্থী

## যশোর জেলা আওয়ামী লীগ কর্মীদের উদ্যোগে জনসভায় শেখ মুজিবের বক্তৃতা

(নিজস্ব সংবাদদাতা)

যশোর, ৮ই নবেম্বর।—গতকল্য যশোর জেলা সাবেক আওয়ামী লীগের উদ্যোগে যশোর টাউন হল ময়দানে আয়োজিত জনসভায় বক্তৃতা প্রসঙ্গে শেখ মুজিবর রহমান প্রেসিডেন্টকে এই মর্মে চ্যালেঞ্জ দান করেন যে, তিনি (প্রেসিডেন্ট) পূর্ব পাকিস্তানের যে কোন কেন্দ্রে গণভোটে প্রতিদ্বন্দ্বিতা করিলে যে কোন সাধারণ কর্মীর নিকট পরাজয় বরণ করিবেন। শেখ মুজিবর রহমান বলেন যে, প্রেসিডেন্ট যেভাবে গত ৬ বৎসর যাবৎ ক্ষমতায় অধিষ্ঠিত আছেন, ঠিক সেইভাবেই যদি অনির্দিষ্ট-কাল ক্ষমতায় অধিষ্ঠিত থাকিবেন বলিয়া ভাবিয়া থাকেন তাহা হইলে তিনি ভুল করিতেছেন। কারণ তাহা হইলে ইতিহাস মিথ্যা হইবে বলিয়া তিনি উল্লেখ করেন। শেখ মুজিব বলেন যে, পূর্ব পাকিস্তানের জনগণ উভয় অংশের অখণ্ডতায় বিশ্বাসী; কিন্তু এই অখণ্ডতার অর্থ ইহা নয় যে, মোট ব্যয়বরাদ্দের সিংহভাগ পশ্চিম পাকিস্তানে ব্যয়িত হইবে।

যশোর জেলা সাবেক আওয়ামী লীগের সহ-সভাপতি জনাব আফসার উদ্দিনের সভাপতিত্বে

(শেষ পৃঃ ২য় কঃ দ্রঃ)

## শেখ মুজিবের বক্তৃতা

(১ম পৃঃ পর)

অনুষ্ঠিত এই জনসভায় শেখ মুজিবর রহমান ছাড়াও খুলনার সাবেক আওয়ামী লীগ নেতা জনাব মোমিন উদ্দিন, জনাব আবদুল জলিল; মাগুরার জনাব আতর আলী; জাতীয় পরিষদ সদস্য জনাব সোহরাব হোসেন ও জনাব আবদুর রশিদ; জনাব মসিহুর রহমান; জনাব রওশন আলী; মিঃ সুবোধ মিত্র ও মওলানা আবদুর রাজ্জাক চিশতী বক্তৃতা দান করেন। সমাগত বিপুল জনতা বিকাল ৪টা হইতে রাত্রি ৯টা পর্যন্ত নেতৃবৃন্দের বক্তৃতা ধৈর্যসহকারে শ্রবণ করেন।

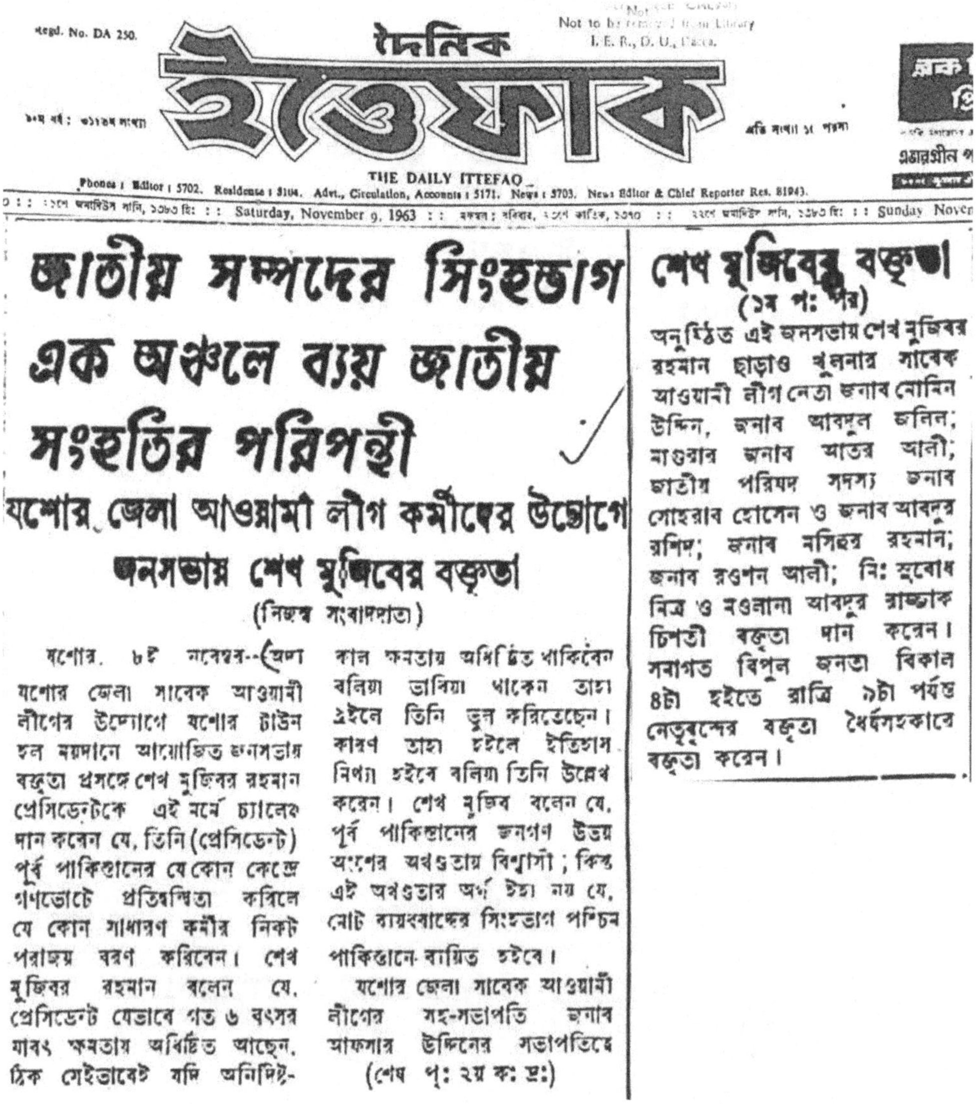

9 November 1963, The Daily Ittefaq: Spending the lion's share of national wealth in one region is contradictory to national solidarity.

— Sheik Mujibur Rahman in his speech at Jessore Public Meeting.

Regd. No. DA 250.

দৈনিক ইত্তেফাক

১০ম বর্ষ : ৩৫৪তম সংখ্যা

প্রতি সংখ্যা ১৬ পয়সা

THE DAILY ITTEFAQ

Phones : Editor : 5702. Residence : 5104. Secretary Res. : 82173. Advt., Circulation, Accounts : 5171. News : 5703. News Editor & Chief Reporter Res. : 81943.

৪ঠা শাবান, ১৩৮৩ হিঃ :: Saturday, December 21, 1963 :: মফস্বল : রবিবার, ৬ই পৌষ, ১৩৭০ :: ৫ই শাবান, ১৩৮৩ হিঃ

# পূর্ণ গণতন্ত্র প্রতিষ্ঠা করিয়া শহীদের স্মৃতি চিরসমুজ্জ্বল রাখার বলিষ্ঠ শপথ

## নারায়ণগঞ্জের বিরাট শোক সভায় মরহুমের প্রতি নেতৃবৃন্দের শ্রদ্ধাঞ্জলি

(ষ্টাফ রিপোর্টার)

টাউন হল ময়দানে অনুষ্ঠিত বিরাট জনসভায় নারায়ণগঞ্জ গতকল্য (শুক্রবার) পাকিস্তানের অন্যতম স্রষ্টা, গণতান্ত্রিক সংগ্রামের পুরোধা এবং দেশবাসীর প্রিয়তম নেতা হোসেন শহীদ সোহরাওয়ার্দীর আকস্মিক ও মর্মান্তিক ইন্তেকালে গভীর শোক প্রকাশ এবং দেশে গণতন্ত্র প্রতিষ্ঠায় মরহুম নেতার অসমাপ্ত সংগ্রাম গণঐক্যভিত্তিক আন্দোলন মারফত অব্যাহত রাখার ও সাফল্যমণ্ডিত করার বজ্রকঠোর শপথ গ্রহণ করে।

শোক-চিহ্নসূচক কালো কাপড়ে ঘেরা মঞ্চের উপর মরহুম নেতার মাল্যভূষিত আলোকচিত্রের পাশে দাঁড়াইয়া একে একে ১৫ জন নেতা জাতির এই সঙ্কটময় মুহূর্তে গণতন্ত্র ও মানবাধিকার পুনরুদ্ধার সংগ্রামের সিপাহসালার হোসেন শহীদ সোহরাওয়ার্দীর ইন্তেকালে গভীর শোক ও তাঁহার আরব্ধ কার্য সম্পাদনের দৃঢ় সংকল্প প্রকাশ করিয়া বক্তৃতা করেন।

গতকল্যকার সভার বৈশিষ্ট্য ছিল শোক অপেক্ষা সংকল্পের প্রতি অধিক গুরুত্ব দান। সভার বক্তাদের কণ্ঠে দেশে গণতন্ত্র প্রতিষ্ঠার সংগ্রাম সার্থকতা মণ্ডিত করার মাধ্যমে প্রিয় নেতার প্রতি শ্রদ্ধা এবং তাঁহার ইন্তেকালে শোক প্রকাশের দৃপ্ত সংকল্প ধ্বনিত-প্রতিধ্বনিত হইয়া উঠে।

সভায় বক্তৃতা প্রসঙ্গে পশ্চিম পাকিস্তানী নেতৃবৃন্দ গণতান্ত্রিক সংগ্রাম অব্যাহত রাখার এবং উহাকে সাফল্য মণ্ডিত করার জন্য প্রয়োজন হইলে জান কোরবানের শপথ ঘোষণা করেন।

সভার শেষভাগে পল্টন ময়দানে প্রদত্ত মরহুম নেতার সর্বশেষ বক্তৃতার টেপরেকর্ড বাজাইয়া শোনানো হয়। এই সময় সমগ্র জনতা নিঃশ্বাস রুদ্ধ করিয়া তাঁহাদের প্রিয়তম নেতার প্রত্যেকটি কথা শুনিবার চেষ্টা করে।

**শেখ মুজিবর রহমান**

জনাব এ, কে, এম, শামসুজ্জোহার সভাপতিত্বে অনুষ্ঠিত এই বিরাট জনসভার বক্তৃতা প্রসঙ্গে মরহুম নেতার একান্ত প্রিয় সহচর সাবেক

(শেষ পৃঃ ৪র্থ কঃ দ্রঃ)

## নারায়ণগঞ্জের শোকসভায় নেতৃবৃন্দের শ্রদ্ধাঞ্জলি

(১ম পৃঃ পর)

প্রাদেশিক আওয়ামী লীগের জেনারেল সেক্রেটারী শেখ মুজিবুর রহমান বলেন:

নেতার মৃত্যুর সংবাদে কিছুদিন শুধু কাঁদিয়াছি। কিন্তু আমার এই দৃঢ় বিশ্বাস জন্মিয়াছে যে, কাঁদিলেই নেতার ইন্তেকালে সত্যকার শোক প্রকাশ করা হইবে না, কাঁদিলেই তাঁহার প্রতি যথোচিত শ্রদ্ধা প্রকাশ করা হইবে না। যাঁহারা আমাদের প্রিয় নেতাকে, পাকিস্তানের অন্যতম স্রষ্টাকে, গণতন্ত্র প্রতিষ্ঠার পুরোধাকে, মানবাধিকার আদায়ের সংগ্রামের নির্ভীক সেনানীকে বিদেশে হোটেলের নিভৃত কক্ষে আত্মীয়-স্বজনহীন পরিবেশে মৃত্যুকালে এক ফোঁটা পানি হইতে বঞ্চিত অবস্থায় মৃত্যু বরণ করিতে বাধ্য করিয়াছে, যাহারা মানুষের মানুষ হিসাবে বাঁচার অধিকার পর্যন্ত হরণ করিয়াছে, তাহাদের বিরুদ্ধে ঐক্যবদ্ধ সংগ্রামের শপথ গ্রহণ করিতে হইবে। সেই সংগ্রামে জয়যুক্ত হইয়া মরহুম নেতার আরব্ধ অসমাপ্ত কার্যকে সম্পূর্ণ ও সার্থক করিতে হইবে। এবং এই সার্থকতাই হইবে মরহুমের প্রতি সত্যকার শ্রদ্ধা প্রদর্শন, মরহুমের জন্য সত্যকার শোক প্রকাশ। সুতরাং, আজ আমাদের কান্নার দিন নয়, প্রতিজ্ঞার দিন, সংগ্রামের সংকল্প ঘোষণার দিন। উড়িয়া আসিয়া আজ যাহারা জুড়িয়া বসিয়াছে, আমাদের সব অধিকার যাহারা কাড়িয়া লইয়াছে তাহাদের নিকট হইতে সেই হৃত অধিকার ছিনাইয়া আনার সংকল্প ঘোষণার দিন।

তাই আপনাদের কাছে, পূর্ব পাকিস্তানীদের কাছে, পাকিস্তানবাসীদের কাছে আমার আবেদন, যাহারা আমাদের স্বাধীনতা হরণ করিয়াছে, যাহারা আমাদের গোলামে পরিণত করিয়াছে, যাহারা আমাদের নেতাকে দুঃখ দিয়াছে, তাহাদের বিরুদ্ধে সংঘবদ্ধ হউন, ঐক্যবদ্ধ হউন। সংঘবদ্ধ আন্দোলনের মাধ্যমে আমাদের অধিকার হরণকারীদের পরাজিত করিয়া মরহুম সোহরাওয়ার্দীর আরব্ধ কার্য সম্পাদন করুন।

*21 December 1963, The Daily Ittefaq: We will have to take oath to make Suhrawardy's memory ever bright by establishing full democracy.*

*— Sheikh Mujibur Rahman in his speech at mammoth condolence meeting in Narayanganj.*

দৈনিক ইত্তেফাক

REFERENCE
Not to be remove
I.E.R., D.U

THE DAILY ITTEFAQ

Phones : Editor : 5702. Residence : 5104. Secretary Res. : 82173. Advt., Circulation, Accounts : 5171. News : 5703. News Editor & Chief Reporter Res. : 81943.

Sunday, December 29, 1963

# সোহরাওয়ার্দীর চেহলাম

## যথাযোগ্যভাবে পালনের জন্য দেশবাসীর প্রতি আহ্বান

গণতন্ত্রের অগ্নিসাধক মরহুম [সোহ]রাওয়ার্দীর চেহলাম যথাযোগ্য [ভা]বে পালনের জন্য মরহুমের অন্যতম [ঘ]নিষ্ঠ অনুগামী শেখ মুজিবুর রহমান [দে]শবাসীর প্রতি আবেদন জানাই[য়াছে]ন। ঐদিন নুরুলহকে পান- [illegible] ও কাঙ্গাল বিদায় এবং বিদেহী আত্মার মাগফেরাত কামনা করিয়া বিশেষ নামাজ আদায়ের জন্যও তিনি আবেদন জানাইয়াছেন। প্রসঙ্গতঃ উল্লেখযোগ্য যে, আগামী ১০ই জানুয়ারী পশ্চিম পাকিস্তানে এবং ১৩ই জানুয়ারী পূর্ব পাকিস্তানে মরহুম সোহরাওয়ার্দীর চেহলাম পালিত হইবে। —পি,পি,এ

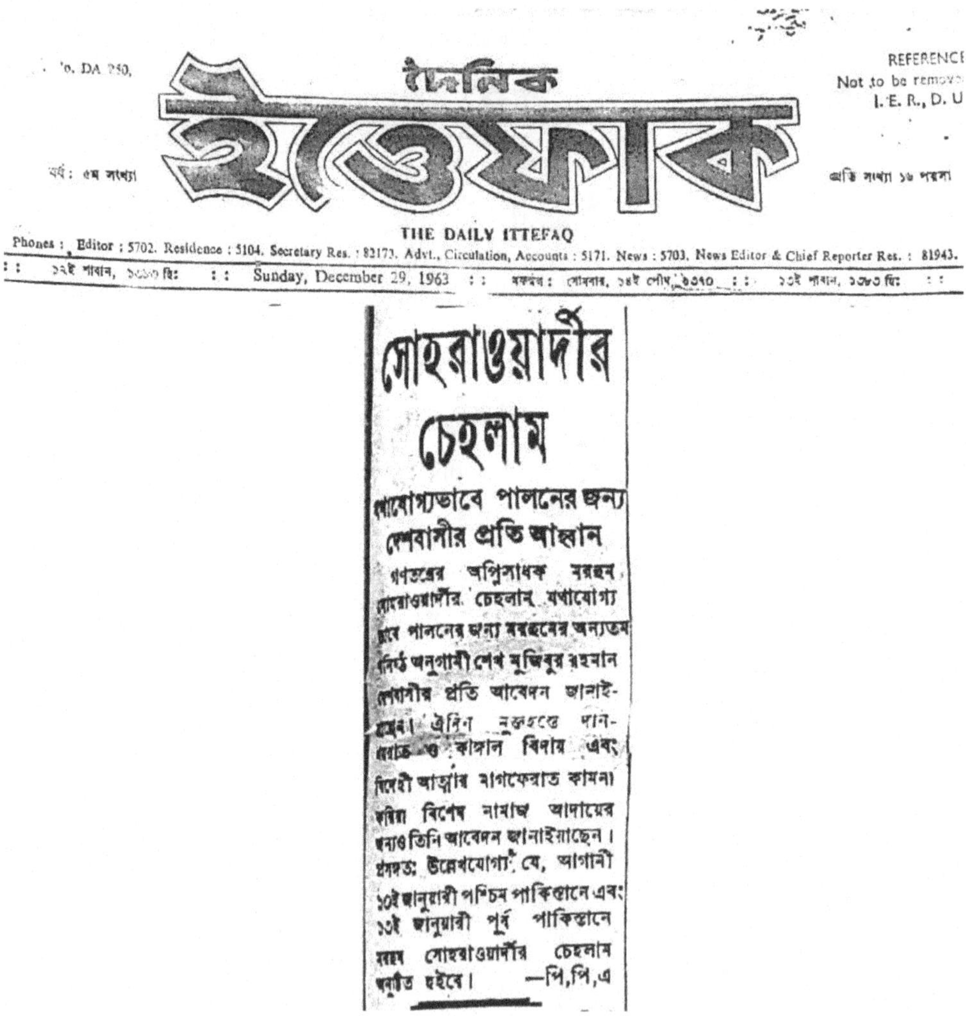

*29 December 1963, The Daily Ittefaq: Sheikh Mujibur Rahman calls for observing Suhrawardy's Chehlam in befitting manners.*

# IMAGE LIST
## *Chapter- I, 1962*

| Sl. No. | Subject | Date | Page |
|---|---|---|---|
| 1. | Paper clipping, Sangbad. | 25.1.1962 | 8 |
| 2. | Paper clipping, Morning News. | 25.1.1962 | 9 |
| 3. | Memo of DIG, CID, West Pakistan to DIG, IB, East Pakistan. | 31.1.1962 | 12 |
| 4. | Application of Sheikh Mujibur Rahman to DIG, IB, Dacca. | 8.2.1962 | 24 |
| 5. | Application of Sheikh Lutfor Rahman to DIG, IB, Dacca. | 8.2.1962 | 26 |
| 6. | Application of Sheikh Mujibur Rahman to DIG, IB, Dacca. | 9.2.1962 | 28 |
| 7. | Application of Sheikh Mujibur Rahman to DIG, IB, Dacca. | 15.2.1962 | 31 |
| 8. | Application of Sheikh Mujibur Rahman to DIG, IB, Dacca. | 17.2.1962 | 38 |
| 9. | Letter of Sheikh Mujibur Rahman to H S Suhrawardy. | 11.2.1962 | 43 |
| 10. | Application of Fazilatunnessa to DIG, IB, Dacca. | 24.2.1962 | 46 |
| 11. | Application of Fazilatunnessa to DIG, IB, Dacca. | 27.2.1962 | 50 |
| 12. | Application of Fazilatunnessa to DIG, IB, Dacca. | 5.3.1962 | 58 |
| 13. | Application of Sheikh Mujibur Rahman to DIG, IB, Dacca. | 9.3.1962 | 60 |
| 14. | Application of Fazilatunnessa to DIG, IB, Dacca. | 10.3.1962 | 63,64 |
| 15. | Application of Sheikh Mujibur Rahman to DIG, IB, Dacca. | 15.3.1962 | 68 |
| 16. | Application of Fazilatunnessa to DIG, IB, Dacca. | 17.3.1962 | 70 |

| | | | |
|---|---|---|---|
| 17. | Application of Sheikh Mujibur Rahman to DIG, IB, Dacca. | 18.3.1962 | 72 |
| 18. | Application of Fazilatunnessa to DIG, IB, Dacca. | 24.3.1962 | 84 |
| 19. | Application of Fazilatunnessa to DIG, IB, Dacca. | 29.3.1962 | 87 |
| 20. | Application of Sheikh Abu Naser to DIG, IB, Dacca. | 11.4.1962 | 105 |
| 21. | Application of Sheikh Mujibur Rahman to DIG, IB, Dacca. | 19.4.1962 | 108 |
| 22. | Application of Fazilatunnessa to DIG, IB, Dacca. | 20.4.1962 | 109,110 |
| 23. | Application of Sheikh Mujibur Rahman to DIG, IB, Dacca. | 27.4.1962 | 114 |
| 24. | Application of Fazilatunnessa to DIG, IB, Dacca. | 30.4.1962 | 116 |
| 25. | Application of Fazilatunnessa to DIG, IB, Dacca. | 12.5.1962 | 129 |
| 26. | Application of Fazilatunnessa to DIG, IB, Dacca. | 28.5.1962 | 133 |
| 27. | Application of Sheikh Mujibur Rahman to DIG, SB, Dacca. | 28.5.1962 | 136 |
| 28. | Application of Fazilatunnessa to DIG, IB, Dacca. | 4.6.1962 | 138,139 |
| 29. | Application of Fazilatunnessa to DIG, IB, Dacca. | 11.6.1962 | 142,143 |
| 30. | Paper clipping, Sangbad. | 20.6.1962 | 156 |
| 31. | Paper clipping, Eastern Examiner. | 20.6.1962 | 158,159 |
| 32. | Paper clipping, Pakistan Observer. | 20.6.1962 | 160 |
| 33. | Paper clipping, Sangbad. | 2.10.1962 | 205 |
| 34. | Paper clipping, Ittefaq. | 14.12.1962 | 249 |
| 35. | Paper clipping, Sangbad. | 14.12.1962 | 252 |
| 36. | Paper clipping, Ittefaq. | 22.12.1962 | 256 |
| 37. | Paper clipping, Sangbad. | 22.12.1962 | 258 |

*Chapter- II, 1963*

| Sl. No. | Subject | Date | Page |
|---|---|---|---|
| 38. | *Paper clipping, Morning News.* | *9.1.1963* | *267* |
| 39. | *Paper clipping, Pakistan Observer.* | *9.1.1963* | *268* |
| 40. | *Paper clipping, Pakistan Observer.* | *18.1.1963* | *271* |
| 41. | *Paper clipping, Morning News.* | *18.1.1963* | *273* |
| 42. | *Paper clipping, Morning News.* | *14.2.1963* | *281* |
| 43. | *Paper clipping, Pakistan Observer.* | *14.2.1963* | *283* |
| 44. | *Paper clipping, Pakistan Observer.* | *25.2.1963* | *285* |
| 45. | *Paper clipping, Morning News.* | *12.3.1963* | *291* |
| 46. | *Paper clipping, Sangbad.* | *11.4.1963* | *311* |
| 47. | *Paper clipping, Morning News.* | *24.4.1963* | *320* |
| 48. | *Paper clipping, Pakistan Observer.* | *24.4.1963* | *321* |
| 49. | *Paper clipping, Sangbad.* | *24.4.1963* | *323* |
| 50. | *Paper clipping, Jehad.* | *12.5.1963* | *325* |
| 51. | *Paper clipping, Pakistan Observer.* | *13.5.1963* | *326* |
| 52. | *Paper clipping, Ittefaq.* | *15.5.1963* | *328* |
| 53. | *Paper clipping, Ittefaq.* | *4.6.1963* | *342* |
| 54. | *Paper clipping, Ittefaq.* | *14.6.1963* | *367* |
| 55. | *Paper clipping, Ittefaq.* | *18.6.1963* | *370* |
| 56. | *Paper clipping, Ittefaq.* | *21.6.1963* | *373* |
| 57. | *Paper clipping, Jehad.* | *21.6.1963* | *375* |
| 58. | *Paper clipping, Morning News.* | *23.7.1963* | *381* |
| 59. | *Paper clipping, Ittefaq.* | *23.7.1963* | *383* |
| 60. | *Paper clipping, Morning News.* | *10.8.1963* | *392* |
| 61. | *Paper clipping, Ittefaq.* | *11.8.1963* | *393* |
| 62. | *Paper clipping, Ittefaq.* | *29.8.1963* | *394* |
| 63. | *Paper clipping, Jehad.* | *29.8.1963* | *395* |
| 64. | *Paper clipping, Ittefaq.* | *30.8.1963* | *397* |
| 65. | *Paper clipping, Sangbad.* | *5.9.1963* | *402* |
| 66. | *Paper clipping, Morning News.* | *8.9.1963* | *412* |

| | | | |
|---|---|---|---|
| 67. | *Paper clipping, Ittefaq.* | *23.9.1963* | *417* |
| 68. | *Paper clipping, Pakistan Observer.* | *30.9.1963* | *423* |
| 69. | *Paper clipping, Ittefaq.* | *3.10.1963* | *436* |
| 70. | *Paper clipping, Azad.* | *21.10.1963* | *447* |
| 71. | *Paper clipping, Sangbad.* | *21.10.1963* | *450* |
| 72. | *Paper clipping, Pakistan Observer.* | *21.10.1963* | *455* |
| 73. | *Paper clipping, Jehad.* | *21.10.1963* | *457* |
| 74. | *Paper clipping, Ittefaq.* | *11.11.1963* | *468* |
| 75. | *Paper clipping, Ittefaq.* | *12.11.1963* | *471* |
| 76. | *Paper clipping, Pakistan Observer.* | *12.11.1963* | *473* |

## *Correction*

### সংশোধনী

গ্রন্থের মূল ডকুমেন্টে টেক্সটগুলো যেভাবে আছে সেভাবেই রাখা হয়েছে। বইয়ের বিভিন্ন পৃষ্ঠায় জাতির জনক বঙ্গবন্ধু শেখ মুজিবুর রহমানের নাম, স্থানের নাম ইত্যাদি ভিন্ন বানানে আছে। এছাড়াও কিছু কিছু বানানে ভুল পরিলক্ষিত হয়। পাঠকগণের সুবিধার্থে বানানের শুদ্ধরূপ, কনটেক্সট অনুযায়ী সঠিক তারিখ, শব্দের ইংরেজী অনুবাদ ইত্যাদি নিম্নে উল্লেখ করা হলো ঃ

1. Tangipara/Tongipara (*বইয়ের বিভিন্ন পৃষ্ঠায় এরূপ বানান রয়েছে*) এর পরিবর্তে Tungipara হবে।
2. themir এর পরিবর্তে their হবে। (*Heading No -1, Page No-4)*
3. D.O.B., এর পরিবর্তে D.I.B., হতে পারে। (*Heading No-38, Page No-100)*
4. Begum Rezia Khatoon এর পরিবর্তে Begum Razia Khatoon হবে। (*Heading No -39,45 Page No-104,106,107,128,130)*
5. supreession এর পরিবর্তে suppression হবে। (*Heading No -43, Page No-123)*
6. Yussuff Ali Chaudhury এর পরিবর্তে Yousuff Ali Chaudhury হবে। (*Heading No -67, Page No-173)*
7. Convance/Convince এর পরিবর্তে Conveyance হবে। (*Heading No-82, Page No-194)*
8. অধিকারাবলেই এর পরিবর্তে অধিকারবলেই হবে। (*Heading No -90, Page No-204)*
9. Cheragdil এর পরিবর্তে Cherag Ali হবে। (*Heading No -90, Page No-206)*
10. shorn of democratic form এর পরিবর্তে short of democratic form হবে। (*Heading No -96, Page No-217)*
11. inavically এর পরিবর্তে unequivocally হবে। (*Heading No -97, Page No-219)*
12. every this এর পরিবর্তে everything হবে। (*Heading No -102, Page No-228)*
13. yeo einhd og এর পরিবর্তে two wings of হতে পারে। (*Heading No -111, Page No-238)*
14. 03.30 hrs. to 01.30 hrs. এর পরিবর্তে 01.30 hrs. to 03.30 hrs. হতে পারে। (*Heading No -112, Page No-238)*
15. সার্তকারদের এর পরিবর্তে সরকার হবে। (*Heading No -117, Page No-243)*
16. বায়পরনায় এর পরিবর্তে যারপরনাই হবে। (*Heading No -121, Page No-251)*
17. Salaiman এর পরিবর্তে Solaiman হবে। (*Heading No -130, Page No-265)*

18. avation এর পরিবর্তে ovation হবে। (*Heading No -145, Page No-294)*
19. Moiscal এর পরিবর্তে Moheskhali হবে। (*Heading No -148, Page No-301)*
20. Ex-chief Minister এর পরিবর্তে Ex-Minister হবে। (*Heading No-149, Page No-308)*
21. বিধিদণ্ড এর পরিবর্তে বিধিগত হবে। (*Heading No -152, Page No-310)*
22. সত্বেও মন্ত্রিত্ব এর পরিবর্তে সত্ত্বেও মন্ত্রীত্ব হবে। (*Heading No -157, Page No-322)*
23. সোহরোয়ার্দ্দী এর পরিবর্তে সোহরাওয়ার্দী হবে। (*Heading No -166, Page No-349)*
24. এর হচ্ছে এর পরিবর্তে এর অর্থ হচ্ছে হতে পারে। (*Heading No -166, Page No-351)*
25. passed এর পরিবর্তে past হবে। (*Heading No -191, Page No-408)*
26. wheat এর পরিবর্তে white হবে। (*Heading No -204, Page No-433)*
27. এস, ডি, এ'র এর পরিবর্তে এস, ডি, ও'র হবে। (*Heading No -212, Page No-446)*
28. সংখ্যাসংখ্যের এর পরিবর্তে সংখ্যাসাম্যের হবে। (*Heading No -213, Page No-449)*
29. Late Abdul Latif এর পরিবর্তে Sheikh Lutfor Rahman হবে। (*Heading No -219, Page No-461)*
30. cautions এর পরিবর্তে cautious হবে। (*Heading No -229, Page No-493)*

## NB:

1. The list of 59 persons arrested under section 41(1) of the EPPSO, 1958 since 7.2.1962 were not found in the original file (Heading No-23, Page No-57).

2. Brief History and addenda of security prisoners are not found in the original file (Heading No-36, Page No-91).

3. Long hand notes of the speeches of Sheikh Mujibur Rahman are not found in the original file(Heading No-114, Page No-240).

### *Glossary*

1. *Khana* : *Meal (Page-5,315)*

2. *I.Com.* : *Intermediate of Commerce. (Page-89)*

3. *Darwan* : *Gate keeper/Guard. (Page-244)*

4. *Elaka* : *Area (Page-339,420)*

5. *Shashantantra Prasange Jaruri note* : Urgent note on Constitution (Page-339)

6. *Crore* : *10 million (Page-377,413, 415,432,453,472)*

7. *Maund* : *Unit of weight, around 37 kg. (Page-413)*

8. *Lakh* : *100 thousand (Page-238,413)*

9. *Mukhtear* : *Assistant of a lawyer (Page-5,170,366,461,479,480,484-486,491)*

# INDEX

Index

*Index* 537

**আ**

আবু হোসেন সরকার- ১৫৫ ,৩৪৪ ,৩৪৯ ,৩৫১ ,
৩৫২

আমজাদ হোসেন- ২০২ ,২০৪

আলী আহমদ- ১৫৬

আছমত আলী খান- ১৫৬

আয়ুব খাঁ- ৩৫২-৩৫৪ ,৩৫৬ ,৩৫৭ ,৩৫৯ ,
৩৬০

আবিদ হোসেন- ২০৩ ,২০৪

আমিনুল ইসলাম- ১৫৬

আতাউর রহমান খান- ১৫৫

আতাউর রহমান- ৩৫১-৩৫৩ ,৩৬২ ,৩৬৩

**ই**

ইউসুফ আলী চৌধুরী- ১৫৫

ইষ্ট পাকিস্তান প্রেস- ২০৪

**এ**

এস , এ , রহমান- ৭

এডভোকেট শাহ আজিজুর রহমান- ৩৬৭

-

**ক**

কামরুজ্জামান- ২০২ ,২০৪

কায়ুম খান- ৩৬১

কাজী আবু নাসের- ৭

**জ**

জনাব জহিরুদ্দীন- ৩৬৭

জহুর হোসেন চৌধুরী- ২০৪

**ন**

নবাবজাদা নসরুল্লা খান- ২০২ ,২০৩

নাসির উদ্দিন আহমদ- ২০৪

নুরুল আমীন/নুরুল আমিন- ১৫৫ ,৩৪৬ ,৩৫৩ ,
৩৫৫ ,৩৫৯

নুরুল হক- ১৫৬

**প**

পীর মোহসেন উদ্দিন আহমদ- ১৫৫

**ফ**

ফজলে আকবর- ৭

**ম**

মোল্লা জালাল উদ্দিন- ৪১৬

ময়মনসিংহ সার্কিট হাউস ময়দান- ৩৫৮

মাহমুদ আলী/মাহমুদ আলী কাসুরী- ১৫৫ ,
২০৩ ,২০৪ ,২৫০

মাহমুদুল হক ওসমানী- ৩৮২

**র**

রোকাইয়া আনওয়ার- ২০৪

**স**

সৈয়দ আবদুস সুলতান- ২০৪

সৈয়দ আজিজুল হক- ১৫৫

**হ**

হাসান আহমদ- ৭

হোসান মনসুর - ২০২

হামিদুল হক চৌধুরী- ৮ ,১৫৫

-

A

A Saduzzaman- 212

A. Khaleq- 236,279,343,459,481

A. Rahim- 3,16,22,55,91,118,186,300

A. Wasiq- 294

A.B.M. Shamsuzzoha- 119

A.F.M. Abdul Jalil- 461,476,483

A.H. Nurannabi- 92

A.J.M. Takiullah- 20,21,92

A.K. School- 213

A.K. Shamsuzzoha/A.K.M. Shamsuzzoha- 21,76,77,119

A.K.M. Ghulam Mustafa- 95

A.N.M. Nurunnabi Chaudhuri- 91

Abdul Aleem- 280

Abdul Aziz/Abdul Aziz Talukdar- 3,4, 94,343,403

Abdul Hamid Choudhury- 176

Abdul Jabbar Kahaddar/Abdul Jabbar Khadar/Abdul Jabbar Khan-194,197, 198,207,229,292,401, 411

Abdul Karim- 90,93

Abdul Latif Biswas- 194,265

Abdul Malik- 298

Abdul Muntaqim Chaudhury- 287

Abdur Rab Sarnamat/ Abdur Rob Sarnamat/Abdur Rob Sarniabad/A. Rab Sarnibat-75,78,93,170,172

Abdur Rahim Azad- 208

Abdur Rashid/Abdur Rashid Tarkabagish- 164,174,197,245,246, 254,302,334,411,461-463,472

Abdur Rouf- 312,487,488

Abdus Salam- 170

Abdus Salam Khan- 227,319,401

Abdus Sattar- 90,95,195

Abu Azhar Abdul Hai- 175

Abu Hossain Sarkar- 157,174,176, 180,194, 207,227,231,243

Abul Bashar- 91

Abul Kalam Khan- 385,386

Abul Kalam/Abul Kalam Azad- 229, 230,385

Abul Mansur Ahmed/Abul Munsur Ahmed- 20,76-78,81,92,99

Abul Masud Choudhury- 95

Addur Rahman- 96

Aditya Satya Kiran- 96

Advocate Zahir Uddin/Zahiruddin- 163,292,294

Afsaruddin- 292,294,401,404,409, 412,461

Aftab Ahmad Khan- 298

Agha Shorish Kashmiri/Agha Sorish Kashmiri- 192,195

Ahamodul Kabir- 368

Ahsanul Haq- 264

Ahsanullah @ Balak Neta- 93

Akhtar Ali Khan- 298

Alamgir Kazi- 93

Alfa Insurance Co./Alpha Insurance/ Alpha Insurance Company- 4,5,10,27-34,45,49,65,71-74,77,81,82,89, 111, 113,119,126,127,288,479, 480,498

## B

B. Ahmed- 18,277

Bachu Mia @ Sirajuddin- 149

Badiul Alam- 301

Barisal Mail Steamer- 170,172,186, 265

Basu Monarama (Cp)- 94

Begum Bazar- 21

Begum Dolly- 145

Begum Rezia Khatun/Begum Rezia Khatoon/Mrs. Rezia Khatoon/Mrs. Rezia- 104,106,107,128,130

Begum Rokeya Anwar/Begum Ruqaiya Anwar- 214,216,218,265,292,294

Bhupati Ranjan Chaudhuri @ Manik/ Bhupati Bhusan Chaudhuri @ Manik/ Bhupati Bhusan Chaudhuri @ Manik Babu- 5,80,337-339

## C

Chakaria- 5,180,343

Chaudhuri Sudhirnath- 95

Chaumuhani College- 89

Choudhuri Fazal Elahi- 294

Curzon Hall- 200,281

## D

Dacca University/ Dhaka University-18, 77, 93, 94, 120, 121,164, 229, 230, 279- 282, 310,365,385,429,

Daily Azad- 404,474

Dampara- 6, 484

Das Gupta Ranesh- 92

Das Rash Behari- 94

De Jogesh Chendra (Dr.)- 95

De Manmatha Nath- 95

Deb Bani Medhab- 95

Deb Choudhury Surandra Lal- 95

Dhar Sukumar- 95

Dhar's Group- 122,123

Dilder Ahmed- 76,77

Dr. Ahad Ali Khan- 214

Dr. G.M.M.F. Bakth- 131

Dr. M. Ahmed- 132

Dr. M.A. Karim- 185

Dr. Mahmud Husain - 282

Dr. Serajuddin Ahmed- 5

Durbhiksha Protirodh Committee- 121

## E

Eklasul Kabir- 301

Enayatur Rahman- 208

Eskandar Mirza- 219,245

## F

F. H. Hall- 77,78

Farid Ahmed- 177,178,336,401

Farquzzaman- 438

Fazilatunnesa/Begum Fazilatun Nessa/ Fazilatunnessa/F.Nessa/Mrs.F.Nessa/ Fajilatun Nessa/Fazilatun Nesa/ Fazilatun Nessa- 23,37,39-41,44,45, 47, 49,51,57-59,61-63, 67,69,71,83, 85-88, 96-98,104,106,107,109-111, 113-115,117,118,128,130,132-137, 139,141-144, 145

Fazlul Huq/A. K. Fazlul Huq /Mir Fazlul Huq/ Sk. Fazlul Huq- 20,79,145,148, 324

## G

G.M.L. Madhumati- 453

Gandhra Industries- 371,376,414,430

Gazi Ghulam Mustafa- 334

Ghosh Abani Nath- 94

Ghulam Murshed- 76, 119

Ghulam Mustafa Gazi- 89

Ghulam Rafique- 78

Golam Mortoza- 425

Gour Ch. Bala/Gour Chandra Bala- 122, 415,475,490

Gulam Mohiuddin Chaudhuri- 301

## H

H. Kabir- 77

H. Yusuff- 465

Habib Hassan- 93

Habibullah/Habibullah Choudhuri- 213, 440,401

Haji Danesh- 299,385,401

Hakim Muhammad Yaqoob Ajmali/ Hakim Yakub-216, 218, 298

Hamidul Haque Choudhury- 157,292,

Hotel Coxy- 5

Hotel Shahabagh- 75, 386

Hotel Shahjahan- 337

Hussain Munsur Ahmad- 210

## I

Idgah Maidan- 216

Ikbal Ahmed- 194

Ikbal Ansari/Iqbal Ansari- 186,368, 378,400,418

Ikhlasuddin Ahmad- 95

Imamuddin Ahmed- 476

Iqbal Faruque- 97-99

Ittefaq/Ittefaqe- 20,82,148,185,249,255, 284,301,311,312,318-321,327,340, 366,369,371,376,381,384,386,393,396 ,408,416,427,434,441,467,470

Iwta Kaukhali- 453

## J

Jafar Baluch- 294

Jagannath College- 200,201

Jalal Ahmed- 5,438

Jane Alam- 3

Jasimuddin Ahmed- 89

Jatiya Ganatantrik Front- 220

Jehangir Road- 195

Jinnah Avenue- 28-30,32-34,72,73, 111,113,126,396

Jinnah Hall- 122

Juhur Husain Choudhury- 198

Justice Fazle Akbar- 9

## K

Eklasul Kabir - 301

Kafiladdin Chaudhuri/Kafiluddin Ahmad Chaudhuri- 21,22

Kaji Kafiluddin Ahmed- 475

Kalu Mia Choudhury- 198

Kamaluddin Ahmed- 3

Kamruzzaman- 294

Kanai Lal Mendra- 309

Karnafuli Paper Mills/Karnaphuli Paper Mills- 308,309,376

Khairat Hossain- 121,476

Khaja Kharauddin- 194

Khalil Tarmizi- 298

Khan A. Sabur- 451

Khan Abdul Gaffar Khan- 157,160, 228

Khan Bahadur Fazlur Rahman- 476, 490

Khulna Circuit House Maidan- 209

Korban Ali- 124

Kumudini Hospital- 10,11

**L**

Lakhim House- 195

Liyaqat Husain- 175,196,240,266

**M**

M. A. Hasan Building- 111,126

M. Barkat Ali & Co- 313

M. Shamsul Haq/M. Shamsul Huq- 21, 35,36,39,51,100-102,146

M.A. Aziz- 4,5,76,77,81,301,302,337, 338,340,343,476,493

M.A. Majid- 86

M.A. Salam- 301

M.M. College- 229,230

M.O. Ghani- 279,280

Madar Baksh- 216,217,222

Madhu's Canteen- 164

Mahabub Ali Dewan- 212

Mahabubur Rahman/ Mahbuboor Rahman- 18,82

Mahbat Ali- 379

Mahbubul Huq- 288

Mahiuddin Ahmed- 163,194,368

Mahmood Ali/Mahmud Ali- 149,150, 161, 163,164,176,177,188,210-214, 216,222,225-227,231,234-237, 241-249,254,287,292,293,295,298, 299, 334,344,368,385,386,389,401,460,494

Mahmud Syed Azizul Haque- 157

Mahmudul Haq Osmani- 380,384,385

Mahmudunnabi Chaudhuri- 178

Mahtabuddin Ahmed- 92

Major Afsaruddin- 292

Malik Hamid Sarfaraz- 192

Manik Babu @ Bhaupati Ranjan Chaudhuri- 3

Manjur Ahmed- 20

Manwar Husain- 175,196

Manzur Anam- 22,92

Martyr's Day- 76

Mashihur Rahman/Mashiur Rahman/ Masiur Rahman- 13,171,182-184,253, 271,362,405,459,460,461,463,469,470 ,472,496

Maulana Abdul Hamid Khan Bhasani/ Maulana Basani- 124,288,343

Md. Abdul Aziz- 4

Md. Abdul Karim (Dr.)- 93

Md. Salaiman/Md. Sulaiman/Mohd. Soleman- 181,216,217,220,241,265, 317,400

Md. Yusuf- 3,5

Mir Fazlul Haq @ Peara/Mir Fazlul Haq @ Peara Mia- 22,92

Mohammed Ullah- 76

Mohamud Ali- 378

Mohan Miyan- 148,174,334

Mohd. Abdus Sattar- 90

Mohd. Humayun Kabir Choudhuri- 77

Mohiuddin Ahmed- 333

Mohiuddin Chaudhuri- 5,301

Mojibur Rahman Shake- 312

Molla Jalaluddin- 415,420,432

Mominul Hoque/Momenul Huq- 23,
25,26,37,40,57-59,62,67,69,71,83,
85,109-111,115,117,137

Monem Khan- 451-454

Morning News- 9,151-153,266,268,
272,274,275,279,280,290,318,380,391
,411

Mostaque Ahmed Chaudhuri- 5

Motaher Hossain Siddique- 312

Muazzum Anam- 99

Mudassar Ali- 385

Muhsinuddin Ahmad Maulana @
Dudu Miyan- 196

Mukhlesur Rahman- 365,366

Mukti Front- 82

Munsur Ali- 243,244,265,475

Munsur Rahman Sarkar- 90

Mustaq Ahmed- 207

**N**

N. Nematullah- 26,29,32-34,40,48,50,
55,58,61,65,70,73,84,88,98,100,106,1
10,112,117,126,130,134,139,143,147

Nani Gopal Datta- 5

Nasim Ali Khan @ Kachi- 92

National Democratic Front- 209,210,
214-218,220,237,245,292,295,297,
391,412,454

Nawab Ali- 20,486

Nawab Jada Nasirullah Khan/
Nawabzada Nasrullah Khan/
Nowabzada Nasrullah Khan- 192, 195,
292,294

Nazimuddin Road- 287

Nazir Ahmed Chaudhuri Road- 3

Nazrul Islam- 474,475,484

Nirode Baran Mazumdar- 90

Nuruddin @ Montu Khan/Nuruddin
Ahmed @ Montoo Khan- 20,22

Nurul Amin- 79,81,157,164,174,193,
199,207,210,211,227,235,237,248,249
,286,288,291,292-295,299,333,334,
368,377,378,391,400,401,414,426,428
,429,431,432,460,494,497

Nurul Haque Pleader- 475

Nurul Hoque, Mukhter- 475

Nurul Islam @ Manzu- 93

Nurul Islam Choudhury- 474

Nuzaffar Ahmed- 5

**O**

Oli Ahad- 288

Osman Ghani- 20,21

**P**

P.K. Das- 123

Pakistan National Scheduled Caste
Federation- 122

Pakistan Observer- 159,267,270,282, 284,285,318-321,324,325,422,451, 472

Paltan Maidan- 162,294,404,425,495, 497

Patenga Airport- 4,5,337

Pir Mohiuddin @ Dudu Miyan /Pir Mohsenuddin Ahmed/ Pir Mohsinuddin- 157,164,207,264, 286

Pir Salahuddin- 192,195

Prof. A. Majeed- 280

**Q**

Qamruddin (Advocate)- 163

Qazi Abdush Shahid- 230

**R**

R.K. Mission Rd/R.K. Mission Road- 185,311,441

Rafiquddin Bhuiyan- 484

Rafiqul Islam @ Abu, Pleader- 487

Rafiqul Islam- 94,132,487

Rais-Ul-Baha- 453

Rajendra Nath Sarker- 123

Rakhal Sarkar- 3

Rakshmit Rajeswar (Dr.)- 94

Ramesh Das Gupta/Ranesh Das Gupta- 20,22

Ramij Uddin/Ramiz Uddin Ahmad- 225, 292

Ramjoy Mohajan Lane- 4,475

Ranjit Kumar Mallik- 90

Rashid Ahmad (Syed)- 93

Raushan Ali- 459-461,496

Rehana Sheikh/Rehana- 23,25,27,40, 41,59,61,62,67,96,107,114,136

Rokeya Anwar- 214,216,218,265,287

**S**

S.A. Rahman- 9

S.A.M. Hashmi- 4,112,113

S.K. Das Road- 21

S.W. Lakitulla- 78,94

Saad Ahmed- 92

Sadar Ghat- 188

Sadarghat Road- 3,337

Sadri Ispahani- 198,386,387

Safiuddin Ahmed- 22

Sahid Day- 77,78,

Saidur Rahman- 474

Saifuddin Ahammad Choudhury-396

Saifuddin Ahmad Siddiqui- 343

Saiyid Atar Ali- 461,496

Salimul Hoq Khan Milky- 226,343

Salimullah Hall/S.M. Hall- 18,78

Samaresh Sur- 20,21,52

Santosh Gupta- 385

Sarat Chandra Majumder- 123

Sardar Bahadur Khan- 288

Satkania- 5

Sead Ahmed- 476

Sen Sudhir Kumar- 94

Shafiqur Rahman- 225,401

Shafiuddin- 20

Shah Azizur Rahman- 164,180,181, 188,214,234,235,241-243,245,293- 295,299,317,334,378,401,460,495

Shah Muazzam Hussain/ Sha Muazzem Hussain- 80,271,272

Shahid Suhrawardy/H.S. Suhrawardy-10,17,42,43,55,75,76,78,79,81,82,122,123,157,160,191,192,197-200,207,208,210,212-217,219-222,225,226,229,231-238,240-243,245,246,248,259,264,272,296,297,317,340,386,387,391,431,462,478,488,490,497,499

Shamsuddin Molla- 475,491

Shamsuzoha/Shamsuzzuoha- 20,21

Sharif Azmi- 298

Shawkat Ali Khan- 194,385,437

Sheikh Abu Naser/Sk. Abu Naser-104,106,107,144

Sheikh Fazlul Haque/Sk. Fazlul Haq-144,208

Sheikh Hasina/Hasina/Hasina Sheikh-23,25,26,40,41,59,61,62,67,96,104,106,107,109-111,114,115,117,128,130,136,137,139,141-145

Sheikh Jamaluddin/ Jamal/ Master Jamal-23,25,27,40,41,59,61,62,67,96,107,114,136,365

Sheikh Kamaluddin/ Sheikh Kamal Uddin/Sk. Kamal Uddin/ Sk. Kamaluddin/Kamal/ Kamaluddin- 23, 25, 27,40,41,49,51,57-59,61,62,67, 86, 88,96,104,106,107,109,110,111,114,115,117,128,130,133,134,136,137,141-143

Sheikh Lutfar Rahman/ Moulvi Sheikh Lutfor Rahman/ Sk. Lutfor Rahman/ Mvi. Sk. Lutfur Rahman/ Lutfar Rahman/ Lutfor Rahman Khan/ Lutfur Rahman/L.Rahman-10,21,25-27,37, 39,48,52,53,57,74, 75,92,101, 102, 118, 140,141,147, 169,237,264,265,276,279,329,403,407,415,424,425,433,458

Sheikh Nurul Huq/Sk. N Huq- 142,145

Shudhir Babu- 198

Sirajuddin- 73,149

Sk. Nasir /Nasir Uddin Ahmed- 145,469

Sudhir Banarjee- 198

Suleman Mohamed Adamjee- 64,65

Sultan Ahmad Khan/Sultan Ahmed- 3,5,226,298

Suruj Mia, Mukhtear- 479,480

Sutar Chitta Ranjan- 94

Syed Abdul Matin Hashmi- 30,31

Syed Afzal- 401

Syed Ahsan- 276

Syed Hosain Mansur- 294

Syed Mannan Baksh- 4

**T**

Tafazzal Hossain @ Manik Mia/Tafazzal Hossain/Manik Miyan-20,36, 78-80,149,386

Tafsiruddin Ahmad- 469,483

Taheruddin Thakur- 94

Taj Hotel- 192,195

Tajuddin Ahmad- 21

Tarek Ahmed- 3,5

Tayab Dada (Memon)- 192

Tepakhola Launch Ghat- 188

Trivedi Bimal- 93

**U**

**V**

**W**

W.B. Kadri- 288

Wahiduzzaman- 320,321,420,422,439,451

Wali Ahad- 121,302,385,401

Wise Ghat Road- 66

**X**

**Y**

Yousuf Ali Choudhury/Yussuff Ali Chaudhury/Yusuf Ali Chowdhury/ Yusuf Ali Chaudhury @ Mohan Mia/ Mohan Mia – 79,150,157,173,174,200, 201,235,248,249,334,368,389

Yunusur Rahman Molla- 420

**Z**

Zahid Hussain Alias Jahangir- 75

Zahur Ahmed Chaudhuri/Zahur Ahmed /Jahur Ahmad Chaudhuri- 3,4,6,77,81, 177,178,227,411,475

–

20, New Eskaton Rd- 286

27/3-Jamshed Road- 192

73 Segunbaghicha- 316